Politik erleben

Sozialkunde
Politische Bildung

Herausgegeben von Wolfgang Mattes

Erarbeitet von Karin Herzig, Wolfgang Mattes und Thorsten Schaller

Schöningh

www.schoeningh-schulbuch.de
Schöningh Verlag, Jühenplatz 1–3, 33098 Paderborn

Druck 5 4 3 2 1 / Jahr 2017 16 15 14 13
Die letzte Zahl bezeichnet das Jahr dieses Druckes.

Illustrationen: Reinhild Kassing, Kassel
Umschlagfoto: © www.global-picture.net
Druck und Bindung: westermann druck GmbH, Braunschweig

ISBN 978-3-14-023832-8

Inhaltsverzeichnis

Demokratie in der Gemeinde und im Bundesland
Wir machen mit

Teil A: Gemeindepolitik

Teil B: Politik in den Bundesländern

Wir Jugendlichen und das Recht
Über die Bedeutung von Rechten, Pflichten und Gesetzen im Alltag

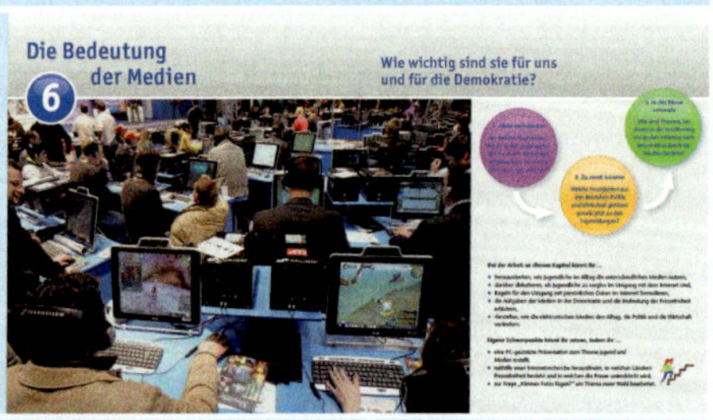

Die Bedeutung der Medien
Wie wichtig sind sie für uns und für die Demokratie?

Einwanderung nach Deutschland

Schwierigkeiten und Chancen des Zusammenlebens verschiedener Kulturen

Soziale Sicherung heute und morgen

Wie viel Schutz kann und soll der Staat den Menschen bieten?

Demokratie in der Bundesrepublik Deutschland

Wie kann das Miteinander in einem parlamentarischen System funktionieren?

Zur Situation der Menschenrechte

Welche Bedeutung haben sie für uns?

Die ökologische Herausforderung

Worin bestehen die Risiken und die Chancen für einen nachhaltigen Schutz der Umwelt?

Die Europäische Union: Erfolge, Krisen und Herausforderungen

Warum brauchen wir das vereinte Europa?

Friedenssicherung als Aufgabe internationaler Politik

Welche Chancen gibt es für eine friedlichere Welt?

Globalisierung

Wie verändert sie unser Leben?

Methodenkarten

Verzeichnis der Seiten

Infoseiten

Verzeichnis der Seiten

Individuell und gemeinsam lernen mit „Politik erleben“

Liebe Schülerinnen und Schüler,

mit dieser Neuausgabe von „Politik erleben“ wollen wir euch Anregungen geben, wie möglichst alle in der Klasse aktiv und mit Freude am Unterricht teilnehmen können. Zwei Dinge sind dafür besonders bedeutsam:

1. Alle sollen sich einbringen können.
2. Die Zusammenarbeit soll von Tag zu Tag noch besser werden.

Die Zusammenarbeit in der Klasse funktioniert nämlich am besten, wenn alle individuell ihr Wissen und ihre Fähigkeiten Schritt für Schritt verbessern und wenn die Mitglieder der Gruppe sich untereinander kooperativ verhalten. Wir haben uns dazu einiges einfallen lassen:
Da sind einmal die drei Denkblasen, die ihr immer auf den Aufmacherseiten zu neuen Kapiteln findet.

Sie sollen euch dazu anregen, zu Beginn einer Unterrichtsreihe zunächst einmal individuell darüber nachzudenken, was ihr schon über das neue Thema wisst, welche Gedanken ihr damit verbindet und was euch daran besonders interessiert. Zu zweit (oder zu dritt) könnt ihr dann eure Überlegungen austauschen, bevor ihr gemeinsam in der Klasse darüber redet.
Oft findet ihr zu Beginn der Doppelseiten einen Hinweis, der zum Beispiel so aussieht:

Eine Einstiegsübung für alle
Was würde sich in deinem Leben verändern, wenn es ab morgen das Internet nicht mehr gäbe?
Notiere dazu deine Gedanken und tausche dich mit einem Nachbarn aus.

Mit kleinen Einstiegsübungen dieser Art sollte jeder von euch ganz leicht den Zugang zu einem neuen Thema finden. Alle denken zwei, drei Minuten nach, teilen dann ihre Gedanken einer Lernpartnerin oder einem -partner mit und sind so schon aktiv dabei (selbst dann, wenn man eher zu den Stilleren gehört und sich nicht so gerne von Beginn an meldet).
Wahrscheinlich erhöht es auch euer Interesse, wenn ihr individuell entscheiden könnt, womit ihr euch näher beschäftigen werdet. Dazu erhaltet ihr Anregungen, eigene Lernschwerpunkte zu bilden, und findet in den Aufgabenkästen den Hinweis:

Was auch noch interessant sein kann: ...

Die durchnummerierten Arbeitsaufträge zu den Materialien folgen stets dem Prinzip vom Leichten zum Schwierigen. Gibt es zum Beispiel drei aufeinanderfolgende Arbeitsaufträge, ist Nummer 1 relativ leicht zu bearbeiten, Nummer 2 stellt etwas höhere Ansprüche und 3 kann ein wenig knifflig sein. Ihr könnt so selbst einschätzen, wie gut ihr die Materialien verstanden habt.

1. Was bedeutet der Begriff Demokratie wörtlich übersetzt? *
2. Notiere wichtige Merkmale einer Demokratie. **
3. Erkläre, warum es ohne freie Wahlen keine Demokratie geben kann. ***

Immer, wenn die Figur auf der Treppe erscheint, gibt es Arbeitsaufträge, die ein bisschen kniffliger sind als die anderen. Mit ein wenig zusätzlicher Anstrengung werdet ihr sie bewältigen können. Auch hier gilt: Was man allein nicht schafft, geht gemeinsam besser und eure Lehrerin oder euer Lehrer ist sicher auch für euch da.

Die wiederkehrenden Elemente in diesem Buch

Infoseiten

Hier informierst du dich über bedeutsame Themen des Faches. Wichtiges aus diesen Seiten kannst du dir aufschreiben und gut einprägen.

Ziel: „Ich weiß Wichtiges!" = Sachkompetenz

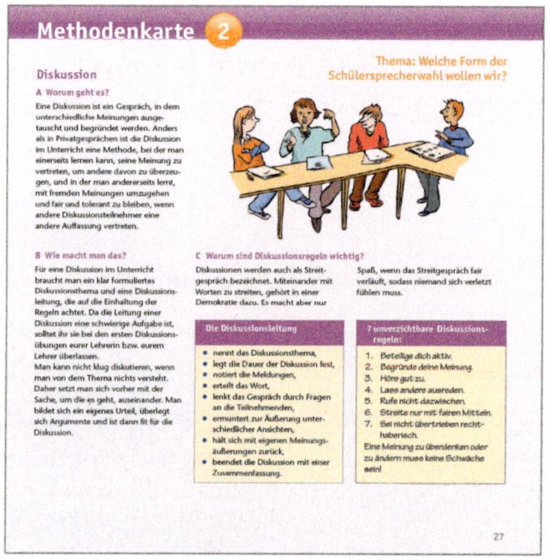

Methodenkarten

Hier bekommst du Hilfen und Regeln zur Durchführung wichtiger Methoden.

Ziel: „Ich kann Wichtiges!" = Methodenkompetenz

Zur Diskussion

Zu den Themen im Politikunterricht gibt es immer wieder unterschiedliche Ansichten. Hier lernt ihr sie kennen und könnt selbst diskutieren.

Ziel: „Ich kann mir eine eigene begründete Meinung bilden!" = Urteilskompetenz

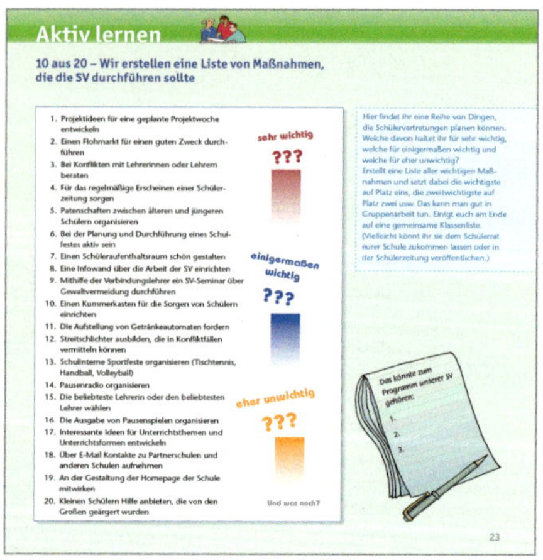

Aktiv lernen

Hier hast du die Gelegenheit, Gelerntes praktisch anzuwenden – mal allein, oft zu zweit oder in Gruppenarbeit.

Ziel: „Ich kann – zusammen mit anderen – eigenverantwortlich lernen!" = Sozialkompetenz

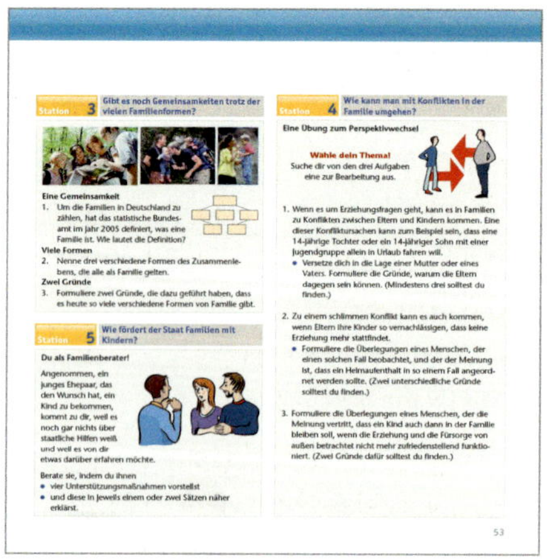

Kompetenzstationen

Hier wiederholst du das Gelernte mithilfe von interessanten Aufgaben zu den einzelnen Unterkapiteln. So bleibst du fit und prägst dir Gelerntes langfristig ein.

Methodenkarte 1

Thema: Dein Arbeitsheft als Begleiter von „Politik erleben“

Heftführung

Hier findet ihr die erste von zahlreichen Methodenkarten in diesem Buch. Diese Karten sollt ihr nach und nach aufmerksam durchlesen und euch in einem zweiten Schritt daraus notieren, was euch besonders wichtig erscheint und was ihr in Zukunft bei der Anwendung der Methode immer beachten werdet.

A Worum geht es?

Für das Lernen ist es hilfreich, stets begleitend zum Unterricht ein Arbeitsheft zu führen. Alles, was im Unterricht notiert werden soll, alle Lösungen zu den Arbeitsaufträgen in „Politik erleben“, alle Pflicht- und freiwilligen Aufgaben sollen darin festgehalten werden. Ein gut geführtes Heft ist wie eine persönliche Visitenkarte. Es zeigt dir selbst und anderen, wie viel Sorgfalt und Energie du in das Lernen investierst. Schmutzige, nachlässig und unvollständig geführte Hefte weisen darauf hin, dass das Lernen nicht ernst genommen wird und dass die Person auch in anderen Dingen nachlässig ist. Nimm dir von Beginn des Unterrichts an fest vor, dein Arbeitsheft immer sorgfältig und vollständig zu führen. Wenn du einige wichtige Regeln beachtest, wirst du feststellen, dass es Freude macht, ein gutes Heft zu führen. Du kannst dann stolz auf dein vorzeigbares Ergebnis sein und hast dir möglicherweise auch eine gute Note dafür verdient.

B Wie führt man ein gutes Heft? 7 Regeln

1. Wann immer ihr im Unterricht mit einem neuen Kapitel aus diesem Buch beginnt, schlägst du eine neue Seite in deinem Heft auf und notierst den Titel der Unterrichtsreihe als große Überschrift.
2. Jede Eintragung wird mit einem Datum und dem Hinweis versehen, ob sie als Schularbeit oder als Hausarbeit angelegt wurde.
3. Das Heft muss ordentlich, mit Sorgfalt und übersichtlich geführt werden. Bemühe dich stets um eine gut lesbare Schrift und um sauberes Zeichnen.
4. Wenn Arbeitsaufträge schriftlich zu beantworten sind, solltest du immer die Fragen und die dazugehörige Seitenzahl über den Antworten in deinem Heft notieren.
5. Besonders ansprechend wirkt ein Heft, wenn mit mehreren Farben gearbeitet wird.
6. Das Heft wird regelmäßig und immer parallel zum Unterricht geführt.
7. Wichtig ist, dass die geführten Hefte im Laufe eines Schuljahres möglichst nicht gewechselt werden. Deshalb ist es besser, ein Ringbuch anzulegen, das man über einen langen Zeitraum führen kann. So kann dich dein Arbeitsheft sogar bis zum Abschluss der zehnten Klasse begleiten.

Heftkrankheiten

- Unvollständigkeit
- Flecken Schmutz
- Schmierereien
- Eselsohren
- Durcheinander
- Abgerissene Seiten
- Plötzliches und unerklärliches Verschwinden

1 Gemeinsam leben und lernen in der Schule

Wir gestalten das Schulleben aktiv mit

1. Allein nachdenken

Was gehört für dich zu einer Schule, in der du dich wohlfühlst?

2. Zu zweit beraten

In der Schule gibt es Unterricht, Pausen, Ausflüge, Feste, Projekte, Konferenzen. Wo sollten Schülerinnen und Schüler aktiv mitwirken können?

3. In der Klasse sammeln

Unsere gemeinsamen Wünsche für die Mitwirkung der Schüler am Schulleben sind:

Bei der Arbeit an diesem Kapitel könnt ihr …

- herausfinden, welche Kandidatinnen und Kandidaten für das Amt des Klassensprechers geeignet sind,
- Klassenregeln formulieren, die zum Wohlfühlen beitragen,
- eine Übersicht über Schülerrechte und -pflichten erstellen,
- die Aufgaben der Schülervertretung beschreiben,
- über zwei unterschiedliche Arten der Schülersprecherwahl miteinander diskutieren,
- Lösungsgespräche für Streitfälle einüben.

Eigene Schwerpunkte könnt ihr setzen, indem ihr …

- Befragungen über Rechte und Pflichten in der Schule durchführt,
- einen Brief mit Tipps für einen jungen Lehrer formuliert,
- im Internet zum Schulgesetz und zur Schulordnung in eurem Bundesland recherchiert.

Schülerinnen und Schüler in einer Schülerversammlung

1 Wer hat das Zeug zur Klassensprecherin oder zum Klassensprecher?

Die Möglichkeit zu wählen ist ein Grundmerkmal der Demokratie. Die Gründe für eine Wahlentscheidung sollten allerdings stets gut überlegt sein. In dem folgenden Fall ist Jasmin mit den Gründen für die Wahl des Klassensprechers überhaupt nicht zufrieden.

A Der Fall
Warum ist Jasmin sauer?

Jasmin knallt ihre Schultasche in die Ecke und verschwindet in ihrem Zimmer. Als ihr Vater nach einer Stunde an ihre Tür klopft, hört er nur: „Lass mich in Ruhe. Ich bin sauer!“ Erst am Nachmittag setzt sich Jasmin mit dick verheulten Augen an den Küchentisch zu ihrem Vater: „So eine Ungerechtigkeit, diese Idioten“, jammert sie. „Was ist denn los? Erzähl doch mal!“

„Ach Mensch, heute war Klassensprecherwahl. Alle meine Freundinnen, auch meine Freunde Dimitrij und Kamil, haben mich überredet, zu kandidieren. Erst wollte ich nicht. Aber dann hat Leonie mich vorgeschlagen.“

„Prima, dass sie dich vorgeschlagen hat, da bin ich ja richtig stolz auf meine Tochter!“, versucht ihr Vater zu trösten. „Spar dir das! Gewählt haben sie nämlich den blöden Adrian und im zweiten Wahlgang seinen Freund Lars. Von den beiden hat noch keiner etwas Gutes für die Klasse gemacht. Adrian, wenn ich den schon sehe! Der hat immer eine große Klappe, wenn er mit seiner Clique zusammensteht und erzählt, was er alles machen würde, wenn er der Chef in der Klasse wäre. Wenn es aber darauf ankommt, dann hält er schön brav seinen Mund. Als wir neulich in der Klassenversammlung darüber gesprochen haben, ob wir für alle, die in der letzten Mathearbeit eine Fünf geschrieben haben, ein Helfersystem einrichten sollen, hat er sich überhaupt nicht an dem Gespräch beteiligt. Zufällig habe ich mitgekriegt, wie er zu seinem Freund Lars gesagt hat: „Ich hab' doch eine Zwei in der Arbeit. Was soll ich mich um die Blöden kümmern.“

„Ich finde, du solltest nicht traurig sein“, meint ihr Vater, „wenn man zu einer Wahl antritt, muss man damit rechnen, dass man verlieren kann. Das ist doch ganz normal.“

„Es wäre mir ja auch egal, ob ich Klassensprecherin bin oder nicht, aber dass sie ausgerechnet Adrian gewählt haben, das finde ich so doof. Als wir in Deutsch Gruppenarbeit gemacht haben, waren wir zusammen in einer Gruppe. Weil die Stunde zu Ende war, bevor wir mit der Arbeit fertig waren, sollte einer zu Hause die Folie für unseren Gruppenvortrag ausfüllen. Natürlich hat er sie mitgenommen und dann am nächsten Tag gefehlt. Seinen Freunden hat er erzählt, dass er einen Tag blaugemacht hätte. Wir standen da ohne unser Arbeitsergebnis. Leonie und ich, Kamil und Dimitrij, wir haben uns darum gekümmert, dass der Klassenraum schön gestaltet wird. Aber das spielte bei der Wahl überhaupt keine Rolle.“

1. Habt ihr Verständnis für Jasmins Ärger oder nicht? Äußert alle eure Meinung.
2. Zur gleichen Wahl hat Tim folgende Meinung: „Ich habe Adrian gewählt, weil er cool ist. Der hat auch keine Angst vor den Lehrern. Adrian und Lars, die sind groß und stark. Auch deshalb habe ich sie gewählt.“ Wie bewertet ihr die Gründe für Tims Entscheidung?

B Wir ermitteln Eigenschaften, die wichtig für Klassensprecherinnen oder Klassensprecher sind

Klassensprecherinnen oder Klassensprecher sollen

1. stark, groß und kräftig sein.
2. für Ruhe sorgen, wenn kein Lehrer da ist.
3. sich Zeit für die Sorgen und Probleme einzelner Mitschüler nehmen.
4. Ideen zur Verbesserung der Klassengemeinschaft haben.
5. in der Klasse beliebt sein.
6. dazu beitragen, dass niemand in der Klasse ausgegrenzt oder gemobbt wird.
7. die Schülerinnen und Schüler ermahnen, wenn die Klasse in einem unsauberen Zustand ist.
8. mit den Lehrern sprechen, wenn es Probleme in der Klasse gibt.
9. die Klasse über wichtige schulische Dinge informieren.
10. ihre eigene Meinung vertreten.
11. in möglichst vielen Fächern gute Schüler sein.
12. den Klassenlehrer beim Einsammeln von Geld, Formularen usw. unterstützen.
13. immer ihre Hausaufgaben gemacht haben.
14. herausfinden können, was die Mehrheit der Klassenkameraden will, und sich dafür bei den Lehrern einsetzen.
15. verschwiegen sein, wenn ihr oder ihm Mitschüler etwas anvertrauen.

Mithilfe der folgenden Liste könnt ihr wichtige Eigenschaften für das Amt des Klassensprechers ermitteln.
So könnt ihr dabei vorgehen:

- **Einzelarbeit:** Geht die Liste durch und sammelt dabei die Eigenschaften, die euch wichtig sind. Notiert die entsprechenden Zahlen.
- **Gruppenarbeit:** Setzt euch in Dreier- oder Vierergruppen zusammen. Einigt euch auf die sechs wichtigsten Eigenschaften.
- **In der Klasse:** Tragt die Gruppenergebnisse vor. Notiert unter der Überschrift: „Was erwarten wir von guten Klassensprechern?" die häufigstgenannten Eigenschaften an der Tafel. Einigt euch dann auf die Charts der fünf wichtigsten.

Unsere Erwartungen an die Klassensprecher

1
2
3
Damit das klappt, bieten wir …

Wir wählen: Wie machen wir es richtig?

Schüler einer achten Klasse berichten

Die Wahl wird von unserer Klassenlehrerin geleitet, die aber nicht stimmberechtigt ist. Wir wählen durch eine geheime Wahl. Als Erstes schlagen wir Kandidaten vor. Alle Mitschülerinnen und Mitschüler haben das aktive und das passive Wahlrecht. Die Kandidaten werden gefragt, ob sie für das Amt kandidieren wollen. Wenn ja, stehen sie auf und erklären, was sie im Falle ihrer Wahl für die Klassengemeinschaft tun werden. Die Namen werden an die Tafel geschrieben. Dann bekommen alle einen Wahlzettel, auf den sie den Namen ihres Kandidaten schreiben. Die zusammengefalteten Zettel werden in einem Behältnis gesammelt. Danach wird ein Zettel nach dem anderen geöffnet und vorgelesen. Wir sind 28 Schüler in der Klasse. Gewählt ist die Kandidatin oder der Kandidat, der die meisten Stimmen erhält. Stehen zum Beispiel drei Kandidaten zur Wahl, die jeweils zwölf, zehn und sechs Stimmen erhalten, so ist der mit den zwölf Stimmen gewählt. Bei Stimmengleichheit findet zwischen zwei Kandidaten eine Stichwahl statt. Die stellvertretenden Klassensprecher werden in einer getrennten Wahl nach demselben Verfahren gewählt. Nach der Wahl haben die Gewählten zu erklären, ob sie die Wahl annehmen. Das Wahlergebnis halten wir in einem schriftlichen Protokoll fest.

Selma T. und Markus S., 13 Jahre

Welche gesetzlichen Regelungen sind zu beachten?

Über die Wahlen in der Schule gibt es in den Landesgesetzen aller Bundesländer und in den dazugehörigen Ausführungsbestimmungen gesetzliche Regelungen, die zu beachten sind. Beispielhaft findet ihr hier einige Regelungen aus Mecklenburg-Vorpommern und Sachsen-Anhalt.

A Sachsen-Anhalt

§ 1 Wahlberechtigung und Wählbarkeit

(1) Wahlberechtigt und wählbar sind alle Schülerinnen und Schüler jeder Klasse ab dem fünften Schuljahrgang. [...]

§ 4 Wahlperiode und Ämter

(1) Die Schülerinnen und Schüler einer Klasse (Klassenverband) wählen aus ihrer Mitte innerhalb zwei Wochen nach den Sommerferien für ein Schuljahr

1. die Klassensprecherin oder den Klassensprecher,
2. deren Stellvertreterin oder deren Stellvertreter,
3. die Schülervertreterinnen oder den Schülervertreter für die Klassenkonferenz und deren Stellvertreterinnen und Stellvertreter. Die Klassensprecherinnen und Klassensprecher sind Mitglieder des Schülerrates. [...]

(Aus: Schülerwahlverordnung des Landes Sachsen-Anhalt (SchülerWVO) vom 22.08.1977 in der Fassung vom 15.07.2008)

B Mecklenburg-Vorpommern

§ 1 Allgemeines:

(1) Die Wahlen zu den Vertretungen der Schüler und der Erziehungsberechtigten erfolgen zu Beginn des Schuljahres. Bei Ausscheiden eines Vertreters aus dem Amt findet alsbald eine Nachwahl statt. Eine Wiederwahl ist zulässig. Bei der Wahl ist niemand an Weisungen gebunden. [...]

§ 5 Stimmabgabe bei geheimer Wahl

(1) Bei jedem geheimen Wahlgang sollen einheitliche Stimmzettel verwandt werden. [...]

§ 6 Wahlergebnis

(1) Gewählt ist, wer die meisten Stimmen auf sich vereinigt. [...]

§ 9 Wahltermin

Die Wahlen sollen erfolgt sein:

1. in den Klassen und Jahrgangsstufen zwei Wochen nach Unterrichtsbeginn. [...]

3. Im Schülerrat [...] sechs Wochen nach Unterrichtsbeginn. [...]

(Aus: Schulmitwirkungsverordnung Mecklenburg-Vorpommern vom 29. Juni 1998)

Tipp: Mithilfe der Quellenangaben und dem Namen eures Bundeslandes könnt ihr die vollständigen gesetzlichen Regelungen im Internet finden.

1. Entwerft (in Stichworten) eine übersichtliche Darstellung, in der ihr einen korrekt durchgeführten Wahlvorgang Schritt für Schritt erklärt.

Infoseite

Wahlen und ihre grundlegende Bedeutung für die Demokratie

1. Erkläre, was man darunter versteht: aktives und passives Wahlrecht, absolute und relative Mehrheit.
2. Notiere die fünf Wahlgrundsätze in dein Heft und erkläre deren Bedeutung in jeweils einem kurzen Satz.
3. Warum kann es in einem Land ohne Wahlen keine Demokratie geben? Suche nach einer Erklärung für diesen Zusammenhang.

Wahlen überall

Schülerinnen und Schüler haben mehrere Möglichkeiten, an Wahlen teilzunehmen. Sie wählen ihre Klassensprecher, ihre Stellvertreter und ihre Vertreterinnen und Vertreter für die Schulkonferenzen. Im Schülerrat oder als Schülerversammlung wählen sie Schülersprecher und Stellvertreter. Der Schülerrat wählt Lehrerinnen und Lehrer zur Beratung aus. Außerdem werden Gemeinde-, Kreis- und Landesschülerräte gewählt.
Wenn man jemanden wählt, ist man aktiv. Deshalb bezeichnet man das Recht, zu wählen, auch als das *aktive Wahlrecht*. Wenn man sich als Kandidat einer Wahl stellt, ist man passiv. Deshalb nennt man das Recht, gewählt zu werden, das *passive Wahlrecht*.

Der Zusammenhang zwischen Demokratie und Wahlen

Die Möglichkeit, wählen zu können, gehört zu den grundlegenden Merkmalen einer Demokratie. Die Bürgerinnen und Bürger wählen Personen und Parteien, von denen sie eine Zeit lang im Parlament vertreten werden wollen. Das Parlament für Deutschland ist der Deutsche Bundestag in Berlin.
In der Demokratie hat das Volk das Recht, darüber zu entscheiden, wer für eine gewisse Zeitspanne bestimmen darf, was gemacht wird und was nicht. Weil jeder Mensch im Volk das gleiche Recht zur Mitwirkung hat, kann diese Entscheidung nur in der Form einer Wahl stattfinden. Man kann also sagen, dass es ohne das Recht, wählen zu können, gar keine Demokratie geben kann.

Wahlgrundsätze

Das deutsche Grundgesetz legt im Artikel 38 fünf Wahlgrundsätze fest. Diese müssen bei Wahlen in der Politik ebenso erfüllt sein wie bei den Wahlen der Klassensprecherinnen und Klassensprecher. Die Wahl muss *allgemein* sein. Das bedeutet, dass alle Klassenmitglieder wahlberechtigt sind, egal woher sie kommen, welche Religion oder welches Geschlecht sie haben. Sie muss *unmittelbar* sein. Ihr wählt also eure Klassensprecher direkt durch Angabe des Namens. Sie muss *frei* sein. Niemand darf zur Stimmabgabe gezwungen werden. Weiterhin muss sie *gleich* und *geheim* sein. Das bedeutet, dass alle Stimmen gleich viel zählen und dass die Stimmabgabe nicht offen erfolgt. Auch darf niemand zur Bekanntgabe seiner Wahlentscheidung gezwungen werden.

Mehrheitsprinzip

Wahlen werden in der Regel nach dem Mehrheitsprinzip entschieden. Man unterscheidet dabei zwischen der *absoluten Mehrheit* und der *relativen Mehrheit*. Die absolute Mehrheit liegt vor, wenn eine Kandidatin oder ein Kandidat mehr als die Hälfte aller Stimmen bekommt. Das ist bei einer Klassensprecherwahl zum Beispiel der Fall, wenn bei 28 Schülern ein Kandidat mindestens 15 Stimmen bekommt. Die relative Mehrheit ist erreicht, wenn einer von mehreren Kandidaten die meisten Stimmen bekommt.
Bekommt zum Beispiel bei einer Klassensprecherwahl Kandidat A 12 von 28 Stimmen, Kandidat B zehn und Kandidat C sechs, so ist Kandidat A mit relativer Mehrheit gewählt.

Klassensprecherwahl: Demokratie erleben in der Schule

2 Welche Klassenregeln brauchen wir?

Lehrer Hilbig will die Klassengemeinschaft stärken

Das ist Lehrer Christian Hilbig. Er hat vor Kurzem seine Lehrerausbildung beendet und tritt nun seine erste Stelle an. Als Klassenlehrer übernimmt er die 7d in den Fächern Deutsch und Sozialkunde. Herr Hilbig freut sich auf seine Aufgabe. Er möchte, dass seine 26 Schülerinnen und Schüler sich wohlfühlen, möglichst viel lernen und eine gute Klassengemeinschaft bilden. Nach einigen Wochen merkt er allerdings, dass das gar nicht so einfach ist. Einige Situationen verlangen schwierige Entscheidungen von ihm. Könnt ihr Herrn Hilbig beraten?

So könnt ihr vorgehen:
- Lest die Fälle in Ruhe durch. Das geht allein.
- Besprecht sie in Dreier- oder Vierergruppen. Einigt euch auf jeweils eine Lösung.

1. Undiszipliniertes Verhalten

Von den siebten Klassen in der Schule gilt die 7d als die undisziplinierteste. Einige Lehrerinnen und Lehrer beschweren sich schon bei Herrn Hilbig über die vielen Unterrichtsstörungen.
Wie soll er reagieren?

A Er soll gar nicht reagieren auf das, was die anderen Lehrer sagen.

B Er soll streng durchgreifen und den Unterrichtsstörern klarmachen, dass deren Benehmen nicht geduldet wird.

C Er soll weiterhin nett und freundlich zu seiner 7d bleiben, weil so die Schüler am ehesten auch nett und freundlich werden.

2. Zuspätkommen

Schon zum dritten Mal kommen montags dieselben drei Schüler zu spät in den Unterricht von Herrn Hilbig. Jedes Mal sagen sie, sie hätten den Bus verpasst, auch diesmal. Was soll Herr Hilbig tun?

A Er soll die Entschuldigung akzeptieren und dem Vorfall keine weitere Bedeutung beimessen.

B Er soll den drei Schülern vor der Klasse ins Gewissen reden und ihnen klarmachen, dass er diese Entschuldigung in Zukunft nicht mehr akzeptieren wird.

C Er soll sie zu einem Gespräch nach dem Unterricht bitten und dabei den Schülern sagen, dass er sich immer mit den Eltern in Verbindung setzen wird, wenn Schüler wiederholt zu spät kommen.

3. Gewalt

Der Klassensprecher und der Stellvertreter beschweren sich bei Herrn Hilbig über den Schüler Ralf. Der bekäme beim kleinsten Anlass einen Wutausbruch und würde dann seine Klassenkameraden in den großen Pausen verprügeln. Wie soll Herr Hilbig damit umgehen?

A Er soll die Gelegenheit nutzen, um im Unterricht Regeln für einen fairen Umgang miteinander für die gesamte Klasse zu formulieren.

B Er soll Ralf anhören, mit ihm reden und vereinbaren, dass dieser verspricht, nicht mehr zu prügeln.

C Er soll dafür sorgen, dass Ralf in eine andere Klasse versetzt wird.

4. Noten

Christian arbeitet im Unterricht von Herrn Hilbig gut mit und gibt auch gute Antworten. Er ruft aber oft dazwischen, hört seinen Mitschülern nicht zu und macht sich manchmal lustig über sie. Als die ersten Epochalnoten vergeben werden, möchte Christian unbedingt eine Eins haben. Wie soll Herr Hilbig Christian benoten?

A Er soll ihm jetzt keine Note geben und Christian darauf hinweisen, dass er sein Sozialverhalten ändern soll. Dann könne er die erwartete Eins bekommen.

B Er soll ihm eine schlechtere Note geben, weil er nicht gut zuhören kann und sich lustig über andere macht.

C Er soll ihm die Eins geben. Schließlich arbeitet Christian gut mit und gibt gute Antworten.

5. Abschreiben

Bei der ersten Klassenarbeit, einem Diktat, haben Tobias und Olga, die nebeneinandersitzen, die gleichen merkwürdigen Fehler. Für Herrn Hilbig ist ziemlich klar, dass die beiden voneinander abgeschrieben haben. Was soll Herr Hilbig tun?

A Er soll das Diktat nicht bewerten und den beiden in einer Freistunde einen neuen Text als Klassenarbeit diktieren.

B Er soll den beiden eine Sechs erteilen, weil es sich um eine Täuschung handelt.

C Er soll die Sache ohne Kommentar durchgehen lassen. Schließlich ist es die erste Klassenarbeit im Fach Deutsch im neuen Schuljahr.

6. Unordnung in der Klasse

Immer wieder liegt eine Menge Abfall in der Klasse herum. Zum Beispiel werden gebrauchte Papiertaschentücher einfach auf den Boden geschmissen. Schon mehrfach haben sich Kolleginnen und Kollegen darüber beschwert, dass man sich in der 7d wegen des vielen Drecks nicht wohlfühlen könne. Wie soll Herr Hilbig reagieren?

A Er soll einen Ordnungsdienst einrichten, in dem abwechselnd zwei bis drei Schüler die Verantwortung für die Sauberkeit in der Klasse übernehmen.

B Er soll einen Vortrag über Ordnung und Sauberkeit halten und alle Schülerinnen und Schüler dazu aufrufen, stets den eigenen Arbeitsplatz aufzuräumen.

C Er soll sich regelmäßig in seinem Unterricht die Zeit nehmen, die Schuldigen zu ermitteln, um diese dann zum Aufräumen zu zwingen.

1. Sucht für jeden der Fälle die eurer Meinung nach beste Lösung und notiert sie. (Das können auch andere Lösungen sein, als die hier vorgeschlagenen.)

2. Stellt eure Lösungsvorschläge in der Klasse vor.

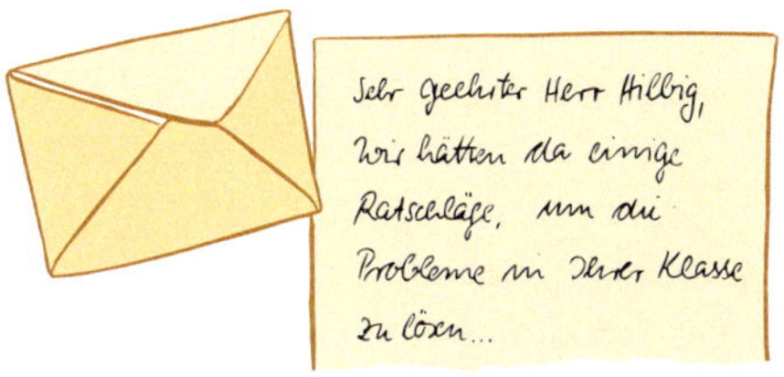

Was auch noch interessant sein kann:

- Briefe schreiben: Stellt euch vor, ihr hättet wirklich die Aufgabe, Herrn Hilbig (oder eine andere Lehrerin, einen anderen Lehrer) zu beraten. Welche Tipps werdet ihr geben? Schreibt sie in Form eines Briefes und lest euch diese gegenseitig vor.

3 Welche Rechte und Pflichten haben wir?

A Der Fall Ein Klassenaquarium für die 8a

Wie bewegt sich ein Fisch nach vorne und zurück, zur Seite und von oben nach unten?

Fasziniert schauen die Achtklässler der Ludwig-Simon-Schule den Film über das Leben im Wasser an, den Lehrer Mallmann in die Biostunde mitgebracht hat. „Nach vorne zu schwimmen, ist für Fische kein Problem“, sagt Rabia, „dazu haben sie ja die Flossen.“ „Prima! Wie aber hat sich der Kugelfisch, den ihr gesehen habt, nach oben und nach unten bewegt?“ Die Schülerinnen und Schüler überlegen: „Wenn er seine Schwimmblase mit Luft füllt, wird er kugelrund und steigt nach oben, und wenn er die Luft rauslässt, sinkt er ab.“

An dieser Stelle meldet sich Amelie, die Klassensprecherin: „Eine Freundin, die in eine andere Schule geht, hat mir erzählt, dass sie ein Aquarium in der Klasse eingerichtet haben.“

Mit ihrem Vorschlag löst Amelie ziemlich große Begeisterung in der Klasse aus. „O ja, das sollten wir auch machen.“ So und ähnlich lauten fast alle Beiträge. Als alle durcheinanderreden, macht Herr Mallmann das Ruhezeichen und dazu noch sein Gesicht mit den Sorgenfalten:

„Ich weiß, wie so etwas läuft,“ sagt er, „erst herrscht große Begeisterung und dann, wenn die laufenden Pflichten zu erfüllen sind, ist es damit schnell vorbei.“ „Welche Pflichten meinen Sie“, fragt Katharina. „Nun, Fische sind Lebewesen, kein Spielzeug. Sie benötigen Futter, regelmäßige Pflege, die Wasserqualität muss stimmen. Habt ihr bedacht, dass Fische nicht in Urlaub fahren? Sie müssen auch in den Ferien versorgt werden.“

„Typisch Lehrer“, seufzt Noah, „sagen Sie doch gleich, dass sie dagegen sind und dass wir wieder einmal keine Rechte haben.“

„Doch“, lautet die Antwort, „ihr habt das Recht dazu und ich finde eure Idee auch gut.“ Dann erzählt Herr Mallmann von einem Vorfall, der sich in einer anderen Klasse ereignet hat: „Wir hatten ein sehr schönes Aquarium eingerichtet, konnten sogar beobachten, wie im Aquarium geborene Fische allmählich heranwuchsen. Doch dann, eines Nachmittags, haben Schüler eine ganze Dose Trockenfutter ins Wasser gekippt. Am nächsten Tag trieben alle Fische tot an der Oberfläche. Wahrscheinlich hatten die Schüler das nicht böse gemeint. Sie waren nur mit der Verantwortung überfordert. Ihr versteht, dass ich das nicht noch einmal erleben möchte. Wenn ihr das Recht in Anspruch nehmen wollt, ein Aquarium einzurichten, werde ich euch unterstützen, vorausgesetzt, ihr bedenkt Folgendes: Wer Rechte hat, der muss auch Pflichten übernehmen!“

Rechte und Pflichten von Eltern und Lehrern

Alle an der Schule Beteiligten haben Rechte und Pflichten. Lehrer haben zum Beispiel das Recht, den Unterricht in eigener pädagogischer Verantwortung zu gestalten. Demgegenüber sind sie verpflichtet, am Bildungsauftrag der Schule mitzuarbeiten, Noten zu erteilen, deren Begründung offen zu legen und sich an die Bestimmungen der Schulgesetze zu halten.

Eltern haben das Recht, das Schulleben aktiv mitzugestalten, über alle wichtigen Angelegenheiten die Schule und ihr Kind betreffend informiert zu werden und eigene Interessenvertretungen zu wählen. Demgegenüber besteht die Pflicht, für den regelmäßigen Schulbesuch ihrer Kinder zu sorgen.

1. Was hältst du von Amelies Vorschlag und Herrn Mallmanns Sorgen?
2. Welche Pflichten muss eine Klasse übernehmen, wenn sie ein Aquarium einrichten will? Erstellt eine Liste.
3. „Wer Rechte hat, der muss auch Pflichten übernehmen!“, sagt Herr Mallmann. Welche Beispiele aus dem Schulleben fallen euch ein, die zu diesem Spruch passen?

B Rechte und Pflichten, die Schülerinnen und Schüler kennen sollen

Rechte und Pflichten in den Landesschulgesetzen

Grundlegend ist für Schülerinnen und Schüler die Schulpflicht, die in den Landesgesetzen aller Bundesländer verankert ist. Weitere elementare Pflichten werden zum Beispiel im Schulgesetz für Mecklenburg-Vorpommern deutlich:

> §53 (2): Die Schülerinnen und Schüler sind verpflichtet, regelmäßig am Unterricht und an den pflichtmäßigen Schulveranstaltungen teilzunehmen, die erforderlichen Arbeiten anzufertigen und die Hausaufgaben zu erledigen. Sie haben die Weisungen der Lehrerinnen und Lehrer zu befolgen [...].
>
> (Schulgesetz Mecklenburg-Vorpommern in der Fassung vom 10.09.2010)

Angesichts dieser Pflichten bezweifeln Schüler manchmal, dass ihnen auch Rechte zustehen. Das mag auch daran liegen, dass die Rechte nicht allen bekannt sind. Aus diesem Grund hier ein kleiner Überblick:
Von besonderer Bedeutung sind die Rechte zur Mitgestaltung des Unterrichts und des Schullebens. Beispielhaft für andere Bundesländer heißt es dazu in der Schulordnung für Thüringen:

> §3 (2) Der Schüler hat insbesondere das Recht,
> 1. sich am Schulleben und in den Gremien der Schülermitwirkung zu beteiligen,
> 2. im Rahmen der Schulordnung und der Lehrpläne an der Gestaltung des Unterrichts mitzuwirken,
> 3. über wesentliche Angelegenheiten des Schulbetriebs unterrichtet zu werden,
> 4. Auskunft über seinen Leistungsstand und Beratung zu erhalten sowie
> 5. bei als ungerecht empfundener Behandlung oder Beurteilung sich nacheinander an Lehrer, an den Schulleiter und an die Schulkonferenz zu wenden [...].
>
> (Aus: Thüringer Schulordnung in der Fassung vom 07.07.2011)

Die Schulgesetze aller Bundesländer garantieren das Recht auf Bildung als das fundamentalste Schülerrecht. Das Schulgesetz von Sachsen-Anhalt führt im Paragraphen 33 dazu aus:

> Das Land Sachsen-Anhalt gestaltet und fördert das Schulwesen so, dass die Schülerinnen und Schüler ihr Recht auf Bildung möglichst umfassend verwirklichen können.
>
> (Schulgesetz Sachsen-Anhalt gültig ab 01.08.2005)

Weiterhin bedeutsam sind das Recht, eine Interessenvertretung zu wählen, über die SV das Schulleben aktiv mitzugestalten und das Recht, eine Schülerzeitung herausgeben zu können. In diesem Zusammenhang heißt es im Schulgesetz für Thüringen (§26):

> Jeder Schüler hat das Recht, in der Schule seine Meinung in Wort, Schrift und Bild frei zu äußern und zu verbreiten, soweit die Rechte anderer sowie die Sicherung des Bildungsauftrages der Schule keine Einschränkungen [...] erfordern.

4. Sammelt Rechte und Pflichten und stellt sie einander gegenüber.

5. Begründet, warum das Recht auf Bildung das wichtigste Recht in der Schule ist.

Was auch noch interessant sein kann:

- Perspektivwechsel: Stell dir vor, du lebst in einem Land, in dem die Mädchen kein Recht auf Bildung haben und daher auch kein Recht, eine Schule zu besuchen (leider gibt es das noch). Schreibe einen Tagebucheintrag. a) Wie es mir als Mädchen in einem Land geht, in dem ich kein Recht auf Schulbildung habe, b) Wie es mir als Junge in einem Land geht, in dem nur Jungen Schulen besuchen dürfen. Lest euch die Texte gegenseitig vor.

4 Schülerinnen und Schüler regieren in der Schule mit: Die Rolle der SV

Der Schülerrat tagt

Jessica, die gewählte Schülersprecherin aus der 9c, leitet die Sitzung des Schülerrates. Neben ihr haben ihre Stellvertreter Platz genommen: Ercan, Natalia und Paul und dazu noch Selma, die gewählte Schülervertreterin in der Schulkonferenz. Jessica ruft den ersten Tagesordnungspunkt auf.

TOP 1: Ehrung der Klasse 6a

Jessica erklärt: „Die 6a ist die Musikklasse in unserer Schule und hat im letzten Schuljahr mehrere Konzerte gegeben. Dabei kamen Spenden in Höhe von 500 Euro zusammen. Die Klasse hat das Geld zu gleichen Teilen an das Tierheim in der Moltkestraße und an ein SOS-Kinderdorf in Tibet gespendet. Dafür ehren wir heute die Klasse 6a."
Stolz nimmt Klassensprecher Jakub Applaus und Ehrung zur Kenntnis.

Top 2: Rückblick auf die Aktivitäten im vergangenen Schuljahr

Abwechselnd tragen Jessica und Ercan vor, was die SV unternommen hat: „Das gemischte Fußballturnier der Klassen 5 bis 7 im Frühjahr war ein Erfolg. Die Unterstufendisco und die Rock-Gegen-Rechts-Party der Neuner und Zehner sind gut angekommen. Das zweitägige SV-Seminar unter der Leitung unserer Beratungslehrerin Frau Warnke hat die Klassensprecher gut auf ihre Aufgaben vorbereitet. Wir haben damit angefangen, einen Schulgarten einzurichten. Doch der befindet sich noch in einem bescheidenen Zustand.

TOP 3: Planung neuer Aktivitäten

Selma berichtet aus der letzten Schulkonferenz. Darin wurde besprochen, dass die Schultoiletten demnächst modernisiert werden sollen. Dies mache aber nur Sinn, wenn die Schülerinnen und Schüler sich verpflichten würden, die Toilettenanlage pfleglicher zu behandeln. Die Schulleitung hat sie darum gebeten, gemeinsam mit dem Schülerrat zu überlegen, was die SV dazu beitragen könne. Es entsteht eine lebhafte Diskussion. Paul schlägt vor, die SV solle ein Schild gestalten, um es vor den Toiletten aufzustellen nach dem Motto: Behandle die Schultoilette so wie deine eigene. Dunja, Klassensprecherin der 8c, hält dagegen. Sie meint, dass die Sauberkeit auf den Schülertoiletten kein Thema für die SV sei.
Vincenzo, Klassensprecher der 10b, sagt, er habe auch gehört, dass die Preise für die warmen Mittagsmahlzeiten erhöht werden sollten. Er schlägt vor, dass man zu diesem Problem die Schulleitung in die nächste Sitzung einladen sollte. Schließlich habe der Schülerrat das Recht, über alle wichtigen Angelegenheiten der Schule informiert zu werden.
Natalia beantragt, dass beide Punkte auch auf der nächsten Schülervollversammlung angesprochen werden.
Gegen Ende der Sitzung richtet Jessica das Wort an alle Anwesenden und fragt, welche Wünsche es sonst noch gibt.
Mehrere Klassensprecher wünschen sich die Einrichtung eines Internetcafés. Zum Schluss fordert Mia aus der 9c, die SV solle ein Projekt „Unsere umweltfreundliche Schule" starten und begleiten.
Jessica fragt die heutige Protokollantin Natalia, ob sie alles notiert habe, und beendet mit einem Dank an die Diskussionsteilnehmer die Sitzung.

1. Welche der auf der Sitzung angesprochenen vergangenen und geplanten Aktivitäten hältst du für nachahmenswert?
2. Sauberkeit auf den Schülertoiletten: (k)ein Thema für die SV? Formuliere dazu deine Ansicht und stelle sie vor.
3. Was hättest du vorgeschlagen, wenn die Schülersprecherin Jessica dich nach deinen Wünschen gefragt hätte? Überlege alleine und berate dich mit deinen Nachbarn.

10 aus 20 – Wir erstellen eine Liste von Maßnahmen, die die SV durchführen sollte

1. Projektideen für eine geplante Projektwoche entwickeln
2. Einen Flohmarkt für einen guten Zweck durchführen
3. Bei Konflikten mit Lehrerinnen oder Lehrern beraten
4. Für das regelmäßige Erscheinen einer Schülerzeitung sorgen
5. Patenschaften zwischen älteren und jüngeren Schülern organisieren
6. Bei der Planung und Durchführung eines Schulfestes aktiv sein
7. Einen Schüleraufenthaltsraum schön gestalten
8. Eine Infowand über die Arbeit der SV einrichten
9. Mithilfe der Verbindungslehrer ein SV-Seminar über Gewaltvermeidung durchführen
10. Einen Kummerkasten für die Sorgen von Schülern einrichten
11. Die Aufstellung von Getränkeautomaten fordern
12. Streitschlichter ausbilden, die in Konfliktfällen vermitteln können
13. Schulinterne Sportfeste organisieren (Tischtennis, Handball, Volleyball)
14. Pausenradio organisieren
15. Die beliebteste Lehrerin oder den beliebtesten Lehrer wählen
16. Die Ausgabe von Pausenspielen organisieren
17. Interessante Ideen für Unterrichtsthemen und Unterrichtsformen entwickeln
18. Über E-Mail Kontakte zu Partnerschulen und anderen Schulen aufnehmen
19. An der Gestaltung der Homepage der Schule mitwirken
20. Kleinen Schülern Hilfe anbieten, die von den Großen geärgert wurden

sehr wichtig

???

einigermaßen wichtig

???

eher unwichtig

???

Und was noch?

Hier findet ihr eine Reihe von Dingen, die Schülervertretungen planen können. Welche davon haltet ihr für sehr wichtig, welche für einigermaßen wichtig und welche für eher unwichtig?
Erstellt eine Liste aller wichtigen Maßnahmen und setzt dabei die wichtigste auf Platz eins, die zweitwichtigste auf Platz zwei usw. Das kann man gut in Gruppenarbeit tun. Einigt euch am Ende auf eine gemeinsame Klassenliste. (Vielleicht könnt ihr sie dem Schülerrat eurer Schule zukommen lassen oder in der Schülerzeitung veröffentlichen.)

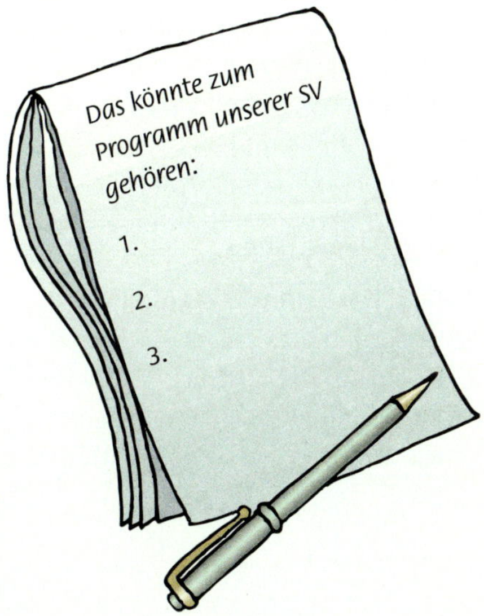

Welche rechtlichen Bestimmungen gelten für die Arbeit der SV?

Die rechtlichen Grundlagen für die Arbeit der SV sind auf allgemeine Art im Schulgesetz eures Bundeslandes verankert und werden im Rahmen dieses Gesetzes in vom zuständigen Ministerium herausgegebenen Schulordnungen und Erlassen im Einzelnen beschrieben. Mithilfe des Ländernamens und den Suchbegriffen *Schulgesetz* oder *Schülermitwirkung* sind sie leicht im Internet zu finden. Hier findet ihr Auszüge aus den Schulgesetzen zweier Bundesländer.

Handbücher für Schülervertretungen gibt es für mehrere Bundesländer. Sie enthalten die rechtlichen Bestimmungen und dazu Erläuterungen, Durchführungsbeispiele und Tipps für die Praxis.

A Beispiel Sachsen-Anhalt

§ 47 Schülerrat

Die Klassensprecherinnen und Klassensprecher sowie die Schülersprecherin oder der Schülersprecher bilden den Schülerrat der Schule. Dieser wählt einen oder mehrere Stellvertreterinnen oder Stellvertreter der Schülersprecherin oder des Schülersprechers aus seiner Mitte sowie die Schülervertreterinnen und Schülervertreter in der Gesamtkonferenz. […]

§ 48 Wahlen

(1) Die Schülersprecherin oder der Schülersprecher, deren Stellvertreterinnen oder Stellvertreter sowie die Schülervertreterinnen und Schülervertreter in den Konferenzen werden für ein Schuljahr gewählt.

(1 a) Nach Entscheidung des Schülerrates erfolgt die Wahl der Schülersprecherin oder des Schülersprechers durch

1. die Schülervollversammlung aus ihrer Mitte,
2. die Schülervollversammlung aus dem Schülerrat,
3. den Schülerrat aus allen Schülerinnen und Schülern der Schule oder
4. den Schülerrat aus seiner Mitte.

§ 49 Mitwirkung der Schülerinnen und Schüler in der Schule

(1) Von den Klassenverbänden und dem Schülerrat sowie in Schülerversammlungen der Schule können alle schulischen sowie alle die Schülerinnen und Schüler in besonderem Maße bewegenden Fragen erörtert werden.

(2) Schülerrat und Klassenverbände sind von der Schulleiterin oder vom Schulleiter oder der zuständigen Konferenz vor grundsätzlichen Entscheidungen, vor allem über die Organisation der Schule und die Leistungsbewertung, zu hören. Inhalt, Planung und Gestaltung des Unterrichts sind mit den Klassenverbänden zu erörtern.

(3) Der Schülerrat hat das Recht, Beschlüsse zu fassen und Anträge an die Gesamtkonferenz zu stellen. Diese Anträge müssen von der Gesamtkonferenz behandelt werden.

(4) Schulleiterin und Schulleiter sowie Lehrerinnen und Lehrer haben dem Schülerrat und den Klassenverbänden die erforderlichen Auskünfte zu erteilen […]

(5) Die Schülersprecherin oder der Schülersprecher vertritt die Schülerinnen und Schüler gegenüber Lehrerinnen und Lehrern und Konferenzen, Schulleiterinnen und Schulleitern sowie Schulbehörden. Schülerinnen und Schüler können die Schülersprecherin oder den Schülersprecher und die Schülervertretung mit der Wahrnehmung ihrer Interessen beauftragen.

(6) Die Schülervertreterinnen und Schülervertreter in den Konferenzen berichten dem Schülerrat oder der jeweiligen Klassenschülerschaft regelmäßig über ihre Tätigkeit. […]

(Aus: Schulgesetz für Sachsen-Anhalt in der Fassung vom 11. August 2005)

B Beispiel Mecklenburg-Vorpommern

§ 80 Schülervertretungen und ihre Aufgaben

(1) Die Schülerinnen und Schüler wirken bei der Gestaltung und Organisation der schulischen Bildung und Erziehung auf schulischer und überschulischer Ebene mit durch

1. die Schülerversammlung und die Klassensprecherin oder den Klassensprecher,
2. den Schülerrat und die Schülersprecherin oder den Schülersprecher sowie die Schülervollversammlung,
3. den Kreisschülerrat,
4. den Vertreter der Schülerinnen und Schüler in Konferenzen

(2) Im Rahmen der Schülermitwirkung soll allen Schülerinnen und Schülern die Möglichkeit gegeben werden, Leben und Unterricht in ihrer Schule ihrem Alter und ihrer Verantwortungsfähigkeit entsprechend mitzugestalten. Die Schülerinnen und Schüler können sich dabei von der Schulleiterin oder dem Schulleiter, von den Lehrerinnen und Lehrern, von den Erziehungsberechtigten oder von einer von ihnen gewählten Vertrauenslehrerin oder einem von ihnen gewählten Vertrauenslehrer unterstützen und beraten lassen. […]

(3) Zu den Aufgaben der Schülermitwirkung gehören insbesondere

- die Wahrnehmung der Interessen der Schüler […],
- die Durchführung gemeinsamer Veranstaltungen,
- die Mithilfe bei der Lösung von Konfliktfällen. […]

§ 82 Schülerrat, Schülersprecher und Schülervollversammlung

(1) Die Klassen- oder Jahrgangsstufensprecherinnen und -sprecher bilden den Schülerrat der Schule.

(2) Der Schülerrat wählt zu Beginn seiner Amtsperiode für die Dauer von zwei Schuljahren die Schülersprecherin oder den Schülersprecher und mehrere Stellvertreter aus seiner Mitte sowie die Schülervertreter in der Schulkonferenz und in den Fachkonferenzen. […]

(3) Der Schülerrat vertritt die schulischen Interessen aller Schülerinnen und Schüler der Schule, beteiligt sich an der Verwirklichung des Bildungs- und Erziehungsauftrags der Schule und fördert die Mitwirkungs- und Verantwortungsbereitschaft der Schülerinnen und Schüler. […]

(4) Der Schülerrat kann sich unter den Lehrerinnen und Lehrern der Schule Berater wählen. […]

(6) Der Schülerrat beruft mindestens einmal im Schuljahr eine Schülervollversammlung ein. […] Sie wird vom Schülersprecher geleitet und findet während der Unterrichtszeit statt.

(Aus: Schulgesetz für Mecklenburg-Vorpommern in der Fassung vom 10. September 2010)

In Mecklenburg-Vorpommern ist die Schülervertretung mit Sitz und Stimme in der Schulkonferenz vertreten. Ab Klasse 7 sind die Klassensprecherinnen bzw. der Klassensprecher stimmberechtigte Mitglieder in der Klassenkonferenz (Näheres dazu in den Artikeln 76 und 78 im Schulgesetz).

1. Wählt Beispiel A oder B aus, legt eine Tabelle an und füllt sie auf.

Aufgaben der SV	Organe/Ämter	Wahlen	Besondere Bestimmungen

Was auch noch interessant sein kann:

- recherchieren: Ein Schülerteam kann das Schulgesetz eures Bundeslands vollständig recherchieren und eine Aufstellung aller Mitwirkungsrechte erstellen,
- interviewen: Die Klassensprecherinnen und Klassensprecher bitten jemanden aus der Schulleitung um ein Gespräch zum Thema: Wie ist die Mitwirkung der Schülerinnen und Schüler an unserer Schule geregelt?
- Artikel schreiben: Wie wäre es mit einem Artikel für die Schülerzeitung? Die Rolle der SV an unserer Schule

Zur Diskussion: Wer soll die Schülersprecherin oder den Schülersprecher wählen: die Schülervollversammlung oder der Schülerrat?

Für die Wahl der Schülersprecher gibt es in den Bundesländern unterschiedliche Regelungen. Sie werden zum Beispiel in Berlin, in Brandenburg und in Mecklenburg-Vorpommern durch den Schülerrat bzw. die Konferenz der Klassensprecher gewählt. In Thüringen erfolgt die Wahl seit 2011 durch die Schülervollversammlung. In Sachsen-Anhalt und in einer Reihe anderer Bundesländer kann der Schülerrat entscheiden, ob die Schülervertreter von allen Schülern der Schule in einer Vollversammlung gewählt werden oder vom Schülerrat.

Der Hauptunterschied zwischen diesen beiden Wahlsystemen besteht darin, dass die Wahl durch den Schülerrat der Form der ***repräsentativen Demokratie*** entspricht und die Wahl durch die Schülervollversammlung der ***direkten Demokratie***.

In einer Schülersprecherwahl nach dem System der repräsentativen Demokratie entscheiden die gewählten Vertreterinnen und Vertreter als Repräsentanten der gesamten Schülerschaft. Das ist vergleichbar mit dem System der Bundestagswahl in Deutschland. Auch hier wählt das Volk die Abgeordneten als Repräsentanten, die dann für die Dauer von vier Jahren die politischen Entscheidungen treffen. In der direkten Form der Demokratie entscheidet die wahlberechtigte Bevölkerung selbst. Im Fall der Schülersprecherwahl sind dann alle Schülerinnen und Schüler das wahlberechtigte Volk.

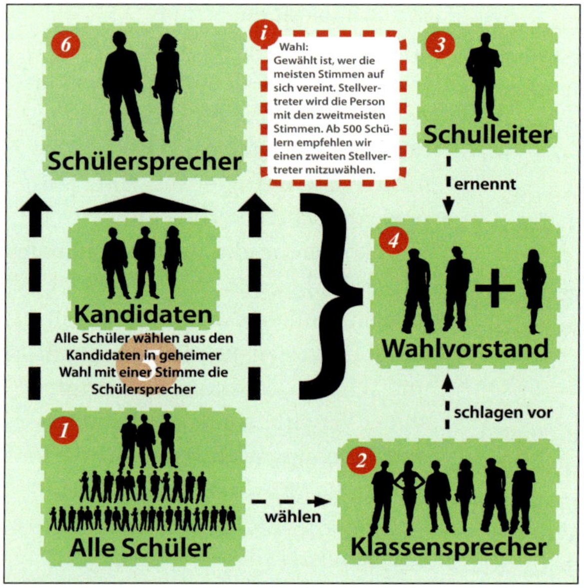

Mit einem Flyer informiert die Landesschülerversammlung in Thüringen über die Wahl der Schülervertretung durch die Schülervollversammlung (im Internet unter www.lsv-thueringen.de).

Zwei Stimmen zur Schülersprecherwahl

„Ich bin dafür, dass wir den neuen Schülersprecher von allen Schülerinnen und Schülern wählen lassen. So kann jeder Schüler an unserer Schule mitentscheiden und die Kandidatin oder den Kandidaten direkt wählen. Wenn alle wählen dürfen, ist das die demokratischste Art, wie ein Schülersprecher gewählt werden kann."

Thomas, 14 Jahre

„Ich bin dafür, dass wir als Schülerrat den neuen Schülersprecher wählen. Wir Klassensprecher sind doch die gewählten Vertreter der Schüler. Wir kennen die Bewerber durch die gemeinsamen Sitzungen und können besser beurteilen, wer geeignet ist und wer nicht. Bei der Wahl durch die Schülervollversammlung gewinnen oft die, die die beste Show abziehen können."

Canan, 14 Jahre

1. Entscheide spontan: Welches System bevorzugst du?
2. Überlegt und sammelt zu zweit: Was spricht für, was gegen die beiden Möglichkeiten?
3. Notiert die Vorzüge jede der Möglichkeiten an der Tafel, bildet euch damit ein Urteil und diskutiert miteinander.

Methodenkarte 2

Diskussion

Thema: Welche Form der Schülersprecherwahl wollen wir?

A Worum geht es?

Eine Diskussion ist ein Gespräch, in dem unterschiedliche Meinungen ausgetauscht und begründet werden. Anders als in Privatgesprächen ist die Diskussion im Unterricht eine Methode, bei der man einerseits lernen kann, seine Meinung zu vertreten, um andere davon zu überzeugen, und in der man andererseits lernt, mit fremden Meinungen umzugehen und fair und tolerant zu bleiben, wenn andere Diskussionsteilnehmer eine andere Auffassung vertreten.

B Wie macht man das?

Für eine Diskussion im Unterricht braucht man ein klar formuliertes Diskussionsthema und eine Diskussionsleitung, die auf die Einhaltung der Regeln achtet. Da die Leitung einer Diskussion eine schwierige Aufgabe ist, solltet ihr sie bei den ersten Diskussionsübungen eurer Lehrerin bzw. eurem Lehrer überlassen.
Man kann nicht klug diskutieren, wenn man von dem Thema nichts versteht. Daher setzt man sich vorher mit der Sache, um die es geht, auseinander. Man bildet sich ein eigenes Urteil, überlegt sich Argumente und ist dann fit für die Diskussion.

C Warum sind Diskussionsregeln wichtig?

Diskussionen werden auch als Streitgespräch bezeichnet. Miteinander mit Worten zu streiten, gehört in einer Demokratie dazu. Es macht aber nur Spaß, wenn das Streitgespräch fair verläuft, sodass niemand sich verletzt fühlen muss.

Die Diskussionsleitung

- nennt das Diskussionsthema,
- legt die Dauer der Diskussion fest,
- notiert die Meldungen,
- erteilt das Wort,
- lenkt das Gespräch durch Fragen an die Teilnehmenden,
- ermuntert zur Äußerung unterschiedlicher Ansichten,
- hält sich mit eigenen Meinungsäußerungen zurück,
- beendet die Diskussion mit einer Zusammenfassung.

7 unverzichtbare Diskussionsregeln:

1. Beteilige dich aktiv.
2. Begründe deine Meinung.
3. Höre gut zu.
4. Lass andere ausreden.
5. Rufe nicht dazwischen.
6. Streite nur mit fairen Mitteln.
7. Sei nicht übertrieben rechthaberisch.

Eine Meinung zu überdenken oder zu ändern muss keine Schwäche sein!

5 Streit zwischen Klassenkameraden friedlich lösen: Wie geht das?

Die Autoren von „Politik erleben" baten Schülerinnen und Schüler aus den Klassen 7 und 8 darum, von typischen Streitsituationen zu berichten. Den folgenden Fall hat Nathalie (13 Jahre alt) berichtet. Die Fotos mit den Betroffenen haben wir nachgestellt.

Warum ist Nathalie so traurig?

An dem Morgen, an dem es passierte, war ich sowieso schon unheimlich gereizt. Ich hatte mich darüber geärgert, dass Aida mein Englischheft, das ich ihr geliehen hatte, nicht mit in die Schule gebracht hatte. Moritz war wohl auch sauer. Wie er später sagte, hatte Nicole ihn angegiftet und es kochte innerlich in ihm.

Der Streit begann im Sportunterricht. Wir übten Bodenturnen. Moritz hatte sich auf einen kleinen Bock gesetzt und ich hatte das Gefühl, dass er unheimlich eingebildet über mich hinwegsah. Ich ging zu dem Bock hin und stellte einen Fuß neben seinen Sitzplatz. Schlecht gelaunt meinte er: „Hol deinen Fuß da runter!" Darauf ich: „Ich kann meinen Fuß auf den Bock setzen, so lange ich will. Das ist ja wohl nicht nervig!" „Doch, das ist es!", schrie er mich an, „du nervst total!" Ich begriff gar nicht, warum er so sauer reagierte. Als er meinem Fuß runterstieß, schnauzte ich ihn ebenfalls an: „Hör auf mit dem Quatsch, du hast sie wohl nicht mehr alle!" Jetzt schien er völlig von der Rolle zu sein: „Weißt du eigentlich, dass du immer noch dieses blöde Entengesicht hast?" Das sagte er so laut, dass auch die anderen es hören konnten. Ich war unglaublich beleidigt und wütend darüber. Und ich trat ihm ganz fest in den Rücken. Das hat dem Moritz sehr wehgetan. Nach der Sportstunde, als ich in die große Pause gehen wollte, rief er mir noch einmal vor allen anderen hinterher: „Du blödes Entengesicht!" „Ist ja schon gut", murmelte ich traurig und ging schnell weg.

1. Findet ihr eine Erklärung dafür, warum dieser kleine Vorfall zu einem so heftigen Streit führen konnte?
2. Nathalie berichtete weiter, dass sie mindestens zwei Wochen lang wütend und beleidigt gewesen sei. Moritz meinte, er habe nichts mehr mit Nathalie zu tun haben wollen, obwohl er sie bis dahin eigentlich ganz gut leiden konnte. Warum kann ein Streit so schlimme Folgen haben?
3. Habt ihr Vorschläge, wie dieser Streit beendet werden könnte?

Streit

1. Wann ist Streit schlimm und wann nicht?
2. Im Text werden drei mögliche Streitlösungen genannt. Was unterscheidet sie und welche ist die beste?
3. Versucht einmal, eine wahre oder eine erfundene Geschichte zu erzählen, in der es zwischen Klassenkameraden zum Streit kam und in der eine gute Lösung gefunden wurde.

Gehört Streit immer dazu?

Unter einem Streit versteht man eine heftige Auseinandersetzung zwischen einzelnen Personen oder Gruppen. Streiten gehört zum Alltag und muss nicht unbedingt etwas Schlechtes sein. Man kann streiten und sich hinterher wieder vertragen.

Negativ ist ein Streit, wenn er nicht zu Ende geht. Besonders schlimm wird ein Streit, wenn Gewalt ins Spiel kommt oder wenn er dazu führt, dass ein Mensch auf Dauer ausgegrenzt wird. Jemanden auf Dauer aus der Gemeinschaft auszuschließen, wird als Mobbing bezeichnet. Das ist eine besonders schlimme Form von Streit, weil die Opfer oft gar nichts dafür können. Mobbing ist Gewalt an der Seele, macht Menschen einsam, traurig und sogar krank.

Streit unter Mädchen: oft mit Mobbing?

Streitursachen in der Klasse

Streitauslöser kann sein, dass man nicht aufpasst und etwas kaputt macht, was anderen gehört, oder dass man jemand anderem etwas wegnimmt. Eine häufige Streitursache sind Beleidigungen. Manchmal haben die Stärkeren einfach Lust, kleinere oder schwächere Schüler zu quälen. So entsteht Streit aus Gedankenlosigkeit. Oft sagen Schüler, sie hätten etwas nur zum „Spaß“ gemacht. Dabei haben sie in Wahrheit einen Mitschüler oder eine Mitschülerin seelisch oder körperlich verletzt.

Schlechte Streitlösungen

Gewalt ist immer die schlechteste Lösung. Damit ist die Gewalt gemeint, bei der es Opfer gibt, die leiden müssen und deren Ziel darin besteht, einen schwächeren Gegner fertigzumachen. Spielerische Raufereien, bei denen es nur um das gegenseitige Kräftemessen geht, können dagegen relativ harmlos sein.

Im schlimmsten Fall hat ein Streit nur Verlierer, zum Beispiel weil eine Freundschaft durch einen Streit zerbricht. Man spricht dann von einer *Verlierer-Verlierer-Lösung*. Alle Beteiligten haben dabei Schaden erlitten.

Nicht viel besser ist die *Gewinner-Verlierer-Lösung*. Hier gibt es Sieger und Besiegte und der Streit kann nur beigelegt werden, weil einer der Beteiligten den gesamten Schaden erträgt.

Streit unter Jungen: oft mit Gewalt?

Gute Streitlösungen

Als gute Streitlösung sollte eine *Gewinner-Gewinner-Lösung* angestrebt werden. Sie bedeutet, dass alle Beteiligten mit der Lösung einverstanden sind und mit einem guten Gefühl auseinandergehen. Wenn es zum Streit kommt, sollten die Streitenden nach der ersten Wut eine Verschnaufpause einlegen. Oft ist es gut, wenn man sich zunächst einmal aus dem Weg geht. Danach sollte man das Gespräch suchen. Dabei sollten die Streitenden ihre Sicht der Dinge sagen können und dann gemeinsam darüber beraten, wie der Streit beendet werden kann.

6 Mobbing in der Schule: Eine besonders gemeine Form von Gewalt

Die Geschichte von Klaus

Die folgende Geschichte hat sich wirklich so zugetragen. Die Namen der Personen wurden geändert. Achtet beim Lesen auf das Verhalten von Timo, Marcel und den genannten Mädchen. Warum quälen sie Klaus?

Klaus besucht die 8d und er hat es schon immer schwer gehabt in seiner Klasse, eigentlich schon, seit er nach dem sechsten Schuljahr neu in diese Klasse versetzt wurde. Von Beginn an wurde er zum Außenseiter gestempelt. Nie hat er herausgefunden, was der Grund dafür war. Man sagte es ihm nicht. Er selbst vermutete, dass es an seinem Übergewicht lag. Im Sportunterricht stellte er sich oft unbeholfen an, weshalb er von den anderen ausgelacht wurde. Klaus hasste den Sportunterricht. Timo und Marcel, zwei Mitschüler aus der 8d, schienen besonders große Freude daran zu haben, Klaus immer wieder zu ärgern. Kurz vor den Sommerferien war die Klasse zum Schwimmunterricht ins Freibad gegangen. Als die 26 Jungen und Mädchen am Beckenrand auf Herrn Stüber, den Sportlehrer warteten, konnten sich Timo und Marcel einfach nicht zurückhalten. Sie gaben dem vor Kälte bibbernden Klaus einen Stoß, sodass er samt T-Shirt mit lautem Platsch ins Wasser fiel. Natürlich hatte er sofort die Aufmerksamkeit der ganzen Klasse für sich. Mit lautem Prusten schwamm er ungeübt zur Treppe. Als er aus dem Wasser steigen wollte, kamen die Mädchen Anna, Sabrina und Olesja auf die Idee, ihm das triefende T-Shirt auszuziehen. Er wehrte sich, aber es nützte nichts. Bald stand Klaus mit nacktem Oberkörper da und Timo rief in das allgemeine Gegröle hinein: „Guckt mal, wie fett der ist!“ Mit hochrotem Kopf gelang es Klaus, die Flucht zu ergreifen, aber die anderen kamen jetzt immer stärker in Fahrt. Wie immer waren es Timo, der den nächsten Schritt einleitete, und Marcel, der alles mitmachte, was Timo gut fand. „Los, wir laufen ihm nach und ziehen ihm die Badehose runter.“ Sie fanden Klaus unter einem Baum sitzend, den Kopf auf die Oberarme gestützt, schwer atmend und heftig weinend. Weil Herr Stüber mittlerweile am Beckenrand erschienen war, ließen Timo und Marcel Klaus sofort in Ruhe. „Der Fettkloß kann überhaupt keinen Spaß vertragen“, murmelte Marcel noch, während die beiden zurückschlenderten. Am nächsten Tag kam Klaus noch wie gewohnt in die Schule, aber ab dem übernächsten fehlte er.

Und dann erfuhr die Klasse von ihrer Klassenleiterin, dass Klaus versucht hatte, sich mit Schlaftabletten das Leben zu nehmen. Zum Glück hatte seine Mutter ihn noch rechtzeitig entdeckt und ins Krankenhaus gebracht. „Die Sache im Freibad hat bestimmt nichts mit dem zu tun, was Klaus hinterher gemacht hat.“ Mit solchen und ähnlichen Meinungen reagierten die meisten Schülerinnen und Schüler, ganz besonders Timo, Marcel und die Mädchen, die Klaus das nasse T-Shirt ausgezogen hatten. Einige aus der Klasse fragten sich, ob zwischen dem Ereignis im Schwimmbad und dem Selbstmordversuch ein Zusammenhang bestehen könnte.

Mobbing: Was ist das?

„Kennst du das Gefühl, Sonntagabend ins Bett zu gehen und schon ein gewisses Grauen vor dem nächsten Tag zu haben, weil du wieder in diese Klasse musst, in der eine Person ist, die alles tut, um dir den Tag zur Hölle zu machen, und du weißt, dass es deine Mitschüler mitbekommen, sich aber nichts zu sagen trauen?!“

„Was soll ich bloß tun? Ich denke in letzter Zeit immer und immer wieder daran, wie ich ES verhindern kann, und dabei bin nicht ich das Mobbing-Opfer, vielmehr eine Klassenkameradin.“

Das sind nur zwei von zahlreichen Hilferufen aus dem Internet. Fachleute gehen davon aus, dass einer von zehn Schülern in der Schule ernsthaft gemobbt wird. Davon betroffen sind Jungen und Mädchen gleichermaßen. Als besonders gefährdete Personen gelten Menschen, die sich durch eines oder durch mehrere Merkmale von der Klasse unterscheiden, zum Beispiel durch ihr Aussehen, ihre Art zu sprechen, ihre Kleidung, oder auch, weil sie sich einmal geweigert haben, an einer bestimmten Aktion teilzunehmen. Das englische Verb *to mob* bedeutet so viel wie anpöbeln oder quälen. Mobbing ist mehr als ein einmaliger Streit. Es ist eine spezielle Form von Gewalt gegenüber Personen, die sich über längere Zeit hinzieht, mit dem Ziel, diese Person auszugrenzen und fertigzumachen. Mobbing geschieht häufig auf anonyme Art in sozialen Netzwerken. Oft beginnt es scheinbar harmlos und die Täter reden sich gerne damit heraus, dass sie nur Spaß machen wollten. Für die Opfer ist Mobbing alles andere als harmlos. Sie empfinden Niedergeschlagenheit und Einsamkeit und leiden nicht selten unter körperlichen Schmerzsymptomen wie Übelkeit, Erbrechen, Bauchschmerzen. Experten schätzen, dass 20 Prozent der jährlichen Selbstmordversuche durch Mobbing ausgelöst werden. Auch Erwachsene sind davon betroffen.

Die Opfer sind auf Hilfe von außen angewiesen. Sie brauchen Personen, denen sie sich anvertrauen können. Hilfemaßnahmen sollten nicht nur die Opfer im Blick haben. Sie müssen auch bei den Tätern ansetzen, ihnen muss unmissverständlich klargemacht werden, dass ihr Verhalten nicht geduldet werden kann.

Aktiv werden gegen Mobbing

Im Rahmen eines Anti-Gewalt-Projektes haben Schülerinnen und Schüler eine „Anti-Mobbing-Verfassung“ ausgearbeitet und an Eltern, Lehrer und Schüler verteilt.

Unsere Regeln gegen Mobbing und Gewalt
Klasse 8a der Ludwig-Simon-Schule

A Wir verpflichten uns,
- nicht mitzumachen, wenn andere mobben, Mitschüler schikanieren oder quälen,
- hilfsbereit zu sein, wenn jemand, der sich von Mobbing betroffen fühlt, ein Gespräch mit uns wünscht.

B Wir prüfen uns,
- ob wir mitmachen, wenn andere ausgeschlossen, gequält oder beleidigt werden.
- Wenn wir das auch schon einmal gemacht haben, hören wir ab sofort damit auf.

C Wir erwarten von den Tätern,
- dass sie sofort damit aufhören und sich entschuldigen, wenn die Klassengemeinschaft das von ihnen verlangt.

D Wir fordern die Opfer dazu auf,
- nicht zu schweigen, sondern sich mit ihren Problemen an den Klassensprecher, seine Vertreter oder an andere Klassenkameraden zu wenden.

1. Versucht einmal, euch in die Situation von Klaus nach dem Vorfall im Freibad zu versetzen. Wie würdet ihr euch fühlen? Schreibt es auf und lest euch gegenseitig eure Schilderungen vor.
2. Mobbing und die Folgen für die Opfer: Notiert dazu wichtige Stichworte, die man sich merken sollte.
3. Was haltet ihr von den abgedruckten Artikeln der Anti-Mobbing-Verfassung? Diskutiert miteinander und formuliert eure eigenen Ansichten darüber, wie man Mobbing verhindern und Mobbing-Opfern helfen kann.

Gemeinsam leben und lernen in der Schule

Station 1 – Wer hat das Zeug zur Klassensprecherin, zum Klassensprecher?

Angenommen, dass …

Kurz nach Beginn eines neuen Schuljahres kommen einige der neuen Fünftklässler mit der folgenden Bitte auf dich zu:

„Noch in dieser Woche sollen wir zum ersten Mal eine Klassensprecherwahl durchführen. Einer der neuen Schüler, ein ganz großer und starker, will sich zur Wahl stellen. Wir glauben, dass er das nur machen will, damit er über alle anderen bestimmen kann. Kannst du uns drei Eigenschaften nennen, die man haben sollte, wenn man sich für dieses Amt zur Wahl stellt?"

1.
2.
3.
4.

Station 2 – Welche Regeln brauchen wir?

Angenommen, dass …

Von einer Freundin oder einem Freund aus einer anderen Stadt erhältst du die folgende Mail:

Hallo,
vielleicht kannst du mir helfen. Unsere Klassenlehrerin, Frau Helferich, meint, unsere Klasse sei ein ziemlich wilder Haufen. Es könne so nicht weitergehen. Als Hausaufgabe hat sie uns aufgegeben, Regeln zu überlegen, wie wir in Zukunft besser miteinander umgehen können, und zwar:

- ***zwei Regeln** zu unserem Verhalten vor Unterrichtsbeginn,*
- ***zwei Regeln** für das Verhalten gegenüber Klassenkameraden,*
- ***zwei Regeln** für die Gesprächsführung im Unterricht.*

Kannst du mir deine Vorschläge schicken? Ich weiß ja, dass du Experte bist.

Station 3 – Rechte und Pflichten

Übernimm die folgende Übersicht in dein Heft und vervollständige sie.

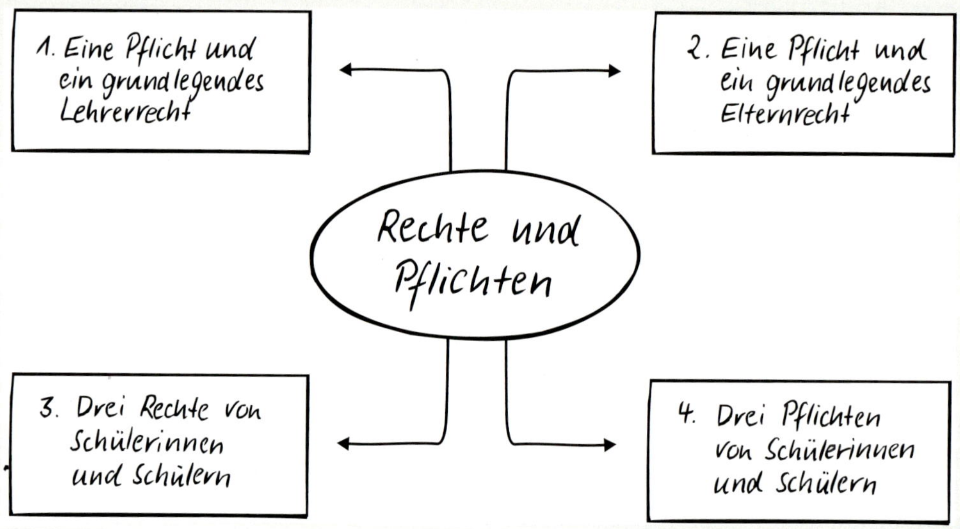

Station 4 Die Rolle der SV

Stelle dir folgende Situation vor:

In der Umgebung deines Wohnortes ist eine neue Schule eröffnet worden. Dabei hat man vollkommen vergessen, eine Schülervertretung einzurichten. Die Schulleitung hat in Erfahrung gebracht, dass du Expertin bzw. Experte für Fragen bist, die mit der SV zu tun haben. Man lädt dich ein, damit du die Schülerinnen und Schüler in dieser neuen Schule über die Aufgaben einer SV informierst und damit du sie davon überzeugst, dass sie sich für die Einrichtung einer SV starkmachen sollen.

- Kannst du mithilfe des Merkzettels einen kurzen Vortrag vorbereiten?

Station 5 Streit friedlich lösen

Ergänze die Übersicht:

Eine Gewinner-Gewinner-Lösung ist zum Beispiel, wenn …

↑

Streitlösungen

↙ ↘

Eine Gewinner-Verlierer-Lösung ist, wenn …

Eine Verlierer-Verlierer-Lösung ist, wenn …

Station 6 Mobbing in der Schule

Rede und Gegenrede

Wer das Unterkapitel 6 aufmerksam gelesen hat, wird unschwer feststellen, dass die folgenden Ansichten falsch sind. Wie muss die zutreffende Gegenrede lauten? Formuliere sie zu den Ansichten.

2 Das Zusammenleben in der Familie

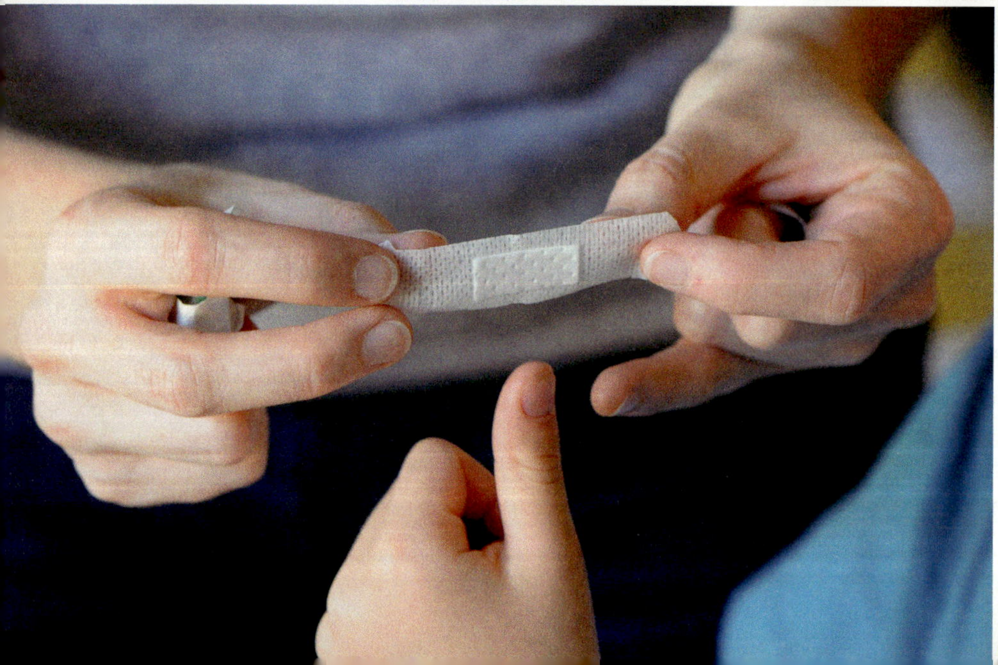

Wie wichtig sind die Familien für Kinder, Eltern und für den Staat?

1. Allein nachdenken

Welche Gedanken über das Zusammenleben in der Familie gehen dir beim Betrachten der Fotos durch den Kopf?

2. Zu zweit beraten

Was wünschen sich junge Leute ganz besonders, wenn sie planen, eine Familie zu gründen?

3. In der Klasse sammeln

Welche staatlichen Hilfen zur Unterstützung von Familien haltet ihr für sinnvoll?

Bei der Arbeit an diesem Kapitel könnt ihr …

- erklären, was die wichtigen Aufgaben aller Familien sind,
- herausfinden, wie und warum sich die Formen der Familie verändern,
- Konflikte in der Familie beurteilen und unterschiedliche Lösungen aufzeigen,
- erläutern, wie sich die Rollenverteilung im Laufe der Zeit geändert hat und wie der Staat die Gleichberechtigung zwischen Mann und Frau fördert,
- darüber diskutieren, welche Art staatlicher Familienpolitik besonders sinnvoll ist.

Eigene Schwerpunkte könnt ihr setzen, indem ihr …

- Freunde, Verwandte und Bekannte zum Thema Familienleben befragt,
- spielerisch verschiedene Rollen einer Familie einnehmt und dabei über euer eigenes Verhalten nachdenkt,
- die Homepage des Ausschusses für Familie, Senioren, Frauen und Jugend aufsucht und über aktuelle Debatten recherchiert.

1 Was bedeutet Familie für dich?

Hier haben Jugendliche aufgeschrieben, was ihnen ihre Familie bedeutet. Denken alle ähnlich oder entdeckst du große Unterschiede in den Einschätzungen?

Familie bedeutet für mich Geborgenheit und Sicherheit. Es ist wie ein Band, das nie zerreißt.
Eine Familie ist der Ort, an dem man den ganzen Alltagsstress vergessen kann. Bei meiner Familie weiß ich genau, dass ich geliebt werde und so angenommen werde, wie ich bin. Natürlich hat man manchmal auch ganz schön Stress mit den Eltern oder den Geschwistern, ich bin dann einfach nur genervt, aber das ist nie längerfristig! Wir vertragen uns immer schnell, denn eine richtige Familie hält zusammen. Das ist das Besondere …

Daniela, 16 Jahre, Deutschland

Familie ist mir sehr wichtig. Sie bedeutet für mich Geborgenheit und Glück. Ich weiß, dass ich mich auf sie verlassen kann und sie mich in jeder Situation unterstützen. Meine Eltern haben immer ein offenes Ohr und ich kann bei ihnen mit jedem mir wichtigem Thema ankommen. Ich bin froh, in meiner Familie zu leben, da ich sie liebe und es mir nicht vorstellen kann, ohne sie aufzuwachsen. Außerdem ist es mir sehr wichtig, dass wir alle zusammen wohnen.

Philipp, 16 Jahre, Deutschland

Familie bedeutet für mich Vertrauen und Zusammenhalt. Eine Familie fängt einen auf, wenn man keinen mehr hat, an den man sich wenden könnte. Auch wenn es Streitereien gibt, verträgt man sich immer wieder und man wird akzeptiert, wie man ist. In einer Familie muss man sich die Meinung sagen, ohne dass der andere gleich beleidigt ist, trotzdem muss man sich respektieren. Entscheidungen werden in einer Familie auch nicht von einer einzigen Person getroffen, alle sind gleichberechtigt.

Henriette, 15 Jahre, Deutschland

Familie bedeutet Unterstützung, Respekt und Liebe füreinander. Es bedeutet mir eine Menge und ich kann mir nicht vorstellen, ohne meine Familie zu leben. Das sind meine Großmutter, meine Mutter, meine zwei kleinen Brüder und vier große Schwestern. Mein Vater lebt nicht bei uns.

Simphiwe, 13 Jahre, Südafrika

Natürlich meine Eltern, mein großer Bruder und meine kleine Schwester. Nach ihnen kommen meine Onkel, Tanten, Großeltern und Cousins und Cousinen. Meine Verwandten eben. Aber die Mitglieder meiner Pfadfindergruppe nenne ich auch meine Familie. Meine Familie bedeutet die Welt für mich. In allem, was ich tue, unterstützen sie mich und sie sind immer für mich da, wenn ich sie brauche!

Thami, 17 Jahre, Südafrika

1. Notiere, welche wichtigen Bedeutungen der Familie genannt werden?
2. Welche der hier vorgestellten Meinungen kannst du am besten nachempfinden und warum? Tauscht eure Ansichten darüber aus.

Alle Stellungnahmen aus einer Umfrage des gemeinnützigen Vereins Aktion Tagwerk www.aktion-tagwerk.de, Zugriff 03.09.2012

Hintergründe: Jugend und Familie heute

Der Textausschnitt fasst die Ergebnisse einer Befragung von 2604 Jugendlichen in Deutschland zusammen.

Für Jugendliche 2010 ist die Familie so wichtig wie für kaum eine Generation davor. Für das Wohlbefinden und die Zufriedenheit der Jugendlichen spielt die Form der Familie keine Rolle. Wichtiger ist es, dass ihre Eltern Zeit für sie haben, einen demokratischen und wenig autoritären Erziehungsstil pflegen und dass die familiäre Situation nicht durch materielle Engpässe angespannt ist.

(Aus: Ingo Leven, Gudrun Quenzel, Klaus Hurrelmann: Familie, Schule, Freizeit, in: 16. Shell Jugendstudie Jugend 2010, Frankfurt a. M. 2010, S. 56f.)

Auf die Frage: Braucht man eine Familie, um glücklich zu sein? antworteten 2010 71 Prozent der Jungen und 81 Prozent der Mädchen mit Ja. 2002 waren es deutlich weniger: 66 Prozent der Jungen und 75 Prozent der Mädchen.

3. Entnimm dem Textausschnitt, was Jugendlichen in Deutschland im Familienleben wichtig ist und was nicht.

4. Welche der 15 Werte im Fragebogen hältst du sowohl für das Zusammenleben in der Familie als auch für das Leben in der Gesellschaft für besonders bedeutsam?
- Notiere sie in Stichworten.
- Vergleicht zu zweit. Haltet fest, auf welche ihr euch einigen könnt.
- Sammelt in der Klasse die fünf für A und B bedeutsamsten Werte.

Wir befragen uns selbst: Welche Werte sind für die Familie und die Gesellschaft bedeutsam?

Unter Werten verstehen wir wünschenswerte Eigenschaften und Verhaltensweisen von Menschen. Besonders wichtig für das Zusammenleben sind dabei die Gemeinschaftswerte. Mithilfe des folgenden Fragebogens sollt ihr selbst entscheiden, welche Gemeinschaftswerte (A) für das Zusammenleben in der Familie und (B) für das Zusammenleben aller Menschen in der Gesellschaft besonders bedeutend sind.

Bedeutsam ist, dass man …	**A Wichtiger Wert im Zusammenleben der Familie**	**B Wichtiger Wert für alle Menschen in der Gesellschaft**
1. seine Talente frei entfalten kann,		
2. Rücksicht auf andere nimmt,		
3. Pflichtbewusstsein entwickelt,		
4. mit anderen teilen kann,		
5. mit Geld umgehen kann,		
6. sich gesund ernährt,		
7. sich Zeit für Gespräche nimmt,		
8. sich geborgen fühlt,		
9. Vereinbarungen einhält,		
10. respektvoll miteinander umgeht,		
11. weiß, was erlaubt und was verboten ist,		
12. sich gegenseitig hilft,		
13. in schwierigen Situationen zusammenhält,		
14. sich gut benehmen kann,		
15. andere Meinungen akzeptiert.		

2 Handeln Familien nur privat oder auch im Auftrag der Gesellschaft?

Eine Einstiegsübung für alle
Notiere eine, zwei oder drei Aufgaben, von denen du glaubst, dass alle Familien sie zu erfüllen haben. Tausche dich mit deinen Tischnachbarn darüber aus.

Darf Hanna ohne Eltern in Urlaub fahren?

Leonie (16) besucht ihre beste Freundin Hanna (16). Gemeinsam geraten sie beim Durchblättern einer Urlaubsbeschreibung ins Schwärmen. In den Sommerferien wollen sie zum ersten Mal ohne Eltern in den Urlaub fahren, und zwar in eine organisierte Jugendfreizeit an der Küste Kroatiens. Es gibt nur ein Problem: Während die Eltern von Leonie nichts gegen die Reise haben, sind Hannas Eltern gegen den Urlaub ihrer Tochter. Nach dem Besuch von Leonie versucht Hanna beim Abendessen das heikle Thema bei ihren Eltern anzusprechen.

Hanna: Leonie war gerade mit dem Urlaubskatalog da. Ich würde so gerne mit ihr an dieser Jugendfreizeit teilnehmen.
Vater: Wir können es uns nicht leisten, dass du mit nach Kroatien fährst. Aber wenn du das Geld mit einem Nebenjob verdienst und die Reise mit deinem eigenen Geld bezahlst, darfst du von meiner Seite aus mitfahren.
Hanna: Aber das ist unfair. Leonies Eltern bezahlen ihr den Urlaub und ich finde auf die Schnelle keinen Nebenjob. Außerdem habe ich doch noch Geld auf meinem Sparkonto. Dies kann ich doch für den Urlaub nehmen.
Vater: Dieses Geld ist für deinen Führerschein und nicht für eine Urlaubsreise.
Mutter: Unabhängig vom Geld habe ich große Bedenken. Gestern Abend kam ein Bericht im Fernsehen, wie genau auf einer solchen Jugendfreizeit Jugendliche Alkohol tranken. Ein Junge musste sogar wegen einer Alkoholvergiftung ins Krankenhaus.
Hanna: Da brauchst du keine Angst zu haben. Bei uns gibt es Betreuer. Die passen schon auf, dass nichts passiert.
Mutter: Bei dieser Reise gab es auch Betreuer. Wenn ich mir vorstelle, dass dir etwas zustoßen könnte. Ich möchte nicht, dass du da mitfährst.
Hanna: Aber ich trinke doch gar keinen Alkohol.
Mutter: Es könnte dich aber jemand dazu auffordern oder bedrängen. Diese Reise ist viel zu gefährlich für ein junges Mädchen.
Hanna: Ihr seid gemein. Ihr wisst gar nicht, wie wichtig mir diese Reise ist …

Hanna bricht in Tränen aus. Wütend und enttäuscht steht sie vom Tisch auf und knallt die Tür hinter sich zu … Etwas später suchen Hannas Eltern das Gespräch mit ihrer Tochter. Es soll eine Lösung gefunden werden, mit der alle Seiten einverstanden sind.

Hannas Meinung: Ich fahre nach Kroatien. Das Geld nehme ich vom Sparbuch und ich suche mir nach dem Urlaub einen Ferienjob. Ihr müsst lernen, mir zu vertrauen. Ich werde mich auf der Fahrt an alle Regeln halten und verspreche euch, nichts anzustellen.
Vaters Meinung: Von mir aus kannst du mitfahren. Du musst aber verstehen, dass diese Entscheidung für uns nicht leicht ist. Schließlich bist du noch minderjährig.
Mutters Meinung: Ich weiß nicht, wenn dir was passiert, würde ich mir ewig den Vorwurf machen, dass ich dich allein habe fahren lassen. Willst du nicht lieber hierbleiben und wir fahren alle zusammen ein paar Tage weg.

1. Worin sehen die Eltern von Hanna ihre Aufgaben?
2. Perspektivwechsel: Versetzt euch nacheinander in die Situation aller beteiligten Personen und schildert den Konflikt aus deren Sicht.
3. Wie kann dieser Konflikt möglichst fair gelöst werden? Entwickelt eure Ideen dazu.

Tipp: Das Konfliktlösungsgespräch könnt ihr in Rollenspielen darstellen. Vgl. dazu die Methodenkarte auf Seite 47.

Aufgaben einer Familie

1. Welche Aufgaben im Interesse des Staates und der Kinder haben Familien zu erfüllen? Stelle sie einander gegenüber.
2. Warum ist es so wichtig, dass der Staat die Familie schützt? Erkläre den Zusammenhang.
3. Betrachte die Karikatur und versuche selbst, die Aufgaben der Familie aus der Sicht eines Kindes zu beschreiben: „Liebe Eltern, ich erwarte von euch, dass ihr mir gegenüber folgende Aufgaben erfüllt: …"

Aufgaben im Interesse des Staates

Dem Staat sind die Familien nicht egal. Ganz im Gegenteil: Familien stehen unter seinem besonderen Schutz. Im Grundgesetz für die Bundesrepublik Deutschland ist der Familie ein eigener Artikel gewidmet.

Artikel 6 GG:
(1) Ehe und Familie stehen unter dem besonderen Schutze der staatlichen Ordnung.
(2) Pflege und Erziehung der Kinder sind das natürliche Recht der Eltern und die zuvörderst ihnen obliegende Pflicht. Über ihre Betätigung wacht die staatliche Gemeinschaft.
(3) Gegen den Willen der Erziehungsberechtigten dürfen Kinder nur aufgrund eines Gesetzes von der Familie getrennt werden, wenn die Erziehungsberechtigten versagen oder wenn die Kinder aus anderen Gründen zu verwahrlosen drohen. […]

Die Familien sind so wichtig für den Staat, weil dieser ohne Familien, in denen Kinder geboren und erzogen werden, auf Dauer gar nicht existieren kann. Daher spricht man oft von der Familie als der Stütze oder der Keimzelle der Gesellschaft. Das natürliche Recht der Eltern zur Erziehung der Kinder ist zugleich die bedeutsamste Aufgabe, die der Staat der Familie zuweist, und darüber hinaus ist es noch die wichtigste Pflicht, der sich eine Familie nicht entziehen darf.

Aufgaben im Interesse der Kinder und der Gesellschaft

Existenzielle Sicherung

Jeder Mensch benötigt zum Leben Essen, Trinken, Kleidung und ein Dach über dem Kopf. Innerhalb der Familie müssen Eltern darauf achten, dass diese Grundbedürfnisse befriedigt werden, sodass Kinder versorgt sind und gesund aufwachsen können.

Entwicklung und Sozialisation

Wenn ein Baby das Licht der Welt erblickt, ist dieses seiner Umgebung hilflos ausgesetzt. Es braucht Nahrung, Schutz und Geborgenheit. Anders als viele Säugetiere benötigen Menschen eine langjährige Reife- und Entwicklungszeit, bis sie selbstständig entscheiden und sich in die Gesellschaft einfügen können. Man bezeichnet diesen Prozess des Hineinwachsens in die Gesellschaft als Sozialisation. Die Gesellschaft kann von der Familie erwarten, dass sie diesen Prozess möglichst gut begleitet, weil mit einer gelungenen Sozialisation die Chancen steigen, dass die Kinder sich als Jugendliche und Erwachsene im gesellschaftlichen Leben zurechtfinden.

Erziehung

Eine schöne, aber auch verantwortungsvolle Aufgabe der Eltern ist es, ihre Kinder zu erziehen. Um ihr Kind optimal auf das Erwachsenenleben vorzubereiten, versuchen Eltern bestimmte Erziehungsziele vorzuleben und zu vermitteln. Dabei gibt es keine richtige oder falsche Erziehung. Wohl aber gibt es einige Grundvoraussetzungen für eine gute Erziehung. So gilt eine Erziehung, die einerseits auf Regeln setzt und andererseits liebevoll ist, als besonders entwicklungsfördernd. Auch können in der Erziehung Werte vermittelt werden, die sowohl für den einzelnen Menschen als auch für das Zusammenleben von Bedeutung sind. Respekt, Rücksichtnahme, Leistungsbereitschaft, Verantwortungsbewusstsein und Hilfsbereitschaft sind einige dieser Werte.

3 Gibt es noch Gemeinsamkeiten trotz der vielen Familienformen?

Lebensformen in unserer Gesellschaft

In Deutschland gibt es viele verschiedene Lebensformen, die bei der Betrachtung von Familien sichtbar werden. Auf dieser Seite werden vier Familien in Fotos und auf der nächsten Seite drei weitere Familien in Texten vorgestellt.

1. Erstelle eine Tabelle, in der du die Zusammensetzung und die Besonderheiten der sieben Familien festhältst.
2. Stellt Gemeinsamkeiten und Unterschiede der Familien dar.
3. Angenommen, du solltest zwei Wochen als Gast in einer dieser Familien wohnen: Welche suchst du dir aus? Begründe.

Beispiel 1

Familie Meier hat drei eigene Kinder und ein adoptiertes Kind.

Beispiel 2

Seit der Scheidung seiner Eltern lebt Simon bei seinem Vater. Seine Mutter besucht er am Wochenende.

Beispiel 3

Ein homosexuelles Paar

Beispiel 4

Eine multikulturelle Familie. Die Familie wünscht sich noch ein weiteres Kind.

Beispiel 5:
Für Oguz ist die Familie das Wichtigste in seinem Leben

„Meine Eltern kamen 1984 nach Deutschland. Sie haben sich bei der Arbeit kennengelernt und haben im Jahr darauf geheiratet. Ein Jahr später kam meine Schwester Sihel auf die Welt, dann vier Jahre später meine Schwester Merve und weitere sechs Jahre später wurde ich geboren. Mein Bruder Burhan ist unser Jüngster, er ist gerade in die Schule gekommen. Die Familie spielt bei uns türkischen Familien eine ganz wichtige Rolle, vielleicht sogar die wichtigste Rolle. Der Zusammenhalt in der Familie ist viel stärker als bei deutschen Familien. Wir unterstützen uns immer, wenn einer Hilfe braucht. Auch die religiösen und nationalen Feiertage feiern wir zusammen – überhaupt unternehmen wir fast alles in familiärem Rahmen. Ich habe noch viele Verwandte in Deutschland, mit denen wir häufig etwas unternehmen. Das heißt jedoch nicht, dass ich mich immer gut mit meinen Eltern verstehe. Sie sind sehr religiös und traditionell eingestellt, was man von mir nicht behaupten kann. Da gibt es natürlich immer wieder Streit. Viele türkische Jugendliche können nicht mehr so gut türkisch sprechen. Meine Eltern haben jedoch mit uns zu Hause immer türkisch gesprochen. Ich finde, dass jeder seine Muttersprache fließend beherrschen sollte. Ich möchte weiterhin mein Leben in Deutschland mit meiner Familie verbringen, denn ich habe alle meine Freunde hier. Meine Eltern haben auch schon ein Haus gekauft, weil sie sich damit abgefunden haben, dass sie wahrscheinlich nicht in die Heimat zurückkehren werden."

Beispiel 6:
Caroline findet es schön, dass sie eigentlich drei Familien hat

„Wir sind fünf Kinder in der Familie. Alle staunen, wenn ich von meiner großen Familie erzähle. Aber eigentlich habe ich etwas dick aufgetragen: Denn wir haben nicht alle dieselben Eltern. Nur mein kleiner Bruder Lars (9 Jahre) und ich sind aus der jetzigen Ehe meiner Eltern. Marc (16 Jahre) stammt aus Mutters erster Ehe, hat also einen anderen Vater. Marc lebt aber bei uns. Meine Mutter arbeitet halbtags in einem Reisebüro. Deswegen müssen wir alle im Haushalt mit anpacken, jeder hat seine Pflichten, auch mein Vater. Deswegen gibt es bei uns schon mal Streit, wenn sich einer davor drücken will. Papa hat aus erster Ehe ebenfalls zwei erwachsene Kinder: Martin ist 23 Jahre alt und studiert, die 19-jährige Stefanie lebt bei ihrer Mutter. Martin und Stefanie kommen am Wochenende oft zu uns zu Besuch. Ganz schön kompliziert, unsere Familie! Richtig schwierig wird es bei Familienfesten, weil Papa den Ex-Mann meiner Mutter nicht ausstehen kann und die Familie meiner Mutter immer noch sauer auf meinen Vater ist. Das nervt mich manchmal. Aber meistens bin ich froh, dass ich so viele verschiedene Verwandte habe. Bei uns ist es deswegen nie langweilig."

Beispiel 7: Robin besucht gern seine Großeltern

„Ich bin ein Einzelkind und – darauf lege ich Wert – weder total verwöhnt noch überheblich. Das sagen zumindest meine Freunde. Früher habe ich mir oft einen Bruder gewünscht. Platz hätten wir wirklich genug. Wir wohnen in einem großen Zwei-Familien-Haus. Ich wohne im Dachgeschoss. Dort habe ich sogar ein eigenes Bad für mich. Wenn mein Freund Jens bei mir übernachtet, haben wir oft viel Spaß. In der Wohnung im Erdgeschoss wohnen meine Großeltern. Dort bin ich viel zu Besuch, mit ihnen kann ich sogar Dinge bereden, die ich meinen Eltern nicht erzählen würde. Meine Oma kocht auch mittags für mich, denn meine Mutter arbeitet den ganzen Tag als Arzthelferin in einer großen Praxis. Manchmal ist es für mich schon ein wenig langweilig, nur mit Erwachsenen zusammen zu sein, besonders im Urlaub. Deswegen fliegen wir jetzt schon zum zweiten Mal in einen Ferienclub, weil ich dort Jugendliche in meinem Alter treffen kann. Doch eigentlich bin ich zufrieden mit meinem Leben. Meine Eltern nehmen sich viel Zeit für mich, auch wenn sie in ihrem Beruf manchmal ganz schön Stress haben. Am Wochenende unternehmen wir häufig etwas zusammen – eine Radtour oder wir gehen in ein Restaurant schön essen."

Formen der Familie heute

1. Was versteht man unter einer Familie? Notiere zwei Definitionen.
2. Was erfährst du im Text und im Schaubild über Formen der Familie heute?
3. Manche Menschen bedauern, dass es heute so viele verschiedene Familienformen gibt, andere sehen die Vielzahl der Möglichkeiten als Chance. Wie siehst du es? Begründe deine Meinung.

Was ist eigentlich eine Familie?

Angesichts der vielen unterschiedlichen Formen des Zusammenlebens ist es gar nicht so einfach zu bestimmen, was eigentlich eine Familie ist. Experten des statistischen Bundesamtes haben ihren Zählungen der Familien in Deutschland ab 2005 eine neue Definition zugrunde gelegt. Demnach ist jede Eltern-Kind-Gemeinschaft eine Familie. Dazu zählen alle Ehepaare mit einem oder mit mehreren Kindern und auch alle Alleinerziehenden und alle unverheirateten Paare, die mit eigenen oder adoptierten Kindern unter einem Dach leben. Paare ohne Kinder und ältere Ehepaare, bei denen die Kinder von zu Hause ausgezogen sind, werden nicht mehr als Familie gezählt. Aus der Sicht von Eltern und Kindern heraus kann man eine Familie auch als eine Lebensgemeinschaft beschreiben, in der Eltern und Kinder Glück und Geborgenheit suchen, ihren Alltag gemeinsam organisieren und füreinander einstehen.

Warum haben sich die Familien in Deutschland so stark verändert?

Früher war es selbstverständlich, dass man heiratete, Kinder in die Welt setzte und ein Leben lang zusammenblieb. Auch heute noch gehört der Wunsch, eine Familie zu gründen, zur Lebensplanung der meisten jungen Leute. Die Entscheidungsmöglichkeiten, wie diese Form des familiären Zusammenlebens gestaltet werden soll, haben aber in erheblichem Maße zugenommen. Viele junge Leute leben mittlerweile ohne Trauschein zusammen und haben gemeinsame Kinder, Alleinlebende entschließen sich dazu, Mutter oder Vater zu werden, ohne mit dem zweiten Elternteil zusammenzuziehen. Die Zahl homosexueller Partnerschaften mit adoptierten oder auch eigenen Kindern nimmt kontinuierlich zu. Ein weiterer Grund für die Veränderung liegt in der Zunahme der Zahl der Scheidungen. Sehr viele Geschiedene heiraten wieder und die Kinder wachsen dann in einer Fortsetzungsfamilie auf. So leben immerhin acht von zehn Kindern heute in einer Familie mit zwei Elternteilen. Gründe für diese Vielfalt an Formen sind, dass die Menschen selbstbestimmter leben wollen.
Immer mehr Frauen haben eine gute Berufsausbildung und stehen finanziell auf eigenen Füßen. Sie sind nicht mehr – wie es früher oft der Fall war – vom Geld ihres Ehepartners abhängig. Der Trend zu immer kleineren Familien liegt auch darin begründet, dass es als schwierig empfunden wird, Beruf und Elternschaft miteinander zu vereinbaren. Hier ist die Familienpolitik gefordert, bessere Rahmenbedingungen zu schaffen.

Lebensgemeinschaften heute

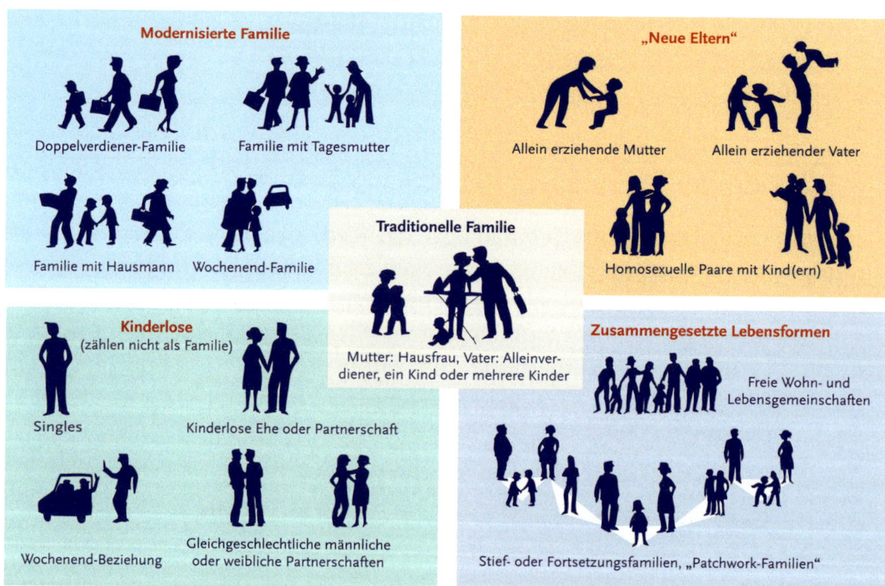

Was verraten diese zehn Zahlen über die Situation von Familien heute?

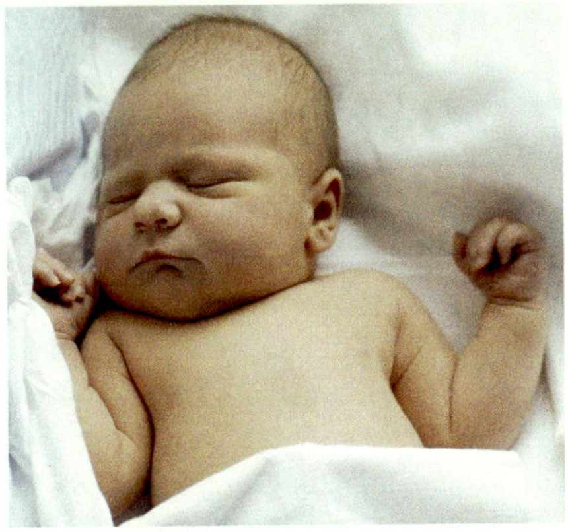

Hinter den Zahlen verbergen sich wichtige Informationen über die Situation heutiger Familien.

- Finde sie heraus und erkläre in kurzen Sätzen, was die Zahlen bedeuten.
- Schreibe mithilfe der Informationen einen zusammenhängenden kurzen Text.
- Lass dabei drei Zahlen weg, die dir verzichtbar erscheinen.
- Stelle deinen Text anderen vor.

Tipp: Diese Aufgabe kann man gut zu zweit lösen.

8,1 Millionen

971 000

71 Prozent

46 Prozent

01.08.2013

14,6 Millionen

20 Prozent

9 Prozent

417 200

15 Prozent

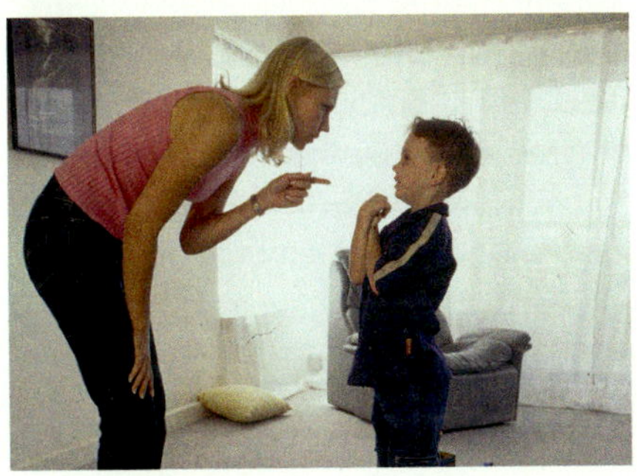

Im Jahr 2011 gab es in Deutschland insgesamt 8,1 Millionen Familien mit Kindern unter 18 Jahren. In diesen Familien lebten insgesamt 14,6 Millionen Kinder. Trotz der rückläufigen Entwicklung traditioneller Familien waren 2011 die Ehepaare, die mit einem oder mit mehreren Kindern gemeinsam in einem Haushalt leben, die häufigste Familienform. Sie machten 71 % aller Familien aus. 20 % der Familien sind Alleinerziehende mit Kindern unter 18 Jahren. Die restlichen 9 Prozent sind nicht-eheliche Lebensgemeinschaften mit Kindern. In solchen Familien lebten im Jahr 2011 insgesamt 971 000 Kinder unter 18 Jahren. Im Frühjahr 2009 wurden die Kinder unter 3 Jahren gezählt, die tagsüber in einer Kindertagesstätte oder bei einer Tagesmutter betreut werden. Ihre Zahl betrug 417 200. Im alten Bundesgebiet besuchten zu dieser Zeit nur 15 % der unter dreijährigen Kinder eine Tagesbetreuung und in den 5 Bundesländern in Ostdeutschland insgesamt 46 Prozent. Am ersten August 2013 trat ein Gesetz in Kraft, wonach es für jedes Kind ab einem Jahr einen Platz in einer Kindertagesstätte geben muss. (Zahlen: Statistisches Bundesamt)

4 Wie kann man mit Konflikten in der Familie umgehen?

Auf den folgenden Seiten werden drei familiäre Konfliktsituationen vorgestellt und zwar (A) ein Alltagskonflikt, (B) ein schwieriger Konflikt und (C) ein Konflikt, bei dem der Staat eingreifen musste. Die drei Fälle könnt ihr in Gruppen bearbeiten und dabei folgendermaßen vorgehen:

1. Schritt: Bildet Gruppen und entscheidet euch für einen Fall. Zunächst beantworten dann alle einzeln den Auftrag 1, der unter dem Fall steht.

2. Schritt: Lest euch eure Antworten gegenseitig vor und entwickelt dann gemeinsam in der Gruppe eure Stellungnahme. Bereitet sie so vor, dass ihr sie später in der Klasse präsentieren könnt.

3. Schritt: Übt das Rollenspiel ein. Präsentiert das Spiel und anschließend eure Stellungnahmen.

A Ein Alltagskonflikt

Darf Sara bei ihrer Freundin übernachten?

„Warum ausgerechnet ich? Alle anderen dürfen bei Jolanda übernachten!" Sara ist sauer und fühlt sich ungerecht behandelt. Am Samstag feiert ihre beste Freundin ihren zwölften Geburtstag. Darauf freut sie sich schon die ganze Woche. Mit ihren Freundinnen hat sie sich ein tolles Geburtstagsgeschenk ausgedacht. Gemeinsam haben sie während der Woche an einem Überraschungskoffer gebastelt und ein lustiges Karaoke-Video gedreht, das war eine Wahnsinnsarbeit und wird abends als Höhepunkt der Party vorgeführt. Und das soll nun alles ohne sie stattfinden?

„Sara, musst du denn unbedingt dort übernachten? Genügt es nicht, wenn du nachmittags zum Grillen zu Jolanda gehst, und ich hole dich um acht Uhr abends wieder ab?"

Seit einer Viertelstunde streiten die beiden nun schon.

„Nein, dann verpasse ich ausgerechnet das Beste, abends wird's doch erst richtig interessant."

„Sara, normalerweise wäre die Übernachtung überhaupt kein Problem. Aber du weißt genau, dass am Montag die letzte Mathearbeit geschrieben wird, und auf die kommt es an." „Ich kann doch noch am Sonntag lernen, außerdem habe ich am Samstagmorgen noch Zeit genug, was für die Schule zu tun."

„Nein Sara, Schule geht vor. Du hast die ganze Woche nichts für die Schule gemacht. Ich kenn dich doch, am Sonntag bist du totmüde, da bist du zickig und für nichts zu gebrauchen. Die Sache ist entschieden. Du kannst in deinem Leben noch oft genug irgendwo übernachten."

„Immer schreibst du mir vor, was ich zu tun habe." Sara bricht in Tränen aus und schreit: „Lass mich in Ruhe. Du hast ja keine Ahnung von mir und weißt überhaupt nicht, wie wichtig das Fest ist." Wütend wirft sie den Küchenstuhl um, auf dem sie gesessen hat, enttäuscht knallt sie die Tür zu ...

1. Die Einzelarbeit
Für wen hast du mehr Verständnis: für Sarah oder für ihre Mutter?

2. Die Stellungnahme der Gruppe
Entwickelt in eurer Gruppe eine Beurteilung zu diesem Fall. Haltet euch dabei an die folgenden Kriterien:
- Worin besteht das Problem?
- Welche unterschiedlichen Interessen gibt es?
- Wie soll das Problem entschieden werden?

3. Die Lösung im Rollenspiel
Drei Personen nehmen am Rollenspiel teil: Sarah, ihre Mutter und eine gute Freundin. In einem Gespräch soll die Freundin versuchen, gemeinsam mit Tochter und Mutter eine Lösung zu erarbeiten, mit der alle zufrieden sein können.

B Ein schwieriger Konflikt – Die Familie braucht Hilfe bei der Lösung

Petra braucht Hilfe

Wütend knallt Petra ihre Schultasche auf den Küchentisch. Schon wieder eine Fünf in Mathe! In letzter Zeit haben ihre Leistungen in der Schule sehr nachgelassen. Kein Wunder, denn sie schwänzte häufig den Unterricht. Ihr Magen meldet sich. Im Kühlschrank findet sie nur ein paar vergammelte Wurstreste, Bierdosen und Katzenfutter vor. Also läuft sie schnell zum Kiosk an der Ecke und kauft sich eine große Portion Pommes mit Majo und eine Cola. Dass sie noch ein paar Schokoriegel mitgehen lässt, bemerkt der Kioskbesitzer zum Glück nicht. Im Nebenzimmer schnarcht Mami leise. Vollständig angezogen liegt sie auf dem Bett, wahrscheinlich ist sie wieder betrunken. Seit Papa vor einem Jahr zu seiner Freundin gezogen ist, passiert das immer häufiger.

So gerne hätte sie eine Freundin. Trotzdem hat sich Petra in letzter Zeit immer mehr von den anderen Kindern zurückgezogen. Niemand in ihrer Klasse weiß von ihren Sorgen. Sie schämt sich so wegen dieser unordentlichen Wohnung, wegen ihrer betrunkenen Mutter. Längst bräuchte sie neue Hosen und Schuhe, auch ein Besuch beim Friseur ist dringend notwendig; aber Mami scheint das gar nicht zu bemerken. Petra ist im letzten Jahr nicht nur in die Länge gewachsen. Richtig dick ist sie geworden. Sie kann einfach nicht aufhören zu essen. Unmengen von Süßigkeiten und Chips schlingt sie gierig hinunter. So frisst sie ihren Kummer förmlich in sich hinein.

„Ach Petra, ich möchte dir so gerne eine gute Mutter sein. Ich sehe ja, wie sehr du unter dieser schlimmen Situation leidest. Von heute an werde ich mit dem Trinken aufhören“, hat Mami ihr schon mehrmals versprochen. Geändert hat sich bisher nichts, wahrscheinlich fehlt Mami einfach die Kraft dazu. Immer wieder hat sie sich um eine Arbeitsstelle bemüht, aber die Leute merkten meist schnell, was mit ihr los war. Dabei könnten sie so dringend Geld gebrauchen. Papi unterstützt sie nur sehr unregelmäßig. „Du gibst es ja doch wieder für deinen Alkohol aus“, meint er meist, wenn Mami ihn verzweifelt um Geld bittet.
„Petra, ich finde, es ist höchste Zeit, dass wir beide uns mal in Ruhe unterhalten“, nimmt die Klassenlehrerin Petra nach der Stunde zur Seite. „Hast du heute nach dem Unterricht noch etwas Zeit?“
„Ja, sicher“, stimmt Petra zu.

(Nach einem wirklichen Fall erzählt)

1. **Die Einzelarbeit**
   Soll Petras Lehrerin sich in die Situation einmischen oder besser nicht?
2. **Die Stellungnahme der Gruppe**
   Entwickelt in eurer Gruppe eine Beurteilung zu diesem Fall. Haltet euch dabei an die folgenden Kriterien:
   - Worin besteht das Problem?
   - Welche unterschiedlichen Interessen gibt es?
   - Wie soll das Problem entschieden werden?
3. **Die Lösung im Rollenspiel**
   Drei Personen nehmen am Rollenspiel teil: Die Klassenlehrerin, eine weitere Lehrerin oder ein weiterer Lehrer, der oder dem Petra besonders vertraut, und Petra selbst. In dem Gespräch soll versucht werden, Lösungen zu finden, damit sich Petras Leistungen und ihre Situation wieder verbessern.

C Ein unlösbarer Konflikt? Der Staat greift ein

Dennis ist froh, dass er ins Heim gekommen ist

Der junge Mann (17) steht kurz vor der mittleren Reife. Anschließend will er ins technische Gymnasium, um dort das Abitur zu machen. Dennis (Name geändert) hat schon viel erlebt. Seit seinem elften Lebensjahr wohnt er nicht mehr zu Hause. Bis vor einem halben Jahr lebte er in einer Wohngruppe […] und nun alleine in einer kleinen Wohnung.

Dennis erinnert sich: „Als Kind konnte ich meine schwierige Lage schlecht einschätzen. Aber ich bin froh, dass ich ins Heim gekommen bin. Das war sehr wichtig für mein Leben, vielleicht wäre ich sonst hochgradig kriminell geworden.“ An die Zeit im Heim hat er viele gute Erinnerungen: „Ich hatte viel Freiraum für meine persönliche Entwicklung. Die Erzieher übten keine Macht aus, sondern entwickelten eine persönliche Bindung zu mir.“ […]

Die Heimunterbringung ist nur eine Möglichkeit der staatlichen Hilfen zur Erziehung. Daneben gibt es zum Beispiel Tagesgruppen, professionelle Erziehungsstellen oder Hilfen, bei denen die ganze Familie betreut wird. […] Während Kinder unter sechs Jahren bei Bedarf in Pflegefamilien untergebracht werden, leben Ältere in familienähnlichen Wohngruppen. Dabei wird der Kontakt mit der Herkunftsfamilie möglichst aufrechterhalten. Auf die Wohngruppe folgt meist das betreute Wohnen, ein ambulantes Betreuungs- und Beratungsangebot für Jugendliche ab 16 Jahren. Dabei leben die jungen Menschen in Einzelwohnungen und werden regelmäßig und intensiv betreut.

(Aus: Katharina Rolshausen, „Ich bin froh, dass ich ins Heim gekommen bin“, in: Saarbrücker Zeitung Nr. 91 vom 19.04.2007, S. B 1)

Das Robert-Perthel-Haus in Köln: Hier finden Jugendliche mit seelischen Problemen Hilfe.

1. Die Einzelarbeit
Warum ist Dennis froh, dass er ins Heim gekommen ist?

2. Die Stellungnahme der Gruppe
Kann ein Leben in einem Heim für ein Kind besser sein als das Verbleiben in der Familie? Entwickelt in der Gruppe eine Stellungnahme zu dieser Frage. Haltet euch dabei an die folgenden Kriterien:

- Worin bestehen die Probleme?
- Welche unterschiedlichen Interessen kann es bei dieser Frage geben?
- Wie sollen in Fällen wie bei Dennis solche Probleme entschieden werden?

3. Die Lösung im Rollenspiel
Drei Personen nehmen am Rollenspiel teil: eine Person, die der Ansicht ist, dass ein Heim niemals eine Familie ersetzen kann, eine Person, die glaubt, dass Heimerziehung durchaus ein Glücksfall sein kann, und Dennis.

Methodenkarte 3

Rollenspiel

Thema: Konflikte in der Familie

A Was ist ein Rollenspiel?

Im Rollenspiel schlüpfen die Spielerinnen und Spieler in die Haut einer anderen Person. Das ist ungefähr so wie bei einer Theaterrolle. Allerdings ist das Spiel nicht fest vorgeschrieben. Ihr müsst überlegen, wie sich die Personen, die ihr spielt, in dieser Situation verhalten würden. Damit das gelingt, müsst ihr euch in sie hineinversetzen. Das nennt man Perspektivwechsel. Ihr müsst euch vorstellen, was die Person empfindet und denkt.

B Wie geht man am besten dabei vor?

Ein Rollenspiel gliedert sich in Vorbereitung, Spiel und Besprechung.

1. Vorbereitung

Teilt zunächst die Rollen auf, die übernommen werden sollen. Überlegt gemeinsam, welche Interessen die einzelnen Personen haben und wie sie sich im Laufe des Spiels verhalten sollen. Plant gemeinsam den ungefähren Spielablauf, ohne euch zu sehr auf Einzelheiten festzulegen. Einigt euch darauf, wie lange eurer Spiel dauern soll. Geht den Spielverlauf einmal durch, bevor ihr vor Zuschauern spielt.

2. Spiel

Im Rollenspiel gibt es jeweils eine Gruppe die spielt, während der übrige Teil der Klassenmitglieder das Spiel beobachtet.

Wenn ich spiele, …
- achte ich darauf, meine Rolle einzuhalten,
- versuche ich, mich so gut es geht, in die Situation der Person hineinzuversetzen,
- nehme ich meine Rolle ernst und suche nach einer echten Problemlösung.

Wenn ich beobachte, …
- bin ich konzentriert und leise,
- versuche ich, Antworten auf folgende Fragen zu finden: Haben die Spieler ihre Rollen glaubwürdig dargestellt? Bin ich mit den Lösungen einverstanden?

3. Besprechung

Nach jedem Rollenspiel gibt es eine kurze Besprechungsrunde, in der sich die Beobachter zum Spiel äußern. Wenn alle Gruppen vorgespielt haben, könnt ihr gemeinsam die Ergebnisse vergleichen und darüber reden, welche Lösungen euch am besten gefallen haben und welche Vorschläge nicht akzeptabel sind. Alle Spielerinnen und Spieler sind dann nicht mehr an ihre Rolle gebunden und können sich frei äußern.

5 Wie fördert der Staat Familien mit Kindern?

Familien stehen unter dem besonderen Schutz des Staates. Aus diesem Grund versucht die Politik durch familienfreundliche Gesetze, günstige Rahmenbedingungen für Familien mit Kindern zu schaffen. Dies erleichtert jungen Familien, sich für Kinder zu entscheiden.

Max und Lea Schneider erwarten ihr erstes Baby. Während sie die Farbe für das neue Kinderzimmer aussuchen, entsteht das folgende Gespräch.

Lea: Bald sind wir eine richtige Familie. Ein bisschen Angst hab' ich schon. Ob wir das alles auf die Reihe bekommen?

Max: Wir werden das schon schaffen. Du machst das bis jetzt prima. Und ab nächster Woche kannst du erst mal zu Hause bleiben.

Lea: Darüber bin ich auch richtig froh. Ich hab' den Kopf nicht mehr für die Arbeit frei, nachts weiß ich nicht, wie ich mit dem Bauch schlafen soll und mein Rücken schmerzt auch.

Max: Du Arme. Leider kann ich dir nicht wirklich helfen, aber ich kümmere mich um all die anderen Sachen und nächstes Wochenende streiche ich das Zimmer für unsere Tochter.

Lea: Das hört sich gut an. Damit wäre eine wichtige Vorbereitung getroffen. Aber wir müssen mal schauen, was wir sonst noch alles brauchen, wenn die Kleine auf der Welt ist?

Max: Wickelkommode, Autositz, Kinderwagen, Stubenwagen, Kleidung …

Lea: Oh je, das wird teuer.

Max: Ein wenig haben wir ja schon gespart und unsere Eltern schenken uns vielleicht auch noch etwas Geld.

Lea: Gut, dann haben wir die Erstausstattung. Aber was machen wir nach der Geburt, wenn der Mutterschutz vorbei ist? Dann wird unsere Tochter zwei Monate alt sein. Einer von uns sollte dann noch zu Hause sein.

Max: Aber wenn einer von uns mit der Arbeit aufhört, dann fehlt uns ein Einkommen.

Lea: Wir bekommen doch Kindergeld. Und wenn ein Elternteil für die Erziehung eines Neugeborenen zu Hause bleibt, bekommt der doch Geld vom Staat, oder?

Max: Das weiß ich nicht. Da müssen wir uns auf jeden Fall schlaumachen. Das wäre zumindest eine Hilfe.

Lea: Für den Anfang schon. Aber auf Dauer möchte ich schon wieder arbeiten gehen. Ich glaube, wir kümmern uns am besten jetzt schon um einen Krippenplatz.

Max: Wie bitte? Unsere Tochter hat noch nicht das Licht der Welt erblickt, wir wissen noch nicht wie sie heißen soll und wir melden sie schon irgendwo an?

Lea: Da hast du Recht. Das ist schon verrückt. Aber es hat sich in den letzten Jahren viel getan in der Familienpolitik. Vielleicht ist alles nur halb so tragisch.

Max: Wir sollten uns informieren, was uns gesetzlich zusteht. Wenn der Staat so viel für Familien macht, nehmen wir das auch in Anspruch.

Lea: Also, worauf warten wir?

1. Im Dialog werden staatliche Leistungen genannt oder angedeutet. Finde mithilfe der nächsten Seite heraus, um welche es sich handelt?
2. Lea und Max freuen sich auf ihr Kind und dennoch machen sie sich Gedanken. Wie wird sich das Leben der werdenden Eltern verändern?

Staatliche Hilfen

Der Staat setzt sich im besonderen Maße für Familien ein. Dies fordert auch der Artikel 6 des Grundgesetzes. Auf der Homepage des Bundesministeriums für Familie, Senioren, Frauen und Jugend steht dazu folgender Auszug:

Wer Kinder hat, verdient die Unterstützung des Staates. Die Bundesregierung setzt dabei auf eine Familienpolitik, die den Zusammenhalt der Gesellschaft festigt. Als Voraussetzung dafür benötigen Familien Zeit für Verantwortung und jede und jeder Einzelne faire Chancen in der Gesellschaft. Mit dieser Politik werden Akzente in der Familienförderung gesetzt und die Unterstützung und Hilfen für Familien zielorientiert ausgerichtet. Familienpolitische Leistungen müssen auf sehr unterschiedliche Lebenssituationen eingehen. So vielfältig die Familien sind, so unterschiedlich sind die Leistungen ausgestaltet, die sie benötigen.

(Aus: http://www.bmfsfj.de, Zugriff vom 16.08.2012)

Mutterschutz und Mutterschaftsgeld

Berufstätige und schwangere Frauen erfahren einen besonderen gesetzlichen Schutz. Sie dürfen 6 Wochen vor der Geburt und 8 Wochen nach der Geburt nicht arbeiten. Sie erhalten jedoch für diese Zeit von den Krankenkassen Mutterschaftsgeld, welches der Höhe ihres Einkommens entspricht.

Elterngeld

Viele Eltern möchten nach der Geburt für ihr Kind rund um die Uhr da sein. Damit sie sich das leisten können, zahlt der Staat Elterngeld. Das Elterngeld wird an Väter und Mütter für maximal 14 Monate gezahlt. Dabei können beide den Zeitraum frei untereinander aufteilen. Ein Elternteil kann dabei mindestens zwei und höchstens zwölf Monate für sich in Anspruch nehmen, zwei weitere Monate gibt es, wenn sich der Partner an der Betreuung des Kindes beteiligt.

Elternzeit

Berufstätige Eltern können bis zum dritten Geburtstag ihres Kindes ihr Arbeitsverhältnis ruhen lassen. Der Arbeitgeber ist verpflichtet, ihnen nach der Elternzeit einen gleichwertigen Arbeitsplatz wieder zur Verfügung zu stellen. Während dieser Zeit erhalten die Eltern jedoch kein Geld.

Rechtsanspruch auf Kindertagesstätten

Die Nachfrage nach Kita-Plätzen steigt, andererseits gibt es in Deutschland immer noch viel zu wenige davon. Dies erschwert für junge Paare und Alleinerziehende die Vereinbarkeit von Familie und Beruf. Ab dem 1. August 2013 gibt es einen Rechtsanspruch auf einen Kita-Platz. Dies bedeutet, dass Eltern klagen können, wenn sie für ihre Kinder zwischen dem vollendeten ersten und dritten Lebensjahr eine Betreuung möchten, diese aber nicht finden.

Kindergeld

Das Kindergeld wird unabhängig vom Einkommen gezahlt. Die Höhe richtet sich nur nach der Zahl der Kinder. Für das erste und zweite Kind betrug das Kindergeld 2013 monatlich je 184 Euro. Für das dritte Kind monatlich 190 Euro und für das vierte und jedes weitere Kind monatlich 215 Euro. Die aktuellen Zahlen sind leicht im Internet zu ermitteln.

1. Erstelle eine Tabelle nach diesem Muster:

Leistung	Beschreibung der staatlichen Hilfe

2. Stell dir vor, du hättest die Möglichkeit, Max und Lea über die staatlichen Leistungen zu beraten. Spielt die Beratungssituation in einem Rollenspiel durch.

Was auch noch interessant sein kann:

- weitere Leistungen ermitteln: Neben den hier aufgezählten Leistungen gibt es zahlreiche weitere Unterstützungsmaßnahmen, die auch von den Gemeinden und von einzelnen Bundesländern erbracht werden.
  Unter www.familienbuendnisse.de könnt ihr euch darüber weitere Informationen beschaffen.

Diskussion: Soll der Staat mehr Kindertagesstätten finanzieren oder den Familien mehr Geld auszahlen?

Es geht um 1,2 Milliarden Euro an Ausgaben pro Jahr! So viel kostet es den Staat, wenn er allen Familien mit Kindern zwischen einem und drei Jahren monatlich ein zusätzliches Geld in Höhe von 150 Euro auszahlt. Vorausgesetzt, die Familie betreut das Kind zu Hause und verzichtet darauf, es in einer Kindertagesstätte anzumelden. Zusätzlich zum Kindergeld können so 900 000 Familien von dieser Leistung profitieren. Mit 1,2 Milliarden Euro können aber auch zusätzliche Kindertagesstätten errichtet werden, an denen es in Deutschland noch immer mangelt. Angenommen, die Summe soll nicht aufgeteilt werden: Wofür würdest du das Geld verwenden: als Direktzahlung an Familien oder zum Ausbau von Kita-Plätzen? Darüber sollt ihr euch ein Urteil bilden und miteinander diskutieren.

So könnt ihr vorgehen:

1. Lies die beiden Stellungnahmen und notiere, womit sie begründet werden.
2. Überlege: Welche Position überzeugt dich mehr?
3. Bilde dir ein eigenes Urteil und suche nach weiteren Begründungen dafür.
4. Tausche dich mit einer Partnerin oder einem Partner darüber aus.
5. Diskutiert gemeinsam in der Klasse.

Das Geld muss für den Ausbau von Kindertagesstätten verwendet werden!

Für viele junge Paare und ganz besonders für die Frauen, die sich ein Kind wünschen oder bereits eines haben, ist die Vereinbarkeit von Beruf und Familie das größte Problem. Es fehlt an Kita-Plätzen und in den vorhandenen Kindertagesstätten fehlt es oft an einer guten Ausstattung und an einer angemessenen Bezahlung für die Mitarbeiter. Hier sind die 1,2 Milliarden eine sinnvolle Investition, weil sich dadurch die Lage für junge Familien mit Kindern entscheidend verbessern lässt. Es ist überhaupt kein Schaden für Kinder ab einem Jahr, wenn sie schon einen größeren Teil des Tages in Gemeinschaft mit anderen Kindern verbringen. Sie lernen so wichtige soziale Verhaltensweisen, die sie zu Hause in einer kleinen Familie gar nicht lernen können.

Das Geld muss Familien mit Kindern direkt zukommen!

Wenn das Geld direkt in Form eines monatlichen Zuschusses an die Familien mit kleinen Kindern ausgezahlt wird, haben die Eltern die Möglichkeit, sich selbst um die Erziehung ihrer Kinder zu kümmern. Sie können sich dann wieder der Aufgabe zuwenden, für welche die Familie eigentlich da ist – nämlich für eine gesunde, behütete und glückliche Entwicklung ihrer Kinder zu sorgen. Keine Erziehung in einer Kindertagesstätte kann leisten, was die elterliche Erziehung in der häuslichen Gemeinschaft zu leisten vermag. Die monatlichen Zahlungen werden dazu führen, dass junge Paare sich auch dann ihren Kinderwunsch erfüllen können, wenn sie keine großen Gehälter verdienen und daher die Kosten für ein Kind scheuen. So ist diese Maßnahme auch ein Schritt zu mehr sozialer Gerechtigkeit.

Was auch noch interessant sein kann:

- Eltern und andere Personen fragen, wie sie über diese Frage denken.

Zum Abschluss ein Blick in die Zukunft: Wie denken Jugendliche über Ehe und Familie?

In einem Interview äußern sich Aida, Julia, Viola, Sandro, Achim und Christian zu diesem Thema.

Politik erleben: Wollt ihr später einmal heiraten und Kinder haben?
Julia: Kinder möchte ich auf jeden Fall. Ich glaube, dass sie zum Leben dazugehören. Heiraten muss aber nicht unbedingt sein.
Aida: Stimmt, heiraten will ich auch nicht unbedingt. Ob ich Kinder will, weiß ich noch nicht so genau.
Achim: Ich will heiraten, aber nicht so jung. Ich will erst einen guten Beruf haben und Geld verdienen.
Politik erleben: Wie stellt ihr euch später einmal eure Partnerschaft vor?
Christian: Ich will eine Partnerin haben, mit der ich alles im Leben teilen kann. Absolute Gleichberechtigung ist mir wichtig. Am schönsten ist es doch, wenn man alles gemeinsam bewältigt.
Achim: Ich will das so machen, dass jeder der Partner sein eigenes Ding machen kann, seine eigene Karriere. Nicht so, dass einem der andere egal sein soll, aber man soll sich gegenseitig die Unabhängigkeit lassen.
Sandro: Ich hätte kein Problem damit, wenn meine Frau sich selbstständig machen würde. Ich meine, eine Frau, die nur kocht, das wird es wahrscheinlich nicht mehr geben. Und ein Mann, der mit dieser neuen Frauenrolle ein Problem hat, der ist selbst ein Problem.
Viola: Jeder soll beruflich seinen Weg gehen, aber man unterstützt sich. Und im Haushalt, da soll die Arbeit aufgeteilt sein.
Politik erleben: Wie ist es mit der Kindererziehung: Was wird euch da wichtig sein?
Julia: Mein Kind soll immer das Gefühl haben, geliebt zu werden. Ich will immer für es da sein, wenn es mich braucht.
Christian: Ich finde, Eltern sollten auch ein bisschen streng sein. Es muss klare Regeln geben. Ich würde versuchen, möglichst viel Zeit mit meinem Sohn oder meiner Tochter zu verbringen.
Politik erleben: Werdet ihr als Eltern Unterschiede in der Erziehung von Jungen oder Mädchen machen.
Julia: Keine. Wenn ein Mädchen eine Eisenbahn will oder sonst irgendein Technik-Spielzeug, dann wird es das kriegen.
Politik erleben: Und wenn ein Junge eine Barbie-Puppe will?
Aida: Hm, dann würde ich mit ihm darüber reden.
Politik erleben: Wie werdet ihr es mit der Verteilung der Aufgaben in der Familie machen?
Achim: Ich denke, das wird so gut wie ausgestorben sein, dass die Frauen am Herd stehen und die Männer das Geld besorgen.

Christian Aida

Viola Julia

Sandro Achim

Politik erleben: Und werdet ihr auch die Treppe putzen und die Wäsche bügeln?
Sandro: Klar, warum nicht?
Viola: Heirate mich! (*Alle lachen.*)
Aida: Wenn ich heirate, will ich trotzdem meinen eigenen Weg gehen. Wenn ich einen Mann haben werde, dann soll er nicht vor mir gehen und nicht hinter mir, sondern an meiner Seite, absolut gleichberechtigt.

1. Mit welchen der Äußerungen der Jugendlichen stimmst auch du überein?
2. Wie denkt ihr über Heiraten, Kinder haben, Gleichberechtigung und Partnerschaft im Zusammenleben? Formuliert dazu eure eigenen Gedanken.

Tipp: Bereitet eigene Interviews vor und befragt euch gegenseitig.

Das Zusammenleben in der Familie

Station 1 Was bedeutet Familie für dich?

Zwei Gründe – Zwei Werte

Ergebnis einer Befragung von 2604 Jugendlichen im Jahr 2010:

Man braucht eine Familie, um glücklich zu sein.	Ja Jungen 71%	Ja Mädchen 81%

In der Zusammenfassung der Ergebnisse heißt es:

„Für Jugendliche ist die Familie so wichtig wie für kaum eine Generation davor.“

(Shell-Jugendstudie 2010)

1. Formuliere zwei Gründe, warum die Familie für viele Jugendliche in Deutschland so wichtig ist.

???   ???

2. Notiere zwei Werte, die man in der Familie lernen kann und die zugleich wichtig für das Zusammenleben in der Gesellschaft sind.

???   ???

Station 2 Wie können Familien ihre Aufgaben erfüllen?

Vier richtige und vier falsche Aussagen über die Familie.

Finde die richtigen Aussagen. Notiere sie als Merkhilfe in dein Heft.

	r	f
1. Familien, bestehend aus Eltern und Kindern, sind für den Staat wichtig, weil er ohne sie nicht fortbestehen würde.		
2. Eltern können frei entscheiden, ob sie ihre Kinder erziehen oder nicht.		
3. Der Staat darf ein Kind nur dann von seiner Familie trennen, wenn die Erziehungsberechtigten total versagen und das Kind zu verwahrlosen droht.		
4. Familie ist reine Privatsache. Der Staat hat sich um sie nicht zu kümmern.		
5. Die Erziehung der Kinder ist für Eltern ein schönes Recht, aber keine Pflicht.		
6. Ehe und Familie stehen unter dem besonderen Schutz der staatlichen Ordnung.		
7. In keinem Fall darf eine staatliche Behörde dafür sorgen, dass ein Kind von seiner Familie getrennt wird und in ein Heim kommt.		
8. Die Pflege und Erziehung der Kinder sind das natürliche Recht der Eltern und die zuvörderst ihnen obliegende Pflicht.		

Station 3 Gibt es noch Gemeinsamkeiten trotz der vielen Familienformen?

Eine Gemeinsamkeit

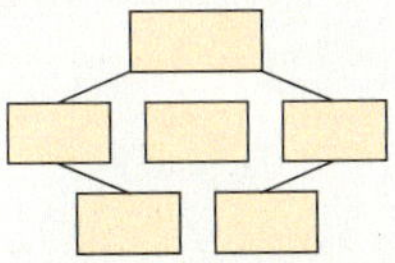

1. Um die Familien in Deutschland zu zählen, hat das statistische Bundesamt im Jahr 2005 definiert, was eine Familie ist. Wie lautet die Definition?

Viele Formen

2. Nenne drei verschiedene Formen des Zusammenlebens, die alle als Familie gelten.

Zwei Gründe

3. Formuliere zwei Gründe, die dazu geführt haben, dass es heute so viele verschiedene Formen von Familie gibt.

Station 5 Wie fördert der Staat Familien mit Kindern?

Du als Familienberater!

Angenommen, ein junges Ehepaar, das den Wunsch hat, ein Kind zu bekommen, kommt zu dir, weil es noch gar nichts über staatliche Hilfen weiß und weil es von dir etwas darüber erfahren möchte.

Berate sie, indem du ihnen
- vier Unterstützungsmaßnahmen vorstellst
- und diese in jeweils einem oder zwei Sätzen näher erklärst.

Station 4 Wie kann man mit Konflikten in der Familie umgehen?

Eine Übung zum Perspektivwechsel

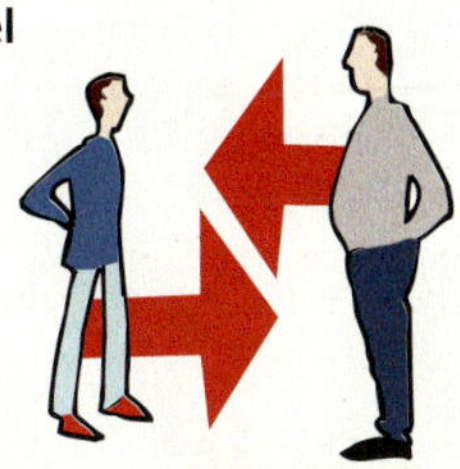

Wähle dein Thema!
Suche dir von den drei Aufgaben eine zur Bearbeitung aus.

1. Wenn es um Erziehungsfragen geht, kann es in Familien zu Konflikten zwischen Eltern und Kindern kommen. Eine dieser Konfliktursachen kann zum Beispiel sein, dass eine 14-jährige Tochter oder ein 14-jähriger Sohn mit einer Jugendgruppe allein in Urlaub fahren will.
   - Versetze dich in die Lage einer Mutter oder eines Vaters. Formuliere die Gründe, warum die Eltern dagegen sein können. (Mindestens drei solltest du finden.)

2. Zu einem schlimmen Konflikt kann es auch kommen, wenn Eltern ihre Kinder so vernachlässigen, dass keine Erziehung mehr stattfindet.
   - Formuliere die Überlegungen eines Menschen, der einen solchen Fall beobachtet, und der der Meinung ist, dass ein Heimaufenthalt in so einem Fall angeordnet werden sollte. (Zwei unterschiedliche Gründe solltest du finden.)

3. Formuliere die Überlegungen eines Menschen, der die Meinung vertritt, dass ein Kind auch dann in der Familie bleiben soll, wenn die Erziehung und die Fürsorge von außen betrachtet nicht mehr zufriedenstellend funktioniert. (Zwei Gründe dafür solltest du finden.)

Jugendliche in der Gesellschaft

3

Auf der Suche nach unserem persönlichen Lebensstil

1. Allein nachdenken

Angenommen, eine gute Fee erschiene dir mit den Worten: Nenne mir drei Zukunftswünsche für dich und drei für den Rest der Menschheit. Sie werden in Erfüllung gehen. Welche nennst du?

2. Zu zweit beraten

Was wünschen sich junge Leute eures Alters, wenn sie an das Zusammenleben in der Zukunft denken?

3. In der Klasse sammeln

Welche Zukunftswünsche haben Jugendliche: privat, beruflich und für die Politik?

Bei der Arbeit an diesem Kapitel könnt ihr ...

- euch damit auseinandersetzen, welche Werte im Leben wichtig sind,
- Rollenkonflikte bearbeiten, bei denen es um den Widerspruch zwischen persönlichen Wünschen und äußeren Erwartungen geht,
- Projekte vorstellen, bei deren Durchführung junge Leute ein vorbildliches soziales Engagement gezeigt haben,
- über die Vor- und Nachteile von Cliquen und Gruppenzugehörigkeiten miteinander reden,
- herausfinden, was Jugendliche gegen Rassismus und Neonazismus unternehmen.

Eigene Schwerpunkte könnt ihr setzen, indem ihr ...

- andere Jugendliche über deren Interesse an sozialen Projekten und an Politik befragt,
- Projektideen für Demokratie, gegen Rassismus sammelt,
- gezielte Internetrecherchen mithilfe der WebQuest-Methode durchführt,
- die Homepage des Ausschusses für Familie, Senioren, Frauen und Jugend aufsucht und über aktuelle Debatten recherchiert.

1 Wer bin ich? Wie will ich sein?

Diese beiden Fragen legten die Autorinnen und Autoren von „Politik erleben“ Jugendlichen zwischen 15 und 16 Jahren vor. Es ging darum, herauszufinden, welche Zukunftswünsche und Ziele junge Leute haben und welche Werte ihnen wichtig sind. Die abgedruckten Antworten könnt ihr verwenden, um Vergleiche anzustellen und eure eigenen Vorstellungen zu formulieren.

1. Lest die Berichte der Jugendlichen. Findet heraus, was ihnen wichtig ist.

A Nicole W., 16 Jahre

Ich bin das zweitälteste von fünf Kindern. Ich lebe mit meinen jüngeren Geschwistern bei meinen Eltern. Ich halte mich für verantwortungsbewusst und nehme Aufgaben ernst. Meine Zukunft stelle ich mir so vor, dass ich nach meinem Abi etwas in der Welt verändern kann. Am liebsten möchte ich studieren, Meeresbiologin werden und etwas für den Schutz der Meerestiere tun. Ob das klappt, weiß ich aber noch nicht. Ich stelle mir mich als eine Frau vor, die es schafft, Familie und Karriere gleichermaßen zu verwirklichen. Irgendwann möchte ich so viel Einfluss haben, den Tierschutz zu verbessern und mit strengeren Gesetzen positiv zu verändern. Wichtige Werte sind für mich, hilfsbereit gegenüber anderen Menschen zu sein und dabei zu helfen, Probleme zu lösen. Von anderen würde ich gerne hören, dass mein Verhalten vorbildlich ist.

B Christian G., 15 Jahre

Ich wohne natürlich noch bei meinen Eltern. Meine Freizeit verbringe ich hauptsächlich mit meinen Freunden. Ich sitze gerne am Computer, um mich im Internet über aktuelle Ereignisse zu informieren. Zu meinen Hobbys zählt auch Fußball, ich spiele in einem Verein. Zurzeit gehe ich noch in die zehnte Klasse und beginne im Sommer (sehr wahrscheinlich) eine Ausbildung zum Bürokaufmann. Mein Ziel ist es, beruflich so weit wie möglich zu kommen. Das setzt voraus, dass ich mich weiterbilde. Ich denke, dass ich später einmal eine Familie gründen werde. Vom Typ her bin ich jemand, dem es wichtig ist, eine eigene Meinung zu haben. Deswegen ist auch Meinungsfreiheit für mich ein Wert, der ganz oben steht. Sich für Politik zu interessieren, ist auch wichtig, denn wenn man von nichts eine Ahnung

Geht es dir auch manchmal so?

hat, kommt man beruflich nicht weiter und muss sich mit wenig Geld zufriedengeben.

C Lisa T., 16 Jahre

Ich lebe zusammen mit meinen Eltern und meiner jüngeren Schwester. Meine Hobbys sind Tanzen und Saxofonspielen. In Zukunft möchte ich auf jeden Fall mein Abi bestehen und studieren, wahrscheinlich Jura. Ich möchte dann zum Studieren in eine andere Stadt ziehen, unabhängig sein. Mein Beruf wird sicher eine große Rolle in meinem Leben spielen. In meinen Beziehungen wird er sicher manchmal höher als der Partner stehen. Denn was habe ich davon, wenn mich mein Mann oder mein Freund eventuell verlässt und ich wegen ihm keine Karriere machen konnte? Ich möchte auf jeden Fall beruflich so viel erreichen wie möglich. Eine Familie möchte ich auch gerne haben, vielleicht auch heiraten. Sicherlich möchte ich auch gerne Kinder bekommen. Ich werde mich um sie kümmern, so gut es geht. Schließlich gibt es da auch noch meinen Mann, der sich ebenfalls Zeit für die Kindererziehung nehmen muss. Wenn er berufstätig ist, werden wir ein Au-pair-Mädchen brauchen. Viele Mädchen halten Au-pairs für falsch, ich eben nicht. Ich hätte früher selbst gerne jemanden gehabt. Für einen wichtigen Wert halte ich, dass man sich gegenseitig respektiert. Man muss auch gut zuhören können, um Streit zu vermeiden. Streit mag ich nämlich nicht.

D Vincenzo G., 16 Jahre

Ich wohne bei meinen Eltern und gehe in die zehnte Klasse. In meiner Freizeit unternehme ich gerne etwas mit meinen Freunden. Ich interessiere mich sehr für das weibliche Geschlecht. Wenn ich alleine bin, sitze ich meistens vor dem Computer oder mache Hausaufgaben und lerne. Nach der Schulzeit will ich eine Ausbildung machen und parallel dazu möglichst früh den Autoführerschein. In der Zukunft will ich auf jeden Fall auf eigenen Beinen stehen und mein eigenes Geld verdienen. Kinder möchte ich auch. Ich weiß noch nicht, wie viele.
Sehr wichtig finde ich, dass jeder Mensch seine eigene Meinung hat. Die Demokratie finde ich auch wichtig. Man sollte alles tun, um den Neonazis keine Chance zu geben. Alle Bürger in Deutschland sollten sich gegenseitig respektieren.

2. Welche der Stellungnahmen findet ihr besonders interessant?

3. Die Befragten nennen Ziele und Werte. Sammelt sie in einer Tabelle und sprecht darüber, wie ihr zu den genannten Zielen und Werten steht.

Werte

1. Fasse in kurzen Definitionen zusammen, welche verschiedenen Werte es gibt.
2. Erkläre, was man unter einem Wertewandel versteht, und veranschauliche diesen mithilfe eines oder mehrerer Beispiele.
3. Suche dir aus dem Text Werte aus, die dir als besonders wichtig erscheinen, und erkläre, warum das so ist. Stelle dir beim Aufschreiben eine Person vor, der du besonders vertraust, und richte deine Erklärung an diesen Menschen.

Fertige Zeichnungen an, mit denen du dir wichtige Werte veranschaulichen kannst (so wie unten auf der Seite). Stellt euch die Zeichnungen gegenseitig vor.

Sachwerte

Werte sind das, was wir für unser persönliches Leben als wertvoll betrachten. Sie können ganz unterschiedlicher Art sein. Für viele Jugendliche ist das Handy wertvoll und der eigene PC, vielleicht auch das neue Fahrrad und vieles andere. Hierbei handelt es sich um Sachen, deren Wert man auch in Geld ausdrücken kann. Geht zum Beispiel ein Fahrrad verloren, kann man diesen Wert ersetzen, wenn man das nötige Geld dafür hat. *Sachwerte* ist die Bezeichnung für Werte, die sich auf konkrete Güter oder Gegenstände beziehen.

Subjektive Werte

Daneben gibt es auch Werte, die sich nicht in Geld ausdrücken lassen. Freunde zu haben, anerkannt zu sein, schick auszusehen, erfolgreich in der Schule oder im Beruf zu sein, gehören zum Beispiel dazu. Diese Werte haben mit unseren ganz persönlichen inneren Einstellungen und Gefühlen zu tun. Sie beziehen sich nur auf uns selbst und werden deshalb als *subjektive Werte* bezeichnet. Sie sind für uns besonders wertvoll, können aber nicht durch Geld erkauft werden.

Gemeinschaftswerte

Wertvoll ist fast allen Kindern, Jugendlichen und Erwachsenen, wie das Zusammenleben mit anderen Menschen funktioniert. Können wir uns sicher fühlen, geborgen, beschützt, haben wir das Gefühl, akzeptiert zu sein? Sicherheit, Geborgenheit, Respekt, Vertrauen, Verlässlichkeit, Freiheit von Angst – das alles und vieles andere sind Werte, die ganz viele Menschen für wichtig halten, und weil das so ist, bezeichnen wir sie als *Gemeinschaftswerte*.

Politische Werte

In der Demokratie ist die Politik an Werte gebunden, die durch die allgemeine Erklärung der Menschenrechte und durch die im Grundgesetz garantierten Grundrechte definiert sind. Der oberste Wert ist demnach die Achtung der Würde des Menschen. Im Einzelnen gehören zum Beispiel die Meinungsfreiheit, die Religionsfreiheit, die Gleichheit aller vor dem Gesetz und die Gleichberechtigung zwischen Frauen und Männern dazu. *Politische Werte* bilden das Fundament des Zusammenlebens in der Demokratie.

Wertewandel

Mit der fortschreitenden Entwicklung der gesellschaftlichen Verhältnisse ändern sich auch die allgemeinen Vorstellungen von der Bedeutung der Werte. In früheren Zeiten stand zum Beispiel der Gehorsam als wichtiger Wert ganz oben auf der Liste der Erziehungsziele. Heute nehmen diesen Platz eher Werte wie Selbstständigkeit und Befähigung zu verantwortungsbewusstem Handeln ein. Für diese Veränderungen benutzen wir das Wort *Wertewandel*. Manchmal ist es dabei auch so, dass traditionelle Werte wieder an Bedeutung gewinnen, die eine Zeit lang als veraltet angesehen wurden. Untersuchungen zeigen, dass Werte wie Fleiß, Respekt, auch Liebe zur Natur wieder an Bedeutung gewinnen. In der Politik nimmt der Wunsch vieler Menschen an direkter Beteiligung in jüngster Zeit zu. Es hängt von den persönlichen Einstellungen ab, ob ein solcher Wertewandel positiv oder negativ gesehen wird.

Welche Zeichnung veranschaulicht welchen Wert?

Diskussion: Haben die Jugendlichen noch positive Werte: Ja oder Nein?

Viele Erwachsene schlagen Alarm. Von einem allgemeinen Werteverlust, ja von einem gänzlichen Werteverfall bei der heutigen Jugend ist die Rede.
Langsam, sagen die anderen. Die Jugend hat noch positive Werte. Sie mögen anders sein als die mancher Erwachsener, weil Werte sich ändern, so wie das Leben in der Gesellschaft sich ändert. Es gibt aber keinen Werteverfall.
Haben die Jugendlichen noch positive Werte oder nicht? Dazu solltet ihr euer persönliches Urteil formulieren und miteinander diskutieren.

So könnt ihr vorgehen:

1. Lest die beiden Stellungnahmen und notiert, womit sie begründet werden.
2. Überlegt: Welche Äußerungen entsprechen auch euren Erfahrungen, welche nicht?
3. Bildet euch euer eigenes Urteil und formuliert es schriftlich.
4. Tauscht eure Urteile mit einer Partnerin oder einem Partner aus.
5. Diskutiert gemeinsam in der Klasse.

Diese Jugend hat keine positiven Werte, die Werte verfallen!

Man braucht nur an einem normalen Wochenbeginn die Zeitung aufzuschlagen: Nächtliches Randalieren Jugendlicher, Koma-Trinken bis zur Besinnungslosigkeit, Graffiti-Schmierereien überall an Gebäuden, Schlägereien untereinander, Respektlosigkeiten gegenüber Erwachsenen, Angriffe auf Behinderte – das alles ist mittlerweile an der Tagesordnung.
Die traditionellen Werte scheinen vollkommen zu verschwinden, so wie Höflichkeit, gutes Benehmen, Pünktlichkeit, Sauberkeit. Der Gemeinschaftssinn nimmt ab. Selbstverwirklichung ist wichtiger als der Einsatz für andere. Schuld an dieser Misere sind grenzenloser Egoismus und fehlgeleitete Erziehung. Der Medienkonsum, bei dem sich Jugendliche an Brutalitäten ergötzen, trägt ebenfalls zum Verfall der Werte bei.

Jugendliche haben positive Werte, es gibt keinen Verfall!

Es ist falsch, negative Verhaltensweisen einzelner Jugendlicher oder Jugendgruppen für das Ganze zu nehmen. So entstehen gefährliche Vorurteile und Fehleinschätzungen.
Tatsache ist, dass die große Mehrheit der Jugendlichen über ein gut ausgeprägtes Wertesystem verfügt. Zahlreiche Beispiele zeigen, dass Jugendliche sich engagieren für alles, was mit der eigenen Familie zu tun hat, gegen Drogen, für die Einhaltung der Menschenrechte, für Umweltschutz, für Gleichberechtigung zwischen Frauen und Männern, gegen Rassismus. Die Mehrheit der Jugendlichen ist friedliebend, gegen Gewalt, für Toleranz gegenüber anderen Meinungen und Nationalitäten. Einige Werte wandeln sich. Von einem allgemeinen Verfall kann aber keine Rede sein.

Was auch noch interessant sein kann:

- von eigenen Beispielen berichten (darin aufzeigen, wie sich Kinder und Jugendliche in vorbildlicher Weise für andere eingesetzt haben),
- eine Geschichte erfinden, in der ein Erwachsener mit einer negativen Meinung über die Jugend von heute durch neue Erfahrungen eines Besseren belehrt wird,
- die Perspektive wechseln, indem ihr die Sichtweise von Erwachsenen einnehmt: Wie würdet ihr eure Kinder erziehen, damit sie positive Werthaltungen entwickeln können?

2 Meine Gruppe – deine Gruppe: Vorzüge und Nachteile von Cliquen und Gruppen

Eine Einstiegsübung für alle
Glaubst du, dass alle Jugendlichen einer festen Gruppe Gleichaltriger angehören möchten oder möchten das nicht alle?
Tausche dich mit einer Partnerin/einem Partner darüber aus.

Sashas Erfahrungen mit Gruppendruck und Außenseitern

In einem viel beachteten Interview äußerte sich der mittlerweile zu den Erwachsenen zählende Sänger Sasha über Gruppen, Cliquen und Außenseiter. Welche seiner Aussagen treffen auch heute noch zu?

SPIEGEL: Wie wichtig waren Cliquen zu Ihrer Schulzeit?
Sasha: Enorm wichtig. Zwischenzeitlich wurde ich sogar depressiv, weil ich feststellte, dass auch in der Clique Statussymbole wichtig wurden. Ich war zeitweise sehr neidisch auf Kinder, deren Eltern sich etwas leisten konnten.
SPIEGEL: Was zum Beispiel?
Sasha: Klamotten. Als ich in die Pubertät kam, brach der Fanatismus der Markenartikel los. Es ging in den Achtzigerjahren vor allem um die richtigen Turnschuhe. Ich bekam das besonders zu spüren, weil ich nicht aus einer besonders gut situierten Familie komme, sondern allein mit meiner Mutter und meinem Bruder aufgewachsen bin.
SPIEGEL: War einem denn klar, warum ausgerechnet Turnschuhe so wichtig waren, um dazuzugehören?
Sasha: Nein. Wir waren in der Pubertät, da wird nicht viel reflektiert. Man weiß ohnehin nicht, wo man steht, man will einfach nur dazugehören. Das war die Zeit, in der man dann mal eine Woche auf dem Bett lag, um an die Decke zu starren, um über seinen Platz in diesem Kosmos nachzudenken.
SPIEGEL: Das hört sich ja trostlos an.
Sasha: Natürlich, und auch melancholisch. Das gehörte doch dazu, um mal tiefer gehende Gedanken hegen zu können. Es war frustrierend, nicht mithalten zu können.
SPIEGEL: Auch weil Sie den Mädchen imponieren wollten und das ohne das richtige Outfit nicht ging?
Sasha: Ja, das auch. Aber ich habe sehr früh versucht, das durch andere Qualitäten zu kompensieren. Bei mir haben sich wohl deshalb früh meine Entertainerqualitäten entwickelt. Aber man konnte diesem Markenfetischismus trotzdem nicht entkommen. Ich bin in einer Kleinstadt aufgewachsen, und da war das ganze Gerangel noch ausgeprägter, jeder kennt jeden, und man sieht sich jeden Tag. […]
SPIEGEL: Wenn man da einem Lager angehörte, konnte man auch wechseln?
Sasha: Ich hatte meine eigene Clique, es ging alles ziemlich demokratisch zu und wir haben uns nicht wirklich festgelegt, ich habe auch gerne Oldies gehört. Allerdings haben wir uns immer gleich angezogen, das war ein unausgesprochener Kodex, wir hatten Stoffturnschuhe, Jeansjacken und weiße T-Shirts an. Das war ein wenig das Fifties-Flair […]
SPIEGEL: Und Mitschüler, die gar keinen Anschluss gefunden haben, was war mit denen?
Sasha: Das ist das Grausame. Viele von diesen Leuten treffe ich heute manchmal wieder, die tragen mir zum Glück nichts nach. Aber damals wurden einige ausgestoßen. Ich war da genauso grausam, wahrscheinlich, um von mir abzulenken. Man versucht, seinen eigenen Stand aufzuwerten, indem man andere niedermacht. Das war damals so.

(Aus: DER SPIEGEL, Ausgabe 22 vom 28.05.2001, im Internet unter www.spiegel.de, letzter Zugriff 01.07.2012)

1. Welche von Sashas Aussagen über Cliquen und Außenseiter empfindest du als zutreffend? Überlege allein.
2. Verhält es sich heute noch genauso oder ist das anders geworden? Tauscht euch untereinander aus.
3. Worin seht ihr die Vor- und Nachteile von Cliquen? Sprecht darüber in der Klasse.

Gruppen, Cliquen, Außenseiter

1. Notiere die fünf wichtigsten Merkmale, die zu einer Gruppe gehören.
2. Erkläre den Unterschied zwischen dem positiven und dem negativen Einfluss von Cliquen.
3. Die meisten Menschen haben Angst davor, zum Außenseiter zu werden. Andererseits machen viele mit, wenn jemand zum Außenseiter gemacht wird. Suche nach einer Erklärung für diesen Widerspruch.

Bedeutung und Merkmale von Gruppen

Der Mensch ist ein soziales Wesen, das von Geburt an auf Zuwendung anderer Menschen angewiesen ist. Bei einem Neugeborenen sehen wir das deutlich. Ohne die Zuwendung anderer Menschen ist ein Kind nicht lebensfähig. Dieses Bedürfnis nach Kontakt bleibt ein Leben lang erhalten. Menschen sind am ehesten zufrieden und glücklich, wenn sie in stabilen Gruppenbeziehungen leben. Zu den grundlegenden Merkmalen von Gruppen gehört das Zusammengehörigkeitsgefühl der Mitglieder untereinander, das auch als „Wir-Gefühl" bezeichnet wird. Innerhalb jeder Gruppe gibt es bestimmte Erwartungen an das Verhalten der Mitglieder. Solche Erwartungen nennt man Rollen. Ein wenig wie ein Schauspieler müssen alle in der Gruppe die Rollenerwartungen erfüllen, wenn sie nicht riskieren wollen, ausgeschlossen zu werden. Nach außen grenzen sich Gruppen von anderen Gruppen ab. Das kann man zum Beispiel zwischen den verschiedenen Schulklassen einer Jahrgangsstufe beobachten. Gruppen haben gemeinsame Ziele und Interessen und entwickeln ihr eigenes Gruppenklima. In gut funktionierenden Gruppen fühlen sich die Mitglieder wohl und geborgen. In der Arbeitswelt spielen Gruppen eine immer größere Rolle, da viele der Anforderungen heute besser im Team als allein gelöst werden können.

Positive und negative Auswirkungen

Für Jugendliche haben Gruppen eine ganz besondere Bedeutung. Hier ist es meist ein fester Freundeskreis, zu dem man gehören möchte. Für solche Gruppen verwendet man den Ausdruck Clique. Nach einer Repräsentativumfrage fühlen sich 70 Prozent aller Jugendlichen in Deutschland einer Clique zugehörig. Im günstigen Fall hat die Clique positive Auswirkungen auf die Entwicklung von Jugendlichen. Hier trifft man sich zum Reden und für gemeinsame Unternehmungen. Die Clique bietet Geborgenheit, Orientierung und Trost. Sie hilft bei der Ablösung vom Elternhaus und der Suche nach einer persönlichen Identität. Im ungünstigen Fall können Cliquen einen negativen Gruppendruck auf die Mitglieder ausüben. Dies geschieht zum Beispiel dann, wenn einzelne Mitglieder zu Mutproben, zum Diebstahl oder zu Drogenmissbrauch aufgefordert werden. In einer Schulklasse können Cliquen auch Druck auf Schülerinnen und Schüler ausüben, die nicht dazugehören.

Außenseiter

Fast alle Jugendlichen haben Angst davor, zum Außenseiter abgestempelt zu werden. Um diese Rolle zu vermeiden, sind viele sogar bereit, Dinge zu tun, die sie eigentlich gar nicht tun möchten. Man macht zum Beispiel beim Mobbing von Klassenkameraden mit, man lässt sich zum Klauen, Trinken und Rauchen überreden, obwohl man das alles eigentlich gar nicht will. So setzen sich viele einem inneren Druck aus, der aus der Angst entsteht, ausgeschlossen zu werden. Obwohl alle wissen, dass es schmerzhaft ist, wenn man zum Außenseiter gemacht wird, sind viele bereit zu akzeptieren, dass es Außenseiter gibt. Andere zu demütigen scheint manchen Leuten leichter zu fallen, als freundlich zu sein und positiv auf andere zuzugehen. Menschen, die gerne andere fertigmachen, wollen sich in der Regel selbst beweisen, dass sie etwas wert sind und Macht ausüben können. Wo Menschen einen positiven Umgang miteinander pflegen, wird niemand zum Außenseiter gemacht, und weil es keine Opfer und keine Täter gibt, fühlen sich alle Beteiligten wohler.

5 Aufbauer und 5 Fertigmacher

So können Menschen sich gegenseitig aufbauen:	So können sie sich gegenseitig fertigmachen:
1. helfen	1. quälen
2. loben	2. demütigen
3. freundlich sein	3. beleidigen
4. anlächeln	4. auslachen
5. aufeinander zugehen	5. ausschließen

3 Rollenkonflikte: Was tun, wenn eigene Wünsche und fremde Erwartungen als unvereinbar erscheinen?

Wähle dein Thema!

Auf den folgenden Seiten werden drei unterschiedliche Fälle vorgestellt. Es handelt sich dabei um Konfliktsituationen, bei denen man das Gefühl hat, sich in einer Zwickmühle zu befinden. Wie auch immer man sich entscheidet, man wird „gezwickt". Man spricht dann von einer **Dilemma-Situation** (= Zwangslage). Ihr könnt euch den Fall aussuchen, der euch am stärksten interessiert. Nach eurer Wahl bearbeitet ihr euren Fall mithilfe der Arbeitsaufträge und stellt ihn euren Klassenkameraden vor. Schaut euch zunächst die Fälle und die Zeichnungen dazu auf den Folgeseiten an und trefft dann eure Wahl. Lest dazu auch die Infoseite zum Thema *Rollenerwartungen und Rollenkonflikte* (S. 65). Ihr könnt auch mit einer Partnerin oder einem Partner zusammenarbeiten und einen Fall gemeinsam bearbeiten.

Wahlthema 1: Der Alltagskonflikt: Soll Miriam ihr Papier wegwerfen wie alle anderen auch?

Zwei Mannschaften wurden im Sportunterricht in der Klasse 8c gebildet und haben gegeneinander Handball gespielt. Miriams Team hat gewonnen und sie genießt in der großen Pause mit ihrem Team zusammenstehend den Sieg. Vor dem Schulgelände verkauft ein Händler Eis. Alle gehen zu ihm und kaufen sich eins, auch Miriam. Zurück auf dem Schulhof wird über das Spiel geredet. Dabei reißen die anderen die Eisverpackungen auf und werfen das Papier achtlos auf den Boden – wie sie es schon oft gemacht haben. Der Hausmeister sammelt die Papiere dann später auf. Zunächst findet Miriam das cool und fast wäre auch ihr Papier auf dem Boden gelandet. Da fällt ihr in letzter Sekunde ein, dass sie Mitglied der Umwelt-AG an ihrer Schule ist. Diese hat die Schülerinnen und Schüler erst kürzlich dazu aufgerufen, den Schulhof nicht zu vermüllen. Auch Miriam hat sich aktiv dafür eingesetzt. „Mist!", denkt sie. „Sieht cool aus, was die anderen machen! Wenn ich jetzt als Einzige brav zum zwanzig Meter entfernten Papierkorb gehe, werden sie mich auslachen und mit Sicherheit sagen, ich sei blöd." Miriam zögert. Was tun?

1. **Erzähle:** Was ist hier passiert?
2. **Beschreibe:** Welche unterschiedlichen Rollenerwartungen sind im Spiel?
3. **Wechsle die Sichtweise:** Versetze dich in die Lage einer der beteiligten Personen und schildere, was dir in dieser Situation durch den Kopf geht: „Mir ging es in dieser Situation so: …"
4. **Sammle Lösungen:** Welche ist die einfachste, die wahrscheinlichste, die komplizierteste, die klügste?
5. **Entscheide:** Welche Lösung könntest du in dieser Situation am besten mit deinem Gewissen vereinbaren? Erfinde dazu einen Schlussteil für diesen Fall.

Wahlthema 2: Im Dilemma zwischen Pflicht und Freizeit: Soll Tanja den vereinbarten Krankenbesuch sausen lassen?

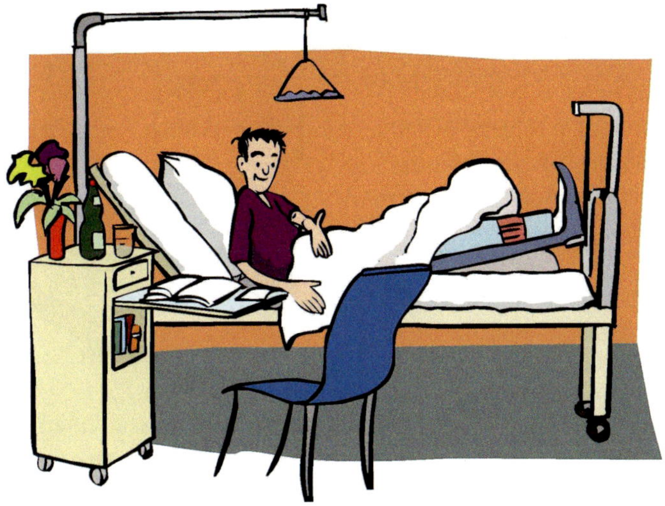

Tanja fühlt sich wohl in ihrer Klasse und sie kommt auch gut mit ihrer Mathematiklehrerin Frau Acker aus. Sie weiß, dass Frau Acker von allen Schülern Fleiß und Pflichtbewusstsein verlangt. So war es auch am Montag vor zwei Wochen, als Frau Acker den Unterrichtsstoff beiseiteschob, um ein Problem mit der Klasse zu besprechen. „Mark Molitors Mutter hat mich am Wochenende angerufen, um mir mitzuteilen, dass Mark sich im Handballtraining verletzt hat. Er hat einen Oberschenkelbruch und wird für mindestens drei Wochen im Krankenhaus bleiben müssen. Marks Eltern machen sich Sorgen. Sie befürchten unter anderem, dass Mark in Mathematik, seinem schwächsten Fach, den Anschluss völlig verlieren wird. Habt ihr Vorschläge, wie wir Mark helfen können?“ Tanja hatte die zündende Idee: „Wir können für die Zeit, die Mark im Krankenhaus bleiben muss, einen Helferdienst einteilen, jeweils zwei von uns besuchen ihn nachmittags und erklären ihm den neuen Stoff.“

Die meisten aus der Klasse fanden Tanjas Idee prima und der Rest der Stunde wurde damit verbracht, Schülerpaare einzuteilen und die Termine für die Besuche festzulegen. Tanja wollte mit ihrer besten Freundin Anisha zu Mark gehen und sie verpflichtete sich zum Besuch in zehn Tagen am 22. Mai. Alles war nun klar geregelt. Zehn Schülerpaare waren mit einem Termin eingeteilt, sodass Mark für drei Wochen mathematisch versorgt werden konnte. Schon nach dem ersten Besuch fand dieser toll, dass die Klassengemeinschaft sich so intensiv um ihn kümmerte. Er freute sich nun stets auf die Besuche. Bis zum 18. Mai ging alles gut, doch dann entstand für Tanja ein Problem: Spider-Man meldete sich an. Im Cinemaxx, dem Großkino der Stadt, fand genau an diesem 22., nachmittags zwischen 15 und 18 Uhr, die allererste Vorstellung von „Spider-Man 5 and the Voodoocat“ statt und Tanjas Onkel Erwin, Angestellter im Cinemaxx, schenkte seiner Nichte zwei Premierenkarten für genau diese Vorstellung. Tanja war begeistert. Klar war, dass die zweite Karte an Anisha gehen sollte. Doch dann fiel Tanja der zugesagte Termin im Krankenhaus wieder ein. „So ein Mist!“, dachte sie, „Mark ist ein prima Kerl, aber Freikarten für die allererste Vorstellung von Spider-Man 5, das ist schon etwas Besonderes.“ Was tun?

1. **Erzähle:** Was ist hier passiert?
2. **Beschreibe:** Welche unterschiedlichen Rollenerwartungen sind im Spiel?
3. **Wechsle die Sichtweise:** Versetze dich in die Lage von Tanja oder Mark oder Anisha oder von Frau Acker; schildere, wie du die Situation siehst: „Für mich stellt sich die Situation so dar: …“
4. **Sammle Lösungen:** Welche ist die einfachste, die wahrscheinlichste, die komplizierteste, die klügste?
5. **Entscheide:** Welche Lösung könntest du an Tanjas Stelle am besten mit deinem Gewissen vereinbaren? Welche Auswirkungen hat deine Lösung auf die Gefühle anderer beteiligter Personen? Erfinde dazu einen Schlussteil für diesen Fall.

Wahlthema 3: Im Dilemma: Soll Marcel Svens Wutaktion verraten?

Für Marcel ist in dem folgenden Fall die Dilemma-Situation so schlimm, dass er das Gefühl hat, sich zwischen zwei Mühlrädern zu befinden. Was soll er bloß tun?

Am Ende einer Fünf-Minuten-Pause ist Marcel allein in der Schülertoilette. Er will sie gerade verlassen, da springt die Tür auf und Sven stürmt herein. Marcel steht nun hinter der Eingangstür. Sven bemerkt ihn nicht. Er scheint unglaublich wütend zu sein. „Verdammt blöde Mathearbeit, so ein Mist, 'ne Fünf!", flucht er vor sich hin. Dabei schlägt er so fest mit der Faust gegen einen Spiegel, dass das Glas platzt. Dann macht er sich in einer offenstehenden Toilette an einem Papierhalter zu schaffen. Er reißt ihn aus der Wand und schleudert ihn in eine Ecke. In seiner Wut nimmt er Marcel überhaupt nicht wahr. So schnell wie er hereingestürmt war, verschwindet er auch wieder. Der zerstörte Spiegel und die zerstörte Papierhalterung bleiben zurück. Marcel ist wie angewurzelt hinter der Tür stehen geblieben. So ausgeflippt hat er Sven noch nie erlebt. Sven ist Schüler in der Parallelklasse. Marcel wäre gerne mit ihm befreundet. Viele finden Sven toll. Der ist aber einer von denen, die sich aussuchen können, wen sie in ihre Freundesclique aufnehmen und wen nicht. Nachdenklich geht Marcel in seine Klasse zurück. Er spricht mit niemandem über das, was er beobachtet hat.

Es kommt die fünfte Stunde bei Herrn Schelling, Marcels Klassenlehrer. Dieser sagt, er könne heute nicht mit dem Stoff beginnen, sondern müsse erst einmal einen höchst unerfreulichen Vorfall klären. Dann schildert er die Zerstörungen in der Schülertoilette und informiert die Klasse darüber, dass es sich dabei um eine Straftat nach dem Strafgesetzbuch handelt. Anschließend fragt er: „War das jemand von euch? Weiß jemand etwas darüber?" Alle schweigen, auch Marcel. Herr Schelling guckt enttäuscht: „Wenn man Mist gebaut hat, sollte man auch dazu stehen. Aber das traut sich wieder mal keiner."

Marcel fühlt sich schlecht. Was soll er tun?

1. **Erzähle:** Was ist hier passiert?
2. **Beschreibe:** Welche unterschiedlichen Rollenerwartungen sind im Spiel?
3. **Wechsle die Sichtweise:** Versetze dich in die Lage von Marcel oder Sven und schildere, wie du die Situation siehst: „Für mich stellt sich die Situation so dar: …"
4. **Sammle Lösungen:** Welche ist die einfachste, die wahrscheinlichste, die komplizierteste, die klügste?
5. **Entscheide:** Welche Lösung könntest du an Marcels Stelle am besten mit deinem Gewissen vereinbaren? Welche Auswirkungen hat deine Lösung auf die Gefühle anderer beteiligter Personen? Erfinde dazu einen Schlussteil für diesen Fall.

Was auch noch interessant sein kann:

- ein Rollenspiel durchführen: Wählt einen der drei Fälle aus und spielt ihn in den Rollen der beteiligten Personen vor. Beachtet zur Planung des Rollenspiels auch die Methodenkarte auf der Seite 47.
- einen eigenen Fall verfassen: Schildert einen erlebten oder einen erfundenen Rollenkonflikt. Schreibt die Geschichte ohne die Nennung tatsächlicher Personen auf und stellt sie auf die Art vor, wie ihr es mit eurem ausgewählten Fall gemacht habt.

Rollenerwartungen – Rollenkonflikte

1. Was versteht man unter Rollen und Rollenerwartungen?
2. Suche dir zwei oder mehrere Rollen aus (z. B. Lehrer, Arzt, Auszubildender, Mutter, Vater) und formuliere dazu mehrere allgemeingültige Rollenerwartungen.
3. Begründe (mithilfe eines Beispiels), warum die bequemen Konfliktlösungen nicht immer auch die besten sind.

Rollenerwartungen?

Eltern

Schule

Freunde, Clique

Vereine, Freizeitgruppen

Verwandtschaft (Großeltern, Onkel, Tanten etc.)

Rollenkonflikte?

Wie Rollen entstehen

Kinder lernen im Laufe ihrer Entwicklung, sich den Erwartungen ihrer Erzieherinnen und Erzieher entsprechend zu verhalten. Ein solches Verhalten, das durch Einflüsse von außen erworben wird, bezeichnet man als Rolle. So wie Schauspielerinnen und Schauspieler übernehmen wir Menschen im Laufe unseres Lebens verschiedenartige Rollen. Sie zeigen sich in unterschiedlichem Verhalten, je nachdem in welcher Situation wir uns befinden. In der Schulklasse verhält man sich anders als zu Hause, im Verein anders als in einer Clique. Die jeweilige Rolle hängt immer davon ab, welche Erwartungen in der jeweiligen Gruppe an die einzelnen Personen gestellt werden.
Im Unterschied zu früheren Zeiten wird heute nicht mehr nur von außen bestimmt, wie man sich seiner Rolle gemäß zu verhalten hat. Jeder Mensch hat in der Demokratie die Möglichkeit, seine eigene soziale Rolle nach seinem ganz persönlichen Plan zu finden. Man wird nicht nur eine gute Tochter, ein guter Sohn, ein guter Schüler oder Azubi, indem man alle äußeren Erwartungen erfüllt, sondern auch, indem man seine ganz eigene Persönlichkeit in diese jeweiligen Rollen einbringt.

Rollenerwartungen

Rollenerwartungen nennt man die allgemeinen Vorstellungen, die man vom Verhalten von Personen oder Personengruppen in bestimmten Situationen oder Ämtern hat. Zum Beispiel gibt es eine Summe von Vorstellungen darüber, wie gute Mütter, Väter, Ärzte, Handwerker, Auszubildende, Lehrerinnen und Lehrer, Schülerinnen und Schüler zu sein haben. Solche Rollenerwartungen haben vor allem zwei Funktionen:
Erstens: Dem Einzelnen erleichtern sie das Leben, weil sie eine klare Orientierung dafür bieten, wie man sich in einer bestimmten Situation verhalten soll und wie nicht.
Zweitens: Sie erleichtern das Zusammenleben in der Gesellschaft, weil die Menschen sich durch übereinstimmende Rollenerwartungen darüber verständigen können, was von bestimmten Personen, Berufen und Gruppen erwartet werden muss.
Manchmal können Rollenerwartungen auch belastend sein. Zum Beispiel dann, wenn der Erwartungsdruck zu groß wird oder wenn wir uns mit einer Rolle nicht identifizieren können. Wer zum Beispiel gegen seinen Willen zum Klassensprecher gewählt wird, wird auch Schwierigkeiten haben, die gestellten Erwartungen gut zu erfüllen.

Rollenkonflikte

Rollenkonflikte entstehen, wenn verschiedenartige Rollenerwartungen auf einen einströmen und wenn die persönlichen Bedürfnisse nicht mit den äußeren Erwartungen übereinstimmen.
Rollenkonflikte können sich auch im Inneren eines Menschen abspielen. Soll man sich mit Freunden treffen oder doch lieber für die Mathearbeit üben? Wer in einem solchen Konflikt steht, muss eine Entscheidung treffen. Dabei sollte man zwischen bequemen und unbequemen Lösungen unterscheiden. Alle Menschen entwickeln im Laufe ihres Lebens eine Vorstellung davon, welches Verhalten gut und welches schädlich ist. Man kann sich also fragen: Welche Lösung entspricht am ehesten meinem persönlichen Gewissen? Welche bezieht die Gefühle und die Interessen der anderen am Konflikt Beteiligten ein? Nicht immer sind die bequemen Lösungen auch die wertvollen.

4 Wie groß ist die Bereitschaft, sich für die Gesellschaft zu engagieren?

Eine Einstiegsübung für alle
Welcher der beiden folgenden Ansichten stimmst du eher zu? Notiere deine Meinung, vergleiche sie mit der deiner Tischnachbarn. Tauscht eure Ansichten dann in der Klasse aus.

„Ich bin sicher, dass viele Jugendliche gerne an sozialen Hilfsprojekten teilnehmen, auch wenn sie dazu ihre Freizeit opfern müssen."

„Ich glaube, dass es immer nur Minderheiten sind, welche die Bereitschaft mitbringen, sich für andere zu engagieren."

Jugendliche werden für ihr soziales Engagement geehrt.

Drei Beispiele für soziales Engagement

Für die Beispiele könnt ihr euch die Arbeit teilen. Bildet dazu Dreiergruppen. Jedes Gruppenmitglied liest zunächst eines der Beispiele und stellt es dann den anderen Gruppenmitgliedern vor. Danach bearbeitet ihr zu dritt die Fragen auf der nächsten Seite.

Beispiel 1: Schüler aus Wernigerode protestieren gegen Missbrauch

Die Schülerinnen und Schüler der achten Klasse des Landschulheims Grovesmühle haben sich im Unterricht mit der Situation von Kindern auf der Nord- und Südhalbkugel der Welt beschäftigt. Sie stellten dabei fest, dass besonders in der Südhälfte viele Kinder als Kindersoldaten missbraucht werden. Mit Unterstützung ihrer Lehrerin wurden die Schülerinnen und Schüler gegen diese schlimme Form der Menschenrechtsverletzung aktiv. Sie fertigten 230 Plakate an, die rote Hände auf weißem Grund zeigen und bezogen sich dabei auf den *Red Hand Day*, mit dem jährlich am 12. Februar weltweit auf das Schicksal von Kindersoldaten aufmerksam gemacht wird. Die Plakate übergaben sie in einer Feierstunde dem Oberbürgermeister ihrer Stadt und der Bundestagsabgeordneten Heike Brehmer. Frau Brehmer nahm die Plakate entgegen und versprach, im Kinderausschuss des Bundestages über das Projekt der Schüler zu informieren. Der Oberbürgermeister Peter Gaffert lobte das Engagement der Mädchen und Jungen und ihren Einsatz für die Menschenrechte.

Weitere Informationen findet ihr auf der Homepage der Schule Grovesmühle und unter www.aktion-rote-hand.de.

Beispiel 2: „SchülerFAIRma macht die Welt ein bisschen besser"

Die Schülerfirma SchülerFAIRma der JenaPlan-Schule Jena fängt einfach mit kleinen Schritten an und bewirkt einiges. Dafür wurde sie jetzt vom Bundespräsidenten Joachim Gauck ausgezeichnet. Die SchülerFAIRma betreibt unter anderem das Schülercafé an ihrer Schule, in dem Fairtrade- und Bioprodukte sowie Produkte aus regionaler Landwirtschaft verwendet und verkauft werden. Mit den Einnahmen unterstützen die Nachwuchsunternehmer soziale und ökologische Projekte in Nicaragua. „Wir wollen den Gedanken von Nachhaltigkeit und Fairness an unsere Mitschüler und überhaupt an unsere Mitmenschen weitergeben", sagt Geschäftsführer Maximilian Oehler. In Nicaragua helfen sie beispielsweise beim Aufbau einer Bibliothek oder auch beim Sprachunterricht für Schüler.

(Deutsche Kinder- und Jugendstiftung, Artikel vom 06.06.2012, im Internet unter www.dkjs.de, letzter Zugriff 02.07.2012)

Ihr Engagement beschreiben die Schülerinnen und Schüler so:

Wir sind ein freiwilliger Zusammenschluss von engagierten Schülern und Schülerinnen der 4. bis zur 13. Klasse, welchen ein fairer und nachhaltiger Umgang mit uns und unserer Umwelt ein besonderes Anliegen ist. Dabei lernen wir durch Partnerschaft mit einer nicaraguanischen und bald mit einer spanischen Schule, regelmäßig den Blickwinkel zu wechseln und unser Handeln zu überdenken.

(Aus: www.bundes-schuelerfirmencontest.de/startseite/thueringen; über ihre Arbeit haben die Schülerinnen und Schüler einen Film gedreht, den ihr bei youtube ansehen könnt.)

Beispiel 3: Aktion „Schüler Helfen Leben"

Güstrow: Schüler des John-Brinckman-Gymnasiums engagieren sich auch dieses Jahr für soziale Projekte. So stehen die Projekte „Schüler Helfen Leben", eine Jugendinitiative für Kinder und Jugendliche auf dem Balkan sowie ein „Tag für Afrika", um jungen Menschen aus Afrika eine Perspektive auf Bildung zu geben, wieder auf dem Programm. Die Klassen 8 bis 10 sammeln dafür Geld.

(Aus: Schweriner Volkszeitung vom 13.04.2012, S. 13 Autorenkürzel *serg*)

Wer wir sind:

„Schüler Helfen Leben" ist eine Organisation von deutschen Jugendlichen für Kinder und Jugendliche in Südosteuropa. Gemeinsam mit den dortigen Jugendlichen leisten wir in den Staaten des ehemaligen Jugoslawien Jugend-, Bildungs-, Versöhnungs- und Demokratiearbeit. Hilfe zur Selbsthilfe lautet dabei das Motto all unserer Projekte. [...] Der Soziale Tag wird seit 1998 von „Schüler Helfen Leben" organisiert und ist die größte Schüleraktion dieser Art in Deutschland. [...] Schüler tauschen einen Tag lang die Schulbank gegen einen Arbeitsplatz. Ob beim Nachbarn Rasen mähen, oder einen Tag lang Radiomoderator spielen: Der Fantasie sind keine Grenzen gesetzt. Jüngere Schüler machen am Sozialen Tag Gruppenaktionen wie zum Beispiel Sponsorenläufe oder Flohmärkte. Die Einnahmen und die Löhne der Schüler fließen in unsere Projekte für Kinder und Jugendliche in Südosteuropa.
Von Spenden in Höhe von insgesamt 22 Millionen Euro konnten wir zahlreiche Projekte für Bildungs-, Versöhnungs- und Jugendarbeit umsetzen. Für unsere Arbeit wurden wir unter anderem mit der Bundesverdienstmedaille ausgezeichnet, sind 2007 ein „Ort der Ideen im Land der Ideen" geworden und haben den Europäischen Bürgerpreis 2011 erhalten. 2008 haben wir den Hans-Rosenthal-Preis gewonnen.
Der Verein „Schüler Helfen Leben" besteht aus Schülern und Jugendlichen aus ganz Deutschland.

(Aus: www.schueler-helfen-leben.de, letzter Zugriff 02.07.2012 ohne Autorenangabe)

4. Angenommen, ihr würdet vor die Wahl gestellt. Ihr könnt an keinem, an einem, an zwei oder an allen drei Hilfsprojekten teilnehmen. Wie entscheidet ihr euch?

5. Sollen sich Schulen am Sozialen Tag beteiligen: Ja oder Nein? (Sprecht über diese Fragen in den Gruppen. Stellt dann eure Ansichten in der Klasse vor.)

Was auch noch interessant sein kann:

- andere befragen: zum Beispiel Schülerinnen und Schüler aus anderen Klassen darüber, was sie vom Sozialen Tag halten,
- recherchieren: Unter den Internetadressen www.greenpeace4kids.de und www.schueler-helfen-leben.de werden laufend neue von Schülern durchgeführte Hilfsprojekte vorgestellt. Man kann dort Projekte aussuchen, die überzeugen, und der Klasse vorstellen.

Wofür engagieren sich Jugendliche?

In der Shell Jugendstudie fragen wir: „Bist du in deiner Freizeit für soziale oder gesellschaftliche Zwecke oder ganz einfach nur für andere Menschen aktiv?“ Hierzu wird den Jugendlichen eine Liste mit Bereichen vorgelegt mit der Bitte anzugeben, ob sie sich hier „nie“, „gelegentlich“ oder „oft“ einsetzen. „Sich für andere einsetzen“ ist dabei Ausdruck einer sozialen Haltung, die an dieser Stelle gemessen wird. […]

Ein Blick auf die Bereiche, in denen Jugendliche aktiv sind, zeigt, dass eigene Aktivitäten für andere an unterschiedlichen Stellen zugenommen haben. An der Spitze stehen Aktivitäten für Jugendliche und hierbei für eine sinnvolle Freizeitgestaltung oder für deren allgemeine Interessen. Hinzu kommen eine ganze Reihe anderer Bereiche, etwa der Einsatz für ältere Hilfebedürftige oder für sozial Schwache, für ein besseres Zusammenleben mit Migranten oder auch für die Pflege der deutschen Kultur und Tradition. […]

Die wichtigsten Sozialräume für Aktivität und Engagement sind in Deutschland nach wie vor die Vereine. Hier sind immerhin 47 % aller Jugendlichen oft oder gelegentlich für gesellschaftliche oder soziale Zwecke oder ganz einfach für andere Menschen aktiv. […]

Wichtig sind ebenfalls Rettungsdienste oder auch die freiwillige Feuerwehr, in denen ein mit 7 % quantitativ nicht zu unterschätzender Anteil von Jugendlichen sozialen Aktivitäten nachgeht. Hilfsorganisationen wie Amnesty International oder Greenpeace sind für 5 % der Jugendlichen sowie Bürgerinitiativen für 3 % und Gewerkschaften ebenfalls für 3 % der Jugendlichen Räume für soziales und persönliches Engagement. Parteien bilden demgegenüber mit einem Anteil von 2 % das Schlusslicht.

(Aus: Mathias Albert, Klaus Hurrelmann, Gudrun Quenzel (Hrsg.): Jugend 2010, 16. Shell-Jugendstudie, Fischer Taschenbuch Verlag, Frankfurt a. M. 2010, S. 152 ff.)

Aktivitäten Jugendlicher nach Bereichen		
Ich bin aktiv für …	*oft*	*gelegentlich*
eine sinnvolle Freizeitgestaltung von Jugendlichen.	15	33
die Interessen von Jugendlichen.	13	38
hilfsbedürftige ältere Menschen.	10	37
den Umwelt- oder Tierschutz.	8	28
ein besseres Zusammenleben mit Migranten.	8	25
ein besseres Zusammenleben am Wohnort.	6	22
Sicherheit und Ordnung am Wohnort.	5	20
behinderte Menschen.	5	18
sozial schwache Menschen.	7	32
Menschen in den armen Ländern.	6	27
die Pflege der deutschen Kultur und Tradition.	6	17
soziale und politische Veränderungen.	3	17

Shell Jugendstudie 2010, Jugendliche im Alter von 12–25 Jahren, Angaben in %

1. Entscheide: Für welche in der Tabelle genannten Aktivitäten würdest du dich gerne engagieren?

2. In Deutschland engagieren sich 39 Prozent der Jugendlichen für soziale Zwecke. In den USA sind es 50 Prozent. Glaubt ihr, dass sich die Zahl auch hier steigern lässt? Notiert, was dafür und was dagegen spricht und was passieren müsste, um diese Steigerung zu erreichen.

Wir vergeben Preise für vorbildliches soziales Engagement

Vier verschiedene Schulprojekte werden hier vorgestellt. Angenommen, es sollte ein erster und ein zweiter Preis für das vorbildlichste Projekt vergeben werden, und ihr wäret die Jury. Welches der Projekte setzt ihr auf Platz 1, welches auf Platz 2?

1 Seit vielen Jahren werden in der Europaschule in Halberstadt Pferde gezüchtet. Vier Schülerinnen und Schüler zwischen 12 und 16 Jahren setzen, unterstützt von Erwachsenen, diese Tradition fort. Sie übernehmen in eigener Verantwortung die Pflege, Versorgung und zum Teil die Ausbildung der Tiere. Die Pferdezuchtgruppe beteiligt sich an festlichen Veranstaltungen. Regionale Kindergärten kommen regelmäßig zum Reiten und therapeutische Einrichtungen nutzen die Tiere als Unterstützung zur Behandlung von behinderten Kindern und Jugendlichen.

2 In Bitterfeld-Wolfen kümmern sich sechs Schülerinnen und Schüler mehrmals im Monat um Kinder, die nicht mehr bei ihren Eltern, sondern in einem betreuten Wohnprojekt leben. Sie wollen den Kindern Freude schenken und deren Gemeinschaftsgefühl stärken. Die Schülerinnen und Schüler organisieren gemeinschaftliche Aktivitäten, wie Backen, Spielen, gemeinsame Tierparkbesuche und bringen den Kindern zum Beispiel das Schwimmen bei. Darüber hinaus haben sie eine Salatbar an ihrer Schule aufgebaut und die Erlöse für gemeinsame Unternehmungen mit den Kindern genutzt.

3 „Generationsübergreifend voneinander lernen!" Unter diesem Motto organisierten die Schülerinnen und Schüler der Schule „Freiherr von Spiegel" in Halberstadt zusammen mit Bewohnern zweier Seniorenzentren das Fotoprojekt „Alt und Jung". Ziel war es, sich durch das gemeinsame Fotografieren von Natur und Pflanzen generationsübergreifend auszutauschen. Die Schülerinnen und Schüler gaben ihr Wissen im Umgang mit Digitalkameras weiter und die Älteren schenkten ihnen im Gegenzug Aufmerksamkeit und Zuwendung. Im Ergebnis entstand ein kleiner Fotoband. Über einen Ausbau des Projekts wird bereits nachgedacht.

4 „Ein Hundeleben ist nicht immer leicht!" Das sagten sich acht Schülerinnen und Schüler der „Rosa-Luxemburg-Schule" im Altmarkkreis Salzwedel und gründeten eine Tierheim-Arbeitsgemeinschaft. Seitdem kümmern sie sich um familienlose Hunde aus dem Tierheim. Einmal pro Woche machen sie mit den Tieren ausgiebige Spaziergänge und verwöhnen sie mit Streicheleinheiten. Eine weitere Idee der Schülerinnen und Schüler ist es, in ihrer Schule kleine Pausenversorgungen anzubieten und von den Einnahmen Futter für die Tiere zu kaufen. Die Vorbereitungen hierfür sind bereits voll im Gange.

Zu den hier beschriebenen und zu weiteren Projekten findet ihr weitere Informationen auf der Homepage www.freistil-lsa.de, die von der Freiwilligen Agentur Halle Saalekreis unter dem Motto „Jugend engagiert sich in Sachsen-Anhalt" gestaltet wird. Gefördert werden die Projekte unter anderem vom Ministerium für Arbeit und Soziales in Sachsen-Anhalt.

Zur Bearbeitung wird ein **Gruppenmixverfahren** empfohlen.

Erster Schritt:
Setzt euch zu fünft in Gruppen zusammen und trefft nach 10 Minuten eine Entscheidung.

Zweiter Schritt:
Nun werden die Gruppen neu gebildet. Verteilt dazu fortlaufende Nummern an die Gruppenmitglieder. Die Nummern 1, 2, 3, 4 und 5 bilden dann jeweils die neuen Gruppen. Hier stellen die Gruppenmitglieder reihum ihr Ergebnis aus der ersten Runde vor. Dann wird neu beraten und entschieden. Am Schluss werden die Preisträger durch Zusammenzählen der Gruppenergebnisse aus der zweiten Gruppenarbeitsphase ermittelt.

5 Was unternehmen Jugendliche gegen Rassismus und Neonazismus?

Das Foto zeigt Jugendliche, die bei einem Fußballspiel gegenüber rassistischen Parolen die Rote Karte zücken. Wie nur wenige andere Gruppen in der Gesellschaft engagieren sich Schülerinnen, Schüler und Schulgemeinschaften gegen Rassismus, Fremdenfeindlichkeit und Neonazismus. Schaut euch dazu die beiden Beispiele aus Mecklenburg-Vorpommern und Sachsen-Anhalt an.

A Niklas O. und seine Projektarbeit

Niklas O. ist 16 Jahre alt, Schüler des Kurfürst-Joachim-Friedrich-Gymnasiums in Wolmirstedt und aktiv in der Arbeitsgruppe „Schule ohne Rassismus – Schule mit Courage". Er durfte nicht nur seine Schule, sondern unser ganzes Bundesland beim Neujahrsempfang des Bundespräsidenten im Schloss Bellevue vertreten. Von den 1 000 Titelschulen in Deutschland wurden vier Schulen ausgewählt, die je einen Vertreter nach Berlin senden durften. [...] Die Projektleiterin und Lehrerin Andrea S. schlug Niklas vor, da er von Anfang an sehr engagiert im Projekt ist. Bei allen Aktivitäten ist Niklas dabei, er organisiert, beteiligt sich musikalisch, arbeitet aber auch in Informations- und Verkaufsständen mit. Das Konzert der Schule „Benefiz für Hospiz" zugunsten des „Luisenhauses" der Pfeifferschen Stiftungen war ebenso erfolgreich, wie ein Benefizlauf für die Opfer rechter Gewalt, an dem sich die meisten Schülerinnen und Schüler der Schule beteiligten. Aber auch ein afrikanischer Abend, ein jüdischer Abend und zwei Handballturniere wurden von der Arbeitsgruppe organisiert. Unter dem Titel „Geschichte findet statt" erforschten die Schülerinnen und Schüler die Geschichte des jüdischen Friedhofes in Wolmirstedt, setzten einen Gedenkstein und beschäftigten sich mit der Familie Herrmann, einer Familie jüdischer Religionszugehörigkeit aus Wolmirstedt, von der fast niemand den Holocaust überlebte.

(Aus: Landeszentrale für politische Bildung Sachsen-Anhalt, Newsletter 1/2012, S. 4 f. im Internet unter www.sachsen-anhalt-guckt-hin.de)

B Rock gegen Rechts in Neubrandenburg

Neubrandenburg. Es war mal wieder so weit: Im Jugendclub Zebra wurde es am vergangenen Freitag laut und zwar gegen Rechts. Am ehemaligen Lessinggymnasium ist die jährliche Rocknacht, die von der Projektgruppe „Schule ohne Rassismus – Schule mit Courage" organisiert wird, schon zur Tradition geworden. Seit Monaten hatte das Team aus rund 15 Schülern aller Klassenstufen das Schulereignis geplant. [...] Den Erlös des Konzertes möchten die Schüler für Projekte mit dem Asylbewerberheim nutzen, denn die Zusammenarbeit mit der Gemeinschaftsunterkunft ist ein Schwerpunkt ihrer Arbeit.

(Aus Nordkurier, Zeitung für Neubrandenburg, Artikel vom 02.02.2012, Autorenkürzel cr, redaktion, im Internet unter www.nordkurier.de, letzter Zugriff 01.07.2012)

Die Aktion „Schulen ohne Rassismus"

Um den Titel „Schule ohne Rassismus – Schule mit Courage" zu bekommen, braucht es eine gemeinsame Erklärung aller Schulmitglieder, die der Menschenrechtsarbeit an der Schule einen besonderen Platz einräumt. Es reicht nicht, diese Thematik ausschließlich in Projekttagen oder auf Schulfesten zu behandeln. Ziel von „Schule ohne Rassismus – Schule mit Courage" ist, Menschenrechte und Nichtdiskriminierung zu einem festen Bestandteil der täglichen Arbeit im Sozialraum Schule zu machen. Jede SOR – SMC-Schule und jede Klasse entwickelt zu dem von ihr gewünschten Thema und Zeitpunkt Ideen zu konkreten Aktivitäten.

(Aus: www.demokratie-mv.de, verf. von Katrin Schulz, letzter Zugriff 10.07.2012)

In dieser Broschüre werden Projekte mehrerer Schulen in Mecklenburg-Vorpommern vorgestellt.

Das Netzwerk „Schule ohne Rassismus – Schule mit Courage" wurde 1995 von Aktion Courage e.V. gegründet. Ziel ist es, Weltoffenheit, Toleranz, Gewaltfreiheit und Zivilcourage an Schulen zu stärken. Schulen können in das Netzwerk aufgenommen werden, wenn sich 70 Prozent der Schulzugehörigen per Unterschrift zu den Grundsätzen der Kampagne bekennen. [...]

Sachsen-Anhalt gehört zu den Vorreitern von „Schule ohne Rassismus – Schule mit Courage". Nach Angaben der Bundeskoordination stellt das Land gemessen an der Bevölkerung die zweitmeisten Mitglieder im Netzwerk nach Bremen. Schulen aller Schulformen sind dabei. Wer mitmachen möchte, kann bei der Landeskoordination, der Geschäftsstelle des Netzwerks für Demokratie und Toleranz in der Landeszentrale für politische Bildung, die Startinformation anfordern.

(Aus: www.sachsen-anhalt.de; letzter Zugriff 17.07.2012. Unter den angegebenen Internetadressen findet ihr auch Informationen über eure möglichen Ansprechpartner.)

Zu was verpflichtet sich eine Schule?

Wer sich zu den Zielen einer „Schule ohne Rassismus – Schule mit Courage" bekennt, unterschreibt folgende Selbstverpflichtung:

1. Ich werde mich dafür einsetzen, dass es zu einer zentralen Aufgabe meiner Schule wird, nachhaltige und langfristige Projekte, Aktivitäten und Initiativen zu entwickeln, um Diskriminierungen, insbesondere Rassismus, zu überwinden.
2. Wenn an meiner Schule Gewalt, diskriminierende Äußerungen oder Handlungen ausgeübt werden, wende ich mich dagegen und setze mich dafür ein, dass wir in einer offenen Auseinandersetzung mit diesem Problem gemeinsam Wege finden, um uns zukünftig einander zu achten.
3. Ich setze mich dafür ein, dass an meiner Schule einmal pro Jahr ein Projekt zum Thema Diskriminierungen durchgeführt wird, um langfristig gegen jegliche Form von Diskriminierung, insbesondere Rassismus, vorzugehen.

(Aus: www.schule-ohne-rassismus.org., letzter Zugriff 10.07.2012)

1. Was haben Schüler wie Niklas O., Schülergruppen wie der Jugendclub Zebra und andere, die ihr kennt, gegen Rassismus und für die Wahrung der Menschenrechte unternommen? Sammelt die Aktivitäten.

2. Wie schätzt ihr die Bereitschaft von Jugendlichen in eurem Alter ein, die Aktion „Schulen gegen Rassismus" aktiv zu unterstützen und die Selbstverpflichtung zu unterschreiben? Sprecht darüber in der Klasse.

Was auch noch interessant sein kann:

- Projektideen sammeln: Falls eure Schule bereits dazugehört, könnt ihr euch auch über die bereits durchgeführten Aktionen informieren.
- Plakate entwerfen: gegen Rassismus, für Toleranz und Demokratie.

Extremismus – Rassismus

1. Stelle zusammen, was menschenverachtend am Denken und an den Aktivitäten von Rassisten bzw. extremistischen Gewalttätern ist.

2. Rechtsextremistische Jugendliche weisen häufig einen niedrigen Bildungsstand auf. Überlege, welchen Beitrag Aufklärung bzw. Bildung zum Schutz vor Neonazitum und menschenverachtendem Denken leisten können.

Was ist Extremismus?

Ein Mensch kann extrem groß, extrem klug und extrem kreativ sein. Das ist nichts Schlechtes, es bedeutet nur, dass dieser Mensch sehr stark von der Norm abweicht. Zum Extremisten wird ein Mensch, wenn er keine andere Ansicht als seine eigene gelten lässt, wenn er die Regeln und Gesetze ablehnt, nach denen die Demokratie funktioniert. Extremisten kennen keine Toleranz und Offenheit gegenüber anderen Menschen, im Gegenteil: Sie sind bereit, jeden, der nicht ihren Vorstellungen entspricht, zu unterdrücken – auch mit Gewalt.

Rassismus

Ein Rassist teilt die Menschheit in unterschiedliche Rassen ein und behauptet, dass die Rasse, der er scheinbar angehört, allen anderen überlegen ist. Rassisten denken zum Beispiel, dass „Weiße" zu besseren und größeren Leistungen fähig sind als Menschen mit einer anderen Hautfarbe. Während der Zeit des Nationalsozialismus dienten solche rassistischen Behauptungen dazu, die Ausrottung des gesamten jüdischen Volkes zu rechtfertigen.

Neonazis

„Neo" bedeutet „neu" und „nazi" kommt von Nationalsozialismus. Neonazis sind Anhänger von Parteien und Gruppen, die sich den Nationalsozialismus der Hitlerzeit zum Vorbild nehmen. Daneben gibt es heute auch andere rechtsextremistische Gewalttäter, die sich nicht mehr in der Tradition der Nationalsozialisten sehen. Ihnen genügt es, deutsch zu sein und alles, was fremd oder nur fremdartig ist, zu hassen. Neonazis und andere Rechtsextremisten weisen folgende gemeinsame Merkmale auf:

- Sie stellen die eigene Nation über alle anderen.
- Sie hassen Ausländer und Juden.
- Sie leugnen die Rechte des Einzelnen. In ihrem Denken hat sich der Einzelne voll und ganz der Gruppe oder der „Volksgemeinschaft" unterzuordnen.
- Sie wollen die Demokratie abschaffen und treten für eine Diktatur ein, ähnlich wie es sie unter Hitler gab.
- Sie missachten den Rechtsstaat.
- Sie wollen die Herrschaft des Rechts durch die Herrschaft des Stärkeren ersetzen.
- Sie bekämpfen und missachten Andersdenkende.
- Sie sind Rassisten.

Rechtsextremistische Gewalttäter

Das Bundesamt für Verfassungsschutz hat aus einer Analyse von Gerichtsurteilen folgende Tätermerkmale ermittelt: 78 Prozent der verurteilten Gewalttäter sind zwischen 14 und 20 Jahren alt. Die meisten von ihnen weisen einen eher niedrigen Bildungsstand auf. Sie wissen oft wenig bis gar nichts über die Zeit des Nationalsozialismus. 29 Prozent haben keine abgeschlossene Berufsausbildung. 22 Prozent der untersuchten Täter waren arbeitslos. Fast alle sind männlich.

Linksextremisten

Linksextremisten sind ebenfalls Gegner der Staats- und Gesellschaftsordnung in Deutschland und anderswo. Anders als die Rechtsextremen sehnen sie sich nicht nach dem starken Führer oder einer Einheitspartei. Eine Definition des Bundesverfassungsschutzes kennzeichnet sie folgendermaßen: „Gewaltbereite Linksextremisten sind vor allem der autonomen Szene zuzurechnen. Deren Angehörige halten die Anwendung von Gewalt, auch gegen Personen, zur Durchsetzung ihrer politischen Ziele für legitim und rechtfertigen sie als angeblich unverzichtbares Mittel gegen die ‚strukturelle Gewalt' eines Systems von ‚Zwang, Ausbeutung und Unterdrückung'."

Wir überlegen, wie man mit rassistischen Sprüchen und Naziparolen umgehen soll

Stellt euch folgende Situation im Unterricht vor:
Eure Lehrerin oder euer Lehrer fragt, wie ihr euch eure berufliche Zukunft vorstellt. Da platzt mitten in das Gespräch hinein der 15-jährige Mitschüler Paul mit folgender Äußerung: „Das ist doch ein Witz, dass wir Deutschen uns anstrengen müssen, eine Arbeit zu finden, bloß weil die ganzen Ausländer uns die Lehrstellen wegnehmen.“
Und ein anderer mit Namen Heiner fügt hinzu: „Eigentlich haben die Nazis Recht, wenn sie sagen, Deutschland muss wieder den Deutschen gehören. Der Hitler war gar nicht so schlecht.“
Wie sollte man mit einer solchen Situation umgehen? Um Antworten auf diese Frage geht es bei dieser Übung.

Vorschlag Man sollte in dieser Situation …	☺	☹
1. nicht weiter auf die Äußerungen eingehen, weil man so deutlich macht, dass das mit dem Thema des Unterrichts nichts zu tun hat.		
2. die Schüler ernst nehmen und sie erklären lassen, seit wann und warum sie so denken.		
3. alle Schülerinnen und Schüler in der Klasse berichten lassen, aus welchem Land ihre Familie ursprünglich stammt.		
4. eine Gruppenarbeit planen, in der die beiden mit ausländischen Schülern gemeinsam etwas erarbeiten müssen.	?	
5. die beiden überlegen lassen, wie sich ihr Leben am nächsten Tag verändern würde, wenn alle Ausländer Deutschland verlassen würden.		
6. ihnen mit Androhung einer Strafe strikt verbieten, solche oder ähnliche Äußerungen noch einmal zu wiederholen.		
7. sich nach dem Unterricht mit der SV in Verbindung setzen, um dort zu überlegen, was die Schule gegen Rassismus und Neonazismus unternehmen kann.		
8. in einem Unterrichtsprojekt über die Verbrechen in der Zeit des Nationalsozialismus aufklären.	?	
9. ein Rollenspiel planen und durchführen, in dem die beiden sich in die Situation eines von Rassismus bedrohten ausländischen Jugendlichen hineinversetzen müssen.		
10. der Lehrerin oder dem Lehrer das Handeln überlassen. Schließlich ist das nicht das Problem der anderen Schüler in der Klasse.		

Euer Auftrag:
Sucht nach möglichst klugen Reaktionen auf solche oder ähnliche Sprüche und stellt eure Vorschläge in der Klasse zur Diskussion.

So könnt ihr vorgehen:
Bearbeitet zunächst die 10 Vorschläge allein und sucht die Verhaltensweisen heraus, die ihr für klug und hilfreich ☺ und die ihr nicht für sinnvoll ☹ haltet.
Setzt euch dann zu zweit oder in Kleingruppen zusammen und versucht, euch auf eine gemeinsame Vorschlagsliste von klugen Reaktionen zu einigen.
Stellt eure Vorschläge in der Klasse vor.
Einigt euch in der Klasse auf eine Liste der Topreaktionen. (Das können auch andere sein als die hier vorgeschlagenen.) Vielleicht gelingt es euch, eine Wandzeitung zu entwerfen mit Vorschlägen zum Thema: So sollten wir mit rassistischen Sprüchen und Naziparolen umgehen.

Methodenkarte 4

WebQuest (gezielte Internetrecherche)

Thema: Schülerprojekte

A Was ist die WebQuest-Methode?

Der Name setzt sich aus zwei Bestandteilen zusammen. „Web“ steht für das World Wide Web, also für das Internet, und „Quest“ steht für Frage. Der Name bedeutet, dass man mit dieser Methode das Internet gezielt befragt.
WebQuests werden in Teamarbeit durchgeführt. Sie eignen sich daher besonders gut für gemeinsame Recherchen in der Klasse. Das besondere an der Methode ist, dass man bei der Recherche nach einem Plan vorgeht und sich verpflichtet, nur eine begrenzte Zahl von Internetadressen zu benutzen. So vermeidet man das ziel- und ergebnislose Surfen im Netz.

B Wie macht man das?

Für die WebQuest-Methode braucht man
- einen klaren Rechercheauftrag,
- eine Auswahl an vorbereiteten Internetadressen,
- ein Ziel,
- ein Rechercheteam,
- eine vereinbarte Zeit,
- eine Vereinbarung darüber, wie der Unterricht nach der Recherche weitergehen soll.

Das Vorgehen erfolgt in drei Schritten.

1. Die Vorbereitungsphase

WebQuests sollte man erst durchführen, wenn man sich bereits in das Thema eingearbeitet hat, um das es geht. Auch sollte man sich gemeinsam über das Ziel der Recherche verständigt haben.

2. Die Durchführung

Bildet dazu Zweier- oder Dreierteams. Der Vorteil von Teamrecherchen besteht darin, dass weniger Fehler passieren und dass man gemeinsam entscheiden kann, welche Materialien man auswählt.
Ihr verpflichtet euch, nur die vorgegebenen Adressen für die Recherche zu benutzen!
Diese Verpflichtung gehört zum Kern der WebQuest-Methode. Sie verhindert, dass zu lange gesucht werden muss, und garantiert, dass alle die Recherche in der vorgegebenen Zeit durchführen können.

3. Die Auswertung

Am Ende der Recherche sollten die Teams zu den Ergebnissen ihrer Arbeit eine eigene Präsentation erstellen.

Euer Auftrag:

1. Sucht in Teams nach einem von Jugendlichen gestalteten Projekt, das sich – eurer Ansicht nach – in vorbildlicher Weise mit den angesprochenen Themen auseinandersetzt.
2. Vergleicht verschiedene Projekte miteinander und bewertet sie nach folgenden Kriterien: Welches ist das originellste, mutigste, nachahmenswerteste und wirkungsvollste Projekt?
3. Wählt euren Favoriten aus, begründet eure Entscheidung anhand der genannten Kriterien und stellt euer Projekt in der Klasse vor.

WebQuest zum Thema: Projekte gegen Rassismus und Extremismus

Im Internet gibt es mittlerweile eine unübersehbare Menge an Adressen, die sich mit den Themen Rassismus, Fremdenfeindlichkeit und Extremismus beschäftigen. Da verliert man leicht die Orientierung in der Fülle der Angebote. Da sich auch rechtsradikale Gruppierungen das Internet zunutze machen, muss man darauf achten, nicht auf die falschen und gefährlichen Seiten hereinzufallen. Hier soll es darum gehen, mit begrenztem Zeitaufwand nach Projekten zu suchen, die sich für Demokratie und gegen Rassismus engagieren. Bei der gezielten Recherche kann die **WebQuest-Methode** helfen. Lest dazu zunächst die Methodenkarte.

Adressen für das WebQuest

Wichtige Sammeladressen:

MUT
GEGEN RECHTE GEWALT

www.mut-gegen-rechte-gewalt.de
Die Aktion „Mut gegen rechte Gewalt" wurde von der Zeitschrift „Der Stern" ins Leben gerufen und stellt mittlerweile eine der umfassendsten Informationsquellen zum Thema Rechtsradikalismus dar. Mit dem Link „Projekte" werdet ihr von hier aus mit Sicherheit fündig.

www.amadeo-antonio-stiftung.de
Amadeo Antonio war eines der ersten Todesopfer rassistischer Gewalt nach der Wiedervereinigung 1990. Die Stiftung berät und unterstützt bei der Durchführung von Projekten. Ihr findet hier auch Projektbeschreibungen.

SCHULE OHNE RASSISMUS
SCHULE MIT COURAGE

www.schule-ohne-rassismus.org
Das mit zahlreichen Auszeichnungen bedachte Aktionsbündnis kann für euch eine der wichtigsten Adressen sein. Neben vielen anderen Informationen werden hier (zum Beispiel im Pressespiegel) viele Projekte vorgestellt, die von Schülerinnen und Schülern durchgeführt wurden.

bfdt:
Bündnis für Demokratie und Toleranz
gegen Extremismus und Gewalt

www.buendnis-toleranz.de
Das Bündnis für Demokratie und Toleranz hat sich zum Ziel gesetzt, Projekte zu unterstützen, die sich für die Demokratie einsetzen. Unter dem Link *Projekte* findet ihr hier Beschreibungen zu den Initiativen gegen Extremismus und Gewalt.

Adressen für einzelne Bundesländer

www.demokratie-mv.de
Die Regionalzentren in Anklam und Ludwigslust in Mecklenburg-Vorpommern wollen alle Bürgerinnen und Bürger in ihrem Kampf gegen Rechtsradikalismus unterstützen. In einer Sammlung von Presseartikeln wird über Projekte für Menschenrechte und Demokratie informiert.

www.sachsen-anhalt-guckt-hin.de
In dem von der Landeszentrale für politische Bildung in Sachsen-Anhalt gestalteten Internetauftritt findet ihr einen Newsletter, der regelmäßig über vorbildliche Projekte im Bundesland informiert.

www.mobit.org
Gefördert durch das Landesministerium für Soziales, Familie und Gesundheit in Thüringen wird hier eine mobile Beratungseinrichtung vorgestellt. Die Homepage informiert auch über Projekte gegen Rechts in Thüringen und anderswo.

Jugendliche in der Gesellschaft

Station 1 – Wer bin ich? Wie will ich sein?

Füge den Begriffen die richtigen Erklärungen hinzu und übernimm beides in dein Heft.

1. Sachwerte …
2. Subjektive Werte …
3. Gemeinschaftswerte …
4. Politische Werte …
5. Wertewandel …

A … sind Werte, die ganz viele Menschen gemeinsam für wichtig halten.
B … bedeutet, dass sich die Vorstellungen von der Bedeutung der Werte im Laufe der Zeit verändern.
C … bilden das Fundament der demokratischen Gesellschaft und sind im Grundgesetz in den Grundrechten enthalten.
D … sind Dinge, deren Wert man in Geld ausdrücken kann.
E … drücken aus, was uns ganz persönlich im Leben wichtig ist.

Station 3 – Rollenkonflikte – Eigene Wünsche kontra fremde Erwartungen

Wähle eine der folgenden Situationen aus und schildere dazu einen Rollenkonflikt.

Hausaufgaben – am PC spielen?

Zimmer aufräumen – Freunde treffen?

Mitmachen, wenn eine Gruppe aus der Klasse etwas von einem will oder sich dem Druck widersetzen?

Erkläre die Zusammenhänge:
1. Was versteht man im sozialen Zusammenleben unter einem *Rollenverhalten*?
2. Warum braucht man *Rollenerwartungen*?

Station 2 – Meine Gruppe – deine Gruppe

Übertrage die Übersicht in dein Heft und vervollständige sie.

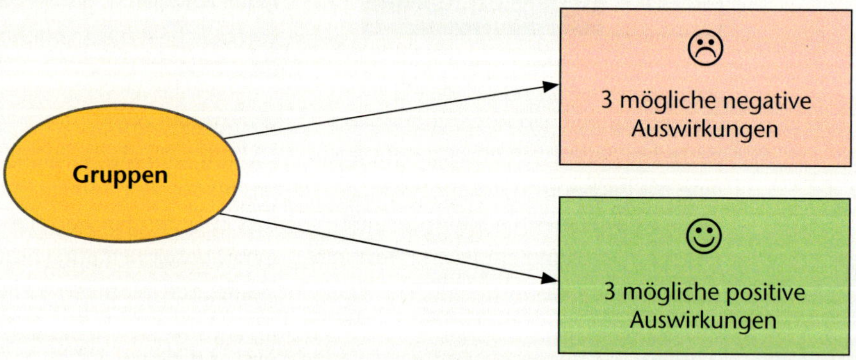

Station 4 Jugend und soziales Engagement

Das Schaubild zum Thema „Soziales und gesellschaftliches Engagement Jugendlicher" ist der 16. Shell-Jugendstudie 2010 entnommen.
Welche Antwortmöglichkeiten kannst du dem Schaubild auf die folgenden Fragen eines Erwachsenen entnehmen?

1. „Denken die Jugendlichen von heute nur noch an sich selbst?"

2. „Gibt es überhaupt niemanden mehr, der bereit ist, sich für andere zu engagieren?"

3. „Stimmt es, dass soziales Engagement in den vergangenen Jahren rapide abgenommen hat?"

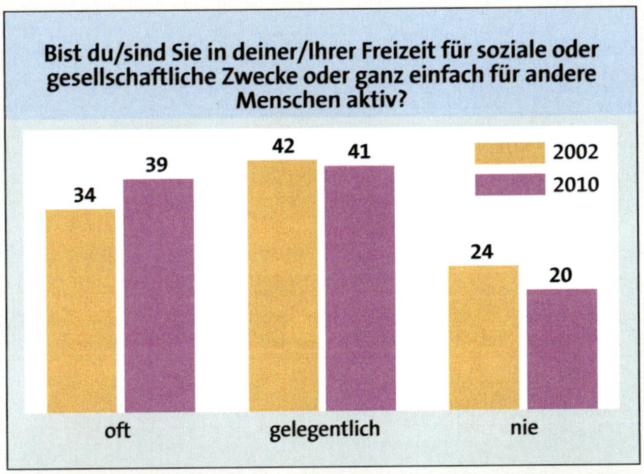

(Nach: 16. Shell Jugendstudie, Jugend 2010, Fischer Taschenbuch Verlag, Frankfurt a. M. 2010)

Station 5 Jugendliche gegen Rassismus und Neonazismus

Wähle eine Aufgabe aus 4:

A Du beschreibst schriftlich ein von Schülerinnen und Schülern durchgeführtes Projekt für Menschenrechte und Demokratie.

oder

B Du definierst in Kurzform die Begriffe Extremismus, Rassismus, Neonazitum.

oder

C Du fertigst eine Zeichnung, eine Karikatur oder eine Collage an, die sich gegen Rassismus und Neonazitum wendet.

oder

D Du sammelst eigene Ideen zur Durchführung von Projekten gegen Rassismus an eurer Schule.

4 Demokratie in der Gemeinde und im Bundesland

Wir machen mit
Teil A: Gemeindepolitik

1. Allein nachdenken

Was sollte in deinem Heimatdorf oder in deiner Heimatstadt vorhanden sein, damit du dich darin wohlfühlen kannst?

2. Zu zweit beraten

Welche Einrichtungen und welche Lebensbedingungen in den Gemeinden sind für Jugendliche besonders wichtig?

3. In der Klasse sammeln

Welche Möglichkeiten der Beteiligung von Kindern und Jugendlichen am Leben in der Heimatgemeinde seht ihr?

Bei der Arbeit an diesem Kapitel könnt ihr …

- an Beispielen verdeutlichen, was Gemeindepolitik mit eurem persönlichen Leben zu tun hat,
- herausfinden, welche Möglichkeiten Kinder und Jugendliche haben, die Gemeindepolitik mitzugestalten,
- Aufgaben der Gemeinden und demokratische Mitwirkungsmöglichkeiten der Einwohnerinnen und Einwohner darstellen,
- in einem Planspiel zu einem Konflikt in einer Stadt eine Rolle übernehmen und dabei die unterschiedlichen Interessen der am Konflikt beteiligten Gruppen gegeneinander abwägen.
- Texte mit der Methode des Mindmappings bearbeiten, um sie euch besser einzuprägen.

Eigene Schwerpunkte könnt ihr setzen, indem ihr …

- euch über Angebote und Einrichtungen für Jugendliche in eurer Heimatgemeinde informiert,
- Personen befragt, die sich gut in eurer Gemeinde auskennen,
- euch in ein virtuelles Rathaus begebt und dort gezielt recherchiert.

1 Politik in der Gemeinde – was habe ich damit zu tun?

Eine Einstiegsübung für alle
Wie kannst du von den Entscheidungen über die Angelegenheiten in deiner Gemeinde betroffen sein? Überlege, notiere Stichworte dazu und tausche dich mit einer Partnerin/einem Partner aus.

Nachdem du morgens aufgestanden bist, drehst du den Wasserhahn auf. Vielleicht schaltest du auch das Radio ein und andere Geräte, die Strom benötigen. Auf dem Weg zur Schule benutzt du möglicherweise ein öffentliches Verkehrsmittel. Den Nachmittag verbringst du vielleicht auf dem örtlichen Sportgelände oder in einem Schwimmbad oder auch in einer Leihbibliothek. Hinter all diesen Aktivitäten stehen Leistungen, welche die Gemeinde erbringt.

In seiner Heimatgemeinde ist man zu Hause. Es kann sich dabei um ein Dorf mit zwanzig Häusern handeln oder auch um eine Stadt mit mehreren hunderttausend Einwohnern. Immer betrifft es uns ganz persönlich, was in unserer Heimatgemeinde geschieht. Dabei geht es hier des Öfteren gar nicht harmonisch zu. Es kann zu Auseinandersetzungen kommen, über welche die örtlichen Tageszeitungen berichten. Oft spielt dabei Geld eine Rolle. Soll die städtische Turnhalle modernisiert werden oder doch lieber das Stadttheater? Sollen Schülertransporte weiterhin kostenlos sein oder nicht?

Wenn öffentlicher Streit entsteht, müssen Entscheidungen getroffen werden. Und damit kommen wir zu dem Bereich, in dem die Gemeindepolitik anfängt. Politik ist ja ein Handeln für die Gemeinschaft. Sie findet immer dann statt, wenn ein Problem, das viele Menschen betrifft, gelöst werden muss, und zwar möglichst so, dass ein Ausgleich zwischen den unterschiedlichen Interessen hergestellt wird.

Zuständig für die Gemeindepolitik ist die gewählte Gemeindevertretung und die gewählte Oberbürgermeisterin bzw. der Oberbürgermeister. Beteiligt sind natürlich auch die Einwohnerinnen und Einwohner, die mit Wahlen, Bürgerinitiativen, Bürgerentscheiden und anderem mehr die Politik mitbestimmen. Auch Kinder und Jugendliche sind dabei, wie die zahlreichen Beispiele der Arbeit von Kinder- und Jugendparlamenten zeigen. Und so sind die Gemeinden auch Orte, in denen Demokratie vor der eigenen Haustür gelernt und gelebt werden kann.

So sehe ich meine Gemeinde

Notiere die Stichworte in dein Heft und vergib dazu Noten von 1 bis 5.

• Freizeitmöglichkeiten	1	2	3	4	5
• Sportstätten	1	2	3	4	5
• Fahrradwege	1	2	3	4	5
• Jugendtreffs	1	2	3	4	5
• Einkaufen	1	2	3	4	5
• Parks, Grünflächen, Natur	1	2	3	4	5
• Kinderfreundlichkeit	1	2	3	4	5
• Ausbildungsmöglichkeiten nach der Schulzeit	1	2	3	4	5
• Persönliches Wohlfühlen insgesamt	1	2	3	4	5

1. Sammle die Beispiele, die zeigen, dass Gemeindepolitik jeden Einzelnen darin betrifft.
2. Erkläre, warum Entscheidungen in der Gemeinde mit Politik zu tun haben.
3. Wie kann man Demokratie leben und lernen in der Gemeinde? Sucht dazu nach Erklärungen oder Beispielen.

Was auch noch interessant sein kann:
- Internetrecherche: Öffne die Homepage deiner Heimatgemeinde. Sieh dir an, welche Angebote sie für die Einwohner enthält. Notiere ein oder zwei Angebote, die du als hilfreich und interessant empfindest.

Methodenkarte 5

Erkundung

Thema: Das örtliche Rathaus

A Erkundung: Was ist das?

Erkunden heißt, etwas auskundschaften, was bis dahin unbekannt war. Hier könnt ihr euch euer örtliches Rathaus für eine Erkundung vornehmen. Die Erkundung kann außerhalb der Unterrichtszeit durchgeführt werden. Ihr sollt dabei möglichst viel über die Arbeit in einem Rathaus erfahren.

Rathaus in Neubrandenburg (Mecklenburg-Vorpommern)

B Wie macht man das?

1. Schreibt auf, was ihr in Erfahrung bringen wollt.

Setzt euch zusammen und überlegt, was ihr wissen wollt. Beachtet: Das Rathaus ist der Sitz der Gemeindeverwaltung und der Amtssitz der Bürgermeisterin oder des Bürgermeisters. Außerdem hält hier der Gemeinderat seine Sitzungen ab. Ihr könnt fragen, welche Personen und Parteien im Gemeinderat vertreten sind, welche Themen zurzeit verhandelt werden, welche Aufgaben die Verwaltung hat, wie der Tagesablauf eines Bürgermeisters aussieht und vieles andere mehr.

Rathaus in Naumburg an der Saale (Sachsen-Anhalt)

2. Vereinbart einen Termin für die Erkundung.

Setzt euch mindestens zwei Wochen vor der geplanten Erkundung mit dem Rathaus telefonisch in Verbindung. Sagt, was ihr vorhabt, vereinbart einen Termin, bittet darum, dass euch jemand für eure Fragen zur Verfügung steht und euch durch das Rathaus führt. Vielleicht nimmt sich ja der Bürgermeister oder einer seiner Beigeordneten persönlich Zeit für euch.

3. Teilt die Erkundungsaufgaben untereinander auf.

In der Vorbereitung solltet ihr genau festlegen, wer was fragt, wer Fotos macht und wer was notiert. Besprecht, ob ihr eine Gruppe von Schülerinnen und Schülern die Erkundung durchführen lasst oder ob die gesamte Klasse daran teilnehmen soll.

4. Besorgt die Medien, mit denen ihr die Erkundungsergebnisse festhalten werdet.

Es wäre schade, wenn ihr bei eurer Erkundung keine Möglichkeit hättet, die Beobachtungen und Gesprächsergebnisse festzuhalten. Denkt an Notizblöcke, eventuell auch daran, einen Fotoapparat mitzunehmen.

5. Überlegt, wie das Erkundungsergebnis präsentiert werden soll.

Wenn nur ein Teil eurer Klasse die Erkundung aktiv durchführt, solltet ihr eine wirkungsvolle Präsentation für die Ergebnisse überlegen.

C Worauf solltet ihr besonders achten?

Wichtig ist, dass ihr höflich seid, euch angemessen vorstellt, die getroffenen Vereinbarungen einhaltet und genau sagt, was ihr wollt.

2 Wie können Jugendliche mitmachen in der Gemeindepolitik? Beispiel: Jugendparlamente

A Jugendparlament Templin stellt sich vor

Ein Jahr nach der Gründung des Jugendbeirats in Templin hat sich ein „harter Kern" von Jugendlichen gebildet. Vier junge Damen und vier junge Herren vertreten die derzeit 1892 Kinder und Heranwachsenden der Stadt. Im vergangenen Jahr investierten die Mitglieder des Gremiums sehr viel Zeit dafür, die Möglichkeiten herauszufinden, um aktiv in der Kinder- und Jugendpolitik mitzumischen. In diesem Jahr will das Jugendparlament so richtig loslegen.

„Es war ziemlich schwierig, Fuß zu fassen", umriss der Sprecher der Gruppe Jacob Schnaak die Startschwierigkeiten. So seien gerade in der Anfangsphase immer wieder junge Leute abgesprungen, aber ebenso neue zur Gruppe hinzugestoßen. „Der Funke sprang nicht sofort über", erzählte Nicole Böttcher, die für das Organisatorische im Beirat verantwortlich ist. Inzwischen trifft sich das Gremium einmal in jedem Monat im Multikulturellen Centrum in Templin. Bei ihren Sitzungen schmiedeten die Mitglieder Zukunftspläne. Über ihre Vorstellungen diskutierten sie kürzlich bei einem Treffen mit Bürgermeister Detlef Tabbert. Grundsätzlich haben die Vertreter des Beirats Rederecht im städtischen Ausschuss für Soziales, Kultur, Bildung und Sport und können dort ihre Ideen, Wünsche und Meinungen zu den Themen äußern.

„Ich finde es toll, wenn sich junge Leute einmischen", sagte Tabbert und motivierte sie damit zum Weitermachen. Schließlich wolle der Bürgermeister, dass sich die Jugendlichen einmischen und die Dinge kritisch begleiten. Auf dem Plan für 2012 stehen unter anderem die Zusammenarbeit mit der Feuerwehr, die Organisation eines Grillfests sowie das Knüpfen von Kontakten zu Schülern sämtlicher städtischer Bildungseinrichtungen. Zudem wollen sich die jungen Leute für Toleranz einsetzen und beim Stadtfest einbringen.

Bei diesen Veranstaltungen sowie dem Fest an der Skaterbahn wollen die Mitglieder des Jugendbeirats die Gelegenheit beim Schopfe fassen, sich möglichst vielen Heranwachsenden vorzustellen. Das Gremium vertrete schließlich nicht nur dessen Mitglieder, sondern alle jungen Leute in der Stadt. Gleichzeitig soll ebenso bei Festen und in Schulen neues Personal gewonnen werden. […]

Ein weiterer Wunsch des Gremiums ist es, Rederecht bei der Diskussion über den Haushalt 2013 zu erhalten. Die Jugendlichen könnten Konzepte für Vorhaben erarbeiten, diese den Stadtverordneten vorstellen und sie anschließend dazu bewegen, dafür Geld bereitzustellen.

(Aus: Elke Kögler: Jugend will richtig loslegen, in: Nordkurier – Zeitung für Mecklenburg-Vorpommern, Artikel vom 21.02.2012, online in www.nordkurier.de)

1. Beschreibe a) die Anfangsschwierigkeiten des Jugendparlaments, b) die Zukunftspläne und c) die Wünsche für die weitere Mitwirkung der Jugendlichen an der Gemeindepolitik.

2. Die Templiner Jugendlichen wollen sich für mehr Toleranz einsetzen. Kannst du Ideen liefern, wie sie das erreichen können. Sammelt zu zweit.

B Hintergründe

Was sind Kinder- und Jugendparlamente?

Darüber informiert das KJP Tempelhof Schöneberg in Berlin:
Im Kinder- und Jugendparlament kommen Kinder und Jugendliche aus den Schulen und Jugendfreizeiteinrichtungen [...] zusammen, um Kommunalpolitik aktiv mitzugestalten. Wann immer die Interessen von Kindern und Jugendlichen berührt werden, wird das KJP beteiligt. So z. B. bei der Ausstattung von Schulen und Freizeiteinrichtungen, der Gestaltung von Schulhöfen, dem Bau oder Umbau von Straßen, Spiel- und Sportplätzen, der Ausrichtung von Veranstaltungen und bei vielem mehr.
Durch das KJP könnt ihr eure Vorstellungen einbringen. Wir helfen Ideen umzusetzen. Wir bringen Vorschläge an die richtige Adresse. Wir haben Mitspracherecht, wenn es um die Interessen von Kindern und Jugendlichen geht. Die erwachsenen Politikerinnen und Politiker hören das KJP an. So wirken wir bei kommunalpolitischen Entscheidungen mit. Denn warum sollen nur Erwachsene über die Belange von Kindern und Jugendlichen entscheiden? Im KJP machen wir mit Erwachsenen zusammen Politik.
[...]
Jedes Schuljahr wählen die Vollversammlungen der Grund-, Ober- und Berufsschulen sowie die Kinder- und Jugendfreizeitheime im Bezirk ihre Vertreterinnen und Vertreter in das KJP. Gewählt werden können junge Menschen bis 21 Jahre, die eine Schule oder eine Einrichtung im Bezirk besuchen. Jede Schule oder Einrichtung sollte zwei, aber höchstens vier Vertreter/innen wählen. [...]
Wir ermutigen ausdrücklich auch junge Menschen mit unterschiedlichen Beeinträchtigungen, sich zur Wahl stellen zu lassen!

Aus dem Erfahrungsbericht eines Mitglieds im KJP

Seit zwei Jahren bin ich nun aktiv am Kinder- und Jugendparlament in Tempelhof-Schöneberg beteiligt. Nicht nur einen kleinen Einblick ins politische Geschehen, sondern auch freundschaftliche Kontakte und eine Menge Spaß verbinde ich damit. Rückblickend kann ich behaupten, meine Teilnahme am KJP zu jeder Zeit genossen zu haben.

Navid Shahidi, Vorstandsmitglied

(Textauszüge vom 25.05.2012 aus der Homepage des Kinder- und Jugendparlaments Tempelhof Schöneberg, hg. vom Bezirksamt Tempelhof-Schöneberg, verantwortlich für den Inhalt Oliver Schmidt, letzter Zugriff 01.06.2012)

C Stellung nehmen

3. Welche Möglichkeiten und Mitwirkungsrechte in der Gemeindepolitik werden im Text des KJPs Tempelhof-Schöneberg deutlich. Sammelt sie gemeinsam.

4. Welche der abgedruckten Meinungen über die Mitarbeit in Kinder- und Jugendparlamenten überzeugt euch am meisten? Sprecht miteinander und begründet eure Ansichten.

Was auch noch interessant sein kann:

- in der Heimatgemeinde recherchieren: Informiert euch über die Angebote und Einrichtungen zur politischen Mitwirkung in eurer eigenen Region. Das könnt ihr mithilfe des Internets tun. Ihr könnt aber auch euer örtliches Rathaus aufsuchen. Beachtet dazu die Methodenkarte Erkundung in diesem Kapitel.

3 Was muss Gemeindepolitik leisten?

Wir besuchen Familie Schwendler, die an einem Sonntag beim gemeinsamen Mittagessen sitzt. Die Schwendlers, das sind die Eltern Simone und Norbert und die beiden Kinder Philipp (14) und Tanja (11). Sie wohnen in der Gemeinde Schönstadt und sie unterhalten sich oft darüber, was in ihrer Stadt los ist.

- Lest das Gespräch mit verteilten Rollen und achtet beim Lesen besonders auf die Fragen, die im Gesprächsverlauf gestellt werden.

Viele Aufgaben – leere Kassen

Philipp: Habt ihr gehört, die Stadt hat kein Geld mehr. Das Hallenbad soll geschlossen werden und vielleicht auch das städtische Kunstmuseum.

Vater: Na ja, Gerüchte gibt es viele, aber es wird wohl nichts so heiß gegessen, wie es gekocht wird.

Tanja: Das wäre ja total blöd, wenn wir nicht mehr schwimmen gehen könnten. Wir bezahlen doch immer Eintrittsgeld.

Mutter: Und nicht zu knapp für vier Personen. Wenigstens haben wir jetzt mehr Kindergartenplätze. Meine Freundin Edina ist als Alleinerziehende heilfroh, dass ihr kleiner Antonio einen Platz gekriegt hat.

Tanja: Warum kann denn die Stadt das Hallenbad nicht mehr bezahlen?

Vater: Die Erweiterung des Kindergartens hat die Stadt einiges gekostet. Die haben wohl auch neues Personal einstellen müssen, damit jedem Kind ein Kindergartenplatz garantiert werden kann.

Philipp: Moment mal, Tanja fragt nach dem Hallenbad und ihr erzählt was von Kindergarten. Was hat denn der Kindergarten mit dem Hallenbad zu tun?

Mutter: Na ja, das sind eben alles Kosten, die in einer Stadt entstehen. Gibt man sein Geld für die eine Sache aus, ist für die andere nichts mehr übrig.

Vater: Es ist wie bei uns zu Hause. Die Ausgaben dürfen auf Dauer nicht höher sein als die Einnahmen. Ich bin mal gespannt, jetzt wird ja bald der Haushalt in Schönstadt verabschiedet.

Tanja: Fährt der Haushalt weg? Und was ist das eigentlich, ein Haushalt?

Mutter: *(lacht)* In einem Haushalt schreibt man auf, welche Einnahmen man in einem Jahr hat und welche Ausgaben dem gegenüberstehen. Und verabschieden heißt, dass hier die Stadtverordnetenversammlung über den Haushalt abstimmt.

Tanja: Dann sollen die mal aufschreiben, dass die Teerdecke vom Radweg zu unserer Schulturnhalle an vielen Stellen kaputt ist und repariert werden muss.

Philipp: Mit deinem Radweg ist es wahrscheinlich so wie mit dem Jugendzentrum, das unser Oberbürgermeister mit tollen Worten versprochen hat – nichts tut sich. Haben die Stadtverordneten keine Lust oder haben die kein Geld?

Vater: Lust bestimmt, aber die Kasse ist wohl ziemlich leer und trotzdem haben die Einwohner viele Wünsche: Vergrößerung der Fußgängerzone in der Innenstadt, bessere Busverbindungen, eine neue Musikschule und wer weiß, was noch. Das geht eben nicht alles.

Mutter: Der Stadtverordnetenversammlung geht's genau wie mir. Es ist gar nicht so leicht, es allen recht zu machen, wenn das Haushaltsgeld knapp ist.

1. Notiere alle Fragen, die in diesem Gespräch gestellt werden.
2. Sucht zu zweit nach Antworten darauf.
3. Die Stadt Schönstadt haben die Autoren dieses Buches erfunden, aber die Aufgaben, die Wünsche und die Probleme sind mehr oder weniger typisch für fast alle Gemeinden, die es in Deutschland gibt. Was erfahrt ihr darüber in diesem Gespräch? Was wisst ihr aus eigener Erfahrung? Tauscht euch in der Klasse darüber aus.

Wir treffen Entscheidungen für die Gemeinde

Stellt euch folgende Situation vor: Die Haushaltsberatungen im Stadtrat von Schönstadt sind ins Stocken geraten. Neben den vielen großen Ausgabenposten für die städtische Verwaltung, das Personal und andere städtische Maßnahmen haben die Ratsmitglieder für das kommende Jahr einige Vorhaben auf ihre Wunschliste geschrieben, die sie gerne verwirklichen würden. Ihr sollt entscheiden. Von den in der Wunschliste veranschlagten 8 Millionen Euro kann Schönstadt im nächsten Jahr höchstens 4 Millionen ausgeben. Auf welche Maßnahmen muss verzichtet werden?

A Diese Maßnahme muss trotzdem verwirklicht werden.

B Auf diese Maßnahme soll ganz verzichtet werden.

C Diese Maßnahme kann zum Teil oder in einem der folgenden Jahre verwirklicht werden.

So könnt ihr vorgehen:

- Geht zunächst die Wunschliste allein durch und überlegt euch Kürzungsvorschläge.
- Setzt euch dann in Dreier- oder Vierergruppen zusammen, erläutert der Reihe nach eure Kürzungsvorschläge und einigt euch gemeinsam auf Streichungen von circa 4 Millionen Euro.
- Stellt mehrere Gruppenvorschläge in der Klasse vor und sucht nach einer gemeinsamen Lösung.
- Stimmt am Ende über die Vorschlagsliste ab.

Die Wunschliste	Voraussichtliche Kosten in Euro
1. Bau einer Lärmschutzmauer im Wohngebiet Schleemannstraße	1,3 Millionen
2. Vergrößerung und Umgestaltung des zu klein gewordenen Fremdenverkehrsamtes	0,45 Millionen
3. Erweiterung der städtischen Kindertagesstätte durch den Anbau zweier neuer Gruppenräume	0,50 Millionen
4. Fortsetzung der Erschließung eines neuen Industriegebietes (Straße, Strom, Gas, Abwasserleitungen)	1,35 Millionen
5. Anschaffung von drei komfortablen Bussen für die Beförderung von Schülerinnen und Schülern	0,60 Millionen
6. Erneuerung des Daches im Gebäude des städtischen Gymnasiums, das schon längere Zeit undicht ist	0,75 Millionen
7. Ausbau des Seniorenheims in der Stadtgartenstraße	0,40 Millionen
8. Restaurierung der historischen Rathausfassade, da an einigen Stellen der Putz abzubröckeln droht	1,00 Millionen
9. Anschaffung eines neuen Vorhangs und eines Teils der verschlissenen Sitze im Stadttheater	0,25 Millionen
10. Umbau eines städtischen Gebäudes in ein bisher nicht vorhandenes Jugendzentrum	0,40 Millionen
11. Anschaffung neuer Spielgeräte für mehrere Spielplätze in der Stadt	0,20 Millionen
12. Bau der schon lang geplanten Skater- und Schlittschuhbahn im Stadtpark	0,80 Millionen
	Summe: 8 Millionen

Teil A Aufgaben der Gemeinden

1. Die Textteile A und B auf dieser Doppelseite könnt ihr anschaulich zusammenfassen, indem ihr sie in Form zweier Mindmaps visualisiert. Wie das geht, erfahrt ihr in der Methodenkarte auf der Folgeseite. Bildet dazu Partnerschaften und teilt euch so die Arbeit auf. Partner/in A informiert Partner/in B mithilfe der Mindmap und umgekehrt.

2. Stellt in einem Kurzvortrag vor der Klasse zu zweit die Aufgaben der Gemeinden und die Mitwirkungsmöglichkeiten vor.

Kommunale Selbstverwaltung

Die Gemeinden haben das im Grundgesetz garantierte Recht, alle Angelegenheiten der örtlichen Gemeinschaft in eigener Verantwortung zu regeln (Artikel 28,1). Man bezeichnet das als *Recht auf kommunale Selbstverwaltung*. Aus diesem Recht ergeben sich eine Reihe von Aufgaben.

Vielfältige Aufgaben

Man unterscheidet zwischen Pflichtaufgaben, freiwilligen Aufgaben und staatlichen Auftragsangelegenheiten. *Pflichtaufgaben* sind Aufgaben, welche die Gemeinde erfüllen muss. Dazu gehören zum Beispiel der Bau und Unterhalt von Schulen, die Versorgung der Bevölkerung mit Strom, Wasser, Straßenbeleuchtung, die Durchführung der Müllabfuhr, die Einrichtung von Buslinien und anderes mehr. Weil viele dieser Aufgaben einzelne Gemeinden überfordern würden, schließen sich mehrere Ortschaften zu Verwaltungsgemeinschaften und Ähnlichem zusammen.

Bei den *freiwilligen Aufgaben* wird in der Gemeinde selbst entschieden, ob sie durchgeführt werden oder nicht. Oft geht es dabei um Baumaßnahmen, z. B. ob ein neues Stadttheater gebaut werden soll oder eine Sporthalle. Daneben geht es um finanzielle Unterstützungen für Vereine, um Anschaffungen für städtische Einrichtungen und anderes mehr.

Mit der Erledigung *staatlicher Auftragsangelegenheiten* helfen die Gemeinden bei der Durchführung von Landes- oder Bundesgesetzen. Dazu gehören zum Beispiel das Ausstellen von Personalausweisen, die Führung des Standesamtes und Einwohnermeldeamtes, die Hilfe bei der Durchführung von Landtags- und Bundestagswahlen.

Die Finanzen der Gemeinden

Die Einnahmen der Gemeinden kommen zu etwa je einem Drittel aus folgenden Quellen:
Erstens: Sie ziehen *Steuern* ein. Zwei wichtige Gemeindesteuern sind zum Beispiel die Gewerbesteuer und die Grundsteuer. Daneben erhalten sie noch einen Anteil an der vom Bund erhobenen Lohn- und Einkommensteuer.
Zweitens: Einnahmen aus *Gebühren* und *Beiträgen* zum Beispiel für Eintrittsgelder oder für die städtische Müllabfuhr. Auch gehören dazu die Erträge der örtlichen Verkehrsbetriebe, des Wasserwerkes usw.
Als dritte Einnahmequelle erhalten die Gemeinden Zuschüsse vom Bund und vom Bundesland.

Schulden

Viele Gemeinden sind hoch verschuldet, sodass sie kaum mehr Möglichkeiten haben, in Neues zu investieren. Schulden entstehen meist durch Kredite, welche die Gemeinde zur Finanzierung von Maßnahmen aufgenommen hat. Sie muss dann einen großen Teil ihrer Einnahmen zur Abzahlung der Kredite verwenden und kann sich nichts mehr leisten. Eine der Ursachen für die Verschuldung besteht darin, dass die Menge der Gemeindeaufgaben in den vergangenen Jahren immer weiter zugenommen hat.

Teil B Demokratische Mitwirkung

Wählen und gewählt werden

Gemeinden sind Orte, in denen Demokratie vor der Haustür praktiziert wird. Alle wahlberechtigten Bürgerinnen und Bürger in der Gemeinde können an den Wahlen zur Gemeindevertretung bzw. zum Gemeinderat teilnehmen und sich als Kandidaten für die Wahl der Ratsmitglieder zur Verfügung stellen. Sie haben also das aktive und das passive Wahlrecht. Dieses Recht haben auch alle ausländischen Mitbürger, die aus einem der Mitgliedsländer der Europäischen Union stammen.

Beim Wahlalter gibt es Unterschiede von Bundesland zu Bundesland. In Thüringen und Sachsen zum Beispiel liegt die Altersgrenze bei 18 Jahren, in Brandenburg, Mecklenburg-Vorpommern und Sachsen-Anhalt bei 16 Jahren.

Zusätzlich zu den Wahlen zur örtlichen Volksvertretung finden die Bürgermeisterwahlen statt. Die Amtszeiten der Oberbürgermeister sind von Land zu Land unterschiedlich geregelt.

Von den ausländischen Einwohnern werden die Ausländerbeiräte gewählt. Kinder und Jugendliche können Kinder- und Jugendparlamente gründen, die Mitglieder wählen und sich zur Wahl stellen. Vergleichbar mit den Wahlen zu den Gemeindevertretungen und den Bürgermeistern werden auf der Ebene der Landkreise die Kreistage und die Landräte gewählt.

Bürgerbegehren und Bürgerentscheid

Die Gemeindeordnungen in den verschiedenen Bundesländern garantieren den Bürgerinnen und Bürgern das Recht des *Bürgerbegehrens* mit dem darauf folgenden *Bürgerentscheid.* Mit dem Bürgerbegehren können die Menschen von der Gemeindevertretung fordern, dass der Rat eine von den Unterzeichnern des Begehrens geforderte Entscheidung trifft. Dazu ist eine bestimmte Anzahl von Unterschriften erforderlich. Lehnt der Rat einen solchen Antrag ab, kommt es zu einem Bürgerentscheid.

Darin entscheiden die Bürger in direkter Demokratie per Abstimmung über ein Problem und können sich so über eine Entscheidung des Gemeinderates hinwegsetzen.

Möglichkeiten Einzelner

Unter verschiedenen Bezeichnungen wie Einwohnerantrag oder Bürgerantrag haben auch einzelne Bewohner in der Gemeinde die Möglichkeit, sich an die Gemeindevertretung zu wenden. Beispiel:

> **Gemeindeordnung Sachsen-Anhalt:**
> **§ 24 Einwohnerantrag**
> (1) Einwohner der Gemeinde, die das 16. Lebensjahr vollendet haben, können beantragen, dass der Gemeinderat bestimmte Angelegenheiten berät. In Angelegenheiten, die Jugendbelange betreffen, sind alle Einwohner der Gemeinde, die das 14. Lebensjahr vollendet haben, antragsberechtigt.

Über die rechtlich garantierten Möglichkeiten hinaus haben die Einwohner einer Gemeinde auch andere Möglichkeiten der politischen Einflussnahme. Sie können sich an die örtliche Presse wenden, die Gemeinderatsmitglieder direkt ansprechen, Veranstaltungen und Info-Stände organisieren, Versammlungen abhalten und anderes mehr.

Bürgerinitiativen

Wenn Bürger mit der Planung in der Gemeinde unzufrieden sind oder Maßnahmen verhindern oder durchsetzen wollen, schließen sie sich oft in einer *Bürgerinitiative* zusammen. Dabei kann es zum Beispiel um die Verbesserung der Spielplatzsituation gehen, um die Verhinderung des Ausbaus von Straßen und anderes mehr. Bürgerinitiativen können Druck auf die Gemeinderatsmitglieder ausüben und diese dazu zwingen, sich mit ihrem Anliegen zu befassen. Eine wichtige Form der Bürgerbeteiligung auf der Gemeindeebene ist auch die Mitarbeit in der Ortsgruppe einer Partei.

Methodenkarte 6

Mindmap

Thema: Aufgaben der Gemeinde

A Mindmap: Was ist das?

Eine Mindmap ist eine übersichtliche Darstellung eines bearbeiteten Themengebietes. Man entwickelt damit sozusagen eine Landkarte (= Map) aus Gedanken oder Arbeitsergebnissen (= Mind). Du setzt dabei das Thema auf die Mitte eines Blattes und platzierst dann die weiteren Ergebnisse darum herum. Mindmaps eignen sich besonders gut zur Erarbeitung schwieriger Sachtexte, weil du mit ihrer Herstellung einen Text sehr schön veranschaulichen kannst.

B Wie macht man das?

1. Thema im Zentrum platzieren

Bei der Gestaltung einer Mindmap gehst du immer von einem Zentrum aus. Im Zentrum steht das Thema. Eigentlich brauchst du nur ein leeres Blatt und ein Schreibgerät. Hilfreich können einige farbige Stifte sein.

2. Hauptstränge anlegen

Der wichtigste Schritt bei der Erstellung ist die Formulierung von Gliederungspunkten, die du in Form von Strängen darstellst.
Beim Thema Gemeinde bieten sich je ein Strang für die *Pflichtaufgaben*, die *freiwilligen Aufgaben* und die *staatlichen Auftragsangelegenheiten* an. Als weitere Stränge können noch *Finanzen* und *Probleme* aufgenommen werden.
Diese fünf bilden dann die Hauptstränge.

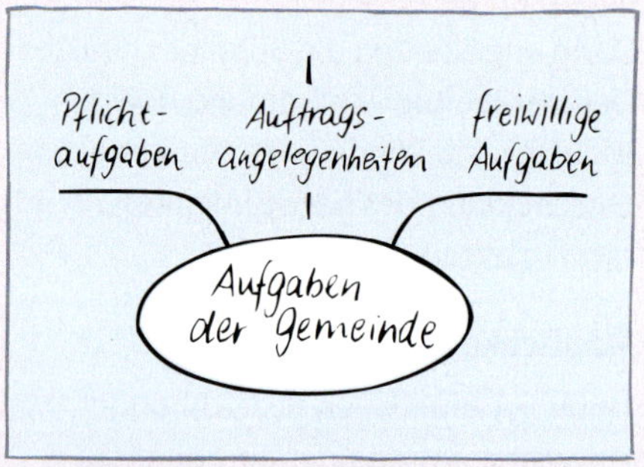

3. Nebenstränge anlegen

Jetzt beginnt der vorteilhafteste Teil. Die Mindmap wird nach und nach vervollständigt. Die Informationen zu den Hauptsträngen werden in Form von Nebensträngen angelegt. Dabei ist man nicht an eine Reihenfolge gebunden, sondern kann die Informationen immer dann an den passenden Hauptstrang anbinden, wenn man sie findet.

4. Mindmap abschließend gestalten

Am Ende sollte die Mindmap überarbeitet werden. Soll noch ein weiterer Strang hinzugefügt werden? Gibt es Verbindungslinien zwischen Haupt- und Nebensträngen? Ist sie anschaulich gestaltet? Besonders anschaulich werden Mindmaps, wenn sie mit kleinen Zeichnungen versehen werden.

5. Mindmap benutzen

Die fertige Mindmap kann als Grundlage für eine Ergebnispräsentation genutzt werden. Wenn du das Mindmapping immer wieder übst, wirst du über eine Methode verfügen, die das Verstehen von Texten und das Speichern von Informationen sehr erleichtern kann. Mindmaps können auch in Partnerarbeit erstellt werden.

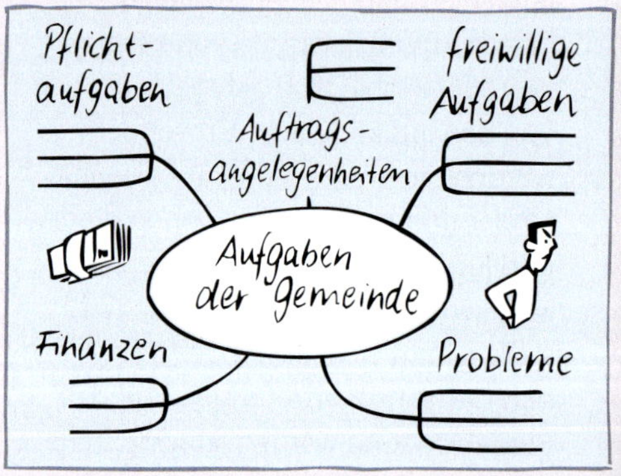

Die drei Ebenen der Politik

Benutzt den folgenden Text, um das Erstellen einer Mindmap zu üben.

So könnt ihr dabei vorgehen:

- Alle lesen den Text,
- fertigen einen ersten Entwurf an,
- vergleichen die Entwürfe mit dem eines Tischnachbarn,
- überarbeiten die erste Fassung,
- stellen den Inhalt des Textes mithilfe der fertigen Mindmap vor.

Kommunen als dritte Ebene

Die Kommunen sind nach dem Bund und den Bundesländern die dritte Ebene in Deutschland, auf der Politik gemacht wird. Insgesamt gibt es in der Bundesrepublik knapp 13 000 Kommunen. Die größte ist die Stadt Berlin mit mehr als drei Millionen Einwohnerinnen und Einwohnern. Die kleinste eigenständige Gemeinde ist Gröde in Schleswig-Holstein. Hier wohnen im Winter fünf Menschen.

Der Begriff Kommune

kommt aus dem Lateinischen und bedeutet Gemeinschaft. Vor knapp tausend Jahren verschworen sich die Einwohner des französischen Cambrai gegen den Bischof, der allein die Stadt regierte. Er sollte erst wieder Zutritt zur Stadt erhalten, wenn er die Selbstverwaltung der Verschwörer, die Kommune, respektierte. Die Kommune wurde niedergeschlagen. Die Idee der Selbstverwaltung zog aber schnell weite Kreise.

Unterteilung

Kommunen unterteilt man in kreisangehörige Städte und Gemeinden und in kreisfreie Städte. Die kreisangehörigen Gemeinden bilden zusammen einen Landkreis. Dieser übernimmt all jene Aufgaben, die die Gemeinden sinnvollerweise zusammen erledigen sollten. Die kreisfreien Städte haben mehr Eigenständigkeit, sie sind praktisch Gemeinde und Landkreis in einem. Für das Kommunalrecht sind die Bundesländer zuständig. Sie legen die grundsätzlichen Dinge in der Gemeindeordnung und der Landkreisordnung fest.

Besonderheiten der Stadtstaaten

Die Stadtstaaten Hamburg und Berlin sind Bundesland und Kommune gleichzeitig. Im Bundesland Bremen gibt es zwei Kommunen – die Stadt Bremen und die Stadt Bremerhaven. Große Städte wie Hamburg und Berlin, Köln, Dresden oder München bilden unterhalb der Stadtebene noch einmal Gremien. So können die Einwohnerinnen und Einwohner in den einzelnen Stadtteilen Entscheidungen vor Ort treffen. Diese Gremien heißen, wieder je nach Bundesland, ganz unterschiedlich: Bezirksausschüsse, Stadtteilbeiräte, Ortsbeiräte oder Bezirksversammlungen. Und Gemeinden, die aus vielen kleinen Dörfern bestehen, bilden in diesen Dörfern lokale Gremien – die Ortschaften. Hier gibt es einen Ortschaftsrat, der von den Einwohnerinnen und Einwohnern gewählt wird.

(Aus: Daniela Saaro, Sabine Friedel, Yvonne Lehmann: Kommunalpolitik verstehen, hg. von der Friedrich Ebert Stiftung, Büro Dresden, 6. Auflage 2012, S. 9, Zwischenüberschriften eingefügt)

Fünf Kriterien für die Besprechung eurer Mindmaps:

1. Sind in den Hauptsträngen die wichtigsten Gliederungspunkte des Textes enthalten?
2. Sind besonders wichtige Informationen in den Nebensträngen nachvollziehbar zugeordnet?
3. Sind die Informationen als Merkhilfe verständlich?
4. Ist die Mindmap übersichtlich?
5. Ist sie formal ansprechend gestaltet?

4 Park oder Kino: Was soll mit dem Grundstück der Stadt geschehen?

Ein Planspiel

In den Schulen der kleinen Stadt Schönstadt finden zurzeit heftige Diskussionen statt. Dabei geht es nicht um die Schule oder um Ärger mit den Lehrern. Es sind die Zustände in der Innenstadt von Schönstadt, welche die Kinder und Jugendlichen in zwei gegnerische Lager spalten. Welches Ereignis in einer Stadt kann zu solch heftigem Streit unter Jugendlichen führen?

Der Grund liegt in der Schönstädter Fußgängerzone. Hier gibt es noch ein großes unbebautes Grundstück, das sich im Besitz der Stadt befindet. Ursprünglich stand hier einmal das städtische Arbeitsamt, das aber vor vielen Jahren abgerissen werden musste und in einen größeren Bau an anderer Stelle umzog. Die Stadt ließ dann auf dem freien Grundstück eine Grünanlage einrichten mit Blumenbeeten, einer Wiese und einem Spielplatz für Kinder. Der besondere Clou: Vor drei Jahren hat die Stadt die Einrichtung einer Skateranlage innerhalb dieser Fläche genehmigt, die von einer Sportartikelfirma finanziell gesponsert wurde. Diese Anlage mit Plattform, Coping-Ramp, Fun-Ramp und Fly-Ramp erfreut sich nun bei den 10- bis 16-Jährigen großer Beliebtheit. Die Kinder und Jugendlichen können hier ihrem Hobby nachgehen, ohne jemanden zu stören. So hat sich der kleine Park am Rande der Fußgängerzone zum beliebtesten Freizeittreff der Schönstädter Kids entwickelt. Und damit soll jetzt Schluss sein.

Das Kinounternehmen **Kinomax** hat der Stadt das Angebot gemacht, das Grundstück zu kaufen, um dort ein modernes Großkino zu bauen. Zwar existiert in Schönstadt eine Kinoanlage mit mehreren Sälen, sie liegt aber außerhalb des Stadtzentrums. Die Firma Kinomax plant die Einrichtung von sechs supermodernen Kinosälen und einer Tiefgarage für 300 Autos unterhalb der Anlage. Und genau dieser Plan ist der Grund für den Streit unter den Schönstädter Jugendlichen.

Eine Gruppe, die sich **Skaterkids** nennt, ist empört. Sie will erreichen, dass ihr Park und ihre Skateranlage auf jeden Fall erhalten bleiben. Diese Jugendlichen fordern von der Stadt, dass sie das Grundstück unter keinen Umständen verkauft.

Demgegenüber steht aber eine Gruppe von Jugendlichen, die sich **Filmfreaks** nennt. Diese Gruppe wäre froh, wenn Schönstadt eine zentral gelegene Kinoanlage bekäme. Ihre Sprecher haben den Bürgermeister und die Stadt in einem Zeitungsartikel dazu aufgefordert, das Grundstück für einen guten Preis zu verkaufen.

Beide Jugendgruppen haben Verbündete unter den Erwachsenen. Die Gruppe der Skaterkids wird von zahlreichen Eltern unterstützt, die sich in der Bürgerinitiative **Rettet unseren Park** zusammengeschlossen haben. Sie wollen kein Großkino mit riesiger Tiefgarage. Sie wollen auch nicht auf die letzte grüne Lunge in der Innenstadt von Schönstadt verzichten.
Die jugendlichen Filmfreaks werden kräftig von der Firma Kinomax unterstützt. Kinomax wirbt mit dem Argument, dass ein modernes Kinozentrum heutzutage zum Bild eines attraktiven Stadtzentrums gehört.

Der **Stadtrat von Schönstadt** muss entscheiden. Soll der Park entfernt und das Grundstück verkauft werden oder nicht?
Einerseits bringt der Verkauf eine willkommene Summe Geld in die ziemlich leere Stadtkasse von Schönstadt. Andererseits nehmen Bürgermeister und Ratsmitglieder die Sorgen der Kinder, Jugendlichen und Eltern ernst, die für den Erhalt des Parks kämpfen. Was ist zu tun? Auf diese Frage sollt ihr in einem Planspiel eine Lösung finden.

Streit in Schönstadt

So **oder** **so?**

Blick auf Innenstadt, Park und Fußgängerzone; der rot umrandete Bereich müsste für Kino und Tiefgarage geopfert werden.

Das sind eure Rollen im Planspiel

Für die Durchführung müsst ihr euch auf fünf Gruppen aufteilen.

Stadtrat von Schönstadt

Ihr müsst zusammentragen, welche Gründe für den Erhalt des Parks sprechen und welche für den Bau des Großkinos. In einer Versammlung mit allen Gruppen werdet ihr am Anfang eure Überlegungen vortragen, dann die verschiedenen Gruppen anhören und am Ende eine Entscheidung treffen. Ihr müsst mit allen Beteiligten höflich umgehen, weil ihr ja wiedergewählt werden wollt. Im Stadtrat müssen nicht alle einer Meinung sein, sondern ihr könnt nach der Mehrheit entscheiden.

Pro Kino

Geschäftsleitung der Firma Kinomax

Ihr wollt die Kinoanlage unbedingt bauen. Für euch kommt nur ein Standort im Zentrum infrage. Ihr bietet der Stadt für das Grundstück einen Preis von drei Millionen Euro. Ihr würdet die Stadt auch an den Einnahmen aus dem Parkhaus beteiligen. Versucht, die anderen Jugendlichen und die Eltern von den Vorzügen eines modernen Kinos zu überzeugen.

Jugendgruppe Filmfreaks

Ihr müsst möglichst viele gute Begründungen für den Bau eines modernen Großkinos zusammentragen. Ihr müsst versuchen, die gegnerischen Jugendlichen davon zu überzeugen, dass auch sie Vorteile von einem Kinoneubau haben. Die Einwände der Eltern und des Stadtrates gegen ein Kino müsst ihr mit guten Argumenten entkräften.

Kontra Kino

Bürgerinitiative „Rettet unseren Park“

Ihr seid Eltern von kleinen und großen Kindern, die auf keinen Fall auf Park und Freizeittreff in der Innenstadt verzichten wollen. Ihr seid der Meinung, dass es beim geplanten Kino wieder einmal nur um das Geld und gegen die Umwelt geht. Ihr müsst die Versammlung davon überzeugen, dass die letzte grüne Lunge im Zentrum der Stadt für alle Bewohner unbedingt erhalten werden muss.

Jugendgruppe Skaterkids

Ihr müsst mit vielen guten Begründungen verhindern, dass euer Park und eure Skateranlage zerstört wird. Ihr seid zwar keine Kinogegner, meint aber, dass ein neues Kino nicht an der Stelle des Parks gebaut werden darf. Erklärt den übrigen Teilnehmern auch, warum ein Park umweltfreundlicher ist als ein Kino mit Tiefgarage.

So verläuft das Planspiel

Gruppe: ...

Unser Ziel:

...

Unsere Argumente:

1 ...

2 ...

3 ...

Erste Phase: Vorbereitung der gemeinsamen Versammlung

1. Bildet in der Klasse die fünf beteiligten Gruppen.
2. Schreibt in jeder Gruppe auf, wie eurer Ansicht nach die Lösung in diesem Streit aussehen soll.
3. Sucht nach möglichst vielen Argumenten, mit denen ihr in der Versammlung den Stadtrat und die übrigen Teilnehmer überzeugen wollt, und notiert sie.
4. Nehmt mit anderen Gruppen per Brief Kontakt auf, mit denen ihr euch vielleicht verbünden könnt oder denen ihr einen Vorschlag zu machen habt.
5. Einigt euch auf euer Vorgehen in der Versammlung und überlegt, wer welche Argumente vortragen wird.

Zweite Phase: Durchführung der Versammlung

1. Die Diskussionsleiterin bzw. der Diskussionsleiter eröffnet die Sitzung und begrüßt die Teilnehmer.
2. Der Stadtrat informiert die Versammlung über den Stand der Überlegungen.
3. Alle weiteren Gruppen tragen der Reihe nach ihre Ansichten vor.
4. Die Versammlung diskutiert.
5. Der Stadtrat zieht sich zur Beratung zurück.
6. Der Stadtrat teilt der Versammlung den Beschluss des Rates mit und begründet die Entscheidung.

Dritte Phase: Auswertung des Planspiels

Nach dem Ende des Spiels solltet ihr eine Auswertung anhand folgender Kriterien vornehmen: Qualität der Argumente, Vorgehensweisen der Gruppen, Qualität der Entscheidung, Vergleich mit der Wirklichkeit.
Sucht nach Antworten auf die folgenden Fragen:

1. Welche der Gruppen hatte in der Versammlung die überzeugendsten Argumente?
2. Welche der Gruppen hat sich taktisch am klügsten verhalten?
3. Wem nützt und wem schadet die Entscheidung, die der Rat der Stadt getroffen hat?
4. Wie kann man in der Wirklichkeit ein solches oder ein ähnliches Problem so lösen, dass möglichst viele Kinder, Jugendliche und Erwachsene an der Problemlösung mitwirken können?

Der Zukunftstrend – hinein ins virtuelle Rathaus

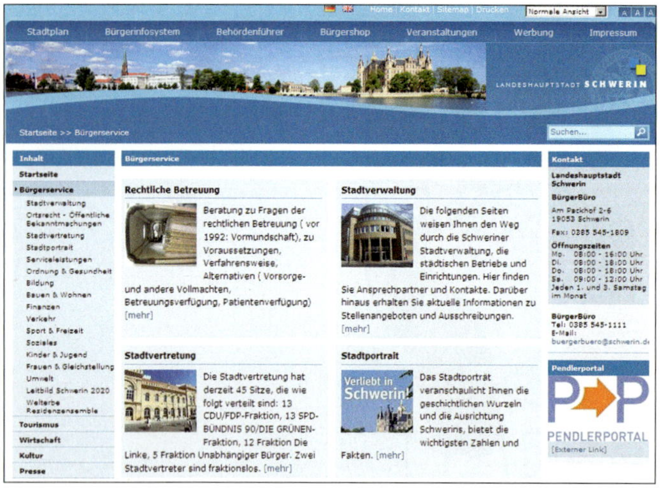

Beispiel „Schwerin.Connect“

„Schwerin.Connect“ ist ein interaktives Dienstleistungsangebot, das Unternehmen und Bürgern erlaubt, Anträge und Auskünfte vollständig über das Internetportal der Landeshauptstadt abzuwickeln und dabei den jeweiligen Bearbeitungsstatus unmittelbar zu verfolgen. „Durch das Internet erhalten wir ganz neue Möglichkeiten, die Dienstleistungen der Stadtverwaltung unabhängig von Öffnungszeiten rund um die Uhr anzubieten und damit den Bürgerinnen und Bürgern zusätzliche Wege und lange Wartezeiten zu ersparen“, so Oberbürgermeisterin Angelika Gramkow, die dabei gleichzeitig Einspareffekte für die Verwaltung im Blick hat. […]
Mittels der zentralen Service-Dienste von „Schwerin.Connect“ sollen zukünftig Anträge und Anfragen schneller und komfortabler bearbeitet werden. Jeder Antrag wird automatisch an den richtigen Ansprechpartner in der Verwaltung geleitet. Gleichzeitig ermöglicht die geplante IT-Lösung für die Bürgerinnen und Bürger einen transparenten Überblick über alle gestellten Anträge, ihren aktuellen Bearbeitungsstatus und noch fehlende Dokumente für die Antragsbearbeitung.
„Diese internetbasierte Lösung wird in der Landeshauptstadt Schwerin im Verbund mit den zugehörigen kommunalen Unternehmen zum Einsatz kommen. Sie ist schneller, wirtschaftlicher und komfortabler als die gewohnte Antragsbearbeitung in Papierform“, erklärt Matthias Effenberger, Geschäftsführer des städtischen IT-Dienstleisters SIS GmbH.
Gefördert wird das Projekt vom Land Mecklenburg-Vorpommern und der Europäischen Union.

(Aus: Michaela Christen, Pressesprecherin: Innenminister gibt Startschuss für Schwerin.Connect, Artikel vom 29.11.2010, im Internet unter www.schwerin.de, letzter Zugriff 02.06.2012)

Wir erkunden unser örtliches virtuelles Rathaus

Virtuell heißt „nicht wirklich“. Ein virtuelles Rathaus ist kein Haus. Es existiert nur in der Welt des Computers. In den virtuellen Rathäusern werden mehr und mehr Angebote zur Verfügung gestellt. In der Zukunft sollte man auch direkt mit den für bestimmte Aufgaben zuständigen Mitarbeiterinnen und Mitarbeitern in der Gemeindeverwaltung kommunizieren können. Ihr könnt das virtuelle Rathaus in eurer Heimatgemeinde für die folgende Erkundung nutzen.

Das sollt ihr herausfinden:

- Einwohnerzahl eurer Gemeinde (und weitere interessante Zahlen),
- die Bürgermeisterin, der Bürgermeister (Name, Partei, seit wann im Amt, weitere Angaben),
- die Gemeindevertretung bzw. der Gemeinde- oder Stadtrat (Zahl der Mitglieder, Zusammensetzung nach Parteien, aktuelle Themen, die zur Diskussion bzw. Entscheidung anstehen),
- wichtige Ämter im Rathaus (Was erledigt man wo?),
- besondere Angebote für die Einwohnerinnen und Einwohner,
- Einrichtungen und Aktivitäten für Kinder und Jugendliche,
- weitere interessante Informationen aus dem Internet über eure Stadt.

Stellt die Informationen schriftlich zusammen. Bereitet dazu eine Präsentation vor. Das geht auch zu zweit oder zu dritt.

Demokratie in der Gemeinde

Station 1 Politik in der Gemeinde – was habe ich damit zu tun?

Stell dir vor, du kommst in einem Gespräch mit einem gleichaltrigen Mädchen oder Jungen auf das Leben in deiner Heimatgemeinde zu sprechen und dein Gegenüber vertritt die folgenden Ansichten:

„Weder in der Schule, noch in der Freizeit habe ich irgendwas mit der Gemeindepolitik zu tun."

„Gemeindepolitik – so etwas gibt's gar nicht. Vor Ort gibt es doch nichts zu entscheiden."

Überzeuge sie oder ihn vom Gegenteil.

Station 2 Wie können Jugendliche mitmachen in der Gemeindepolitik?

Übernimm die Mindmapstruktur in dein Heft und vervollständige sie.

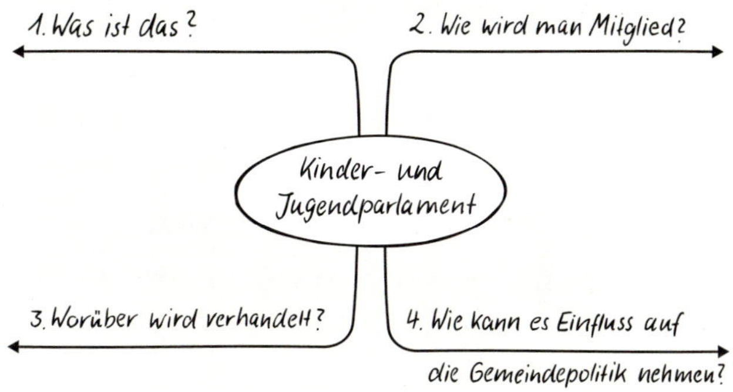

Station 3 Was muss Gemeindepolitik leisten?

Bereite mithilfe des Merkzettels einen kleinen Vortrag zum Thema Gemeindepolitik vor.

Merkzettel Gemeindepolitik

- drei unterschiedliche Arten von Gemeindeaufgaben
- je ein Beispiel dazu
- drei unterschiedliche Gemeindeeinnahmen
- zwei Möglichkeiten, in der Heimatgemeinde an einer Wahl teilzunehmen
- zwei weitere Mitwirkungsmöglichkeiten

Station 4 Planspiel

Zwei Vorteile – Zwei Nachteile

Angenommen dass …
In deiner Stadt hat die gewählte Gemeindevertretung zu entscheiden, ob ein im Zentrum gelegenes städtisches Grundstück an eine große Firma verkauft werden soll oder nicht. Die Firma will dort einen Betrieb errichten. Bisher gab es auf diesem Grundstück nur Spazierwege, Bäume und Wiesen.

A Welche zwei Vorteile hätte die Stadt vom Verkauf des Grundstücks?

B Welche zwei Nachteile müsste die Stadt dafür in Kauf nehmen?

Teil B: Politik in den Bundesländern

Quiz für Einsteiger

16 Bundesländer: Welcher Ländername, welche Hauptstadt und welche angegebene Einwohnerzahl passen zusammen?

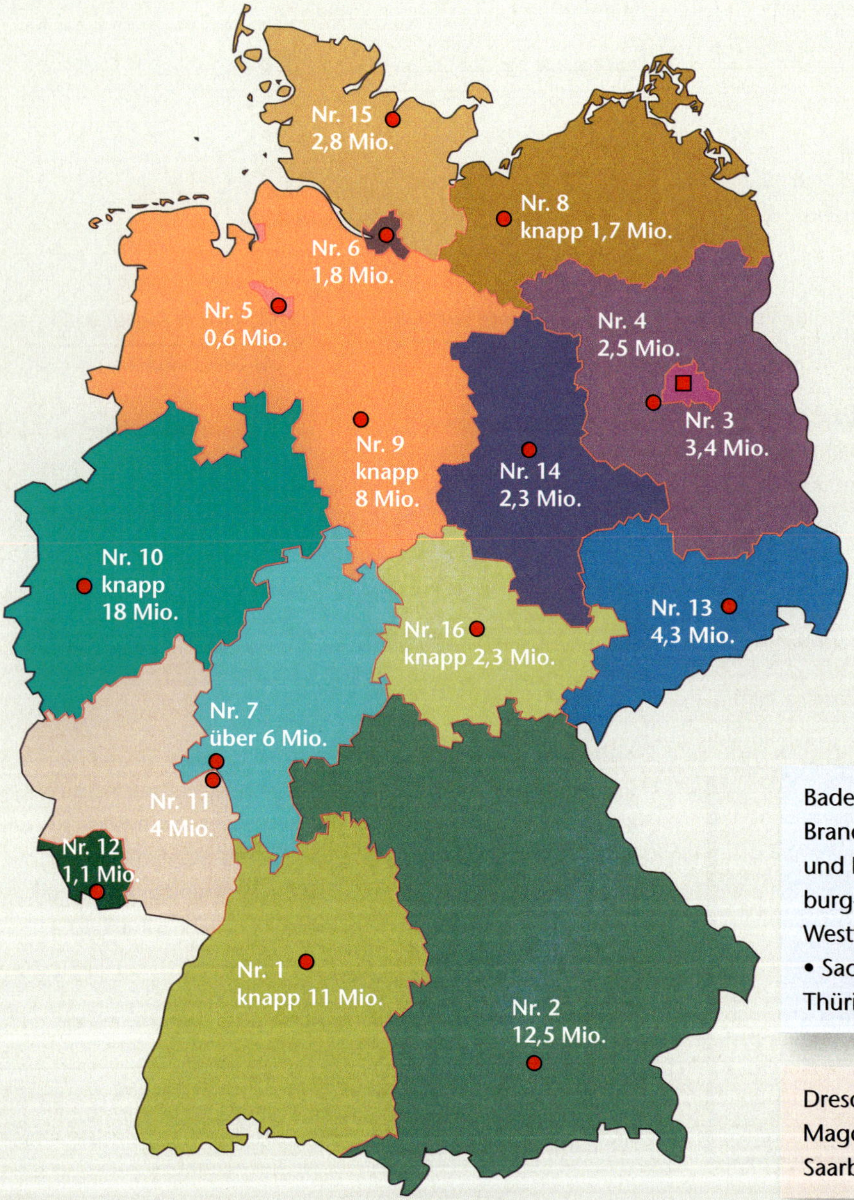

Im zweiten Teil dieses Kapitels gehen wir nach der Gemeindepolitik auf die nächsthöhere Ebene und fragen, wie die Menschen von der Politik in einem Bundesland betroffen sind und welche Aufgaben die Bundesländer zu erfüllen haben. Beginnen solltet ihr mit der Lösung des Quiz für Einsteiger.

Im Verlauf dieses Kapitels könnt ihr …

- an Beispielen verdeutlichen, wie die Landespolitik in das Alltagsleben der Menschen hineinwirkt,
- erklären, was die Besonderheiten des Bundesstaates sind,
- über Vor- und Nachteile des Föderalismus diskutieren.

Einen eigenen Schwerpunkt könnt ihr setzen, indem ihr …

- eine Präsentation über euer eigenes Bundesland erstellt.

Baden-Württemberg • Freistaat Bayern • Berlin • Brandenburg • Freie Hansestadt Bremen • Freie und Hansestadt Hamburg • Hessen • Mecklenburg-Vorpommern • Niedersachsen • Nordrhein-Westfalen • Rheinland-Pfalz • Saarland • Sachsen • Sachsen-Anhalt • Schleswig-Holstein • Thüringen

Dresden • Düsseldorf • Erfurt • Hannover • Kiel • Magdeburg • Mainz • München • Potsdam • Saarbrücken • Schwerin • Stuttgart • Wiesbaden

Auf welchen Ebenen findet staatliche Politik in und für Deutschland statt?

Hierüber erfahrt ihr mehr in Kapitel 12.

Auf der Ebene der Europäischen Politik von den Institutionen der Europäischen Union
Zunehmend werden politische Entscheidungen für die Mitgliedstaaten der EU auch in Brüssel und in Straßburg getroffen. Das Recht haben Deutschland und die anderen Mitgliedstaaten per Vertrag auf die Europäische Union übertragen. Gegenstand der gemeinsamen Europapolitik sind zum Beispiel der Umwelt-, der Verbraucherschutz, die Landwirtschaft und alle Fragen, die den europäischen Binnenmarkt betreffen.

Hierüber erfahrt ihr mehr in Kapitel 9.

Auf der Ebene der Bundespolitik im Deutschen Bundestag in Berlin
wird über alles entschieden, was die Menschen in der Bundesrepublik in der Gesamtheit betrifft, zum Beispiel in Fragen des Rechts, des Sozialstaates, der Wirtschaft. Hier wird Außen- und Verteidigungspolitik betrieben. Die Bürgerinnen und Bürger wählen alle vier Jahre in den Bundestagswahlen den Bundestag. Dieser wählt dann die Bundeskanzlerin bzw. den Bundeskanzler.

Im Teil B dieses Kapitels seid ihr hier.

Auf der Ebene der Landesparlamente in den 16 Bundesländern
wird über Dinge entschieden, in denen die Bundesländer über eigene Kompetenzen verfügen. Dazu gehören das Schulwesen und die Universitäten, die Landespolizei und der Bau von Landstraßen, Flug- und Seehäfen. Auch entscheiden die Bundesländer über die Gemeindeordnungen, die die Politik in den Gemeinden des Landes regeln. Die Bürger wählen alle fünf Jahre ihre Landesparlamente (in Bremen und Hamburg alle vier Jahre). Diese wählen dann die Regierungschefs des Landes. In den Flächenstaaten heißen sie Ministerpräsident und in den Stadtstaaten Bürgermeister.

Im Teil A dieses Kapitels ward ihr hier.

Auf der Ebene der Gemeinden
wird über Dinge entschieden, die die einzelne Stadt, das einzelne Dorf oder den Zusammenschluss mehrerer Gemeinden in einem Gemeindeverband betreffen. Die Bürgerinnen und Bürger wählen die Gemeindevertretung und in den meisten Bundesländern in einer weiteren Wahl auch den bzw. die (Ober)Bürgermeister(in).

1 Landespolitik: Betrifft das auch uns?

Auf dieser Doppelseite findet ihr einige Beispiele für politische Entscheidungen in Mecklenburg-Vorpommern, Thüringen und Sachsen-Anhalt.

- Welche Bedeutung haben landespolitische Entscheidungen dieser Art für die Menschen im Land? Findet das mithilfe der unterschiedlichen Beispiele heraus.

A Landtag Mecklenburg-Vorpommern

Energiepolitik soll „grüner" werden

Schweriner Schloss: Sitz des Landtages von Mecklenburg-Vorpommern

Spätestens im Jahr 2020 soll Mecklenburg-Vorpommern seinen Strombedarf vollständig aus erneuerbaren Energiequellen decken können. Um dieses Ziel zu erreichen und unterschiedliche Interessenvertreter aus Wissenschaft, Wirtschaft, Verbänden und Politik einbinden zu können, will die Landesregierung zukünftig einen „Energierat" einsetzen.

Im Wesentlichen sollen die Möglichkeiten zur Nutzung und zum Ersatz (Repowering) von Windkraftanlagen verbessert werden. [...] Diskutiert werden zurzeit die Herabsetzung der Mindestgrößen für Windeignungsgebiete von 75 auf 30 Hektar. [...] Am bisherigen Mindestabstand von Windenergieanlagen zur vorhandenen Wohnbebauung von 1000 m sowie 800 m zu Einzelgebäuden soll sich nichts ändern.

(Beide Texte über die Landespolitik in Mecklenburg-Vorpommern aus: Informationen des Landtages Mecklenburg-Vorpommern unter www.landtag-mv.de; Text zur Windenergie vom 22.02.2012 und zum Vergabegesetz 15.07.2012; letzter Zugriff 21. Juli 2012)

Große Mehrheit für Vergabegesetz

Der Landtag Mecklenburg-Vorpommern hat heute (21. Juni 2012) in Schwerin nach intensiv geführter Debatte mit großer Mehrheit ein Vergabegesetz beschlossen. Künftig sollen ausschließlich solche Unternehmen Aufträge des Landes erhalten, deren Beschäftigte mindestens einen Stundenlohn in Höhe von 8,50 Euro erhalten. Neben den Koalitionsfraktionen SPD und CDU stimmten die Fraktionen DIE LINKE und BÜNDNIS 90/DIE GRÜNEN nahezu geschlossen dem von CDU und SPD vorgelegten und mit Empfehlungen des Wirtschaftsausschusses des Landtages versehenen Gesetzentwurf nach zweiter Lesung zu.

B Landtag Thüringen

Grünes Licht für ein neues Ladenöffnungsgesetz

Plenarsaal des Landtages Thüringen in Erfurt

Der Thüringer Landtag hat am Freitag ein neues Ladenöffnungsgesetz beschlossen. [...] Bäcker sowie Zeitungs- und Blumenhändler beispielsweise dürfen dann ab dem kommenden Jahr sonntags bereits um 7 Uhr statt bisher um 8 Uhr öffnen. Auch die Regelung zur Ladenöffnung an den Adventssonntagen wurde großzügiger gestaltet. Durften die Händler bislang nur am ersten Advent ihre Geschäfte öffnen, können sie nun zwischen dem ersten oder zweiten Advent wählen. Allerdings bleibt es bei maximal vier verkaufsoffenen Sonn- und Feiertagen im Jahr.

(Aus: J. M. Möller, verantwortlich für die Redaktion: Grünes Licht für Ladenöffnungsgesetz und Gemeindefusionen, in: www.mdr.de; letzter Zugriff 21.07.2012)

C Landtag Sachsen-Anhalt

Landtag berät über verbesserte Betreuungsangebote für Kinder

Blick in den Plenarsaal des Landtags Sachsen-Anhalt in Magdeburg

Unter dem Slogan „Sachsen-Anhalt geht seinen Weg“ hatten sich CDU und SPD im Koalitionsvertrag darauf geeinigt, allen Kindern im Bundesland einen Rechtsanspruch auf ganztägige Betreuung in einer Tageseinrichtung einzuräumen und die finanzielle Entlastung von Mehr-Kind-Familien voranzubringen. Die dafür notwendige Neufassung des Landeskinderförderungsgesetzes aus dem Jahr 2003 sei daher eines der wichtigsten Vorhaben für die laufende Legislaturperiode. Der Rechtsanspruch auf Ganztagsbetreuung und -förderung solle für alle Kinder bis zum Tag der Einschulung in die Grundschule gelten. 40 Millionen will die Landesregierung im Haushalt dafür einplanen. Die Fraktionen der LINKEN und von BÜNDNIS 90/DIE GRÜNEN stehen der geplanten Neufassung des Gesetzes positiv gegenüber, sind aber der Ansicht, dass die geplanten Maßnahmen der Landesregierung nicht weit genug gehen. BÜNDNIS 90/DIE GRÜNEN fordern unter anderem, dass allen Kindern in Kindertagesstätten ein vollwertiges Frühstück und ein Mittagessen garantiert werden müssten. Dafür und für andere verbesserte Betreuungsangebote seien 50 Millionen Euro einzuplanen. Die Fraktion der LINKEN vertritt die Position, dass allen Kindern, unabhängig vom Einkommen der Eltern, der gleichberechtigte Zugang zur frühkindlichen Bildung garantiert werden müsse. Sie setzt sich für eine garantierte Kinderbetreuungszeit von zehn Stunden täglich ein. Sprecher der Regierungskoalition aus CDU und SPD wiesen darauf hin, dass nicht alles, was wünschenswert ist, auch realisierbar sei, betonten aber gegenüber der Presse, dass der Gesetzentwurf offen und bearbeitbar sei.

(zusammengefasst nach einer Information des Landtages Sachsen-Anhalt vom 14. Juli 2012 unter www.sachsen-anhalt.de, letzter Zugriff 15.07.2012)

Besitzer von Wassergrundstücken müssen mehr zahlen

MAGDEBURG/DPA. Besitzer von Wassergrundstücken werden künftig stärker zur Kasse gebeten. Dies sieht das neue Wassergesetz vor, dessen Entwurf das Kabinett am Dienstag in Magdeburg billigte. Bislang mussten nur Anlieger an Gewässern, die von Gemeinden oder Verbänden bewirtschaftet werden, eine Abgabe zahlen. Künftig soll dies auch für Grundstücke an den größeren Gewässern in der Obhut des Landes gelten, wie Umweltminister Hermann Onko Aeikens (CDU) mitteilte. Er rechne mit rund 600 000 Euro Mehreinnahmen im Jahr. Dies schaffe auch mehr Beitragsgerechtigkeit. Besonders betroffen sind Bauern. Die Abgabe liegt bei etwa acht bis neun Euro pro Hektar. Das Geld soll für einen besseren Schutz vor Vernässung und Hochwasser ausgegeben werden.

(Aus: Mitteldeutsche Zeitung, Artikel vom 03. Juli 2012, im Internet unter www.mz-web.de, letzter Zugriff 20.07.2012)

1. Um welche Themen und Probleme geht es in den hier berichteten landespolitischen Entscheidungen? Notiere sie.

2. Welche Gruppen in der Bevölkerung profitieren von diesen Beschlüssen? Welche müssen eher Nachteile in Kauf nehmen? Beratet und sammelt zu zweit.

3. Für wie wichtig haltet ihr in der Klasse politische Entscheidungen der hier genannten Art für euer persönliches Leben: für ziemlich, wenig, gar nicht wichtig? Formuliert dazu persönliche Stellungnahmen und diskutiert miteinander.

Was auch noch interessant sein kann:

- weitere landespolitisch aktuelle Themen sammeln: Suche in Presseveröffentlichungen nach aktuellen Themen und bilde dir eine Meinung über deren Bedeutung.

Welche Aufgaben haben die Bundesländer?

Im Bundesstaat hat jedes der Bundesländer eigene Rechte. Diese sind im Grundgesetz festgelegt und gelten für alle Bundesländer in gleicher Weise. Innerhalb dieses rechtlichen Rahmens hat jedes Bundesland die Möglichkeit der eigenen Ausgestaltung. Hier könnt ihr an zwei Beispielen ermitteln, wie die Bundesländer ihre eigenen Aufgaben darstellen und wie sich die Zusammensetzungen durch die Landtagswahlen entwickelt haben. Mit den Informationen auf der nächsten Seite solltet ihr euch die Aufgaben der Bundesländer im Allgemeinen einprägen.

A Mecklenburg-Vorpommern

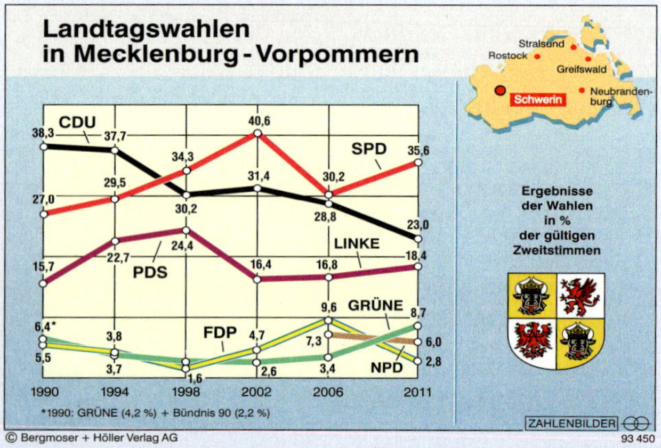

Der Ministerpräsident wird in geheimer Abstimmung mit der Stimmenmehrheit der Landtagsabgeordneten gewählt [...]. Die Landesminister werden nicht durch den Landtag gewählt – sie werden durch den Ministerpräsidenten berufen und im Landtag vereidigt. Gesetzesentwürfe können auf drei unterschiedlichen Wegen in den Landtag eingebracht werden (Artikel 55 bis 60 der Verfassung des Landes Mecklenburg-Vorpommern):

- durch die Landesregierung
- aus der Mitte des Landtages – durch die Fraktionen oder durch eine mindestens Fraktionsstärke entsprechende Zahl von Abgeordneten
- direkt aus dem Volk (Volksinitiative, Volksbegehren, Volksentscheid). [...]

Gesetzesinitiativen aus dem Volk müssen von mindestens 15000 (Volksinitiative) bzw. 120000 Wahlberechtigten (Volksbegehren) unterstützt werden. Durch Volksentscheid ist ein Gesetzesentwurf angenommen, wenn die Mehrheit der Abstimmenden, mindestens aber ein Drittel der Wahlberechtigten, zugestimmt hat. [...]

(Aus: www.landtag-mv.de/landtag/grundsaetze; letzter Zugriff 25.07.2012)

B Sachsen Anhalt

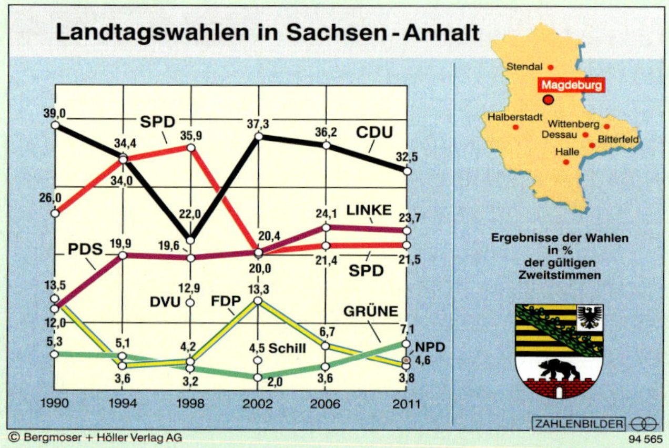

Der Landtag steht als oberstes Verfassungsorgan des Landes im Zentrum des politischen Alltags in Sachsen-Anhalt. Als einziges Staatsorgan des Landes wird er durch Direktwahl durch das Volk besetzt. Ihm sind deshalb die zentralen staatlichen Aufgaben zugewiesen. Er ist das einzige Staatsorgan, das – außer dem Volk – Landesgesetze beschließt, die für jede und jeden gelten. Mit dem Landeshaushalt beschließt er darüber, wie viel Geld das Land einnimmt und wofür es verwendet werden soll. Er wählt u.a. den Ministerpräsidenten, die Richterinnen und Richter am Landesverfassungsgericht, den Präsidenten des Landesrechnungshofes sowie den Landesbeauftragten für den Datenschutz. Er kontrolliert Regierung und Verwaltung. Schließlich ist er der zentrale Ort, an dem alle Sachsen-Anhalt betreffenden Fragen zur Sprache gebracht werden können.

(Aus: www.sachsen-anhalt.de; letzter Zugriff 25.07.2012)

Die Selbstständigkeit der Länder

Nach den Gemeinden und den Kreisen sind die Bundesländer die nächsthöhere Ebene, auf der in Deutschland staatliche Politik stattfindet. Alle Bundesländer haben eine eigene Landeshauptstadt, eine eigene Verfassung, ein eigenes Parlament (das auch Landtag genannt wird), eine eigene Regierung, an deren Spitze eine Ministerpräsidentin oder ein Ministerpräsident steht. Sie haben auch eine eigene Landesflagge und ein eigenes Landeswappen.

Die Landtage

Die Abgeordneten für die Landesparlamente werden von den Bürgerinnen und Bürgern des jeweiligen Bundeslandes gewählt. Die Wahlen werden – außer bei den Stadtstaaten – als Landtagswahlen bezeichnet. Die Ministerpräsidenten werden nicht vom Volk, sondern von den Landtagen gewählt.
Die Landtage sind oberste politische Entscheidungsorgane. Ihre wichtigsten Aufgaben sind:

- die öffentliche Diskussion der Probleme im Land und der unterschiedlichen Interessen in der Bevölkerung,
- die Wahl des Ministerpräsidenten und die Bestätigung der Landesregierung,
- die Kontrolle der Landesregierung und der Landesverwaltung,
- die Verabschiedung des Landeshaushaltes,
- die Landesgesetzgebung.

Zuständigkeiten

Bund und Länder sind für unterschiedliche Bereiche der Politik zuständig. Unter dem Stichwort *Föderalismusreform* wurden diese Zuständigkeiten nach schwierigen Verhandlungen im Jahr 2006 neu geregelt.
Die Bundesländer sind zuständig für alle Bildungs- und Polizeiangelegenheiten (außer Bundespolizei) sowie für die Landeskultur (Landesmuseen, Landestheater, Denkmalpflege, Durchführung von Landesgartenschauen u. a.). Sie entscheiden über den Bau von Landstraßen, Flug- und Schiffshäfen. Sie verabschieden die Gemeindeordnungen, in denen zum Beispiel auch die Ladenöffnungszeiten festgelegt werden. Zur Bewältigung ihrer Aufgaben erlassen sie Landesgesetze und erheben eigene Steuern.
Die Bundesländer nehmen wichtige staatliche Verwaltungsaufgaben wahr. Beschließt zum Beispiel der Bund den Aus- oder Neubau einer Bundesautobahn, übernimmt das Land die Planung und Durchführung innerhalb seines Gebietes.
Durch den Bundesrat wirken die Länder an der Gesetzgebung des Bundes mit. Bei der Europäischen Union sind sie im Ausschuss der Regionen vertreten und können so auf die Entscheidungsprozesse in der EU beratend einwirken und ihre länderspezifischen Interessen vertreten.

Was über Bundesländer und Bundesstaat im Grundgesetz steht

Artikel 20 GG	Die Bundesrepublik Deutschland ist ein s… und d… B…t.
Artikel 30 GG	Die A… der staatlichen B… und die Erfüllung der s… A… ist Sache der L…r.
Artikel 50 GG	Durch den B… wirken die L… der bei G… und V… des Bundes und in A… der E… U… mit.

1. Nimm ein Grundgesetz zur Hand, schlage die im Bild genannten Artikel auf und übernimm die Aussagen vollständig in dein Heft.
2. Gestaltet (allein, zu zweit oder mit mehreren) eine Mindmap oder eine übersichtliche Tabelle, in der ihr Informationen zur Landesgesetzgebung, zu den Eigenheiten der Länder, den Aufgaben der Landtage und den Zuständigkeiten der Bundesländer in Kurzform visualisiert.
3. Stellt die Aufgaben der Bundesländer mithilfe eurer Visualisierung vor.

2 Wie steht es um die Mitwirkungsmöglichkeiten in der Landespolitik?

Der Fall

Bürgerinitiativen und Umweltverbände verhindern den Bau eines Kohlekraftwerks

Die Lubminer Heide ist eine Region an der Ostseeküste im Bundesland Mecklenburg-Vorpommern. Dort plante der dänische Energiekonzern Dong Energy von 2006 an den Bau eines Kohlekraftwerkes. Bestehend aus zwei Blöcken mit je 800 Megawatt Leistung und Kosten von 2,3 Milliarden Euro sollte es eines der größten Kraftwerkprojekte in Deutschland werden. Die Landesregierung leitete ab 2007 das dazu erforderliche Genehmigungsverfahren ein.

Bürgerbeteiligung in Mecklenburg-Vorpommern: Am 16. April 2008 übergaben Vertreterinnen und Vertreter der Initiative „Kein Steinkohlekraftwerk in Lubmin" 30 000 Unterschriften an den Landtagspräsidenten.

Unmittelbar nach dem Bekanntwerden stießen die Planungen bei Anwohnern, Tourismus- und Umweltverbänden auf Kritik. In Lubmin, in Greifswald und auf den Ostseeinseln Rügen und Usedom wurden Bürgerinitiativen gegründet, die sich – gemeinsam mit dem Umweltverband BUND und dem WWF Mecklenburg-Vorpommern – zu einer Allianz (= Bündnis) zusammenschlossen. Ihr Ziel: Verhinderung des Kraftwerkbaus, stattdessen Bau eines kleineren Erdgas-Kraftwerkes und Errichtung einer oder mehrerer Offshore-Windenergieanlagen. Im Internet informierte die Allianz die Öffentlichkeit über alle geplanten Maßnahmen, führte Informationsveranstaltungen durch und suchte den ständigen Kontakt zu den gewählten Abgeordneten im Landtag in Schwerin.

Zu den besonderen Gefahren zählte das Bündnis die negativen Auswirkungen auf die Umwelt durch erhöhte Schadstoffemissionen und die damit verbundene Zerstörung der touristischen Attraktivität der gesamten Ostseeregion im Bundesland. Nach mehreren Informationsveranstaltungen bescheinigten Expertinnen und Experten den Sprechern der Initiativen eine äußerst überzeugende Argumentationsweise.

Im Dezember 2009 zog der Energiekonzern Dong seine Pläne zurück. Auch der Landtag stellte das Genehmigungsverfahren ein. Der Bund für Umwelt- und Naturschutz Deutschland (BUND) wertete den Verzicht auf den Bau eines klimaschädlichen Kohlekraftwerkes als einen Sieg der Vernunft.

Entsetzt über die Entscheidung zeigte sich der Verband der Unternehmen im Bundesland: „Wir machen uns große Sorgen vor einer schweren Wirtschaftskrise in Vorpommern", sagte ihr Präsident Gerold Jürgens gegenüber der Zeitschrift DER SPIEGEL.

Der Sprecher der Bürgerinitiativen, Michael Woitacha, appellierte an die Firma Dong, sich nun für den Ausbau erneuerbarer Energien einzusetzen.

(Text nach dem Ablauf der Ereignisse vom Autor zusammengestellt)

1. Ermittle den Anlass, die Ziele, die Vorgehensweise und das Ergebnis des Engagements der Bürgerinnen und Bürger.
2. Manche Menschen empfinden solche Aktionen als störend, andere als Ausdruck lebendiger Demokratie. Wie denkst du darüber? Diskutiert über eure Ansichten.

Bürgerbeteiligung in der Landespolitik

1. Notiere die im Text genannten Möglichkeiten der Bürgerbeteiligung in der Landespolitik.
2. Erkläre die besonderen Merkmale von Volksinitiativen, Volksbegehren und Volksentscheiden.
3. Können neue Formen der Internetkommunikation und spezielle Programme für Jugendliche junge Leute stärker für das Mitmachen in der Demokratie bewegen oder eher nicht? Formuliere dazu deinen Standpunkt.

Die grundlegendste Form der politischen Mitwirkung in der Landespolitik ist die Teilnahme an den Landtagswahlen. Je nach Bundesland werden die Abgeordneten für die Landesparlamente für vier oder fünf Jahre gewählt.

Formen direkter Demokratie

Als Formen direkter Demokratie sehen die Landesverfassungen der einzelnen Bundesländer die Möglichkeit der Volksinitiative, des Volksbegehrens und des Volksentscheides vor.
Mit einer *Volksinitiative* wird der Landtag dazu aufgefordert, sich mit einem bestimmten Thema zu befassen. Die Bürgerinnen und Bürger reichen dazu eine Unterschriftenliste und einen schriftlich formulierten Gesetzesvorschlag ein. In Thüringen wird das als Bürgerantrag bezeichnet. Für die Zahl der Unterschriften sind Mindestmengen gesetzlich vorgeschrieben, die von Land zu Land variieren.
Ein *Volksbegehren* kommt zustande, wenn eine bestimmte Zahl der Stimmberechtigten vom zuständigen Landtag innerhalb einer bestimmten Frist die Verabschiedung eines Landesgesetzes einfordert. Lehnt der Landtag das Volksbegehren mehrheitlich ab, kommt es zum *Volksentscheid*. Darin stimmt das Volk direkt über das Landesgesetz ab. Stimmt die Mehrheit der Abstimmenden zu und nimmt mindestens eine bestimmte Prozentzahl aller Stimmberechtigten an der Abstimmung teil, ist der Volksentscheid angenommen. Bestimmte Themenbereiche, wie zum Beispiel finanzielle Angelegenheiten, sind von diesen Möglichkeiten ausgenommen.

Neue Formen der Mitwirkung

Mit den Möglichkeiten des Internets folgen die Landesparlamente dem Trend, neue Formen der Mitwirkung und der Kommunikation zwischen Bürgern und Politikern zu schaffen. In Sachsen-Anhalt zum Beispiel können die Bürgerinnen und Bürger über das Internetportal der Landesregierung direkt mit den verantwortlichen Politikern kommunizieren und dabei ihre Anliegen vortragen. Der Thüringer Landtag richtete 2012 ein Internetforum für Bürgerbeteiligung an Gesetzesvorhaben ein. Landtage in anderen Bundesländern folgen diesem Trend.

Mitwirkung Jugendlicher

Jugendliche dürfen im Stadtstaat Bremen bereits mit 16 Jahren an den Wahlen zur Bürgerschaft teilnehmen. Bei den übrigen Landtagswahlen steht ihnen dieses Recht erst ab 18 Jahren zu. Mitwirkungsmöglichkeiten gibt es in fast allen Bundesländern über spezielle Jugendprojekte, Schülerwettbewerbe und angemeldete Besuche in den Landtagen. Aus den Schulen in allen Ländern können Jugendliche zum Beispiel in verschiedenen Altersgruppen am Wettbewerb *Jugend debattiert* teilnehmen und sich für eine Teilnahme auf Landes- und sogar auf Bundesebene qualifizieren.

(Nähere Informationen über *Jugend debattiert* findet ihr im Internet unter www.jugend-debattiert.de. Über die Mitwirkung Jugendlicher in der Landespolitik der verschiedenen Bundesländer informieren die Portale der Landesparlamente. Dort findet ihr auch Adressen von Ansprechpartnern.)

Im Projekt „Jugend im Landtag" diskutieren Schülerinnen und Schüler im Landtag von Mecklenburg-Vorpommern.

Wir präsentieren das Bundesland, in dem wir leben

Stellt euch einmal die folgende Situation vor: Ihr plant eine mehrtägige Klassenfahrt. Ziel ist einer der Nachbarstaaten Deutschlands, zum Beispiel Polen, die Niederlande oder Frankreich. Dort werdet ihr auch eine Schule besuchen. Einige Wochen vor eurem Besuch erreicht euch ein Brief der Schulleitung dieser Schule und da steht Folgendes drin:

Liebe Schülerinnen und Schüler,

wir freuen uns auf euren Besuch in unserem Land. Gerne werden wir euch unsere Region vorstellen und alle Fragen beantworten, die euch interessieren. Wir haben aber auch eine Bitte an euch: Könnt ihr unseren Schülerinnen und Schülern, die im gleichen Jahrgang sind wie ihr, das Bundesland vorstellen, in dem ihr lebt?
Ihr müsst wissen, dass es bei uns etwas Vergleichbares wie die Bundesländer in Deutschland nicht gibt. Wir würden gerne mehr über das Land und die Leute und über die Landespolitik in eurem Bundesland erfahren.
Werdet ihr uns die Freude machen, euer Bundesland zu präsentieren?

Wir bedanken uns schon jetzt für die Arbeit, die ihr euch machen werdet. Eurem Besuch sehen wir mit Vorfreude entgegen.
Wir wünschen euch eine gute Anreise und grüßen euch herzlichst.

Die Schulleitung

1. Was würdet ihr bei einem solchen Besuch über euer Bundesland erzählen? Sammelt gemeinsam, was euch spontan dazu einfällt.
2. Bildet Teams zur Vorbereitung von Präsentationen. Teilt euch in den Gruppen die Arbeit auf.
3. Vereinbart eine Zeit für die Vorbereitung. Übt den Präsentationsvortrag zunächst in eurer Gruppe und dann in der Klasse. Beachtet dazu die Präsentationsregeln in der Methodenkarte und die empfohlenen Internetadressen für eure Recherche.

Präsentation eines Bundeslandes

Vorschlag für eine Gliederung

Teil C: Abschluss
Warum ihr uns und unser Land besuchen solltet: …

• Wirtschaft und Arbeit
wichtige Wirtschaftszweige, Arbeitsplätze, Umweltschutz, aktuelle Probleme

• Unser Schulsystem
Schularten, Bildungswege, Abschlüsse, Notengebung, aktuelle Veränderungen

• Die Landespolitik
Sitz des Landtages, Wahlsystem, Parteien im Landtag, Landesregierung, derzeit aktuelle Themen

• Land und Leute
Sehenswürdigkeiten, touristische Höhepunkte, Freizeitgestaltung, Urlaub in unserem Land

Teil B: Unser Bundesland
• Wichtige Daten
Geografische Lage, Einwohnerzahl, Zentren, große Städte etc.

Teil A: Begrüßung

Regeln für eine gelungene Präsentation

Thema: Vorstellung eines Bundeslandes

10 wichtige Präsentationsregeln

Vor dem Beginn

1. Sorgt zu Beginn für Ruhe und Aufmerksamkeit.
2. Beginnt mit einer freundlichen Begrüßung.
3. Stellt das Thema eurer Präsentation vor.
4. Gebt einen kurzen Überblick über den Verlauf.

Während des Vortragens

5. Sprecht laut, deutlich und nicht zu schnell.
6. Haltet mit Blickkontakt die Verbindung zum Publikum.
7. Sorgt dafür, dass eure Visualisierung überall gut zu lesen und zu sehen ist.

Am Ende

8. Beendet eure Präsentation mit einem interessanten Schlusswort.
9. Überprüft durch Fragen an das Publikum, wie die Präsentation angekommen ist.
10. Lasst Fragen zu und erbittet ein Feedback.

Die wichtigste Voraussetzung ist die gute Vorbereitung. Das Publikum merkt sehr schnell, ob jemand vorbereitet ist oder nicht. Ein guter Vortrag sollte nicht abgelesen werden, auf keinen Fall das Vorbereitete herunterleiern.
Achtet darauf, nicht nur auf die Lehrerin/den Lehrer zu schauen oder auf ein an die Wand geworfenes Bild.

WebQuest Präsentation eines Bundeslandes

www.deutschland.de
Das offizielle Deutschlandportal des Auswärtigen Amtes enthält umfassende Informationen über alle Bundesländer.

www.bpb.de
Gebt auf der Homepage der Bundeszentrale für politische Bildung den Namen eures Bundeslandes ein. Ihr findet dort dazu einen ausführlichen Informationstext aus der aktuellen Online-Ausgabe des *Handwörterbuchs des politischen Systems der Bundesrepublik Deutschland (hg. von Uwe Andersen und Wiechard Woykert).*

www.derweg.de
Das Portal für Deutschlernende aus dem Ausland stellt jedes Bundesland in einer Kurzdarstellung vor.

www.bertelsmann-stiftung.de
Die Stiftung hat in einem Projekt die Bundesländer miteinander verglichen. Ihr findet hier interessante Informationen über euer Bundesland im Vergleich zu anderen.

Jedes der offiziellen Länderportale aller Bundesländer stellt umfangreiche Informationen zur Verfügung. Für die Suche genügt die Verwendung des Ländernamens.

3 Föderalismus in der Diskussion: Überwiegen die Vorteile oder die Nachteile?

Eine Einstiegsübung für alle

Was kann ein Grund dafür sein, dass der Junge in der Karikatur nach dem Bundesland fragt?

Überlege dazu eine Antwort und vergleiche sie mit anderen.

Föderalismus im Alltag

An Deutschlands Grenzen werden Reisende im jeweiligen Bundesland begrüßt.

Dass die Bundesrepublik Deutschland föderal organisiert ist, zeigt sich schon im Alltag vielerorts, seit einigen Jahren sogar in Werbeslogans der einzelnen Bundesländer: Während Schwaben und Badener seit 1999 mit dem Hinweis kokettieren „Wir können alles. Außer Hochdeutsch", heißt es weiter östlich: „Sachsen-Anhalt. Wir stehen früher auf". Mecklenburg-Vorpommern bringt es auf den Punkt: „MV tut gut", und Rheinland-Pfalz stellt fest: „Wir machen's einfach." Thüringen sieht sich als „Deutschlands starke Mitte", und „an Hessen führt kein Weg vorbei". Doch Föderalismus umfasst weit mehr als flotte Werbesprüche. Gerade Schülerinnen und Schüler, Studentinnen und Studenten erfahren regelmäßig, dass ihr Alltag an Schulen und Universitäten und ihre Zukunft auch davon abhängt, in welchem Bundesland sie leben: So sehen einige Länder die freie Wahl der Sekundarschule durch die Eltern vor, andere hingegen (Baden-Württemberg, Bayern, Sachsen, Thüringen und inzwischen auch Nordrhein-Westfalen) machen den Übergang ins Gymnasium vor allem von der Grundschulempfehlung oder einem Notenkriterium sowie gegebenenfalls dem Ergebnis einer entsprechenden Aufnahmeprüfung abhängig. In den letztgenannten Ländern findet die Auswahl für weiterführende Schulen bereits während des vierten Schuljahres statt, die Länder Berlin und Brandenburg lassen Kindern und Eltern dafür mehr Zeit. […]

Ihren Eltern schafft das föderale Bildungssystem häufig Verdruss: Während eine Studentin, die einen (aus Sicht der Steuerzahler teuren) Medizinstudienplatz in Mainz bekommen hat, im sozialdemokratisch regierten Rheinland-Pfalz keine Studiengebühren bezahlen muss, wird ihr Freund, der an der Universität des Saarlandes Romanistik studiert, für die ersten zwei Semester jeweils mit 300 Euro und später jedes Semester mit 500 Euro zur Kasse gebeten. […]

(Aus: Ursula Münch: Föderalismus in Deutschland, Informationen zur politischen Bildung Heft 298 hg. von der Bundeszentrale für politischen Bildung 2008, S. 4)

1. Welche Einflüsse des Föderalismus auf das Alltagsleben könnt ihr dem Text entnehmen?
2. Woran spürt ihr möglicherweise in eurer Schulklasse, dass Alltag und Zukunft davon abhängen, in welchem Bundesland ihr lebt?

Vor- und Nachteile des Föderalismus

Nach einer Umfrage der Bertelsmann-Stiftung aus dem Jahr 2008 stehen die Bürgerinnen und Bürger in Deutschland dem föderalen Staatsaufbau mit unterschiedlichen Meinungen gegenüber. Hier findet ihr einige der häufig genannten Vor- und Nachteile des Föderalismus.

So könnt ihr vorgehen:

- Lest in Einzelarbeit die Argumente durch.
- Ordnet sie in Pro- und Kontra-Argumente und übt euch darin, sie zusammenhängend vortragen zu können. Das geht in Partnerarbeit.
- Überwiegen die Vor- oder die Nachteile? Diskutiert darüber in der Klasse.

A Der Föderalismus hat dazu geführt, dass alle Länder unterschiedliche Schulsysteme haben. Das bringt Schüler und Eltern bei einem Umzug in ein anderes Bundesland in große Schwierigkeiten.

B In einem Bundesstaat haben die Menschen mehr Möglichkeiten zur politischen Beteiligung. Im überschaubaren Bundesland kann man leichter politisch aktiv werden als in einem großen Einheitsstaat.

C Jedes einzelne Bundesland hat im Bundesstaat ein eigenes Parlament, eine eigene Regierung und eine eigene Verwaltung. Das ermöglicht zwar eine bürgernahe Politik, ist aber auf Dauer viel zu teuer.

D Im Bundesstaat muss zu Bundesgesetzen, welche die Länder betreffen, immer erst die Zustimmung des Bundesrates abgewartet werden. Dadurch dauern wichtige Gesetzesvorhaben oft unnötig lange.

E Zusätzlich zu den Bundestagswahlen werden zu verschiedenen Zeiten auch noch 16 Landesparlamente gewählt. Das ist viel zu kompliziert und macht die Politik unübersichtlich.

F Die Unterschiede in den Schulsystemen der einzelnen Bundesländer sorgen für einen gesunden Wettbewerb und dieser wiederum wirkt sich positiv auf die Verbesserung der Qualität der schulischen Bildung aus.

G Der Bundesstaat sorgt für ungleiche Lebensverhältnisse. Wer in einem ärmeren Bundesland lebt, muss dafür Nachteile in Kauf nehmen, die er selbst kaum beeinflussen kann.

H Parteien, die in einem der Bundesländer bei Landtagswahlen Stimmen verloren haben, können bei Wahlen in einem anderen Land wieder Stimmen gewinnen. Das erhöht die Chancen der Parteien zur Gestaltung der Politik.

I In einem Einheitsstaat ist die Macht zu sehr in einem Zentrum konzentriert. Im Bundesstaat teilen sich die Länder und der Bund die Macht und kontrollieren sich gegenseitig. Das beugt Machtmissbrauch vor und schützt die Demokratie.

J Die Zugehörigkeit zu einem Bundesland gibt den Menschen ein positives Heimatgefühl. Jedes einzelne Bundesland hat mittlerweile seine eigene Geschichte und möchte seine Angelegenheiten selbst regeln.

Zur Diskussion: Streit um den Länderfinanzausgleich

Bayern und Hessen wollen nicht länger zahlen

Juli 2012: Die bayerische und die hessische Landesregierung kündigen eine Klage beim Bundesverfassungsgericht an. Sie möchten nicht länger in dem Maße wie bisher von ihren eigenen Steuereinnahmen an andere Bundesländer abgeben. Die bestehende Regelung des Länderfinanzausgleichs halten sie für verfassungswidrig.

Was ist der Länderfinanzausgleich?

Wegen ihrer wirtschaftlichen, geografischen und regionalen Besonderheiten haben die 16 Bundesländer unterschiedlich hohe Einnahmen. Dass die Starken den Schwachen helfen, ist die Grundidee des Länderfinanzausgleichs, sein Hauptziel laut Grundgesetz die „Vereinheitlichung der Lebensverhältnisse". So regelt der Finanzausgleich seit Jahrzehnten die Verteilung der Einnahmen zwischen Bund, Ländern und Kommunen. 2011 wurden insgesamt 7,308 Milliarden Euro umverteilt. […] Der Ausgleich richtet sich nach der Finanzkraft je Einwohner. […]

(Aus: Uta Winkhaus, Michael Kirner: Länderfinanzausgleich seit Langem umstritten, dpa-Meldung vom 17.07.2012)

Dieser Länderfinanzausgleich ist ungerecht!

So argumentiert man im Hauptgeberland Bayern: Prinzipiell ist der im Grundgesetz festgeschriebene Grundsatz der gegenseitigen Hilfe richtig. Die konkrete Regelung darf aber nicht so aussehen, dass ein Bundesland dauerhaft für andere zahlen muss und das auch noch in Höhe von vielen Milliarden Euro. Während Bayern seinen Bürgerinnen und Bürgern eine Sparpolitik zumutet, um die Staatsausgaben zu begrenzen und Schulden abzubauen, bieten andere Länder wie zum Beispiel Berlin kostenlose Studien- und Kitaplätze an, die sie mit immer neuen Schulden und dem Geld aus den Geberländern finanzieren. Das ist grob ungerecht. Der Länderfinanzausgleich darf nicht dazu führen, dass die Fleißigen bestraft und die Schuldenmacher belohnt werden.

Die Hilfe der Starken für die Schwachen ist gerecht!

So antwortet man im Hauptnehmerland Berlin: Berlin und andere Bundesländer müssen ganz andere Herausforderungen meistern als zum Beispiel das wohlhabende Bayern. Dafür, dass hier viele Menschen keine Arbeit finden und auf ein höheres Maß an sozialer Hilfe angewiesen sind, können diese Nehmerländer nichts. Wir leben zwar in unterschiedlichen Bundesländern, aber in einem gemeinsamen Staat. Ohne Solidarität untereinander verliert Deutschland seinen Zusammenhalt. Auch Bayern war einmal ein armes Land und hat in dieser Zeit Hilfen aus dem Länderfinanzausgleich bekommen. Da muss es selbstverständlich sein, dass es nun in seiner besseren Situation Länder mit schlechteren Bedingungen unterstützt.

1. Worum geht es bei diesem Streit? Fasse das Ziel des Länderfinanzausgleichs und den Grund für den Konflikt mit eigenen Worten zusammen.
2. Welche Streitlösung haltet ihr für vernünftig? Formuliert euren begründeten Vorschlag und diskutiert dann miteinander.

Politik in den Bundesländern

Station 1 – Wie sehr sind die Menschen von der Politik in den Bundesländern betroffen?

Test verhauen, Vorsicht Fehler!

Björn hat an einem schriftlichen Test über die Landespolitik teilgenommen und leider alle Fragen falsch beantwortet. Hilf ihm bei der Formulierung der richtigen Antworten.

Frage 1: Wer wählt den Ministerpräsidenten im Bundesland?
Natürlich das stimmberechtigte Volk im Land.

Frage 2: Nenne 2 Bereiche, für welche die Landespolitik zuständig ist.
Erstens die Außenpolitik und zweitens die Verteidigungspolitik.

Frage 3: Nenne 2 Aufgaben der Bundesländer.
Sie wählen gemeinsam den Bundeskanzler und beschließen die Änderungen im Grundgesetz.

Station 2 – Mitwirkungsmöglichkeiten in der Landespolitik

Führe die folgenden Sätze richtig zu Ende.

A Die grundlegendste Form der politischen Mitwirkung in der Landespolitik ist die Teilnahme an …?

B Mit einer Volksinitiative können die Bürgerinnen und Bürger in einem Bundesland den Landtag dazu auffordern, …?

C Ein Volksbegehren kommt zustande, wenn …?

D Lehnt der Landtag ein Volksbegehren ab, folgt ein …?

Station 3 – Föderalismus in der Diskussion

1. Zwei mögliche Vorteile des föderalistischen Staatsaufbaus sind: ? ?

2. Demgegenüber sind zwei mögliche Nachteile: ? ?

3. Das sehe ich persönlich als den größten Vorteil der Aufteilung in Bundesländer an: ?

4. Das ist für mich der größte Nachteil: ?

5 Wir Jugendlichen und das Recht

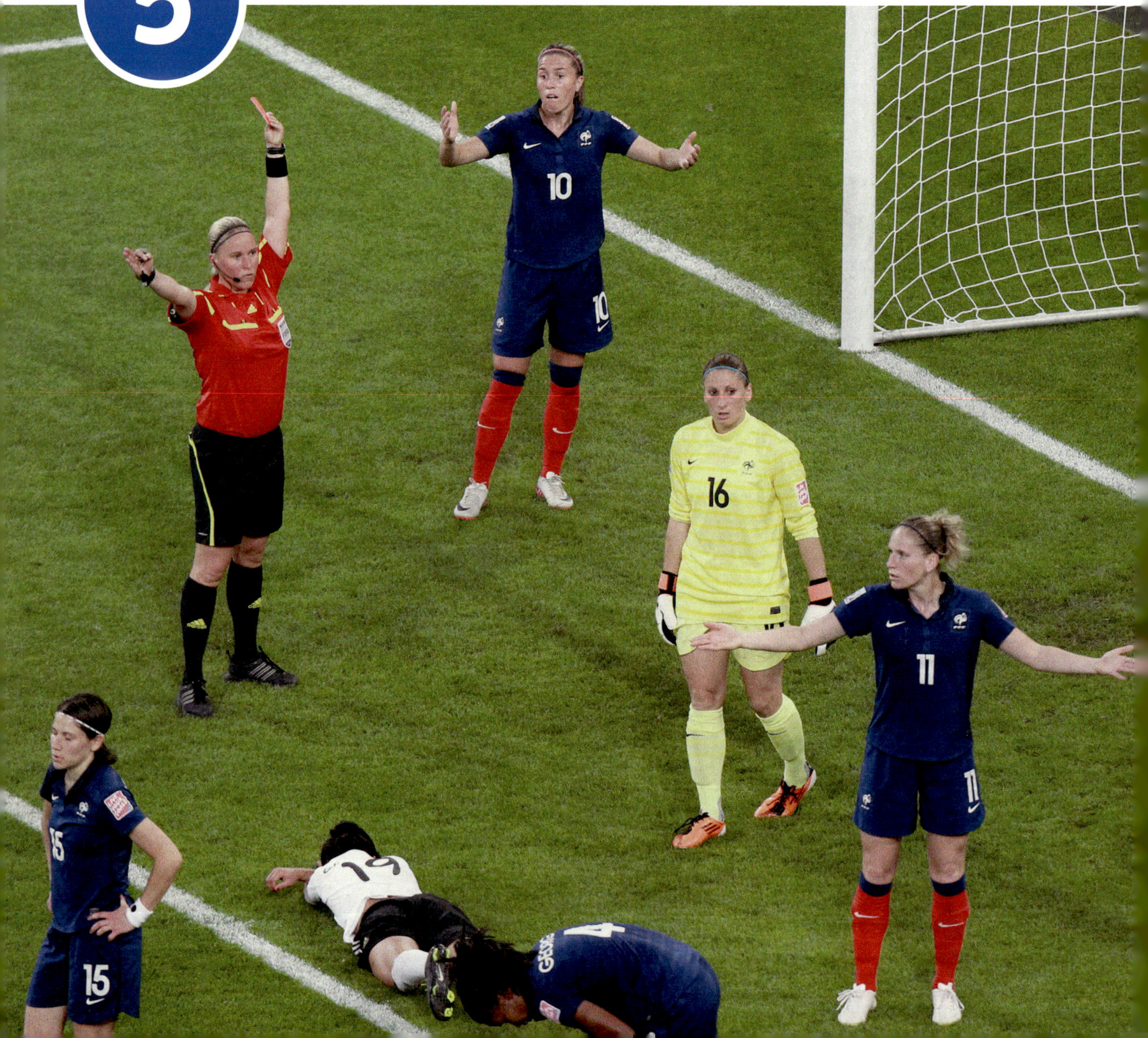

Über die Bedeutung von Rechten, Pflichten und Gesetzen im Alltag

1. Allein nachdenken

Was hat das Foto mit dem Thema Recht zu tun?

2. Zu zweit beraten

Wozu braucht man im Fußball feste Regeln und Schiedsrichter?

3. In der Klasse sammeln

Warum brauchen wir im Staat Gesetze, die das Zusammenleben regeln?

Bei der Arbeit an diesem Kapitel könnt ihr …

- erklären, wozu wir das Recht brauchen,
- die besondere Rechtsstellung von Jugendlichen beschreiben,
- Ursachen von Jugendkriminalität erläutern,
- an einem Fallbeispiel den Ablauf eines Straf- und Zivilprozesses erläutern, die Gesetze auf den Fall anwenden und zu einem begründeten Urteil gelangen,
- Sinn und Zweck von Strafen darstellen,
- Maßnahmen zur Resozialisierung von jugendlichen Straftätern beurteilen.

Eigene Schwerpunkte könnt ihr setzen, indem ihr …

- in einem Rollenspiel ein Gespräch zum Jugendarbeitsschutz nachspielt,
- einen Flyer entwerft, in dem ihr Jugendlichen ihre Rechte als Verbraucher erklärt,
- eine Gerichtssendung im Fernsehen analysiert,
- darüber diskutiert, wie man auf Straftaten jugendlicher Rechtsextremisten reagieren soll.

1 Wozu dient das Recht?

Ob ihr einkaufen geht, mit dem Fahrrad zur Schule fahrt oder euch im Kino einen Film anschaut – bei fast allen Tätigkeiten im Alltag sind Gesetze im Spiel. Zwei Beispiele findet ihr in den folgenden Texten. Ihr könnt sie mit der Methode des Partnerbriefings bearbeiten (Methodenkarte dazu auf der Seite 286).

Beispiel 1: Vorfahrt missachtet – Verkehr und Recht

„Na los! Fahr zu, du Schlafmütze!", ruft Nico seinem Freund Adem zu, als er ihn wie jeden Tag zur Schule abholt. Wie so oft sind sie spät dran, in der ersten Stunde schreiben sie eine Englischarbeit. Adem tritt nun kräftig in die Pedale seines neuen Mountainbikes. Die Kaiserstraße ist eine Vorfahrtsstraße und an diesem Morgen ziemlich belebt. „Wetten, dass ich als Erster an der Schule bin", fordert Adem seinen Freund heraus. Er überholt Nico und legt auf der leicht abschüssigen Straße nochmals an Tempo zu. Plötzlich Reifenquietschen und ein dumpfer Knall! Ein Autofahrer ist links abgebogen – und hat dabei die entgegenkommenden Fahrradfahrer übersehen. Benommen liegt Adem auf der Straße, neben ihm das völlig zerbeulte Mountainbike. „Alles o.k. mit dir, soll ich einen Krankenwagen rufen?", fragt der Autofahrer besorgt. Doch außer ein paar Schürfwunden ist Adem glücklicherweise nichts passiert. Nach den Straßenverkehrsregeln musste der Autofahrer vor dem Abbiegen entgegenkommende Fahrzeuge passieren lassen. Nico und Adem hatten also Vorfahrt. Der Autofahrer hat gegen die Straßenverkehrsordnung verstoßen und damit den Unfall verursacht.

Auch für Adem und Nico gilt das Straßenverkehrsrecht: Sie dürfen mit ihrem Rad nur so schnell fahren, dass sie es sicher lenken können und niemanden gefährden. Das neue Mountainbike ist kaputt – was nun? Da der Autofahrer den Unfall verursacht hat, kann Adem von ihm verlangen, dass seine Versicherung den Schaden an dem Fahrrad ersetzt. Die Versicherung wird nun prüfen, ob Adem wegen überhöhter Geschwindigkeit eine Mitschuld trägt. Ist dies der Fall, wird sie den Schaden nicht vollständig ersetzen. Wären Adems Verletzungen schwerwiegender, könnte er auch Schmerzensgeld bekommen. Adem ist minderjährig, deshalb vertreten seine Eltern seine Ansprüche gegenüber dem Autofahrer.

Beispiel 2: Strandurlaub verdorben – Reisen und Recht

Schulstress ohne Ende! Clara stöhnt unter den vielen Klassenarbeiten am Ende des Schuljahres. Einziger Lichtblick: ihr Urlaub in Spanien. Erstmals darf sie mit ihrer besten Freundin ohne ihre Familie reisen. Ihre Eltern haben bei einem bekannten Veranstalter für Jugendreisen 14 Tage in Spanien gebucht. Darauf freut sie sich riesig. Und im Prospekt sieht die Reise sehr vielversprechend aus: Das neu eröffnete Jugendhotel liegt direkt an einem feinsandigen Traumstrand. Vollpension mit Büffet, tolles Abendprogramm, Ausflüge und Kontakt zu vielen Jugendlichen aus ganz Europa. Alles, was zu einem rundum gelungenen Urlaub gehört! Umso größer ist ihre Enttäuschung, als sie im Urlaubsort eintrifft. Das Jugendhotel ist vollkommen überfüllt. Deshalb wird sie zusammen mit drei anderen deutschen Jugendlichen und ihrem Betreuer in einer kleinen Pension untergebracht, die sich 6 km entfernt im Landesinneren befindet. Jeden Morgen werden sie in einem kleinen Bus zwar zum Strand gebracht – doch von dem Abendprogramm bekommen sie nichts mit, auch das Essen entspricht nicht dem, was sie erwartet haben. Verzweifelt ruft sie ihre Eltern an. Diese raten ihr, sich zunächst bei ihrem Betreuer zu beschweren. „Clara, du siehst doch auch, dass wir euch in dem völlig überbuchten Hotel nicht unterbringen können. Zu der Pension hier gibt es keine Alternative. Es ist doch hier auch ganz gemütlich, am besten findest du dich damit ab“, erwidert ihr Betreuer, als sie ihn darauf anspricht. Doch Clara ist der Urlaub gründlich verdorben. Sie hatte sich so darauf gefreut, neue Leute kennenzulernen und abends mit ihnen gemeinsam zu feiern.

Gleich nach ihrer Rückkehr wenden sich ihre Eltern an den Veranstalter der Reise. Er ist dafür verantwortlich, dass die Versprechen im Katalog eingehalten werden. Entspricht die Reise in einem wesentlichen Punkt nicht der Beschreibung im Katalog, muss er Schadensersatz leisten und den Eltern einen Teil der Kosten erstatten. Wenn sich der Veranstalter und die Eltern nicht einig werden, können Claras Eltern vor Gericht klagen.

Für viele Menschen ist Urlaub die schönste Zeit des Jahres. Entpuppt sich der versprochene Traumstrand als Müllhalde, liegt ein Reisemangel vor. Das bedeutet, dass der Reiseveranstalter den Urlaubern einen Teil der Reisekosten erstatten muss.

1. Fasst den von euch vorbereiteten Text in Stichworten zusammen und stellt ihn euch gegenseitig vor.
2. Beantwortet gemeinsam:
   - Wovor schützen uns die Straßenverkehrsregeln und das Reiserecht?
   - Was würde wohl passieren, wenn es im Straßenverkehr und auf Reisen keine Gesetze gäbe?

Rechtsordnung und Rechtsstaat

1. Erkläre den Unterschied zwischen privatem und öffentlichem Recht.
2. Erläutere die fünf Merkmale des Rechtsstaats.
3. Übertrage die Symbole der Justitia in dein Heft und erkläre die Bedeutung.

Die Statue der Justitia, der römischen Göttin der Gerechtigkeit, steht häufig vor dem Eingang von Gerichten. Von ihr leitet sich der Begriff „Justiz“ ab. In der rechten Hand trägt sie eine Waage, in der linken Hand ein Schwert. Ihre Augen sind geschlossen oder verbunden.

Warum brauchen wir Gesetze?

Überall, wo Menschen zusammenleben, benötigen sie Regeln, die für alle Menschen in dieser Gemeinschaft gelten. Sonst würden die Stärkeren ihre Interessen rücksichtslos auf Kosten der Schwächeren durchsetzen. Gesetze regeln das Zusammenleben aller Menschen in einem Staat. Sie schaffen Ordnung und vermitteln ein Gefühl von Sicherheit. Gesetze schützen uns vor unerlaubten Eingriffen in das Leben und ermöglichen so, dass nicht nur einige wenige, sondern alle Menschen ihre Freiheitsrechte wahrnehmen können. Die Gesamtheit aller Regeln und Gesetze bezeichnet man als Rechtsordnung. Sie ist die Grundlage, auf die man sich im Zweifelsfall berufen und verlassen kann.

Privates Recht – öffentliches Recht

Das Recht untergliedert sich in privates und öffentliches Recht: Die Gesetze des privaten Rechts regeln die Rechte und Pflichten der Bürger untereinander, zum Beispiel beim Kauf oder Verkauf von Waren, beim Mieten einer Wohnung. Das öffentliche Recht regelt die Beziehung zwischen dem Staat und seinen Bürgern. Dazu gehören zum Beispiel die Straßenverkehrsordnung, die die Sicherheit des Einzelnen im Verkehr gewährleisten soll, die Steuergesetze, die dem Staat die notwendigen Einnahmen verschaffen, aber auch alle Straßengesetze. Da diese dem Wohl und der Sicherheit aller Bürger dienen, darf der Staat die Einhaltung der Gesetze notfalls erzwingen und Gesetzesverstöße bestrafen (Gewaltmonopol des Staates).

Merkmale des Rechtsstaats

Wir leben in einem Rechtsstaat. Das bedeutet, dass sich jeder Bürger, aber auch jede staatliche Einrichtung dem Recht unterordnen und in seinem Handeln die Gesetze beachten muss. Weitere Merkmale des Rechtsstaats sind:

- **Rechtsgleichheit:** Die Gesetze gelten für alle Bürger gleich. Es darf in der Rechtsprechung keine Rolle spielen, wie reich oder einflussreich jemand ist.
- **Rechtssicherheit:** Gesetze müssen veröffentlicht werden, damit sich jeder Bürger darüber informieren kann, welche Folgen ein Verstoß haben könnte. Außerdem dürfen Gesetze nicht rückwirkend gelten. Niemand darf für eine Tat bestraft werden, die zu diesem Zeitpunkt nicht verboten war.
- **Bindung der Gesetzgebung an das Grundgesetz:** Die Gesetze werden von den Abgeordneten des Deutschen Bundestages und – in einigen Fällen – von den Vertretern der Bundesländer gemacht. Doch die Abgeordneten dürfen nicht einfach Gesetze formulieren, die ihnen gerade passen. Sie müssen sich an das Grundgesetz halten.
- **Rechtswegegarantie:** Jeder Bürger, der sich in seinen Grundrechten verletzt fühlt, kann ein Gericht anrufen.
- **Unabhängigkeit der Richter:** Richter und Gerichte sind in ihren Entscheidungen nur an die Gesetze gebunden. Keine staatliche Behörde, kein Politiker darf ihnen Weisungen erteilen oder versuchen, Einfluss auf den Ausgang eines Prozesses zu nehmen.

2 Warum gelten für Jugendliche besondere Gesetze?

Zeitungen auszutragen ist ein beliebter Nebenjob für Schülerinnen und Schüler.

Beispiel Jugendarbeitsschutz

Wenn Jugendliche arbeiten, können sie nicht den gleichen Belastungen wie Erwachsene ausgesetzt werden, ihre Gesundheit muss besonders geschützt werden. Dafür wurde das Jugendarbeitsschutzgesetz geschaffen. Es gilt für alle Jugendlichen im Alter von 15 bis 18 Jahren. Das folgende Fallbeispiel schildert einen Konflikt, in dem es um die Anwendung dieser Bestimmungen geht.

Der Fall: Todmüde ins Bett

Interessiert studiert die 15-jährige Samira die Kleinanzeigen in der Zeitung: „Der Avanti-Cateringservice sucht für leichte Arbeiten in der Küche eine zuverlässige Schülerin oder einen Schüler in den Sommerferien.“ Sie sucht dringend einen Ferienjob, denn sie möchte in den Herbstferien in ein Jugendcamp auf Mallorca reisen. Gleich greift sie zum Telefonhörer, bewirbt sich und wird nach einem Vorstellungsgespräch auch eingestellt. Die Arbeit macht ihr viel Spaß, doch ist es auch sehr anstrengend, acht Stunden in der Küche zu stehen. Nach wenigen Tagen bittet sie der Chef in sein Zimmer: „Samira, wir richten am Wochenende eine große Hochzeit aus. Hast du Lust und Zeit, auch mit dabei zu sein? Bei der Gelegenheit könntest du einen dicken Zusatzverdienst einstreichen.“ Begeistert nickt Samira. Bei der Hochzeit wird sie vor allem im Service eingesetzt. Ohne Pause ist sie über viele Stunden auf den Beinen. Gegen Mitternacht fällt sie todmüde, doch sehr zufrieden ins Bett.
Am Donnerstag der folgenden Woche findet Samiras Mutter ihre Tochter schlafend auf dem Sofa. „Nanu, was ist denn mit dir los?“ „Ach Mami, ich bin so furchtbar müde, ich könnte zwanzig Stunden schlafen.“ „Das ist auch kein Wunder, du arbeitest schließlich seit zehn Tagen durch. Samira, du musst unbedingt mit deinem Chef reden.“ „Ach Mami, denk doch nur mal an das viele Geld, das ich verdiene. Ich will es mir mit dem Chef nicht verderben, schließlich möchte ich auch im nächsten Jahr dort arbeiten.“ „Also, wenn du nichts unternimmst, rede ich mit ihm.“

Was ist erlaubt, was verboten?

Nach dem Jugendarbeitsschutzgesetz können Jugendliche ab 13 Jahren leichte Arbeiten für zwei Stunden am Tag übernehmen. Ab 15 Jahren können schulpflichtige Jugendliche in den Ferien für höchstens vier Wochen einen Ferienjob übernehmen.
Die Arbeitszeit darf höchstens vierzig Stunden pro Woche betragen. Grundsätzlich soll die Arbeitszeit zwischen 6 und 20 Uhr liegen (in der Gastronomie bis 22 Uhr). Zwischen Arbeitsende und Arbeitsbeginn müssen mindestens zwölf Stunden Freizeit liegen.
Grundsätzlich ist das Wochenende arbeitsfrei. Ausnahmen sind erlaubt. Jugendliche dürfen nicht mehr als fünf Tage in der Woche arbeiten.

1. Samira fühlt sich bei ihrer Arbeit wohl – und trotzdem soll sie sich bei ihrem Chef beschweren. Erkläre, warum.
2. Überprüfe, ob ihr Chef gegen Bestimmungen des Jugendarbeitsschutzes verstoßen hat.
3. Haltet ihr die Bestimmungen des Jugendarbeitsschutzgesetzes für zu streng, angemessen oder zu weit? Diskutiert darüber in der Klasse.

Was auch noch interessant sein kann:
- im Rollenspiel Samiras Gespräch mit ihrem Chef nachspielen,
- sich genauer über die Bestimmungen des Jugendarbeitsschutzgesetzes informieren, zum Beispiel bei Wikipedia.

Rechte und Pflichten von Jugendlichen

Manche 15-Jährige fühlen sich sicherlich schon erwachsen und träumen davon, frei von Einschränkungen und lästigen Vorschriften zu sein. Erwachsen zu werden, bedeutet jedoch einen langjährigen Reifeprozess zu durchlaufen. Mit jedem Jahr, das sie älter werden, wachsen Jugendliche in neue Rechte und Pflichten hinein, bis sie schließlich im Alter von 18 Jahren volljährig werden.

Neben dem Arbeitsschutzgesetz soll auch das **Jugendschutzgesetz** Jugendliche vor Gefahren schützen.

Alkohol und Tabak: Zigaretten und branntweinhaltige Produkte (zum Beispiel Wodka oder Schnaps) dürfen an Jugendliche unter 18 Jahren nicht verkauft werden. In Kinos darf für diese Produkte erst nach 18 Uhr geworben werden. Alkoholische Getränke wie Bier, Wein oder Sekt dürfen an Jugendliche erst ab 16 Jahren verkauft werden.

Filme, Computerspiele: Kinofilme und auch Computerspiele müssen mit einer Altersgrenze gekennzeichnet werden. Jugendgefährdende Schriften oder Medien können verboten werden.

Gaststätten und Diskotheken: Jugendliche dürfen sich ab 16 Jahren in Gaststätten und Diskotheken bis 24 Uhr aufhalten. Der Besuch von Nachtclubs ist erst ab 18 Jahren erlaubt.

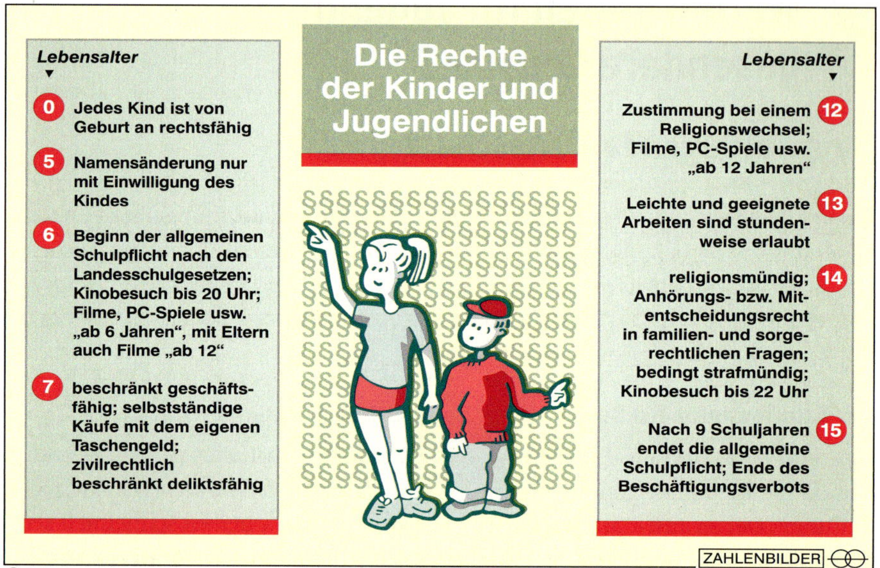

 130 210

130 215

1. Beschreibe, welche Rechte du in deinem Alter hast.
2. Erkläre an mindestens einem Beispiel, wozu das Jugendschutzgesetz dient.
3. Mit 14 Jahren wird man strafmündig. Das bedeutet auch, dass man ab diesem Alter die Pflicht hat, die Gesetze eigenverantwortlich einzuhalten. Welche weiteren Pflichten kannst du dem Schaubild entnehmen?

Aktiv lernen

Wir entscheiden, was erlaubt ist

Finde mithilfe der Seite 116 heraus, welche Tätigkeiten das Gesetz verbietet oder erlaubt. Stellt eure Lösungen dann in der Klasse vor.

		erlaubt	nicht erlaubt
1	Stefan (19 Jahre) lässt sich als Kandidat für die nächste Gemeinderatswahl aufstellen.		
2	Caroline (13 Jahre) nimmt in den Sommerferien einen Ferienjob an.		
3	Uli (14 Jahre) geht von der Schule ab, weil er lieber arbeiten möchte.		
4	Timo (17 Jahre) genießt am Samstagabend in der Disko sein Bierchen.		
5	Verena (21) hat keine Lust babyzusitten und schickt deswegen die kleine Nachbarstochter (4 Jahre) zusammen mit einer Freundin ins Kino.		
6	Steffi (18 Jahre) nimmt ohne Wissen ihrer Eltern einen Kredit über 2000 Euro auf, um eine Urlaubsreise zu finanzieren.		
7	Meike (17 Jahre) kauft sich ein Fahrrad für 1 200 Euro und vereinbart mit dem Händler, es in monatlichen Raten von 80 Euro abzubezahlen.		
8	Ann-Kathrin (12 Jahre) will gegen den Willen ihrer Eltern aus der Kirche austreten.		
9	Anja (12 Jahre) wird wegen wiederholten Ladendiebstahls zu einem Jahr Jugendgefängnis verurteilt.		
10	Bettina vererbt ihrer Nichte Katharina (2 Jahre) ein Haus.		
11	Nicki (5 Jahre) verkauft ohne Wissen ihrer Eltern ihren wertvollen Steiff-Teddy an Markus (9 Jahre).		
12	Christopher (17 Jahre) leiht von seinem Freund Ulf (19 Jahre) dessen Auto für eine kurze Spritztour.		

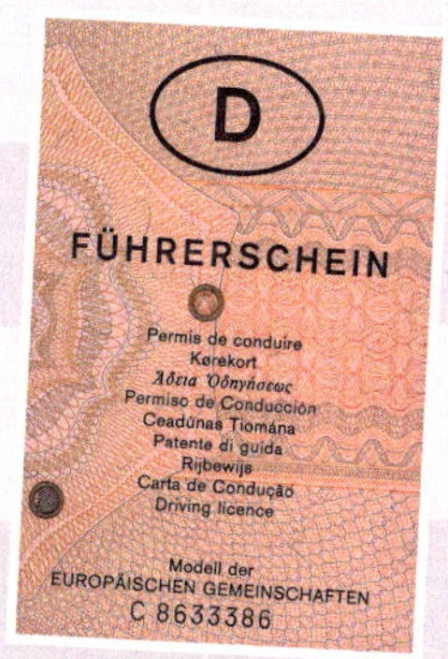

3 Recht im Alltag: Muss Franziska den Roller zurückgeben?

Zum Erwachsenwerden gehört auch, dass Kinder und Jugendliche über eigenes Geld verfügen. Dürfen sie eigentlich mit diesem Geld machen, was sie wollen, also ohne Einschränkungen einkaufen? Darum geht es in dem folgenden Fallbeispiel.

Die 17-jährige Franziska hat sich ihren Traum vom eigenen Roller erfüllt.

Muss Franziska den Roller zurückgeben?

Franziska hat es geschafft: Sie hat einen der begehrten Ausbildungsplätze in ihrem Wunschberuf ergattert. Am 1. August beginnt sie bei der Software-Firma Interhouse ihre Ausbildung zur Werbekauffrau. Allerdings liegt ihr neuer Arbeitsplatz mehr als 180 km von ihrem Heimatort entfernt – zu weit, um diese Strecke jeden Tag zu pendeln. Unter der Woche wohnt sie deshalb in einem Wohnheim für Auszubildende. Das Wochenende verbringt sie zu Hause. Mit ihren Eltern vereinbart sie, dass sie mit der Ausbildungsvergütung von 436 Euro ihren Lebensunterhalt finanziert, also Essen, Kleidung, Körperpflege, Bücher, Fahrkarten und Vergnügungen wie Kino, Diskobesuche bezahlt. Die Miete für das Zimmer überweisen die Eltern per Dauerauftrag. Da Franziska sehr sparsam lebt, schafft sie es, bis zum Frühjahr 480 Euro für einen Motorroller zurückzulegen. Sie hat sich in den Kopf gesetzt, damit jeden Tag die 6 Kilometer zu ihrer Arbeitsstelle zu fahren. Aus zahlreichen Diskussionen weiß sie, dass ihre Eltern gegen den Kauf eines Rollers sind, weil sie das Fahren für zu gefährlich halten. Trotzdem kauft Franziska einen gebrauchten Motorroller und bezahlt ihn bar von ihren Ersparnissen. Am Abend vor ihrem Geburtstag lässt sie die Bombe platzen und erzählt ihren Eltern von dem Kauf. Sie hofft, dass ihre Eltern wegen des bevorstehenden Festes ihre Ablehnung aufgeben würden. Doch sie hat sich getäuscht: Ihre Eltern verlangen von ihr, den Motorroller dem Händler zurückzugeben.

Muss sie das wirklich?

Auszug aus dem Bürgerlichen Gesetzbuch

§ 2 Eintritt der Volljährigkeit
Die Volljährigkeit tritt mit der Vollendung des achtzehnten Lebensjahres ein.

§ 106 Beschränkte Geschäftsfähigkeit Minderjähriger
Ein Minderjähriger, der das siebente Lebensjahr vollendet hat, ist in der Geschäftsfähigkeit beschränkt.

§ 107 Einwilligung des gesetzlichen Vertreters
Der Minderjährige bedarf zu einer Willenserklärung, durch die er nicht lediglich einen rechtlichen Vorteil erlangt, der Einwilligung seines gesetzlichen Vertreters.

§ 108 Vertragsschluss ohne Einwilligung
(1) Schließt der Minderjährige einen Vertrag ohne die erforderliche Einwilligung des gesetzlichen Vertreters, so hängt die Wirksamkeit des Vertrags von der Genehmigung des Vertreters ab.

§ 110 „Taschengeldparagraph"
Ein von dem Minderjährigen ohne Zustimmung des gesetzlichen Vertreters geschlossener Vertrag gilt als von Anfang an wirksam, wenn der Minderjährige die vertragsmäßige Leistung mit Mitteln bewirkt, die zu diesem Zwecke oder zu freier Verfügung von dem Vertreter oder mit dessen Zustimmung von einem Dritten überlassen worden sind.

A Info

Jugendliche werden am 18. Geburtstag volljährig. Wenn sie älter als sieben Jahre und jünger als 18 Jahre sind, sind sie minderjährig und beschränkt geschäftsfähig. Das bedeutet für sie, dass sie beim Abschluss von Verträgen die Zustimmung der Eltern benötigen. Wenn die Eltern dem Vertrag zustimmen, den der Minderjährige schließen möchte, ist dieser beim Abschluss rechtsgültig.
Ein Vertrag ist auch dann wirksam, wenn der Jugendliche die Kosten aus seinem Taschengeld aufbringen kann oder ihm die Eltern oder zum Beispiel Verwandte das Geld für genau diesen Zweck gegeben haben.

B Anwendung der allgemeinen Bestimmungen des Gesetzes im speziellen Fall Franziskas:

im Gesetz	im Fallbeispiel
Minderjähriger	???
gesetzlicher Vertreter	???
als von Anfang an wirksam	wirksam ab wann?
vertragsmäßige Leistung	Kauf des Rollers
zu diesem Zwecke	Was ist gemeint?
zu freier Verfügung	???
von Dritten	Wer könnte das sein?

1. Muss Franziska den Roller zurückgeben? Informiert euch über den Fall und nehmt Stellung zu dieser Frage.
2. Übertrage die Vokabeln des Taschengeldparagraphs auf Franziskas Fall. Wie lautet der „übersetzte" Text von § 110? Beantwortet dann abschließend die Frage in der Überschrift und vergleicht eure Ergebnisse.
3. Welchen Zweck haben gesetzliche Bestimmungen wie der „Taschengeldparagraph"? Haltet ihr sie für sinnvoll? Diskutiert darüber in der Klasse.

4 Gekauft ist gekauft: Ist das immer rechtens?

Wähle dein Thema!

- Lies die vier Fälle. Wähle einen davon aus, der dich besonders interessiert. (Das geht auch zu zweit.)
- Bearbeite die Arbeitsaufträge dazu.
- Stelle Fall und Lösung vor der Klasse vor.

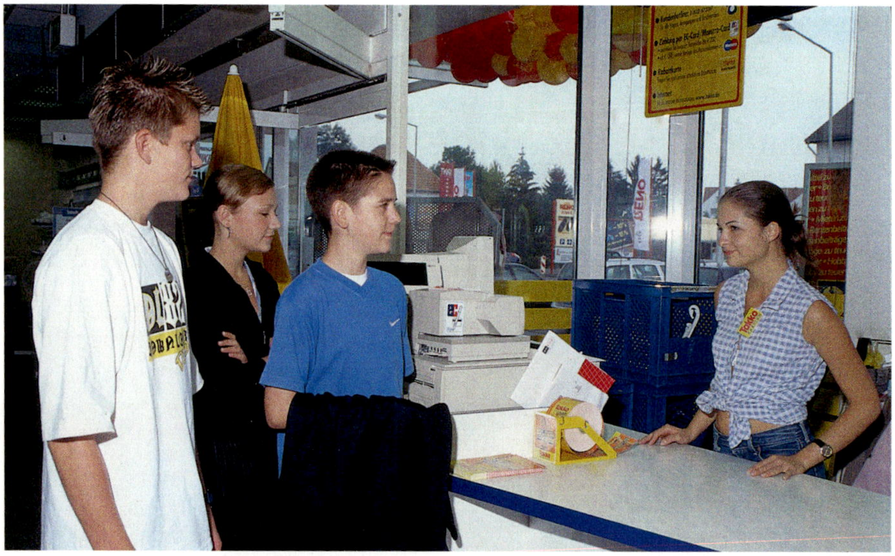

Fall 1: Kann Marvin den Kauf rückgängig machen?

Ganz aufgeregt kommt der 14-jährige Marvin nach Hause. „Stellt euch vor, endlich habe ich meine Traumschuhe gefunden. Die habe ich neulich in der Werbung gesehen und wollte sie unbedingt haben. Fünf Geschäfte habe ich jetzt abgeklappert – und erst im sechsten hatte ich Glück. Ich bin so froh …" Auch seine Mutter findet die neuen Schuhe sehr schön – obwohl sie mit 99 Euro nicht gerade billig waren. „Die sind ja der Hammer!", bewundert sein bester Freund am nächsten Morgen die Sportschuhe. „Sicherlich hast du ein Vermögen dafür ausgegeben, aber Markenschuhe haben eben ihren Preis." Da mischt sich Canan in das Gespräch ein: „Habt ihr gesehen, dass Sport Bredl seit einer Woche Räumungsverkauf hat? Alle Waren sind um 20 Prozent reduziert. Dort hättest du sie viel billiger bekommen." Marvin ärgert sich sehr. Am liebsten würde er die Schuhe sofort in das Geschäft zurückbringen und sich das Geld zurückerstatten lassen. Doch geht das?

Fall 2: Defekter Akku: Muss Burhan den neuen Akku aus eigener Tasche bezahlen?

Der 14-jährige Burhan hat zum Geburtstag ein neues Handy bekommen – sein Wunschmodell. Glücklich präsentiert er seinen Kumpels seine neueste Errungenschaft. „Fotos machen, im Internet surfen, E-Mails schreiben – alles kein Problem." Wenige Wochen später verwandelt sich seine ursprüngliche Freude in Wut: „Dieses blöde Handy, gestern erst habe ich es aufgeladen, nun ist der Akku schon wieder leer. Das kann doch nicht sein!" „Bist du sicher, dass du alles richtig gemacht hast?", wirft seine Freundin Sina ein. „Natürlich, ich bin doch nicht blöd, schließlich ist das nicht mein erstes Handy. Der Akku hat von Anfang an nicht richtig funktioniert – ich glaube, der ist nicht in Ordnung." „Oh, da hast du aber Pech, dein Geburtstag ist doch jetzt schon fast drei Monate her. Das hättest du gleich nach dem Kauf reklamieren müssen. Jetzt ist es zu spät. Der Austausch des Akku wird für dich sicherlich teuer werden", meint Sina.

Fall 3: **Reduzierte Jeans: Darf Jana trotzdem reklamieren?**

Erschöpft, doch mit einigen Tüten beladen kehrt die 15-jährige Jana von ihrem Einkaufsbummel zurück. „Das war ein voller Erfolg“, erzählt sie ihrer Freundin Emma. Stolz zeigt sie ihre neue Jeans einer angesagten Marke. „Schau mal, die Jeans war auf 49 Euro reduziert. Da habe ich doch wirklich ein Schnäppchen gemacht.“ Die neue Jeans wird zum Lieblingsstück von Jana. Fast täglich trägt sie diese. Deshalb ist sie umso enttäuschter, als sie nach der dritten Wäsche feststellt, dass sich die Nähte an den Seiten bereits auflösen, obwohl sie die Waschhinweise im Etikett genau beachtet hat. „Das darf doch nicht passieren, ich habe doch ein Markenprodukt gekauft, die bringe ich zurück in den Laden“, beklagt sie sich bei Emma. „Das geht doch nicht so einfach. Du musst auf jeden Fall den Kassenzettel vorlegen.“ Den Beleg hat Jana schnell zur Hand. Stutzig wird sie, als sie folgenden Hinweis liest: „Reduzierte Ware ist vom Umtausch ausgeschlossen.“ Bedeutet das, dass sie keine einwandfreie neue Jeans bekommt? Eine ganze Weile diskutieren die beiden Freundinnen über diese Frage. Dann fassen sie sich ein Herz und suchen gemeinsam das Geschäft auf, in dem Jana die Jeans gekauft hat.

Fall 4: **Kofferkauf über Ebay: Muss Nora den Koffer behalten?**

Seit Wochen freut sich die 15-jährige Nora auf ihren Schüleraustausch in Liverpool.
„Für den Flug kannst du unseren alten Koffer nehmen, denn der wird beim Fliegen ganz schön strapaziert.“
Als Nora den Koffer jedoch auf die Waage stellt, wiegt der leere Koffer bereits 9,6 kg.
„Da muss ein neuer Koffer her.“
„Ich habe eine Idee“, meint ihre ältere Schwester. „Lass uns doch mal bei Ebay nachschauen.“
Sie finden auch gleich ein passendes Modell, die Versteigerung läuft noch. Nach ein paar spannenden Stunden des Steigerns gelingt es ihnen, den Zuschlag für 43 Euro zu bekommen. Wenige Tage später nimmt ihre Mutter vom Briefträger ein großes Paket entgegen.
„Ah, da ist ja mein Koffer, super!“, freut sich Nora. Doch enttäuscht stellt sie fest, dass der Koffer viel kleiner ist, als sie dachte. Sie hatte beim Kauf mehr auf eine schöne Farbe als auf die Größe geachtet.
„Der ist ja viel zu klein. Den will ich nicht.“
„Ja, das hättest du dir früher überlegen müssen. Wir haben ihn doch extra ersteigert und damit gezeigt, dass wir genau den Koffer wollten. Da ist nichts zu machen“, wendet ihre Schwester ein.

1. Schreibe zu dem von dir gewählten Fall auf, welche Fragen du zu klären hast. Lies dann die Infoseite „Verbraucherrechte“ und notiere alles, was für die Lösung deines Falls wichtig ist.

2. Präsentiert eure Lösungen in der Klasse und beantwortet die Frage in der Überschrift zu dieser Doppelseite.

Was auch noch interessant sein kann:

- zu einem der vier Fälle eine Fortsetzung schreiben,
- einen Flyer entwerfen, in dem ihr anderen Jugendlichen ihre Rechte als Verbraucher anschaulich erklärt.

Verbraucherrechte

1. Welche Rechte hast du als Käufer, wenn eine Ware nicht in Ordnung ist?
2. Du willst mit einem Freund einen Kaufvertrag abschließen.
   a) Was musst du dazu tun?
   b) Welche Pflichten hat jeder von euch beim Abschluss?
   c) Wann wäre der Vertrag zwischen euch ungültig?
3. Wie umfassend garantieren die Verbraucherrechte deinen Schutz als Kunde: sehr umfassend, einigermaßen, ziemlich unzureichend? Begründe deinen Standpunkt.

Abschluss eines Kaufvertrags

Niemand möchte beim Kauf einer Ware über's Ohr gehauen werden. Um dies zu verhindern, gibt es die Verbraucherrechte. Diese haben die Funktion, Menschen beim Einkauf zu schützen. Verbraucherschutz ist immer dann besonders wichtig, wenn es zum Abschluss eines Kaufvertrags kommt. Stell dir zum Beispiel vor, du siehst in einem Geschäft ein T-Shirt, das dir gefällt. Du fragst die Verkäuferin nach dem Preis. Sie antwortet: „Das T-Shirt kostet 12,95. Möchtest du es kaufen?“ Du nickst. Damit ist ein Kaufvertrag abgeschlossen worden. Das bedeutet, dass du die Ware bezahlen musst und dir der Händler die Ware liefern muss. Die meisten Kaufverträge kommen auf diese Weise zustande, größere Käufe werden oft auch schriftlich abgeschlossen. Jugendliche unter 18 Jahren dürfen größere Käufe nur mit Zustimmung ihrer Eltern vornehmen. Auch Ratenvereinbarungen dürfen sie nicht abschließen.

Rücktrittsrecht

Man kann einen Kaufvertrag nicht ohne Grund rückgängig machen, etwa wenn einem etwas nicht mehr gefällt oder man irgendwo die Ware zu einem günstigeren Preis gesehen hat. Bei Waren, die man im Internet, im Versandhandel oder von einem Vertreter an der Haustür gekauft hat, hat man jedoch ein Widerrufsrecht. Das bedeutet, dass man den Kauf innerhalb von 14 Tagen rückgängig machen darf. Denn diese Waren hat man ja nur auf Fotos gesehen und konnte nicht selbst prüfen, ob sie wirklich so sind, wie man sich das vorgestellt hat. Wenn man an einer Internet-Auktion teilnimmt, beträgt diese Frist sogar vier Wochen. Ausgeschlossen davon sind allerdings Lebensmittel, CDs und einige weitere Produkte.

Reklamation

Der Kaufvertrag verpflichtet den Händler auch, Ware in einwandfreier Qualität zu liefern. Doch vielleicht stellt ihr erst zu Hause fest, dass etwa bei einer Jeans ein Knopf fehlt oder sich nach der ersten Wäsche die Nähte auflösen. In diesem Fall könnt ihr beim Händler reklamieren, auch wenn es sich um ein Sonderangebot oder reduzierte Ware handelt. Der Händler wird dann die Jeans kostenlos reparieren oder, falls das nicht möglich ist, euch eine neue aushändigen. Kann der Händler die Jeans weder reparieren noch eine neue liefern, zum Beispiel, weil es das Modell nicht mehr gibt, könnt ihr einen Preisnachlass aushandeln oder verlangen, dass er euch das Geld zurückgibt. Alle Händler sind verpflichtet, berechtigte Reklamationen bis zu zwei Jahre nach dem Kauf anzuerkennen. Diese Verpflichtung nennt man Gewährleistungspflicht.

Allgemeine Geschäftsbedingungen

Einzelheiten eines Kaufvertrages, zum Beispiel Lieferfristen, kann der Händler in den Allgemeinen Geschäftsbedingungen regeln. Sie werden oft auch als das „Kleingedruckte“ bezeichnet. Auf die Allgemeinen Geschäftsbedingungen und auf das Widerrufsrecht muss der Händler an gut sichtbarer Stelle hinweisen. Diese Bestimmungen dürfen nicht gegen Gesetze verstoßen, etwa indem sie die Gewährleistung einschränken.

Ungültige Kaufverträge

Wenn der Händler den Kunden bewusst täuscht, ist der Vertrag von Anfang an ungültig. Das ist zum Beispiel der Fall, wenn er eine kostenlose Leistung verspricht, dann aber doch Geld dafür verlangt. Oder wenn eine Verkäuferin verspricht, dass ein T-Shirt farbecht ist, und dieses die gesamte Wäsche in der Waschmaschine verfärbt. Das bezeichnet man als arglistige Täuschung. Von vornherein ungültig ist ein Vertrag auch dann, wenn er gegen Gesetze verstößt, z. B. wenn ein Händler einem 13-Jährigen Wodka verkauft.

Wir machen den Verbraucher-Führerschein

Wie fit ihr in Verbraucherfragen seid, könnt ihr auf dieser Seite testen. Ganz ähnlich wie bei der Führerscheinprüfung sollt ihr hier entscheiden, ob eine, zwei oder alle drei Antworten richtig sind.
Tipp: Allein bearbeiten – zu zweit vergleichen – die Lösungen in der Klasse vorstellen.

Ein Kaufvertrag ist
a) immer gültig, auch wenn er von Minderjährigen abgeschlossen wurde.
b) ungültig, wenn der Händler den Käufer bewusst getäuscht hat.
c) gültig, wenn der Käufer schriftlich, mündlich oder stillschweigend das Angebot angenommen hat.

Die Allgemeinen Geschäftsbedingungen
a) werden auch als das „Kleingedruckte" bezeichnet.
b) dürfen nicht gegen Gesetze verstoßen.
c) müssen Händler nur vorzeigen, wenn es der Kunde verlangt.

Reklamationen
a) haben zur Folge, dass man sein Geld immer zurückbekommt.
b) sind nicht zulässig, wenn die gekaufte Ware ein Sonderangebot war.
c) müssen Händler bis zu zwei Jahre nach dem Kauf akzeptieren, wenn sie berechtigt sind.

Wenn eine Ware fehlerhaft ist,
a) kann man nichts machen, wenn man sie zum reduzierten Preis gekauft hat.
b) muss man das immer sofort nach dem Kauf reklamieren.
c) muss der Kunde akzeptieren, dass der Händler keine neue Ware liefert, sondern sie zunächst repariert.

Widerrufsrecht
a) bedeutet, dass man den Kauf rückgängig machen kann.
b) gilt nur für das Internet.
c) gilt für eine Frist von 14 Tagen, bei Internet-Auktionen für vier Wochen.

Wenn man über das Internet einkauft,
a) ist es Aufgabe des Kunden, zu recherchieren, ob das Angebot etwas kostet.
b) muss der Verkäufer an deutlich sichtbarer Stelle über AGB und Widerrufsrecht informieren.
c) sollte man die AGB immer sorgfältig lesen.

Richtig sind folgende Aussagen: Kaufvertrag = b, c – Reklamation = c – Widerrufsrecht = a, c – Allgemeine Geschäftsbedingungen = a, b – Fehlerhafte Ware = c – Internetkauf = b, c

5 Warum werden Jugendliche kriminell?

Besonders brutale Verbrechen von Jugendlichen erregen immer wieder großes öffentliches Aufsehen. Lest dazu die beiden Fallbeispiele auf dieser Seite und sprecht über eure Gefühle.

Fall 1: Mädchen sticht auf Mitschülerin ein

An einem Gymnasium im oberbayerischen Freising hat eine 15-Jährige mit einem Messer auf ihre 16-jährige Sitznachbarin eingestochen. Um kurz vor zehn Uhr kam es in einem Unterrichtsraum der 10. Klasse zu der Messerattacke, die Angreiferin konnte von ihren Mitschülern überwältigt werden. Bei dem Vorfall wurde neben der 16-Jährigen auch die Angreiferin selbst verletzt. Die Wunden seien nicht lebensgefährlich, sagte Polizeisprecher Hans-Peter Kammerer.
„Es handelt sich um Stich- und Schnittverletzungen“, sagte Kammerer. Einige der Verletzungen seien offenbar auch entstanden, als sich das Opfer gegen den Angriff wehrte. Die Lage sei unter Kontrolle, nachdem Alarm ausgelöst worden war. Die Polizei nahm die 15-Jährige demnach wegen des Verdachts auf gefährliche Körperverletzung fest. Ihr Motiv ist bisher unklar.

(Aus: aar/dpa/AFP/dapd: Messerattacke an Gymnasium, Mädchen sticht auf Mitschülerin ein, in: www.spiegel.de, 14.12.2011, Zugriff: 08.02.2012)

Fall 2: Jugendliche schlagen Behinderten krankenhausreif

Sie bewarfen ihn mit Schotter, schlugen auf ihn ein, traten ihn mit Füßen. Drei Jugendliche haben in Salzgitter einen behinderten Mann schwer verletzt. Die Tatverdächtigen sind der Polizei bekannt. Das Opfer erlitt einen Nasenbeinbruch, Gesichtsprellungen und Blutergüsse am ganzen Körper. Ein Jogger fand den Mann und rief die Polizei. Als tatverdächtig gelten drei Jungen im Alter von 12, 14 und 15 Jahren. Sie trafen den 43-jährigen Mann auf dem Feldweg, beleidigten und bewarfen ihn mit Schottersteinen. Der 15-jährige Haupttäter habe den am Boden liegenden Mann zudem mit Füßen getreten. Der 15-Jährige gilt als Intensivtäter.

(Aus: siu/dapd: Jugendliche schlagen Behinderten krankenhausreif, in: www.spiegel.de; 16.01.2012, Zugriff: 08.02.2012)

Gewalttätige Mädchen – prügelnde Jungen: Einzelfälle?

1. Handelt es sich bei den Beispielen nur um Einzelfälle? Berücksichtige bei deiner Antwort auch das Schaubild auf der folgenden Seite.
2. Sucht nach Erklärungen, warum Jugendliche solche grausamen Straftaten begehen.

Was auch noch interessant sein kann:

- über die Entwicklung der Jugendkriminalität in eurer Gemeinde recherchieren, zum Beispiel bei der Polizei,
- einen Experten in den Unterricht einladen und über die Ursachen von Jugendkriminalität befragen.

Jugendkriminalität

1. Sammle Gründe, warum Jugendliche kriminell werden.
2. Bewerte anhand des Schaubilds die Entwicklung der Jugendkriminalität: eher harmlos oder Besorgnis erregend?
3. In der Debatte um wirkungsvolle Maßnahmen gegen die steigende Jugendgewalt fordern einzelne Politiker, die Strafmündigkeit auf 12 Jahre herabzusetzen. Erörtere das Pro und Kontra und formuliere einen eigenen Standpunkt.

Definition

Kriminalität leitet sich von dem lateinischen Wort „crimen“ ab, das bedeutet übersetzt „Verbrechen“. Damit bezeichnet man ein Verhalten, das gegen geltende Gesetze verstößt. Juristen sprechen allerdings erst dann von einem Verbrechen, wenn bei der Straftat mindestens eine Freiheitsstrafe von mehr als einem Jahr zu erwarten ist, sonst wird die Straftat als Vergehen bestraft.
Von Jugendkriminalität spricht man dann, wenn die Tat von einem Jugendlichen im Alter von 14 bis 18 Jahren oder einem Heranwachsenden von 18 Jahren bis 21 Jahren begangen wurde.

Ursachen von Jugendkriminalität

Untersuchungen bei straffällig gewordenen Jugendlichen haben ergeben, dass häufig mehrere Gründe zusammenkommen:

- **Konsumdruck:** „Hast du was, bist du was“ – diese Devise gilt in vielen Jugendgruppen. Das Ansehen in der Gruppe hängt davon ab, wie man sich kleidet, was man konsumiert. Da kommt manch einer in Versuchung, sich die gewünschten Dinge auf illegale Weise zu verschaffen.
- **Fehlende Nestwärme:** Manche Jugendliche bekommen zu Hause nicht die Zuwendung, die sie für ihre Entwicklung brauchen, zum Beispiel wenn sich ihre Eltern neben Beruf und Freizeitaktivitäten zu wenig Zeit für ihre Kinder nehmen, wenn in Familien Sprachlosigkeit und Desinteresse herrschen.
- **Problematische Familienverhältnisse:** In manchen Familien belasten große Sorgen, wie zum Beispiel Scheidung, Gewalt, Arbeitslosigkeit oder auch Suchtprobleme das Familienleben.
- **Langeweile:** Manchen Jugendlichen mangelt es an sinnvollen Freizeitbeschäftigungen. Es fehlt ihnen an entsprechenden Anregungen. Aus Geldmangel bieten auch Gemeinden keine Freizeiteinrichtungen an. Das trifft gefährdete Jugendliche besonders.
- **Gruppendruck:** Gerade gefährdete Jugendliche suchen in Gruppen Bestätigung und Nähe. Sie wollen um jeden Preis dazugehören und unterwerfen sich dabei Gruppenritualen, auch wenn es unter Umständen bedeuten kann, eine Straftat zu begehen.

Maßnahmen gegen Jugendgewalt

Viele Bürger beobachten den Anstieg der Jugendgewalt mit Sorge. Kriminologen sind sich einig, dass diese nicht allein mit einem verstärkten Polizeiaufgebot zu bekämpfen ist. Sie setzen eher auf gemeinsame Aktionen von Polizei und Sozialarbeitern, die versuchen, den Jugendlichen in der Freizeit Alternativen zu bieten, ihnen einen Ausbildungsplatz zu organisieren und ihnen eine Lebensperspektive zu vermitteln. Manche Politiker fordern allerdings drastischere Strafen für kriminelle Jugendliche.

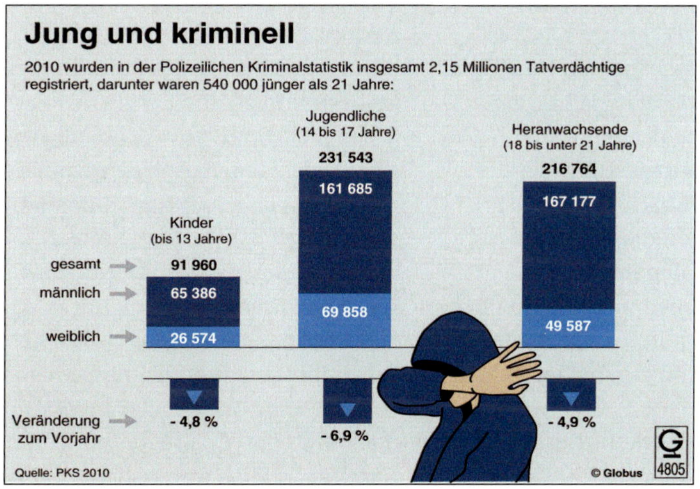

6 Die Folgen von Kriminalität: Jugendliche vor Gericht

In diesem Unterkapitel werdet ihr euch mit einem Fall beschäftigen, der sich tatsächlich so ereignet hat. Aus Datenschutzgründen haben wir lediglich die Namen der Beteiligten geändert.

Der Fall: Eine Party mit lebensgefährlichen Folgen

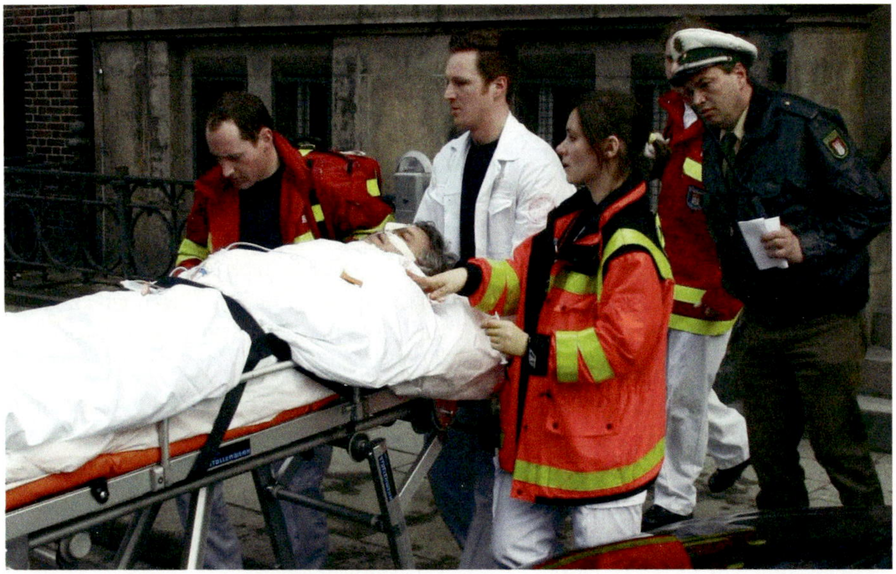

Opfer von Gewalttaten wie Andreas Kollmann leiden oft noch jahrelang unter den Folgen der Tat – auch wenn die körperlichen Schäden längst ausgeheilt sind.

Für den Abend des 2. Novembers war der 16-jährige Julian Berger von seinem Freund Arne Krüger zu einer Feier in der Scheune seiner Eltern in Bründeln eingeladen worden. Er traf gegen 20 Uhr auf dem Fest ein. Als Geschenk brachte er einige Dosen Energydrink sowie eine Flasche Rotwein mit. In der Zeit bis etwa 22:30 Uhr trank Julian die von ihm mitgebrachte Flasche Rotwein allein nahezu aus. Außerdem konsumierte er noch einige Pappbecher voll mit einem Rum-Cola- bzw. Rum-Energydrink-Gemisch. Zuletzt trank er auch noch mindestens ein Bier.

Gegen 22:30 Uhr begann Julian ein Gespräch mit drei aus Hannover stammenden Partygästen. Im Verlauf des Gesprächs kam man überein, gemeinsam Marihuana zu rauchen. Julian und die drei anderen Partygäste verließen deshalb die Scheune der Krügers und gingen auf die Straße „Zur Chaussee" bis etwa in Höhe der dort befindlichen Bushaltestelle, wo sie stehen blieben. In diesem Moment kam Andreas Kollmann mit seinem PKW von der Arbeit nach Hause. Julian fühlte sich in dem geplanten Haschischkonsum durch die Lichter des Wagens und das Erscheinen von Andreas Kollmann gestört und wurde nahezu sofort aggressiv. Er beleidigte Andreas Kollmann, dabei hatte er bereits das mitgeführte Butterflymesser gezogen und geöffnet.
Die drei ebenfalls anwesenden Partygäste riefen dem Angeklagten noch zu, er solle das lassen, liefen dann aber voller Angst davon. Herr Kollmann reagierte auf die Beschimpfungen nicht und drehte sich um, um in das von ihm bewohnte Haus zu gehen.
Julian fühlte sich durch die Bewegung bedroht, griff Andreas Kollmann mit dem Messer an und fügte ihm einen 5 cm tiefen Stich unterhalb des linken Schulterblattes, einen weiteren Stich auf der linken Schulter von etwa 2 cm sowie eine oberflächliche Schnittverletzung im Halsbereich zu. Er war sich dabei bewusst, dass ein Messerstich in den Rücken Andreas Kollmanns dessen Leben gefährden konnte, vertraute aber aufgrund von Örtlichkeit und Tiefe des Stiches darauf, diesen nicht tödlich zu treffen. Andreas Kollmann war lebensgefährlich verletzt, konnte jedoch über Handy einen Krankenwagen herbeirufen. Nur den im Krankenwagen sofort eingeleiteten Maßnah-

men verdankt er sein Leben. Julian Berger ging in verwirrtem Zustand zur Scheune zurück. Als ein Freund bemerkte, dass das Messer blutverschmiert war, flüchtete er in Panik. Wenig später wurde er von einer Polizeistreife aufgegriffen, eine Blutprobe ergab einen Alkoholpegel von 1,42 Promille.

Andreas Kollmann war nach einem mehrtägigen Krankenhausaufenthalt bis 4. Dezember krankgeschrieben. Erst im März war er wieder so weit hergestellt, dass er Sport treiben konnte. Die psychischen Folgen der Tat hat er bis zum Prozessbeginn noch nicht verwunden: Trotz mehrfacher nervenärztlicher Behandlungstermine unternahm er einen Selbstmordversuch.

Die Tat des Jugendlichen hat gleich zwei Prozesse zur Folge: zunächst einen Strafprozess und anschließend einen Prozess vor dem Zivilgericht. Wie solche Prozesse ablaufen und wie es schließlich zu einem Urteil kommt, könnt ihr arbeitsteilig erarbeiten und anschließend der Klasse präsentieren.

Arbeitsteilige Gruppenarbeit: Strafprozess – Zivilprozess

1. Gruppen bilden	Bildet in der Klasse mehrere Gruppen. Eine Hälfte beschäftigt sich mit dem Strafprozess (A), eine mit dem Zivilprozess (B).
2. Erschließung des Falls	Wie jeder Jurist solltet ihr euch zunächst genau mit dem Tathergang vertraut machen, den ihr euch mit folgenden Fragen erschließen könnt: • Wer waren die Beteiligten? • Wie war der Ablauf der Tat? • Welche Folgen hatte die Tat für das Opfer?
3. Vorbereitung der Präsentation	Mithilfe der Materialien auf den folgenden Seiten bereitet jede Gruppe eine Präsentation zum Straf- bzw. Zivilprozess vor. Lest euch zusätzlich die Methodenkarte 8 „Gesetzestexte lesen und verstehen" auf der Seite 132 durch und wendet sie auf die jeweiligen Gesetze an. Bei der Vorbereitung der Präsentation könnt ihr euch an folgenden Fragen orientieren: • Wofür ist ein Strafgericht bzw. Zivilgericht zuständig? • Wer sind die Beteiligten an dem Prozess? • Wie verläuft ein Prozess vor dem Strafgericht bzw. Zivilgericht? • Was ist für die Urteilsfindung im Fall Berger wichtig? • Welches Urteil haltet ihr für angemessen? Formuliert ein Urteil und begründet es.
4. Präsentation der Ergebnisse	Präsentiert die Ergebnisse eurer Gruppenarbeit vor der Klasse. Tragt dann euren Vorschlag für ein Urteil vor und begründet es. Anschließend kann die Klasse über das Urteil diskutieren: Haltet ihr es für gerecht? Hat euch die Urteilsbegründung überzeugt?

A Der Strafprozess

Welche Gesetze sind im Fall „Julian Berger“ anzuwenden?

Aus dem Strafgesetzbuch (StGB)

§ 223 Körperverletzung

(1) Wer eine andere Person körperlich misshandelt oder an der Gesundheit schädigt, wird mit Freiheitsstrafe bis zu fünf Jahren oder mit Geldstrafe bestraft.

§ 224 Gefährliche Körperverletzung

(1) Wer die Körperverletzung
1. durch Beibringung von Gift oder anderen gesundheitsschädlichen Stoffen,
2. mittels einer Waffe oder eines anderen gefährlichen Werkzeugs,
3. mittels eines hinterlistigen Überfalls,
4. mit einem anderen Beteiligten gemeinschaftlich,
5. mittels einer das Leben gefährdenden Behandlung begeht, wird mit Freiheitsstrafe von sechs Monaten bis zu zehn Jahren, in minder schweren Fällen mit Freiheitsstrafe von drei Monaten bis zu fünf Jahren bestraft.

Wie soll die Strafe für Julian ausfallen? – Zwei mögliche Urteile

Aus dem Plädoyer des Rechtsanwalts:

„… deshalb halte ich für Julian Berger eine Jugendstrafe von sechs Monaten auf Bewährung für angemessen.“

Aus dem Plädoyer der Staatsanwältin:

„… deshalb fordere ich für Julian Berger eine Jugendstrafe von 12 Monaten ohne Bewährung.“

Was ist für die Urteilsfindung wichtig?

Der Angeklagte wuchs zusammen mit seinem 4 Jahre älteren Bruder Alexander im Haus seiner Eltern, der Lehrerin Anna Berger und des Architekten Joachim Berger, auf, wo er bis heute lebt. Trotz einer Hauptschulempfehlung wechselte er nach der Grundschule auf die Freiherr-vom-Stein-Realschule und zeigte dort bis zur 7. Klasse gute Leistungen. Ab der 8. Klasse verschlechterten sich seine Leistungen. Alkohol trank der Angeklagte bis zur hier abgeurteilten Tat lediglich unregelmäßig und in geringen Mengen auf Partys mit Freunden. Im Alter von 15 Jahren kam der Angeklagte erstmals mit Cannabis in Kontakt, welches er bis zur Tat etwa 4- bis 5-mal monatlich konsumierte.

Der Angeklagte ist nicht vorbestraft. Er war zum Zeitpunkt der Tat 16 Jahre und 3 Monate alt und damit Jugendlicher im Sinne der §§ 1, 3 JGG. An seiner strafrechtlichen Verantwortungsreife bestehen nach dem persönlichen Eindruck keine Zweifel.

Gegen den Angeklagten war wegen der Schwere der Schuld gemäß § 17 JGG Jugendstrafe zu verhängen. Dabei war für das Gericht insbesondere die Schwere des durch die Tat angerichteten Schadens unter Berücksichtigung des Tatmotivs des Angeklagten maßgebend. Der Geschädigte hat dadurch nicht nur körperlich erhebliche Schäden davongetragen, sondern leidet bis heute an den psychischen Folgen der Tat.

Zugunsten des Angeklagten hat das Gericht berücksichtigt, dass dieser geständig war und die Tat zutiefst bereut. Erheblich zugunsten des Angeklagten ist auch ins Gewicht gefallen, dass nicht ausgeschlossen werden konnte, dass der Angeklagte zur Tatzeit im Zustand erheblich verminderter Schuldfähigkeit gemäß § 21 StGB gehandelt hat.

Das Gericht geht davon aus, dass der Angeklagte keine weiteren Straftaten begehen wird. Er arbeitet die Hintergründe seiner Tat in einer von ihm regelmäßig besuchten Therapie auf und führt auch einen Täter-Opfer-Ausgleich durch.

Seine Lebensverhältnisse haben sich sowohl in schulischer als auch in persönlicher Hinsicht stabilisiert. Insbesondere hat er aber auch seinen Alkohol- und Cannabiskonsum, welche wesentliche Auslöser der Tat waren, erheblich eingeschränkt.

Strafprozess

1. Für wen ist das Jugendgericht zuständig und wie setzt es sich zusammen?
2. Erläutere, welche Möglichkeiten zur Strafe ein Jugendgericht hat.
3. Erkläre jemandem, der sich nicht auskennt, mithilfe des Schaubilds den Gang eines Strafverfahrens von der Strafanzeige bis zum Urteil.

Was ist ein Strafprozess?

Ein Strafprozess wird eingeleitet, wenn jemand unter begründetem Verdacht steht, eine Straftat begangen zu haben, also gegen Gesetze des Strafgesetzbuches verstoßen zu haben. Ankläger ist der Staat, der bei dem Prozess durch den Staatsanwalt vertreten ist.

Wer kann angeklagt werden?

Kinder und Jugendliche unter 14 Jahren sind nicht strafmündig, das heißt, sie können nicht vor Gericht gestellt werden. Jugendliche von 14 bis 18 Jahren können vor einem Jugendgericht angeklagt werden. Heranwachsende Straftäter können ebenfalls nach dem Jugendgerichtsgesetz verurteilt werden, wenn sie zum Tatzeitpunkt in ihrer Reife Jugendlichen nahestehen. Das entscheidet der Richter im Einzelfall.

Wer sind die Prozessbeteiligten?

Die Zusammensetzung des Gerichts hängt von der Schwere der Straftat ab: Bei einfacheren Straftaten besteht es aus einem Richter. Er leitet die Verhandlung und ist in seinen Entscheidungen nur an die geltenden Gesetze gebunden. Sonst ist er unabhängig. Ist die Straftat schwerwiegender, wird der Richter oder die Richterin von zwei ehrenamtlichen Schöffen unterstützt. Dabei haben sie die gleichen Rechte wie ein Richter. In besonders schweren Fällen, zum Beispiel bei Mord, besteht das Gericht aus drei Richtern und zwei Schöffen. Stellvertreter des Staates ist der Staatsanwalt. Die Interessen des Angeklagten vertritt ein Rechtsanwalt (Verteidiger).

Welche Strafen kann das Gericht aussprechen?

Je nach Schwere der Straftat kann das Gericht entweder eine Geldstrafe oder auch eine Gefängnisstrafe aussprechen. Ist zu erwarten, dass der Angeklagte künftig nicht mehr straffällig wird, wird das Gericht die Strafe zur Bewährung aussetzen. Das bedeutet, dass er zunächst nicht ins Gefängnis muss, sich aber über einen längeren Zeitraum einwandfrei zu verhalten hat. Zunächst wird das Gericht prüfen, ob sogenannte Erziehungsmaßnahmen angebracht sind. So kann das Gericht zum Beispiel verfügen, dass der Jugendliche

- eine Lehrstelle oder eine Arbeitsstelle annehmen muss,
- gemeinnützige Arbeiten in einem Altenheim oder einer Jugendeinrichtung leisten muss,
- für einige Zeit in einem Heim oder in einer Pflegefamilie untergebracht wird.

Wenn eine besonders schwere Schuld vorliegt, wird eine Jugendstrafe verhängt. Das bedeutet eine Freiheitsstrafe von mindestens sechs Monaten bis höchstens zehn Jahren.

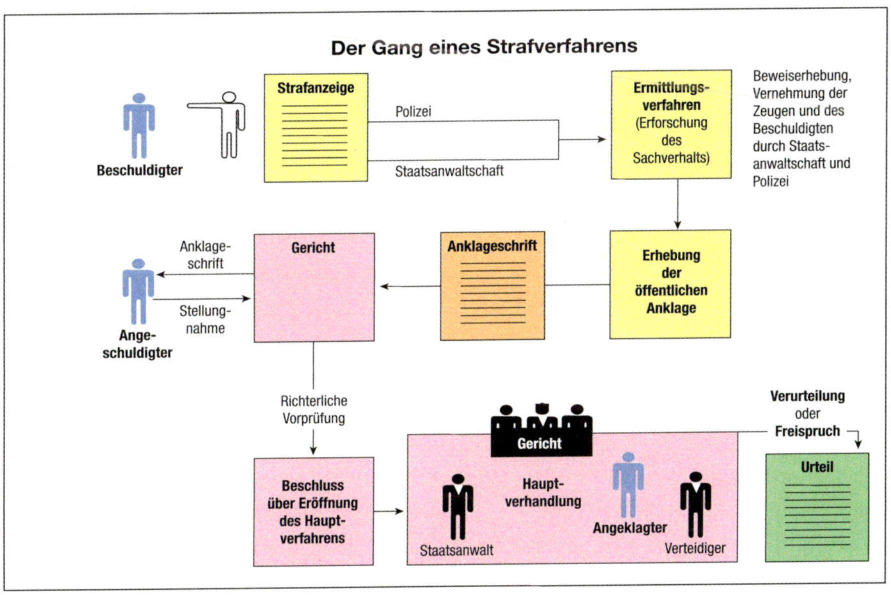

(Nach Schmidt Zahlenbild 129520)

B Der Zivilprozess

Welche Gesetze sind im Fall Julian Berger anzuwenden?

Aus dem Bürgerlichen Gesetzbuch

§ 253 Immaterieller Schaden

[...]

(2) Ist wegen einer Verletzung des Körpers, der Gesundheit, der Freiheit oder der sexuellen Selbstbestimmung Schadensersatz zu leisten, kann auch wegen des Schadens, der nicht Vermögensschaden ist, eine billige Entschädigung in Geld gefordert werden.

§ 823 Schadensersatzpflicht

(1) Wer vorsätzlich oder fahrlässig das Leben, den Körper, die Gesundheit, die Freiheit, das Eigentum oder ein sonstiges Recht eines anderen widerrechtlich verletzt, ist dem anderen zum Ersatz des daraus entstehenden Schadens verpflichtet.

[...]

Wie könnte das Urteil im Fall „Julian Berger" ausfallen? – Zwei mögliche Urteile

Aus der Klageschrift:

Der Kläger beantragt, den Beklagten Julian Berger zu verurteilen, dem Kläger ein Schmerzensgeld von 10 000 Euro zu zahlen, abzüglich der bereits gezahlten 6 000 Euro. Die Kosten des Verfahrens trägt der Beklagte.

Aus der Erwiderung des Beklagten:

Der Beklagte beantragt, die Klage abzuweisen.

Was ist für die Urteilsfindung wichtig?

Der Beklagte räumt seine Tat und deren Folgen in vollem Umfang ein. Bei der Bemessung des Schmerzensgelds fallen neben der eigentlichen schweren Körperverletzung, die offenbar komplikationslos ausgeheilt war, und dem Aufenthalt in der Intensivstation besonders die während der Tat bis zum Abschluss der lebensrettenden Operation herrschende Todesangst des Klägers sowie die aufgrund der Tat eingetretenen psychischen Folgen ins Gewicht. Es ist ohne Weiteres leicht nachvollziehbar, dass der Kläger bis zum Beginn der Operation damit rechnete, den Angriff nicht zu überleben.

Erhebliche Beeinträchtigungen gehen außerdem mit den Depressionen einher. Andererseits kann bei der Schmerzensgeldbemessung das Verhalten des Beklagten in der Zeit nach der Tat nicht völlig außer Acht gelassen werden.

Dem Kläger ist infolge der Tat ein erheblicher Teil seiner Lebensqualität und -freude genommen. Der Vorfall hat ihn fast mehr psychisch als körperlich betroffen. Er hat nunmehr Angst, sich auf größere Feierlichkeiten zu begeben, und meidet es, sich überhaupt unter Menschen zu mischen. Er hat keine Lust mehr auf die Ausübung früherer Hobbys und Teilnahme an Aktivitäten.

Inzwischen hat er sich in nervenärztliche Behandlung begeben, bei der eine Depression mit Selbstmordgefahr diagnostiziert wurde.

Der Beklagte verweist darauf, dass der Kläger bereits 6 000 Euro Schmerzensgeld für die Verletzungen, die Todesgefahr und die Einbuße an Lebensfreude erhalten hat. Zum Tatzeitpunkt war er nach einem psychiatrischen Gutachten wahrscheinlich nur eingeschränkt in der Lage, sein Verhalten zu steuern. Berücksichtigt werden muss auch, dass der Beklagte seine Tat voll eingestanden hat und in einem Strafprozess bereits zu einer Jugendstrafe verurteilt wurde. Zudem hat sich das Leben des Beklagten aufgrund der Tat grundlegend verändert: Er hat die Schule gewechselt und seinen Freundeskreis verloren.

Zivilprozess

1. Wer erhebt im Zivilprozess Klage? Warum gibt es im Zivilprozess keine Strafe?
2. Erkläre den Unterschied zwischen Berufung und Revision.
3. Seit vielen Jahren sind besonders die Zivilgerichte stark überlastet. Sollten die Möglichkeiten, sein Recht vor Gericht einzuklagen, eingeschränkt werden? Diskutiert darüber in der Klasse.

Was ist ein Zivilprozess?

Der Zivilprozess ist ein Gerichtsverfahren, in dem Rechtsstreitigkeiten unter Bürgern verhandelt werden. Jeder, der sich in seinen Rechten verletzt sieht und sich mit seinem Gegenüber auf andere Weise nicht einigen kann, kann eine Klage bei Gericht einreichen. Meistens stützt sich eine solche Klage auf Bestimmungen im Bürgerlichen Gesetzbuch. Diese regeln die rechtlichen Beziehungen zwischen Privatpersonen. Weitaus die meisten Rechtsfälle werden vor einem Zivilgericht verhandelt.

Wer sind die Prozessbeteiligten?

In einem Zivilprozess treffen Kläger und Beklagte aufeinander. Dabei werden sie meistens von Rechtsanwälten vertreten, die jeweils die Interessen ihrer Mandanten wahrnehmen. Bereits vor dem Prozess formuliert der Rechtsanwalt des Klägers die Klageschrift, in der die Forderungen des Klägers begründet werden. Der gegnerische Rechtsanwalt formuliert dann eine Erwiderung. Bei dem Gerichtstermin tragen die Anwälte wichtige Tatsachen und Argumente vor, die die Grundlage für die Entscheidung des Richters bilden. Geleitet wird die Verhandlung von einem Richter. Er spricht auch das Urteil aus. Dabei muss er sich an die Gesetze halten.

Wie kann das Urteil aussehen?

Das Verfahren kann entweder in einem Vergleich enden, auf den sich die Parteien vor Gericht einigen, oder in einem Urteil: Der Richter weist zum Beispiel die Klage ab oder gibt ihr teilweise oder vollständig statt. In diesem Fall muss der Beklagte die Forderung des Klägers erfüllen. Eine Strafe kann ein Zivilgericht nicht aussprechen.

Vor welchem Gericht wird verhandelt?

In Zivilsachen ist das Amtsgericht zuständig für Gegenstände von bis zu 5 000 Euro. Liegt der Streitwert höher, wird der Fall vor einem Landgericht verhandelt.

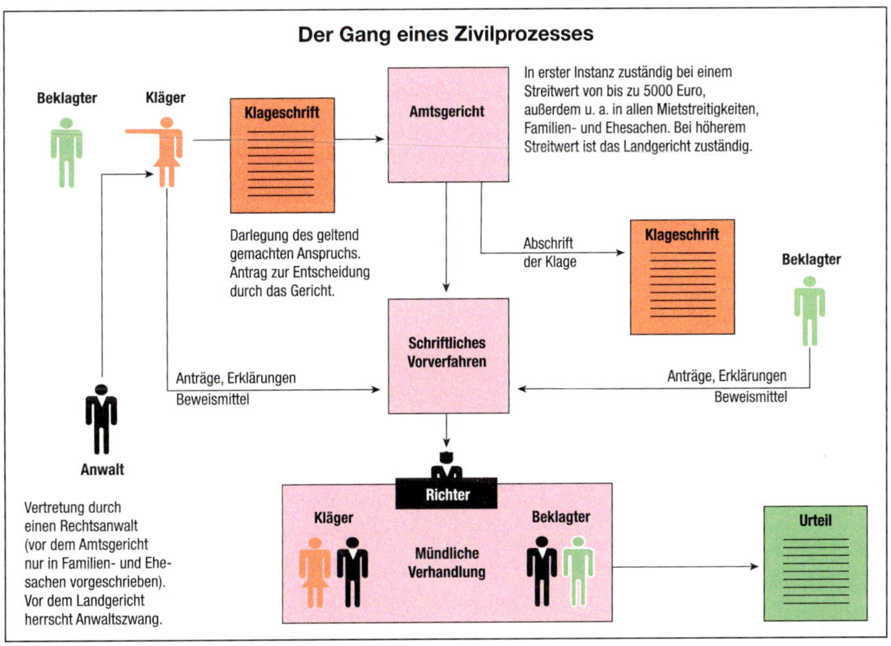

(Nach Schmidt Zahlenbild 129610)

Gesetzestexte lesen und verstehen

Thema: Der Fall Julian Berger

A Worum geht es?

Gesetzestexte sind eine besondere Textart. Auf den ersten Blick wirken sie oft unverständlich. Das liegt daran, dass sie in einer besonderen Sprache verfasst sind: Sie sind sehr allgemein formuliert, sodass sie für eine möglichst große Zahl von Fällen zutreffen. Auch kommen häufig Wörter darin vor, die wir im Alltag nur sehr selten verwenden oder auch in einem ganz anderen Zusammenhang.

B Wie macht man das?

1. Du klärst, was du erfahren möchtest.

Wenn man einen Gesetzestext oder einen anderen juristischen Text liest, möchte man in der Regel etwas Spezielles wissen, z. B. „Darf ich als nicht Volljährige/r einen Vertrag abschließen?". Manchmal möchte man sich auch einen Gesamtüberblick über ein Gesetz verschaffen. Dann fragt man sich, was eigentlich in dem Text geregelt wird, z. B. „Was steht im Bürgerlichen Gesetzbuch über die Rechte eines Wohnungsmieters?". Beantworte – je nach Leseauftrag – vor dem Lesen mindestens eine der beiden Fragen:

a) Was möchte ich gerne wissen?

b) Was ist in diesem Gesetz oder Dokument insgesamt geregelt?

2. Du notierst nach dem ersten Lesen, was du schon verstanden hast.

Auch wenn man vielleicht nicht alles beim ersten Lesen versteht, ein wenig versteht man immer. Das solltest du notieren, bevor du weiterarbeitest.

3. Du klärst die Bedeutung der gefundenen Schlüsselbegriffe.

Beim zweiten Lesen musst du Wort für Wort vorgehen, weil du davon ausgehen kannst, dass in diesen Texten jedes Wort wohlüberlegt wurde, bevor man es verwendet hat. Einzelne Wörter, wie zum Beispiel „Geschäftsfähigkeit", „Minderjähriger" usw., haben eine herausragende Bedeutung. Suche nach solchen Wörtern, notiere sie und kläre ihre Bedeutung.

4. Du übersetzt den Text in eine Sprache, die du und andere verstehen können.

Mache es wie bei einem fremdsprachigen Text. Übersetze ihn in eine allgemein verständliche Sprache, am besten laut und gegenüber einer anderen Person: „Ich erkläre dir jetzt, was der Taschengeldparagraph darüber aussagt, ob du dir als 16-Jähriger ein Motorrad kaufen darfst ..." Wenn du das schaffst, hast du auch den schwierigen juristischen Text verstanden.

5. Du wendest den Text auf einen Fall an.

Prüfe für jede einzelne Bestimmung, ob sie auf das Fallbeispiel zutrifft. Was sagt das Gesetz über den speziellen Fall aus?

Beispiel: § 223 Strafgesetzbuch

„Wer eine andere Person körperlich misshandelt ..."
Julian hat durch den Messerstich Andreas Kollmann körperlich misshandelt.
„... wird mit einer Freiheitsstrafe bis zu fünf Jahren oder mit Geldstrafe bestraft."
Für Julian kommt also sowohl eine Geldstrafe als auch eine Freiheitsstrafe infrage.

Wir entwerfen ein Tafelbild zu Straf- und Zivilprozess

Es gibt zwei Arten von Prozessen

Der Strafprozess	**Der Zivilprozess**

Vor Gericht wird ein Konflikt zwischen zwei Privatpersonen ausgetragen.

Hier vertritt ein Staatsanwalt die Interessen des Staates (der öffentlichen Ordnung).

Es ist ein freiwilliger Prozess.

Es wird keine Strafe ausgesprochen, sondern es geht um die Wiedergutmachung eines Schadens.

Es ist ein Streit zwischen der staatlichen Ordnung und dem Angeklagten.

Bei ausreichenden Verdachtsmomenten ist die Anklage Pflicht.

Ankläger und Angeklagter stehen sich gegenüber.

Zwei Privatpersonen (Kläger und Beklagter) stehen sich gegenüber.

Hier braucht man keinen Staatsanwalt.

Es geht um die Feststellung einer Schuld. Entweder wird eine Strafe verhängt oder der Angeklagte freigesprochen.

Welche der folgenden Aussagen trifft auf den Strafprozess zu und welche auf den Zivilprozess?
Gestaltet aus den 10 Aussagen ein möglichst übersichtlich gegliedertes Tafelbild, bei dem auch die jeweils passenden Sätze nebeneinanderstehen. Das geht am besten in Partnerarbeit. Welche Partner finden die beste Lösung?

7 Strafe ist nicht alles: Wie kann man jugendliche Straftäter von weiteren Straftaten abhalten?

Auf den vorhergehenden Seiten habt ihr euch mit dem Fall „Julian Berger" befasst und auch entschieden, wie er eurer Meinung nach bestraft werden soll. Wenn ein Gericht eine Strafe verhängt, so will es damit verschiedene Ziele erreichen.

Abschreckung: Die Strafe soll auch andere Menschen davor abschrecken, Straftaten zu begehen.

Vergeltung: Jeder, der einem anderen ein Leid zugefügt hat, soll dafür büßen – schon aus Gründen der Gerechtigkeit.

Sühne: Dem Täter soll durch eine Strafe bewusst werden, welchen Schaden er dem Opfer zugefügt hat. Erst dann wird er Reue zeigen und sich gesetzestreu verhalten.

Verhütung weiterer Straftaten: Strafe soll verhindern, dass der Täter noch einmal eine Straftat begeht.

Ca. 60 % aller Jugendlichen werden nach einem Gefängnisaufenthalt wieder straffällig. Deshalb versuchen Fachleute, jugendliche Straftäter möglichst frühzeitig wieder in die Gesellschaft einzugliedern. Das nennt man Resozialisierung. Zwei Möglichkeiten lernt ihr in den folgenden Texten kennen.

Tipp: Die beiden Texte könnt ihr arbeitsteilig bearbeiten.

A Täter-Opfer-Ausgleich

Im Büro des Trierer Vereins „Handschlag" [...] treffen sich Menschen, die normalerweise auf streng entgegengesetzten Seiten zu finden sind: Straftäter und ihre Opfer. [...] Im Strafprozess komme es selten zu einer echten Begegnung von Opfer und Täter, sagt die Diplompsychologin Rita Alexas. [...] Beim Täter-Opfer-Ausgleich ist das anders. Von der förmlichen Entschuldigung über ein gemeinsames Gespräch oder eine praktische „Ausgleichsleistung" bis hin zu Schmerzensgeld für das Opfer ist alles möglich. [...] Die Mitarbeiter des Trierer Vereins „Handschlag" nehmen vorher Kontakt auf und fragen, ob und in welcher Form ein Täter-Opfer-Ausgleich erwünscht ist. Dabei ist die Rentnerin, die „ihren" Dieb zum Straßenfegen vor der Haustür bittet, ebenso schon vorgekommen wie der ehemalige KZ-Häftling, der mit einem jugendlichen Nazi-Parolenschmierer einfach nur reden wollte. Der junge Mann sei nach dem Gespräch „sichtlich beeindruckt nach Hause gegangen", erinnert sich Rita Alexas. Ein Erfolgserlebnis für die Konfliktschlichter [...]. Erkennt der Täter seine Schuld an und zeigt tätige Reue, bleibt ihm bei kleineren Delikten meist das Gerichtsverfahren und eine mögliche Vorstrafe erspart. Kommt es trotzdem zur Hauptverhandlung, kann sich seine Bereitschaft zumindest strafmildernd auswirken.

(Nach: Dieter Lintz, Rechtsfrieden auch ohne Richter, in: Trierischer Volksfreund, 28.07.05)

Täter-Opfer-Ausgleich: Zwei junge Erwachsene, die ein jüdisches Mahnmal beschädigt hatten, unterstützten die jüdische Gemeinde bei Festvorbereitungen. Dadurch blieb ihnen die Bestrafung erspart.

B Erziehung: Anti-Gewalt-Training

Für straffällig gewordene Jugendliche kann es der letzte Ausweg vor dem Gefängnis sein. Doch es ist alles andere als ein Sanatoriums-Aufenthalt – das Anti-Agressions-Training (AAT), ein Instrument der Jugendgerichtshilfe. [...]

„Das ist gut angelegtes Geld", findet eine Sozialbeigeordnete, denn die straffälligen Jugendlichen bekämen in den Kursen die letzte Chance, ihrem Leben eine andere Richtung zu geben, ihre Taten nachzuspüren, zu reflektieren und infrage zu stellen. Das Anti-Aggressions-Training folge der Überlegung, niemand werde kriminell geboren, vielmehr seien jugendliche Kriminelle durch Sozialisationsfehler – durch ein nicht-optimales Elternhaus etwa – so geworden wie sie sind. Im Gegensatz zur Forderung nach härteren Jugendstrafen folge AAT dem Ansatz, dass Arbeit mit den Kindern und Jugendlichen eher zu einer erfolgreichen Resozialisation führe. [...]

„Wir sind gegen Knast. Denn dann haben sie ihr Gesicht verloren und werden es nur schwer schaffen, ins Leben zurückzufinden", sagt auch Anti-Agressions-Trainer Ismail Ünsal. Das Training selber ist Ünsal zufolge kein „Kuschel-Kurs", sondern äußerst anstrengend für die Jugendlichen. „Sie sind nicht glücklich, dass wir da sind", sagt Ünsal. Schließlich werden die mit Gewalttätigkeiten aufgefallenen Jugendlichen beispielsweise auf den „heißen Stuhl" gebeten, auf dem sie „durcheinandergebracht werden", Fragen beantworten müssen, auf dem sie unter Stress stehen. „Wir übertreiben, wir nehmen sie in die Mangel", erläutert Ünsal. Ziel ist es, dass sie die Schauspielerei fallen lassen, die Kontrolle verlieren und ihr „Thema" zum Vorschein kommt. Ünsal: „Da kommen erstaunliche Tatsachen zutage." Beispielsweise Defizite im Elternhaus.

Was wollt ihr von mir? Auf diese Reaktion hat Ünsal eine Antwort: „Wir wollen 30 Sekunden von dir." 30 Sekunden sollen sie nachdenken vor der Gewalttat. Begehen sie sie dann doch, dann wollten sie es so. Da brauchen sie dann auch nicht zu heulen im Knast. „Es ist dann ihre Entscheidung", so Ünsal. [...]

(Aus: Guido Berg, Niemand wird kriminell geboren, in: www.pnn.de, Potsdamer Nachrichten vom 31.01.2008, Zugriff: 08.02.2012)

1. Prüfe, welche Strafziele in Julians Fall (S. 126ff.) im Vordergrund standen.
2. Beschreibe die Maßnahmen, die beim Täter-Opfer-Ausgleich und beim Anti-Agressions-Training ergriffen werden.
3. Wie schätzt ihr die Erfolgschancen der Projekte ein? Diskutiert darüber in der Klasse.

8 Wie soll man auf Straftaten junger Extremisten reagieren? Beispiel: Rechtsextremismus

Straftaten mit rechtsextremem Hintergrund sind besonders menschenverachtend. Sie haben ihren Ursprung in rechtsextremen, rassistischen und ausländerfeindlichen Einstellungen der Täter. Opfer der Taten sind fast immer Unschuldige. Die Tatsache, dass sie eine andere Nationalität, Hautfarbe, Religion haben oder anders aussehen, genügt den Tätern als Motiv. Zahlreiche Fälle in den letzten Jahren zeigen, dass solche Taten auch von Jugendlichen begangen werden – meist in Gruppen, sehr häufig von Jungen, selten von Mädchen.

Die folgenden Fälle haben sich im Abstand weniger Tage im Juni 2012 ereignet.

Fall 1: Rechte Schmierereien an Hauswänden

19. Juni 2012, Berlin. In den vergangenen Tagen tauchten zahlreiche rechte Schmierereien an unterschiedlichen Einrichtungen im Berliner Stadtgebiet auf. An zahlreiche Häuserwände wurden rechte Symbole wie das Kelten- und Hakenkreuz und rechte Schriftzüge gesprüht. Darunter auch „NW Berlin", was für „Nationaler Widerstand Berlin" steht, ein Zusammenschluss von Neonazis, welcher auf seine Internetpräsenz unter anderem sogenannte „Feindeslisten" von politischen Gegnern stellt.

Fall 2: Überfall auf Jugendlichen

9. Juni 2012, Baden-Württemberg. Beim Verteilen von Flugblättern gegen Neonazis wurde in Geislingen ein 16-Jähriger von Neonazis niedergeprügelt. Der 16-Jährige aus Böhmenkirch hatte zunächst in Göppingen Flugblätter verteilt und wurde dabei von vier Personen aus der rechten Szene beobachtet. Fest steht laut polizeilichen Ermittlungen, dass sie ihn angegriffen und geschlagen haben. Weil jedoch mehrere Zeugen dazwischengingen, konnte offenbar Schlimmeres verhindert werden. Der junge Mann erlitt Schürfwunden an linker Hand und Ellbogen und musste zur ambulanten Behandlung in die Klinik gebracht werden.

Fall 3: Neonazis bedrohen Menschen in der Straßenbahn

9. Juni 2012, Sachsen. Eine Gruppe von ca. 15 Leuten beschimpften an einer Straßenbahnhaltestelle drei Menschen mit ausländerfeindlichen Sprüchen und Parolen. Nachdem die Beleidigten in eine Straßenbahn geflüchtet waren, rissen einige der Pöbler eine Tür auf und schlugen auf die Straßenbahn ein. Die alarmierte Polizei konnte 6 der Angreifer festnehmen. Einige von ihnen sind bereits wegen Gewaltdelikten vorbestraft.

Die drei Fälle sind auf der Website der Aktion „Mut gegen rechte Gewalt" dokumentiert. Sie enthält eine Sammlung rechtsextremer Gewalttaten in Deutschland. www.mut-gegen-rechte-gewalt.de, Zugriff: Juni 2012.

1. Untersucht die drei Fälle mithilfe der folgenden Vorgaben:

A Die Täter
- Was haben sie getan?
- Welche Fragen würdest du ihnen stellen?
- Was sollte man mit ihnen tun?

B Die Opfer
- Was wurde ihnen angetan?
- Welche Folgen hat die Tat für sie?
- Wie kann ihnen geholfen werden?

Was tun im Umgang mit rechtsradikaler Jugendkriminalität?

Hier werden einige Maßnahmen vorgestellt, die von Politikern, Parteien, Wissenschaftlern, Sozialarbeitern und anderen Personen in die Diskussion eingebracht werden. Wie wirkungsvoll können sie sein? Welche Erfolge kann man sich davon versprechen?

Tipp: Die Vorschläge können in Gruppen bearbeitet werden. Dabei sollten sich die Gruppen auf zwei oder drei Vorschläge einigen, die sie für besonders wirksam halten, ihre Entscheidung begründen und im Anschluss an die Gruppenarbeit vor der Klasse präsentieren.

Vorschlag 1 Konsequente Strafverfolgung

Rechtsextreme Gewalttaten müssen mit der Härte des Gesetzes bestraft werden, auch mit Gefängnisstrafen. Dieser Grundsatz muss auch für Jugendliche gelten, weil sie so lernen können, die Schwere ihrer Taten einzusehen und weil nur so die Gesellschaft vor diesen Kriminellen wirkungsvoll geschützt werden kann.

Vorschlag 2 Täter-Opfer-Ausgleich

Rechtsradikale Jugendliche, die Menschen verletzt haben, müssen gezwungen werden, sich mit den Opfern zusammenzusetzen. So können sie lernen, im Opfer den Mitmenschen zu sehen, Mitleid zu entwickeln und Verantwortung für ihre Taten zu übernehmen. Gemeinsam mit den Opfern müssen sie dann überlegen, wie sie ihren Schaden wiedergutmachen können.

Vorschlag 3 Aufklärung über die Verbrechen des Nationalsozialismus

Viele Jugendliche, die rechtsradikale Parolen verbreiten, wissen gar nicht, worüber sie reden. Man muss sie über die tatsächlichen Verbrechen der Nationalsozialisten informieren und über das Leid, das die Nazis den Menschen angetan haben. Auffällig gewordene Jugendliche sollten zur Teilnahme an entsprechenden Veranstaltungen verpflichtet werden.

Vorschlag 4 Stärkung der Zivilcourage

Rechtsradikale Gewalttäter haben mehr Chancen, ihre Verbrechen zu begehen, wenn die Gesellschaft vor den Gefahren die Augen verschließt. Wachsamkeit ist ein wirksames Mittel zur Verhinderung von und Vorbeugung vor rechtsradikaler Gewalt. Niemand sollte achtlos daran vorübergehen, wenn in und außerhalb der eigenen Schule rechtsradikale und ausländerfeindliche Parolen in Tische geritzt und an Wände geschmiert werden.

Vorschlag 5 Sozialtraining in der Schule

Jugendliche, die zu gewaltsamem Verhalten neigen, können in speziell dafür entworfenen Trainingsprogrammen gewaltfreies Verhalten lernen. In Rollenspielen können sie sich zum Beispiel darin üben, auf konfliktreiche Situationen erst nach einer Nachdenkzeit zu reagieren und dabei ihren Verstand und nicht ihre Fäuste zu bemühen.

Vorschlag 6 Elternarbeit

Rechtsradikale Gewalt beginnt in nahezu allen untersuchten Fällen mit Problemen in der Familie. Eltern auffällig gewordener Jugendlicher können zur Teilnahme an Erziehungsseminaren verpflichtet werden. Diskutiert wird auch, ob man ihnen das Kindergeld streichen soll für den Fall, dass sie der Aufforderung zur Teilnahme nicht nachkommen.

1. Welche der Vorschläge haben eher vorbeugenden (präventiven) Charakter und welche sind eher nach erfolgter Straftat wirksam?
2. Seht ihr eine Möglichkeit, wie man verschiedene Vorschläge sinnvoll miteinander kombinieren kann?
3. Wie lautet insgesamt eure Antwort auf die Frage in der Überschrift dieser Seite? Formuliert sie und tauscht euch in der Klasse darüber aus.

Wir Jugendlichen und das Recht

Station 1 Wozu brauchen wir das Recht?

Im Wilden Westen in Amerika galt das Faustrecht: Es gab in vielen Gegenden keine Polizei und auch keine Gerichte. Jeder musste sein Recht selbst durchsetzen.

a) Einmal angenommen, dass auch in Deutschland das Faustrecht gilt: Beschreibe mindestens zwei Auswirkungen auf das Leben der Bevölkerung.

b) Erkläre, welche Bedeutung Gesetze in einem Rechtsstaat wie Deutschland haben.

Station 2 Warum gelten für Jugendliche besondere Gesetze?

Markus hat in seinem Heft folgende Tabelle erstellt. Dabei hat er wohl vergessen, die rechte Spalte auszufüllen.

Rechte und Pflichten	Ab welchem Alter gilt das?
Ich darf eine Gaststätte besuchen.	?
Ich kann aus der Kirche austreten.	
Ich bin voll geschäftsfähig.	
Ich kann mich als Kandidat für eine Gemeinderatswahl aufstellen lassen.	?
Ich darf mit Zustimmung meiner Eltern heiraten.	?
Ich darf den Roller-Führerschein machen.	

Station 3 Recht im Alltag: Muss Franziska den Roller zurückgeben?

Streit um eine Vereinsflagge

Franka ist wütend auf ihre Eltern. Da sie großer Fußballfan ist, hat sie nach dem letzten Spiel ihrer Lieblingsmannschaft im Fanshop für 25 Euro eine Vereinsflagge gekauft. Ihrer Freundin Jasim erzählt sie: „Stell dir vor, mein Vater verlangt nun, dass ich die Flagge zurückgebe, weil sie völlig überteuert ist. Das Ganze habe ich mit meinen eigenen Ersparnissen aus dem Taschengeld bezahlt. Deshalb darf ich die Flagge behalten, ob es meinem Vater passt oder nicht." Jasmin ist anderer Meinung: „Da bleibt dir wohl nichts anderes übrig, als deinem Vater zu gehorchen. Schließlich bist du noch nicht volljährig." Wer von beiden hat Recht?

Franka hat Recht, weil …
Jasmin hat Recht, weil …

Station 4 Gekauft ist gekauft: Ist das immer rechtens?

Doppelte Handytasche

Steffen und Tim freuen sich aufs Wochenende. Die beiden sind bei ihrer Freundin Jule zum Geburtstag eingeladen. Als Geschenk wollen sie Jule eine Handytasche kaufen. Nachmittags treffen sie sich in der Stadt zur Schnäppchenjagd. Tim zieht aus einem Stapel reduzierter Waren eine Tasche hervor. „Super, die sieht gut aus und ist von 16,99 Euro auf 9,99 Euro reduziert. Die nehmen wir." Zu ihrer Enttäuschung sind sie auf dem Geburtstag nicht die Einzigen, die auf diese Idee kamen. „Kein Problem, wir gehen einfach in das Geschäft und lassen uns das Geld zurückgeben", schlägt Steffen vor.
Können Steffen und Tim den Kauf rückgängig machen?

Ja, weil …
Nein, weil …

Station 5 Warum werden Jugendliche kriminell?

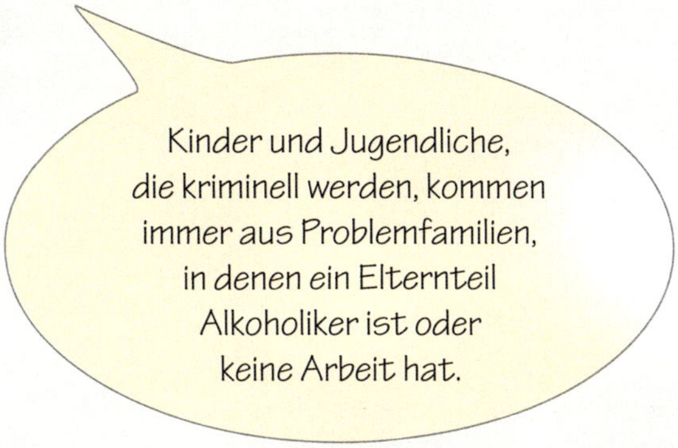

Nimm Stellung zu dieser Aussage und begründe dein Urteil.

Station 6 Jugendliche vor Gericht

Einmal angenommen, Julian möchte sich vor seinem Prozess über die Rechte von Angeklagten informieren. Kannst du ihm die folgenden Artikel im Grundgesetz in eigenen Worten so erklären, dass er sie versteht?

Artikel 103 Anspruch auf rechtliches Gehör, Verbot rückwirkender Strafgesetze und der Doppelbestrafung

(1) Vor Gericht hat jedermann Anspruch auf rechtliches Gehör.
(2) Eine Tat kann nur bestraft werden, wenn die Strafbarkeit gesetzlich bestimmt war, bevor die Tat begangen wurde.
(3) Niemand darf wegen derselben Tat aufgrund der allgemeinen Strafgesetze mehrmals bestraft werden.

Station 7 Wie kann man Jugendliche von weiteren Straftaten abhalten?

Erkläre für die drei Beispiele, welchen Sinn Strafe haben soll.

1. Eine Gruppe rechtsextremistischer Jugendlicher verübt in angetrunkenem Zustand einen Brandanschlag auf ein Haus mit türkischen Bewohnern. Ein älterer Mann kommt in den Flammen um.

2. Bruno ist 22 Jahre alt, ohne Schulabschluss und seit mehreren Monaten arbeitslos. Von einigen Freunden lässt er sich zu mehreren Autodiebstählen verleiten. Er war bereits im Alter von siebzehn wegen einer ähnlichen Tat zu einer Jugendstrafe verurteilt worden.

3. Der 20-jährige drogensüchtige Martin hat eine 77-jährige Rentnerin in ihrer Wohnung überfallen, beraubt und schwer verletzt.

Station 8 Wie soll man auf Straftaten jugendlicher Rechtsextremisten reagieren?

Übertrage folgende Sätze in dein Heft und ergänze sie:

Im Umgang mit rechtsextremistischen Straftätern kann man verschiedene Maßnahmen ergreifen.

Zwei präventive Maßnahmen sind: …

Zwei Maßnahmen nach erfolgter Straftat sind: …

Für besonders wirksam halte ich folgende Vorschläge …, weil …

6 Die Bedeutung der Medien

Wie wichtig sind sie für uns und für die Demokratie?

1. Allein nachdenken

An welche Neuigkeiten, die du in der vergangenen Woche durch die Medien erfahren hast, kannst du dich noch gut erinnern?

2. Zu zweit beraten

Welche Neuigkeiten aus den Bereichen Politik und Wirtschaft gehören gerade jetzt zu den Topmeldungen?

3. In der Klasse sammeln

Was sind Themen, bei denen in der Bevölkerung ein großes Interesse nach Information durch die Medien besteht?

Bei der Arbeit an diesem Kapitel könnt ihr …

- herausarbeiten, wie Jugendliche im Alltag die unterschiedlichen Medien nutzen,
- darüber diskutieren, ob Jugendliche zu sorglos im Umgang mit dem Internet sind,
- Regeln für den Umgang mit persönlichen Daten im Internet formulieren,
- die Aufgaben der Medien in der Demokratie und die Bedeutung der Pressefreiheit erläutern,
- darstellen, wie die elektronischen Medien den Alltag, die Politik und die Wirtschaft verändern.

Eigene Schwerpunkte könnt ihr setzen, indem ihr …

- eine PC-gestützte Präsentation zum Thema *Jugend und Medien* erstellt,
- mithilfe einer Internetrecherche herausfindet, in welchen Ländern Pressefreiheit besteht und in welchen die Presse unterdrückt wird,
- zur Frage „Können Fotos lügen?“ ein Thema eurer Wahl bearbeitet.

1 Wir Jugendlichen und die Medien: Was Erwachsene darüber wissen sollten

Der Umgang Jugendlicher mit den Angeboten der Medien ist ein Thema, das für viele Menschen von besonderem Interesse ist. Bei manchen Erwachsenen scheinen Vorurteile zu überwiegen und es fehlt ihnen an gesicherter Information. Um möglichen Fehlurteilen entgegenzuwirken, wechseln wir hier die Perspektive. Nicht ihr werdet von Erwachsenen informiert, sondern ihr informiert die Erwachsenen.

Eine Einstiegsübung für alle
Wie fällt deine spontane Reaktion auf die folgenden Äußerungen von Erwachsenen aus?

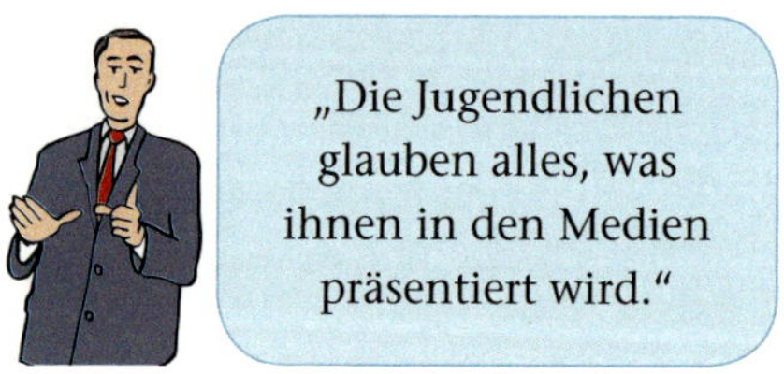

Forschungsergebnisse

Medien und Freizeit

Mediengeräte und Medienangebote sind allgegenwärtig und Teil des Alltags von Jugendlichen. Im Detail betrachtet bedeutet dies, dass neun von zehn Jugendlichen regelmäßig (täglich/mehrmals pro Woche) ein Handy (91 %), das Internet (89 %) nutzen oder fernsehen (89 %, egal über welchen Weg). Etwa vier Fünftel beschäftigen sich mehrmals pro Woche mit einem MP3-Player (83 %) oder einem Radio (78 %), CDs oder Kassetten als weiteres auditives Medium werden hingegen mit 59 Prozent deutlich seltener genutzt. Das Lesen von Büchern (44 %) und Tageszeitungen (42 %) rangiert noch vor der Beschäftigung mit Computer- und Konsolenspielen (34 %). Knapp jeder dritte Jugendliche zwischen 12 und 19 Jahren beschäftigt sich regelmäßig mit Digitalfotografie (31 %). Das Onlineangebot von Tageszeitungen nutzen 18 Prozent bereits regelmäßig, zwölf Prozent nutzen die Internetseiten von Zeitschriften. Sechs Prozent werden selbst als Medienmacher aktiv und produzieren mindestens mehrmals pro Woche Filme oder Videos.

Glaubwürdigkeit der Medien

Welches Vertrauen haben die 12- bis 19-Jährigen in die Berichterstattung der jeweiligen Medien? In der JIM-Studie wurden die Jugendlichen gefragt: *„Stell dir mal vor, du wirst im Radio, im Fernsehen, in Tageszeitungen oder im Internet über ein und dasselbe Ereignis informiert, die Berichte widersprechen sich aber bzw. sind voneinander verschieden. Wem würdest du am ehesten glauben: dem Radio, dem Fernsehen, dem Internet oder der Tageszeitung?"* Auf diese Frage entscheiden sich zwei Fünftel für die Tageszeitung. 29 Prozent vertrauen am ehesten den Meldungen aus dem Fernsehen, ein Sechstel baut auf das Radio und jeder Siebte traut am ehesten den Angaben aus dem Internet.

Fernsehen

Auch im Internetzeitalter hat das Fernsehen einen hohen Stellenwert. Für neun von zehn Jugendlichen ist das Fernsehen eine regelmäßige Freizeitbeschäftigung, 60 Prozent sehen täglich fern. Die subjektive geschätzte Nutzungsdauer pro Tag liegt nach eigener Einschätzung bei 113 Minuten. […] Knapp die Hälfte der Jugendlichen gibt an, sich im Fernsehen regelmäßig Nachrichten anzuschauen. Der bevorzugte Sender für Nachrichten ist hierbei für 19 Prozent das Erste/ARD. An zweiter Stelle folgt RTL (12 %), dann ProSieben mit fünf Prozent und das ZDF mit zwei Prozent. […] Generell ist die regelmäßige

Nutzung von Nachrichten in allen Bildungsgruppen verankert (Gymnasium 47 %, Realschule 45 %, Hauptschule 50 %). Jugendliche mit geringem Bildungshintergrund tendieren jedoch eindeutig zu den Nachrichtenformaten von RTL. Für die regelmäßigen Nutzer von Fernsehnachrichten bleibt das klassische Fernsehprogramm die zentrale Informationsquelle. Zwei Fünftel der Jugendlichen, die regelmäßig eine Nachrichtensendung anschauen, nutzen ergänzend zum Fernsehprogramm Informationen auf der Homepage des Nachrichtensenders, wenn auch die meisten davon nur selten (22 %) oder gelegentlich (16 %).

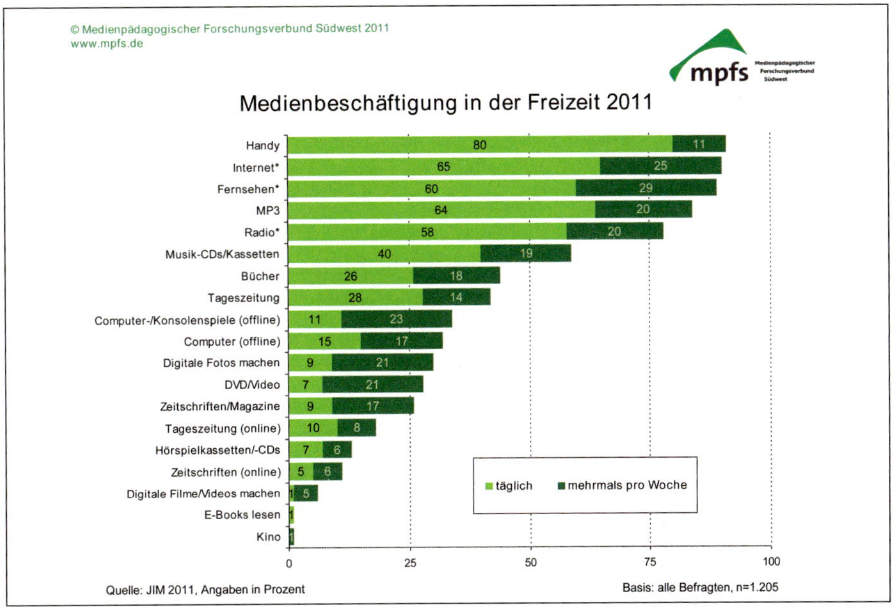

Bücher

Auch im Internetzeitalter mit einer Vielzahl digitaler Angebote zur Information und Unterhaltung bleibt das Buch für Jugendliche eine bedeutende Freizeitbeschäftigung. Für mehr als die Hälfte der Jugendlichen ist es (sehr) wichtig, Bücher zu lesen. Mehr als jedes zweite Mädchen und jeder dritte Junge zwischen 12 und 19 Jahren liest regelmäßig. Der Anteil der jugendlichen Leser ist über die Jahre sehr stabil, entgegen viel geäußerter Befürchtungen hat sich die Entwicklung des Internets nicht negativ auf die Buchnutzung ausgewirkt. Im Gegenteil, die Zuwendung zum Buch konnte sich sogar leicht steigern.

Computer und Internet

Computer und Internet sind für Jugendliche absolute Selbstverständlichkeiten. Jeder Haushalt, in dem junge Menschen zwischen 12 und 19 Jahren aufwachsen, ist mit einem Computer und einem Internetzugang ausgestattet. Vier Fünftel der Jugendlichen haben einen eigenen Computer. [...] Eindeutig die meiste Zeit wird online für Kommunikation, also die Nutzung von Communities, Messengern, Chat und E-Mail, verwendet, diese zentralen Funktionen beanspruchen annähernd die Hälfte der Nutzungszeit (44 %). Ein Viertel der Zeit (24 %) kommt der Unterhaltung zu, also der Nutzung von Musik, Videos oder Bildern. Etwa gleichauf liegen die Anteile für Onlinespiele (16 %) und Informationssuche (15 %). [...]

Informieren sich Jugendliche im Internet, so steht in erster Linie die Nutzung von Suchmaschinen. Vier Fünftel erkunden regelmäßig die Informationsflut des Internets mithilfe von Angeboten wie Google oder Bing. Zwei Fünftel recherchieren in Online-Lexika wie Wikipedia, ebenso viele informieren sich über Themen wie Ausbildung und Beruf. Etwa jeder Vierte nutzt Newsgroups, um sich auf den neuesten Stand zu bringen.

(Alle Auszüge aus: JIM 2011, Jugend, Information, (Multi-) Media, Basisuntersuchung zum Medienumgang 12- bis 19-Jähriger in Deutschland, Hrsg.: Medienpädagogischer Forschungsverbund Südwest, Stuttgart, Nov. 2011, www.mpfs.de)

1. Die Textauszüge enthalten viele Zahlen. Wähle diejenigen davon aus, die du für besonders wichtig hältst, und vergleiche deine Wahl mit der eines Partners.
2. Nachdem ihr euch informiert habt: Wie fallen eure Antworten auf die Äußerungen der Erwachsenen auf der linken Seite aus?
3. In Partnerarbeit könnt ihr dazu ein Interview zwischen einem Erwachsenen und einem Jugendlichen vorbereiten und vor der Klasse präsentieren.

Methodenkarte 9

Die computergestützte Präsentation

Thema: Jugend und Medien

Stellt euch folgende Situation vor:
Ihr habt den Auftrag, für ein erwachsenes Publikum eine Präsentation zum Thema „Wir Jugendliche und die Medien" in Verbindung mit einem Vortrag zu erstellen. Als Informationsgrundlage steht euch das Material auf der vorhergehenden Doppelseite mit Auszügen aus der JIM-Studie 2011 zur Verfügung. Zusätzlich könnt ihr den vollständigen Text der Studie als Grundlage für eure Präsentation verwenden, indem ihr die Studie samt Schaubildern downloaded (Titel der Studie als Suchbegriff bei Google eingeben).
Zur Unterstützung eures Vortrags werdet ihr eine PC-Präsentation erarbeiten. Die Vorbereitung und die Präsentation sollen von Schülerteams erstellt werden.

A Worum geht es bei einer computergesteuerten Präsentation?

Von einer guten Präsentation erwartet das Publikum mittlerweile in der Regel, dass sie computerunterstützt gestaltet wird. PowerPoint hat sich dabei als das Programm zur Herstellung von Folien etabliert, das weltweit am häufigsten zum Einsatz kommt.
Schlecht gemachte PowerPoint-Präsentationen können jeden Vortrag ruinieren. Gut gemachte Präsentationen hingegen helfen dem Publikum, dem Vortrag zu folgen, machen ihn lehrreicher und führen dazu, dass die Kompetenz der Vortragenden hoch bewertet wird.

B Wie macht man das?

Eine Präsentation beginnt immer mit der inhaltlichen Vorbereitung. Aus diesem Grund kann die Gestaltung von Folien nicht am Anfang stehen. Haltet euch an folgende Vorgehensweise:

1. Planung des Vortrags

1.1 Was wollen wir sagen?
1.2 Wie gliedern wir unsere Präsentation?

2. Gestaltung der Folien

2.1 Welche Informationen auf den Folien können unseren Vortrag inhaltlich unterstützen?
2.2 Welche formale Gestaltung der Folien fördert die Aufmerksamkeit des Publikums?

5 Regeln zur wirkungsvollen Foliengestaltung

1. sauberes, einfaches Folienlayout
2. gut lesbare Schrift
3. nur ein Bildelement pro Folie
4. kurze, leicht verständliche Informationen
5. ähnliche Gestaltungsmittel für alle Folien

Wie langweilt man die Zuhörer?

1. zu viele Folien
2. zu viele Spielereien
3. zu viel Text

Die häufigsten Fehler

- Das Computerprogramm bietet zahlreiche Animations- und Spielmöglichkeiten an. Ein ärgerlicher Fehler ist es, wenn die technischen Möglichkeiten in übertriebener Weise genutzt werden. Spielereien lenken vom Inhalt ab.
- Als besonders hinderlich gilt die Verwendung von längerem Fließtext in den Folien. Der Text sollte nur aus kurzen Aussagen bestehen, welche die Vortragenden dann mit eigenen Worten ausführlicher erläutern können.

So geht es gut und schnell

- Einigt euch auf ein durchgängiges Folienlayout.
- Verwendet gut lesbare Schrifttypen. Setzt Farben behutsam ein.
- Verwendet Aufzählungen in Form von kurzen Sätzen.
- Orientiert euch bei der Bestimmung der Textmenge für die Präsentation an der folgenden Faustregel:

Die „3-mal-7-Regel"

- maximal **7** Zeilen pro Folie
- pro Zeile höchstens **7** Wörter
- **7** Folien für eine Kurzpräsentation insgesamt

C Worauf ihr besonders achten solltet

Jedes Foto im Internet ist urheberrechtlich geschützt und darf daher nicht beliebig durch andere Nutzer verwendet werden. Für den Unterricht gilt: Wenn die Präsentation nur innerhalb eurer Klasse gezeigt wird, zählt das nicht als Veröffentlichung. Hierzu dürft ihr Bilder aus dem Internet verwenden. Wenn die Präsentation auf einer Schulveranstaltung gezeigt oder in die Homepage eurer Schule eingestellt wird, gilt diese Freiheit nicht.
Dafür könnt ihr auf legale Art Fotos verwenden, wenn ihr euch aus Internetadressen bedient, in denen Privatleute ihre Fotos ausdrücklich zur kostenlosen Nutzung zur Verfügung stellen. (Die JIM-Studie enthält den Hinweis, dass die Schaubilder verwendet werden dürfen.)

Beispiele zur Foliengestaltung

Präsentation
Wir Jugendliche und die Medien

Ergebnisse der Befragung 12- bis 19-jähriger Jugendlicher in der Studie
Jugend,
Information,
Multi-Media

So kann die erste Folie für eine Präsentation aussehen. Sie enthält nur das Thema und ein Bild. Während ihr noch mit der Vorbereitung beschäftigt seid, betrachten die Zuschauer in Ruhe die Folie. Die Zuhörer werden nun gespannt sein, was ihr im weiteren Verlauf darüber berichten werdet.

Gliederung

1. Welche Medien nutzen Jugendliche in ihrer Freizeit?
2. Welche Medien halten Jugendliche für glaubwürdig?
3. Fernsehgewohnheiten Jugendlicher
4. Computer und Internet
5. Zur Diskussion:
   Facebook auch für Kinder?

In einer zweiten Folie könnt ihr die Gliederung eures Vortrages vorstellen.

3. Welche Medien halten Jugendliche für glaubwürdig?

- 40 % halten Tageszeitungen am ehesten für glaubwürdig.
- Zwischen 12 und 19 Jahren steigt diese Annahme von 34 % auf 43 %.
- 29 % setzen Berichte im Fernsehen auf Platz 1.
- Die geringste Glaubwürdigkeit haben Informationen aus dem Internet (Jungen 16 %, Mädchen 11 %).

Quelle: JIM-Studie 2011, Basis: alle Befragte: n=1.205, Medienpädagogischer Forschungsverbund Südwest, www.mpfs.de

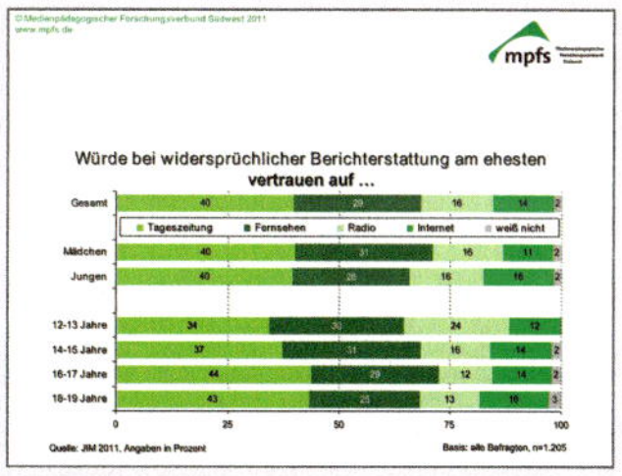

Die JIM-Studie enthält eine Vielzahl an Schaubildern, die für eine nicht kommerzielle Nutzung verwendet werden dürfen. Komplexe Schaubilder sind im Original wenig geeignet für eine Präsentation. Besser ist es, wenn einzelne wichtige Daten daraus ausgewählt werden.

2 Sind wir zu sorglos im Umgang mit dem Internet?

Eine Einstiegsübung für alle
Wie fällt deine spontane Antwort auf die Frage in der Überschrift aus? Formuliere sie und vergleiche sie mit Antworten anderer.

Manche Erwachsene warnen vor einem allzu sorglosen Umgang mit dem Internet. Dabei denken sie vor allem an die sozialen Netzwerke, in denen Jugendliche Gemeinschaften bilden und sich über alle möglichen privaten Dinge austauschen. Jugendliche sehen das Internet überwiegend positiv und meinen dabei im Besonderen das „Web 2.0“. Während ihre Eltern und Großeltern meist noch passiv vor dem Fernseher saßen, sind sie selbst längst zum aktiven Medienproduzenten geworden, stellen Fotos und Nachrichten ins Netz, kommunizieren weltweit. Wie kann man das Internet nutzen, ohne auf die Gefahren hereinzufallen. Darum geht es auf den folgenden Seiten.

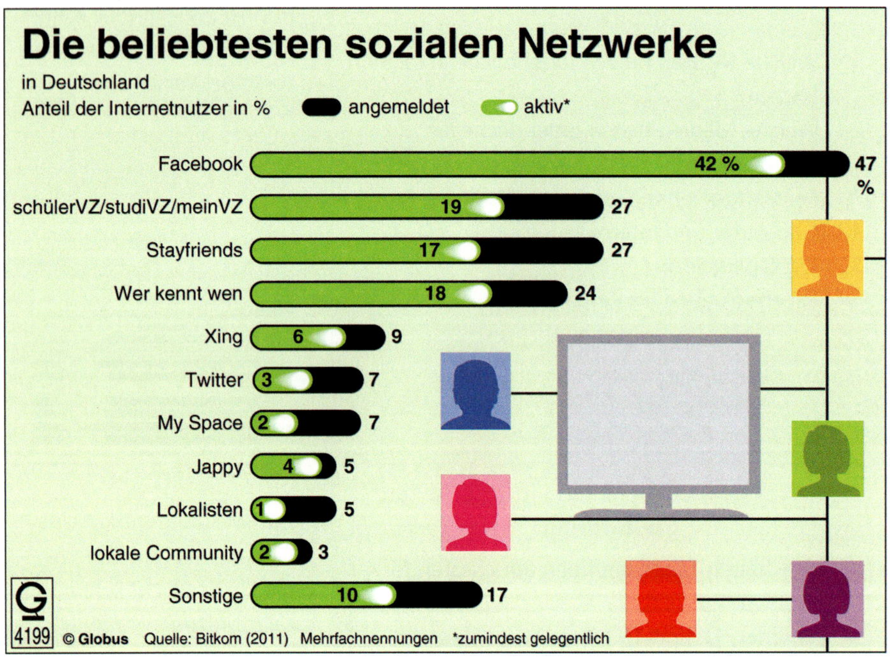

1. Welche der in den Texten genannten Vorteile hältst du für besonders wichtig?
2. Was sagt das Schaubild über die Beliebtheit sozialer Netzwerke aus?
3. Worin seht ihr in der Klasse die Vorteile und die möglichen Nachteile bzw. Gefahren im Umgang mit sozialen Netzwerken? Sammelt gemeinsam.

Erfahrungen Jugendlicher

Meine Lieblingsseite ist schülerVZ. Seitdem ich dort angemeldet bin, versäume ich keinen Geburtstag meiner Freunde und Bekannten. Eine Liste zeigt mir vier Tage vorher, wann es wieder so weit ist. Ich erfahre dort auch, wo ich billige Klamotten, Schminksachen und Schmuc kaufen kann. Alle meine Freunde sind ebenfalls da versammelt und ich kann sehen, was sie gerade machen. Nachteile oder gar Probleme sehe ich eigentlich nicht. (Pia, 14 Jahr

Ich bin seit anderthalb Jahren bei schülerVZ. Freunde von mir haben mich angemeldet. Jetzt halte ich dort den Kontakt zu allen, die ich kenne. Ich kanr auch Freunde adden, also hinzufügen. Ic weiß, dass sich viele Erwachsene Sorgen machen, wenn z. B. private Bilder eingestellt werden oder wenn man zu viele Daten eingibt, die dann von irgendwelchen Typen missbraucht werden. Ich seh die Gefahr aber nicht so. (Sami, 15 Jahr

Für mich ist Facebook das Kommunikationsmittel Nummer 1, weil sich dort etwa 95 % meines Freundeskreises trifft un kommuniziert, egal zu welcher Tageszeit und immer kostenlos. Man kann zum Beispiel auch lustige Fotos, die geschossen wurden, „online stellen“ und auch hier kann jeder seinen Kommentar dazu abgeben, was meistens sehr viel Spaß bereitet. Klar gibt jeder sehr viel von sich selbst preis, aber meiner Meinung nach sollte dies jeder selbst für sich entscheiden. Zu einer Gefahr wird dies eventuell für Kinder oder jüngere Teenager, weil diese sich oft den Gefahren nicht bewuss sind und zu leichtfertig mit ihren Daten umgehen. (Florian R. Auszubildender, 20 Jahr

Datenschutz

1. Erkläre, was man unter Datenschutz versteht und welche Verpflichtung der Staat übernommen hat.
2. Erkläre jemandem, der jünger ist als du, warum ein verantwortungsbewusster Umgang mit Daten wichtig ist.
3. Entwirf ein Plakat, das auf den Datenschutz im Internet aufmerksam macht und wichtige Regeln enthält.

Datenschutz: Was bedeutet das?

Persönliche Daten sind Informationen, die unabänderlich mit deinem Leben verbunden sind. Dazu gehören dein Alter, deine Adresse, Angaben über deine Familie, deine Schulbildung usw. Alle persönlichen Daten gehören zu dir und sie gehören dir und wie alles, was einem gehört, sollte man sich gut überlegen, mit wem man diese Informationen teilt. In der Schule müssen zu Verwaltungszwecken einige Daten von dir gespeichert werden. Dabei kannst du davon ausgehen, dass sie vertraulich behandelt und keinesfalls an Unbefugte weitergegeben werden. Im Internet gibt es diese Garantie nicht. Hier könnten Daten missbraucht werden, wenn sie in falsche Hände geraten. Datenschutz hat die Aufgabe, jeden Einzelnen vor einem Missbrauch personenbezogener Daten zu schützen. Dieser Schutz ist ein Grundrecht in Deutschland. Der Staat übernimmt damit die Aufgabe, die Menschen im Land vor Datenmissbrauch zu schützen. Er kann das aber nur begrenzt, weil auch jeder Einzelne für den Schutz seiner persönlichen Daten selbst verantwortlich ist.

Gefahren des Missbrauchs im Netz

In Internet-Plattformen breiten Jugendliche und Erwachsene ihr Leben aus, stellen private Fotos ins Netz, plaudern über Hobbys und andere private Vorlieben. Wer sich einmal mit vielen Informationen im Internet präsentiert, kann das nicht wieder rückgängig machen. Das Netz vergisst nichts und daher ist nirgendwo sonst die Gefahr so groß, dass Daten missbraucht werden. Missbrauch liegt vor, wenn Unbefugte sich Daten besorgen und sie für einen gänzlich anderen Zweck als den vom Absender gemeinten verwenden. Dazu das folgende Beispiel:
„Du meldest dich bei diversen Internet-Foren und Communities mit Foto an, chattest nebenher noch und überall benutzt du denselben Namen, so wie sebastianmeier13. Die Leute haben überraschenderweise schnell raus, dass du vielleicht Sebastian Meier heißt und 13 Jahre alt bist, dazu haben sie wahrscheinlich auch noch ein Foto von dir. Nebenbei erzählst du, dass du am Wochenende bei dir in der Turmstraße in Bocholt auf einem Straßenfest warst. Prompt weiß man, wo du wohnst. Wenn du jetzt noch einem netten Zeitgenossen erzählst, dass du traurig bist, dass du zwar mit deinen Eltern, aber ohne euren neuen Flachbildfernseher in Urlaub fährst, ist genau der vielleicht weg, wenn ihr nach drei Wochen Spanien wiederkommt. Das mag ein Extrembeispiel sein, aber so läuft das mit den Daten im Internet."

(Aus: Datenspuren im Net, in: blinde-kuh.de, gefördert vom Bundesministerium für Familie, Senioren, Frauen und Jugend, letzter Zugriff 02.06.2011)

Wichtige Regeln

- Deine Daten gehören dir. Gehe verantwortlich damit um.
- Gib Telefonnummer und Adresse nur an Leute weiter, die du auch im realen Leben kennst.
- Wähle keine zu einfachen Passwörter. Wechsle sie von Zeit zu Zeit.
- Sei vorsichtig mit der Teilnahme an Gewinnspielen. Meist geht es nur darum, deine Daten zu erhalten, um dich dann mit Werbung zu belästigen.
- Verrate nichts, was man negativ auslegen kann. Vier von fünf Unternehmen schauen bei schülerVZ und Facebook und anderen Communities nach, was Bewerber um Ausbildungsplätze im Internet über sich preisgeben.

Diskussion:
Schätzen Jugendliche die Gefahren sozialer Netzwerke richtig ein?

Nein, Jugendliche sind oft zu sorglos im Internet unterwegs!

Viele Jugendliche scheinen sich kaum Gedanken darüber zu machen, was sie im weltweiten Netz preisgeben. Kriminelle haben es damit leicht, Opfer zu finden. Laut den jüngsten Umfragen nutzen 90 Prozent aller Kinder und Jugendlichen das Internet – vor allem zu virtuellen Treffen mit Freunden, etwa bei Facebook. Einer Umfrage zufolge gibt ein Drittel der Jugendlichen dabei neben der E-Mail-Adresse den Wohnort an, vier Prozent nennen sogar ihre vollständige Adresse. 18 Prozent sagen, sie seien über das Internet belästigt und beleidigt worden, fünf Prozent geben an, von Erwachsenen sexuell angemacht worden zu sein.

Datenschützer warnen daher vor einem zu sorglosen Umgang mit dem Internet. Die einfachere Handhabung von Computern und Handys führe bei vielen zur Illusion, diese Geräte quasi gedankenlos bedienen zu können, heißt es im aktuellen Tätigkeitsbericht des Landesdatenschutzbeauftragten. Der informationstechnische Fortschritt produziere den uninformierten und unmündigen Verbraucher und Internetnutzer, warnt Datenschützer Edgar Wagner.

(Aus: Trierischer Volksfreund vom 8. Februar 2011, Seite 1, verf. von Bernd Wientjes)

Ja, sie kennen die Probleme und sind sich der Gefahren bewusst!

Eltern wird ganz mulmig, wenn sie daran denken, was ihren Kindern im Internet drohen kann. Aber die Sorgen sind oft unbegründet. Eine neue Studie hat ergeben, dass die Jugendlichen sehr wohl wissen, wie sie sich im Internet verhalten müssen. Zu diesem Ergebnis kommt die JIM-Studie 2011 des Medienpädagogischen Forschungsverbundes Südwest. Untersucht wurde, wie die 12- bis 19-Jährigen mit Medien umgehen.

„Jugendliche sind sehr viel vorsichtiger geworden, wenn es darum geht, private Daten ins Netz zu stellen. Sie kennen die Problemfelder und wissen sich durch die Einstellung von Privatsphäre-Optionen auch gut zu schützen“, sagt Sozialwissenschaftler Thomas Rathgeb. Gefahr würden Jugendliche eher in Abzock- oder Betrugsversuchen sehen oder in Cybermobbing, sagt der Forscher, „aber sie sind sensibilisiert, haben die Probleme wahrgenommen und vertreten einen entschiedenen Standpunkt dazu“. […] Die 14-jährige Lea aus Berlin ist da keine Ausnahme. Mindestens zwei Stunden am Tag chattet sie mit Freunden über ihren Facebook-Account. Ihre Privatsphäre hat sie geschützt. „Man will ja nicht, dass jeder lesen kann, was man gerade so macht“, sagt sie.

(Aus: Carolin Brühl, in Berliner Morgenpost vom 27. Nov. 2010, im Internet unter www.morgenpost.de, letzter Zugriff 20. Juni 2011)

4. Arbeitet aus den beiden Stellungnahmen die Ja- und Nein-Antworten zur Diskussionsfrage heraus.
5. Formuliert eure eigene begründete Stellungnahme.
6. Stellt sie in der Klasse vor und diskutiert miteinander.

Was auch noch interessant sein kann:

- Mitschüler aus anderen Klassen über ihren Umgang mit sozialen Netzwerken und deren Einschätzung der Vor- und Nachteile befragen,
- Eltern und andere Erwachsene zum Thema interviewen,
- einen eigenen Zeitungskommentar verfassen,
- einen Dialog zwischen besorgten Eltern und jugendlichen Netzwerk-Usern einstudieren und der Klasse vorspielen.

Wir suchen die „vier goldenen Regeln“ für den vernünftigen Umgang mit dem Internet

Über die folgenden Fälle solltet ihr nach einer stillen Lesephase in Gruppen beraten. Geht sie der Reihe nach durch und sucht nach vier Regeln zur Abwehr von Gefahren im Netz. Einigt euch im Anschluss an die Arbeit in Gruppen in der Klasse auf die besten Regelformulierungen. Übertragt diese auf ein Plakat, das man öffentlich präsentieren kann.

Heftig verlief die Diskussion in der 8 a. Julia war der Meinung, man solle mindestens einen Tag in der Woche den Computer völlig ausgeschaltet lassen, besser sogar zwei oder drei Tage. Muris meinte, ein bis zwei Stunden täglich online zu gehen, das wäre schon o. k. Dominik vertrat die Ansicht, dass es auch vier oder fünf Stunden sein dürften.

1 Unsere Regel zum Thema: Wie viel Zeit im Netz ist vernünftig, ab wann wird's gefährlich?

Supertoll findet Miriam den Bikini, den sie sich mit dem Geld gekauft hat, das sie von ihrer Oma zum Geburtstag bekommen hat. Jetzt kann die Freibadsaison losgehen. Ein bisschen sehr knapp und gewagt kommt ihr das schicke Stück aber schon vor. Am besten, sie macht ein Foto von sich, stellt es über die Internet-Kontaktbörse ins Netz und lässt sich von ihren Freundinnen modisch beraten.

2 Unsere Regel zum Thema: Fotos von mir im Internet

Maurice und Alexander haben sich heftig über ihre Klassenkameradin Mareike geärgert, weil diese die beiden nicht zu ihrer Geburtstagsfete eingeladen hat. Jetzt wollen sie ihrem Ärger im Chatroom ordentlich Luft machen: „Mareike ist eine ganz blöde Zicke!“ Das wird noch der harmloseste Spruch sein, den sie ins Netz stellen wollen, natürlich unter falschen Namensangaben.

3 Unsere Regel zum Thema: Beschimpfungen im Netz

Einen netten Typen hat Olga da im Chatroom kennengelernt. Richtig gut hat sie sich online mit ihm angefreundet. Jetzt hat er ein Treffen vorgeschlagen. Vorher will er noch gerne wissen, welche Konfektionsgröße Olga hat. Sie solle das doch schnell per Mail mitteilen. Angedeutet hat er auch, dass er diese Info für ein Geschenk benötige, mit dem er Olga beim ersten Treffen überraschen wolle. Olga ist schon ganz aufgeregt.

4 Unsere Regel zum Thema: Preisgabe persönlicher Daten im Netz

3 Wie glaubwürdig können Medienberichte sein?

Angenommen, dass …

Zwei Auslandskorrespondenten berichten vom gleichen Ereignis und übermitteln ihre Berichte an ihre Nachrichtenagenturen. Legt zwischen dem Vorlesen des ersten und des zweiten Berichtes eine Pause ein. Überlegt, welche Wirkung Text und Foto auslösen, wenn man den zweiten Bericht nicht kennt.

1 Guten Abend, meine Damen und Herren! Ich stehe am frühen Abend dieses verregneten 4. Dezember am Rande des Roten Platzes in Moskau. Heute finden die Wahlen zur Duma statt, dem russischen Parlament. Eine riesige Menge vornehmlich junger Menschen hat sich hier versammelt, um gegen die herrschende Regierungspartei zu demonstrieren. Sie werfen der Staatspartei Vereintes Russland massive Wahlmanipulationen vor. Offensichtlich ist der Staatsmacht jedes Mittel recht, um den drohenden Machtverlust zu verhindern. Die Stimmung ist insgesamt äußerst bedrohlich, doch das hält die Protestierenden nicht davon ab, ihren Protest gegen die Regierung lauthals herauszuschreien. Sie fürchten sich auch nicht vor dem massiven Aufgebot an schwer bewaffneten Polizisten, die mit ihren Stiefeln in den Pfützen stehen und von deren Kalaschnikows das Regenwasser tropft.

(M.W.)

2 Guten Abend, meine Damen und Herren! Viele Beobachter der politischen Szene in Russland haben dem Wahltag zum russischen Parlament mit Sorge entgegengesehen. Man fürchtete massive Proteste aus Wut gegenüber Wahlmanipulationen durch die Staatspartei Vereintes Russland. Zwar gibt es vereinzelte Proteste, doch insgesamt bietet sich dem Beobachter ein eher friedliches Bild. Tausende von jungen Leuten haben es sich nicht nehmen lassen, hier auf dem stimmungsvoll beleuchteten Roten Platz einen weiteren Schritt hin zu einer freiheitlichen Demokratie zu feiern. Viele drängt es offensichtlich danach, ihrer Freude über diese demokratische Wahl mit lauter Stimme Ausdruck zu verleihen. Das bunte Treiben auf dem Platz wird von einem disziplinierten Polizeiaufgebot bewacht, das sich in bemerkenswerter Weise zurückhaltend verhält.

(W.M.)

1. Welchen Eindruck vom geschilderten Ereignis nimmt ein Leser oder Zuschauer mit, der entweder nur Bericht 1 oder nur Bericht 2 liest?
2. Passt das Bild nur zum Bericht 1, nur zum Bericht 2 oder zu beiden?*
3. Was sind die unwiderlegbaren Tatsachen in beiden Berichten, was sind subjektive und wertende Aussagen der Korrespondenten? Übernehmt die Tabelle rechts und füllt sie aus.
4. Zwei Beiträge aus einer Diskussion: Wie seht ihr die Wirkung?

Auf mich wirken beide Berichte glaubwürdig, weil die Berichterstatter das wiedergeben, was sie wirklich glauben.

Da die beiden Berichte sich widersprechen, sind beide unglaubwürdig und haben mit der Wahrheit nichts zu tun.

*Das Foto wurde von der Deutschen Presseagentur veröffentlicht. Es zeigt Mitglieder der Staatspartei, die ihren Wahlsieg feiern.

	Bericht 1	Bericht 2
Fakten		
Meinungen		

Können Fotos lügen?

Der Karlsruher Philosoph Boris Groys über den Skandal um ein gefälschtes Kriegsfoto und die Glaubwürdigkeit der Medien:

Am 5. August 2006 veröffentlichte die Nachrichtenagentur Reuters ein Foto, das eine Explosion in einem Wohnviertel von Beirut zeigt. Das Bild wurde nach einem israelischen Luftangriff aufgenommen. In den folgenden Tagen druckten Zeitungen in aller Welt das Foto nach – als Beleg für ein unverhältnismäßig hartes Vorgehen der israelischen Armee gegen die libanesische Zivilbevölkerung. Es stellte sich jedoch heraus, dass das Foto nicht authentisch ist. Der Reuters-Fotograf hatte es digital nachbearbeitet. Der Fotograf A. H. wurde inzwischen von Reuters entlassen. […]

Welt am Sonntag: Halten Sie die Aufregung um das manipulierte Kriegsbild für berechtigt?

Boris Groys: Ich halte das für übertrieben und eigentlich irreführend. Über das Reuters-Bild wird immer wieder gesagt, es sei falsch, weil es zusätzlich digital bearbeitet wurde. Aber wie kann man sagen, dass ein Foto falsch ist, wenn es ein wahres Ereignis darstellt – die Attacke der israelischen Luftwaffe auf die libanesischen Städte. Das Foto wäre in der Tat falsch, wenn eine solche Attacke nicht stattgefunden hätte, wenn die ganzen Bombenexplosionen dazugedichtet würden. Das ist aber nicht der Fall. Die Bombardierungen haben stattgefunden, und in diesem Sinne ist das Foto vollkommen korrekt.

(Aus: Von der Fotografie darf niemand erwarten, dass sie abbildet, was war, in: Welt am Sonntag Nr. 33 vom 13. August 2006, S. 52; das Gespräch führte Susanne Kirsch)

Richtig und gefälscht: Die Rauchwolken in der Fälschung (links) haben eine unnatürliche Form.

Worauf sollte man achten?

Eine Kamera kann die Wirklichkeit nie so abbilden, wie sie ist. Wir erleben sie immer medial vermittelt und schauen sozusagen aus dem Blickwinkel von anderen Menschen, welche die Bilder so fotografiert oder ausgewählt oder zusammengestellt haben. Um ein Bild wirklich zu verstehen, müsste man immer nach seiner Entstehung, seinen Gestaltungsmitteln und seiner beabsichtigten Wirkung fragen. Drei Fragen sind dabei besonders bedeutsam:

- Unter welchen Bedingungen sind die Bilder entstanden?
- Welche Gestaltungsmittel sind darin zu erkennen?
- Welche Wirkungsabsicht wird angestrebt?

Natürlich können wir diese Fragen zum Bildverständnis nicht für alle in Zeitungen abgedruckten Fotos beantworten. Es ist aber schon eine Hilfe zum besseren Bildverständnis, wenn man darauf achtet, dass diese Fragen bedeutsam sind.

1. Wie begründet Boris Groys, dass er die Veröffentlichung eines bearbeiten Kriegsbildes für vertretbar hält?
2. Fasse zusammen, worauf man achten sollte, damit man Fotos in den Medien nicht falsch versteht.
3. Veröffentlichte Fotos haben bei vielen Menschen immer noch einen hohen Glaubwürdigkeitswert, schließlich hat man etwas mit eigenen Augen gesehen. Wie überzeugst du jemanden davon, dass auch ein Foto nicht die Wirklichkeit zeigt, wie sie objektiv ist?
4. Die Redaktion der Tageszeitung „taz“ hat vorgeschlagen, alle bearbeiteten Fotos in Zeitungen und Zeitschriften sollten mit einem **M** für Manipulation gekennzeichnet werden. Andere Zeitungsmacher wehren sich dagegen, weil sie meinen, dass Leserinnen und Leser diese Belehrung nicht bräuchten. Wie würdest du entscheiden? Wie deine übrigen Klassenkameraden?

Verführerische Bilderwelten

Wähle dein Thema!

Auf den folgenden beiden Doppelseiten werden zwei Themen zur Auswahl vorgestellt. Sie lassen sich in einer Unterrichtsstunde bearbeiten, wenn ihr euch die Bearbeitung teilt. Jede und jeder von euch wählt zwischen Thema 1 und 2 nach persönlichem Interesse aus, beantwortet die Arbeitsaufträge dazu und ist dann in der Lage, seine Ergebnisse vorzustellen.

Wahlthema 1:

„Aber das Fernsehen zeigt doch immer die echte Wirklichkeit, oder?“

Gigantisches Feuerwerk in Peking ...

Der Fall: Fernsehen zeigt größte Show der Welt

Ein gigantisches Feuerwerk eröffnete die Olympischen Spiele in Peking im Sommer 2008. Weltweit saßen über eine Milliarde Zuschauer vor den Bildschirmen. Jetzt gestand ein TV-Mitarbeiter der chinesischen Fernsehproduktion: Die Fernsehbilder waren manipuliert. Mit einem nie da gewesenen Spektakel verblüffte die Pekinger Olympiaeröffnungsfeier Fernsehzuschauer und Kritiker.
„Fantastisch – zu fantastisch“ fand das die italienische Tageszeitung „La Repubblica“ und der britische „Independent“ bekannte: „Es ist schwer, wenn nicht unmöglich zu bestreiten: Das war die größte Show, die die Welt je gesehen hat.“
Dass sich die staatlichen chinesischen Medien vor Lob überschlugen, versteht sich von selbst. „Diese außergewöhnliche Nacht in Peking wird zu einem wichtigen Kapitel in der Geschichte der zivilisierten Welt werden“, brachte die „People’s Daily“ die Stimmung im Land auf den Punkt. […]
Jetzt fand die Zeitung „Beijing Shibao“ doch noch das Haar in der Suppe: Das Feuerwerk, diese Kunstform mit so großer Tradition in China, war gefälscht. Zumindest ein Teil davon. Ein Angestellter der Video-Produktionsfirma „Shui Jing Shi“ gab gegenüber dem Blatt zu, dass man einen Teil der spektakulären Feuerwerke zuvor aufgezeichnet und in die weltweiten Live-Übertragungen eingespielt habe. Mit verschiedenen Tricks, wie der Zublendung von Nebel, seien die von Juni 2007 bis Juli 2008 entstandenen Aufnahmen manipuliert worden.
„Wenn ich es mir heute anschaue, war das Video ein wenig heller als die echten Aufnahmen“, gab der Mitarbeiter zu. „Aber die meisten Zuschauer dachten, es sei echt – damit hat unsere Arbeit ihren Zweck erfüllt.“

(Aus: Stephan Orth: TV-Mitarbeiter gesteht Manipulation von Live-Bildern, in Spiegel ONLINE, Artikel vom 10. August 2008, letzter Zugriff 03. 08.2012)

Hintergründe: Virtuelle Bilderwelten

Nicht existierende Landschaften

Für das Fernsehen lassen sich Bilder erfinden, die nur in der virtuellen, das heißt in der künstlichen Welt der Bildschirme existieren. Virtuelle Bilder wirken echt, das Gezeigte existiert aber „in echt" nicht. In den Nachrichtensendungen werden sie zum Beispiel mithilfe einer Blue Box erzeugt. Die Sprecher im Studio stehen in einem blauen Raum wie in einem blauen Kasten und verlesen ihren Text. Computertechnik fügt Landschaften oder Karten in das Bild hinein.

„Stimmt, hab' ich in den Nachrichten gesehen!"

Wenn eine Nachricht im Fernsehen gezeigt wird, denken aber viele Menschen, dass sich das Ereignis genauso zugetragen hat, wie es im Fernsehen gezeigt wird. Das haben Umfragen ergeben. „Bilder können nicht lügen", denken immer noch viele Fernsehzuschauer. Richtig ist, dass die Redakteure einer Nachrichtensendung dazu verpflichtet sind, die Menschen so wahrheitsgetreu wie möglich zu informieren. Man kann annehmen, dass die meisten von ihnen diese Verpflichtung erfüllen wollen. Andererseits gilt beim Fernsehen das eiserne Prinzip, dass man nur berichten kann, was sich auch mit Bildern zeigen lässt. Die Zuschauer erwarten auch, dass die Bilder nicht langweilig, sondern interessant sind. Also übertreibt man leicht ein bisschen. Um der Nachricht über Staus auf den Autobahnen am Beginn der Schulferien besondere „Würze" zu geben, kann man Bilder von endlosen Blechlawinen einspielen, gestresste Autofahrer in Nahaufnahmen, weinende Babys. Gibt es zu einer Nachricht keine Bilder, die den Text anschaulich machen (zum Beispiel bei einem Text über die Entwicklung der Arbeitslosigkeit), so müssen sie erfunden werden. Veränderungen und Erfindungen von Bildern sind aber für Computer kein Problem mehr.

Menschen, die die Möglichkeiten zur Erschaffung einer künstlichen Bilderwelt im Fernsehen nicht erkennen, glauben leicht, dass die Wirklichkeit hinter dem Bildschirm der tatsächlichen Wirklichkeit entspricht. Damit sind sie manipulierbar. Unter Manipulation versteht man eine bewusst herbeigeführte Form der Beeinflussung von Meinungen, von der die davon Betroffenen nichts merken. Angenommen zum Beispiel, ein Fernsehmacher wollte erwachsenen Zuschauern die Meinung vermitteln, die Jugendlichen von heute würden zu viel feiern, rauchen und Alkohol trinken, so kann er ausschließlich Bilder von feiernden, trinkenden und rauchenden Jugendlichen zeigen. Er wiederholt sie am besten so oft wie möglich.

So kannst du deine Arbeitsergebnisse vorstellen:

1. Berichte von der „größten Show der Welt". Was haben mehr als eine Milliarde Zuschauer gesehen und geglaubt?
2. „Die meisten Zuschauer dachten, es sei echt – damit hat unsere Arbeit ihren Zweck erfüllt", sagte der chinesische TV-Mitarbeiter. Kann man Verständnis für diese Ansicht haben oder nicht? Erfrage die Meinungen deiner Klassenkameraden.
3. Wie kann man allzu gutgläubige Fernsehzuschauer davon überzeugen, dass nicht alle Bilder im Fernsehen die reale Welt zeigen? Sammle dazu Vorschläge in der Klasse.

Tipp: Rollenspiel: Suche dir eine Partnerin/einen Partner. Übt gemeinsam ein Gespräch mit einer Person ein, die begeistert vom Feuerwerk in Peking war und die alles glaubt, was man im Fernsehen sieht.

Wahlthema 2: Internetmeldungen: Sensationelle Fotos und Nachrichten im Netz – Wer glaubt denn so was?

Dieses Foto machte im Internet weltweit die Runde.

Riesenkatze findet neue Heimat und Tierquäler züchten Katzen in Flaschen

Die Zeitschrift Computerwoche berichtete von einer Nachricht, die weltweit für Aufsehen und Proteste sorgte. Verantwortungslose Züchter hatten Kätzchen in Flaschen aufgezogen. Die sogenannten Bonsai-Kätzchen wurden mit Strohhalmen ernährt und nahmen allmählich die Form der Flasche an, in der sie lebten. Ein Foto diente als Beweis für die Schreckensnachricht. Computerbenutzer reagierten empört. Tierschutzorganisationen meldeten sich zu Wort und forderten ein sofortiges Einschreiten der Polizei. Dabei hatten Studenten sich einen Scherz erlaubt, die Meldung mit Foto ins Internet gestellt und als E-Mail verschickt.
Die Falschmeldung von den Katzen in der Flasche ist nur eine von vielen Katzennachrichten, die im Internet zu finden sind.
In einem anderen Fall wurde von einer 40 Kilogramm schweren Hauskatze berichtet, die nach langer Suche in einer Familie eine neue Heimat fand. Auch hier lieferte ein Foto den Beweis. Es zeigt einen fröhlich lächelnden Mann, der eine riesige weiße Katze auf seinen Armen trägt.

Das Internet kennt keine Grenzen

Der Irrsinn im Internet kennt keine Grenzen. Täglich landen im World Wide Web unglaubliche Fotos und Sensationsmeldungen. Und trotz so manch hanebüchener Geschichte fallen viele Nutzer auf Hoaxes rein. Hoaxes, zu Deutsch etwa Scherz oder Schwindel, gibt es in verschiedenen Varianten: Nicht nur Geld oder Wertsachen für die eigene Tasche, auch Spenden für todkranke Kinder sollen für immer weitergeleitete Mails zusammenkommen. Zudem kursieren falsche Virenwahrnehmungen, (Un-)Glücksbriefe, vermeintliche Lebensweisheiten und dumme Witze auf diese Weise seit vielen Jahren. Und die Invasion dieses Unsinns nimmt kein Ende.

Tipp: Woran kann man Falschmeldungen erkennen?

Bei allen Fotos, die ungewöhnlich große, kleine, dicke, schmale oder sonst wie verzerrte Personen oder Tiere zeigen, ist erst einmal Vorsicht geboten. Das gilt auch für die Darstellung unerreichbarer Schönheit oder Muskelkraft. Fotos sind im Internet überhaupt kein Wahrheitsbeweis.
Die als Nachrichten getarnten Texte sollten einem zu denken geben, wenn darin auf Namen, Orts- und Zeitangaben völlig verzichtet wird.
Auch das Verwenden scheinbarer Fachausdrücke, die man in keinem Lexikon findet, sollte Skepsis hervorrufen.
Schließlich sollte man sich immer die Adresse genau anschauen. Woher stammt diese Meldung? Wirkt die Adresse glaubwürdig? Gibt es auf der Startseite die Rubrik „Wir über uns“? Gibt es rechtliche Hinweise bzw. Hinweise zum Datenschutz? Im Zweifelsfall sollte man sich mit anderen beraten und lieber mal einen kundigen Erwachsenen fragen.

Test: Welche Internetnachricht ist gelogen, welche ist wahr?

Die folgenden Meldungen haben die Autoren von „Politik erleben“ im Internet recherchiert. Bei drei von ihnen handelt es sich um sogenannte Hoaxes, also Falschmeldungen. Sie wurden im Internet unter dem Stichwort „Hoax“ veröffentlicht, um die Nutzer über Falschmeldungen aufzuklären. Auf die Abbildung weiterer gefälschter Fotos wurde aus rechtlichen Gründen verzichtet. Nur eine der Meldungen entspricht der Wahrheit.
Welche ist wahr, welche sind es nicht?

2 Frau wird mit Visitenkarte betäubt

Während des Tankens wurde einer Frau von einem Mann eine Visitenkarte überreicht. Der Mann sagte, er sei Malermeister und falls die Frau einmal seine Dienste benötige, solle sie sich mit ihm in Verbindung setzen. Als die Frau weiterfuhr, geriet sie in einen rauschhaften Zustand, der ihr das Autofahren unmöglich machte. Der Grund: Die Visitenkarte war mit der gefährlichen Droge Burundanga getränkt worden. Der Mann und ein Komplize wollten die Frau so außer Gefecht setzen, um sie auszurauben und das Auto stehlen zu können. Glücklicherweise konnte die Frau gerettet werden.

4 Vollständiger Mensch im Körper eines Mannes

Der 36-jährige Sanju Bhagat hatte sich wegen Atembeschwerden und seines ungewöhnlich dicken Bauches in das Tata Memorial Krankenhaus in Indien einliefern lassen. Der behandelnde Arzt Dr. Ajay Metha vermutete einen großen Tumor. Als er und sein Operationsteam den Bauch des Patienten aufschnitten, entdeckten sie darin zu ihrer großen Überraschung einen zweiten Menschen, der mit Haaren, Kopf und Gliedmaßen vollständig ausgebildet war. Es handelte sich offensichtlich um einen Zwillingsbruder des Patienten, der aufgrund eines genetischen Defektes in seinem Bauch eingelagert war.

1 Handys explodieren

Benutzer von Handys sollen verstärkt darauf achten, nicht während des Aufladens ihrer Handys zu telefonieren. Besonders in den billigen Handys, die mit minderwertigen Lithium-Ionen-Akkus bestückt sind, kann es bei solchen Gelegenheiten zu Explosionen kommen. Die Gefahr ist während des Telefonierens besonders groß, weil die Körperwärme des Telefonierenden den Akku zusätzlich aufheizt.

3 Touristin starb, weil sie aus einer Büchse trank

Kürzlich verstarb eine Frau unter absurden Umständen. Sie hatte aus Mineralgetränkebüchsen getrunken, als sie auf dem Genfer See unterwegs war. Die Autopsie ergab, dass sie an Leptospirose fulgurante verstorben war. Bei der Kontrolle der Büchsen stellte sich heraus, dass diese mit getrocknetem Rattenurin verunreinigt waren. Rattenurin enthält die tödliche Substanz Leptospiras. Diese war die Ursache für den Tod der Frau.

So kannst du deine Arbeitsergebnisse vorstellen:

1. Berichte von der Aufregung um die Kätzchen in Flaschen und die neue Heimat der Riesenkatze.
2. Erkläre, was man unter Hoaxes versteht, und fasse die Tipps zum Erkennen von Falschmeldungen zusammen.
3. Lies die Internetnachrichten der Reihe nach vor und erfrage, welche falsch oder richtig sind.*

Tipp: Rollenspiel: Suche dir eine Partnerin/einen Partner. Übt gemeinsam ein Gespräch mit einer Person ein, die wegen des Falles über die „Bonsai-Kätzchen in Flaschen“ zur Polizei gehen wollte.

Was auch noch interessant sein kann:

- einen eigenen Test erstellen. Vergleichbar mit dieser Seite könnt ihr nach ungewöhnlichen Nachrichten suchen und mit im Internet entdeckten Hoaxes kombinieren. Gebt dazu bei Google oder einer anderen Suchmaschine die Kombination „Hoaxes im Internet“ plus Jahreszahl ein.

*Die Auflösung zum Test findest du am Ende des Buches bei den Lösungen zu den Kompetenzstationen.

4 Welche Bedeutung haben die Medien für die Politik und die Demokratie?

Eine Einstiegsübung für alle
Lest die folgende Geschichte und notiert, warum dieser Traum ein Alptraum ist.

Eine Geschichte zum Nachdenken: Pressefreiheit verboten

Ich hatte einen Traum. Er begann damit, dass ich in meiner Klasse saß und unser Direktor in Begleitung zweier Männer in Uniform hereinkam. Er verkündete, dass es uns Schülern ab sofort verboten sei, eine Schülerzeitung zu veröffentlichen. Jeder seiner Sätze wurde von den Uniformierten mit strenger Miene überwacht. Dann teilte einer der Männer mit, dass die Regierung es ab sofort als ihre Pflicht ansähe, alle Massenmedien strengstens zu kontrollieren, damit das Volk nicht in unverantwortlicher Weise staatsgefährdenden Äußerungen ausgesetzt sei. Schüler sollten wieder lernen, anstatt mit frechen und unreifen Texten die staatliche Bildungspolitik zu kritisieren. Dies gelte im Übrigen für alle Medien, Fernsehen, Radio und Zeitungen. Ihre vornehmste Aufgabe bestünde nun darin, die erfolgreiche Politik der Regierung positiv zu würdigen.
Auf dem Nachhauseweg sah ich an einem Kiosk, dass die Tageszeitungen erschienen waren. Allerdings: Von allen Aufmacherseiten schlug mir die gleiche Schlagzeile entgegen: *Redaktion verstaatlicht. Regierung übernimmt die Pflicht zur Unterrichtung der Bevölkerung.*
Einigermaßen beruhigt war ich für kurze Zeit, als ich ins Internet ging. Allerdings nur so lange, bis ein Warnhinweis eingeblendet wurde, in dem zu lesen stand, dass sich die Regierung gezwungen sehe, den Zugang zu allen missliebigen Internetseiten unter Androhung von Strafe zu verbieten. Man werde eine Kommission zur Löschung von Internetseiten einrichten. Als in den Fernsehnachrichten und im Radio verkündet wurde, dass es der Regierung gelungen sei, eine Gruppe von Journalisten wegen ihrer staatsgefährdenden Artikel zu inhaftieren, wurde ich schweißgebadet wach.

Wie steht es in der Realität um die Pressefreiheit?

Die Pressefreiheit ist ein Menschenrecht. Doch in vielen Ländern der Welt werden Informations- und Freiheitsrechte verletzt. Daran erinnert der UNESCO-Welttag der Pressefreiheit am 3. Mai. Über die aktuelle Lage der Pressefreiheit sprach *unesco heute online* mit Dr. Verena Wiedemann. Sie ist Vorsitzende des Fachausschusses Kommunikation und Information der Deutschen UNESCO-Kommission.
Unesco heute online: Im vergangenen Jahr sind nach Angaben der UNESCO weltweit mindestens 77 Journalisten bei der Ausübung ihres Berufs ums Leben gekommen. Wie beurteilen Sie die aktuelle Lage der Pressefreiheit weltweit?
Verena Wiedemann: Die Zahl der getöteten Journalisten ist absolut schockierend und nur die Spitze des Eisbergs. Totalitäre oder autoritäre Regime wie Nordkorea, Iran, Burma verhindern radikal jede Pressefreiheit. Auch Russland, China oder Honduras sind Beispiele für Staaten, in denen eine freie Presse unterdrückt oder bedroht wird. In vielen Ländern der Welt werden Journalisten eingeschüchtert, ihnen wird Gewalt angetan – bis hin zum Mord. Medien werden verboten oder zensiert. Die Organisation „Reporter ohne Grenzen" schätzt, dass in mehr als 40 Ländern der Welt Journalisten bei der Ausübung ihres Berufes oder wegen ihres Berufes verfolgt oder getötet werden.

(Ausschnitt von einem Interview, geführt am 10.04.2010 in: http://www.unesco.de/uho_0410_interview.html/?&L=0, letzter Zugriff 10.01.2012)

Die Medien als „Vierte Gewalt“

> Wie soeben berichtet wird, wurde der Stadtdirektor von W. gestern Abend verhaftet. Nach Angaben der Staatsanwaltschaft wird er der Korruption (Bestechlichkeit) verdächtigt. Er soll in nicht unerheblichem Maße Schmiergeld vom Konzern erhalten haben. Als Gegenleistung setzte er im Stadtrat durch, dass der Konzern einen Großauftrag beim Bau einer neuer Straßenbahntrasse erhielt. Wie unser Korrespondent aus zuverlässiger Quelle erfuhr, ist mit einer Ausweitung des Bestechungsskandals auf höchste politische Kreise in der Landesregierung zu rechnen.

Solche Meldungen über Bestechungs- und Korruptionsskandale hört man immer wieder. In diesem Fall geht es um die politischen Entscheidungen eines Kommunalpolitikers, die nicht das Wohl der Allgemeinheit zum Ziel hatten, sondern das eigene Interesse und das bestimmter einflussreicher Gruppen und Unternehmen, die Druck auf die Politiker ausüben oder sie bezahlen. Zahlreiche Skandale beschäftigten im Laufe der Jahre die Staatsanwaltschaften und Gerichte. Viele werden durch die Recherche von Journalisten aufgedeckt. Dadurch gewinnen die Medien in der Gesellschaft eine gewisse Kontrollfunktion. Die Presse und ihr kontrollierender Einfluss auf die Politik wurden daher bereits vor Jahren als vierte Gewalt im Staat bezeichnet. Das ist zwar so im Grundgesetz (neben Legislative, Exekutive und Judikative) nicht festgeschrieben, allerdings ist dort ausdrücklich die Pressefreiheit abgesichert. Mehrere Urteile des Bundesverfassungsgerichts haben das bestätigt.

(Aus: Gerd Schneider: Politik, Arena Verlag, Würzburg 2008, S. 74 f.)

Die politische Bedeutung

Im Allgemeinen ordnet man den Massenmedien in der Demokratie drei einander zum Teil stark überschneidende politische Funktionen zu:

1. Information,
2. Mitwirkung an der Meinungsbildung,
3. Kontrolle und Kritik.

Zu den weiteren Aufgaben zählen Unterhaltung und Bildung.

Die Massenmedien sollen so vollständig, sachlich und verständlich wie möglich informieren, damit die Staatsbürger in der Lage sind, mit kritischem Bewusstsein das öffentliche Geschehen zu verfolgen. [...]

Wir müssen uns der Tatsache bewusst sein, dass wir die Welt zum großen Teil nicht mehr unmittelbar erfahren; es handelt sich überwiegend um eine durch Medien vermittelte Welt. Was der Einzelne heute weiß, beruht höchstens noch zu 20 Prozent auf eigener Erfahrung, 80 Prozent werden ihm vor allem durch Presse, Hörfunk und Fernsehen zugetragen. Wir sind eine Mediengesellschaft. Was in den Medien nicht präsent ist, ist in unserer Gesellschaft nicht mehr präsent.

(Aus: Hermann Meyn: Massenmedien in der Bundesrepublik Deutschland, Hüthing Verlag, Heidelberg, Neuauflage 2004, S. 24)

1. Erklärt den Begriff „Vierte Gewalt“ mithilfe eines Beispiels.
2. Notiert die politischen Aufgaben der Medien.
3. Erläutert mithilfe der beiden Karikaturen die Bedeutung der Medien für die Politik und die Demokratie.

Was auch noch interessant sein kann:

- unter www.reporter-ohne-grenzen.de recherchieren und herausfinden, in welchen Ländern die Pressefreiheit garantiert ist und in welchen sie unterdrückt wird.

Pressefreiheit

1. Warum ist die Pressefreiheit ein grundlegendes Merkmal der Demokratie? Erläutert die Zusammenhänge.
2. Wie bei allen Freiheiten sind auch der Pressefreiheit Grenzen gesetzt. Worin bestehen diese?
3. Angenommen, du hast vor, einen Artikel über ein Ereignis aus deinem Heimatort für die Schülerzeitung zu schreiben: Welche Freiheiten darfst du dir herausnehmen und an welche Pflichten musst du dich halten? Stelle beides zusammen.

Bedeutung

Pressefreiheit bedeutet, dass die Presse über alles, was sie erfährt, uneingeschränkt und unbeaufsichtigt berichten kann. Pressefreiheit und Meinungsfreiheit gehören zusammen. Jeder, der etwas veröffentlicht, hat auch das Recht, seine persönliche Meinung zu einer Sache und auch einer Person zu äußern. Meinungsäußerungen genießen in einer Demokratie besonderen Schutz, auch wenn die geäußerten Meinungen manchmal unangenehm sind oder nur die Meinung einer Minderheit oder eines Einzelnen darstellen. Die große Bedeutung der Presse- und Meinungsfreiheit hat das Bundesverfassungsgericht in einem seiner Urteile so beschrieben: *Das Grundrecht der freien Meinungsäußerung ist als unmittelbarster Ausdruck der menschlichen Persönlichkeit eines der vornehmsten Menschenrechte überhaupt.* (Urteil zur Pressefreiheit von 1958) Nach der Auffassung des höchsten deutschen Gerichtes kann es in einem Staat ohne Meinungs- und Pressefreiheit überhaupt keine Freiheit geben.

Grenzen

Die Pressefreiheit darf nicht missbraucht werden, um Menschen zu beleidigen, zu verleumden oder um Leser, Hörer und Zuschauer bewusst falsch zu informieren. Oft ist es allerdings schwierig, die Grenzen der Meinungsfreiheit zu bestimmen. Das betrifft besonders die Berichterstattung über die Prominenz aus Adel, Showbranche, Sport und Politik. Einerseits haben diese Menschen – wie alle anderen auch – ein Recht auf Schutz ihrer Privatsphäre, andererseits gesteht das Bundesverfassungsgericht in einem Urteil der Öffentlichkeit ein Informationsinteresse bei Personen des öffentlichen Lebens zu.
Nach den Pressegesetzen der einzelnen Bundesländer können sich Betroffene gegen falsche Berichterstattungen mit Schadensersatzklagen und Gegendarstellungen wehren. Die Zeitungen sind verpflichtet, solche Gegendarstellungen abzudrucken.

Wahrheit und Lüge

Journalisten haben nicht nur Rechte, sondern auch Pflichten. Eine besondere Pflicht besteht darin, alle angebotenen Informationen vor der Veröffentlichung auf ihren Wahrheitsgehalt hin zu überprüfen. Nach Ansicht von Journalisten kommt die dreiste Lüge in den Massenmedien eher selten vor. Es gibt sie, aber sie wird auch oft – und dann zum Schaden des Senders oder der Zeitung – als Falschmeldung entlarvt. Viel häufiger ist die Übertreibung, das Aufbauschen eines eher alltäglichen Ereignisses zu einer Sensation. Ein normales Unwetter kann sehr schnell zu einem zerstörerischen Orkan werden. Unter dem Konkurrenzdruck und dem Erfolgszwang neigen die Medien dazu, sensationeller und publikumswirksamer zu berichten als die Konkurrenz.

Grundsätze für die Berichterstattung des deutschen Presserates

Mit dem Presserat haben sich die Massenmedien selbst eine Einrichtung geschaffen, die eine verantwortliche Berichterstattung garantieren soll. In den Grundsätzen des Presserates heißt es:
1. Die Achtung vor der Wahrheit, die Wahrung der Menschenwürde und die wahrhaftige Unterrichtung der Öffentlichkeit sind oberste Gebote der Presse.
2. Zur Veröffentlichung bestimmte Nachrichten und Informationen in Wort und Bild sind mit der nach den Umständen gebotenen Sorgfalt auf ihren Wahrheitsgehalt zu prüfen.

Worüber soll die Zeitung berichten, worüber nicht?

Wenn die Redakteure einer Schülerzeitung von massiver Kritik an einem Lehrer erfahren und diese in der Schülerzeitung veröffentlichen wollen, können sie in einen Konflikt geraten. Sollen sie von ihrem Grundrecht auf Meinungs- und Pressefreiheit Gebrauch machen oder hat das Recht des betroffenen Lehrers auf Schutz seiner Person, seiner Ehre und Würde Vorrang? Zwischen dem Recht auf Pressefreiheit und der Pflicht, die persönliche Ehre von Menschen nicht zu verletzen, kann es zu Konflikten kommen, in denen von Fall zu Fall entschieden werden muss. Untersucht die fünf angenommenen Fälle und entscheidet für jedes Beispiel:

- Muss in diesem Fall das Grundrecht auf Meinungs- und Pressefreiheit ungehindert gewährleistet werden?
- Werden hier die Grenzen der Meinungs- und Pressefreiheit unzulässig überschritten?

Artikel 5 des Grundgesetzes

(1) Jeder hat das Recht, seine Meinung in Wort, Schrift und Bild frei zu äußern und zu verbreiten und sich aus allgemein zugänglichen Quellen ungehindert zu unterrichten. Die Pressefreiheit und die Freiheit der Berichterstattung durch Rundfunk und Film werden gewährleistet. Eine Zensur findet nicht statt.

(2) Diese Rechte finden ihre Schranken in den Vorschriften der allgemeinen Gesetze, den gesetzlichen Bestimmungen zum Schutze der Jugend und in dem Recht der persönlichen Ehre.

Angenommen, dass ...

Fall 1 Redakteure einer Tageszeitung befragen Passanten in einer Fußgängerzone über das „Ansehen des Lehrers“ in der Öffentlichkeit. Der Schüler Pascal äußert, dass einige viel zu streng und ungerecht seien. Als am nächsten Tag diese Stellungnahme mit Foto in der Zeitung erscheint, muss Pascal sich viele kritische Fragen und Kommentare in der Schule anhören. Hätte die Zeitung nicht berichten dürfen?

Fall 2 Redakteure einer Tageszeitung erhalten Unterlagen von einem Mitarbeiter eines ortsansässigen Unternehmens, aus denen eindeutig hervorgeht, dass die Unternehmensleitung die Umweltgesetze massiv missachtet und Schadstoffe immer wieder heimlich in den Bach leitet, der durch die kleine Stadt fließt. Der Mitarbeiter möchte nicht genannt werden. Die Redakteure überlegen, ob sie den Skandal öffentlich machen sollen. Sollen sie?

Fall 3 In einer saarländischen Zeitung erschien ohne Nennung von Namen ein Bericht über einen Ehemann, der angeklagt worden war, weil er ständig Gewalt gegenüber seiner Ehefrau und seinen Kindern ausgeübt hatte. Die Ehefrau war mit den Kindern aus der gemeinsamen Wohnung geflohen und hatte Anzeige wegen Körperverletzung erstattet. Der Ehemann wollte nun seinerseits die Zeitung verklagen, weil diese seine persönliche Ehre verletzt habe. Hat sie das?

Fall 4 In einer von der Polizei durchgeführten Verkehrskontrolle wurde zwei Personen die Fahrerlaubnis entzogen, da sie zu viel Alkohol getrunken hatten. Die Lokalzeitung berichtet am folgenden Tag: „Eine Fahrzeugkontrolle am gestrigen Nachmittag hat gezeigt, dass es immer noch unverbesserliche Verkehrssünder gibt, die eine Gefahr für die Bevölkerung darstellen. So konnte gestern die Polizei Anton Müller und Manfred Klein den Führerschein vorläufig wegen Trunkenheit am Steuer entziehen.“ Wurden die Grenzen der Pressefreiheit überschritten?

Fall 5 Mitglieder des Betriebsrats eines großen Unternehmens haben offensichtlich nicht nur die Interessen ihrer Kolleginnen und Kollegen vertreten. Vielmehr haben sie sich von den Chefs der Firma immer wieder zu teuren Urlaubsreisen einladen lassen. Das berichtet die mittlerweile geschiedene Ehefrau eines der Betriebsratsmitglieder. Muss die Öffentlichkeit darüber informiert werden? Die Entscheidung fällt der Zeitungsredaktion schwer, weil das Unternehmen bisher regelmäßig Anzeigen in Auftrag gibt, von deren Einnahmen der Zeitungsverlag profitiert.

5 Wie verändern die neuen Medien Gesellschaft, Wirtschaft und Politik?

Eine Einstiegsübung für alle
Was würde sich in deinem Leben verändern, wenn es ab morgen das Internet nicht mehr gäbe?
Notiere dazu deine Gedanken und tausche dich mit einem Nachbarn aus.

Der weltweite Siegszug des Internets hat die Welt verändert – und zwar so stark, dass wir heute vom *Leben im digitalen Zeitalter* sprechen. Doch wie sehen diese Veränderungen aus und wie sind sie zu bewerten? Zu dieser Frage findet ihr auf dieser Doppelseite mehrere Stimmen – unterschieden nach den Bereichen Alltag, Wirtschaft und Politik. Jeweils zu dritt könnt ihr die Bearbeitung der Materialien untereinander aufteilen und dann in Dreiergruppen die Übersicht auf der nächsten Seite vervollständigen.

Bereich A Alltag

Vieles geschieht online

Ob es um Kommunikation mit Freunden, den Einkauf oder die Suche nach Informationen geht, vieles geschieht inzwischen online. Das Internet macht viele Dinge einfacher und schneller. Doch nicht alle profitieren davon in gleicher Weise: Wer keine oder nur eine langsame Internetverbindung nutzen kann, ist im Nachteil. Entscheidend neben dem Zugang zu den Informationen ist aber vor allem die Fähigkeit, sich diese nutzbar zu machen, sprich, die Online-Recherche zu beherrschen. Man muss nicht nur wissen, wo man Informationen findet, sondern auch einschätzen können, wie verlässlich die Quellen sind und welche Interessen dahinterstehen könnten. So ist auch in der digitalen Welt Wissen unterschiedlich verfügbar – und die Fähigkeit des Einzelnen, die Informationsflut zu beherrschen, entscheidet über seine Chancen in der Informations- und Wissensgesellschaft.

(Aus: Frida Thurm: Internet: Nutzen, Chancen und Risiken, in Die ZEIT-online, Artikel vom 08.06.2011, unter www.zeit.de, letzter Zugriff 05.01.2012)

Verhaltensänderungen

Eine Welt ohne Internet erscheint nicht mehr vorstellbar. Das Netz ermöglicht die schnelle Nachrichtensuche und bietet Unterhaltung. Viele wollen auf die bequeme Infosuche nicht mehr verzichten. Das neue Medium hat das Verhalten vieler Menschen nachhaltig beeinflusst. An den Kindern wird der Wandel am schnellsten deutlich: Netzwelten werden zu Parallelwelten, die Kindern jedoch bei täglich mehrstündigem Konsum den Blick auf die Wirklichkeit verstellen. […] Erziehungswissenschaftler Wolfgang Bergmann vom Institut für Kinderpsychologie und Lerntherapie in Hannover kritisiert, dass Kinder süchtig werden, wenn sie mehr im Internet unterwegs sind, als mit gleichaltrigen Kindern zu spielen. […] Eine andere negative Seite des Internets liegt darin, dass es reichlich Nährboden für Spinner und Perverse aller Art bietet. Diese schleichen sich beispielsweise auf Kinderseiten ein, um dort zu chatten und Kontakte zu Minderjährigen zu knüpfen. Auch ist es sehr leicht, Jugendliche wie Erwachsene übers Internet zu mobben oder anderweitig zu belästigen. Schnell können Nutzer in Situationen geraten, die für sie gefährlich werden.

(Aus: Thomas Klein (Hrsg.): Chancen und Risiken der Internetkommunikation, Artikel vom 19.02.2010, in: european-circle.de, letzter Zugriff 05.01.2012)

Bereich B Wirtschaft

Der Kunde gewinnt an Macht

Was hat ein einzelner Kunde schon zu sagen? Die einfache Antwort ist: Alles! Jeder Einzelne hat in der digitalen Gesellschaft die Macht, ein Produkt zu einem Erfolg oder zu einem wirtschaftlichen Desaster zu machen. Unternehmen aus dem Nichts aufzubauen oder in den Ruin zu stürzen. Bereits legendär ist der Fall einer kanadischen Rockband. Aus dem Flugzeugfenster konnte sie beobachten, wie Mitarbeiter bei der Gepäckverladung eine ihrer geliebten Gitarren zerstörten. Beschwerden brachten nichts. Erst als die Musiker ihren Song „United Guitars“ auf YouTube ins Netz stellten, reagierte die Fluglinie und versprach prompt eine Entschädigung, weil der öffentliche Druck zu groß wurde. Dieser Mechanismus hat sich seitdem unzählige Male wiederholt. Der Kunde ist die neue Macht. Wirtschaftsunternehmen müssen deshalb dramatisch umdenken. […] Geben Sie den Namen Ihrer Firma oder Ihres Produktes als Suchbegriff im Mikroblog-Netzwerk Twitter ein. Sie werden erstaunt sein. Man spricht über Sie. Und Sie sollten sich dringend an diesem Gespräch beteiligen, wenn Sie auch in Zukunft Erfolg haben wollen.

(Aus: Frank Schmiechen: Die Digitalen kommen, in: Welt am Sonntag vom 13.11.2011, S. 19f.)

Machtkampf zwischen Apple, Google, Amazon und Facebook

Wem gehört die Zukunft? Das Spiel heißt jetzt: Jeder gegen jeden. Google bedrängt Apple auf dem Handy-Markt. Facebook will Google als Suchmaschine überflüssig machen. Amazon jagt Apple mit Lesegeräten, die das iPad überflügeln sollen. Apple setzt dazu an, den Fernsehmarkt zu erobern – und eckt damit auch bei Google an, das mit YouTube zumindest die Welt der Internetfilmchen dominiert. Und der Rest der Welt? Schaut dabei zu, wie dieses Quadrumvirat fast im Alleingang letzte Nischen unseres Lebens, unserer Kultur, unserer Wirtschaft erobert. […] Die Welt ist eine andere, seit sich die Ideale von totalem Wissen, totaler Mobilität, totaler Verfügbarkeit und totaler Transparenz durchgesetzt haben. Zwar werden immer noch Bibliotheken gebaut, gibt es immer noch Dörfer mit prallem Vereinsleben, überfüllte Innenstädte zum Weihnachtsgeschäft und den Luxus, das Mobiltelefon zu Hause zu lassen und unerreichbar zu sein – aber den digitalen Kosmos haben Apple, Google, Facebook und Amazon unter sich aufgeteilt – mitsamt den Milliardenumsätzen.

(Aus: Web-Kampf um die Zukunft: Wer beherrscht das Internet?, in: Der Spiegel Nr. 49 vom 05.12.2011, S. 72f.)

Bereich C Politik

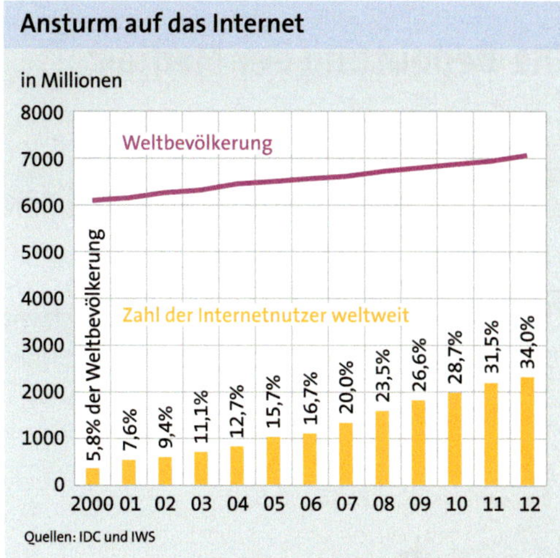

Ein paar Klicks, und schon mischt man in der Politik mit. Das Internet macht möglich, was vor wenigen Jahren noch unmöglich schien. Die Apo (außerparlamentarische Opposition) von heute geht nicht mehr mit Transparenten und Plakaten auf die Straße, um ihren Unmut über die Regierenden zum Ausdruck zu bringen, sondern online als digitale Opposition. Im Netz hat sich eine Art direkte Demokratie etabliert, in der jeder seine Meinung frei äußern kann. Wer nach Argumenten für oder gegen etwas sucht, wird online fündig. Doch wie soll eine große Zustimmung zu einer Internetkampagne politisch umgesetzt werden? Eine hohe Klickrate ist nicht gleichbedeutend mit einer politischen Abstimmung und Willensbildung. Hinzu kommt, dass das politische Engagement im Internet oft recht kurzweilig und oberflächlich ist. Wenn ein Thema gerade en vogue ist, stößt es auf große Resonanz, um nach kurzer Zeit wieder in der digitalen Versenkung zu verschwinden. […] Noch werden die Chancen, die das Netz für eine lebendige Demokratie bietet, nur unzureichend genutzt. Laut einer Bundestagsstudie waren 2009 nicht einmal zwei Prozent aller Petitionen, die beim Parlament eingingen, im Internet veröffentlicht worden. Auf der anderen Seite gibt es aber auch Gefahren. So können starke Lobby-Gruppen das Netz nutzen, um etwa über Online-Kampagnen wie in den USA Druck auf missliebige Politiker auszuüben.

(Aus: Markus Brauer: Politik online, in: Stuttgarter Nachrichten vom 29.10.2011, S. 3)

1. Übernimm die Tabelle in dein Heft und fülle sie mithilfe der Informationen aus den Texten auf.
2. Betrachte das Schaubild und ermittle, wie sich das Internet im Verhältnis zur Weltbevölkerung entwickelt.
3. Bietet die digitale Welt mehr Chancen oder mehr Risiken? Diskutiert über diese Frage anhand eurer Arbeitsergebnisse.

Bereich	Chancen	Risiken
Alltag		
Wirtschaft		
Politik		

Die Bedeutung der Medien

Station 1 Wir Jugendliche und die Medien

Ein Interview mit dir über Medien

Eine Zeitschriftenredaktion hat erfahren, dass du dich mit Forschungsergebnissen zum Thema „Jugendliche und ihr Medienalltag" intensiv beschäftigt hast. Deshalb hat man dich um ein Interview gebeten. Von welchen Forschungsergebnissen kannst du berichten?

1. Stimmt es, dass nahezu 100 Prozent aller Jugendlichen nie einen Blick in die Tageszeitung werfen?

2. Trifft es zu, dass Jugendliche das Internet ausschließlich zu ihrem Vergnügen nutzen?

3. Für viele Erwachsene ist das Fernsehen das bedeutendste Medium, mit dem man viel Zeit verbringt. Ist das bei Jugendlichen auch so?

Station 2 Sind wir zu sorglos im Umgang mit dem Internet?

Füge die Satzteile stimmig zusammen.
Übertrage sie als Merksätze in dein Heft.

1. Persönliche Daten sind …
2. Datenschutz hat die Aufgabe, …
3. Datenmissbrauch liegt vor, wenn …
4. Der Staat kann den Datenschutz im Netz nur begrenzt garantieren, weil …
5. Persönliche Daten sollte man nur an Leute weitergeben, die man …

A Unbefugte sich Daten besorgen und sie zum Nachteil einer Person benutzen.
B auch im realen Leben persönlich kennt.
C jeden Einzelnen vor einem Missbrauch persönlicher Daten zu schützen.
D jeder auch persönlich für die Weitergabe seiner Daten verantwortlich ist.
E Informationen, die mit dem eigenen Leben verbunden sind.

Station 3 Wie glaubwürdig können Medienberichte sein?

Stelle dir folgende Situation vor:
In einer Fernsehsendung über Greenpeace erzählt ein Sprecher, dass die Aktionen dieser Umweltschutzorganisation oft mit Gefahren für die Durchführenden verbunden sind. Im Hintergrund wird dazu das nebenstehende Bild gezeigt.
Tante Luise sieht das Foto und ist entsetzt: „Ich habe gesehen, wie das Schiff von Greenpeace auf einen Wasserfall zustürzte. Es war erschreckend. Die gesamte Schiffsbesatzung wird ums Leben kommen. Ich habe es mit eigenen Augen gesehen."

- Kannst du mit einer guten Erklärung zum Foto Tante Luise den Schrecken nehmen?
- Welche drei Fragen sind wichtig, um ein Foto wirklich zu verstehen?

Station 4 Die Bedeutung der Medien für die Politik und Demokratie

Übertrage die Mindmap in dein Heft und vervollständige sie.

Station 5 Wie verändern die neuen Medien Gesellschaft, Politik und Wirtschaft?

1. Formuliert für den Bereich Alltag, Wirtschaft und Politik je einen offensichtlichen Vorzug, den das digitale Zeitalter mit der weltweiten Verbreitung des Internets hervorgebracht hat.
2. Erläutere an zwei Beispielen, welche Risiken entstanden sind.

7 Einwanderung nach Deutschland

Türkische und deutsche Jugendliche feierten gemeinsam während der Europameisterschaft 2008.

Schwierigkeiten und Chancen des Zusammenlebens verschiedener Kulturen

1. Allein nachdenken

Auf dem Foto feiern türkische und deutsche Jugendliche gemeinsam. Wie denkst du darüber?

2. Zu zweit beraten

Wie sollten sich Jugendliche unterschiedlicher Herkunft begegnen, damit ein friedliches Zusammenleben entsteht? Sammelt Vorschläge.

3. In der Klasse sammeln

Was muss geschehen, damit Menschen verschiedener Herkunft in Deutschland auch im Alltag gut zusammenleben können?

Bei der Arbeit an diesem Kapitel könnt ihr …

- die Gründe für Einwanderung nach Deutschland erläutern,
- die Bevölkerungszusammensetzung und -entwicklung anhand von Schaubildern beschreiben,
- an Fallbeispielen Erfolge und Probleme der Integration erläutern und bewerten,
- euch ein politisches Urteil über Integration von Migranten bilden.

Eigene Schwerpunkte könnt ihr setzen, indem ihr …

- ein Interview mit Zuwanderern führt,
- nach Integrationsprojekten junger Migranten recherchiert und diese in der Klasse vorstellt.

1 Warum kommen Menschen nach Deutschland?

In den Fallbeispielen lassen sich Antworten auf die Frage in der Überschrift finden. Die Beispiele könnt ihr arbeitsteilig erarbeiten. Setzt euch dazu in Vierergruppen zusammen und teilt die vier Fälle zur Bearbeitung auf.

- Jeder liest seinen Fall und notiert Gründe für die Zuwanderung nach Deutschland.
- Die unterschiedlichen Gründe lassen sich in einer Mindmap visualisieren und mit deren Hilfe präsentieren.

Beispiel 1: Asterios Tzalavras aus Griechenland

Für mich war schon lange klar: Nach meinem Medizinstudium muss ich nach Deutschland. In Griechenland hätte ich jahrelang auf eine Stelle als Assistenzarzt warten müssen. Das ist so üblich, weil viel mehr Ärzte ausgebildet als gebraucht werden. Gute Noten helfen da nicht weiter. Viele meiner Freunde sind arbeitslos. Das wollte ich auf keinen Fall. 1000 Euro netto erhalten griechische Assistenzärzte. Wie sollte ich damit über die Runden kommen? Ich hätte bei meinen Eltern wohnen bleiben müssen, sie hätten mich weiter finanziert. Ich habe als Kind schon einmal sieben Jahre hier gelebt. Damals gingen meine Eltern mit mir und meinen beiden Geschwistern hierher, weil sie uns in Deutschland mehr bieten konnten. Heute mache ich es genauso. Wenn ich gut bin, kann ich hier dauerhaft arbeiten. Das Leben in Deutschland ist gerechter und hier klappt einfach alles.

(Nach: Leonie Seifert, Zwischen Heimweh und Hoffnung, in: Die Zeit, 19.01.2012)

Beispiel 2: Karim Izadi aus dem Iran

Damals habe ich in Teheran als Lehrer gearbeitet, bevor ich verhaftet wurde und ungefähr ein Jahr im Gefängnis verbrachte. Meine Schuld war lediglich, dass ich Kurde war und damit einer „zweifelhaften Gruppe" angehörte. Obwohl man mir nichts nachweisen konnte, unterlag jede einzelne meiner Bewegungen auch nach meiner Entlassung der ständigen Kontrolle der Obrigkeit. Deswegen war es mir unmöglich geworden, ohne Angst im Iran zu leben. Ich hätte jederzeit wieder verhaftet werden können. [Die folgenden Jahre verbrachte Karim Izadi in Deutschland.] Mein großer Wunsch war es immer, an den Ort meiner Kindheit zurückkehren zu können. Im Jahr 2000 bin ich tatsächlich auch wieder in den Iran zurückgekehrt. Ich hatte doch nichts getan. [...] Am Teheraner Flughafen haben die Beamten meinen Pass sofort beschlagnahmt. Man sagte mir, dass ich das Land nicht mehr verlassen durfte. Statt mir den Reisepass zurückzugeben, gaben sie mir ein entsprechendes Blatt Papier, woraus hervorging, dass ich mich vor Gericht verantworten solle. [...] Ich nahm Kontakt zu Mohammadreza Rahimi auf, dem damaligen Vizepräsidenten. Ich bat ihn darum, mir zu helfen. Doch das Gegenteil war der Fall. Er [...] hatte persönlich den Befehl gegeben, mich hinzurichten. Aber ich habe Glück gehabt und konnte erneut fliehen. Insbesondere meine zweite Flucht war abenteuerlich, um es mal positiv auszudrücken. [...]. Ich bin nach Deutschland gekommen, weil ich nie den Wunsch hatte, in ein anderes europäisches Land oder gar nach Amerika zu gehen. Ich habe es mir nicht gewünscht, aber ich bin froh, hier gelandet zu sein.

(Nach: Michael A.Schmiedel, Sumi Jessien, Interview mit Karim Izadi, in: www.MIGRApolis.de, 15.03.2010, Zugriff: 22.02.2012)

Asterios Tzalavras wurde von acht deutschen Krankenhäusern umworben.

Wie Joel Mwati fliehen jedes Jahr Tausende von Menschen aus Afrika vor Kriegen und Elend in ihrer Heimat nach Europa.

Beispiel 3: Agnes Nagy aus Ungarn

Agnes Nagy kommt aus Ostungarn. Sie lebt schon seit fünf Jahren in Deutschland. Agnes Nagy hat gerade ihren Bachelor in Germanistik gemacht. Nun geht sie noch den Master in Germanistischer Linguistik an. […] Die Ungarin Agnes Nagy kam schon im Kindergarten mit Deutsch in Berührung. Später war für Agnes klar, das zweisprachige Gymnasium mit Deutsch musste sein. Mehrmals durfte sie an einem Schüleraustausch teilnehmen – und kam schnell zur Entscheidung: Ein Studium in Deutschland wäre nicht schlecht. „Das war nicht nur wegen Deutsch, wegen der Sprache, sondern auch wegen der Kultur. Die Mentalität, diese andere, positive Einstellung zum Leben hat mich so sehr beeindruckt, dass ich hierbleiben wollte. Es sind wirklich so Kleinigkeiten: Dass man auf der Straße läuft und die Leute lächeln.“ […] Agnes Nagy hat sich entschlossen, an der Uni zu bleiben, im Wissenschaftsbetrieb weiterzuarbeiten. Und sie will nicht mehr zurück in ihr Heimatland. […] Agnes Nagy plant ihre private Zukunft mit ihrem deutschen Freund. Gleichwohl weiß sie: Mit einem Germanistik-Abschluss aus Tübingen in der Tasche hätte sie Karrierechancen, auch zu Hause, in Ungarn.

(Aus: Thomas Wagner, Lederhosen und Mercedes, in: www.dradio.de, 01.10.2011, Zugriff: 22.02.2012)

Beispiel 4: Joel Mwati aus Ruanda

Ruanda während des Bürgerkriegs: Joel Mwati (Name geändert) ist gerade mal vier Jahre alt, als er in die blutigen Massaker des Bürgerkriegs gerät. Hunderttausende fallen Hinrichtungen und Morden zum Opfer. Vater und Mutter des kleinen Joel sind spurlos verschwunden. Die Großeltern nehmen ihn in ihre Obhut und fliehen in das damalige Zaire. Sie finden Schutz in einem Flüchtlingslager, das jedoch kurz darauf bombardiert und niedergebrannt wird. Die Flucht geht weiter nach Kenia. Acht Jahre später stirbt die Großmutter. Der Großvater ist zu alt, um alleine für den Jungen zu sorgen. Er schickt ihn in Richtung Norden. Zwei Jahre überlebt Joel bettelnd in Tanger (Marokko). Endlich gelingt es ihm, eines jener kaum seetüchtigen Flüchtlingsboote nach Spanien zu erreichen. Joel hält sich in Spanien versteckt. Dann fasst er Mut und besteigt einen Zug. Er will nach Dänemark. Spanische Freunde haben ihm erzählt, dass er dort in Sicherheit sei. Deutsche Grenzschutzbeamte nehmen den 15-jährigen Joel auf der Durchreise nach Dänemark fest. Zurzeit lebt Joel in einer Jugendhilfeeinrichtung. Er hofft darauf, endlich eine Zukunft ohne Angst, Demütigung und Verfolgung zu finden.

(Nach: Refugee Stories, ein Projekt des Europäischen Flüchtlingsrats, in: www.proasyl.de, Zugriff: 22.02.2012)

1. „Migranten kommen nur nach Deutschland, weil sie sich hier ein schönes Leben machen wollen.“ Diskutiert diese in Deutschland häufig geäußerte Ansicht vor dem Hintergrund der Fallbeispiele.

Was auch noch interessant sein kann:

- ein Interview mit einem Migranten führen und ihn/sie zum Beispiel nach den Gründen fragen, warum er/sie die alte Heimat verlassen hat.

Migration

1. Ergänze folgenden Satz: „Migration bedeutet …"
2. Definiere die Begriffe Gastarbeiter, Aussiedler, Asylant. Unterscheide dabei nach Gründen der Migration, Dauer des Aufenthalts und rechtlicher Situation.
3. Der Spanier Tiago und seine afrikanische Freundin Leonor leben in Barcelona. Beide sind seit längerer Zeit auf Arbeitssuche und möchten deshalb gerne nach Deutschland auswandern. Erkläre ihnen ihre unterschiedliche rechtliche Situation.

Was ist Migration?

Der Begriff leitet sich vom Lateinischen ab und bedeutet übersetzt „Wanderung". Als Migranten werden Menschen bezeichnet, die ihre Heimat verlassen und für lange Zeit oder sogar für immer in einem anderen Land leben.
Etwa 16 Millionen Menschen haben einen Migrationshintergrund. Das bedeutet, dass sie ihre Wurzeln außerhalb Deutschlands haben oder Kinder von Zuwanderern sind. Etwa die Hälfte davon hat einen deutschen Pass. Nicht eingerechnet in diese Zahlen sind Zuwanderer, die sich illegal in Deutschland aufhalten. Hier liegen die Schätzungen zwischen 100 000 und einer Million.

Gründe für Migration

Menschen kommen nach Deutschland vor allem aus drei Gründen:

Um hier zu arbeiten

Schon immer kamen Menschen nach Deutschland, um hier zu arbeiten. In den 50er-Jahren des letzten Jahrhunderts herrschte in Deutschland aufgrund des Wirtschaftswunders ein großer Arbeitskräftemangel. Deshalb warb man vor allem in den Mittelmeerländern Italien, Spanien, Portugal und der Türkei Arbeitskräfte an. Man nannte sie damals Gastarbeiter, weil man annahm, dass sie nur für eine begrenzte Zeit in Deutschland leben würden.
Heute leben viele ehemalige Gastarbeiter und ihre Kinder dauerhaft in Deutschland, der Begriff Gastarbeiter wird deshalb nur selten verwendet. Viele haben inzwischen die deutsche Staatsbürgerschaft angenommen. Fast alle haben jedoch eine unbefristete Aufenthaltsberechtigung, weil sie sich länger als acht Jahre in Deutschland aufhalten. Für EU-Bürgerinnen und -Bürger gibt es wegen der Niederlassungsfreiheit innerhalb der Europäischen Union kaum Beschränkungen, wenn sie hier leben und arbeiten wollen. Viele der neuen Migranten aus diesen Ländern haben eine gute Ausbildung, oft sogar einen Hochschulabschluss. Sie kommen nach Deutschland, weil in ihren Heimatländern die Arbeitslosigkeit hoch ist und sie schlechte berufliche Perspektiven haben.

Aufgrund deutscher Vorfahren

In Deutschland leben etwa 3,5 Millionen Aussiedler, von denen die meisten aus Russland kommen. Ihre Vorfahren waren aus Deutschland nach Osteuropa ausgewandert. Dort lebten sie als deutsche Minderheit und behielten oft über Jahrhunderte die deutsche Sprache und Kultur bei. Nach 1990 wurde es für sie leichter, nach Deutschland auszureisen. Weil sie nach dem Grundgesetz Deutsche sind, erhalten sie sofort einen deutschen Pass. In den letzten Jahren kamen jährlich nur noch etwa 4 000 Aussiedler nach Deutschland.

Um vor Verfolgung zu fliehen

Wer politisch verfolgt wird, kann in Deutschland einen Asylantrag stellen. Wenn er nachweisen kann, dass er in seiner Heimat von staatlichen Organen unterdrückt oder verfolgt wird, darf er unbefristet in Deutschland bleiben. Das gelingt nur etwa drei Prozent der Antragsteller. Für die anderen Asylbewerber gilt, dass sie befristet in Deutschland bleiben können, wenn ihnen in der alten Heimat Gefahr droht, etwa durch einen Krieg. Ist dies nicht der Fall, müssen sie zurückkehren. Dann spricht man von Abschiebung.

Was sagen Statistiken über Migration nach Deutschland aus?

So könnt ihr bei der Interpretation der Schaubilder vorgehen:

- Wähle zunächst ein Schaubild aus und interpretiere es mithilfe der Vier-Fragen-Deutung: Was ist das Thema des Schaubildes? Welche Bedeutung haben die Zahlen? Welche Aussagen zum Thema macht das Schaubild? Wie bewerte ich die Aussagen des Schaubildes?
- Sucht euch einen Partner, der das gleiche Schaubild bearbeitet hat, und vergleicht eure Ergebnisse.
- Präsentiert eure Ergebnisse in der Klasse und wertet diese aus: Welche Zahlen findet ihr besonders aufschlussreich? Welche Zahlen wollt ihr euch merken?

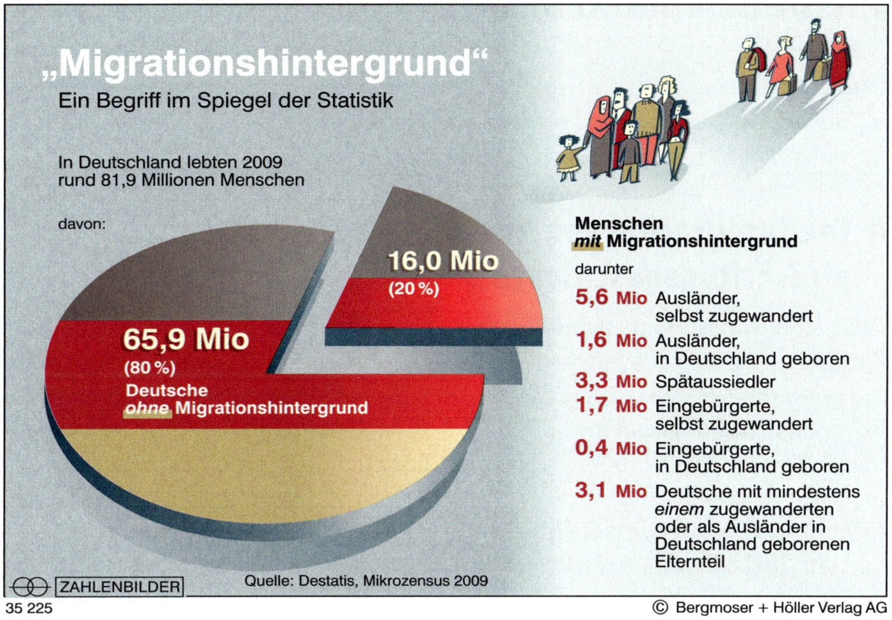

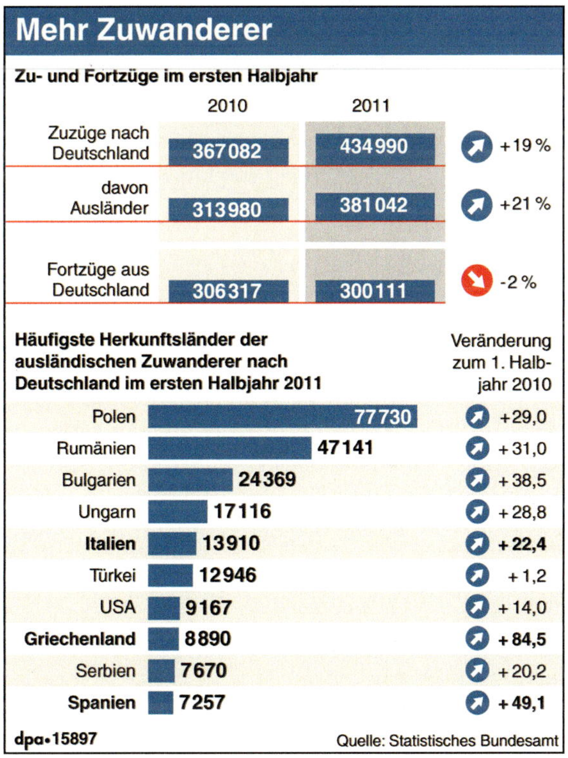

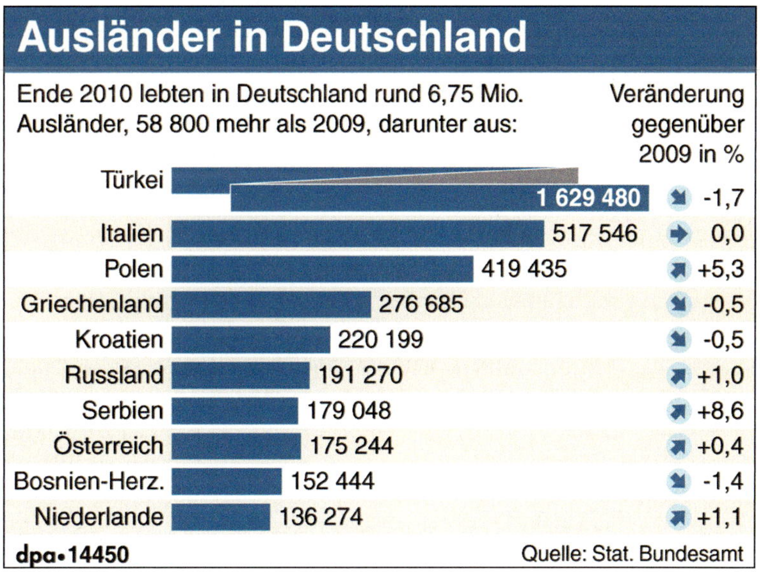

2 Wie ist es um die Integration in Deutschland bestellt?

Dieses Unterkapitel bietet euch einen Überblick über den Stand der Integration von Migranten. Wo gab es Erfolge, wo liegen die Probleme? Ihr könnt die Texte und Aufgaben arbeitsteilig bearbeiten und euch dann gegenseitig informieren.

A Die Integration von Aussiedlern – eine Erfolgsgeschichte

Der Bevölkerungsexperte Reiner Klingholz äußert sich in einem Interview mit der Tagesschau über die Integration von Aussiedlern.

tagesschau.de: Wie ist die Eingliederung von Aussiedlern gelaufen?

Klingholz: Tatsächlich ist die Integration der Aussiedler erstaunlich gut gelaufen – und besser als es die meisten Menschen wohl erwartet haben. Es gibt sehr viele Aussiedler, fast vier Millionen. Das sind deutlich mehr als zum Beispiel die türkischstämmigen Zuwanderer.

tagesschau.de: Woher kommt dieser Erfolg?

Klingholz: Es gibt vor allem zwei Gründe. Anders als die Gastarbeiter-Migranten sind sie über das ganze Land verteilt worden. Sie wurden zugewiesen – oft in ländliche Regionen, was für Migranten ungewöhnlich ist. Hinzu kommt, dass sie nicht deutlich anders aussehen als die „Einheimischen". Sie gehen also insgesamt stärker in der Gesellschaft auf. Außerdem hatte Bildung in den Herkunftsländern der Aussiedler einen hohen Stellenwert. Viele von ihnen haben einen Abschluss mitgebracht – der wurde zwar leider oft nicht anerkannt. Von ihren Kindern haben sie aber in puncto Bildung mehr erwartet, als es die ungelernten Gastarbeiter-Einwanderer aus ärmlichen Regionen in Anatolien und Jugoslawien jemals konnten. Deswegen hat die zweite Generation der hier Geborenen bereits einen besseren Bildungsstand als der deutsche Durchschnitt. [...] Die Erwerbsquote ist sehr hoch. Unter türkischstämmigen Einwanderern sind die Frauen oft zu Hause, weil das teilweise kulturell erwünscht ist.
[...]

tagesschau.de: Und werden wir in zehn Jahren noch über Aussiedler reden?

Klingholz: Ich schätze, das ist dann kein Thema mehr. Ähnlich wie die vielen Polnischstämmigen im Ruhrgebiet, die Tilkowskis und Schimanskis, heute nicht mehr als Migranten gesehen werden. Das sind ganz normale Deutsche. [...] Wir werden immer mehr Zuwanderung haben, die wir auch brauchen. Es muss wie in den USA normal sein, dass von 100 Leuten in einem Raum 50 nicht klassisch deutsche Namen haben – wie Müller, Meyer oder Schmidt.

(Aus: Fabian Grabowsky, Diese Integration ist erstaunlich gut gelaufen, in: www.tagesschau.de, 12.01.2011, Zugriff: 25.02.2012)

Als Aussiedler bezeichnet man die Angehörigen deutscher Minderheiten in mehreren Staaten Osteuropas – vor allem im Gebiet der früheren Sowjetunion – deren Familien zum Teil seit Generationen dort gelebt haben. Sie besitzen die deutsche Staatsangehörigkeit und haben das Recht, dauerhaft nach Deutschland zurückzukehren.

„Politik erleben" hat Jugendliche mit Migrationshintergrund zu ihren Vorstellungen von Integration befragt.
Hier ein Beispiel:

Wenn man aus einem anderen Land kommt, ist die erste und größte Hürde die Sprache. Ohne die Sprache zu beherrschen, kann man sich nicht integrieren, man kann seine Meinung nicht äußern und nicht das sagen, was man will. Wenn die Sprache erlernt wurde, ist es wichtig, Freunde zu finden, denn ohne die Unterstützung der anderen ist es schwer, sich in die Welt zu integrieren.

(Jana Trofimova aus der Ukraine, seit acht Jahren in Deutschland)

B Probleme der Integration

Der jährliche Migrationsbericht, den Experten im Auftrag der Regierung erstellen, fasst Fortschritte und Defizite der Integration zusammen. Der folgende Text bezieht sich auf den Migrationsbericht 2010.

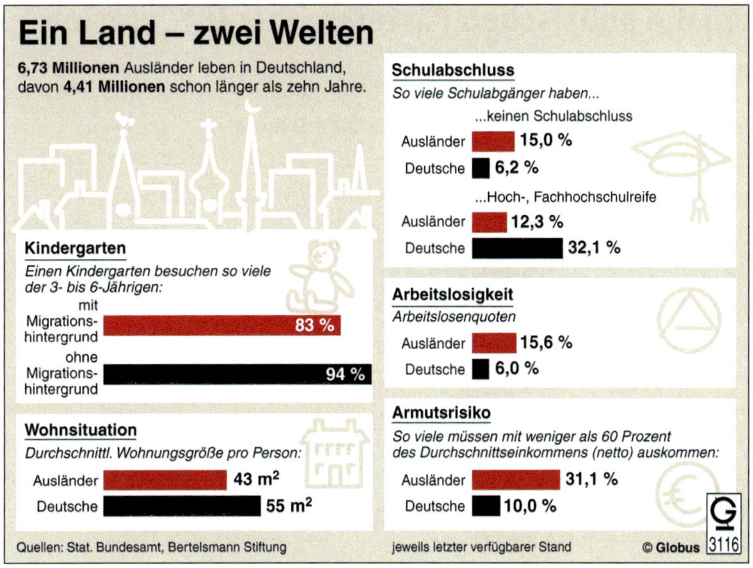

Die Migranten gliedern sich zwar immer besser ein in die Gesellschaft, doch es bleiben gravierende Unterschiede zu den einheimischen Deutschen. Dies macht sich bereits bei der frühkindlichen Bildung in Kindertagesstätten bemerkbar, die als Grundlage für gutes Deutsch gilt. Dem Bericht zufolge lassen Zuwandererfamilien ihre Kinder unter drei Jahren zu 12,2 Prozent und damit viel seltener in einer Kita betreuen als andere (27,7 Prozent). Bei Kindergartenkindern schrumpft diese Lücke deutlich (rund 86 Prozent im Vergleich zu 95). […] Auch beim Thema Schulbildung gibt es eine positive Entwicklung. Migranten bleiben seltener als bisher ohne Schulabschluss, doch das ist immer noch doppelt so häufig wie bei den übrigen jungen Erwachsenen. Die Bundesländer hatten im „Nationalen Integrationsplan" versprochen, die Leistungen der ausländischen Schüler denen der deutschen bis 2012 anzugleichen und die Quote der Schulabbrecher zu halbieren. Dies erscheint unerreichbar. Dass hier noch ein ganzes Stück Arbeit zu bewältigen ist, zeigen die Erwerbslosenzahlen. In den vergangenen sechs Jahren haben zwar viele arbeitslose Zuwanderer einen Job gefunden, doch das Muster, dass sie doppelt so häufig ohne Arbeitseinkommen bleiben, hält sich hartnäckig. […]
Eine weitere Analyse der Zahlen im Bericht zeigt, dass die Erfolge und Misserfolge von Migranten häufig weniger von der Herkunft abhängen als von sozialen Fragen, also ob die Eltern eine Arbeit haben, einen Hochschulabschluss oder an der Armutsgrenze leben.
Die Zahlenreihen illustrieren auch weitere Defizite der Eingliederung, etwa bei der Anwerbung im öffentlichen Dienst. Hier hatten Bund und Länder vereinbart, sich mehr um Migranten zu bemühen, doch ihr Anteil hat seit 2005 sogar leicht abgenommen. Die Zahl der Pädagogen mit Migrationshintergrund in Kindergärten und Schulen ist gewachsen. An anderer Stelle offenbart der Bericht eine Ungleichbehandlung der Zuwanderer, etwa wenn es um eine Mietwohnung geht. In ähnlichen Wohnlagen müssen Migranten häufig mehr Miete bezahlen.

(Aus: Roland Preuß, Wir müssen mehr Tempo machen, in: Süddeutsche Zeitung, 12.01.2012)

1. Warum ist die Integration der Aussiedler eine Erfolgsgeschichte? Erläutere die Gründe (Material A).
2. Erläutere an mindestens zwei Beispielen, welche Erfolge und Defizite der Migrationsbericht sieht. Beziehe dabei auch das Schaubild mit ein (Material B).
3. Welche Schlussfolgerungen sollte die Politik aus dem Migrationsbericht ziehen? Diskutiert darüber in der Klasse.
4. Menschen mit polnischem Migrationshintergrund leben oft seit vielen Generationen im Ruhrgebiet und werden heute als ganz „normale Deutsche" wahrgenommen. Sollte Integrationspolitik dieses Ziel anstreben? Nehmt dazu Stellung.

Wie denken die politischen Parteien über Integration?

Alle demokratischen Parteien sind sich einig, dass Deutschland ein Einwanderungsland ist. Doch vertreten sie unterschiedliche Positionen, wie der Prozess der Integration gestaltet werden soll.

CDU

„Integration bedeutet nicht, dass alle gleich werden, sondern dass alle gleiche Chancen auf Bildung und Wohlstand besitzen. Unser Grundsatz lautet: fördern und fordern. Klare und nachvollziehbare Anforderungen stellen für uns kein Hindernis, sondern die Grundlage für Integration dar. [...] Die Einbürgerung ist Ausdruck eines erfolgreichen Integrationsprozesses. Wer Rechte beansprucht, muss auch Pflichten erfüllen. Ein unverbundenes Nebeneinander und die Bildung von Parallelgesellschaften lehnt die CDU ab."

SPD

„Wer in Deutschland gleiche Chancen haben und nutzen will, muss die deutsche Sprache lernen. [...] Wir wollen die Bildungsangebote verbessern. [...] Integration, auch die sprachliche, gelingt am besten, wenn sie im Kindesalter beginnt. [...] Wir streben die Einbürgerung der zu uns kommenden Menschen an. [...] Dabei schließen wir die Mehrstaatlichkeit nicht aus. Denen, die noch nicht die deutsche Staatsbürgerschaft haben, aber schon längere Zeit hier leben, wollen wir das kommunale Wahlrecht geben, auch wenn sie nicht aus EU-Staaten kommen."

BÜNDNIS 90/DIE GRÜNEN

„Integration fordert nicht die Unterwerfung unter eine ‚deutsche Leitkultur', sondern das Erlernen der Sprache, Respekt vor dem Gesetz und den Werten des Grundgesetzes. Förderung des Spracherwerbs und Zugang zum Arbeitsmarkt sind Schlüsselaufgaben der Integrationspolitik. Außerdem kämpfen wir für das kommunale Wahlrecht für Zugewanderte, eine erleichterte Einbürgerung und die doppelte Staatsbürgerschaft. Integrationskonzepte [wollen wir] frauenspezifisch gestalten und die Rolle von Migrantinnen stärken."

FDP

„Menschen unterschiedlicher Herkunft sind fester Bestandteil einer zukunftsweisenden liberalen Gesellschaft und unserer kulturellen Vielfalt. Jede freiheitliche Gesellschaft beruht auf fundamentalen Gemeinsamkeiten. Hierzu gehören die deutsche Sprache sowie die Akzeptanz der freiheitlich-demokratischen Grundordnung [...]. Dies gilt auch für Religionsgemeinschaften. Unser Ziel ist es, dass Menschen mit Migrationshintergrund gleiche Bildungs- und Berufschancen in unserer Gesellschaft erhalten."

DIE LINKE

„Rechtlich gelten sieben Millionen Menschen als ‚Ausländer'. Denn sie leben hier ohne deutschen Pass, vielfach schon in der zweiten und dritten Generation. [...] Konservative Politiker [...] schüren in Wahlkämpfen immer wieder Ängste vor Ausländern. Solchen Kampagnen tritt DIE LINKE mit aller Kraft entgegen. Migrantinnen und Migranten sind für DIE LINKE keine ‚Gäste auf Zeit'. [...] DIE LINKE will ihre Rechte stärken und ihre Chancen verbessern. ‚Integration' ist eine Aufgabe der gesamten Gesellschaft."

1. Stelle in einer Tabelle stichwortartig die Integrationsziele der Parteien zusammen.
2. Vergleicht eure Ergebnisse mit eurem Banknachbarn.
3. Einmal angenommen, ihr gründet eine neue Partei. Was würde auf eurem Programm stehen? Verfasst zu zweit einen Entwurf mit drei Punkten.
4. Stellt euer Programm in der Klasse vor und diskutiert darüber.

(Alle Texte zitiert nach: Wochenschau, Integration, März/April 2012, S. 4 f.)

Integration

1. Integration ist ein langfristiger Prozess. Beschreibe die einzelnen Stufen mit ihren Merkmalen.
2. Erkläre, warum Parallelgesellschaften problematisch sein können.
3. Fördern und fordern: Erläutere die beiden Aspekte deutscher Integrationspolitik.

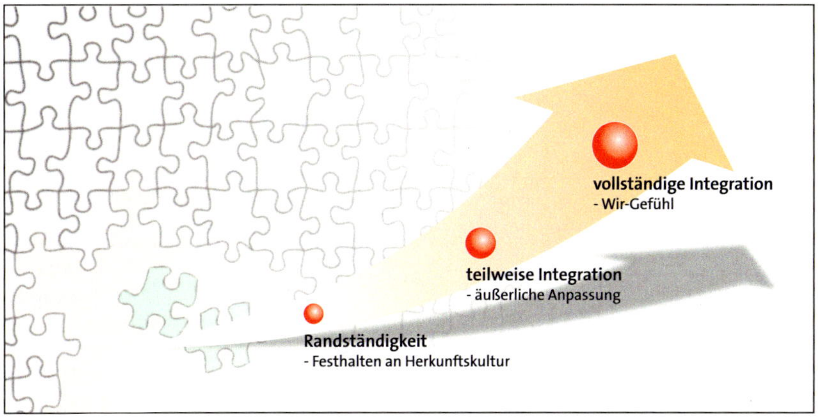

Integration als Prozess

Wenn Menschen in ein fremdes Land kommen, finden sie sich wieder in einer für sie fremden Welt mit eigenen Gesetzen und Regeln. Von ihnen wird verlangt, dass sie möglichst rasch die Sprache erlernen, neue Freunde und Arbeit finden und die Regeln und Werte der neuen Heimat akzeptieren. Diesen Prozess nennt man Integration.
Wissenschaftler gehen davon aus, dass eine vollständige Integration bis zu drei Generationen dauert. Auf dem Weg dorthin werden die Menschen ihre Bindungen an die alte Heimat und ihre Identität in Teilbereichen noch lange aufrechterhalten, zum Beispiel bei ihren Ernährungsgewohnheiten und beim Praktizieren heimatlicher Bräuche.

Schlechte Integration – ein Problem?

Nicht immer gelingt Integration. Manche Migranten versuchen, das Leben der alten Heimat in Deutschland weiterzuführen, sprechen kaum Deutsch, pflegen keinen oder nur sehr wenig Kontakt zu Deutschen und führen ein isoliertes Leben am Rande der Gesellschaft (Randständigkeit). Einige sind auch nur teilweise, zum Beispiel in ihrem Beruf, integriert. In ihrer Freizeit pflegen sie die Kultur ihres Heimatlandes.
Wenn viele Menschen nur wenig integriert sind, können sogenannte Parallelgesellschaften entstehen. In einigen deutschen Großstädten gibt es inzwischen Viertel, in denen fast ausschließlich Menschen mit gleichem Migrationshintergrund zusammenleben. Problematisch werden Parallelgesellschaften vor allem dann, wenn dort andere Regeln gelten und Werte gelebt werden, die von der Mehrheit der Gesellschaft nicht akzeptiert und mit der Demokratie nicht vereinbar sind. So können Spannungen und Konflikte entstehen, die das Zusammenleben in unserer Gesellschaft belasten.

Aufgaben von Staat und Gesellschaft

Integration zu fördern und Migranten in diesem Prozess zu unterstützen, ist eine staatliche Aufgabe. Integrationspolitik folgt dem Konzept des Förderns und Forderns: So hilft der Staat, indem er zum Beispiel kostenlose Sprachkurse anbietet. Das Erlernen der deutschen Sprache ist eine Schlüsselvoraussetzung für Integration. Damit verbunden ist die Forderung an die Migranten, solche Angebote wahrzunehmen. Migranten sollten auch wissen, was in unserer Gesellschaft wichtig ist, und die Werte des Grundgesetzes akzeptieren, zum Beispiel die Gleichberechtigung von Mann und Frau. Auch hier bieten staatliche Stellen Kurse an.
Integration ist eine Leistung, die sowohl Migranten als auch der deutschen Gesellschaft etwas abverlangt. Alle Menschen in Deutschland sind gefordert, Migranten das Gefühl zu vermitteln, willkommen in unserer Gesellschaft zu sein, indem sie ihnen den Zugang zu allen wichtigen Bereichen von Kultur, Wirtschaft und Politik ermöglichen. Vollständig integrierte Migranten fühlen sich in Deutschland zu Hause und in der Mitte der Gesellschaft angekommen. Dabei brauchen sie ihre Wurzeln nicht zu vergessen.

3 Stolpersteine: Was erschwert Integration?

In diesem Unterkapitel lernt ihr zwei wichtige Stolpersteine für Integration kennen. Ihr könnt die Materialien arbeitsteilig mit der Methode Partnerbriefing (Methodenkarte Seite 286) bearbeiten:

- Teilt euch die Beispiele auf. Untersucht zunächst allein euren Stolperstein und bearbeitet die Aufgaben.
- Besprecht dann zu zweit eure Ergebnisse und stellt diese anschließend in der Klasse vor.

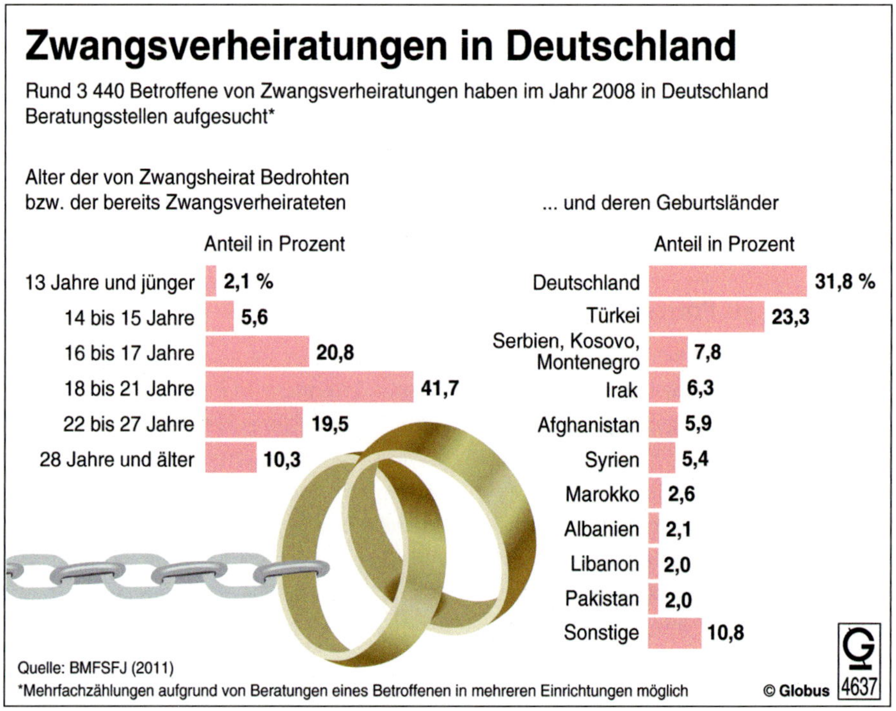

Beispiel 1: Rückständige Traditionen

Aleyna (Name geändert) ging gern zur Schule, sie schrieb gute Noten und machte ihren erweiterten Hauptschulabschluss. „Ich hätte mehr geschafft." [...] Aber Aleyna wurde bewacht: „Mein älterer Bruder beobachtete mich jede Sekunde in den Pausen." Sie wurde zur Schule gebracht und wieder abgeholt. Am Nachmittag musste sie putzen, bügeln, kochen. Und wurde immer wieder geschlagen. Freunde konnte sie nicht haben. Was mit Aleyna geschah, wusste niemand in ihrer Schule: Als sie 15 war, suchten ihre Eltern einen Mann für ihre Tochter. Die Eltern hofften auf das große Geld, der Bräutigam war reich. Die erste Ohrfeige von ihrem Verlobten habe sie bekommen, als sie die Ketchupflasche falsch hingestellt habe, sagt Aleyna. Einige Wochen später zurück in Deutschland, gelang Aleyna die Flucht aus dem kleinen Ort in Niedersachsen. Sie schaffte es in ein Frauenhaus. Dann wurde sie krank, als sie in die Klinik musste, kontaktierte die Versicherung ihre Familie. Einen Tag später holten sie ihre Brüder ab. „Dann gab es nur noch Schläge" und zwei Jahre später wieder ein Flugticket zurück in die Türkei. „Ich sollte jetzt mit einem anderen Mann verheiratet werden, er war mehr als 20 Jahre älter, ein Verwandter der Familie – aber jetzt mussten meine Eltern ja froh sein, dass mich überhaupt jemand nimmt", sagt Aleyna. Monate vergingen, die Familie kehrte zurück nach Deutschland. Und wieder schaffte Aleyna die Flucht, diesmal mithilfe der Polizei. Eine Freundin, die sie im Krankenhaus kennengelernt hatte, gab ihr die Mailadresse von dem Hilfsverein „Hatun und Can". Polizisten holten Aleyna ab. Sie flog in eine große deutsche Stadt. [...] Jetzt arbeitet die 19-Jährige in einer Wirtschaftskanzlei als Sekretärin. „Und ich möchte auf eine Fachoberschule für Sozialwesen gehen", sagt Aleyna. Richtig zu arbeiten sei ihr Traum. „Wenn man Arbeit hat, dann lernt man ganz normale Leute kennen, hat ein ganz normales Leben."

(Nach: Anna Reimann, „Jede Freundschaft basiert auf einer Lüge", in: www.spiegel.de; 29.02.2008, Zugriff: 28.02.2012)

Beispiel 2: Ausländerfeindlichkeit

Mit der Aktion „Rote Karte“ versucht der Deutsche Fußballbund, dem alltäglichen Rassismus in den Stadien entgegenzuwirken.

Rassismus im Fußball

In einem Interview mit SPORT BILD äußert sich der Fußballspieler Adebowale Ogungbure zu diesem Thema:

Sie sind bald acht Jahre hier. Wann wurden Sie zum ersten Mal mit Rassismus konfrontiert?

Es begann vor rund einem Jahr. Wir gewannen 2:0 gegen Pößneck. Da kamen erstmals die U-U-U-U-Rufe, und ein paar Idioten nannten mich immer wieder Bimbo oder Affe. Komisch war: Nach diesem Spiel kam das nachher fast jede Woche vor.

Jede Woche?

Ja. Die ersten zwei, drei Spiele versuchte ich, es zu verdrängen. Einige Leute sagten mir: „Ade, du bist Profi, du musst das ignorieren.“ Nein, ich bin auch ein Mensch. Wenn du das einmal, zweimal, dreimal, viermal hörst, geht es irgendwann nicht mehr. Du kannst an nichts anderes mehr denken, es geht nicht mehr aus deinem Kopf. Du kannst irgendwann einfach nicht mehr.

Sie wurden privat angefeindet?

Ja. Das schlimmste Erlebnis war an einer Ampel. Ich stand da, weil Rot war. Eine ältere Frau und ihr Mann schauten zu mir ins Auto. Sie sagte zu ihrem Mann: „Schau, was der Nigger für ein Auto fährt!“ Ich hatte die Fenster geschlossen, konnte es aber von ihren Lippen lesen. So etwas tut weh.

(Aus: Andreas Böni, Ulrika Sickenberger, Affe, Bimbo, Nigger, in: www.bpb.de, 15.02.2007, Zugriff 28.02.2012)

Ausländerfeindliche Einstellungen unter Jugendlichen weit verbreitet

Etwa jeder siebte Jugendliche (14,4 Prozent) in Deutschland offenbart einer Studie zufolge ein hohes Maß an ausländerfeindlichen Einstellungen. Das berichten der [ehemalige] Bundesinnenminister Wolfgang Schäuble (CDU) und der Direktor des Kriminologischen Forschungsinstituts Niedersachsen, Christian Pfeiffer, aus ersten Ergebnissen des Forschungsprojekts „Jugendliche in Deutschland als Täter und Opfer“. […] Die Quote der Jugendlichen, die der Aussage „In Deutschland gibt es zu viele Ausländer“ uneingeschränkt zustimmten, liegt demnach bei 29,7 Prozent.

(Aus: stj/dpa/ddp, Jeder siebte Jugendliche ist ausländerfeindlich, in: www.focus.de, 17.03.2009, verf. von Stefan Jehle, Zugriff: 29.02.2012)

1. Beschreibe am Beispiel Aleynas, welche negativen Auswirkungen die Unterdrückung in der Familie und das erzwungene Heiraten auf ihr Leben haben.
2. Zwangsheirat ist bereits eine Straftat. Überlege, mit welchen zusätzlichen Maßnahmen die hohe Zahl von Zwangsheiraten reduziert werden könnte.
3. Rassistische Äußerungen sind in Fußballstadien keine Einzelfälle. Erläutere am Beispiel Adebowale Ogungbures, wie solche Äußerungen auf einen Spieler wirken.
4. Fußball ist bei Migranten wie bei Einheimischen gleichermaßen beliebt. Wie könnte man die Macht des Sports nutzen, um Menschen mit Migrationshintergrund besser zu integrieren? Sammelt Vorschläge.

Was auch noch interessant sein kann:

- in einem Sportverein vor Ort eine Erkundung durchführen. Mögliche Themen sind zum Beispiel Anteil von Menschen mit Migrationshintergrund, Aktivitäten zur Integration von Migranten, ausländerfeindliche Einstellungen von Fans etc.

4 Wie ist Integration möglich?

Wenn es um Integration geht, sind beide Seiten gefordert: die Einheimischen und die Migranten. Auf dieser Doppelseite stellen wir euch zwei besonders erfolgreiche Initiativen vor: eine städtische, die von engagierten Deutschen gegründet wurde, und einen Verein, der von türkischstämmigen Jugendlichen in Berlin gegründet wurde. Was macht diese Initiativen so erfolgreich?

Der Kinderkarneval im Stuttgarter „Haus 49" ist genauso bunt wie die Mischung der Nationen im Nordbahnhof-Viertel.

Beispiel 1: Das Bündnis für Integration in Stuttgart

In Stuttgart haben 40 Prozent der Einwohner das, was man landläufig einen „Migrationshintergrund" nennt. Viele Familien kamen schon während der großen Anwerbezeit in den 50ern und 60ern, als man sie noch „Gastarbeiter" nannte und dachte, sie würden nach ein paar Jahren Fließband „beim Daimler" oder bei „Bosch" wieder in ihre Heimat zurückkehren.

Stuttgart – Vorbild für andere Städte

Heute wird Stuttgart für sein im Jahr 2001 ausgerufenes „Bündnis für Integration" überall gelobt. [...] Ihr Integrationsbeauftragter Gari Pavkovic hat Städte wie Köln, München und Frankfurt beraten. Menschen aus 170 Nationen leben in der Stadt. Man spricht so ziemlich jede Sprache.

Bürgerinnen und Bürger engagieren sich

Das Haus 49 ist genau das, was die Stadt ausmacht. Ein Potenzial an engagierten Bürgern, das die Politik nach Kräften unterstützt, und vor allem Migranten, die selbst für Integration sorgen. Im dritten Stock sitzen ein paar zusammen und werden von der Sozialarbeiterin Jutta Horsthenke ermahnt, erst mal Hausaufgaben zu machen statt „Uno" zu spielen. Marko, Vater zugewanderter Italiener, macht also an seinem Rap-Referat für Deutsch weiter. Sydghane ist trotz Englischprüfung relaxt: Er kam 2004 aus Afghanistan, jetzt hat er einen Ausbildungsplatz als Koch. Vor 28 Jahren haben ein paar Eltern der Grund- und Hauptschule Rosensteinschule angefangen, Lernhilfe für Schüler zu geben. Heute haben sie ein eigenes Haus, fünf Hauptamtliche wie Horsthenke und 20 Ehrenamtliche wie Sibel. Sie hat es anderen Helfern zu verdanken, dass sie ihren Notenschnitt von 3,6 in der achten Klasse auf 2,2 in der neunten Klasse verbessern konnte. [...]

Integrationsziele der Stadt

Der Integrationsbeauftragte zählt die Ziele der Stadt auf: Ab dem dritten Lebensjahr soll jedes einzelne Kind gefördert werden. 98 Prozent der Kinder ab dem vierten Lebensjahr haben schon heute einen Platz in einer Kita. Sprachförderung gibt es für Kleinkinder ebenso wie für Gymnasiasten – oder für Eltern: zum Beispiel im Programm „Mama lernt Deutsch". Sport und musikalische Bildung sollen ebenso jedem Kind offenstehen und auch der Unterricht in der jeweiligen Muttersprache. Denn Zweisprachigkeit erhöhe nicht nur die beruflichen Chancen, sondern auch die Exportchancen der Wirtschaft.

(Aus: Ingo Arzt, Technologie, Talente und Toleranz, in: www.taz.de, 25.06.2009, Zugriff: 28.02.2012)

Beispiel 2: Die „DeuKische Generation“

Eine Podiumsdiskussion im Außenministerium über das Image der Türkei und der Türken in den deutschen Medien. Aus dem Zuschauerraum tritt eine junge Frau ans Mikrofon: „Wir sind der Verein ‚Die DeuKische Generation‘: Wir sind deutsch und türkisch. Wir wollen etwas gegen die falschen Vorstellungen über uns türkischstämmige Jugendliche machen.“

Die junge Frau heißt Aylin Selcuk, geht auf ein Elitegymnasium im noblen Berliner Stadtteil Grunewald und hatte bis vor Kurzem selbst die türkischstämmigen Schüler der Hauptschulen über einen Kamm geschoren: „Prolltürken“, die an ihrem Misserfolg in der Schule selbst schuld sind. [...] Doch dann interviewte sie für eine Abi-Abschlussarbeit türkischstämmige Hauptschüler – und lernte deren verletzliche und verzweifelte Seite kennen. „Die Schüler leiden unglaublich unter ihrem Image. Hauptschüler werden nur kritisiert, eine Kinderpsyche kann damit nicht umgehen“, sagte die 18-Jährige jetzt. [...] Hauptschüler und Migrant – das ist gleichzusetzen mit Verlierern, so hören es die Schüler und resignieren. [...] Viele werden mit Sprachdefiziten eingeschult, die sie nicht mehr ausgleichen können, bis bereits im Alter von zehn Jahren die Entscheidung für die weitere Schullaufbahn fällt. Aylin hatte keine Sprachprobleme. [...] „Wäre ich in einem anderen Umfeld aufgewachsen, wäre ich wohl auf der Hauptschule gelandet.“

Weil sie Glück hatte, will sie anderen mit weniger Privilegien helfen und gründete den Verein „Die DeuKische Generation“. Sie ist sich sicher: „Jugendliche hören eher auf Jugendliche.“ Im Internet fand sie 40 Mitstreiter in einem Studentenforum, ein Unternehmensberater hilft bei der Sponsorensuche, die Türkisch-Deutsche Unternehmervereinigung TDU stellt einen Raum zur Verfügung. Mit einer Messe der Berliner Vereine will „Die DeuKische Generation“ die Lust auf Sport, Tanz und Musik im Verein wecken – als Alternative zum Abhängen auf der Straße. Mit der Aktion sollen auch die Eltern angesprochen werden, die oft zu wenig über die Angebote im Verein wüssten, sagt Aylin. Außerdem ist eine Imagekampagne geplant. Der Verein will einen Werbespot realisieren, der bundesweit gesendet werden soll und ironisch mit den Vorurteilen gegenüber türkischstämmigen „Macho-Jungs“ umgeht.

Die Botschaft: Lasst euch nicht von der harten Schale der Jungs abschrecken, achtet mehr auf das Potenzial, das in ihnen steckt.

(Aus: Alexander Bürgin, Das Potenzial der Generation DeuKisch, in: www.spiegel.de, 20.03.2007, Zugriff: 27.02.2012)

Der Name ist aus einem Wortspiel entstanden: türkisch + deutsch = DeuKisch. Der Verein hat inzwischen Preise für sein Engagement bekommen. 2011 bot die DeuKische Generation an Berliner Schulen im Rahmen des Projektes „Youth4All“ Workshops an, die die Kommunikation zwischen Lehrern und Eltern verbessern sollen.

1. Erläutere, welche Ziele sich die beiden Initiativen gesetzt haben und mit welchen Maßnahmen sie diese verfolgen.

2. Erstelle anhand der Texte eine Liste von Erfolgsfaktoren für eine erfolgreiche Integration.

Was auch noch interessant sein kann:

- im Internet nach weiteren Projekten von jungen Menschen mit Migrationshintergrund recherchieren und diese in der Klasse vorstellen (zum Beispiel unter www.gofeminin.de, www.mitarbeit.de, www.quantara.de).

Wir bilden uns ein Urteil zur Integration von Migranten

Die Integration von Menschen mit Migrationshintergrund ist Gegenstand vieler Diskussionen, auch im privaten Kreis. Dabei werden häufig Meinungen vertreten, die nicht begründet werden können. Es handelt sich in diesem Fall um Vorurteile. Ihr sollt euch zu solchen Aussagen ein eigenes Urteil bilden. Wie ihr dabei vorgehen könnt, erfahrt ihr auf der Methodenkarte „Urteilskompetenz trainieren“ auf Seite 180.

1. Wähle zwei aus den vier Aussagen aus und bilde dir ein eigenes Urteil. Lies dazu die Informationen auf der folgenden Seite, ziehe zusätzlich eigene Erfahrungen sowie deine bisherigen Arbeitsergebnisse aus dem Unterkapitel heran.
2. Tauscht euch mit einem Partner aus und ergänzt eventuell die Begründungen.
3. Präsentiert euer Urteil vor der Klasse.

1. „Die meisten Migranten wollen sich gar nicht integrieren und bleiben lieber unter sich.“

2. „Migranten nehmen Deutschen Arbeitsplätze weg.“

3. „Migranten liegen dem Staat auf der Tasche.“

4. „Migranten werden häufiger als Deutsche kriminell.“

1. Muslime leben in Deutschland weitgehend unter sich. Statistisch betrachtet sind unter den drei wichtigsten Freunden hiesiger Muslime 0,7 Deutsche. [...] Immerhin gibt es Kontakte. Die Mehrheit der Muslime besucht wenigstens gelegentlich Deutsche und wird von Deutschen besucht. Und: Die meisten wünschen sich mehr Kontakt zu Einheimischen.

(Aus: Was man wissen sollte, Die Zeit, 04.05.2006, S. 3ff.)

Migrantinnen und Migranten bringen ein hohes Engagementpotenzial mit. 20 % der Personen mit Migrationshintergrund haben sich bereits an Entscheidungen über die eigene Nachbarschaft beteiligt; 42 % würden sich gerne beteiligen. Die Migranten der zweiten Generation sind fast so häufig ehrenamtlich aktiv wie Einheimische ohne Migrationshintergrund.

(Aus: Global Lernen, Migration, 2011-2, S. 9)

2. Die 137 000 türkischen, italienischen und griechischen Betriebe in Deutschland haben insgesamt etwas mehr als 600 000 Angestellte. Hinzu kommt die nur sehr vage abzuschätzende Zahl von Mitarbeitern, die bei Zuwanderern anderer Herkunft beschäftigt sind. Insgesamt stellen Migranten zwischen drei und vier Prozent aller Arbeitsplätze in Deutschland bereit, viele davon im Gastgewerbe (Italiener und Griechen) und im Einzelhandel (Türken). Da diese Unternehmen vorzugsweise Landsleute einstellen, entlasten sie den Arbeitsmarkt in einem problematischen Bereich: bei den Jobs für Geringqualifizierte mit mäßigen Deutschkenntnissen.

(Aus: Was man wissen sollte, Die Zeit, 04.05.2006, S. 3 ff.)

Seit einigen Jahren kann der deutsche Arbeitsmarkt den Bedarf an Fachkräften, vor allem im Gesundheitssektor und in technischen Berufen, nicht mehr decken. Die Zuwanderer der jüngsten Generation sind meist hochqualifiziert und entlasten den deutschen Arbeitsmarkt.

3. Zuwanderer tragen mehr zur Finanzierung des Sozialstaats bei, als sie ihn kosten. [...] Ursache dieser Bilanz ist, dass der negative Effekt der hohen Arbeitslosigkeit unter Ausländern überwogen wird von zwei positiven Effekten, die weniger im Blickpunkt der Öffentlichkeit stehen: Zuwanderer erreichen Deutschland in der Regel als junge Erwachsene, in einem Alter also, in dem sie sofort zu Steuer- und zu Beitragszahlern der Sozialversicherungen werden können, während Kinder und Jugendliche mehr kosten, als sie leisten. Außerdem erwerben Zuwanderer infolge ihrer vergleichsweise kurzen Erwerbsbiografien in Deutschland und ihrer relativ schlecht bezahlten Arbeit niedrigere Rentenansprüche als Deutsche.

(Aus: Was man wissen sollte, Die Zeit, 04.05.2006, S. 3 ff.)

4. Das stimmt, wenn man nur die Anzahl der angezeigten Straftaten betrachtet. Ein Fünftel davon geht auf das Konto von „Nichtdeutschen“, obwohl sie nur neun Prozent der Bevölkerung stellen. Vor allem bei Gewaltdelikten sind Ausländer stark überrepräsentiert. Tendenz: sinkend. Etwa ein Drittel der Anzeigen wegen Mord, Vergewaltigung und Raub werden gegen Ausländer erstattet. Diese Daten, so betonen Kriminologen und auch die Polizei, sind jedoch mit Vorsicht zu lesen. Ein Drittel der ausländischen Straftäter werden zwar in der Kriminalstatistik, nicht jedoch in der Bevölkerungsstatistik erfasst, weil sie illegal im Land leben oder als Touristen (Hooligans!) kommen. Zudem sind in Deutschland lebende Ausländer jünger und häufiger männlichen Geschlechts, fast die Hälfte von ihnen lebt in schlechteren städtischen Bezirken. Die Gruppe der Deutschen und die der Ausländer sind daher aus demografischen Gründen kaum zu vergleichen.

(Aus: Was man wissen sollte, Die Zeit, 04.05.2006, S. 3 ff.)

Nach der polizeilichen Kriminalstatistik ist der Anteil der nichtdeutschen Tatverdächtigen nach einem Anstieg zu Beginn der 1990er-Jahre seit 1993 stark und kontinuierlich von 33,6 % auf 21,3 % im Jahr 2009 gesunken. In dieser Statistik sind die inzwischen eingebürgerten Migranten und die Aussiedler, die sofort einen deutschen Pass erhalten, nicht erfasst.

Methodenkarte 10

Urteilskompetenz trainieren

Thema: Integration

A Worum geht es?

Meinungsfreiheit ist ein grundlegendes Recht und ein grundlegender Wert in der Demokratie. Manch einer denkt, eine eigene Meinung zu haben, sei gar nicht schwierig. Man kann zum Beispiel alle Migranten für faul halten. Wer so denkt, macht es sich allerdings zu einfach. Man behauptet etwas, weil es bequem ist und weil man sich nicht wirklich mit der Sache auseinanderzusetzen braucht, über die man spricht. Meinungen, die man von anderen übernimmt, ohne sich zu informieren und diese zu überprüfen, sind häufig Vorurteile. Sie sind ungerecht, weil sie unzulässig verallgemeinern. Sie sind unmenschlich, weil sie ganze Gruppen ausgrenzen.

Kompetent lässt sich eine Meinung vertreten, wenn sie zum Urteil gereift ist. Dazu gehört, dass man lernt, einen eigenen Standpunkt zu einem umstrittenen Thema zu entwickeln, den man mit möglichst überzeugenden Argumenten begründen kann. Man kann die eigene Position und die Begründungen in Worte fassen und ist bereit und in der Lage, sich auf faire Weise mit anderen auseinanderzusetzen. Die Summe dieser Fähigkeiten nennt man Urteilskompetenz.

B Fünf Schritte auf dem Weg zur eigenen Urteilsbildung

1. Man muss wissen, worum es geht.

Ein Urteil kann man sich nur bilden, wenn man das Thema kennt und weiß, dass es dazu verschiedene Ansichten gibt. In diesem Fall geht es um die Integration von Menschen mit Migrationshintergrund. Eine umstrittene Behauptung lautet zum Beispiel: Migranten haben gar kein Interesse, sich in die deutsche Gesellschaft zu integrieren.

2. Überlege, welche Erfahrungen du mit dem Thema gemacht hast.

Überprüfe anhand deiner eigenen Erfahrungen, ob die Behauptung zutrifft. Kennst du zum Beispiel Menschen mit Migrationshintergrund, die sich so verhalten? Findest du Beispiele, die das Gegenteil beweisen?

3. Finde heraus, warum andere Leute andere Meinungen haben.

Versuche herauszufinden, welche Gründe bei anderen Menschen dazu führen können, dass sie in Diskussionen diese Behauptung vertreten.

4. Entscheide dich, welchen Standpunkt du einnehmen willst.

Zu einem begründeten Urteil findest du, wenn du die Gründe für und gegen eine Aussage sorgfältig abwägst. Wichtig ist, dass du dich gründlich informierst und auch unterschiedliche Meinungen zur Kenntnis nimmst.

5. Begründe dein Urteil mithilfe von Kriterien.

Je besser es dir gelingt, deinen Standpunkt zu begründen, desto besser entwickelt sich deine Urteilskompetenz. Persönliche Urteile kann man begründen mit Beispielen, persönlichen Erfahrungen, Untersuchungsergebnissen (zum Beispiel aus Umfragen) und auch mit Überzeugungen anderer, die man Texten und sonstigen Veröffentlichungen zum Thema entnommen hat. Solche Merkmale, die dazu dienen, ein Urteil zu begründen, bezeichnet man als Kriterien. Das sind Prüfsteine, die man immer wieder verwenden kann, um eine Sache kompetent zu beurteilen.

Wir bewerten Vorschläge zur Integration

1. Lege eine Tabelle an und sortiere die Vorschläge in deinem Heft.
2. Tauscht euch mit eurem Banknachbarn aus und entscheidet euch gemeinsam für die drei wichtigsten Maßnahmen.
3. Stellt eure Ergebnisse in der Klasse vor.

Halte ich für nicht so wichtig	Halte ich für besonders wichtig	Begründung
?	?	?

- Deutschpflicht an allen Schulen einführen (Unterricht und Pausen)
- Integrationsarbeit von Vereinen verstärkt unterstützen
- Infostände gegen Ausländerfeindlichkeit organisieren
- Kindergartenbesuch für alle Kinder ab drei Jahren verpflichtend machen
- Mehr Polizisten und Lehrer mit Migrationshintergrund einstellen
- Einen arbeitsfreien muslimischen Feiertag in Deutschland einführen
- Straßenfeste mit ausländischen Mitbürgern organisieren
- Integrationshelfer bereitstellen
- Den Besuch von Integrationskursen zur Pflicht machen
- Mehr Förderunterricht für Kinder und Jugendliche mit Migrationshintergrund

Einwanderung nach Deutschland

Station 1 Warum kommen Menschen nach Deutschland?

Eines der jungen Mädchen auf dem Foto gehört zu den über sieben Millionen Menschen in Deutschland, die einen ausländischen Pass haben. Wir wissen nichts Näheres über sie. Es gibt mehrere Möglichkeiten, warum sie mit ihren Eltern ihre Heimat verlassen haben könnte.

- Ergänze den Lückentext mit jeweils unterschiedlichen Gründen, warum dieses Mädchen nach Deutschland gekommen sein könnte.

„Ich heiße … und wurde in … geboren. Meine Eltern verließen vor … Jahren ihre Heimat, weil … Wir können heute in Deutschland leben, weil …"

Station 2 Wie ist es um die Integration bestellt?

Bundesministerium des Innern
Bundesamt für Migration und Flüchtlinge

Migrationsbericht

des Bundesamtes für Migration und Flüchtlinge im Auftrag der Bundesregierung

Migrationsbericht 2010

www.bmi.bund.de

Zahlenpuzzle

Die folgenden Zahlen werden im Migrationsbericht der Bundesregierung genannt. Erläutere anhand der Zahlen drei Probleme der Integration von Migranten.

12,2 | 31,1 | 6,2 | 15 | 27,7 | 15,6 | 10

Station 3 Stolpersteine der Integration

Wähle ein Beispiel aus und erkläre in einem kurzen Text, warum dieses ein Stolperstein für die Integration ist.

Station 4 Wie ist Integration möglich?

Einmal angenommen …

In einer Diskussion wirst du mit einer der folgenden Aussagen konfrontiert:

Migranten liegen dem Staat nur auf der Tasche.

Die meisten Migranten wollen sich gar nicht integrieren.

1. Entscheide dich für eine der beiden Aussagen und erkläre deinem Gesprächspartner, warum es sich bei dieser Aussage nicht um ein politisches Urteil handelt.
2. Erkläre ihm die fünf Schritte der Urteilsbildung.
3. Beurteile die von dir gewählte Aussage. Achte dabei besonders darauf, dein Urteil überzeugend zu begründen.

8 Soziale Sicherung heute und morgen

Wie viel Schutz kann und soll der Staat den Menschen bieten?

1. Allein nachdenken

Sozial eingestellt sein, darunter verstehe ich …

2. Zu zweit beraten

Was brauchen wir, um sozial sicher leben zu können?

3. In der Klasse sammeln

Sozialstaat Deutschland: Was soll er bieten? Was soll er fordern?

Bei der Arbeit an diesem Kapitel könnt ihr …

- erklären, was junge Leute mit dem Sozialstaat zu tun haben,
- über die unterschiedlichen Vorstellungen von sozialer Gerechtigkeit miteinander diskutieren,
- darstellen, wie das System der sozialen Sicherung funktioniert,
- Vorstellungen entwickeln, wie ihr euch später im Leben vor Armut im Alter schützen könnt,
- überlegen, welche staatlichen Möglichkeiten der Armutsbekämpfung sinnvoll sind.

Eigene Schwerpunkte könnt ihr setzen, indem ihr …

- Freunde, Verwandte und Bekannte zum Thema Kinderarmut befragt,
- selbst entscheidet, wie ihr euch eine gerechte Besteuerung von Löhnen und Einkommen vorstellt,
- ein eigenes Schaubild zum Thema soziale Sicherung gestaltet.

1 Sozialstaat in Deutschland: Was geht das Jugendliche an?

„Soziale Sicherung, Sozialstaat? Das sind Themen für Rentner, Kranke, Notleidende, Arbeitslose – aber doch nicht für Jugendliche." So oder ähnlich äußern sich manchmal junge Leute. Stimmt das eigentlich? Tauscht zu Beginn dazu eure Gedanken aus.

A Beispiele

Karina, Katja und Joca: Was haben sie mit dem Sozialstaat zu tun?

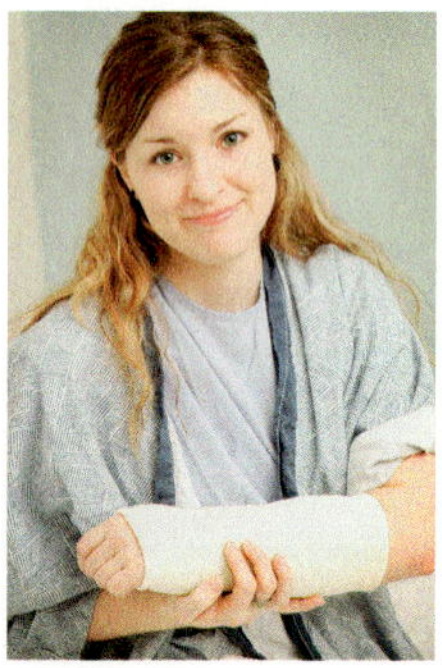

Katja hatte Pech

Sie wollte doch nur diesen kleinen Felsen hinaufklettern. Ganz vorsichtig trat sie von einem Vorsprung zum anderen. Doch dann rutschte sie mit dem rechten Fuß ab. Ihre Hände verloren den Halt und Katja stürzte – zwar nur zwei Meter tief, aber das reichte für eine Gehirnerschütterung und den komplizierten Bruch eines Handgelenks. Eine Woche lang musste Katja im Krankenhaus bleiben. Drei Wochen fehlte sie an ihrem Ausbildungsplatz zur Hotelkauffrau.
Die ärztlichen Behandlungskosten übernahm Katjas Krankenversicherung fast vollständig, obwohl die Behandlung mehrere Tausend Euro kostete. Sie ist eine der Sozialversicherungen, in die Katja eingebunden ist.

Karina ist happy

Sie hat es geschafft, den Ausbildungsplatz zur IT-Systemkauffrau zu bekommen, den sie sich so sehr gewünscht hat. Wenn man sie fragt, ob sie in einer guten sozialen Gemeinschaft lebt, sagt sie „Ja" und denkt dabei an ihre Familie, ihre Freunde und auch schon an ihre neuen Arbeitskolleginnen und -kollegen. Karina ist aber auch Teil eines „sozialen Netzes". Der Staat kümmert sich um sie, obwohl Karina das kaum bemerkt. Wie alle anderen Auszubildenden ist auch sie in der Sozialversicherung pflichtversichert. Alles, was mit der Anmeldung zusammenhängt, hat ihr Arbeitgeber für sie erledigt. Da Karina unter 18 Jahre ist, musste sie vor Beginn der Ausbildung eine ärztliche Bescheinigung vorlegen, dass sie für den Beruf geeignet ist. Den Berechtigungsschein dafür hat sie von der Stadtverwaltung bekommen. Die Untersuchung war kostenlos.

Joca ist stolz

Als Auszubildender zum Mechatroniker wurde er bei den Betriebsratswahlen in die Jugend- und Auszubildendenvertretung seines Betriebes gewählt. Nun hat er die Aufgabe, die Interessen aller Azubis zu vertreten. Unter anderem kümmert sich Joca darum, dass die Bestimmungen des Jugendarbeitsschutzgesetzes von den Ausbildern und der Geschäftsleitung eingehalten werden. Wenn Joca seinen Großeltern erzählt, wie weit die gesetzlichen Schutzbestimmungen für die Lehrlinge in seinem Betrieb reichen, können die nur anerkennend staunen.

B Hintergründe
Gesetzliche Regelungen zum Schutz Jugendlicher

Pflichtversicherungen für Auszubildende

Alle Berufsanfänger sind in der Sozialversicherung pflichtversichert. Wenn ein Arbeitgeber sie nicht bei der Unfall-, Renten- und Arbeitslosenversicherung anmeldet, dann macht er sich sogar strafbar! Die Krankenkasse, bei der man kranken- und pflegeversichert sein will, kann man sich selbst aussuchen. [...] Vom ersten Tag der Ausbildung an besteht Versicherungsschutz. Der ist zwar nicht kostenlos, aber die Arbeitnehmer müssen ihre Beiträge für die Renten-, Arbeitslosen-, Kranken- und Pflegeversicherungen nicht allein finanzieren. Der Arbeitgeber steuert die Hälfte bei. Einen kleinen Teil müssen die Arbeitnehmer allerdings zusätzlich selbst bezahlen.

Jugend- und Auszubildendenvertretung (JAV)

Die JAV ist eine spezielle Interessenvertretung für junge Arbeitnehmer, die eng mit dem Betriebsrat zusammenarbeitet. Sie achtet unter anderem darauf, dass die für Jugendliche und Auszubildende relevanten Gesetze, Tarifverträge und Betriebsvereinbarungen im Unternehmen eingehalten werden.

Arbeitsschutz

Durch das Jugendarbeitsschutzgesetz und die Kinderarbeitsschutzverordnung werden Minderjährige vor Arbeit bewahrt, die zu früh beginnt, zu lange dauert, zu schwer ist, sie gefährdet oder für sie ungeeignet ist. Vollzeitschulpflichtige Jugendliche dürfen nur leichte Nebentätigkeiten ausüben.
Wer 13 Jahre alt ist, darf mit Erlaubnis der Eltern beispielsweise Babysitten, Zeitungen austragen oder Nachhilfeunterricht geben – jedoch höchstens zwei Stunden am Tag. Auch für Ferienjobs gelten strenge Regeln: So dürfen Jugendliche bis 18 Jahre höchstens vier Wochen im Jahr, maximal acht Stunden am Tag und nicht mehr als fünf Tage in der Woche arbeiten.

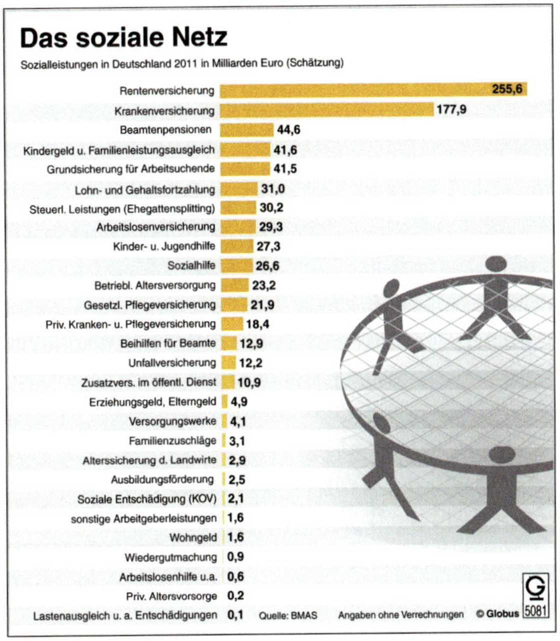

Schutz in Kita, Schule und Universität

Kinder in Tageseinrichtungen, Schüler sowie Studierende fallen unter die Schülerunfallversicherung. [...] Neben dem Schulunterricht stehen zum Beispiel Schulausflüge, Schulreisen, Sport und andere Veranstaltungen ebenfalls unter dem Versicherungsschutz.

Ausbildungsförderung (BAföG)

Das Bundesausbildungsförderungsgesetz (BAföG) soll jungen Menschen die Chance geben, eine Ausbildung zu machen, auch wenn sie oder ihre Eltern dazu nicht die nötigen finanziellen Mittel haben. BAföG können beanspruchen: Auszubildende an Berufsfachschulen, Fachschulen und Fachoberschulen; ebenso Jugendliche, die ihren Schulabschluss im zweiten Bildungsweg an Abendhauptschulen, -realschulen oder -gymnasien nachholen.

(Alle Texte auf dieser Seite aus: Sozialpolitik – ein Heft für die Schule, hrsg. von der Arbeitsgemeinschaft Jugend und Bildung e. V. in Zusammenarbeit mit dem Bundesministerium für Arbeit und Soziales, Ausgabe 2010/2011)

1. Was haben Katja, Karina und Joca mit dem Sozialstaat zu tun?
2. Stellt zusammen, welche Hilfen der Staat speziell für junge Leute anbietet.
3. Welche Sozialleistungen in Deutschland kommen in besonderer Weise Kindern und Jugendlichen zugute? Betrachtet dazu das Schaubild und notiert die Ergebnisse.
4. Was entgegnet ihr Leuten, die davon überzeugt sind, sie hätten mit dem Thema „soziale Sicherung" nichts zu tun?

Jung, gesund, arbeitslos, abhängig von staatlicher Hilfe: Wie kann das vermieden werden?

Jugendliche haben es nicht immer leicht auf ihrem Weg in die berufliche Zukunft. Wer keinen qualifizierten Schulabschluss schafft, findet auch nicht leicht einen Ausbildungsplatz und landet möglicherweise in der Gruppe der jungen Leute, die auf staatliche Unterstützung angewiesen sind. Zukunft Hartz IV? Was kannst du von nun an tun, um diese Perspektive zu vermeiden? Wer ist noch gefordert, jungen Leuten den Weg in die finanzielle Selbstständigkeit zu erleichtern: die Eltern, die Schule, die Unternehmen, die Politik? Über diese Fragen könnt ihr miteinander nachdenken.
Tipp: Lest die Texte allein. Bewertet dann die Thesen auf der folgenden Seite und tauscht euch darüber aus.

Andrea will nicht von Hartz IV leben

Andrea will nicht glauben, dass sie keine Perspektive haben soll. Sie ist siebzehn und in der Abschlussklasse der Fröbelschule. (Das ist eine Förderschule mit dem Förderschwerpunkt Lernen, Anmerkung des Herausgebers) Sie ist fleißig, hört immer zu, bemüht sich, damit ihr Leben doch noch einen anderen Weg nimmt als den, der ihr so deutlich vorgezeichnet zu sein scheint. Andrea will nach der Schule nicht von Hartz IV leben. „Ich möchte auf jeden Fall eine Ausbildung machen", sagt sie bestimmt und wirkt plötzlich gar nicht mehr so verschüchtert wie zuvor. […] Der Vater hat seit fünf Jahren keine Arbeit mehr. Er hat Maler gelernt und seinen Meister gemacht, danach auch mal als Maurer gearbeitet. „Jetzt kann ich in beiden Berufen nicht mehr arbeiten, da ich einen Herzinfarkt hatte und eine Krebsoperation hinter mir habe", sagt er. Ihr Vater glaubt, dass Andreas Zukunft so ähnlich aussehen wird wie seine Gegenwart: keine Arbeit, eine Wohnung, die der Staat bezahlt. Mehr könne seine Tochter wohl nicht erreichen. Andrea hat ihm erzählt, dass auch Lehrer in der Schule glauben, dass mit einem Abschluss an der Förderschule nichts anderes möglich sei als Hartz IV. […] „Ich sehe das anders", sagt Andrea. „Wenn ich mich wirklich bemühe, dann schaffe ich es auch. Man muss es nur wirklich wollen und wenn man es will, dann schafft man es auch." Ihr Vater nickt. Aber überzeugt ihn das, was seine Tochter sagt? „Die Andrea hat sich da jetzt um zwei, drei Ausbildungsplätze bemüht", sagt er, „und wenn wir Glück haben, dann klappt es bei Kaufland." Fester Glaube klingt anders.

(Aus: Julia Frierich/Eva Müller/Boris Baumholt: Deutschland dritter Klasse. Leben in der Unterschicht, Hamburg 2010, S. 27f., gekürzt)

Was tun, um erfolgreich zu sein?

Wer keinen Beruf gelernt hat, dessen Chancen auf einen Job werden künftig sogar noch geringer sein als heute. Er wird auf Unterstützung angewiesen sein und somit die Steuerzahler und die Sozialversicherten sehr viel Geld kosten. Schuld an der hohen Zahl junger Leute ohne Berufsausbildung und den daraus entstehenden Belastungen der Gesellschaft sind allerdings nicht allein die Unternehmen. Schon seit mindestens zehn Jahren beklagen die Handwerksfirmen, bei denen traditionell immer noch am meisten Hauptschüler unterkommen, den mangelnden Wissensstand ihrer Bewerber. […]
Man kann von den Unternehmen erwarten, dass auch sie Verantwortung für die Zukunft Deutschlands und seiner Kinder übernehmen – dass sie möglichst vielen jungen Menschen eine Chance geben. Sie würden davon

sogar selbst profitieren, indem sie einem künftigen Facharbeitermangel vorbeugen. Allerdings kann man von der Wirtschaft nicht erwarten, dass sie alle Versäumnisse im bisherigen Leben ihrer Lehrlinge ausbügelt. Und vor allem, das wird nicht gelingen. Für viele arme Jugendliche ist es bereits zu spät. Politik und Gesellschaft können den Schwarzen Peter nicht einfach den Arbeitgebern unterjubeln. Wer möchte, dass sich Deutschlands Jugend einst im Beruf bewährt, der muss sie rechtzeitig unterstützen. Er muss sie aus der Armut holen und frühzeitig fördern, bildungsfernen Eltern Hilfestellung geben und ihren Kindern in der Schule eine Chance gewähren, statt sie in Resignation und Abwehr zu treiben. Nur so werden aus Kindern einmal Jugendliche, die den immer anspruchsvolleren Berufen in unserer hoch technisierten Welt gewachsen sind.

(Aus: Ulrike Meyer-Timpe: Unsere armen Kinder – Wie Deutschland seine Zukunft verspielt, München 2008, S. 176f.)

Besondere Hilfen für benachteiligte Kinder und Jugendliche

2011 hat der Bundestag ein Bildungspaket zur Förderung von Kindern und Jugendlichen aus finanziell schlecht gestellten Familien verabschiedet. Auf Antrag können Betroffene, deren Eltern von Hartz IV leben, Zuschüsse zur Verbesserung ihrer Lernmöglichkeiten erhalten. Unter anderem gibt es jährlich 100 Euro in bar zum Kauf von Schulbedarf. Jugendliche, die keinen Ausbildungsplatz finden, unterstützt der Staat, indem er ihnen in den Arbeitsagenturen einen festen Ansprechpartner zur Seite stellt. Dieser hilft ihnen bei der Suche nach einem Ausbildungsplatz, einem Praktikum oder einer berufsvorbereitenden Maßnahme. Betriebe, die sich bereit erklären, Jugendlichen ein halbjähriges betriebliches Eingliederungspraktikum anzubieten, erhalten dazu einen Zuschuss von 212 Euro im Monat plus einen Anteil an den Kosten der Sozialversicherung (Stand 2013). Jugendlichen mit Migrationshintergrund, die Schwierigkeiten mit der deutschen Sprache haben, werden kostenlos Deutschkurse angeboten. Bei all diesen Maßnahmen setzt der Staat auch auf die eigenverantwortliche Mitarbeit der betroffenen Jugendlichen. Lehnt ein Jugendlicher Hilfsangebote ab, können finanzielle Leistungen gestrichen und durch Sachleistungen wie Kleidung oder Lebensmittelgutscheine ersetzt werden.

(Weitere Informationen über staatliche Leistungen findet ihr auf der Homepage des Bundesministeriums für Arbeit und Soziales unter www.bmas.de.)

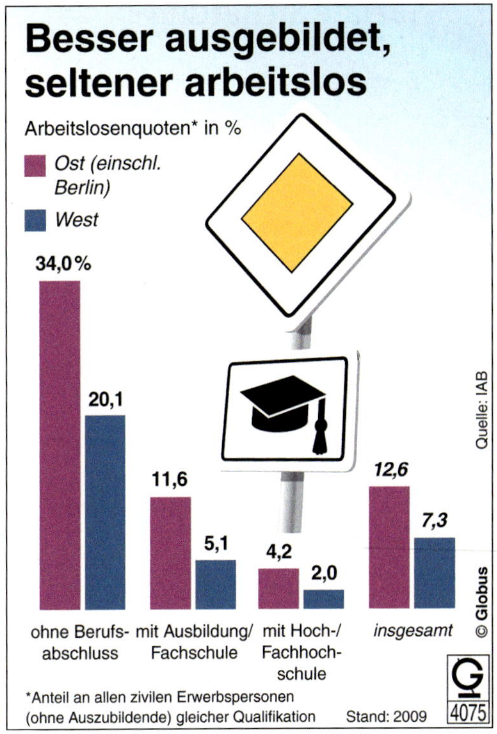

1. Thesen zur Bewertung und Diskussion:

Andreas Vater hat Recht, wenn er einsieht, dass seine Tochter keine Chance hat.	stimme zu	stimme nicht zu
Andrea hat Recht, wenn sie das ganz anders sieht.		
Von den Unternehmen erwarte ich, dass sie Verantwortung übernehmen und mehr junge Leute einstellen.		
Der Sozialstaat muss Jugendliche besser unterstützen, damit sie sich im Beruf bewähren können.		

2. Von wem hängt es ab, dass Jugendliche nach der Schulzeit nicht von staatlicher Unterstützung abhängig sind: von den Eltern, der Schule, den Unternehmen, der Politik oder von den Jugendlichen selbst? Formuliert dazu eure Stellungnahme.

Soziale Sicherung

1. Beschreibe, was ein Sozialstaat ist und welche Pflichten der Staat darin übernimmt.

2. Begründe, warum sowohl Solidarität als auch Eigenverantwortlichkeit von grundlegender Bedeutung für den Sozialstaat sind.

3. Veranschauliche die Grundidee des Sozialstaates mithilfe der Zeichnung. (Der Adler steht für die staatliche Macht.)

Sozialstaat Deutschland

> Die Bundesrepublik Deutschland ist ein demokratischer und sozialer Bundesstaat. (Artikel 20, Satz 1 des Grundgesetzes)

Deutschland ist ein Sozialstaat. Dieses grundlegende Merkmal des Staates ist im Grundgesetz festgelegt. Die Grundidee des Sozialstaates ist, dass die Menschen füreinander einstehen. Sie bilden eine Solidargemeinschaft, in der die Gesunden Verantwortung für die Kranken übernehmen und die Starken für die Schwachen. Im Sozialstaat übernimmt der Staat die Pflicht, für den sozialen Schutz seiner Bürgerinnen und Bürger zu sorgen und ihnen ein menschenwürdiges Leben zu ermöglichen. Er strebt eine Politik an, welche die Herstellung sozialer Gerechtigkeit zum Ziel hat.

Bausteine der Sozialpolitik

Unter Sozialpolitik versteht man alle Maßnahmen, welche die Menschen in Risikosituationen schützen. Die Grundbausteine der Sozialpolitik bilden die gesetzlichen Sozialversicherungen. Fünf Versicherungsarten gehören dazu: die Arbeitslosenversicherung, die Krankenversicherung, die Rentenversicherung, die Pflegeversicherung und die Unfallversicherung.
Vom ersten Tag des Berufslebens an sind alle Auszubildenden in einer betrieblichen Ausbildung in diesem System pflichtversichert. Mit regelmäßigen Beiträgen finanzieren die Arbeitnehmerinnen und Arbeitnehmer die Versicherungsleistungen etwa zur Hälfte selbst und erwerben so einen persönlichen Anspruch für den Schadensfall. Versicherungsbeiträge werden automatisch vom Lohn einbehalten. Ihre Höhe kann man der monatlichen Lohnabrechnung entnehmen.
Sozialpolitik umfasst noch mehr als den gesetzlichen Versicherungsschutz. Elterngeld, Kindergeld, Wohngeld und anderes mehr sind weitere staatlich finanzierte Bausteine, die der sozialen Sicherung dienen.
Ein wichtiger Baustein ist auch die Sozialhilfe. Sie steht nur Menschen zu, die dem Arbeitsmarkt nicht zur Verfügung stehen und sich in einer Notlage befinden, die sie aus eigener Kraft nicht bewältigen können. Die Sozialhilfe ist das letzte Auffangnetz im System der sozialen Sicherung.
Gesetze zum Schutz der Menschen am Arbeitsplatz sind ebenfalls ein Bestandteil von Sozialpolitik. Das Verbot von Kinderarbeit und die besonderen Schutzbestimmungen für Jugendliche gehören dazu.

Solidarität und Eigenverantwortlichkeit

Das sind zwei grundlegende Prinzipien, auf denen die soziale Sicherung beruht. *Solidarität* bedeutet, dass Menschen zusammenhalten und sich gegenseitig beschützen und dass der Staat ihnen eine Verantwortung für alle Mitglieder der staatlichen Gemeinschaft abverlangt. Konkret bedeutet das: Wer viel verdient, zahlt höhere Beiträge in das soziale Netz ein als Menschen mit geringem Einkommen.
Eigenverantwortlichkeit heißt, dass man nicht untätig bleiben darf und den Staat für sich sorgen lässt. Jeder Mensch ist verpflichtet, alles zu unternehmen, um sich aus eigener Kraft aus einer sozialen Notlage zu befreien. In diesem Bemühen wird er von der Gemeinschaft unterstützt.

Diskussion: Was bedeutet Gerechtigkeit in der Sozialpolitik?

Geht es euch auch so? Wir können relativ gut erklären, was wir unter Ungerechtigkeit verstehen. Wenn es aber darum geht, Gerechtigkeit zu definieren, fällt uns die Antwort schwerer. So ist es auch in der Politik. Der Sozialstaat verpflichtet die Regierungen dazu, für soziale Gerechtigkeit zu sorgen. Zur Frage, welche Politik sozial gerecht ist, gibt es allerdings sehr unterschiedliche Auffassungen.

Position 1: Grundprinzip Solidarität

Für ein Höchstmaß an sozialer Gerechtigkeit sorgt der Staat, wenn er keine große Kluft zwischen armen und reichen Menschen im Land duldet. Solidarität lautet hier das Grundprinzip der Sozialpolitik. Aus einem Zusammengehörigkeitsgefühl heraus stehen alle füreinander ein. Wohlhabende geben einen großen Teil ihres Reichtums in Form von Steuern und Sozialbeiträgen ab. Mit diesem Geld wird ein umfangreiches System sozialer Hilfen finanziert, das den Geringverdienern zur Verfügung steht. Diese Auffassung wird auch als *Wohlfahrtsstaat* und als *skandinavisches Modell* bezeichnet.

Position 2: Grundprinzip Eigenverantwortung

Sozial gerecht ist eine Politik, die den Bürgerinnen und Bürgern ein Höchstmaß an Freiheit lässt und ihnen möglichst wenig Steuern und Sozialabgaben abverlangt. Dazu gehört auch die Freiheit, selbst zu entscheiden, ob man sich versichert und ob man von seinem Reichtum an andere abgibt. Eigenverantwortliches Handeln ist hier das Grundprinzip von sozialer Gerechtigkeit. Wer arm ist, muss alles tun, um sich selbst aus der Armut zu befreien. Der Staat sichert mit geringen Sozialleistungen nur das blanke Überleben. Den Reichen Geld abzunehmen, um es den Armen zu geben, wird als eher ungerecht empfunden. Diese Auffassung wird auch als *amerikanisches Modell* bezeichnet.

Position 3: Grundprinzipien Eigenverantwortung plus Solidarität

Sozial gerecht ist die Politik, wenn sie den Menschen eine soziale Grundversorgung garantiert. Staatliche Hilfen sollen vor allzu großer materieller Not schützen und den Betroffenen ein menschenwürdiges Leben ermöglichen. Sie dürfen aber nicht so hoch ausfallen, dass den Betroffenen der Anreiz genommen wird, von sich aus aktiv zu werden. Soziale Gerechtigkeit entsteht aus einer Kombination von Solidarität und Eigenverantwortung. Sozial gerecht ist es, wenn die Reichen stärker vom Staat zur Kasse gebeten werden. Allerdings dürfen auch Wohlhabende nicht zu sehr mit Steuern und Abgaben für Sozialleistungen belastet werden.

Stichwort Gerechtigkeit

In diesem Wort stecken zwei Begriffe: Recht und richtig. Gerecht handelt man, wenn man es im Rahmen der Gesetze tut und zusätzlich überlegt, ob das Handeln richtig ist. Richtig heißt in diesem Falle: Entspricht mein Handeln meinen eigenen innersten Überzeugungen davon, wie ich mir das Zusammenleben der Menschen vorstelle? Weil die Definition von Gerechtigkeit von den persönlichen Werten abhängt, die man zugrunde legt, kann es keine allgemeingültige Auffassung geben.

1. Arbeitet die Unterschiede zwischen den drei Positionen heraus.
2. Notiert und begründet, welcher Auffassung ihr euch anschließen könnt.
3. Vergleicht eure Ergebnisse (das geht zu zweit oder zu dritt).
4. Stellt eure Positionen vor und diskutiert in der Klasse.

2 Was leistet die Sozialversicherung?

Warum ist Sandrine sauer auf den Staat?

Sandrine M. ist enttäuscht. In ihrem Ausbildungsvertrag zur Industriekauffrau steht, dass sie im ersten Lehrjahr 721,00 Euro Vergütung erhalten wird. Als dann das erste selbst verdiente Geld auf das neu eröffnete Girokonto überwiesen wird, ist die Ernüchterung groß. Gerade 570,49 Euro stehen auf dem Kontoauszug auf der Haben-Seite. Hat man sich in der Personalabteilung geirrt? Die Gehaltsabrechnung bringt Klarheit.

Vergütung brutto:	721,00€	Kirchensteuer:	0,00€	Arbeitslosenversicherung:	10,82€
Auszuzahlender Nettobetrag:	570,49€	Krankenversicherung:	59,12€	Pflegeversicherung:	8,83€
Lohnsteuer:	0,00€	Rentenversicherung:	71,74€		

Zu Hause spricht Sandrine mit ihrem Vater

Sandrine: Warum muss ich 150,51 Euro für Versicherungen bezahlen? Ich habe doch gar nichts unterschrieben. Ich sehe auch nicht ein, dass ich mit siebzehn Jahren schon Rentenversicherung bezahlen soll. Dafür ist doch später noch Zeit genug, ich denke, ich werde das kündigen.

Vater: Du kannst keine von diesen vier Versicherungen kündigen. Du unterliegst nämlich der gesetzlichen Versicherungspflicht. Per Gesetz sind alle Arbeitnehmer dazu verpflichtet, Vorsorge zu treffen für Krankheit, Alter, Arbeitslosigkeit und für den Pflegefall.

Sandrine: Das ist ein schöner sozialer Schutz, wenn ich alles selbst bezahlen muss.

Vater: Stimmt nicht. Die Beiträge zu den Pflichtversicherungen zahlst du nur zur Hälfte. Die andere Hälfte legt dein Arbeitgeber drauf. Die Unfallversicherung, die dich auf dem Weg zum und am Arbeitsplatz schützt, zahlt der Arbeitgeber sogar allein. Und das alles reicht noch immer nicht aus, um die Riesensummen aufzubringen, die insgesamt in unserer Gesellschaft für die Altersversorgung, Gesundheitspflege und Arbeitslosenunterstützung aufgebracht werden müssen. Viele Milliarden müssen aus dem allgemeinen Steueraufkommen hinzugezahlt werden.

Sandrine: Ich sehe überhaupt nicht ein, dass ich mit 17 schon auf Geld wegen einer Rente verzichten muss, die vielleicht einmal in 50 Jahren fällig wird. Heute könnte ich das Geld viel besser gebrauchen. Später, wenn ich alt sein werde, habe ich wahrscheinlich nicht mehr so viele Wünsche.

Vater: Das sagt sich jetzt so leicht. Denk mal daran, dass die Rentner von heute auch einmal 17 Jahre alt waren. Irgendwann wirst du einsehen, dass es gut war, zur Vorsorge verpflichtet zu sein.

Sandrine: 71 Euro und 74 Cent Rentenversicherung und den gleichen Anteil nochmal vom Arbeitgeber dazu. Das kommt mir verdammt viel vor. Da muss doch später einmal genug Geld angespart sein, um meine Rente zu finanzieren. Und trotzdem höre ich überall, dass die Jungen sich Sorgen um ihre soziale Absicherung machen.

Vater: Die soziale Rentenabsicherung wird wohl bleiben, aber nicht in der Höhe, wie sie bisher staatlich garantiert werden konnte. Das Problem ist einerseits, dass weniger Kinder geboren werden, die später Rentenbeiträge einzahlen, andererseits hat das Problem eigentlich auch eine schöne Seite. Du und deine Generation, ihr habt eine viel höhere Lebenserwartung als die Menschen früher und heute in meinem Alter. Die Leute beziehen schon heute viele Jahre länger Rente als früher. Das verteuert natürlich die Kosten.

Sandrine: Na, dann will ich hoffen, dass ich später noch lange etwas von dem vielen Geld habe, das ich heute abgeben muss.

Die fünf Säulen der gesetzlichen Sozialversicherung

Bis zum Ende des 19. Jahrhunderts mussten sich Alte und Kranke auf die Unterstützung der Familie verlassen. Stets konnte ein Unfall oder eine Krankheit die Existenzgrundlage von Familien zerstören. 1883 verabschiedete der damalige Reichstag auf Druck der Arbeiterbewegung das erste Krankenversicherungsgesetz. Das war der Einstieg in das System der gesetzlichen Sozialversicherung, dem nach und nach viele Schritte folgten. Heute besteht die gesetzliche Sozialversicherung aus fünf Säulen.

Säule 1: Rentenversicherung

Der größte Posten der Renten sind die Altersrenten. Die Höhe der Renten richtet sich unter anderem danach, wie lange der Beschäftigte gearbeitet und wie viel er verdient hat. Daneben zahlt die gesetzliche Rentenversicherung auch Renten an Hinterbliebene und an kranke Menschen, die schon vor Erreichen des Rentenalters nicht mehr arbeiten können. Vorher führt die Rentenversicherung jedoch Reha-Maßnahmen durch, damit Kranke wieder dauerhaft in die Arbeitswelt eingegliedert werden können.

Säule 2: Krankenversicherung

Jeder muss eine Krankenversicherung haben. Die Leistungen der Krankenkassen sind gesetzlich festgeschrieben und für alle gleich. Neben den Kosten für Heilbehandlungen trägt die gesetzliche Krankenversicherung auch die Kosten der Vorsorgeuntersuchungen. Krankengeld wird gezahlt, wenn die Lohnfortzahlung des Arbeitgebers wegfällt – längstens für 78 Wochentage derselben Erkrankung in einem Zeitraum von drei Jahren.

Säule 3: Arbeitslosenversicherung

Nur wer in den letzten zwei Jahren mindestens ein Jahr lang versicherungspflichtig beschäftigt war und seinen Job verliert, erhält Arbeitslosengeld. Wie lange das Arbeitslosengeld gezahlt wird, ist vom Alter und von der Beschäftigungsdauer abhängig (für unter 55-Jährige höchstens ein Jahr). Danach gibt es das Arbeitslosengeld II (Hartz IV), das dem Niveau der früheren Sozialhilfe entspricht. 2013 liegt der Regelsatz für Erwachsene bei 382 Euro.

Säule 4: Unfallversicherung

Für die gesetzliche Unfallversicherung müssen Arbeitgeber Beiträge an die Berufsgenossenschaften entrichten. Bei Arbeitsunfällen oder Unfällen auf dem Weg zu oder von der Arbeit zahlt die Unfallversicherung die Heilkosten und die Kosten für die Wiedereingliederung in den Beruf. Bei bleibenden Schäden zahlt sie auch eine Unfallrente an den Geschädigten oder bei dessen Tod an die Hinterbliebenen.

Säule 5: Pflegeversicherung

Die gesetzliche Pflegeversicherung wurde 1995 als fünfter Zweig der Sozialversicherung zur Absicherung des Risikos der Pflegebedürftigkeit eingeführt. Sie unterstützt Pflegebedürftige und pflegende Angehörige, abhängig vom Grad der Pflegebedürftigkeit und davon, ob die Pflege zu Hause, ambulant oder im Heim vorgenommen werden muss.

(Alle Texte auf dieser Seite aus: Soziale Sicherung und private Vorsorge; Magazin für Schülerinnen und Schüler, hg. von der Stiftung Jugend und Bildung, Ausgabe 2011/2012, S. 8f.)

1. Warum ist Sandrines Bruttolohn nicht die Summe, die ihr tatsächlich ausgezahlt wird?
2. Welche fünf Informationen über die gesetzliche Sozialversicherung möchtest du dir langfristig merken? Notiere sie und vergleiche mit einem Lernpartner.
3. Wie viele andere junge Leute auch, hat Sandrine keine Lust dazu, schon in jungen Jahren Rentenversicherungsbeiträge zu bezahlen. Bewertest du das als kluge oder als unkluge Einstellung?

Schaubilder erstellen

Thema: Soziale Sicherung

A Worum geht es?

Bei allen Entwicklungen und Veränderungen im Sozialstaat spielen Zahlen eine besondere Rolle. Das gilt zum Beispiel, wenn man erklären will, wie sich die staatlichen Leistungen über die Jahre hinweg entwickelt haben, oder zur Veranschaulichung der Veränderungen beim Wohngeld, beim Kindergeld usw. Mit Zahlen gespickte Texte sind schwierig zu lesen. Deshalb stellt man Zahlen gerne in Form von Schaubildern dar. Sie haben den Vorteil, dass sie eine Fülle von Informationen auf begrenztem Raum vermitteln und die dazu notwendigen Zahlenangaben einprägsam visualisieren.

B Wie macht man das?

Einfache Schaubilder könnt ihr ganz leicht selbst herstellen. Diagramme sind grafische Darstellungen von Zahlenwerten. Alle gängigen Computerprogramme bieten zu den verschiedenen Diagrammformen die technischen Hilfen an, die man zur Erstellung benötigt. Auch ohne Computer können einfache Diagramme auf kariertem Papier gezeichnet werden.

Schritte zur Vorgehensweise

1. Thema auswählen
   Worüber wollen wir informieren?
2. Informationen sammeln
   Welche Zahlen sollen verwendet werden?
3. Diagrammform wählen
4. Schaubild entwerfen und überarbeiten
5. Schaubild präsentieren
   Je nach Thema kommen unterschiedliche Diagrammformen infrage.

Kreisdiagramm

Man verwendet einen Kreis zur Herstellung einer Gesamtmenge = 100 Prozent. Die Teilmengen werden dann in Form von Tortenstücken eingezeichnet. Beachtet werden muss, dass die Größe der Tortenstücke dem prozentualen Anteil entspricht.

Säulen- und Balkendiagramm

Verschiedene Zahlenwerte werden mithilfe unterschiedlich großer Säulen verdeutlicht. So lässt sich die Entwicklung eines Wertes durch die Form der Säulen veranschaulichen. Ordnet man die Säulen horizontal an, spricht man von einem Balkendiagramm.

Kurvendiagramm

Hierbei verzichtet man auf Säulen und Balken und zeigt die Entwicklung mit einer Kurve an. Die Linie kann in einem Koordinatensystem verlaufen. Im Beispiel rechts zeigt die X-Achse den Zeitverlauf an und die Y-Achse die Zahl der Geburten.

C Worauf muss man besonders achten?

Alle Diagramme müssen mit einem Titel versehen sein und die Quelle angeben, aus der die Zahlen stammen. Bei Kurven- und Säulendiagrammen sollte man unterschiedliche Farben verwenden.

Beispiele für Kuchen-, Säulen- und Kurvendiagramme

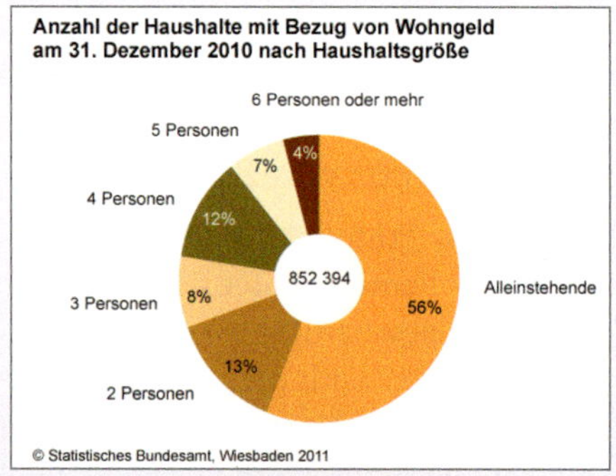

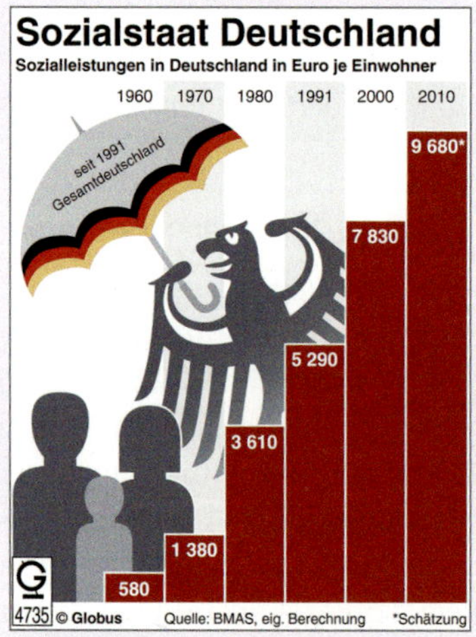

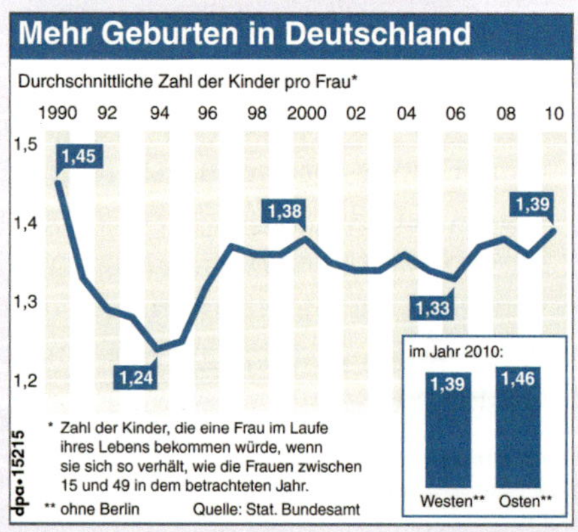

Wir entwerfen Schaubilder zu Themen im Sozialstaat

Hier erhaltet ihr vier Informationstexte über Entwicklungen und Veränderungen im Sozialstaat Deutschland. Die Informationen daraus sollen in Form von Schaubildern anschaulich visualisiert werden. Ihr könnt zunächst Entwürfe anfertigen, die ihr zu einem späteren Zeitpunkt mithilfe eines Computerprogramms in eine abschließende Form bringen könnt. Für die Entwürfe benötigt ihr Lineal, Zirkel, Geodreieck, kariertes Papier und einige Farbstifte.

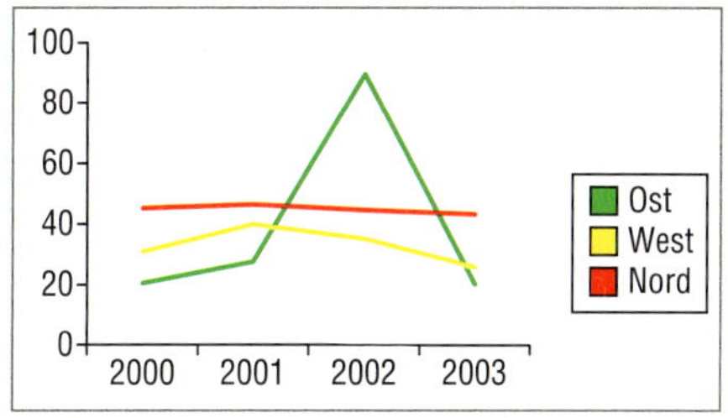

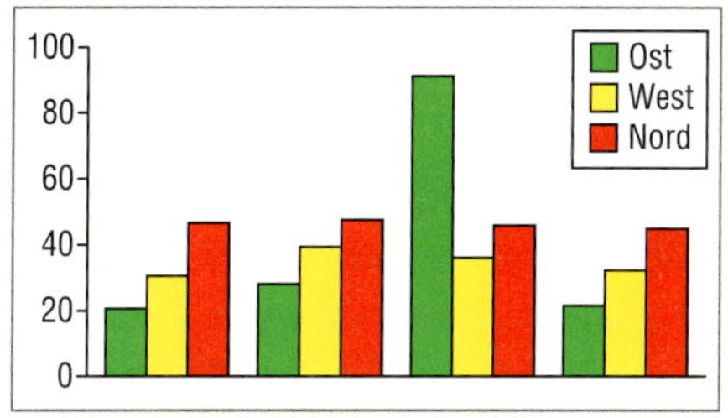

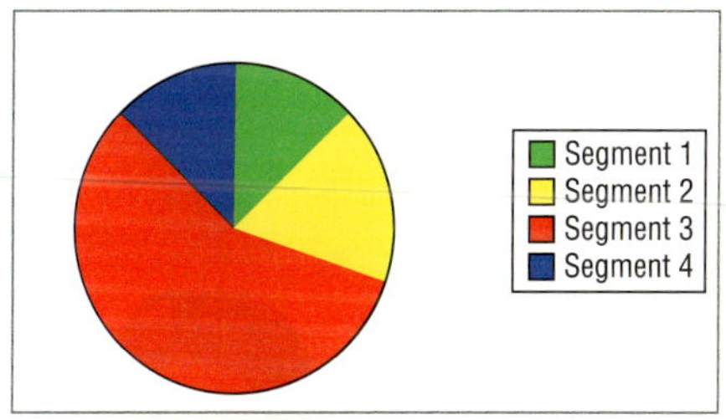

Euer Auftrag:
- Wählt pro Team einen Text zur Bearbeitung aus.
- Entscheidet euch für eine Diagrammform.
- Plant den Entwurf.
- Verseht euer Diagramm mit einer Überschrift, der Quellenangabe und eventuell mit einer Information über die Art der verwendeten Zahlen.
- Überlegt, mit welchen mündlichen Erklärungen ihr das Diagramm vorstellen wollt.
- Präsentiert Diagramm inklusive mündlicher Erklärung.

Tipp: Das geht sehr gut in Partnerarbeit.

A Die staatlichen Ausgaben zur Finanzierung der Leistungen im Sozialstaat stiegen zwischen 1990 und 2010 dramatisch an. 1990 gab der Staat insgesamt 338 Milliarden für Sozialleistungen aus, 1995 560 Mrd., 2000 644 Mrd., 2005 703 Mrd. und 2010 791 Mrd.
Quelle: Bundesministerium für Arbeit und Soziales (BMAS)

B Die Kosten aller Sozialleistungen werden zu einem großen Teil aus Steuermitteln finanziert. 2010 trug der Bund 24,3 % der Kosten, die Länder 8,7 % und die Gemeinden 9,5 %. 29 % trugen die privaten Haushalte zur Finanzierung bei und 26,7 % die Unternehmen.
Quelle: Bundesministerium für Arbeit und Soziales (BMAS), geschätzt

C Von je 100 Einwohnern bestritten im Jahr 2010 ihren Lebensunterhalt überwiegend durch ihren Beruf 43 %, durch Unterhalt von Angehörigen 26 %, durch Rente und Pensionen 23 %, durch Arbeitslosengeld und Hartz-IV 6 %, Sonstiges 2 %. Quelle: Statistisches Bundesamt

D Für Kinder und Jugendliche betrugen 2013 die Hartz-IV Regelsätze (Arbeitslosengeld II) 224 Euro für Kinder bis 6 Jahre; 255 Euro für 7–13-Jährige; für 14–18-Jährige 289 Euro (im Vergleich: für Erwachsene 382 Euro).
Quelle: Bundesregierung

Notiert am Ende der Übung die 3, 4 oder 5 Zahlen, die ihr euch langfristig merken wollt.

Was auch noch interessant sein kann:
- eine Abstimmung grafisch darstellen: Ermittelt in der Klasse, welche Schülerinnen und Schüler den Sozialstaat in Deutschland für (a) sehr gerecht halten, (b) für einigermaßen gerecht, (c) für eher ungerecht und (d) für völlig ungerecht. Stellt das Befragungsergebnis in einem Schaubild dar.

3 Wie können junge Leute für ihr Alter vorsorgen? Das Problem der Renten

Eine Einstiegsübung für alle
Es ist zugegeben eine schwierige Übung, sich jetzt schon vorzustellen, wie das sein wird, wenn du einmal alt sein wirst. Versuche es und notiere deine Antwort auf die Frage:

- Was will ich erreicht haben, wenn ich einmal alt bin und in Rente gehe?

Tipp: Für die Bearbeitung der Abschnitte A, B und C könnt ihr Dreiergruppen bilden. Jeder aus der Gruppe bearbeitet zunächst einen Abschnitt allein. In den Gruppen werden die Arbeitsergebnisse reihum vorgestellt.

Wer sich als junger Mensch fragt, wie viel Rente er im Alter bekommen wird, spricht damit ein ebenso wichtiges wie schwieriges Thema an, über das auch die Expertinnen und Experten diskutieren. Die Rentenversicherung ist die teuerste aller Pflichtversicherungen. Die Beiträge dazu werden von Beginn des Berufslebens an fällig. Was geschieht mit meinen Beiträgen? Wie viel Rente werde ich bekommen? Was kann ich noch tun, um mich vor Altersarmut zu schützen? Das sind die Fragen, um die es in diesem Unterkapitel geht.

A Die Ausgangslage: Ein Vertrag zwischen den Generationen

Zwischen der jungen und der alten Generation gilt das Prinzip, dass die arbeitenden Jungen durch ihre Beiträge, die sie in die Rentenversicherung zahlen, die Renten der heutigen Rentner finanzieren. Die junge beitragszahlende Generation ist darauf angewiesen, dass wiederum die nachfolgenden Generationen bereit sind, das Gleiche zu tun. Dieses Prinzip wird *Generationenvertrag* genannt. Er ist nicht schriftlich festgelegt, sondern ein unausgesprochener Vertrag zwischen den Generationen – also ein gesellschaftliches Übereinkommen.

Das Umlageverfahren

Die gesetzliche Rentenversicherung wird seit dem Jahr 1957 über das sogenannte Umlageverfahren finanziert. Das bedeutet, dass das Geld der Beitragszahler direkt für die Zahlung der Renten des nächsten Monats verwendet wird. Ein Rentner erhält sein Altersgeld also aus den Beiträgen, welche die Erwerbstätigen und Arbeitgeber – je zur Hälfte – im Vormonat gezahlt haben. Da diese Beiträge seit längerer Zeit nicht mehr ausreichen, um alle Renten auszuzahlen, stellt der Bund zusätzlich Steuergelder zur Verfügung.

141 055

Im Jahr 2009 waren das 57,3 Milliarden Euro. (2011: 58,8 Milliarden Euro, Anmerkung des Herausgebers) […] Wer Beiträge in die gesetzliche Rentenversicherung zahlt, erwirbt einen Rechtsanspruch darauf, später selbst eine Rente zu erhalten. Wie hoch diese ausfallen wird, hängt in erster Linie davon ab, wie lange jemand berufstätig war, wie viel man verdient hat und in welchem Alter man in Rente geht.

(Aus: Sozialpolitik – ein Heft für die Schulen, Hrsg: Arbeitsgemeinschaft Jugend und Bildung e.V. Wiesbaden, in Zusammenarbeit mit dem Bundesministerium für Gesundheit und soziale Sicherung. Ausgabe 2010/2011, S. 27)

1. Bearbeiter/in von Teil A: Nach dem Lesen solltest du das Schaubild zum Generationenvertrag erläutern, das Umlageverfahren erklären und darstellen, wovon die Höhe der Altersrente abhängt.

B Das Problem: Was wird denn nun aus meiner Rente?

Zukunftsvision – Deutschland im Jahr 2050

Wiesbaden: Die Hälfte der Bevölkerung ist älter als 48 Jahre, ein Drittel mindestens 60 Jahre. Die Einwohnerzahl wird vermutlich von heute 82,5 Millionen auf das Niveau des Jahres 1963 (rund 75 Millionen Einwohner) gesunken sein. Durchschnittlich wird jede Frau weiterhin nicht mehr als 1,4 Kinder zur Welt bringen, die Lebenserwartungen werden bei Jungen auf 81,1 Jahre und bei Mädchen auf 86,6 Jahre steigen. Warum es zu diesem Bevölkerungsrückgang kommt? Wie schon seit 30 Jahren werden auch in den nächsten fünf Jahrzehnten mehr Menschen sterben, als Kinder zur Welt kommen. Es wird angenommen, dass die heutige jährliche Geburtenzahl von ca. 730 000 auf etwa 560 000 im Jahr 2050 sinkt. Das heißt, die Zahl der Neugeborenen wird dann nur noch halb so hoch sein wie die Zahl der jährlich Gestorbenen.

(Nach: Statistisches Bundesamt, aus: Sozialpolitik – ein Heft für die Schule, Ausgabe 2006/2007, hrsg. von der Arbeitsgemeinschaft Jugend und Bildung e.V. Wiesbaden, S. 30)

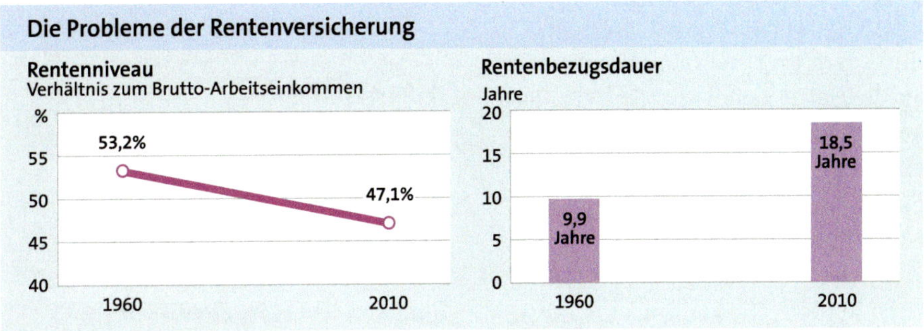

Demografischer Wandel

Nur 16 von hundert Jugendlichen zwischen 14 und 17 Jahren glauben, dass sie später einmal eine Rente erhalten werden. Das ergab eine Befragung des Emnid-Instituts. Tatsächlich ist die gesetzliche Rentenversicherung seit Langem ein Sorgenkind im System der Sozialversicherungen. Die Ursache für die Krise der Rente hat eigentlich erfreuliche Hintergründe. Die Lebenserwartung steigt und damit auch die Dauer des Rentenalters. Die Zahl der Kinder nimmt ab, weil die Geburtenrate zurückgeht. Insgesamt vollzieht sich ein Prozess der Alterung (siehe Vision 2050). Das hat zur Folge, dass die Zahl derjenigen, die Beiträge in die Rentenversicherung einzahlen, zurückgeht, während die Zahl derjenigen steigt, die Anspruch auf eine gesetzliche Rente haben. Diese Veränderung in der Altersstruktur der Bevölkerung wird als *demografischer Wandel* bezeichnet. Unter Demografie versteht man den Altersaufbau einer Bevölkerung. Das bedeutet für die Zukunft: Immer weniger Junge finanzieren die Rente für immer mehr Alte, die noch eine immer längere Lebenserwartung haben.

2. Bearbeiter/in von Teil B: Du solltest die wichtigsten Zahlen aus der Zukunftsvision erläutern und erklären, was man unter dem demografischen Wandel versteht.

C Die Zukunft: Wie reagiert die Politik auf den demografischen Wandel?

In den vergangenen Jahren sind eine Reihe von Gesetzen zur Reform des Rentensystems verabschiedet worden. Eine der beschlossenen Maßnahmen sieht vor, dass die Höhe der gesetzlich garantierten Rente abnimmt. Wer heute in das Berufsleben einsteigt, muss damit rechnen, im Alter weniger als die Hälfte seines letzten Netto-Einkommens als garantierte Rente zu erhalten.

Eine weitere beschlossene Maßnahme ist die Förderung der privaten Altersvorsorge. Wer zusätzlich zur gesetzlichen Rentenversicherung eine Privatversicherung abschließt, wird dabei vom Staat finanziell unterstützt.

Darüber hinaus ist die Zukunft der Rente Gegenstand der politischen Auseinandersetzung zwischen den Parteien. Folgende Vorschläge werden diskutiert:

- Verlängerung der Lebensarbeitszeit auf bis zu 70 Jahren und mehr,
- Anhebung der monatlich zu zahlenden Rentenbeiträge,
- staatlich garantierte Zusatzrenten für alle diejenigen, die wegen eines geringen Verdienstes auch nur eine geringe Rente erhalten,
- Einführung einer staatlich garantierten Grundrente für alle Menschen im Alter (möglicherweise finanziert durch Steuererhöhungen),
- mehr Investitionen in das Bildungssystem, weil eine gute Bildung am ehesten vor Arbeitslosigkeit und damit auch vor Altersarmut schützt,
- mehr Flexibilität und mehr Eigenverantwortung in der Vorsorge. Der Staat erhöht seine Leistungen nicht und überlässt es jedem Einzelnen, für sein Alter vorzusorgen.

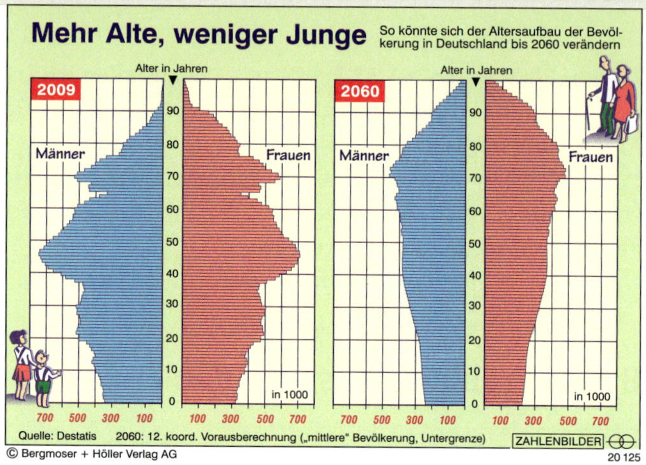

© Bergmoser + Höller Verlag AG

Wie reagierst du?

Für ein behagliches Ruhepolster im Alter werden die Renten aus der gesetzlichen Rentenversicherung künftig alleine nicht mehr ausreichen. [...] So können die Angehörigen der jüngeren Generation zwar davon ausgehen, dass die Beiträge zur gesetzlichen Rentenversicherung auch in zwanzig oder dreißig Jahren noch bezahlbar sein werden. Die Konsequenz daraus ist aber, dass sie für vergleichsweise niedrigere Renten länger arbeiten und zur Sicherung ihres Lebensstandards im Alter nebenbei eine private Altersvorsorge aufbauen müssen.

(Text aus Schmidt Zahlenbild Nr. 149394, 2007)

Die private Altersvorsorge wird für junge Leute, die in das Berufsleben einsteigen, immer wichtiger sein. Expertinnen und Experten raten dazu, möglichst frühzeitig zusätzlich zur gesetzlichen Rentenversicherung eine weitere private Versicherung abzuschließen, um sich vor Altersarmut zu schützen.

Darüber hinaus wird den Jugendlichen geraten, sich auf ihre eigene Bildung zu konzentrieren. Eine gute Bildung gilt als Schlüssel für ein erfolgreiches Berufsleben und bietet daher auch einen vergleichsweise guten Schutz vor allzu geringer Rente und Armut im Alter.

3. Bearbeiter/in von Teil C: Du erläuterst, was die Politik bisher unternommen hat und welche Vorschläge politisch diskutiert werden. Darüber hinaus stellst du vor, wie jeder Einzelne Vorsorge für das Alter treffen kann.

Das könnt ihr gemeinsam in den Gruppen tun:

4. Veranschaulicht den demografischen Wandel am Beispiel der Veränderungen in der Altersstruktur der Bevölkerung und erläutert die Problematik, die sich daraus für den Erhalt des Generationenvertrages ergibt.

5. Private Altersversorgung: Kein Muss, aber ein Plus! Diskutiert über diesen Slogan in der Gruppe und stellt eure Ansichten in der Klasse vor.

Rentenproblem, Umlageverfahren, Generationenvertrag, demografischer Wandel im Spiegel der Karikatur

1. Auf welches Problem bezieht sich die Karikatur?
2. Was ist dargestellt?
3. Welche Wirkungsabsicht soll erzielt werden?
4. Welche Gedanken und Gefühle zum dargestellten Problem löst sie beim Betrachter aus?

Euer Auftrag:

- Jede(r) von euch interpretiert eine der Karikaturen mithilfe der „Vier-Fragen-Deutung" (vgl. S. 356).
- Als besonderer Schwerpunkt eurer Interpretationen verwendet ihr dabei die Begriffe *Umlageverfahren*, *Generationenvertrag* und *demografischer Wandel* und erklärt sie.

Tipp: Bildet Dreiergruppen und teilt die Karikaturen auf. Jedes Gruppenmitglied verfasst einen kurzen Text. Diese werden in der Gruppe vorgestellt. In der Gruppe wählt ihr die Karikatur (und den Text dazu) gemeinsam aus, mit der sich das Rentenproblem am besten darstellen lässt, und präsentiert sie in der Klasse.

4 Armut in Deutschland: Was kann die Politik dagegen tun?

Deutschland ist ein reiches Land. Trotzdem wächst die Zahl derer, die in soziale Not geraten und auf die Hilfe des Staates angewiesen sind. Kinder sind besonders häufig die Leidtragenden dieser Entwicklung. Was geht in den Kindern vor, die ins soziale Abseits geraten? Tut der Staat genug, um ihnen zu helfen? Um diese Fragen geht es auf den nächsten Seiten. Betrachtet zunächst die Fotos. Bearbeitet anschließend die Berichte von Sahar und Mathias.

Eine Einstiegsübung für alle
Erzählt euch gegenseitig:
Welche Gedanken und Gefühle zum Thema Armut lösen die Fotos auf dieser Seite in euch aus?

Dass Kinder, die in Armut leben, nicht nur unter einem Mangel an regelmäßigen Mahlzeiten leiden, kann das obere Foto deutlich machen. Sie leiden an schlechten Wohnverhältnissen, fehlenden Spielmöglichkeiten, fehlender Zuwendung und sozialer Ausgrenzung.

Das Foto zeigt zwei Kinder, die nach der Schule in einem Kinderrestaurant in der Stadt Hildesheim ein warmes Essen gereicht bekommen. Auch frühstücken können Kinder in diesem und in anderen Kinderrestaurants in Deutschland. Finanziert werden die Mahlzeiten aus Spendengeldern.

Soziales Problem Kinderarmut

Zwei Beispiele

Sahar, 9, aus Bremen

„Ich habe einen Wunschzettel geschrieben. Da steht drauf: Liebe Mama. Denn mein Vater lebt nicht bei uns. Und den Weihnachtsmann gibt es ja nicht. Ich habe nur einen Wunsch aufgeschrieben: ein Playmobil-Puppenhaus. Aber das kostet viel Geld. Und meine Mutter hat jetzt für meine beiden Brüder Winterjacken gekauft. [...] Manchmal reicht unser Geld nicht, wir haben ja nur Hartz IV. Dann muss meine Mutter etwas leihen. Auch manche Sachen zum Lesen muss ich jetzt in der Schule bezahlen. Und dann fragt der Lehrer: Sahar, hast du das Geld mit? Und ich sage: Ich habe es vergessen. Letztes Jahr hatten wir fast keinen Tannenbaum. Da hat meine Tante uns noch Geld gegeben, und wir sind mit dem Fahrrad immer hin- und hergefahren, um einen billigen zu finden. [...] Ich wünsche mir Pferde, vorne auf meinem Pullover. Oder Delfine, das sind meine Lieblingstiere. Aber ich bekomme immer Pullover von älteren Kindern geschenkt. Da kann man das nicht aussuchen. Ich habe eine Hose mit meiner Mutter ausgesucht. Die hat 15 Euro gekostet. Aber die hat Glitter an den Beinen. Letztes Jahr habe ich ganz neue Schuhe von der Oma meiner Freundin bekommen. Die passten meiner Freundin nicht. Aber jetzt drücken sie am Zeh."

Mathias, 14, aus Opladen

„Wenn ich groß bin, würde ich gern Computerspiele entwickeln. Ich langweile mich oft und denke, die Tage gehen nie vorbei. Wir unternehmen ja auch nichts. Mein Vater sagt, ich sei schon mal im Urlaub gewesen mit meinen Eltern, aber daran erinnere ich mich nicht. Klar würde ich gerne in eine Kung-Fu-Schule gehen, aber die kostet um die 40 Euro im Monat, und dann brauche ich noch einen Anzug. Aber das Geld haben wir nicht. Ich denke oft daran, dass wir kein Geld haben. Meine Eltern leben beide von Hartz IV. Ich würde gern mal mit meiner kleinen Schwester in den Zoo gehen oder ins Kino. Wenn ich Geld hätte, würde ich meinen Geschwistern Klamotten kaufen und mir ein eigenes Zimmer einrichten. [...] Ich krieg aber viel von meinen Freunden geschenkt. Das fängt in der Schule an, sie teilen ihr Frühstück, wenn ich was brauche. Zu Hause frühstücke ich nicht. Manchmal, wenn wir zum Burger King gehen, spendiert mir ein Freund einen Hamburger oder eine Cola. Da komme ich mir doof vor, zeige es aber nicht und mache auf lustig. Aber es ist ein Scheißgefühl, danebenzusitzen und anderen dabei zuzusehen, wie es ihnen besser geht als mir."

(Aus: Uli Hauser: Jung und arm – Kinder berichten, in www.stern.de, Zugriff vom 15.03.2009)

Starke Kinder trotz Armut

Die Autorin Maria von Welser über ihre Beobachtungen von Kindern:

Die meisten Kinder, die mir im vergangenen Jahr begegnet sind, möchten sich wehren und ihre Lebensumstände verbessern. Wer wie ich von außen kommt und bei den kostenlosen Mittagstischen in einer deutschen Großstadt am Rande zusieht, wundert sich. Selbstbewusst und fröhlich kommen die meisten der täglich bis zu 100 Kinder an, die fast alle nicht gefrühstückt haben und jetzt heißhungrig zum Mittagessen anstehen. Dabei sind diese zugleich Weltmeister im Verbergen ihrer privaten Lebenssituation: Schützen ihre Väter und Mütter, wo es nur geht.

(Aus: Maria von Welser: Leben im Teufelskreis – Kinderarmut in Deutschland, Gütersloher Verlagshaus 2009, S. 10)

1. Wie zeigt sich die Armut in Sahars und Mathias' Alltag und wie gehen die beiden damit um?
2. Mathias und viele andere Kinder aus armen Familien versuchen meist, ihre Armut zu verbergen. Überlegt, warum sie das tun.

Was auch noch interessant sein kann:

- Freunde, Verwandte und Bekannte fragen, wie sie über Armut allgemein und Kinderarmut speziell denken.

Wie stellt sich Armut in Deutschland dar?

Die wichtigsten Informationen auf dieser Doppelseite lassen sich übersichtlich in Form einer Mindmap zusammenfassen. Mithilfe der Zwischenüberschriften könnt ihr eure Zusammenfassung der Arbeitsergebnisse gliedern.

A Armut – ein Begriff mit unterschiedlicher Bedeutung

Manchmal sagt man: „Ach, du armes Kind!“ Manchmal fühlen sich Leute als arm, obwohl sie es eigentlich gar nicht sind. Ein armes Kind in Deutschland wird vielen Kindern aus Asien oder Afrika noch als wohlhabend erscheinen. Der Begriff Armut wird im Deutschen häufig mit unterschiedlichen Bedeutungen benutzt. Wichtig ist es, zwischen absoluter und relativer Armut zu unterscheiden.

Absolute und relative Armut

Absolute Armut ist ein Leben am äußersten Rand der Existenz. [...] Absolut arme Menschen leiden unter schwerwiegenden Entbehrungen und müssen permanent um ihr Überleben kämpfen. Absolute Armut ist für die meisten der in Deutschland lebenden Menschen kaum nachvollziehbar. [...] In den meisten Fällen haben wir es bei der Armut in Deutschland mit relativer Armut zu tun. Kaum jemand in Deutschland muss mit einem Dollar oder weniger auskommen, ist also absolut arm. [...] Unter relativer Armut versteht man eine Unterversorgung an materiellen und immateriellen Gütern und eine Beschränkung der Lebenschancen, und zwar im Vergleich zum Wohlstand der jeweiligen Gesellschaft. [...] So gilt zum Beispiel in Deutschland als relativ arm, wer maximal 50 % des Durchschnittseinkommens einer Bevölkerungsgruppe zur Verfügung hat. Es wird auch unterschieden zwischen einem „Armutsrisiko“ (auch „milde Armut“ genannt), das bei 60 % des Durchschnittseinkommens angesetzt wird. [...] Nach den Kriterien der Europäischen Union ist derjenige arm, der 60 % oder weniger des Durchschnittseinkommens zur Verfügung hat.

(Aus: Armut in Deutschland 2008, Kurt Bangert (Redaktion, verantwortlich für den Inhalt), in: Deutsches Institut für Armutsbekämpfung DifA, www.armut.de, Zugriff 11.05.2009)

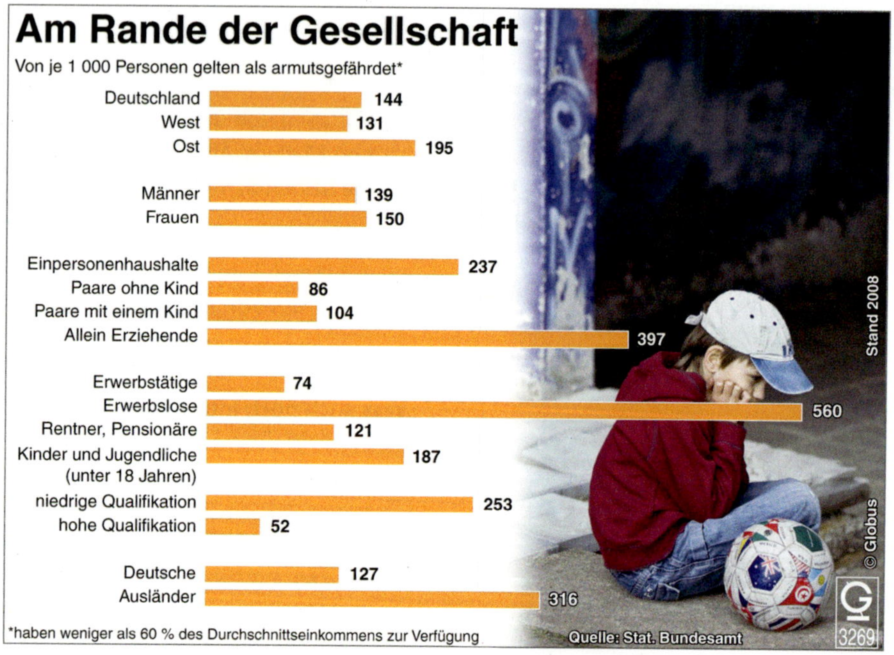

B Die Hauptursache

„Wie, du kannst nicht mit ins Kino kommen? Kriegst du so wenig Taschengeld? Du hattest doch erst Geburtstag ... Oh Mann, du bist echt arm dran!“ Die Bundesregierung hat im Juni 2008 ihren dritten Armuts- und Reichtumsbericht vorgelegt – laut diesem sind in Deutschland fast 13 Prozent der Bevölkerung arm. Besonders betroffen sind Kinder und Jugendliche. [...]
Die Bundesfamilienministerin sieht einen Hauptgrund für die Armut von Kindern und Jugendlichen in der Arbeitslosigkeit der Eltern. Das bestätigt auch der Regierungsbericht. Demnach sinkt das Armutsrisiko von Familien mit Kindern schlagartig von 48 auf acht Prozent, wenn nur einer von beiden Eltern ganztags arbeitet.

C Die Betroffenen

Auch Alleinerziehende und ihre Kinder – eine in Deutschland stetig wachsende Familienform – sind zunehmend von Armut betroffen, weil ein Erwachsener allein selten genug verdienen kann, um die ganze Familie zu ernähren. […] Insgesamt leben laut dem Bericht mehr als die Hälfte der armen Kinder in Deutschland in einem Alleinerziehendenhaushalt. Ähnlich schwer haben es Familien mit drei und mehr Kindern. Hier müssen mehr Schulbücher gekauft, mehr Kinobesuche bezahlt und mehr Spaghetti gekocht werden. Die dritte besonders von Armut betroffene Gruppe sind Kinder und Jugendliche mit Migrationshintergrund – ihre Armutsrisikoquote ist mehr als doppelt so hoch wie die von Gleichaltrigen ohne Migrationshintergrund. […]

(Aus: www.mitmischen.de, Das Jugendportal des Deutschen Bundestages, Redaktionsleitung deutscher Bundestag, Zugriff 11.05.2009)

D Staatliche Leistungen

Menschen, die in Deutschland arbeitslos werden, erhalten für die Dauer von 12 Monaten bis zu maximal 24 Monaten das **Arbeitslosengeld I**. Das ist eine Versicherungsleistung, dessen Höhe sich nach dem letzten Nettoverdienst richtet. Die Höhe liegt bei etwa zwei Dritteln des letzten Nettoverdienstes. Die Betroffenen haben einen Rechtsanspruch darauf, weil sie in den Zeiten der Berufsausübung monatlich ihre Beiträge in die Arbeitslosenversicherung eingezahlt haben. Nach Ablauf dieser Zeit erhalten Arbeitslose das **Arbeitslosengeld II**, das unter dem Namen **„Hartz IV"** bekannt ist. Das ist keine Versicherungsleistung und orientiert sich nicht am früheren Monatsverdienst. Vielmehr sieht es Geldzahlungen nach festen Regelsätzen vor. Voraussetzung für die Auszahlung ist, dass die Leistungsempfänger dem Arbeitsmarkt zur Verfügung stehen. Zusätzlich werden die Kosten für eine angemessene Wohnung und Heizung übernommen. Hartz-IV-Empfänger erhalten in der Regel kein zusätzliches Kindergeld. Seit 2011 erhalten Kinder aus Hartz-IV-Familien auf Antrag ein besonderes Bildungspaket. Es sieht unter anderem einen jährlichen Zuschuss zum Schulbedarf vor und Zuschüsse zu den Mahlzeiten in einer Schulkantine.

Wer weder Anspruch auf Arbeitslosengeld I oder II hat, erhält **Sozialhilfe**. Sie steht Menschen in Notlagen zu, die aus Krankheits- oder anderen Gründen weder arbeiten noch ihr Leben aus eigener Kraft gestalten können und für die es keine Familienangehörigen aus dem engeren Kreis gibt, die sie finanziell unterstützen können. Niemand, der sich legal in Deutschland aufhält, darf im Sozialstaat völlig allein gelassen werden. Auch auf Sozialhilfe haben die betroffenen Menschen einen Rechtsanspruch.

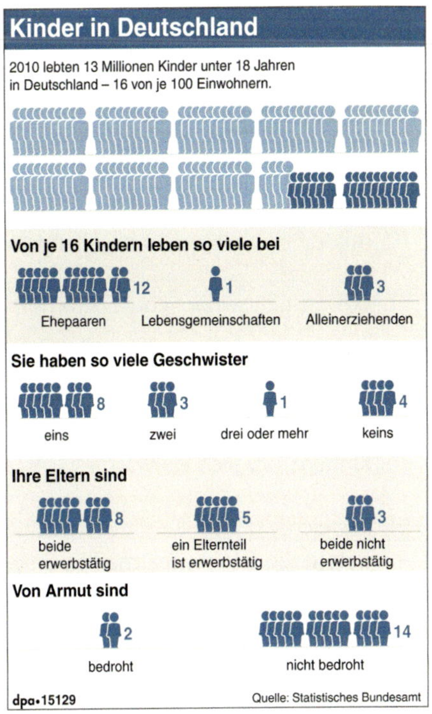

1. Erklärt den Unterschied zwischen absoluter und relativer Armut.

2. Eure Mindmap zum Thema sollte die Hauptäste Armutsdefinitionen, Ursache, Betroffene und staatliche Leistungen enthalten.

3. Wandelt die beiden Schaubilder in einen kurzen Informationstext um, der über Armutsbedrohung und über die familiäre Situation der 13 Millionen Kinder in Deutschland informiert.

Was auch noch interessant sein kann:

- recherchieren im Internet: Die jeweils aktuellen Regelsätze zum Arbeitslosengeld II (Hartz-IV) sowie weitere Informationen zum Bildungspaket erhaltet ihr bei Eingabe der entsprechenden Suchbegriffe.

Wir erstellen eine Liste von Leistungen, die ein Kind unbedingt zum Leben braucht

Gehört es zu den Pflichten des Sozialstaates, dafür zu sorgen, dass jedes Kind …	besonders wichtig	weniger wichtig
1. ausreichend mit gesunden Nahrungsmitteln versorgt ist?		
2. ausreichend Kleidung – auch zum Wechseln – besitzt?		
3. auch Geld für Süßigkeiten zur Verfügung hat?		
4. ein Recht auf kostenlose ärztliche Versorgung hat?		
5. genügend Geld für Kino-, Konzert- und Theaterbesuche hat?		
6. ein eigenes Handy besitzt?		
7. über einen eigenen Computer mit Internetanschluss verfügt?		
8. sein eigenes Zimmer hat?		
9. mindestens einmal im Jahr mit seinen Eltern in Urlaub fahren kann?		
10. mit auf eine Klassenfahrt gehen kann?		
11. umsonst zu seiner Schule befördert wird?		
12. genügend Spielsachen hat?		
13. in der Schule – zusammen mit allen anderen Kindern – täglich ein warmes Mittagessen erhält?		
14. ausreichend Geld für die Anschaffung von Schulmaterialien (Hefte, Textmarker, Zirkel etc.) zur Verfügung gestellt bekommt?		
15. ausreichend Taschengeld zur Verfügung hat?		

Euer Auftrag:
Hier geht es um die Frage, wie viel Hilfe der Staat Kindern und deren Eltern gewähren soll, die – aus welchen Gründen auch immer – in Armut leben. Dazu erstellt ihr eine Liste von Leistungen, die ihr für unbedingt notwendig haltet.

So könnt ihr vorgehen:
- Bearbeitet die Vorschlagsliste zuerst allein. Schreibt heraus, was der Sozialstaat armen Kindern per Gesetz als Mindestleistungen ermöglichen muss. Überlegt für jede Maßnahme, ob sie Staat und Steuerzahler viel oder wenig kostet. Hier müsst ihr schätzen.
- Arbeitet dann mit eurem Banknachbarn zusammen und einigt euch auf diejenigen Leistungen, die unbedingt notwendig sind.
- Notiert sie in euer Heft, stellt sie in der Klasse vor und begründet dabei eure Entscheidung.

Diskussion: Brauchen arme Kinder mehr Geld oder mehr Zuwendung?

Im April 2009 forderte das „Bündnis Kindersicherung" für Kinder in Deutschland eine Grundsicherung von 500 Euro monatlich. Politikerinnen und Politiker stehen diesen Forderungen nicht grundsätzlich ablehnend gegenüber, verweisen aber darauf, dass dies nicht finanzierbar sei. Viele Expertinnen und Experten sind der Ansicht, dass es nicht ausreicht, Familien in relativer Armut einfach nur mehr Geld zur Verfügung zu stellen. Kinder in Deutschland müssten ja nicht Hunger leiden. Es mangele ihnen vielmehr an Zuwendung, Betreuung und besseren Zukunftschancen. Hierfür soll der Staat Geld ausgeben. Ideal wäre es natürlich, wenn der Staat beides leisten könnte. Wenn ihr davon ausgeht, dass nur eine bestimmte Summe an staatlichen Mitteln zur Verfügung steht, wofür würdet ihr sie verwenden: Mehr Geld in die Taschen der Familien oder mehr Geld für eine bessere Zuwendung? Darüber sollt ihr hier diskutieren.

Position 1: Das Geld soll den armen Familien direkt zufließen.

Das Geld, das Familien mit Kindern innerhalb des Arbeitslosengeldes II zurzeit erhalten, reicht hinten und vorne nicht aus. Mit wenig mehr als 200 Euro für die Kleinen und knapp 250 Euro für die Größeren kann man kein Kind großziehen. Für Essen, Trinken, Kinderkleidung, Gesundheitspflege usw. brauchen die betroffenen Familien mehr Geld für die Kinder.

Es ist überhaupt nicht einzusehen, dass die Regelsätze für Kinder niedriger sind als die für Erwachsene. Zum Beispiel essen Kinder in der Pubertät oft viel mehr als Erwachsene. Auch brauchen sie häufiger neue Kleider und Schuhe, Hefte und Malstifte.

Um in Würde leben zu können, brauchen die Familien das Gefühl, selbst für ihre Kinder sorgen zu können. Das können sie aber nur, wenn sie selbst entscheiden, was für ihre Kinder angeschafft werden soll. Dazu brauchen sie Geld zum Ausgeben.

Position 2: Besser ist es, das Geld in mehr Zuwendung, Betreuung und Bildung zu investieren.

Arme Kinder in Deutschland leiden vor allem unter Ausgrenzung. Das spüren sie in der Schule zum Beispiel bei der Planung von Klassenfahrten. Wenn der Staat das Geld verwendet, damit alle Kinder kostenlose Arbeitsmittel bekommen und möglichst auch ein gemeinsames warmes Mittagessen, braucht sich niemand mehr ausgegrenzt zu fühlen und zu schämen.

Arme Kinder werden häufiger krank und gehen seltener als andere zum Arzt. Der Staat soll einen Teil des Geldes für eine bessere Gesundheitsversorgung einsetzen.

Arme Familien sind häufig mit den vielen Aufgaben und Mängeln überfordert, die sie zu bewältigen haben. Der Staat soll das Geld ausgeben, um mehr ausgebildete Betreuerinnen und Betreuer einzustellen, die den Kindern und Jugendlichen helfen, die Schule erfolgreich zu meistern und einen Ausbildungsplatz zu finden.

Kompetenzstationen

Soziale Sicherung heute und morgen

Station 1 Jugend und soziale Sicherung

Übertragt die Übersicht und führt die Aussagen zu Ende.

Unter **Sozialpolitik** versteht man …

Unter einem **Sozialstaat** versteht man …

Zwei Situationen, in denen Jugendliche mit dem Sozialstaat in Berührung kommen, können sein:

1.
2.

Das Prinzip **Solidarität** bedeutet, dass …

Das Prinzip **Eigenverantwortung** bedeutet, dass …

Station 2 Das System der sozialen Sicherung

Fertigt mithilfe der Elemente im Kasten selbst ein Schaubild an. Es soll auch Antworten auf die zwei Fragen geben. Das geht auf einem Blatt Papier, aber auch mithilfe eines Computerprogramms, z. B. PowerPoint.

Sozialversicherungen in Deutschland

? ? ? ? ?

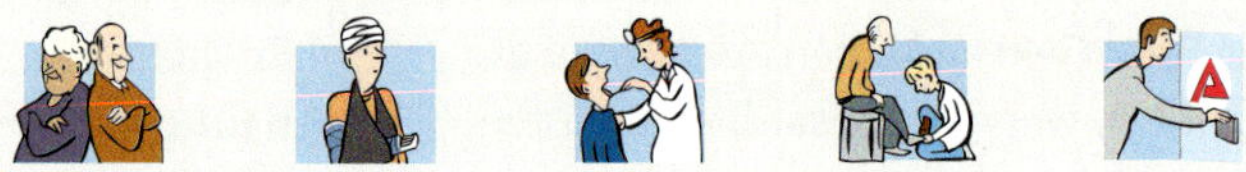

1. Was ist wichtigstes Ziel dieser Versicherung?

2. Wer bezahlt sie?

Station 3 Problem der Altersrenten

Zusammenhänge erklären

Die nebenstehende Zeichnung zum Thema „Demografischer Wandel“ hat eine Schülerin entworfen.

1. Auf welche Problematik macht die Zeichnung aufmerksam?
2. Was haben Jugendliche deines Alters mit diesem Problem zu tun?

Station 4 Armut in Deutschland: Was kann die Politik dagegen tun?

„Deutschland für Kinder", so hieß die gemeinsame Veranstaltung von UNICEF, dem Deutschen Kinderschutzbund und dem Bündnis für Kinder. Dabei ging es unter anderem um die Benachteiligung armer Kinder. Eine Moderatorin des Fernseh-Kinderkanals übergab ein Hausaufgabenheft an die Bundesregierung. Darin wurde die Situation armer Kinder in Deutschland beschrieben. Gleichzeitig wurde darin aufgeschrieben, was die Politik tun sollte, um die Situation armer Kinder in Deutschland zu verbessern.

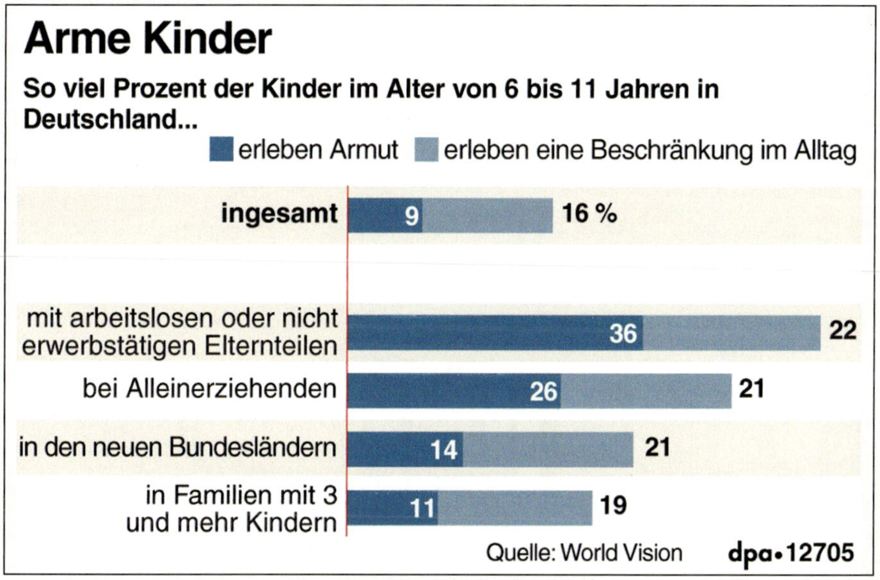

Verfasse einen Text über Kinderarmut in Deutschland und erkläre, was der Staat tun sollte, um Kindern aus armen Familien zu helfen.

9 Demokratie in der Bundesrepublik Deutschland

Vor dem Reichstagsgebäude in Berlin protestieren mehrere Tausend Menschen gegen ein im Bundestag eingebrachtes Gesetz, das die Speicherung personenbezogener Daten vorsieht, während gleichzeitig im Parlament die gewählten Abgeordneten über dieses Gesetz beraten.

Wie kann das Miteinander in einem parlamentarischen System funktionieren?

1. Allein nachdenken

Welche Mitwirkungsmöglichkeiten in der Politik fallen dir spontan ein?

2. Zu zweit beraten

Welche Möglichkeiten der Einflussnahme auf die Politik haltet ihr für besonders wichtig?

3. In der Klasse sammeln

Wie kann man Jugendliche dazu anregen, sich aktiv am politischen Geschehen zu beteiligen?

Bei der Arbeit an diesem Kapitel könnt ihr …

- grundlegende Merkmale der Demokratie sammeln und nach ihrer Bedeutung gewichten,
- das Wahlrecht zum Deutschen Bundestag darstellen und diskutieren, ob das Wahlalter auf 16 Jahre herabgesetzt werden soll,
- zum Pro und Kontra von Wahlkämpfen euren eigenen Standpunkt formulieren,
- am Beispiel des Graffiti-Problems erklären, wie ein Bundesgesetz entsteht und wie es auf die Wirklichkeit einwirkt,
- euren Mitschülern die Aufgaben wichtiger Verfassungsorgane erläutern,
- darstellen, wie staatliche Macht kontrolliert werden kann.

Eigene Schwerpunkte könnt ihr setzen, indem ihr …

- mit der Methode der Befragung erforscht, wie Jugendliche über die Demokratie denken,
- die Qualität der Internetauftritte der Parteien bewertet und deren Wahlprogramme zu Themen eurer Wahl untersucht.

1 Wie denken Jugendliche über die Demokratie?

Auf dieser Seite geht es um die Planung eines Klassenausflugs. Vielleicht fragt ihr euch: Was hat das mit Demokratie zu tun? Lest die beiden Berichte und sucht dann nach Antworten auf die Frage.

Vor gar nicht allzu langer Zeit ...

Saskias Vater ist 42 Jahre alt und erinnert sich an seine Schulzeit: „Wenn wir einen Klassenausflug planten, lief das eigentlich immer nach dem gleichen Schema ab. Unser Lehrer betrat den Klassenraum, schrieb den Termin für den Ausflug an die Tafel und teilte uns mit, wo es diesmal hingehen sollte. Mal ging es ins Naturkundemuseum, mal wurde gewandert, mal besuchten wir irgendeine Ausstellung. Selbst entscheiden durften wir nicht."

Und heute in Saskias Klasse ...

Saskia, Klassensprecherin der 9e, teilt der Klassenlehrerin Frau Steffens mit, dass die Klasse selbst entscheiden will, was sie am Tag des vorgesehenen Klassenausflugs unternehmen möchte. Saskia und Max, ihr Stellvertreter, vereinbaren mit der Lehrerin einen Termin für eine Klassenversammlung. Saskia bittet die Klasse darum, nach Vorschlägen für die Gestaltung eines schönen Ausfluges zu suchen.

In der Klassenversammlung nimmt Frau Steffens auf einem der freien Stühle innerhalb der Schülergruppe Platz. Saskia eröffnet die Sitzung und bittet um Vorschläge. Max notiert an der Tafel. An Vorschlägen werden genannt: Besuch eines Freizeitparks oder eines Meeresaquariums, Besuch bei einem Biobauern. Frau Steffens schlägt die Besichtigung eines Braunkohlekraftwerkes oder eines Windkraftparks vor. Weil jeder Vorschlag Vor- und Nachteile hat, ergibt sich schnell eine lebhafte Diskussion. Unter den Schülerinnen und Schülern bilden sich Gruppen, die gemeinsam ihr vorgeschlagenes Ziel durchsetzen wollen. Mehrfach muss Saskia ihre Glocke benutzen, damit wieder Ruhe einkehrt und damit die Diskussion fair bleibt. Als gegen Ende der zur Verfügung stehenden Zeit noch keine Einigung in Sicht ist, schlägt Saskia eine Abstimmung vor. Die Mehrheit soll über das Ausflugsziel entscheiden. Max bereitet Zettel vor, auf die jeder aus der Klasse, auch Frau Steffens, ihren Vorschlag schreiben kann. Gemeinsam sammeln Max und Saskia die Zettel ein und zählen die Stimmen aus. Es ergibt sich eine knappe Mehrheit für den Besuch des Meeresaquariums. Damit ist das Ausflugsziel für alle entschieden. Einige Schülerinnen und Schüler jubeln, andere sind enttäuscht. Sie müssen darauf hoffen, dass sie sich bei der nächsten Abstimmung durchsetzen können.

1. Welche Zusammenhänge könnt ihr herstellen zum Thema „Merkmale von Demokratie"?

2. Zu Saskias Vaters Zeiten liefen Entscheidungen unkomplizierter ab. War das Unkomplizierte besser oder schlechter? Nehmt Stellung dazu.

Was gehört eurer Meinung nach alles zur Demokratie dazu?

Sicherlich habt ihr eigene Vorstellungen darüber, was alles zu einer Demokratie dazugehört. Alle eure Vorstellungen sollen hier gesammelt werden. Für die Sammlung wird die **Placemat-Methode** empfohlen.
Setzt euch dazu in Vierergruppen zusammen. Vor euch liegt ein Blatt, das in Einzelfelder und in ein Gemeinschaftsfeld eingeteilt ist (siehe Zeichnung). Placemat bedeutet Tischdeckchen. Weil das vorbereitete Blatt Ähnlichkeit mit einer kleinen Tischdecke hat, wird die Methode so genannt. Die Placemat-Methode ermöglicht es euch, die im Thema gestellte Frage in drei Schritten zu bearbeiten.

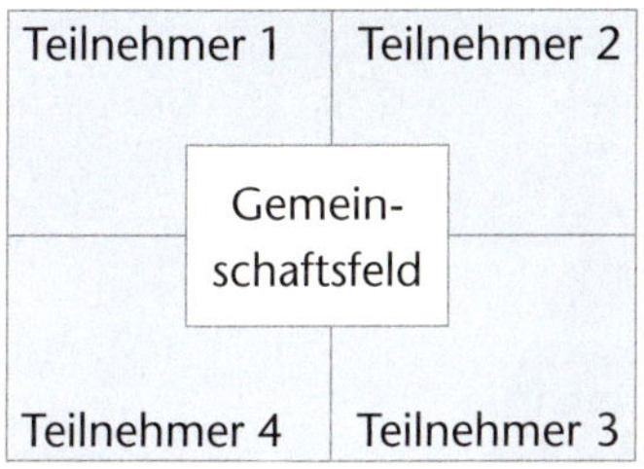

Worum geht es?	Was ist zu tun bei der Arbeit nach der Placemat-Methode?	Welche Regeln gelten?
Erster Schritt Nachdenken 	Jeder in der Gruppe denkt leise über die Frage nach und macht sich Notizen. Dafür steht jedem von euch auf dem Blatt ein Einzelfeld zur Verfügung. Das Tischset könnt ihr kreisen lassen. Ihr könnt euch dabei die Notizen der anderen anschauen und entwickelt so vielleicht weitere Gedanken.	• Es wird eine Zeit vereinbart. • Alle arbeiten allein. • Es wird nicht gesprochen. • Das Tischset kreist.
Zweiter Schritt Austausch in der Gruppe 	In der Gruppe stellen nun alle der Reihe nach ihre Gedanken zum Thema Demokratie vor. Dabei benutzt ihr eure Notizen. Zusammen füllt ihr dann das Gemeinschaftsfeld aus. Hier sammelt ihr, was die Gruppe insgesamt zum Thema herausgefunden hat. (Im Gemeinschaftsfeld können Notizen zum zweiten Mal eingetragen werden.)	• Es wird gesprochen. • Jeder kommt dran und stellt seine Gedanken vor. • Im Gemeinschaftsfeld muss mehr stehen als in den Einzelfeldern.
Dritter Schritt Gruppenergebnisse vorstellen und sammeln 	Die Gruppen stellen die Inhalte der Gemeinschaftsfelder vor. Anschließend könnt ihr an der Tafel sammeln, welche Gedanken euch insgesamt in der Klasse zum Thema Demokratie eingefallen sind. Mithilfe der Tafelnotizen fasst ihr einzeln oder zu zweit zusammen: *„Was nach Ansicht unserer Klasse zu einer Demokratie dazugehört."* Das könnt ihr auch in einer Hausaufgabe zusammenfassen.	• Alle Gruppen stellen vor. • Alle hören einander zu. • Nach der Vorstellung wird an der Tafel gesammelt.

Eine Meinungsumfrage durchführen und auswerten

Thema: Jugendliche und Demokratie

A Wozu werden Meinungsumfragen durchgeführt?

Meinungsumfragen werden gemacht, um herauszufinden, wie die Bevölkerung insgesamt oder bestimmte Bevölkerungsgruppen über ein Thema denken. Bei einer Umfrage in der Schule kann die Bevölkerungsgruppe die Schülerschaft sein. Befragungen dieser Art werden immer zu einem bestimmten Thema gemacht. In diesem Fall geht es um das Verhältnis Jugendlicher zur Demokratie. Wer eine Meinungsumfrage durchführt, lernt dabei, wie ein Forscher wissenschaftlich zu arbeiten. Konnte man vor der Durchführung der Umfrage nur vermuten, wie Jugendliche über die Demokratie denken, so kann man mit den Ergebnissen der Umfrage die Vermutungen durch neu geschaffenes Wissen ersetzen. Sehr aufwändig ist es, in einer Meinungsumfrage alle Mitglieder einer Bevölkerungsgruppe zu befragen. Deshalb begnügt man sich meist mit einer Stichprobe. Ihr könnt also Fragebögen an alle Schülerinnen und Schüler eurer Schule verteilen und erhaltet so gesicherte Ergebnisse – allerdings mit hohem Aufwand. Ihr könnt euch auch mit einer Stichprobe begnügen, indem ihr zum Beispiel 3, 4 oder 5 Schüler aus allen Klassen befragt. Nach dem Stichprobenprinzip funktionieren nahezu alle durchgeführten Befragungen.

B Wie macht man das?

1. Vorbereitung

Zunächst müsst ihr klären, was ihr in Erfahrung bringen wollt. Dann müssen die Fragen dazu in einem schriftlich ausgearbeiteten Fragebogen zusammengestellt werden. Sie müssen so eindeutig formuliert sein, dass klare Antworten möglich sind, die sich problemlos auswerten lassen. Die einfachste Form der Frage ist die Ja/Nein-Frage, z. B.: Hältst du die Demokratie für die beste aller Staatsformen: Ja oder Nein?
Solche Fragen haben den Vorteil, dass sie sehr leicht auszuwerten sind, und den Nachteil, dass die Befragten nicht differenzierend antworten können.
Auf der folgenden Seite findet ihr einen Vorschlag für einen Fragebogen. Natürlich könnt ihr auch eure eigenen Fragen formulieren.

2. Durchführung

Vor der Durchführung muss die Schulleitung über eure Vorhaben informiert werden. Am besten legt ihr den fertigen Fragebogen vor und erklärt eure Absichten. Dann müsst ihr darauf achten, dass die Befragung anonym erfolgt. Es darf nicht erkennbar sein, wer welche Angaben gemacht hat. Das ist wichtig wegen des Datenschutzes. Der Fragebogen kann einige personenunabhängige statistische Angaben enthalten. Wollt ihr zum Beispiel herausfinden, ob Mädchen anders über das Thema Demokratie denken als Jungen, könnt ihr das Geschlecht im Fragebogen vermerken.

3. Auswertung

Die Auswertung können einzelne Gruppen übernehmen. Wenn ihr den Fragebogen im PC habt, geht das natürlich mit dem Computer viel schneller.
Sprecht in der Klasse über die Ergebnisse. Was ist überraschend daran? Was entspricht euren bisherigen Vermutungen?
Wichtig kann es auch sein, die Ergebnisse möglichst vielen zugänglich zu machen. Dazu bieten sich verschiedene Formen der Präsentation an: Plakate, Wandzeitungen, Artikel für die Schülerzeitung, eventuell sogar ein Bericht an die örtliche Zeitung. Ergebnisse können in Form von Schaubildern und Diagrammen visualisiert werden, die im Computer entstanden sind. Es kann auch eine kleine Ausstellung im Schulgebäude vorbereitet werden.
Die Ergebnisse einer Befragung sind kein Selbstzweck, sondern sollen Anlass sein, miteinander ins Gespräch zu kommen und eventuell etwas zu verändern.

C Worauf solltet ihr besonders achten?

Für den Erfolg der Befragung ist es wichtig, dass die Befragten gerne daran teilnehmen und bereit sind, den Fragebogen ehrlich auszufüllen. Tretet also freundlich auf und setzt sie nicht unter Zeitdruck. Stellt euch kurz vor und erklärt, warum eure Klasse die Befragung durchführt. Informiert die Befragten gleich zu Beginn, dass die Befragung anonym, also ohne Nennung des Namens durchgeführt wird.

Vorschlag für die Gestaltung eines Fragebogens
Thema: Jugend und Demokratie

Persönliche Angaben:

Mädchen ☐ **Junge** ☐

1. Wie zufrieden bist du – alles in allem – mit der Demokratie, so wie sie in Deutschland besteht?
   - ☐ sehr zufrieden,
   - ☐ eher zufrieden,
   - ☐ eher unzufrieden,
   - ☐ sehr unzufrieden.

2. Kannst du einen, zwei oder drei Vorzüge nennen, die für dich besonders wichtig sind in der Demokratie?

   A ______________________________

   B ______________________________

   C ______________________________

3. Fallen dir spontan auch Nachteile ein, wenn du an das Leben in der Demokratie denkst?

   ____

   ____

   ____

4. Glaubst du, dass der Erhalt der Demokratie in Deutschland in der Zukunft gesichert ist, oder hältst du den Erhalt für gefährdet?
   - ☐ Ja, die Demokratie ist sicher.
   - ☐ Nein, die Demokratie ist nicht sicher.
   - ☐ Darauf weiß ich keine Antwort.

5. Wie schätzt du dein persönliches Interesse an Politik ein? Würdest du sagen, dass du
   - ☐ sehr interessiert,
   - ☐ ziemlich interessiert,
   - ☐ ein wenig interessiert oder
   - ☐ gar nicht interessiert bist?

2 Was sind die wichtigen Grundlagen der Demokratie?

Demokratie im öffentlichen Leben: Eine Schülerin nimmt an einer genehmigten Demonstration für Frieden gegen Krieg teil.

Zur Ergebnissicherung dieser Doppelseite bietet sich die Anlage einer Mindmap an.

A Der Begriff Demokratie

Wörtlich übersetzt heißt das Wort „Herrschaft des Volkes". Wir haben den Begriff von den alten Griechen übernommen, die vor etwa 2500 Jahren die Volksherrschaft erfunden haben. Mit dem Volk meinten sie allerdings nur die frei geborenen Männer. Heute ist die Gleichberechtigung zwischen Frauen und Männern ein unverzichtbares Merkmal echter Demokratie. Im Unterschied zu den alten Griechen herrscht in der modernen Demokratie nicht mehr das Volk selbst. Aber es bestimmt in politischen Wahlen seine Vertreterinnen und Vertreter, die für eine begrenzte Zeit die politische Herrschaft ausüben können. Dieses grundlegende Merkmal wird als *Volkssouveränität* bezeichnet. Es bedeutet: Nur das Volk hat in der Demokratie das Recht zu bestimmen, wer die politische Macht ausüben darf (und nicht wie früher in der Geschichte der Fürst, König oder Kaiser von Gottes Gnaden).

B Vorzüge für jeden Einzelnen

Eine Demokratie erkennt man daran, dass die Menschen in Freiheit leben können. Sie haben Rechte, die ihnen auch die Regierung nicht wegnehmen kann. Dazu gehört, dass man seine Meinung frei äußern kann, dass es eine freie Presse gibt, dass man den Glauben ausüben kann, den man für richtig hält, dass man seinen Aufenthaltsort frei wählen kann, dass es Gleichheit aller Menschen vor dem Gesetz gibt, dass man das Recht hat, sich mit anderen friedlich und ohne Waffen zu Versammlungen zu treffen und dass man einen Verein gründen kann. Auch hat man das Recht auf eine geschützte Privatsphäre. Niemand darf ohne Erlaubnis in eine Wohnung eindringen und niemand hat das Recht, fremde Post zu kontrollieren. In Deutschland sind die Rechte als Grundrechte in der Verfassung verankert.

Neben ihren Rechten müssen die Menschen auch bereit sein, Pflichten gegenüber der Gemeinschaft zu erfüllen. Man muss die Gesetze achten und darf die Freiheit anderer Menschen nicht verletzen. Für Kinder und Jugendliche gibt es die Schulpflicht. Eltern haben die Pflicht, ihre Kinder zu erziehen.

C Unverzichtbare Merkmale

Das oberste Gericht in Deutschland heißt Bundesverfassungsgericht. Seine wichtigste Aufgabe besteht darin, darüber zu wachen, dass die Demokratie in Deutschland für alle Zeiten erhalten bleibt. Dieses Gericht hat festgelegt, welche Merkmale unverzichtbar zur Demokratie gehören müssen. Hier die wichtigsten Bestimmungen:

- Jegliche Gewalt- und Willkürherrschaft muss für alle Zeiten ausgeschlossen sein.
- Es muss freie Wahlen geben, bei denen die Mehrheit entscheidet.
- Minderheiten sind in besonderer Weise zu schützen. Ganz besonders haben diejenigen Personen und Parteien, die bei den Wahlen nicht die Mehrheit erreicht haben, das Recht, die Regierung zu kritisieren und im Parlament eine Opposition (= Gegenpartei) zu bilden.
- Die Menschenrechte müssen geschützt sein. In diese Rechte darf der Staat nur in Ausnahmefällen eingreifen.
- Gerichte und Richter müssen das Recht unabhängig anwenden können.
- Es muss mehrere Parteien geben, damit die Wählerinnen und Wähler bei politischen Wahlen eine Auswahl treffen können.

Grundlagen der staatlichen Ordnung in der Bundesrepublik Deutschland

Republik	Demokratie	Bundesstaat	Sozialstaat	Rechtsstaat
Freiheitlicher Staat Gegen Diktatur Macht geht vom Volk aus Wahlen Gewähltes Staatsoberhaupt (kein König)	Alle Staatsgewalt geht vom Volk aus Gewähltes Parlament als repräsentative Volksvertretung Meinungsfreiheit Achtung der Menschenrechte	Aufteilung des Staatsaufbaus in Bund und Länder Verteilung der politischen Zuständigkeiten auf den Bund und die Länder Mitwirkung der Länder an den Gesetzen des Bundes	Schutz der Menschenwürde Schutz der Menschen vor großen sozialen Risiken durch Sozialversicherungen, Sozialhilfe Schutz von Ehe und Familie	Herrschaft des Rechts Bindung des Staates an die Gesetze Gewaltenteilung Gleichheit aller Menschen vor dem Gesetz Sicherung der Freiheit

D Die fünf Bausteine der Demokratie

Die grundlegenden Rechte der Menschen und der politische Aufbau des Staates sind in der Verfassung festgelegt. In Deutschland wird die Verfassung auch „Grundgesetz" genannt. Sie ist das oberste Gesetzbuch, dessen Bestimmungen sowohl vom Staat als auch von jedem Einzelnen eingehalten werden müssen.
Die wichtigsten Grundlagen, auf denen die Demokratie in Deutschland gebaut ist, sind im Artikel 20 des Grundgesetzes festgelegt. Diese Grundlagen werden als Verfassungsprinzipien bezeichnet. Es sind sozusagen die Bausteine, auf denen die Demokratie steht.

Baustein 1:
Deutschland ist eine Republik. Das Wort Republik drückt aus, dass die Macht im Staat vom Volke ausgeht und dass es keinen König, keinen Kaiser und keinen Diktator mehr geben darf.

Baustein 2:
Deutschland ist eine Demokratie. Die Macht im Staat kann nur durch das Volk in freien Wahlen legitimiert werden. Das Grundgesetz legt fest, dass die Demokratie niemals abgeschafft werden darf.

Baustein 3:
Deutschland ist ein Bundesstaat. Ein Bundesstaat ist ein Staat, der in mehrere Teilstaaten untergliedert ist, die zusammen einen Bund bilden. In Deutschland sind die Teilstaaten die Bundesländer und die Stadtstaaten Berlin, Bremen und Hamburg.

Baustein 4:
Deutschland ist ein Sozialstaat. Das ist ein Staat, der sich um das Wohl der Menschen kümmert und sie schützt, wenn sie sich in einer materiellen Notlage befinden.

Baustein 5:
Deutschland ist ein Rechtsstaat. Im Rechtsstaat gelten Recht und Gesetz. Alle Menschen im Land sind verpflichtet, die Gesetze zu achten. Jeder, der sich in seinen Rechten verletzt fühlt, kann vor Gericht gehen und notfalls sogar die eigene Regierung verklagen.

1. Erkläre die Fachbegriffe Republik, Demokratie, Bundesstaat, Sozialstaat und Rechtsstaat. Entnimm die Informationen dazu dem Text und dem Schaubild.
2. Erläutere mithilfe einer Mindmap die Grundlagen der Demokratie in Deutschland.
3. Welche der genannten Vorzüge und Merkmale hältst du für besonders wichtig? Begründe deine Auswahl.

3 Wie viel Bürgerbeteiligung braucht die Demokratie?

Die Mitarbeit in einem Kinder- und Jugendparlament auf der kommunalen Ebene ist für viele junge Leute ein Einstieg zur aktiven Beteiligung in der Politik. Ein Beispiel dafür ist Dragana Gavric, die über mehrere Jahre hinweg erste Vorsitzende im Kinder- und Jugendparlament der Stadt Offenbach war. Zum Zeitpunkt unseres Interviews ist sie 15 Jahre alt.

Draganas Engagement im Kinder- und Jugendrat

Politik erleben: Was sind die Gründe, warum du dich für die Mitarbeit im Kinder- und Jugendparlament entschieden hast?

Dragana: Dafür gibt es natürlich mehrere Gründe. Zum einen ist es meiner Meinung nach sehr wichtig, die Jugend in die Politik mit einzubeziehen. Die Zukunft liegt in unseren Händen, also kann es sicherlich nichts schaden, Initiative zu ergreifen und etwas für den Bezug der Kinder und Jugendlichen zur Politik und vor allem für die Stadtpolitik zu tun. Oft fühlt sich die Jugend nicht ernst genommen und ohne das KJP wäre es meiner Meinung nach auch relativ schwer, wenn nicht sogar unrealistisch, etwas Positives in der Stadt zu bewirken. Zum anderen interessiere ich mich sehr für Politik und meine, dass man zu gar nichts käme, wenn es nicht Einzelne gäbe, die aktiv mithelfen, etwas zu verändern.

Politik erleben: Was hat dein politisches Engagement bisher für dich persönlich gebracht?

Dragana: Viel hat es gebracht – definitiv. Und ich denke, ich sage das nicht nur für mich, sondern auch für die anderen Mitglieder, jedenfalls für die große Mehrheit. Ich habe gelernt, dass nichts passiert, wenn man keine Initiative ergreift und sich nicht für andere einsetzt. Etwas verändern kann man nur, wenn man es in die Hände nimmt. Vor allem habe ich gelernt, auch Unstimmigkeiten mit einer diplomatischen Diskussion zu beheben. Alles geht, man muss es nur wollen und etwas dafür tun.

Politik erleben: Mal konkret: Was waren bisher die Erfolge eures KJP?

Dragana: In der Stadtbibliothek haben wir einen Kinderinfopunkt eingerichtet. Hier kann man sich informieren, welche Angebote es für Kinder in unserer Stadt gibt. Wir haben einen Kinderstadtplan herausgebracht, in dem alle Spielmöglichkeiten in Offenbach eingetragen sind. Unter den Offenbacher Jugendlichen haben wir eine Meinungsumfrage durchgeführt und ausgewertet. Ein Fußballturnier für Toleranz, gegen Ausländerfeindlichkeit wurde durchgeführt. Wir haben eine Ausstellung zum Thema Mobbing organisiert und sogar ein Kinderbuch gestaltet, dass sich mit dem Problem des Hundedrecks auf den Offenbacher Straßen beschäftigt. Das ist eine Auswahl aus den Aktivitäten in jüngster Zeit.

Politik erleben: Was würdest du Kindern und Jugendlichen raten, die mit dem Gedanken spielen, für ein Kinder- und Jugendparlament zu kandidieren?

Dragana: Trau dich! Man kann nichts verlieren und wenn du nicht gewählt wirst, kannst du trotzdem aktiv mitarbeiten. Du kannst die Sitzungen besuchen und deine Meinung abgeben. Gehe mit Freunden zusammen zu den ersten Treffen und nach den ersten zwei oder drei Treffen brauchst du die Freundin oder den Freund nicht mehr. Selbst wenn du nicht stimmberechtigt bist, kannst du wenigstens gehört werden, und wenn du argumentativ deine Meinung einbringen kannst, kann es auch von großem Vorteil sein. Du lernst Leute kennen und kannst beispielsweise an einem Rhetorikseminar teilnehmen. Das ist sehr gut für deine Zukunft! Und alles, was für die Zukunft gut ist, kann jetzt nicht schlecht sein.

1. Fasse zusammen, wie Dragana über Mitarbeit im KJP denkt. Stichworte: Gründe, Erfahrungen, Ratschläge für andere. Das geht allein.
2. Wer sich so wie Dragana politisch engagiert, überlegt vielleicht, ob sich der Aufwand lohnt oder nicht. Wie beurteilt ihr unter diesem Aspekt Draganas Engagement für die Demokratie? Tauscht darüber eure Ansichten aus.

Welche Möglichkeiten politischer Beteiligung kommen für uns infrage?

In diesem Fragebogen findet ihr eine Fülle von Mitmachmöglichkeiten in der Demokratie. Geht sie einzeln durch und entscheidet euch bei jedem Vorschlag für die Möglichkeit A, B oder C. Dazu wird Einzelarbeit empfohlen. Lest euch dann gegenseitig eure Antworten vor. In der Klasse könnt ihr die Zahl der A-, B- und C-Antworten insgesamt ermitteln und gemeinsam folgende Fragen beantworten:

1. Welche Formen demokratischer Mitwirkung sind für uns die Favoriten?
2. Wie sieht es insgesamt mit der Mitwirkungsbereitschaft in unserer Klasse aus?

Ich bin dazu bereit …	A Dazu bin ich sofort bereit.	B Jetzt noch nicht, aber in ein paar Jahren.	C Das kommt für mich nicht infrage.
1. mich für die Interessen meiner übrigen Klassenkameraden einzusetzen.			
2. einen Teil meines Taschengeldes für einen guten Zweck zu spenden.			
3. in einem Schulprojekt mitzuarbeiten, bei dem es um Hilfsmaßnahmen für andere Menschen geht.			
4. mich in der SV für die Interessen der Schülerinnen und Schüler einzusetzen.			
5. Freizeit zu opfern, um an einer mehrwöchigen Aktion zur Verschönerung unserer Schule teilzunehmen.			
6. mich als Kandidatin oder als Kandidat für die Mitarbeit im städtischen Jugendrat aufstellen zu lassen.			
7. mich über neue Entwicklungen, Chancen und Probleme in der Demokratie regelmäßig zu informieren.			
8. an einer zeitlich begrenzten Aktion für eine Verbesserung des Umweltschutzes und des Tierschutzes aktiv mitzuarbeiten.			
9. zusammen mit anderen Zeitungsartikel zu schreiben, in denen es um eine Verbesserung des Zusammenlebens zwischen In- und Ausländern geht.			
10. an einer friedlichen Demonstration teilzunehmen, wenn ich deren Sinn und Ziel für vernünftig halte.			
11. bei Greenpeace, Amnesty International oder einer anderen Hilfsorganisation Mitglied zu werden.			
12. in einer kirchlichen oder einer anderen Jugendgruppe Hilfsprojekte für Asylsuchende und andere Not leidende Menschen zu unterstützen.			
13. für eine politische Partei zu werben, deren Ziele ich für wichtig und klug halte.			
14. der Jugendorganisation einer politischen Partei beizutreten.			
15. in meinem Leben ein Amt in einer Bürgerinitiative, einer Partei oder einer anderen Organisation mit politischen Zielen anzustreben.			

Möglichkeiten politischer Beteiligung

Das Foto zeigt die Eingangshalle zum Deutschen Bundestag (= die Lobby). Hier treffen sich die Vertreter der Interessenverbände, die sogenannten Lobbyisten, um die Interessen ihres Verbands bei den Politikern geltend zu machen.

1. Notiere im Verlauf des Lesens dieser Doppelseite mindestens zehn Möglichkeiten politischer Beteiligung.
2. Mit welchen Mitteln können Interessenverbände und Bürgerinitiativen politische Mitwirkung ausüben?
3. Wie wichtig ist politische Bildung als Voraussetzung zur aktiven politischen Beteiligung? Schreibe dazu deine persönliche Stellungnahme.

Formen der Einflussnahme

Unter politischer Beteiligung versteht man alles Handeln von Personen oder Gruppen, das zum Ziel hat, die politischen Verhältnisse zu beeinflussen. Die Beteiligung kann sowohl passiv als auch aktiv erfolgen. Am Prozess der politischen Einflussnahme nimmt schon teil, wer politische Bildung erwirbt. Dazu gehört, dass man sich über das politische Tagesgeschehen auf dem Laufenden hält und die Berichterstattung in Rundfunk, Fernsehen und im Internet dazu verfolgt, dass man sich ein eigenes Urteil zu umstrittenen Themen bildet und Gespräche über politische Themen im Familien-, Freundes- und Kollegenkreis führt. Politische Bildung ist zunächst noch eine eher passive Anteilnahme. Sie ist aber eine wichtige Voraussetzung und auch oft der erste Schritt zur aktiven Mitwirkung. Der Schritt zur politischen Beteiligung in der Demokratie kann auch durch die Mitarbeit in der Schülervertretung an der eigenen Schule vorbereitet werden.

Die Teilnahme an Wahlen ist die grundlegendste Form aktiver Beteiligung.

Weitere Formen reichen von der Mitwirkung bei Unterschriftenaktionen, einem Engagement in Umwelt-, Menschenrechts- und Selbsthilfegruppen, der Teilnahme an Versammlungen und Demonstrationen, dem Schreiben von Leserbriefen und Briefen an Abgeordnete, dem Besuch von Sprechstunden der Abgeordneten bis zum Verfassen von Eingaben an die Parlamente und an den Bundespräsidenten. Man kann in einer Bürgerinitiative oder einem Verband mitarbeiten, Mitglied in einer politischen Partei werden und sich auch um die Kandidatur für eine politische Wahl bewerben. In jüngster Zeit hat das Internet zu völlig neuen Formen politischer Beteiligung geführt. Menschen tauschen politische Ansichten in sozialen Netzwerken aus, verabreden sich zu gemeinsamen Aktionen und kommunizieren direkt mit den verantwortlichen Politikerinnen und Politikern.

Demonstrationen sind erlaubt, wenn sie angemeldet und gewaltfrei sind.

Interessenverbände

Personen oder Gruppen schließen sich freiwillig zu einem Verband zusammen, um bestimmte Ziele (Interessen) gegenüber einer Verwaltung oder einer Regierung durchzusetzen. […] Schüler- oder Lehrerverbände sind zum Beispiel solche Interessenverbände, die versuchen, ihre Ziele und Anliegen gegenüber den Schulbehörden durchzusetzen. Auch Gewerkschaften oder die Vereinigungen der Arbeitgeber sind Interessenverbände. Sie vertreten besonders bei den Tarifverhandlungen die Interessen ihrer Mitglieder. Große Interessenverbände haben oft eigene Vertretungen in der Stadt, wo auch die Regierung eines Landes ihren Sitz hat. So können sie schnell wichtige Leute im Parlament, in den Parteien und in der Regierung treffen und über ihre Angelegenheiten reden. Sie machen dann Lobby-Arbeit. Wenn Interessenverbände besonders stark sind und versuchen, auf Politik und Gesetzgebung Einfluss zu nehmen, werden sie auch als „pressure groups" bezeichnet.

(Aus: Gerd Schneider u. Christiane Toyka-Seid: Politik-Lexikon von Aufschwung bis Zivilcourage, Campus Verlag Frankfurt/New York 2006, S. 138f.)

Bürgerinitiativen

In Bürgerinitiativen schließen sich Leute zusammen, um auf die Beseitigung eines Misstandes hinzuweisen, weil sie sich von den Behörden und Parlamenten nicht hinreichend unterrichtet und beachtet fühlen. In Deutschland gibt es einige tausend Bürgerinitiativen. In vielen Fällen haben sie ihre Ziele erreichen können. Besonders häufig setzen sie sich für Verbesserung im Umweltschutz, für Kinderrechte, für Verkehrsberuhigung und für ein besseres Bildungssystem ein. Manche Bürgerinitiativen lösen sich wieder auf, wenn sie ihr Ziel ganz oder teilweise erreicht haben.

Kritik an Bürgerinitiativen wird laut, wenn sie jede Art von Veränderung blockieren oder wenn Minderheiten ihre Interessen gegen die Interessen der Mehrheit durchsetzen wollen. Das kann zum Beispiel der Fall sein, wenn sie den Bau eines Behindertenheimes oder eines Spielplatzes in einem Wohngebiet verhindern wollen.

Möglichkeiten direkter Demokratie

Direkte Demokratie bedeutet, dass die Bürgerinnen und Bürger direkt, also nicht über ihre gewählten Vertreterinnen und Vertreter, an den politischen Entscheidungen beteiligt sind. Solche Möglichkeiten gibt es in fast allen Bundesländern auf der Ebene der Gemeindepolitik in der Form eines Bürgerbegehrens und des Bürgerentscheids.

Wollen die Bürgerinnen und Bürger in einer Stadt zum Beispiel lieber den Bau einer städtischen Kindertagesstätte haben als den vom Rat geplanten Erweiterungsbau des Stadttheaters, so können sie das mit einem schriftlich eingereichten *Bürgerbegehren* beim Stadtrat beantragen. Dieser Antrag muss mit einer bestimmten Mindestzahl von Unterschriften versehen sein. Nimmt der Rat dieses Bürgerbegehren nicht an, so muss innerhalb einer bestimmten Frist ein *Bürgerentscheid* über die Sache durchgeführt werden. Das heißt, die Bürgerinnen und Bürger entscheiden nun per Abstimmung direkt über Theaterausbau oder Kindertagesstätte. Die Abstimmung ist gültig, wenn sich ein bestimmter Anteil der wahlberechtigten Bürgerinnen und Bürger daran beteiligt hat. Bei

Spontaner Protest nach Verabredung im Internet

den politischen Entscheidungen auf der Ebene der Landespolitik gibt es die Möglichkeit direkter politischer Mitwirkung durch das *Volksbegehren* und den *Volksentscheid.* *

* Nähere Informationen dazu findet ihr im Kapitel Politik in den Bundesländern.

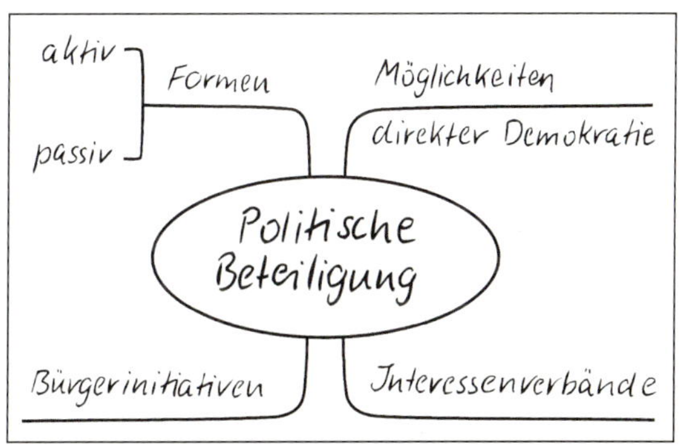

Soll das Volk auch in der Bundespolitik direkt mitentscheiden?

Eine Einstiegsübung für alle
Stell dir vor, du könntest als Erwachsener mitentscheiden, ob du einem Gesetz zur Erhöhung des Kindergeldes zustimmst oder einem Gesetz für oder gegen eine Verschärfung des Jugendstrafrechts.

- Würdest du von diesem Recht gerne Gebrauch machen oder eher nicht?

Die Bundesrepublik Deutschland ist eine repräsentative Demokratie. Die Bürgerinnen und Bürger wählen die Abgeordneten als ihre Vertreterinnen und Vertreter (= Repräsentanten) in den Bundestag. Ein direkter Einfluss auf die politischen Entscheidungen des Bundes ist im Grundgesetz bislang nicht vorgesehen.
Anders sieht es in den Kommunen und in den Bundesländern aus. In den Kommunen gibt es den Bürgerentscheid und in den Bundesländern den Volksentscheid. Beides sind Formen direkter Demokratie, bei denen die Bürgerinnen und Bürger sozusagen in die Rolle des Gesetzgebers schlüpfen.

Aktion in Berlin für eine Änderung des Grundgesetzes, für Volksentscheide auf Bundesebene

Mehr aktive Mitwirkung statt passiver Begleitung?

In den vergangenen Jahren hat es im deutschen Bundestag wiederholt Gesetzesvorlagen zur Einführung von Volksentscheiden auf Bundesebene gegeben. Doch keiner der Gesetzesvorschläge fand bisher die dafür erforderliche Mehrheit. Der Grund: Gesetze, die die Verfassung ändern, müssen im Bundestag und im Bundesrat mit Zweidrittelmehrheit verabschiedet werden. So legt es das Grundgesetz fest. In jüngster Zeit sind die Stimmen derer immer lauter geworden, die eine direkte politische Beteiligung des Volkes an grundlegenden politischen Entscheidungen fordern. Man verweist dabei auf andere Mitgliedstaaten der Europäischen Union, in denen Volksentscheide längst selbstverständlich sind (z. B. in Italien und Frankreich). Nach Ansicht vieler Kritiker des aktuellen Zustandes sind die Bürgerinnen und Bürger in Deutschland zu sehr in die Rolle des passiven Beobachters von Politik gedrängt. Man fordert ein Mehr an aktiver Beteiligung. Befürwortung und Gegnerschaft von Volksentscheiden lässt sich nicht eindeutig nach Parteizugehörigkeit zuordnen. In allen großen Parteien gibt es Befürworter und Gegner, und beide Seiten führen gewichtige Argumente ins Feld.

Beispiel Schweiz: Volk stimmt über Gesetzesinitiativen ab

In der Schweiz gehören Volksabstimmungen zur Tradition. Dabei macht es das Volk der Regierung nicht immer leicht. So erteilte es den Plänen der Regierung zum Bau eines zweiten Gotthard-Straßentunnels eine Absage und die geplante Heraufsetzung des Frauenpensionsalters wurde auch abgeschmettert. 2007 lehnte es die Gründung einer staatlichen Einheitskrankenkasse ab. Im Mai 2009 entschied es sich mit äußerst knapper Mehrheit für die Einführung des biometrischen Passes. Im November 2010 sprachen sich die Schweizer mehrheitlich für eine automatische Abschiebung kriminell gewordener Ausländer aus. Diese Entscheidung bringt die Regierung in arge Bedrängnis, weil sie davon ausgehen muss, dass diese Entscheidung einen Verstoß gegen die Europäische Menschenrechtskonvention darstellt.

1. Was unterscheidet die Regelung in der Schweiz von der in Deutschland?
2. Sollen wir uns die Schweiz zum Vorbild nehmen?

Diskussion:
Pro und kontra Volksentscheide auf Bundesebene

Hier findet ihr eine Reihe von Argumenten, die für und gegen Volksentscheide auf Bundesebene in die Diskussion eingebracht werden.

Erster Schritt:
Legt eine Tabelle an und ordnet darin die Argumente unter der Überschrift: Pro und kontra Volksentscheide auf Bundesebene.

Zweiter Schritt:
Bewertet die Qualität der Argumente, um euch so ein eigenes Urteil zu bilden. Formuliert eure Ansicht in Form einer schriftlichen Stellungnahme. Sucht dazu auch nach weiteren Argumenten für eure eigene Sichtweise.

Dritter Schritt:
Stellt eure Stellungnahmen in der Klasse vor und diskutiert miteinander.

Argumente – Argumente – Argumente – Argumente – Argumente – Argumente – Argumente – Argumente

1. Volksentscheide auf Bundesebene wären eine Bereicherung der Demokratie, weil die Wählerinnen und Wähler damit auch über die Wahl hinaus politisch aktiv sein können.
2. Am Beispiel der Schweiz kann man sehen, dass die Demokratie mit Volksentscheiden hervorragend funktioniert.
3. Bundespolitische Entscheidungen, zum Beispiel über Fragen der Altersversorgung, des Gesundheitswesens, des Umweltschutzes oder der Reform des Arbeitsmarktes sind viel zu kompliziert. Der normale Bürger ist damit überfordert.
4. Junge Leute würden dadurch besser an die Politik herangeführt. Sie können so spüren, dass sie politisch etwas bewegen können.
5. Volksentscheide würden dazu führen, dass kleine Gruppen von Bürgern, die sich in der Sache gut auskennen, ihre Interessen auf Kosten der Allgemeinheit durchsetzen.
6. Bei einem Volksentscheid haben auch diejenigen eine Stimme, die von der Sache, um die es geht, keine Ahnung haben. Es kämen unkluge Entscheidungen zustande, die sich die Demokratie nicht leisten kann.
7. Demokratie ist ihrem Ursprung nach die Herrschaft des Volkes. Also muss das Volk auch Chancen haben, an der Herrschaftsausübung beteiligt zu werden.
8. In schwierigen Zeiten muss das gewählte Parlament auch unpopuläre Entscheidungen treffen können, die die Mehrheit der Bevölkerung wenig begeistern. Das geht aber nur in der repräsentativen Demokratie.
9. Das Beispiel der Schweiz zeigt, dass das Volk alle unpopulären Entscheidungen ablehnt und somit wichtige Veränderungen blockiert.
10. Die gewählten Politikerinnen und Politiker müssten bei ihren Entscheidungen viel genauer auf die Stimmung in der Bevölkerung achten, weil sich das Volk sonst per Volksentscheid darüber hinwegsetzen könnte.

Pro
?
Kontra
?
Pro
?
Kontra

4 Wie wichtig sind Parteien?

Parteien für Einsteiger

Meist bestimmen die in den Bundestag gewählten Organisationen unser Bild von Parteien: CDU/CSU, SPD, FDP, Bündnis 90/Die Grünen und DIE LINKE sind derzeit in das Parlament gewählt. Die Christlich Demokratische Union (CDU) ist eine liberal-konservative Volkspartei, die sich für christliche Werte und das Bürgertum einsetzt. Im Freistaat Bayern ist die CDU nicht aktiv. Dort gibt es die Christlich Soziale Union, die im Bundestag mit der CDU zusammenarbeitet und eine ähnliche Programmatik vertritt. Eine weitere Volkspartei ist die Sozialdemokratische Partei Deutschlands, kurz SPD. Sie ist eine der ältesten Parteien in Deutschland und wurde bereits 1875 als Arbeiterpartei gegründet. Heute setzt sich die SPD für die Ideale Freiheit, Gerechtigkeit und Solidarität ein.

Weniger Wähler, Mitglieder und Abgeordnete im Parlament als die sogenannten Volksparteien haben FDP, Grüne und DIE LINKE. Die Freie Demokratische Partei Deutschlands (FDP) betont in ihrem Programm besonders die Freiheit der Bürger und ist gegen einen starken Einfluss des Staates auf die Wirtschaft. Die Partei DIE LINKE vertritt das Ziel eines demokratischen Sozialismus und entstand 2007 als Zusammenschluss der Linkspartei-PDS und der WASG. Bündnis 90/Die Grünen stehen schwerpunktmäßig für Umweltschutz und Gleichberechtigung von Frauen und Männern.

(Aus: Sebastian Gievert: Parteien für Einsteiger, Artikel vom 28.08.2009, hg. von der Bundeszentrale für politische Bildung, www.bpb.de, letzter Zugriff 18.11.2012)

Noch unerwähnt ist in diesem Text die Piratenpartei. Sie zog bei den Wahlen zum Berliner Abgeordnetenhaus 2011 zum ersten Mal in ein Parlament in Deutschland ein.

Brainstorming zum Thema: Das weiß ich schon über die Parteien …

Über die Parteien in Deutschland habt ihr sicherlich schon vieles gelesen, gehört und gesehen. Hier könnt ihr einbringen, was ihr bereits wisst und wie ihr über die Parteien denkt. Die geeignete Methode dazu ist das Brainstorming. Damit sich möglichst alle beteiligen können, solltest du einige Regeln beachten:

- Lass dir das Thema eine Weile durch den Kopf gehen.
- Notiere dann in kurzen Stichworten deine Einfälle dazu. Du kannst dazu auch die Informationen aus dem Text „Parteien für Einsteiger" benutzen.
- Nimm dir fest vor, mindestens einen deiner Einfälle zum Brainstorming beizutragen.

Für die Durchführung des Brainstormings sollte eine Zeit vereinbart werden (4, 5, bis zu 10 Minuten). Zwei oder mehrere Schüler notieren für alle sichtbar Stichworte zu den Beiträgen der Teilnehmer. In dieser Zeit wird nur gesammelt, nicht diskutiert. Über die besonders wichtigen Beiträge kann man sich hinterher verständigen. Wenn ein Mitschüler bereits das sagt, was dir auch durch den Kopf geht, melde dich trotzdem weiter. In einem Brainstorming kann es ruhig Wiederholungen geben. Formuliere deine Beiträge immer ganz persönlich: Ich weiß …, ich denke …, mir fällt dazu ein, …

Standpunkt: Warum wir die Parteien brauchen

In dem folgenden Text formuliert der Autor Hans-Peter Bartels seine Ansicht zur Bedeutung der Parteien. Dabei formuliert er zahlreiche Fragen. Überlegt beim Lesen, welche Absichten der Autor damit verfolgt.

Bei manchen Leuten gelten Parteien prinzipiell als anrüchig: Sind denn nicht Neutralität und Überparteilichkeit viel besser? Ist es nicht peinlich, sich vor wildfremdem Leuten zur Wahl zu stellen? Hat das Streiten um eine Sache nicht immer etwas hässlich Rechthaberisches? Und wenn zum Schluss in Parteien und zwischen Parteien um des lieben Friedens willen Kompromisse gemacht werden, sind sie dann nicht meist faul?
Die Antworten lauten: Nein, nein, nein und nein. Demokratie, die Herrschaft des Volkes, braucht Mitbürger, die auch Verantwortung übernehmen wollen. Niemand muss, aber ohne geht es nicht. Jeder darf. Und allein richtet man in einem Volk von 80 000 000 Menschen wenig aus. „Streiten" kann man auch „Diskutieren" nennen. Genau dafür sind Parteien da: für die ständige Diskussion, jeden Tag, zu jedem Thema, das einem wichtig erscheint. Jeder kann eintreten, jeder kann mitreden, Vorsitzende wählen und Kandidaten aufstellen, selbst eine Aufgabe übernehmen oder für ein Parlament kandidieren. Den sogenannten „Parteienstreit" zwischen den Parteien, das böse „Parteiengezänk" – das kann nur schlimm finden, wer selbst immer Recht haben will und meint, es solle besser nur eine einzige Partei geben, seine! Parteien müssen sich über die unterschiedlichen Meinungen in aller Öffentlichkeit auseinandersetzen. Und sie müssen bereit sein, sich zusammenzusetzen und Kompromisse zu machen, wenn sie allein zum Beispiel nicht die Mehrheit im Bundestag haben. [...]
Die Wahlkämpfe zwischen den Parteien sind dazu da, dass diejenigen, die sich engagieren, für ihre Ansichten werben. Wer hat die besseren Argumente? Wer hat die besseren Kandidaten? Die Mittel sind friedlich, auch wenn manche das lächerlich finden: bedrucktes Papier, Fernsehdebatten, überall kleine Informationsveranstaltungen oder große Open-Air-Kundgebungen. Die Konkurrenz der Parteien wird am Ende entschieden von allen Bürgern, die zur Wahl gehen. Sie haben das Recht, sich zu irren und nach vier Jahren eine andere Partei zu wählen – oder selbst eine zu gründen.

(Aus: Hans-Peter Bartels: Wozu Parteien gut sind, in: DIE ZEIT – Das Junior-Lexikon in 6 Bänden, Zeit-Verlag, Hamburg 2007, Bd. 4, S. 222 f.)

1. Der Autor begründet seinen eigenen Standpunkt und kritisiert solche, die er für falsch hält. Notiert: Wie begründet er seinen Standpunkt? Welche Denkweisen kritisiert er?

2. Formuliert euren eigenen Standpunkt zur Bedeutung der Parteien. Orientiert euch dabei an den folgenden Stichworten: demokratische Mitwirkung, Verantwortung, Meinungsvielfalt.

3. Welche Position zum Thema Parteien wird in der Karikatur deutlich? Untersucht sie mithilfe der Fragen: Was ist dargestellt? Welche Aussageabsicht des Zeichners ist erkennbar? Wie wirkt sie auf dich und wie bewertest du sie?

Was auch noch interessant sein kann:

- andere Schüler interviewen zum Thema: Wie denkst du über die Parteien?
- mit dem Wahl-O-Mat in der Homepage der Bundeszentrale für politische Bildung (www.bpb.de) eigene Vorstellungen von Politik mit Programmaussagen der Parteien vergleichen.

Welchen Auftrag haben die Parteien?

Die Doppelseite enthält vielfältige Informationen zum Thema Parteien. Als Merk- und Visualisierungshilfe wird die Erstellung einer Mindmap empfohlen. Das geht auch in Partnerarbeit.

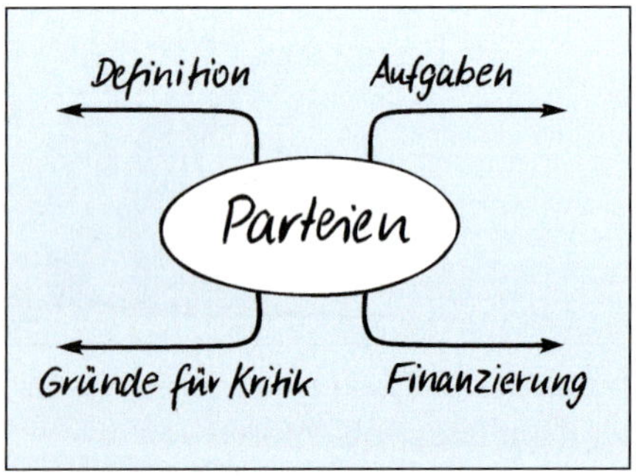

Artikel 21 des Grundgesetzes

Parteien

(1) Die Parteien wirken bei der politischen Willensbildung des Volkes mit. Ihre Gründung ist frei. Ihre innere Ordnung muss demokratischen Grundsätzen entsprechen. Sie müssen über die Herkunft und Verwendung ihrer Mittel sowie über ihr Vermögen öffentlich Rechenschaft geben.

(2) Parteien, die nach ihren Zielen oder nach dem Verhalten ihrer Anhänger darauf ausgehen, die freiheitliche demokratische Grundordnung zu beeinträchtigen oder zu beseitigen oder den Bestand der Bundesrepublik Deutschland zu gefährden, sind verfassungswidrig. Über die Frage der Verfassungswidrigkeit entscheidet das Bundesverfassungsgericht.

(3) Das Nähere regeln Bundesgesetze.

Aus dem Parteiengesetz

in der Fassung vom 12. Dezember 2004

§ 1 Verfassungsrechtliche Stellung und Aufgaben der Parteien

(1) Die Parteien sind ein verfassungsrechtlich notwendiger Bestandteil der freiheitlichen demokratischen Grundordnung. Sie erfüllen mit ihrer freien, dauernden Mitwirkung an der politischen Willensbildung des Volkes eine ihnen nach dem Grundgesetz obliegende und von ihm verbürgte öffentliche Aufgabe.

(2) Die Parteien wirken an der Bildung des politischen Willens des Volkes auf allen Gebieten des öffentlichen Lebens mit, indem sie insbesondere auf die Gestaltung der öffentlichen Meinung Einfluss nehmen, die politische Bildung anregen und vertiefen, die aktive Teilnahme der Bürger am politischen Leben fördern. […]

(3) Die Parteien legen ihre Ziele in politischen Programmen nieder.

§ 25 Spenden

(1) Parteien sind berechtigt, Spenden anzunehmen. Bis zu einem Betrag von 1000 Euro kann eine Spende mittels Bargeld erfolgen. Parteimitglieder, die Empfänger von Spenden an die Partei sind, haben diese unverzüglich an ein für Finanzangelegenheiten von der Partei satzungsmäßig bestimmtes Vorstandsmitglied weiterzuleiten.

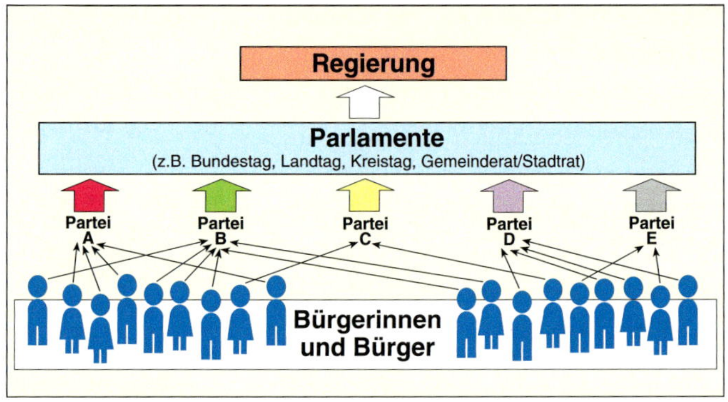

Seit seiner Verabschiedung 1967 ist das Parteiengesetz wegen „Parteispendenskandalen“ mehrfach überarbeitet worden. Bei diesen Skandalen ging es nicht um persönliche Bereicherung. Vielmehr wurden Rechenschaftsberichte nicht ordnungsgemäß vorgelegt und die Namen von Großspendern nicht genannt, wie es das Gesetz verlangt hätte.

Parteiendemokratie Deutschland

Stellt man sich die deutsche Demokratie als Dampfmaschine vor, dann sind Parteien der Keilriemen: Sie sorgen dafür, dass Bewegung von einem Teil der Maschine in den anderen kommt und zurück. Parteien werden deshalb oft auch als demokratisches Bindeglied zwischen Staat und Gesellschaft bezeichnet.

Es gibt kaum politische Entscheidungen in Deutschland, an denen sie nicht beteiligt sind. Fast alle Abgeordneten in den Parlamenten gehören einer Partei an – obwohl es die Möglichkeit gibt, direkt für ein Amt zu kandidieren. Die Bundesrepublik Deutschland wird daher häufig als Parteiendemokratie bezeichnet.

Die Großen bestimmen die Politik

Viele Deutsche wissen gar nicht, dass es auch zahlreiche kleine Parteien gibt, oder stoßen erstaunt auf ihre Namen auf dem Stimmzettel, wenn sie wählen gehen. Dass wenige große Parteien die Politik bestimmen, hängt mit der deutschen Geschichte zusammen: In der ersten deutschen Demokratie, der Weimarer Republik, führte die Zersplitterung des Parlaments in viele kleine Parteien zu einer unstabilen Regierung. Ihre Schwäche und die Unzufriedenheit der Bürger mit ihnen war ein Grund dafür, dass die Nationalsozialisten 1933 in Deutschland an die Macht kamen. […]

Zentrale Aufgaben

Zentrale Aufgabe der Parteien ist es, an Wahlen teilzunehmen, politische Ideen und Forderungen in Parteiprogrammen zu bündeln und Personal für politische Ämter bereitzustellen, wie etwa Bundestagsabgeordnete oder Stadträte. Außerdem sollen sie in der Gesellschaft für Akzeptanz der Politiker-Entscheidungen sorgen und die Menschen zum Wählen bewegen. Im Wahlkampf werden Parteien daher besonders aktiv und betonen ihre inhaltlichen und personellen Unterschiede.
Ob die Parteien diesen Aufgaben gerecht werden, ist umstritten. Derzeit wenden sich viele Menschen frustriert von der Politik ab: Es herrscht „Politikverdrossenheit“. Andere kritisieren, dass Parteien auch dort Macht haben und ausüben, wo sie es gar nicht sollen. So ist die Mitgliedschaft in einer Partei häufig wichtig für die Besetzung von Posten, deren Vergabe gar nicht durch eine Wahl entschieden wird. […]

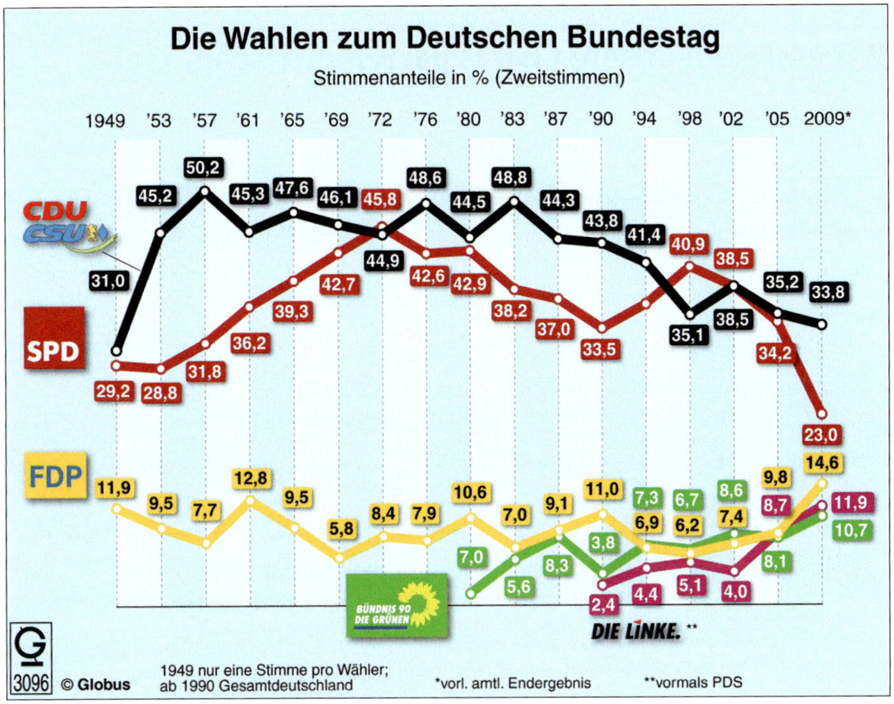

Alle können mitarbeiten

Jeder Bürger kann Mitglied einer Partei werden, aber er muss sich für eine Partei entscheiden: Mehrfachmitgliedschaften sind in den Parteisatzungen in der Regel untersagt. Insgesamt sind in Deutschland etwa 2,5 Millionen Menschen Mitglied einer Partei. Das sind etwa vier Prozent der Wahlberechtigten. […]
Parteien werden vom Staat mit Steuergeldern unterstützt und finanzieren sich außerdem durch Mitgliedsbeiträge und Spenden. Die staatlichen Subventionen richten sich nach der Summe der Mitgliedsbeiträge und Spenden sowie der Anzahl der Wahlstimmen, die für eine Partei abgegeben wurden.

(Aus: Sebastian Gievert: Parteien für Einsteiger, in: Bundeszentrale für politische Bildung, 28.08.2009, www.bpb.de, letzter Zugriff: 18.11.2012)

1. Was sind Parteien und was ihre wichtigsten Aufgaben?
2. Warum wird die Bundesrepublik Deutschland auch als Parteiendemokratie bezeichnet?
3. Erklärt, warum die Parteien zur Erfüllung ihrer Aufgaben Geld benötigen und wie sie mit Parteispenden umgehen müssen.

Wir erstellen unsere Charts parteipolitischer Ziele

☐ Schaffung neuer Arbeitsplätze	☐ Verstärkung der Hilfen für die Entwicklungsländer
☐ Schutz vor Datenmissbrauch	☐ Bekämpfung der Armut im eigenen Land
☐ Lösung der Umweltprobleme	☐ Förderung der weiteren Vereinigung Europas
☐ Sicherung der Altersvorsorge	☐ Verbesserung der Bildungschancen durch Investitionen
☐ Erhaltung der Wirtschaftskraft durch neue Technologien	☐ Verstärkung des Kampfes gegen die Kriminalität
☐ Förderung echter Gleichberechtigung	☐ Bekämpfung von Rechtsradikalismus und Fremdenfeindlichkeit
☐ Staatliche Finanzierung von Wohnungen, Kindergärten, Krankenhäusern	☐ Schutz der Bevölkerung vor internationalem Terrorismus

Euer Auftrag:
Ihr überlegt in Gruppen, welchen Problemen sich die Parteien vorrangig zuwenden sollen, und erstellt dazu Ranglisten.

So könnt ihr vorgehen:
- Beratet in der Gruppe, welches Ziel ihr für das wichtigste, das zweitwichtigste usw. haltet.
- Erstellt dann gemeinsam eine Rangliste.
- Sucht euch ein Ziel heraus, zu dem ihr in der Gruppe nach Vorschlägen sucht, wie es verwirklicht werden kann.
- Stellt die Ranglisten und die Vorschläge in der Klasse vor.

Unser Parteiprogramm

1.
2.
3.
4.
5.
6.
7.
8.

Fallen euch weitere Themen ein, um die die Parteien sich kümmern sollten?

Vergleich von Internetauftritten

Thema: Parteien im Internet

Das Internet bietet mittlerweile eine leicht zugängliche Möglichkeit zur Information über die Parteien. Unter anderem sind die Parteiprogramme abrufbar, in denen die Parteien ihre Ziele beschreiben. Neben den im Bundestag vertretenen Parteien sind auch zahlreiche kleine Parteien im Internet vertreten, darunter auch rechts- und linksextreme.

Als Suchbegriffe bieten sich z. B. die folgenden Themenbereiche der Politik an:

- Arbeitsmarktpolitik
- Energiepolitik
- Jugendpolitik
- Umweltpolitik
- Wirtschaftspolitik
- Sozialpolitik

u. a. m.

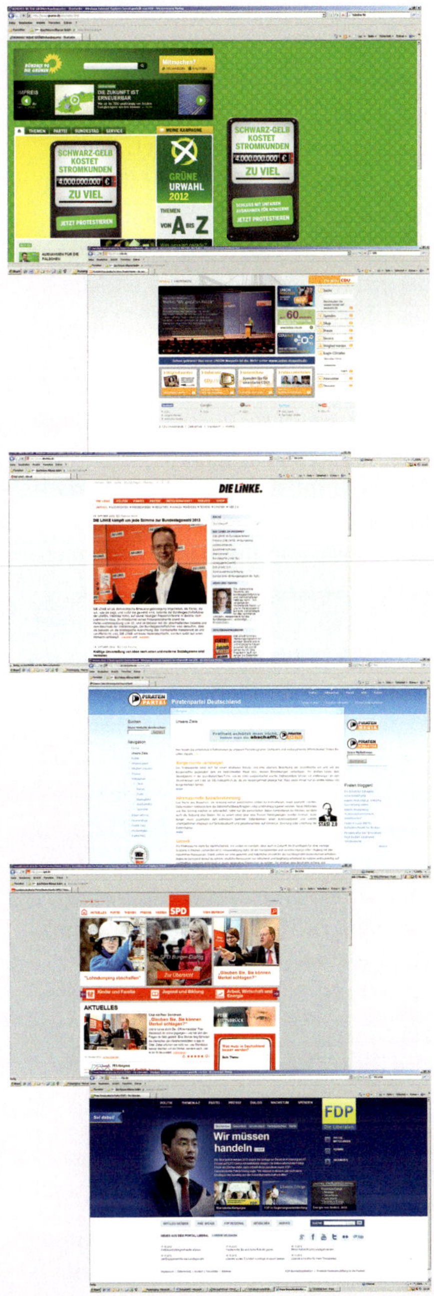

Webseiten vergleichen: Wie macht man das?

Wenn man verschiedene Dinge miteinander vergleichen will, braucht man Kriterien, an denen man sich orientiert. Hier werden einige angeboten, die ihr bei eurer Vergleichsarbeit nutzen könnt. Sie ermöglichen euch ein persönliches Werturteil über die Qualität des Angebots. Für jedes Kriterium könnt ihr maximal 5 (hervorragend) und minimal 0 Punkte (sehr unbefriedigend) verteilen. Zählt am Ende eure persönliche Punktzahl pro Partei zusammen. Je mehr Punkte, desto besser bewertet ihr die **Webseite** der Partei. Am Ende solltet ihr eure Bewertungen miteinander vergleichen.

1. **Übersichtlichkeit:** Wie übersichtlich ist die Startseite der Homepage aufgebaut?	5 4 3 2 1 0	Gesamtpunktzahl:
2. **Orientierung:** Wie gut findet man sich in den angebotenen Links zurecht?	5 4 3 2 1 0	
3. **Gezielte Suche:** Kann man einen Suchbegriff eingeben und findet man dazu schnell ein befriedigendes Informationsangebot?	5 4 3 2 1 0	
4. **Service:** Wie interessant und hilfreich ist das Angebot an Serviceleistungen der Partei?	5 4 3 2 1 0	
5. **Materialangebot:** Kann man mit der Menge und der Art der angebotenen Materialien zufrieden sein?	5 4 3 2 1 0	
6. **Qualität:** Findet man gut verständliche Texte über die Ziele und die Programmatik der Partei?	5 4 3 2 1 0	
7. **Gesamteindruck:** Wie überzeugend wirkt die Selbstdarstellung der Partei insgesamt?	5 4 3 2 1 0	

Muss eine verfassungsfeindliche Partei verboten werden? Der Fall NPD

Hohe Hürden für ein Verbot

Ein Parteiverbot ist in der Demokratie mit hohen Hürden versehen. Nur das Bundesverfassungsgericht kann eine Partei für verfassungswidrig erklären. Im Artikel 21 des Grundgesetzes heißt es: „Parteien, die nach ihren Zielen oder dem Verhalten ihrer Mitglieder darauf ausgehen, die freiheitliche demokratische Grundordnung zu beeinträchtigen oder zu beseitigen […] sind verfassungswidrig.“
Nach Einschätzung von Juristen kann eine Partei nicht nur deshalb verboten werden, wenn sie die obersten Prinzipien der Verfassung nicht anerkennt. Vielmehr muss sie „eine kämpferisch aggressive Haltung gegenüber der bestehenden Ordnung einnehmen“. 2001 scheiterte wegen der hohen Hürden ein erster Antrag zum Verbot der NPD. 2009 legten die Innenminister von fünf Bundesländern neues Material zu den rechtsextremistischen Umtrieben der NPD vor. Danach liegt die kämpferisch aggressive Haltung gegenüber der bestehenden Ordnung eindeutig vor.
Muss eine Partei, die gegen elementare Grundwerte der Verfassung ankämpft, verboten werden? Oder muss die Demokratie auch ihre Feinde aushalten?
Um diese Fragen geht es im Fall der NPD.

Wie gefährlich ist die NPD?

Kaum ein Begriff taucht in den Programmen der NPD so häufig und so prominent auf wie das „Volk“. Dies ist kein Wunder, denn die NPD ist eine völkische Partei, das „Volk“ ist bei ihr Grundlage und oberstes Ziel aller Politik. Für die NPD ist der Einzelne nichts ohne sein Volk. […]
„Die Würde des Menschen ist unantastbar“, lautet der erste Satz des Grundgesetzes, woraus der zweite folgt: „Sie zu achten und zu schützen ist Verpflichtung aller staatlichen Gewalt.“ Ganz anders im NPD-Programm. Dort folgt aus der völkischen Grundsatzentscheidung des ersten Satzes, dass der Staat „Verantwortung für das Volk“ trage (und nicht für den einzelnen Menschen). Damit wäre in einem Staat nach den Vorstellungen der NPD Tür und Tor geöffnet für staatliche Willkür gegen Individuen, einzelne Menschen oder Gruppen könnten beliebig zu „Volksschädlingen“ erklärt und verfolgt werden. So deutlich sagt das die NPD natürlich nicht. […]
Die NPD aber hat einen klaren, biologistischen Volksbegriff. „Grundlegend für ein Volk seien: gemeinsame Abstammung, Geschichte, Sprache, Kultur sowie gemeinsames Erleben und Schicksal“, heißt es zum Beispiel im Taschenkalender des nationalen Widerstandes 2006 aus dem Deutsche Stimme-Verlag. Wer also keine „blutsdeutschen“ Vorfahren hat, gehört für die NPD nicht zum Volk und hat bei ihr weniger Rechte. Sie will keine Demokratie (demos = Volk), sondern eine „Ethnokratie“, also die Herrschaft einer ethnischen Gruppe.

(Aus: Das Programm der NPD, in: Netz-Gegen-Nazis.de, Redaktion Simone Rafael, Artikel vom 27.04.2008, letzter Zugriff 1.11.2011. Den vollständigen Text findet ihr unter der angegebenen Adresse.)

1. Nur wer deutscher Abstammung ist, hat nach Auffassung der NPD das Recht, in Deutschland zu leben. Wie viele Mädchen und Jungen in eurer Klasse müssten das Land verlassen, wenn dies Wirklichkeit wäre?

Tipp: Vergleicht dazu den Artikel 3 im Grundgesetz.

Diskussion:
Stellungnahmen zum NPD-Verbot: Wie hättest du entschieden?

Auch Schülerzeitungen haben sich mit dem Thema NPD-Verbot auseinandergesetzt. Die beiden Stellungnahmen auf dieser Seite sind in der Schülerzeitung Martinshorn aus Halberstadt erschienen. Die Zeitung wurde von der Aktion mut-gegen-rechte-gewalt mit dem Sonderpreis „Medien mit Mut" ausgezeichnet.

Sind Sie für ein Verbot der NPD?

Umfrage des Forschungsinstituts Emnid am 30. Juli 2011 im Auftrag der Bild-Zeitung
Quelle: www.ntv.de

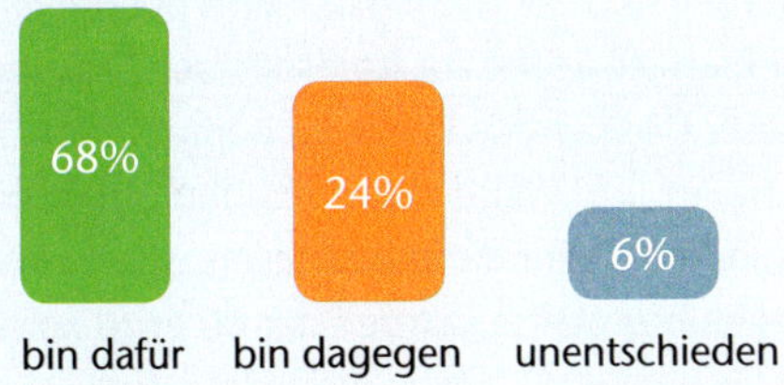

Ja, ein Verbot der NPD ist berechtigt!

Großdeutsches Gehabe, Hetzkampagnen gegen Asylbewerber, Unterstützung von rechten Straßenschlägern – Eklats wie diese haben sich in den letzten Jahren gehäuft. Viele Menschen fragen sich deshalb: Warum wurde die NPD noch nicht verboten? Diese Frage ist berechtigt. [...] Die NPD fordert offen die Rückverschiebung der deutsch-polnischen Grenze auf den Stand von 1937, das bedeutet, sie erkennt den heutigen souveränen Staat Polen nicht an. Spätestens hier werden Parallelen mit der NSDAP unter Adolf Hitler sichtbar, den die offensichtliche Nachfolgepartei als „großartigen deutschen Politiker" in den Geschichtsbüchern verewigen will. Und damit wäre ein Parteiverbot laut Artikel 21, Absatz 2 des Grundgesetzes angebracht, denn „Parteien, die [...] darauf ausgehen, die freiheitliche demokratische Grundordnung zu beeinträchtigen oder zu beseitigen oder den Bestand der Bundesrepublik Deutschland zu gefährden, sind verfassungswidrig". Man kann ebenfalls nicht verneinen, dass die NPD gewaltbereiten Neonazis Schutz bietet. Ein erster Schritt, um die rechtsextremistische Szene auszuhöhlen, ist daher das Parteiverbot.

(Beide Texte aus: www.mut-gegen-rechte-gewalt.de, Zugriff 20.08.2009, Autor: Eric Ruider)

Nein, ein Verbot der NPD bringt nichts!

Meiner Meinung nach besteht bei einem Verbot auch die Gefahr, dass sich die Gesellschaft zurücklehnt und glaubt, die Sache sei damit erledigt. Das rechtsextremistische Gedankengut verschwindet aber nicht mit einem Verbot, es bleibt in den Köpfen. Deshalb finde ich es gut und halte es für den richtigen Weg, wenn die Gesellschaft Mitglieder der NPD zunehmend ächtet und isoliert. So verweigern immer mehr Vereine, wie z. B. die freiwillige Feuerwehr und Sportvereine, Personen, die rechtsextrem orientiert sind, die Mitgliedschaft. In einem Kommentar zum Grundgesetz hat ein Verfassungsrichter (das Bundesverfassungsgericht entscheidet über ein Parteiverbot) Folgendes geschrieben: „Im System einer freiheitlichen Demokratie ist das Parteiverbot ein Fremdkörper; die Beurteilung von Wert oder Unwert politischer Parteien sollte der politischen Entscheidung des Wählers überlassen werden, nicht der juristischen Entscheidung eines Gerichts." Ich finde, dass man dieser Aussage nur zustimmen und durch sein Wahlverhalten deutlich machen kann, dass solche Parteien in Deutschland keine Zukunft haben.

(Autorin: Maria Bauer)

1. Wie lässt sich begründen, dass es in einer Demokratie hohe Hürden für das Verbot einer Partei geben muss?
2. Die Diskussion zum Verbot der NPD kann in Form einer Pro-Kontra-Debatte geführt werden. Sammelt Argumente für und gegen das Verbot. Nehmt euch ein wenig Zeit zum Nachdenken. Entscheidet euch für eine Position. Stimmt dann in der Klasse ab. Falls möglich, setzt euch anschließend in zwei Gruppen einander gegenüber und diskutiert miteinander.
3. Ja oder nein zum Verbot der NPD? Dazu sollte jede und jeder nach der Diskussion seine Ansicht schriftlich begründen.

5 Das Wahlrecht zum Deutschen Bundestag: besonders klug oder zu kompliziert?

Wahlen sind die wichtigste Form politischer Beteiligung und zugleich das wirksamste Mittel zur Kontrolle der Regierenden. Mithilfe des Beispiels auf dieser Doppelseite könnt ihr herausfinden, wie sich Wahlen auf unterschiedliche Art und Weise auszählen und organisieren lassen. Vor diesem Hintergrund könnt ihr dann beurteilen, ob das Wahlrecht zum Deutschen Bundestag klug gestaltet wurde oder ob es zu kompliziert ist.

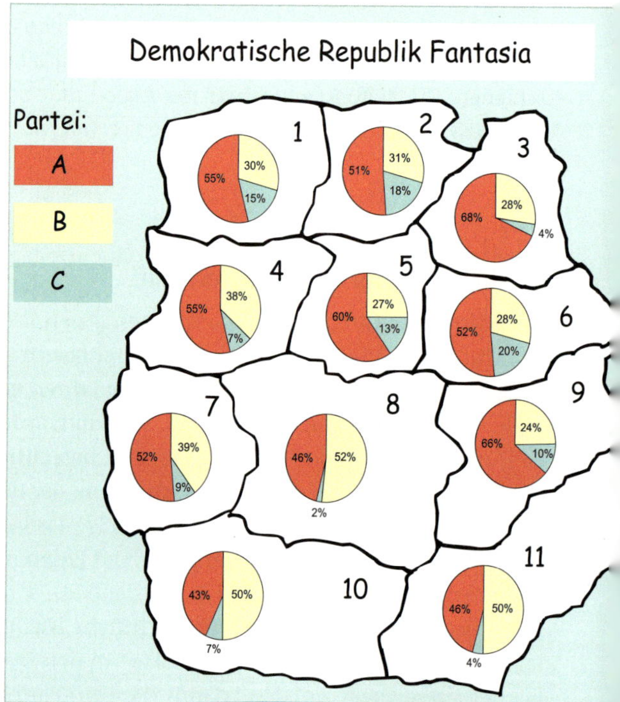

Parlamentswahlen in „Fantasia“: Gleiches Wahlergebnis führt zu unterschiedlicher Sitzverteilung im Parlament

In der neu gegründeten demokratischen Republik „Fantasia“ finden zum ersten Mal Parlamentswahlen statt. Zu diesem Zweck hat man das Land in 11 Wahlkreise eingeteilt. Pro Wahlkreis wird es einen Sitz im Parlament geben. Zur Wahl stellen sich drei Parteien mit ihren jeweiligen Kandidaten (Partei A, B und C). Unter diesen drei Parteien werden die 11 Parlamentssitze aufgeteilt werden. Man hat beschlossen, zwei unabhängige Kommissionen mit der Auszählung der Stimmen und der Verteilung der Sitze im Parlament zu beauftragen. Dies soll garantieren, dass keine Fehler vorkommen. Am Abend nach der Wahl verkünden die Vorsitzenden der Auszählkommissionen der gespannt wartenden Öffentlichkeit das Ergebnis.

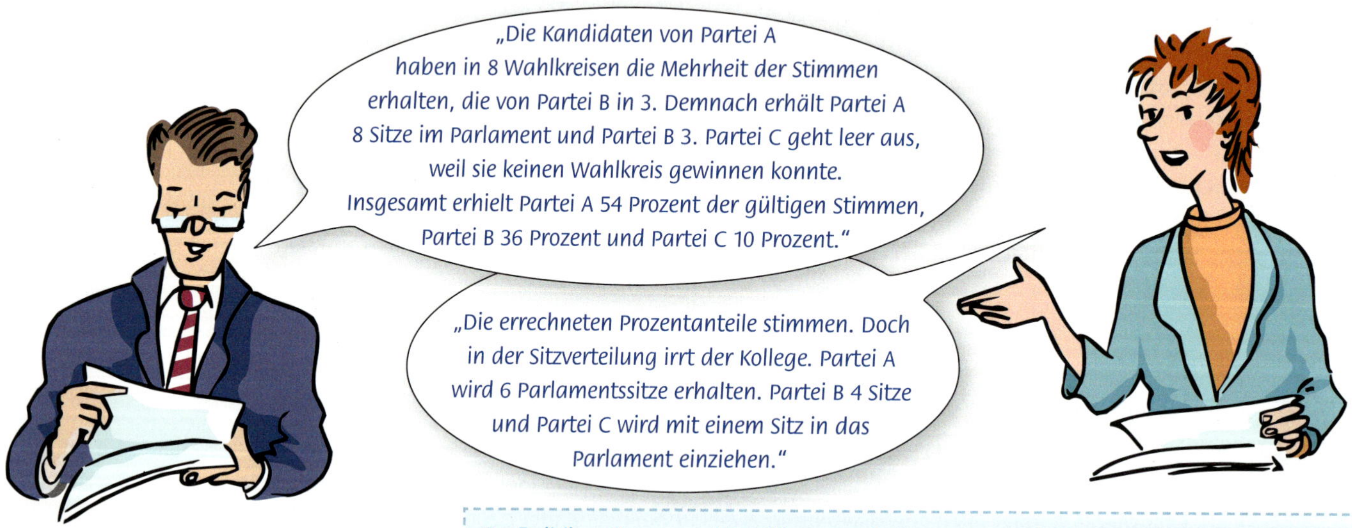

1. Politiker, Presse und Bevölkerung sind verwirrt. Welcher der beiden Sprecher hat Recht? Wie kann es zu solch unterschiedlichen Auswirkungen kommen?

Die beiden Kommissionssprecher treffen sich zu einem Gespräch

Frau Verhält: Welches Wahlsystem haben Sie bei der Auszählung der Stimmen verwendet?

Herr Mehrheit: Wir haben das Mehrheitswahlsystem angewendet.

Frau Verhält: Was bedeutet das?

Herr Mehrheit: Beim Mehrheitswahlsystem wird das Land in so viele Wahlkreise eingeteilt, wie das Parlament Sitze hat. Da Fantasia ein Parlament mit 11 Sitzen hat, haben wir 11 Wahlkreise eingeteilt. Sie können das auf der Karte sehen. In jedem Wahlkreis wählen die Bürgerinnen und Bürger einen der Kandidaten, die sich zur Wahl stellen. Es zieht jeweils der Kandidat ins Parlament ein, der die meisten Stimmen in seinem Wahlkreis erhält. Partei A hat in 8 von 11 Wahlkreisen die Mehrheit der Stimmen erhalten. Partei B in 3 der 11 Wahlkreise. Also erhalten Partei A 8 und Partei B 3 Sitze. Da Partei C in keinem Wahlkreis die Mehrheit der Stimmen erzielen konnte, erhält sie auch keinen Parlamentssitz. Wie kommt ihre Sitzverteilung zustande, liebe Kollegin?

Frau Verhält: Wir haben das Verhältniswahlsystem angewendet.

Herr Mehrheit: Was bedeutet das?

Frau Verhält: Beim Verhältniswahlsystem braucht man eigentlich keine Wahlkreiseinteilung. Man zählt alle abgegebenen Stimmen landesweit aus. Die Sitze im Parlament werden dann nach dem Anteil der Wählerstimmen verteilt. Bekommt eine Partei 54 Prozent der Stimmen, so stehen ihr auch 54 Prozent der Sitze im Parlament zu. Dadurch ist auch Partei C, ihrem Anteil von 10 Prozent der Stimmen entsprechend, in unserem Parlament vertreten.

Herr Mehrheit: Ehrlich gesagt, finde ich es besser, wenn wir das Mehrheitswahlsystem zur Sitzverteilung verwenden. Es sorgt für klare Mehrheiten im Parlament. So fällt das Regieren leichter. Kleine radikale Parteien haben keine Chance, in das Parlament einzuziehen, weil ihre Kandidaten niemals die Mehrheit in einem Wahlkreis erreichen können. Außerdem wählt man hier eine Person. Man kennt die Kandidatinnen und Kandidaten. Das verschafft den Wählern ein persönlicheres Verhältnis zur Politik. Beim Verhältniswahlsystem gibt es oft keine eindeutigen Mehrheitsverhältnisse, sodass das Land schwer zu regieren ist.

Frau Verhält: Dafür ist das Verhältniswahlsystem viel gerechter. Man wählt eine Partei und keine bestimmte Person. Da die Parteien so viele Sitze bekommen, wie ihnen nach der prozentualen Stimmenverteilung zustehen, finden alle Stimmen Berücksichtigung. Beim Mehrheitswahlrecht bleiben viele Stimmen völlig unberücksichtigt. Kleine Parteien haben beim Verhältniswahlsystem viel eher eine Chance, den Sprung in das Parlament zu schaffen. Wo gibt es eigentlich sonst noch das von ihnen vertretene Mehrheitswahlsystem?

Herr Mehrheit: Wir haben es von Großbritannien, einer Demokratie mit langer Tradition, abgeguckt. Dort wird es seit Langem erfolgreich angewendet.

Frau Verhält: Das von mir vertretene Verhältniswahlrecht wird bei Parlamentswahlen in Frankreich und in vielen anderen parlamentarischen Demokratien angewendet.

Beide: Wir müssen für unser Land eine Entscheidung treffen.

2. Wie sind in Fantasia die Unterschiede in der Sitzverteilung im Parlament zustande gekommen?

3. Ihr könnt nun erklären, wie die beiden unterschiedlichen Wahlsysteme – Mehrheitswahl und Verhältniswahl – funktionieren und welche Vor- und Nachteile sie haben. Fertigt auf einem Blatt eine Übersicht an.

	Mehrheitswahl	Verhältniswahl
Funktionsweise Vorteile Nachteile		

4. Wie würdest du entscheiden? (Für welches System man sich bei den Bundestagswahlen in Deutschland entschieden hat, erfährst du auf der folgenden Seite.)

Die Bundestagswahl: Wie funktioniert sie?

Achtet beim Lesen und beim Betrachten der Bilder auf dieser Doppelseite auf folgende Begriffe:

- Personalisiertes Verhältniswahlrecht,
- Erststimme, Zweitstimme, Stimmensplitting
- Fünf-Prozent-Hürde,
- Überhangmandate

Erklärt nach dem Lesen, was sie bedeuten.

Das Wahlrecht für die Bundestagswahlen versucht, die Vorzüge beider Wahlsysteme (des Mehrheits- und des Verhältniswahlrechts) miteinander zu verbinden. Durch die Kombination der beiden Wahlsysteme sprechen wir auch von einem personalisierten Verhältniswahlrecht. Die eine Hälfte der Abgeordneten wird in Einzelwahlkreisen nach relativer Mehrheit, die andere Hälfte unabhängig davon – ohne Verhältnisausgleich mit der ersten Hälfte – nach Listen im Verhältniswahlrecht gewählt. Deswegen gibt es bei den Bundestagswahlen eine **Erststimme** und eine **Zweitstimme**. Dazu ist der Stimmzettel in zwei Spalten eingeteilt; in jeder der Spalten kann der Wähler eine Stimme durch Ankreuzen abgeben. Auf der linken Spalte, also mit seiner Erststimme, kann der Wähler seinen Bundestagskandidaten wählen. [...] In der rechten Spalte wird mit der Zweitstimme eine Partei gewählt, deren Kandidaten nach einer Landesliste von den Parteien zusammengestellt werden. [...] Die Zweitstimme ist nicht zweitrangig, wie der Name möglicherweise irreführend vermuten lässt. Sie entscheidet vielmehr, wie viele Mandate eine Partei im neuen Bundestag erhält.

(Aus: Rupert Schick/Michael F. Feldkamp: Wahlen, hrsg. vom Referat für Öffentlichkeit des Deutschen Bundestages, Berlin 2005, S. 14)

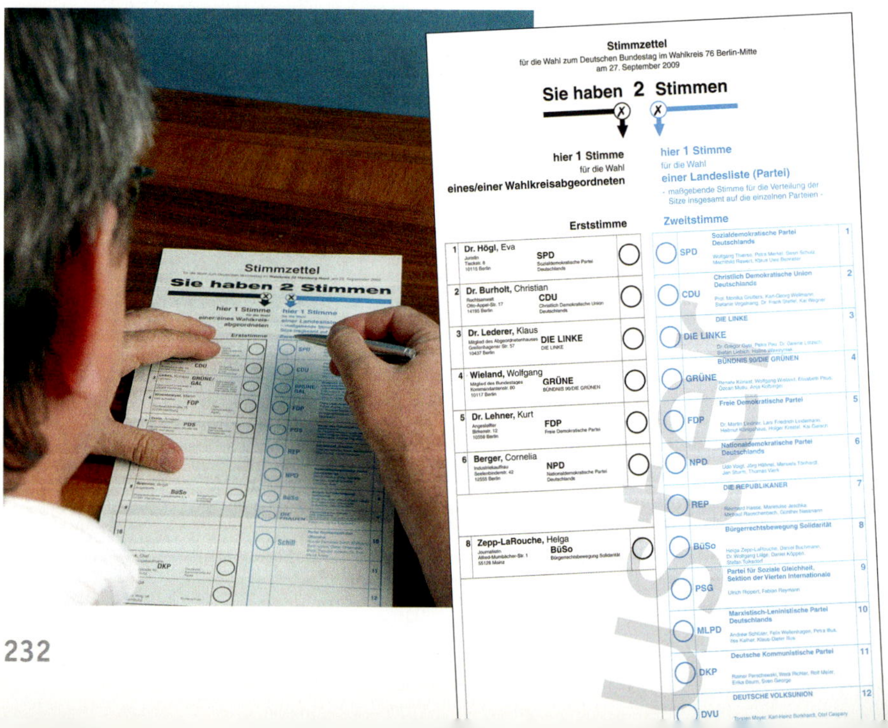

Mehrere Möglichkeiten

Der Wähler kann einer Person seine Stimme geben und er kann die Partei wählen, die er bevorzugt. Auch können die Wähler die Erst- und Zweitstimme unabhängig voneinander vergeben. Zum Beispiel ist es möglich, mit der Erststimme den Kandidaten der CDU oder der SPD oder der Partei DIE LINKE zu wählen und die Zweitstimme den Grünen, den Piraten, der FDP oder einer anderen Partei zu geben. Dieser Sonderfall der Aufteilung der beiden Stimmen wird als „Stimmensplitting" bezeichnet.
Einprägen muss man sich, dass die Zweitstimme die wichtigere von beiden ist. Nur sie entscheidet darüber, wie viele Sitze eine Partei im Bundestag erhält und ob sie überhaupt in den Bundestag einziehen darf. Nach der sogenannten „Fünf-Prozent-Klausel" erhalten Parteien mit weniger als fünf Prozent der Zweitstimmen keinen Platz im Bundestag.
Für die Zweitstimme erstellen die Parteien vor der Wahl für jedes Bundesland eine Landesliste, auf der die Kandidaten für den Bundestag aufgelistet sind. Wer ganz oben auf der Landesliste steht, hat die größten Chancen, in den Bundestag einzuziehen.

Überhangmandate

Es kommt auch vor, dass eine Partei mehr Sitze im Parlament erhält, als ihr nach den Prozenten der Zweitstimme zustehen. Man bezeichnet diese Sitze als Überhangmandate. Sie entstehen, wenn eine Partei in einem Bundesland mehr Direktmandate gewinnt, als ihr dort nach dem Zweitstimmenanteil eigentlich zustünden. Ein Beispiel: Partei X erringt nach ihrem Zweitstimmenanteil 20 Sitze. In 21 Wahlkreisen siegen ihre Kandidaten, die sich direkt um ein Mandat beworben haben. Folge: Partei X erhält 20 Sitze plus einen weiteren als Überhangmandat. Das Parlament wird um diesen Sitz vergrößert.

Neues Wahlrecht nach Entscheidung des Bundesverfassungsgerichts

Im Sommer 2012 entschied das Bundesverfassungsgericht, dass das Bundeswahlgesetz geändert werden muss, unter anderem deshalb, weil es wegen der Praxis der Überhangmandate nicht mit dem Grundgesetz vereinbar sei. In der Urteilsbegründung heißt es, dass die große Zahl der Überhangmandate die Grundsätze der Chancengleichheit der Parteien und die Gleichheit der Stimmengewichtung verletzt. Überhangmandate sollen in Zukunft nur noch in begrenztem Ausmaß möglich sein. Wenn eine Partei sie erhält, ist dafür für andere Parteien ein Ausgleich zu schaffen.

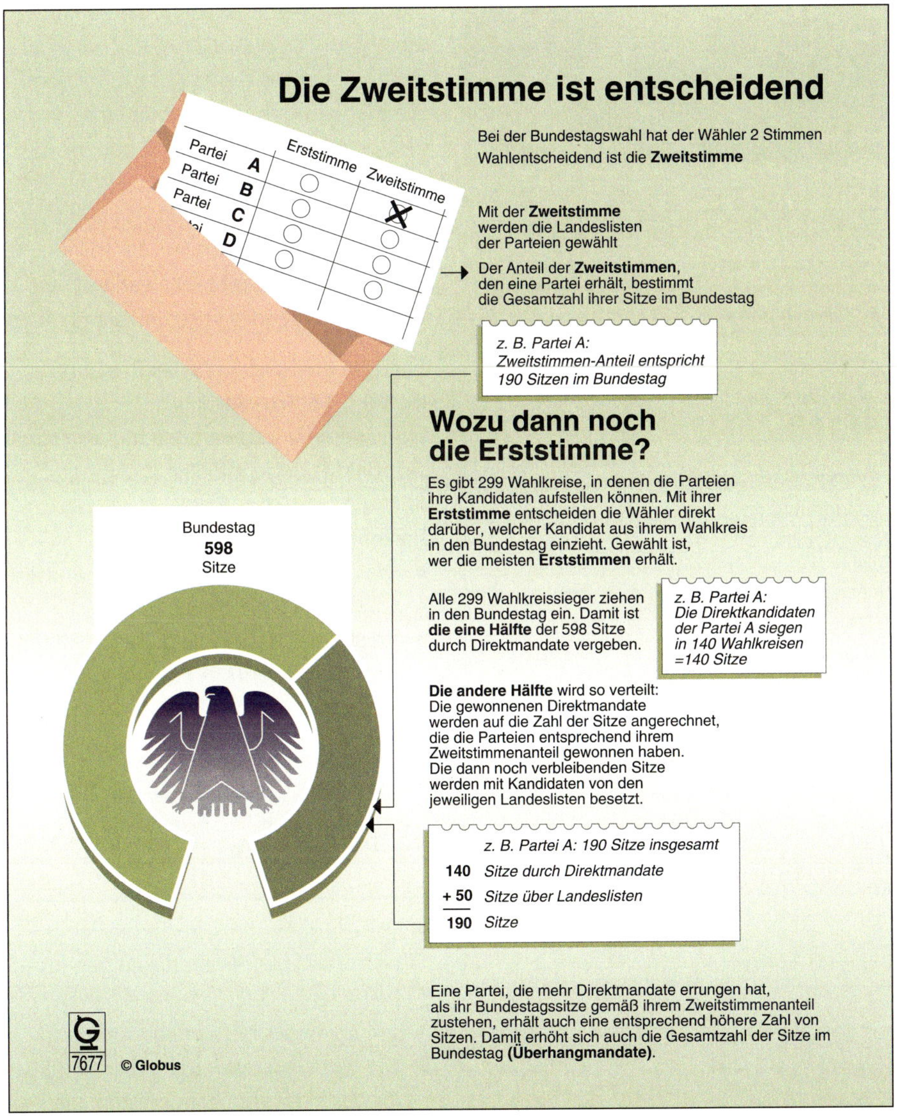

1. Versetzt euch in die Rolle einer Lehrerin oder eines Lehrers. Erklärt euren Schülerinnen und Schülern mithilfe des Schaubildes und des Wahlzettels, wie das Wahlsystem zum Deutschen Bundestag funktioniert.

Was auch noch interessant sein kann:

- einen Dialog einstudieren zwischen einem Kenner des Wahlsystems zum Bundestag und einem völlig uninformierten Erstwähler,
- eine Diskussion im Unterricht zur Fünf-Prozent-Klausel vorbereiten; recherchiert dazu im Web mit den Suchbegriffen *pro kontra Fünf-Prozent-Klausel*, stellt ein Blatt mit Argumenten zusammen; organisiert möglichst selbstständig eine Diskussion.

Aktiv lernen

Wir ermitteln, welche Abgeordnete einen Platz im Parlament erhalten

Amtliches Endergebnis nach Auszählung der Zweitstimmen:							
Partei A = 51 % = 6 Sitze			Partei B = 34 % = 4 Sitze			Partei C = 15 % = 2 Sitze	
Einzelergebnisse aus den Wahlkreisen nach Auszählung aller Erststimmen:							
1	Ceylin Hiob	A	51 %	2	Hermann Pit	A	45 %
	Marion Jung	B	30 %		Gabi Schman	B	40 %
	Paul Klein	C	19 %		Dirk Fuchs	C	15 %
3	Brigitte Mohn	A	40 %	4	Volker Maus	A	60 %
	Swen Holz	B	51 %		Sandra Blume	B	30 %
	Harald Fips	C	9 %		Hans Stark	C	10 %
5	Friedel Wald	A	40 %	6	Anna Sachs	A	48 %
	Hanna Rosch	B	45 %		Kurt Hamm	B	37 %
	Simone Daum	C	15 %		Gerd Stein	C	15 %

Landesliste der Partei A
Listenplatz:
1. Ceylin Hiob
2. Halil Engan
3. Petra Kuhn
4. Volker Maus
5. Theo Scholtes
6. Gudrun Land
7. Norbert Schrader
8. Anna Sachs

...

Landesliste der Partei B
Listenplatz:
1. Holger Boor
2. Margot Taucher
3. Hermann Herz
4. Nicole Schön
5. Sven Holz
6. Hanna Rosch

...

Landesliste der Partei C
Listenplatz:
1. Simone Daum
2. Gerd Stein
3. Hassan Stark
4. Petra Butter
5. Dirk Fuchs
6. Paul Klein

...

Zu Beginn dieser Einheit über das Wahlrecht zum Deutschen Bundestag stand die Frage, ob es zu kompliziert sei. Was meint ihr: Ist es das oder ist es ein klug gewähltes Wahlrecht?
Welche Kandidatinnen und Kandidaten ziehen nach einer Wahl in das Parlament ein, wenn das Wahlsystem ein personalisiertes Verhältniswahlrecht ist, bei dem die Wählerinnen und Wähler eine Erst- und eine Zweitstimme haben? Mit den Vorgaben auf dieser Seite könnt ihr das entscheiden. Der Einfachheit halber wählen wir ein Parlament, das insgesamt aus 12 Sitzen besteht. Die Parlamentswahl hat folgendes Ergebnis gebracht:

Partei A erhielt 51, Partei B 34 und Partei C 15 Prozent.
Nach dem Umrechnungsschlüssel ergibt sich daraus folgende Sitzverteilung:
Partei A = 6 Sitze, Partei B = 4 Sitze, Partei C = 2 Sitze.

- Wer nimmt für die Parteien A, B und C Platz im Parlament?
- Zeichnet die Umrisse dieses zwölfköpfigen Parlaments in euer Heft.

1	2	3	4	5	6
7	8	9	10	11	12

- Verteilt dann die Sitze an die Personen. Zuerst kommen diejenigen ins Parlament, die aus den sechs Wahlkreisen als Sieger hervorgegangen sind.
- Die sechs weiteren freien Plätze füllt ihr dann aus den Landeslisten auf.

Diskussion: Sollen Jugendliche ab 16 an Bundestagswahlen teilnehmen?

Auf kommunaler Ebene haben bereits sechs Bundesländer das Mindestwahlalter auf 16 Jahre gesenkt. Für die Bundestagswahlen liegt das Mindestalter immer noch bei 18 Jahren. Anders sieht es im Nachbarland Österreich aus. Hier dürfen Jugendliche bereits seit 2007 ab 16 an Bundeswahlen und sogar an den Wahlen zum Europäischen Parlament teilnehmen. Wäre das nicht auch eine begrüßenswerte Erweiterung der politischen Mitwirkung durch Jugendliche in Deutschland?

1. Lest die Pro- und Kontra-Position.
2. Listet die Begründungen stichwortartig auf.
3. Sucht nach weiteren Argumenten.
4. Formuliert euer eigenes Urteil und diskutiert miteinander.

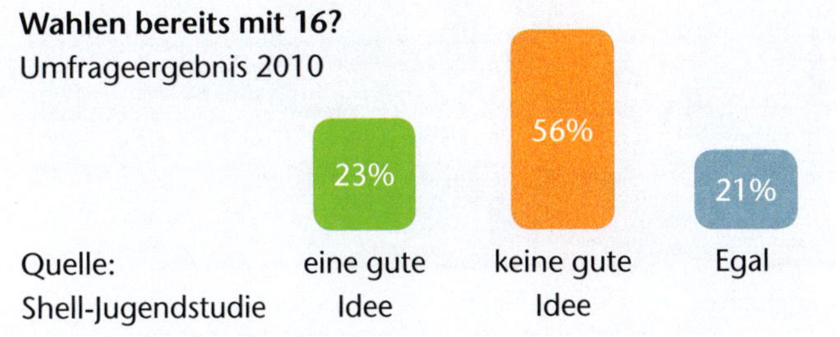

Nein, das überfordert Jugendliche!

Das aktive Wahlrecht auf Bundesebene ab einem Mindestalter von 16 Jahren zuzulassen wäre unverantwortlich. […] In diesem Alter ist die politische Meinungsbildung noch in einer Phase, in welcher Jugendliche zu leicht zu beeinflussen sind, beziehungsweise noch zu sehr von den Ansichten der Eltern gelenkt sind. Eine Studie der Universität Hohenheim zu „Politikverständnis und Wahlalter“ hat ergeben, dass Probanden unter 18 Jahren ein signifikant geringeres politisches Wissen als Teilnehmer mit Wahlrecht haben. Dabei war der Bildungsabschluss unerheblich. Die Jugendlichen haben also noch zu wenige Informationen, um überhaupt eine auf eigenem Denken basierende Entscheidung zu treffen. […]
Überdies könnte ein mangelndes Politikverständnis von einigen Parteien dazu genutzt werden, um bei den jungen und beeinflussbaren Wählern mit populistischen Wahlversprechen auf Stimmenfang zu gehen. Ein Bedeutungsgewinn von radikalen Parteien wäre eine mögliche Folge.

Ja, mit 16 ist man alt genug dazu!

Das Wahlrecht für Jugendliche ab 16 Jahren auf Bundesebene sollte eingeführt werden, da dies der Politikverdrossenheit besser entgegenwirkt. Viele junge Menschen würden sich durch die frühere Möglichkeit zur politischen Partizipation ernst genommen fühlen und sich damit eher beteiligen. […]
Ein weiteres Argument dafür ist, dass ein ausgeprägtes Interesse an Politik keine Frage des Alters ist. Der Unterschied zwischen einem 17-jährigen und einem 18-jährigen Politikinteressenten ist nicht messbar. […]
Jugendliche im Alter von 16 Jahren können übrigens genauso gut informiert über Politik sein wie Personen, die älter als 18 Jahre sind. Mit 16 Jahren lernen die Jugendlichen in der Schule, wie der Wahlvorgang in Deutschland funktioniert und der Bundestag besetzt wird. Dies sind die idealen Voraussetzungen, um am politischen Geschehen teilzunehmen. Vielen älteren Menschen ist die genaue Bestellung des Parlaments kaum bis gar nicht geläufig, sodass ein Wissensvorsprung nicht auszumachen ist.

(Beide Positionen aus: Norman Kirsten, Melanie Schlund: Pro/Contra Wahlrecht ab 16, im Internet unter www.politik.de, Artikel vom 22.01.2011, letzter Zugriff 15. Januar 2012)

6 Muss Wahlkampf sein?

Wahlplakate in Halle und Berlin

Wahlkampf

In Wahlkämpfen werben die Parteien und deren Kandidaten vor einer Wahl um Stimmen. Wahlkämpfe erfüllen mehrere Funktionen. Die Parteien versuchen darin, die Stimmen der noch unentschlossenen Wähler für sich zu gewinnen. Auch sollen die Anhänger von Parteien dazu motiviert werden, am Wahltag auch wirklich zur Wahl zu gehen. Insgesamt dienen Wahlkämpfe dazu, eine Stimmung zu erzeugen, die zu einer hohen Wahlbeteiligung führt.

Wahlbeteiligung

Die Beteiligung der Bürgerinnen und Bürger der Bundesrepublik Deutschland an den Wahlen hat […] auf allen Ebenen des politischen Systems tendenziell abgenommen: In den letzten 14 Jahren hat sich die Nichtwählerzahl mehr als verdoppelt. Im internationalen Vergleich ist die Wahlbeteiligung in Deutschland immer noch relativ hoch […].
Der Anstieg der Nichtwahl hat seine Gründe: 52 Prozent der Bevölkerung sagten 2008, dass sie unzufrieden mit der Demokratie seien. Auch sinkt das Vertrauen in die etablierten politischen Institutionen. So haben 66 Prozent der Bevölkerung wenig bzw. gar kein Vertrauen mehr in die Bundesregierung. Und die Parteien rangieren mit einem Misstrauensvorschuss von 82 Prozent gar am unteren Ende der politischen Institutionen (Deutschland-Trend 2008).
Trotzdem kann von einem generellen Desinteresse der Gesellschaft an der Politik nicht die Rede sein. Die junge, heranwachsende Generation engagiert sich zwar weniger in politischen Parteien, dafür aber verstärkt bei Nichtregierungsorganisationen wie Attac oder Greenpeace.

Wahlkampfkosten

Aufwendige Wahlkampagnen sind teuer. Neben Mitgliedsbeiträgen und Spenden erhalten die Parteien dafür auch öffentliche Mittel – denn Wahlkampf ist als staatspolitische Aufgabe anerkannt. Stimmen bringen nicht nur politische Macht, sondern lassen sich in Geld umrechnen. Doch die Zuschüsse sinken.
Die Parteien erhalten bei Bundestags- und Europawahlen für die ersten vier Millionen gültigen Listenwählerstimmen jährlich jeweils 85 Cent pro Stimme erstattet. Voraussetzung: Die Parteien haben einen Stimmenanteil von über 0,5 Prozent (bei Europa- und Bundestagswahlen) bzw. über 1,0 Prozent (bei Landtagswahlen). Jede weitere Stimme bringt jährlich 70 Cent. […] Mit Gesetz vom 3. Dezember 1998 ist die absolute Obergrenze für den staatlichen Zuschuss auf 133 Millionen Euro heraufgesetzt worden.

(Die Abschnitte „Wahlbeteiligung" und „Wahlkampfkosten" aus: Karl-Rudolf Korte: Wahlen in Deutschland, Zeitbilder, hg. von der Bundeszentrale für politische Bildung, Bonn 2009)

1. Was sind die grundlegenden Funktionen eines Wahlkampfes. Notiere sie.
2. Hältst du die sinkende Wahlbeteiligung für ein Zeichen generellen Desinteresses an der Politik? Betrachte das Schaubild dazu, formuliere deine Ansicht und tausche dich mit anderen aus.

Diskussion: Meinungen zum Thema Wahlkampf

Meinung 1

Wahlkämpfe sind eine riesige Verschleuderung von Steuergeldern. Die Wahlkampfkampagnen werden von Werbeagenturen organisiert, die genauso gut für irgendein anderes Produkt werben könnten. Die Menschen werden nicht über die Ziele der Parteien aufgeklärt; vielmehr präsentiert man ihnen eine Scheinwelt schöner Versprechungen, die später niemals eingehalten werden können. Die Wählerinnen und Wähler sollen ihre Entscheidungen für eine Partei oder Person nicht von deren Präsentation in einem Wahlkampf abhängig machen.

Meinung 2

Ob ein Wahlkampf sinnvoll ist oder nicht, hängt letztlich davon ab, wie der einzelne Wahlberechtigte ihn nutzt. Man kann Bilanz ziehen und die bisherigen Leistungen der Parteien einander gegenüberstellen. Über das Internet hat man heute vielfältige Möglichkeiten, sich zu informieren, sich die Kandidaten anzuschauen und politische Fragen und Ansichten mit anderen auszutauschen. Mit ein paar Klicks kann man auch die Wahlprogramme der Parteien anschauen und vergleichen. Auf den ganzen Aufwand mit Plakaten und Werbespots im Fernsehen könnte man allerdings verzichten.

Meinung 3

In Wahlen entscheiden die Wählerinnen und Wähler über nichts anderes als ihre politische Zukunft. Gäbe es keine Wahlkämpfe, blieben viele Menschen noch gleichgültiger gegenüber der Politik. Wahlkampfzeiten sind spannende Zeiten. Niemals sonst diskutieren die Menschen so heftig und viel über Politik. Dass Wahlkämpfe Geld kosten, sollte man nicht überbewerten. Das Geld dafür dient der Förderung der demokratischen Kultur und ist daher besser angelegt als vieles andere. Wahlkämpfe müssen sein. Sie sind sozusagen das Salz in der Suppe der Demokratie. Ohne Wahlkampf würden viele Menschen den Wahltag glatt vergessen.

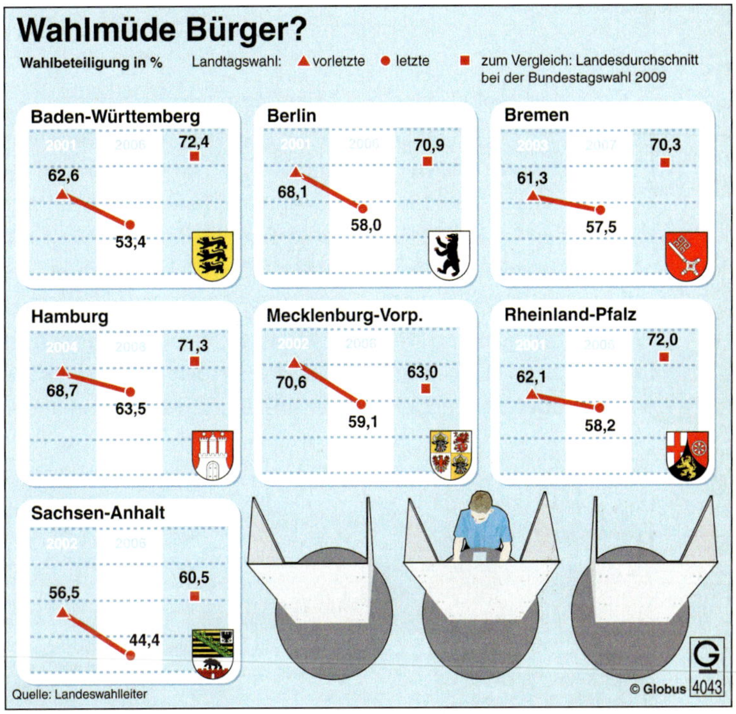

3. Formuliere für jede der drei Meinungen eine passende Überschrift. (Das geht allein.)

4. Findet heraus, wie die unterschiedlichen Meinungen begründet werden? (Das geht auch zu zweit.)

5. Ablehnen, abwägen, befürworten: Wie ist deine Position zum Thema Wahlkampf? Begründe deine Entscheidung. Diskutiert gemeinsam in der Klasse.

7 Welche Aufgaben haben die fünf wichtigsten Verfassungsorgane?

In der Schule gibt es dauerhafte Einrichtungen, die dafür sorgen, dass alles, was geschieht, in geordneter Art und Weise abläuft. Der Schülerrat gehört dazu, die Konferenzen, die Elternversammlung.
In einem Staat braucht man ebenfalls dauerhafte Einrichtungen. Über die unterschiedlichen Funktionen der wichtigsten politischen Einrichtungen in der Bundesrepublik Deutschland könnt ihr euch in dieser Einheit Klarheit verschaffen. Ihr könnt sogar anderen Schülerinnen und Schülern dabei helfen, die Zusammenhänge besser zu verstehen. Dazu schlagen wir vor, dass jede und jeder von euch Expertin oder Experte für *eine* Einrichtung wird und diese den anderen erklärt. Ihr informiert die anderen über die Ergebnisse eurer Arbeit und werdet von anderen informiert.

Die fünf wichtigsten politischen Einrichtungen in der Bundesrepublik Deutschland werden in den fünf Fotos gezeigt. Sammelt gemeinsam, was ihr bereits darüber wisst.
Tipp: Brainstorming

Bundesregierung

Bundespräsident

Bundesverfassungsgericht

Bundestag

Bundesrat

Was sind Verfassungsorgane?

In jeder Demokratie ist diese Macht auf verschiedene Einrichtungen verteilt. Mit diesen politischen Einrichtungen verhält es sich so ähnlich wie mit den Organen in einem Körper: Herz, Gehirn, Leber, Lunge, Nieren. Alle sind unverzichtbar, aber alle haben unterschiedliche Aufgaben. Alle haben ihre eigenständige Bedeutung, aber alle arbeiten auch zusammen und kontrollieren sich gegenseitig. Bei den politischen Einrichtungen in einem Staat spricht man daher auch von Organen. Sie werden als Verfassungsorgane bezeichnet, weil ihre Rechte und Pflichten in der Verfassung, also im Grundgesetz für die Bundesrepublik Deutschland, aufgeschrieben sind. Die wichtigsten Verfassungsorgane in der Bundesrepublik Deutschland sind: (A) der Bundestag, (B) die Bundesregierung, (C) der Bundesrat, (D) der Bundespräsident und (D) das Bundesverfassungsgericht.

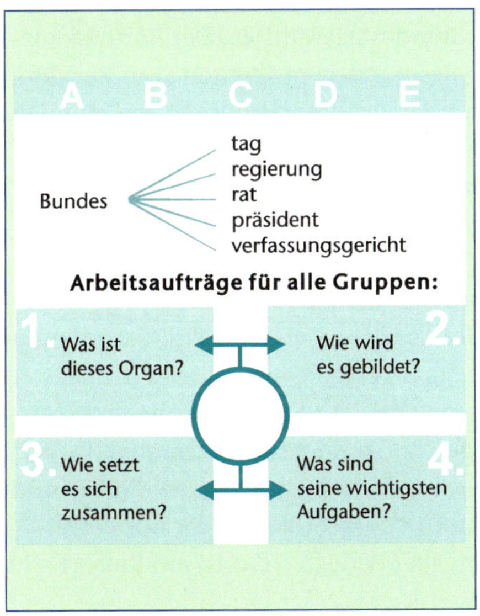

Lernen in unterschiedlichen Gruppen Methode Gruppenpuzzle

Mit dieser Methode vertretet ihr eines der Verfassungsorgane und steht in Kontakt mit den Vertreterinnen und Vertretern der anderen vier. Das entspricht dann der Art der Zusammenarbeit zwischen den Verfassungsorganen in der Wirklichkeit.

Erster Schritt: Fünfergruppen bilden

Diese Gruppen sind eure **Stammgruppen**. In dieser ersten Phase setzt ihr euch nur kurz zusammen. Ihr sichtet die Seiten 240–242 und verteilt dann die Materialien A bis E auf jeweils ein Mitglied in der Gruppe. Danach arbeitet ihr getrennt in neuen Gruppen.

Bei kleineren Gruppen entfällt die Bearbeitung einzelner Materialien oder ihr entscheidet euch, zwei davon zu übernehmen.

Zweiter Schritt: Arbeit in den Expertengruppen A, B, C, D, E

Alle Mitglieder aus den Stammgruppen, die das gleiche Material zu bearbeiten haben, treffen sich in einer sogenannten **Expertengruppe** und bereiten dort eine Präsentation für die anderen Mitglieder ihrer Stammgruppe vor. Zur Veranschaulichung entwickelt ihr eine Mindmap, welche die Antworten auf die vier Arbeitsaufträge visualisiert (siehe unten). Hilfreich ist, wenn in jeder Gruppe ein Grundgesetz vorhanden ist. So könnt ihr die Bestimmungen über euer Bundesorgan aus erster Hand nachlesen. Eventuell könnt ihr mithilfe des Internets weitere Informationen besorgen.

Kurze Informationstexte über die Bundesorgane findet ihr unter www.mitmischen.de, www.hanisauland.de, www.deutschland.de

Dritter Schritt: Rückkehr in die Stammgruppen

Mit euren fertigen Präsentationen und euren Mindmaps dazu kehrt ihr in eure Stammgruppe zurück und präsentiert dort der Reihe nach. Danach betrachtet ihr gemeinsam das Schaubild „Staatlicher Aufbau in der Bundesrepublik Deutschland“ auf der Seite 242 und bearbeitet die Aufträge 1 und 2 dazu. Am Ende dieser Gruppenarbeitsphase solltet alle in der Lage sein, das Quiz auf Seite 243 zu lösen und die fünf Verfassungsorgane mit ihren Aufgaben, ihrer Zusammensetzung und ihren Verbindungen zueinander zu präsentieren.

Solltet euch nur Einzelstunden zur Verfügung stehen, könnt ihr diese dritte Phase in eine Folgestunde verlegen.

A Der Bundestag

Grundgesetz Artikel 38 bis 48 • Internet: www.bundestag.de

Der BUNDESTAG ist das Parlament, das heißt die Volksvertretung der Bundesrepublik Deutschland. Er setzt sich zusammen aus den Vertretern des Volkes der Bundesrepublik. Sie heißen Bundestagsabgeordnete und werden alle vier Jahre von den Bürgern der Bundesrepublik in den Bundestagswahlen gewählt. Tritt nach einer Wahl ein Bundestag zusammen, wählt er seinen Präsidenten, das heißt seinen Vorsitzenden, und mehrere Stellvertreter. [...]

Der Bundestag verhandelt grundsätzlich öffentlich, das bedeutet, jeder Bürger kann den Beratungen zuhören. Die Hauptaufgaben des Bundestages sind:

- Gesetze zu beschließen, die vorher in den Ausschüssen eingehend beraten worden sind,
- den Bundeskanzler zu wählen,
- die Arbeit der Bundesregierung zu kontrollieren, das heißt zu beaufsichtigen und zu überwachen. [...]

Zu den Abgeordneten des Bundestages kann jeder Bürger gewählt werden, der selbst wählen darf. Er muss volljährig sein und seit mindestens einem Jahr die deutsche Staatsangehörigkeit besitzen. In der Regel sind Bundestagsabgeordnete Mitglieder von Parteien. Sie haben ein freies Mandat: Weder ihre Wähler noch ihre Parteien können sie zu einer Handlung zwingen. Eine Partei hat jedoch nur dann Macht, wenn sie im Widerstreit mit anderen Parteien mit einem festen Standpunkt auftreten kann. Es wird also von den Mitgliedern einer Fraktion erwartet, dass sie sich der Entscheidung der Mehrheit in der Fraktion unterwerfen. Man nennt das Fraktionsdisziplin. [...] In der Bundesrepublik darf jedoch kein Abgeordneter zur Fraktionsdisziplin gezwungen werden. Ein sogenannter Fraktionszwang ist im Grundgesetz verboten.

(Alle Texte auf dieser und den beiden nachfolgenden Seiten aus: Hilde Kammer u. Elisabet Bartsch: Jugendlexikon Politik, Rowohlt Taschenbuch Verlag, überarbeitete Ausgabe Juni 2011)

B Die Bundesregierung

Grundgesetz Artikel 62 bis 69 • Internet: www.bundesregierung.de

BUNDESREGIERUNG heißt die Regierung eines Bundesstaates. Die Bundesrepublik Deutschland ist ein Bundesstaat. Ihre Bundesregierung besteht aus dem Bundeskanzler und den Bundesministern. Der Bundeskanzler ist der Chef der Bundesregierung. Die Bundesregierung regiert die Bundesrepublik. Sie ist oberste ausführende, man sagt auch vollziehende Gewalt: Sie hat die Verantwortung, dass die vom Bundestag beschlossenen Gesetze ausgeführt werden. Der Bundestag ist die Vertretung des Volkes der Bundesrepublik. Die Bundesregierung bringt Gesetze ein, das bedeutet, sie schlägt Gesetze vor, wie auch Bundesrat und Bundestag. Sie regelt außerdem die Beziehungen der Bundesrepublik zu anderen Staaten. Die Bundesregierung wird entweder von einer Partei gebildet, oder es schließen sich mehrere Parteien zu einer Koalition, das heißt zu einem Bündnis, zusammen. Man spricht in diesem Fall von einer Koalitionsregierung. Die Zusammensetzung der Bundesregierung hängt von dem Ergebnis der Bundestagswahl ab. Der Bundeskanzler wird auf Vorschlag des Bundespräsidenten vom Bundestag gewählt und dann vom Bundespräsidenten ernannt. Die Bundesminister werden auf Vorschlag des Bundeskanzlers vom Bundespräsidenten ernannt und entlassen.

Wird eine Koalitionsregierung gebildet, sind vor der Ernennung der Bundesminister ausführliche Besprechungen zwischen dem Kanzler und den Parteien notwendig. Parteien haben unterschiedliche Auffassungen, wie das Zusammenleben der Menschen im Staat geregelt werden soll. In sogenannten Koalitionsgesprächen wird versucht, die unterschiedlichen Meinungen aufeinander abzustimmen. [...]

Der Bundeskanzler bestimmt die Richtlinien der Politik und ist dadurch den Ministern übergeordnet. Jeder Bundesminister leitet seinen Aufgabenbereich – das ist ein Ressort – in eigener Verantwortung.

C Der Bundesrat

Grundgesetz Artikel 50 bis 53 • Internet: www.bundesrat.de

Die Bundesrepublik Deutschland ist ein Bundesstaat; sie besteht aus 16 Bundesländern. Die Interessen der Bundesländer vertritt der BUNDESRAT. Durch ihn wirken die Bundesländer bei der Gesetzgebung und bei der Verwaltung der Bundesrepublik mit.
Der Zustimmung des Bundesrates bedürfen alle Gesetze, die die Verwaltung der Bundesländer betreffen, außerdem Gesetze, die das Grundgesetz ändern, und Gesetze, die Verträge mit anderen Staaten enthalten. Diese Gesetze werden als Zustimmungsgesetze bezeichnet. Gegen alle anderen Gesetze kann der Bundesrat Einspruch erheben, der aber vom Bundestag zurückgewiesen werden kann. Die vom Bundesrat abgelehnten Gesetze müssen im Bundestag erneut beraten werden. Eine Aufgabe hat der Bundesrat also bei der Gesetzgebung, die zweite Aufgabe ist seine Mitwirkung in der Verwaltung. […]
Jedes Bundesland schickt wenigstens drei Vertreter in den Bundesrat. Länder mit über 2 Millionen Einwohnern schicken vier, mit über sechs Millionen schicken fünf, mit über sieben Millionen sechs Vertreter. Die Vertreter der Bundesländer sind Mitglieder der jeweiligen Landesregierungen. Sie werden nicht gewählt, sondern von ihren Regierungen in den Bundesrat entsandt. Sie müssen die Anweisungen ihrer Regierungen befolgen. Daher dürfen Bundesratsmitglieder nicht auch Mitglieder des Bundestages sein. Mitglieder des Bundesrates haben Zutritt zu den Sitzungen des Bundestages und können dort sprechen. […]
Die Bundesregierung muss den Bundesrat über ihre Handlungen und Pläne unterrichten.
Der Präsident, der Vorsitzende des Bundesrates, wird auf ein Jahr gewählt. Bundesratspräsident ist immer der Ministerpräsident eines Bundeslandes. Der Bundesratspräsident ist der Stellvertreter des Bundespräsidenten.

D Der Bundespräsident

Grundgesetz Artikel 54 bis 61 • Internet: www.bundespraesident.de

An der Spitze der Bundesrepublik Deutschland steht als Staatsoberhaupt der BUNDESPRÄSIDENT. […] Der Bundespräsident wird für die Dauer von fünf Jahren von der Bundesversammlung gewählt. Er kann für fünf Jahre wiedergewählt werden, das jedoch nur einmal. Die Bundesversammlung setzt sich zur Hälfte aus allen Mitgliedern des Bundestages zusammen, zur anderen Hälfte aus Mitgliedern, die die Landtage der Bundesländer gewählt haben. Zum Bundespräsidenten kann jeder Deutsche gewählt werden, der über 40 Jahre alt ist und das Recht hat, zu wählen und gewählt zu werden.
Der Bundespräsident ist nicht für die Politik der Bundesrepublik verantwortlich. In schwierigen Fällen jedoch liegen besonders wichtige Entscheidungen allein beim Bundespräsidenten, zum Beispiel entscheidet er allein, ob ein im dritten Wahlgang gewählter Kandidat Bundeskanzler wird oder der Bundestag aufgelöst wird. […] Die anderen Aufgaben des Bundespräsidenten ergeben sich aus seiner Stellung als Staatsoberhaupt: Er repräsentiert, das heißt, er vertritt die Bundesrepublik nach außen und nach innen. Es stehen ihm dafür unter anderem die folgenden Rechte zu:

- Er empfängt und beglaubigt Botschafter fremder Staaten,
- er unterzeichnet Verträge mit anderen Staaten, die durch seine Unterschrift in Kraft treten,
- er unterzeichnet nach eigener Entscheidung die vom Bundestag beschlossenen Gesetze und verkündet sie im Bundesgesetzblatt,
- er ernennt den vom Bundestag gewählten Bundeskanzler,
- er kann begnadigen, das bedeutet, er kann die Strafe eines Verurteilten mildern oder aufheben,
- er verleiht das Bundesverdienstkreuz.

E Das Bundesverfassungsgericht

Grundgesetz Artikel 92 bis 94
• Internet: www.bundesverfassungsgericht.de

Das BUNDESVERFASSUNGSGERICHT mit Sitz in Karlsruhe wird als „Hüter der Verfassung“ bezeichnet. Es hat darüber zu wachen, ob die vom Bundestag und Bundesrat verabschiedeten Gesetze mit dem Grundgesetz vereinbar sind. Es achtet darauf, dass die Regierung sich bei der Ausübung der Macht an die geltenden Gesetze hält. Schließlich kontrolliert es auch, ob Entscheidungen der Gerichte mit den Grundsätzen der Rechtsprechung vereinbar sind. Das Bundesverfassungsgericht wird nicht von sich aus, sondern nur auf Antrag tätig. Auch einzelne Bürger können in Karlsruhe Verfassungsbeschwerde einlegen, wenn sie sich in ihren Grundrechten verletzt fühlen. Dies geht allerdings erst, wenn der vorherige Rechtsweg ausgeschöpft ist. In der Organisation der staatlichen Ordnung in der Bundesrepublik Deutschland nimmt das Bundesverfassungsgericht eine herausragende Stellung ein, weil es Regierung und Parlament kontrolliert und die Unabhängigkeit der Gerichte garantiert. Das Bundesverfassungsgericht besteht aus zwei Senaten mit je acht Bundesrichtern. Je zur Hälfte werden die Richter vom Bundestag und vom Bundesrat gewählt. Immer wieder beschäftigt sich das Bundesverfassungsgericht mit Fällen, die in der Öffentlichkeit mit großer Aufmerksamkeit verfolgt werden. Dazu gehört zum Beispiel die Frage, ob der Einsatz deutscher Soldaten bei UN-Einsätzen im Ausland mit dem Grundgesetz vereinbar ist oder nicht, ob eine rechtsradikale Partei wie die NPD verboten werden soll oder nicht und vieles andere mehr. Manchmal werden seine Entscheidungen auch kritisiert, weil die Kritiker der Ansicht sind, dass es sich zu sehr in die Politik einmischt und Entscheidungen trifft, die eigentlich im Bundestag, Bundesrat und in der Bundesregierung getroffen werden müssten.

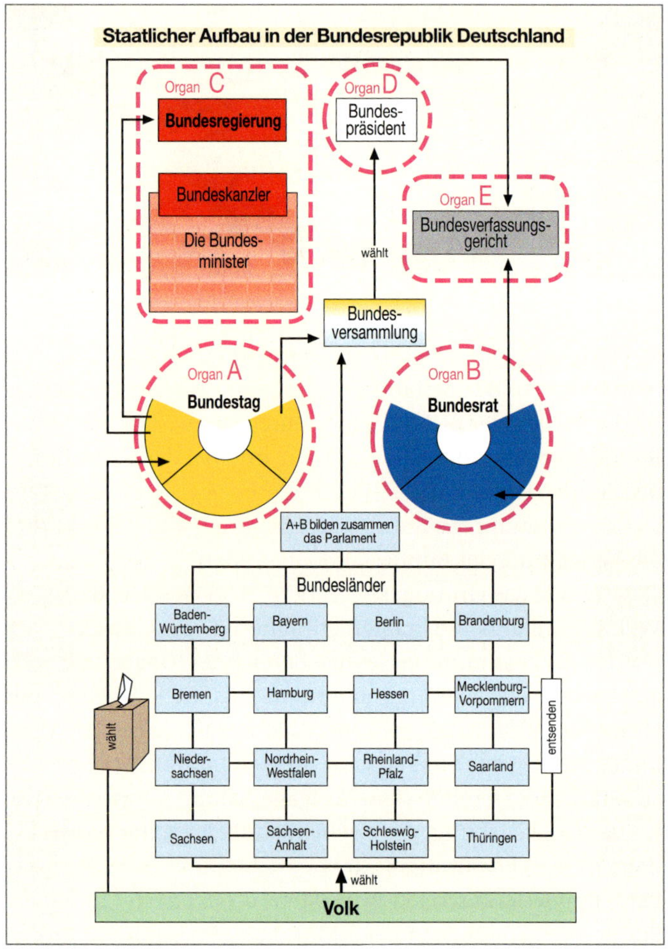

Im Einleitungstext zu dieser Einheit war zu lesen, dass es sich mit den Verfassungsorganen in einem Staat so ähnlich verhält wie mit den Organen in einem Körper. Alle haben bestimmte Aufgaben. Alle arbeiten zusammen. Alle kontrollieren sich gegenseitig.

1. Könnt ihr den Vergleich der wichtigen Organe in einem Körper mit den Verfassungsorganen im Staat nun mit eigenen Worten ausdrücken?
2. Erklärt mithilfe dieses Schaubildes,
   a) welche wichtigen Staatsorgane es gibt,
   b) welche Aufgaben sie jeweils haben,
   c) wie ihre Aufgaben miteinander zusammenhängen.

Quiz – 5 in 15
Welches Verfassungsorgan hat welche Aufgabe?

Bundestag **Bundespräsident** **Bundesrat**

Bundesverfassungsgericht **Bundesregierung**

1. beschließt nach eingehender Beratung nach dem Mehrheitsprinzip die Bundesgesetze
2. führt für die Zeit zwischen zwei Bundestagswahlen die Regierungsgeschäfte
3. durch ihn wirken die Bundesländer bei der Gesetzgebung und Verwaltung des Bundes mit
4. vertritt als Staatsoberhaupt die Bundesrepublik Deutschland im In- und Ausland
5. wird als „Hüter der Verfassung" bezeichnet
6. unterzeichnet die Verträge mit anderen Staaten und die vom Parlament beschlossenen Gesetze
7. jedes der 16 Bundesländer entsendet in ihn mindestens drei, höchstens sechs Vertreter
8. besteht aus dem Bundeskanzler/der Bundeskanzlerin und den Bundesministern/Bundesministerinnen
9. wählt den Bundeskanzler/die Bundeskanzlerin
10. wacht darüber, ob die Gesetze mit der Verfassung übereinstimmen
11. kann vom Bundestag beschlossene Gesetze ablehnen und dafür sorgen, dass sie erneut beraten werden
12. wird vom Bundeskanzler geleitet, der die Richtlinien der Politik bestimmt
13. kontrolliert (beaufsichtigt und überwacht) die Arbeit der Bundesregierung
14. wird im Abstand von 5 Jahren von der Bundesversammlung gewählt
15. kontrolliert, ob Entscheidungen anderer Gerichte mit den Grundsätzen der Rechtsprechung übereinstimmen

Alles verstanden? Mit diesem Quiz könnt ihr testen, ob ihr die wichtigsten Aufgaben und Merkmale der fünf Verfassungsorgane kennt. Legt eine Mindmap an, die ihr mit fünf Hauptsträngen verseht. Fügt dann zu jedem Organ die drei zutreffenden Aufgaben hinzu und prägt sie euch langfristig ein.

8 Streitthema Graffiti: Wie wird aus einem Problem eine Gesetzesentscheidung?

In der Politik werden wichtige Entscheidungen meist in Form von Gesetzen getroffen. Gesetze enthalten Gebote und Verbote, an die sich alle Menschen im Land halten müssen. Als ein Beispiel für den Weg vom Problem zur Gesetzesentscheidung wird hier das Gesetz zur Änderung des Paragrafen 303 des Strafgesetzbuches behandelt, das unter dem Namen „Anti-Graffiti-Gesetz" bekannt geworden ist.

Der Weg zu diesem Gesetz hat eine ungewöhnlich lange Zeit in Anspruch genommen. Fast sechs Jahre dauerte es bis zur Verabschiedung. Nach der Bearbeitung des Beispiels könnt ihr

- erklären, wie der Prozess der Gesetzgebung verlaufen ist,
- begründen, warum politische Probleme selten als endgültig gelöst gelten,
- anhand von Kriterien bewerten, ob das „Anti-Graffiti-Gesetz" nach eurem Urteil ein gutes oder ein weniger gutes Gesetz ist.

Eine Einstiegsübung für alle
Erlauben, erdulden, verbieten, bestrafen: Was ist deine spontane Idee zum Umgang mit Graffiti an Gebäuden?

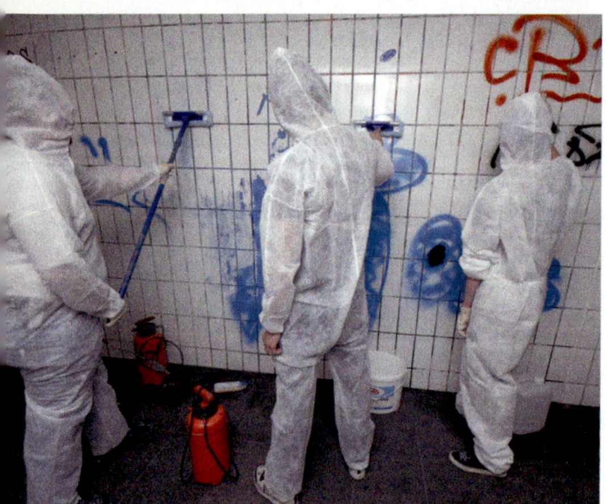

„Graffiti-Schmierereien verursachen jedes Jahr Kosten von über 200 Millionen Euro. Hausbesitzer und Kommunen bleiben darauf sitzen. Das ist untragbar. Wir brauchen mehr Überwachungspersonal und härtere Gesetze."
Stellungnahme eines Kommunalpolitikers

„Mich spornt das an, dass Graffiti verboten ist. Das Risiko erwischt zu werden, ist der besondere Kick an der Sache. Ich mache auf jeden Fall weiter."
Ein Sprayer, der sich Drop nennt

„Es ist zum Verzweifeln! Kaum hatten wir unsere Hauswand zur Straßenseite hin neu verputzen lassen, schon prangte am nächsten Morgen ein hässliches Graffiti neben der Eingangstür."
Stimme einer Hausbesitzerin

Stationen auf dem Weg zum Gesetz

A Das Problem wird aktuell

Der Ruf nach einem Anti-Graffiti-Gesetz entstand zu einer Zeit, als in der Öffentlichkeit und in den Medien die Verärgerung über die zunehmende Verschandelung der Innenstädte immer lauter wurde. Das war bereits im Jahr 2000 der Fall. Ein Problem war, dass nach der damaligen Gesetzeslage Sachbeschädigung nur dann unter Strafe standen, wenn eine Sache zerstört oder in ihrer Substanz beschädigt wurde. Verunreinigung durch Sprayen von Farbe war in dieser Definition nicht erfasst. So regelte es bis dahin der Paragraf 303 des Strafgesetzbuches. Dies führte dazu, dass die Gerichte erwischte Sprayer mehr oder weniger straflos laufen lassen mussten, auch dann, wenn die Beseitigung ihrer Sprühattacken mit erheblichen Kosten verbunden war.

B Die Öffentlichkeit diskutiert

Der Wunsch nach einer schärferen gesetzlichen Regelung wurde zuerst vom Verband der Haus-, Wohnungs- und Grundeigentümer erhoben. Verbandsvertreter forderten von der damals zuständigen Bundesministerin, sie möge sich für ein Anti-Graffiti-Gesetz einsetzen. In den Parteien gab es Zuspruch für diese Initiative, aber auch Widerspruch. Zum Beispiel gab es Stimmen aus der Partei der Grünen, die davor warnten, die Täter durch härtere Strafmaßnahmen schon in ihrer Jugend als Kriminelle zu betrachten.

C Der Gesetzgebungsprozess kommt auf den Weg

Weil Graffiti mit Sachbeschädigung zu tun hat, fällt es in den Bereich der Strafgesetzgebung und muss in Form eines Bundesgesetzes geregelt werden. Das Verfahren dazu ist im Artikel 76 des Grundgesetzes festgelegt.

> Nach Artikel 76 GG dürfen Gesetzesvorschläge von der Regierung, dem Bundesrat oder auch von Gruppen von Abgeordneten vorgeschlagen werden. Fünf Prozent der Mitglieder des Bundestages sind notwendig, um eine Gesetzesinitiative zu starten. Einzelne Personen dürfen das nicht.

2002 wurde ein Gesetzesvorschlag im Bundestag diskutiert, der zum Ziel hatte, den Tatbestand der Verunstaltung in den Paragrafen 303 des Strafgesetzbuches aufzunehmen und unter Strafe zu stellen. Da man sich nicht auf eine allgemeingültige Definition von Verunstaltung einigen konnte, wurde dieser Vorschlag verworfen. Ein neuer Gesetzesvorschlag kam durch Initiative des Bundesrates zustande. Demnach sollte bestraft werden, wer eine fremde Sache unbefugt, in erheblichem Maße und nicht nur vorübergehend verändert.

D Das Parlament berät in drei Lesungen

Jedes neue Bundesgesetz muss im Bundestag mindestens dreimal beraten werden. Diese drei Beratungen werden als Lesungen bezeichnet. In der ersten Lesung findet in der Regel eine Aussprache statt. In den Parlamentsdiskussionen zeigen sich die unterschiedlichen Ansichten der Personen und die Debatten werden stark von den Auseinandersetzungen zwischen den Regierungsparteien und der Opposition geprägt. Die Opposition bilden die Parteien, die nicht an der Regierung beteiligt sind. In den Beratungen zum Anti-Graffiti-Gesetz wurde deutlich, dass es keine eindeutige Trennungslinie zwischen den Parteien gab. Befürworter einer neuen Regelung gab es in allen Parteien. Nach der ersten Lesung wird ein Gesetzentwurf – um geprüft und verbessert zu werden – an einen der zahlreichen Expertenausschüsse überwiesen. Ausschüsse sind kleine Runden von Abgeordneten aus den verschiedenen Parteien im Bundestag, die sich auf bestimmte Themen spezialisiert haben. Die Anti-Graffiti-Gesetzesvorlage wurde im Rechtsausschuss des Bundestages beraten.
Die Ausschüsse können zum Zweck ihrer besseren Information und Meinungsbildung weitere Experten einladen: Wissenschaftlerinnen und Wissenschaftler, auch Vertreter von Interessengruppen.
Eine solche Expertenanhörung wird auch als „Hearing“ bezeichnet. In der Zeit der Ausschussberatungen werden die Gesetzesvorlagen oft stark verändert. Sind die Beratungen abgeschlossen, wird das Gesetz dem Bundestag zur zweiten Lesung vorgelegt. Die Vertreterinnen und Vertreter der im Bundestag vertretenen Parteien haben

hier noch einmal die Möglichkeit, ihre Kritik und ihre Änderungswünsche vorzutragen. Es folgt die dritte Lesung und danach die Abstimmung im Deutschen Bundestag.

E Das Parlament entscheidet

Die Abstimmung über das Anti-Graffiti-Gesetz fand am 17. Juni 2005 statt. Der Bundestag stimmte mit Mehrheit der Neufassung des Paragrafen 303 des Strafgesetzbuches zu. Mit der Abstimmung im Bundestag ist das Gesetzgebungsverfahren noch nicht beendet. Es muss nun der Vertretung der Länder, dem Bundesrat zugeleitet werden, wo ebenfalls beraten und darüber abgestimmt wird. Dabei wird zwischen zustimmungspflichtigen und Einspruchsgesetzen unterschieden. Kommt zwischen den beiden Kammern des Bundesparlaments, dem Bundestag und dem Bundesrat, keine Einigung zustande, so wird der Vermittlungsausschuss eingeschaltet. Er besteht aus 32 Mitgliedern, die je zur Hälfte dem Bundestag und dem Bundesrat angehören, und hat die Aufgabe, einen Kompromissvorschlag auszuarbeiten.

F Das Gesetz tritt in Kraft

Jedes neue Bundesgesetz muss vom Bundespräsidenten unterschrieben werden und kann erst in Kraft treten, wenn es im Bundesgesetzblatt veröffentlicht ist. Das war beim Anti-Graffiti-Gesetz am 8. September 2005 der Fall.

G Die Öffentlichkeit diskutiert erneut

Man könnte annehmen, dass mit der gesetzgeberischen Entscheidung der politische Streit endgültig beigelegt ist. Doch das ist nur selten der Fall. Es gehört zum Wesen der Demokratie, dass die verabschiedeten Gesetze von den Medien kommentiert und kritisiert und in der Öffentlichkeit diskutiert werden. Bezüglich des Anti-Graffiti-Gesetzes dauern die Diskussionen auch im Jahr 2011 noch an. So meldete der Norddeutsche Rundfunk im Oktober 2010, das Ziel des Gesetzes, Graffiti-Schmierereien an Gebäuden zu verhindern, sei nicht erreicht worden. Auch wird der Ruf nach einer neuen Gesetzesinitiative laut, der es besser gelingt, das Problem in den Griff zu bekommen.

Aktuelle Stimmen zum Gesetz:

„Wir brauchen ein neues, besseres Gesetz mit härteren Strafen und mehr Personal, das die Einhaltung überwacht."

„Leider lassen sich die Sprayer, die richtig in der Szene sind, von Gesetzen nicht abschrecken."

„Wir brauchen kein neues Gesetz, aber Aufklärung und Bildung für die gefährdeten Jugendlichen."

„Der geänderte Paragraf 303 des Strafgesetzbuches schafft eine eindeutige Rechtsgrundlage zur Behandlung der Täter. Damit hat das Gesetz sein Ziel erreicht."

1. Zwischen der Initiative und dem Inkrafttreten vergingen mehr als fünf Jahre. Was geschah in diesem Zeitraum? Notiere in Stichworten.

2. Warum ist es selten der Fall, dass politische Probleme durch ein Gesetz für alle Zeiten verbindlich geregelt werden können?

3. Wahrscheinlich kannst du dir nicht alle Einzelheiten merken, die mit dem Gesetzgebungsverfahren verbunden sind. Welche Informationen darüber möchtest du auf keinen Fall wieder vergessen?

Was auch noch interessant sein kann:

- im Internet die Suchbegriffe *Anti-Graffiti-Gesetz pro und kontra* eingeben und nach aktuellen Kommentaren suchen,
- unter www.bundestag.de aktuelle Gesetzgebungsverfahren recherchieren.

Der Gang der Bundesgesetzgebung nach den Bestimmungen des Grundgesetzes

Der Weg bis zur Entscheidung ist bei allen Bundesgesetzen ähnlich. Das Grundgesetz schreibt die doppelte Abstimmung vor – zuerst im Bundestag, dann im Bundesrat. Durch die Abstimmung im Bundesrat wirken die Bundesländer an der Gesetzgebung des Bundes mit. Dabei muss unterschieden werden zwischen solchen, denen der Bundesrat zustimmen muss und solchen, gegen die er Einspruch einlegen kann, damit sie im Bundestag noch einmal beraten werden und erneut zur Abstimmung gestellt werden. Zustimmungspflichtig sind alle Bundesgesetze, welche die Länderinteressen betreffen. Nicht zustimmungspflichtig sind zum Beispiel Gesetze, welche die Außenpolitik betreffen, die Bundeswehr, das Währungswesen u. a. Die Artikel 73 und 74 im Grundgesetz enthalten jeweils einen Katalog von zustimmungspflichtigen und nicht zustimmungspflichtigen Gesetzen. Das Verfahren der doppelten Abstimmung ist auch ein Instrument der Machtkontrolle, weil die beiden Bundesorgane sich gegenseitig kontrollieren.

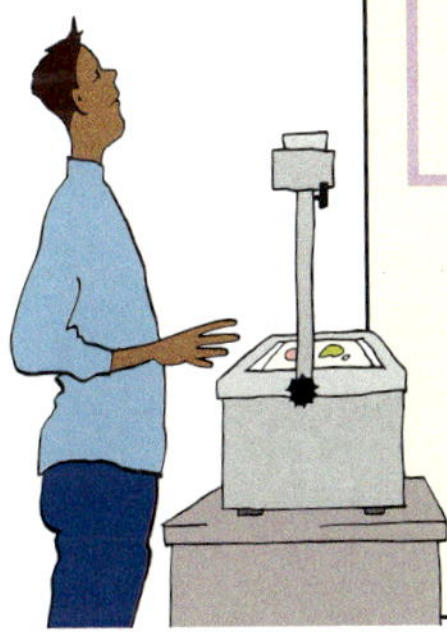

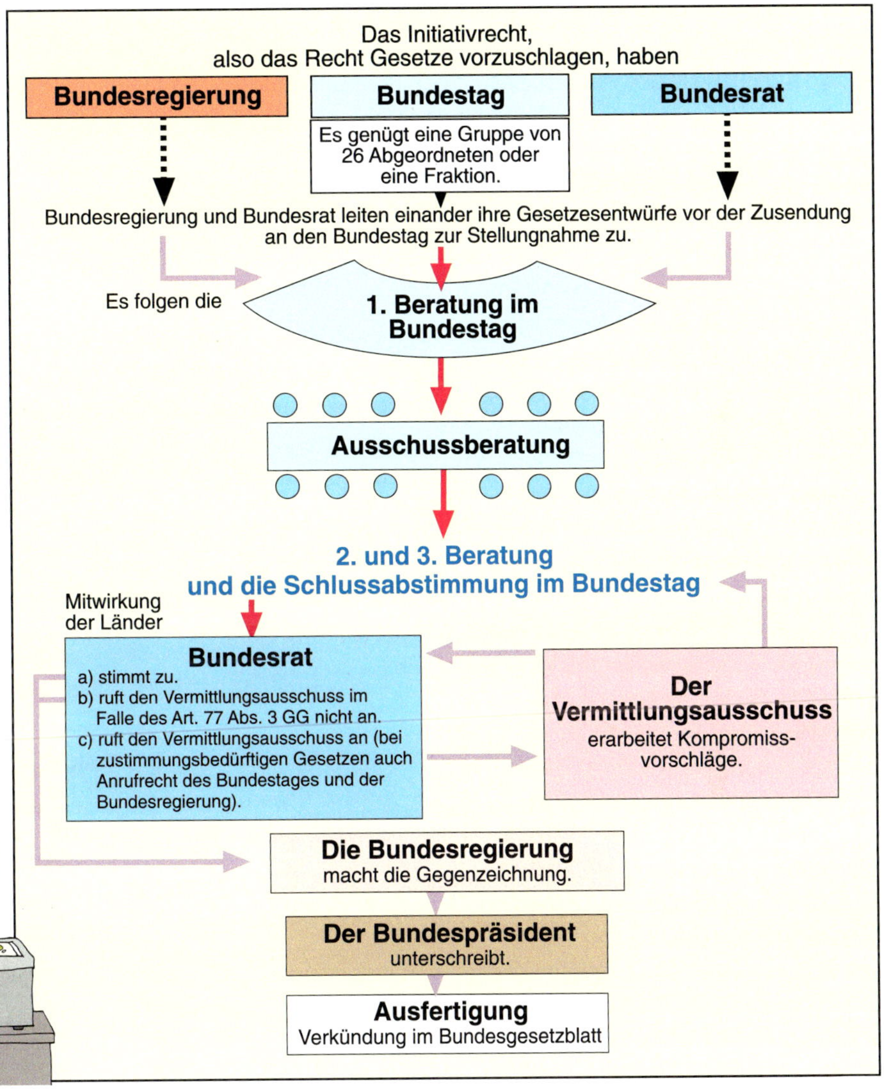

1. Mithilfe dieses Schaubildes könnt ihr in einem Vortrag vor der Klasse das Gesetzgebungsverfahren in der Bundesrepublik erklären. Zur Veranschaulichung der einzelnen Schritte solltet ihr dabei die Informationen über das Anti-Graffiti-Gesetz nutzen, die ihr auf den vorangegangenen Seiten bekommen habt. Ordnet dabei die im Text genannten Schritte den Stationen im Schaubild zu.
2. Beendet euren Vortrag mit der Vorstellung eures persönlichen Urteils zur Bewertung des Gesetzes.

9 Warum ist Gewaltenteilung wichtig?

In der Demokratie gilt der Grundsatz der Gewaltenteilung. Wie sie funktioniert, zeigen das folgende Beispiel und das Schaubild. Nach der Bearbeitung dieser Doppelseite könnt ihr erklären, warum sie in Deutschland als besonders wichtig gilt.

Ein Überfall

Zwei Männer bedrohen am Flussufer einen Spaziergänger mit einem Messer und nehmen ihm seine Brieftasche ab. Später werden sie im nahe gelegenen Park von einer Polizeistreife gesichtet. Sie wehren sich bei der Festnahme heftig und drohen mit ihrer Waffe. Nur mit vereinten Kräften und nach der Abgabe von Warnschüssen können sie festgenommen werden. Die Beamten (die Exekutive) dürfen im Gegensatz zu den Kriminellen Gewalt anwenden, denn sie haben im Auftrag des Staates die Bürger zu schützen. Diese Gewaltanwendung kann allerdings nicht nach Belieben passieren. Sie muss nach den Vorschriften und Gesetzen der Legislative erfolgen. Und wenn unsere Räuber schließlich vor dem Richter (der Judikative) stehen, ist dieser ebenfalls an einen bestimmten gesetzlichen Rahmen bei der Rechtsprechung gebunden. Bei diesem vereinfachten Beispiel geht es um die Gewaltenteilung, genauer um die Teilung der Staatsgewalt. Sie ist ein wesentliches Element unserer Demokratie. Der Staat hat die Macht, dafür zu sorgen, dass die Ordnung eingehalten wird und seine Bürger geschützt werden. Diese Ordnung ist in Gesetzen festgeschrieben.

(Aus: Gerd Schneider: Politik, Arena Verlag, Würzburg 2008, S. 35 ff.)

Die drei Staatsgewalten

Folgende Gewalten müssen unterschieden werden:

Die Legislative: Darunter versteht man die gesetzgebende Gewalt. Sie wird vom Bundestag, vom Bundesrat und von den Parlamenten der Bundesländer ausgeübt.

Die Exekutive: Das ist die Gewalt, die die Gesetze ausführt. Auf der obersten Ebene ist das die Bundesregierung. Auch die Regierungen und die Verwaltungen der Bundesländer sowie die Verwaltungen in den Gemeinden gehören dazu. Polizei und Bundeswehr sind ebenfalls Teil der Exekutive. Sie schützen den Staat vor Bedrohungen und sorgen dafür, dass Ordnung herrscht und dass die Gesetze eingehalten werden.

Die Judikative: Das ist die rechtsprechende Gewalt. Sie wird von den unabhängigen Gerichten ausgeführt mit dem Bundesverfassungsgericht an der Spitze.

Die Trennung der Staatsgewalten soll die Zusammenballung staatlicher Macht in den Händen eines Einzelnen oder einer gesellschaftlichen Gruppe verhindern.

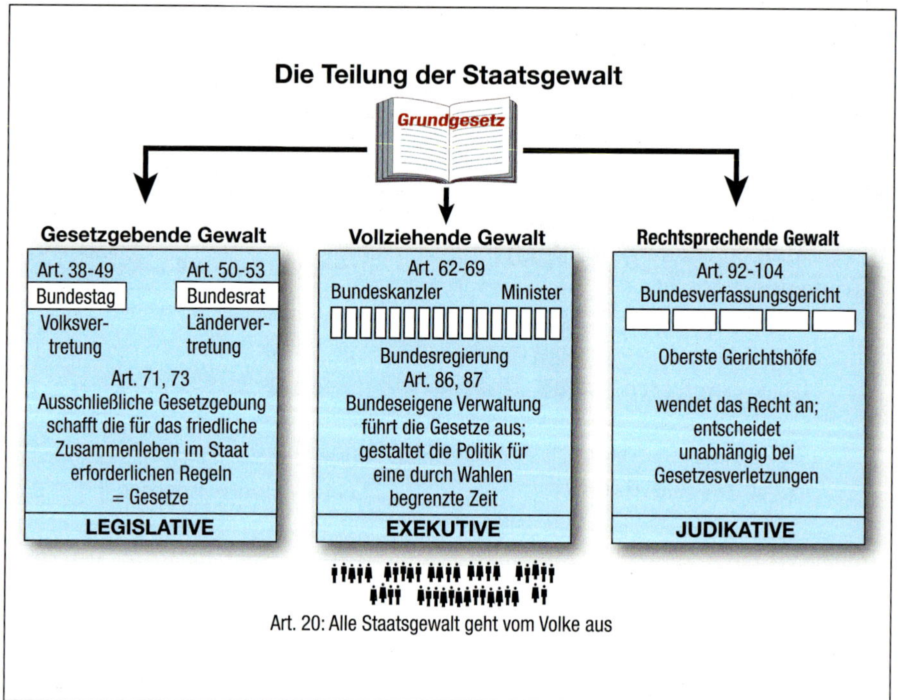

Nie mehr Diktatur in Deutschland

Den schlimmsten Missbrauch staatlicher Macht erlebte Deutschland in der Zeit von 1933 bis 1945. Vom Tag ihrer Machtergreifung im Jahr 1933 an verwandelten Hitler und die Nationalsozialisten Deutschland in eine verbrecherische Diktatur:

- Sie schalteten das Parlament aus.
- Sie verboten Parteien und Gewerkschaften.
- Sie duldeten keine freie Presse.
- Sie ließen das Volk durch ihre Geheime Staatspolizei (Gestapo) bespitzeln und Andersdenkende in Folterkellern und Konzentrationslagern verschwinden.
- Sie beugten das Recht im Namen des Führers.
- Sie führten Deutschland in einen rassistisch begründeten Vernichtungskrieg.
- Sie ermordeten im Wahn rassischer Überlegenheit nahezu das gesamte Volk der in ihrem Herrschaftsgebiet lebenden Juden.

Vor dem Hintergrund dieser leidvollen und für die Deutschen moralisch belastenden Erfahrungen muss man die verfassungsmäßige Ordnung in der Bundesrepublik Deutschland sehen. Die freiheitlich demokratische Grundordnung, welche die Mitglieder des Parlamentarischen Rates ab dem 1. September 1948 auf Anweisungen der westlichen Siegermächte ausarbeiteten, sollte jegliche Gewalt- und Willkürherrschaft für alle Zeiten ausschließen.

Hitler hatte die Macht in seiner Person konzentriert und missbraucht. Eine staatliche Ordnung, die Konzentration und Missbrauch von Macht verhindern will, muss die Macht auf verschiedene Personen und Institutionen verteilen und ihre demokratische Kontrolle garantieren. Die Kontrolle staatlicher Macht gilt als eines der wesentlichen Elemente, ohne die eine Demokratie keinen dauerhaften Bestand haben kann.

1. Wie kann man am Beispiel des Überfalls das Prinzip der Gewaltenteilung deutlich machen?
2. Mithilfe des Beispiels vom Überfall und des Schaubildes könnt ihr erläutern, was man unter Legislative, Judikative und Exekutive versteht.
3. Worin besteht der Zusammenhang zwischen der Gewaltenteilung in Deutschland heute und den Erfahrungen in der Zeit des Nationalsozialismus?

Wer kontrolliert Regierung und Parlament? Zwei Beispiele

Für die Bearbeitung dieser Doppelseite eignet sich die Methode „Partnerbriefing". (Methodenkarte siehe Seite 286). Jeder der beiden Partner bearbeitet einen der beiden Texte, und zwar so, dass er anschließend seinen Partner mithilfe von notierten Stichwörtern informieren kann.

A Machtkontrolle durch Opposition

In parlamentarischen Demokratien wird die Regierung entweder von der stärksten Partei gebildet oder es schließen sich zwei oder mehrere Parteien zu einer Koalition zusammen. Das ist ein Bündnis von zwei oder mehreren Parteien im Parlament, um gemeinsam mehrheitsfähig zu sein und die Regierung bilden zu können. Alle Parteien (im Parlament), die nicht an der Regierung beteiligt sind, bilden „die Opposition". Opposition heißt Gegensatz, Widerspruch und Widerstand.

In einer Demokratie hat die Opposition zwei entscheidende Aufgaben: Sie soll die Regierung ständig überwachen und sie kritisieren, wenn sie ihre Pläne für falsch hält, und sie soll eigene Pläne entwickeln und vortragen. Erfüllt eine Opposition diese Aufgaben, kann sie die Politik der Regierung beeinflussen. Gleichzeitig nimmt sie Einfluss auf die Bürger: Sie hilft ihnen dabei, sich eine Meinung zu bilden und ihren Willen zu äußern. Überzeugen die Vorschläge der Opposition die Mehrheit der Wähler, kann sie bei einer nächsten Wahl die meisten Stimmen gewinnen: Sie bildet dann die Regierung und versucht, die Interessen und den Willen ihrer Wähler durchzusetzen. Die bisherigen Regierungsparteien gehen dann in die Opposition. Oppositionsparteien können ihre Funktion innerhalb und außerhalb des Parlaments wahrnehmen. Sie können ihre von der Regierungsmeinung abweichenden Positionen in den Parlamentsdebatten deutlich machen und der Regierung kritische Fragen stellen, welche diese dann beantworten muss. Wenn Missstände in der parlamentarischen Arbeit bekannt werden, kann die Opposition die Einsetzung eines Untersuchungsausschusses verlangen. Außerhalb des Parlaments können Oppositionsparteien ihre Gegenpositionen zur Regierung in öffentlichen Reden und über die Medien deutlich machen.

Interessiert folgen diese jungen Leute einer Debatte im Bundestag, bei der die Opposition die Regierung kritisiert.

Eine Opposition, die ihre Aufgaben wahrnimmt, schützt die Demokratie. Sie verschafft auch den Menschen und Gruppen, die sich in einer Minderheitenposition befinden, die Möglichkeit zur Teilnahme an der Politik. Sie verhindert, dass die Regierung ihre Macht unkontrolliert ausübt bzw. die Meinungen von Minderheiten völlig unberücksichtigt lässt.

Stichwortzettel Opposition
- Definition
- Aufgaben
- Handlungsmöglichkeiten
- Bedeutung

B Machtkontrolle durch das Bundesverfassungsgericht

Ein Beispiel: Im Februar 2006 setzte das Bundesverfassungsgericht das kurz zuvor vom Bundestag beschlossene Luftsicherheitsgesetz außer Kraft. Die Richter erklärten, dass die darin beschlossene Befugnis der Bundeswehr, entführte Passagierflugzeuge im äußersten Notfall abzuschießen, mit der im Grundgesetz garantierten Würde des Menschen nicht vereinbar sei.

Grundgesetz, Artikel 93 (1)
Das Bundesverfassungsgericht entscheidet: über die Auslegung dieses Grundgesetzes aus Anlass von Streitigkeiten über den Umfang der Rechte und Pflichten eines obersten Bundesorgans oder anderer Beteiligter […]

Das Grundgesetz ist die oberste Richtschnur allen staatlichen Handelns. Eine eigene Institution, das Bundesverfassungsgericht, wacht darüber, dass Parlament, Regierung und Rechtsprechung die Verfassung einhalten. Als Hüter der Verfassung kann es jeden Akt der gesetzgebenden Gewalt, der Regierung und Verwaltung und jede Entscheidung der Gerichte auf ihre Verfassungsmäßigkeit prüfen. Dabei schützt es besonders die Grundrechte der Bürger. […]

Das Grundgesetz ist die oberste Richtschnur allen staatlichen Handelns. Eine eigene Institution, das Bundesverfassungsgericht, wacht darüber, dass Parlament, Regierung und Rechtsprechung die Verfassung einhalten. Als Hüter der Verfassung kann es jeden Akt der gesetzgebenden Gewalt, der Regierung und Verwaltung und jede Entscheidung der Gerichte auf ihre Verfassungsmäßigkeit prüfen. Dabei schützt es besonders die Grundrechte der Bürger. […]

Es ist das höchste Gericht des Bundes, die letzte Instanz für die Kontrolle der Verfassungsmäßigkeit des politischen Lebens. Es kann die Entscheidungen aller anderen Gerichte aufheben, wenn sie der Prüfung der Verfassungsmäßigkeit nicht standhalten. Seine Entscheidungen sind für alle verbindlich. Soweit sie die Rechtswirksamkeit von Bundes- und Landesgesetzen betreffen, haben sie sogar Gesetzeskraft und werden im Bundesgesetzblatt verkündet.

(Aus: Horst Pötzsch: Die deutsche Demokratie, hrsg. von der Bundeszentrale für politische Bildung, 5. Auflage Bonn 2009, S. 144)

Kritiker behaupten, die Richter des BVerfG mischten sich mit ihren Urteilen zu stark in die Politik ein und bestimmten mehr und mehr, was politisch machbar sei und was nicht. Die Richter haben auf diese Kritik reagiert und beanspruchen für sich das „Prinzip der richterlichen Selbstbeschränkung". Demnach sehen sie ihre Aufgabe nicht darin, zu überprüfen, ob ein Gesetz gut oder schlecht, klug oder unvernünftig ist, sondern einzig und allein, ob es mit den Grundsätzen der Verfassung vereinbar ist oder nicht.

Stichwortzettel Bundesverfassungsgericht
- Beispiel
- Aufgaben
- Bedeutung
- Möglichkeiten

Anmerkung: Auch die Verteilung der Macht im Bundesstaat auf den Bundestag und die Landesparlamente ist eine Form der gegenseitigen Machtkontrolle; siehe dazu im Kapitel „Politik in den Bundesländern" die Doppelseite „Besonderheiten des Bundesstaates".

Demokratie in der Bundesrepublik Deutschland

Station 1 – Wie denken Jugendliche über die Demokratie?

Stell dir vor, du nimmst an einer Placemat-Übung teil. Vor dir liegt dein Feld, in das du alle Merkmale von Demokratie eintragen sollst, die dir einfallen. Zwei Merkmale sollten es mindestens sein, drei wären besser, vier oder gar fünf sind spitze.

Teilnehmer 1
-
-
-
-
-
-

Gemeinschaftsfeld

Station 2 – Wichtige Grundlage der Demokratie

Vorsicht Fehler!

In der folgenden Mindmap hat sich in jedem Strang ein Fehler eingeschlichen. Dir sollte es gelingen, die Mindmap fehlerfrei zu übernehmen.

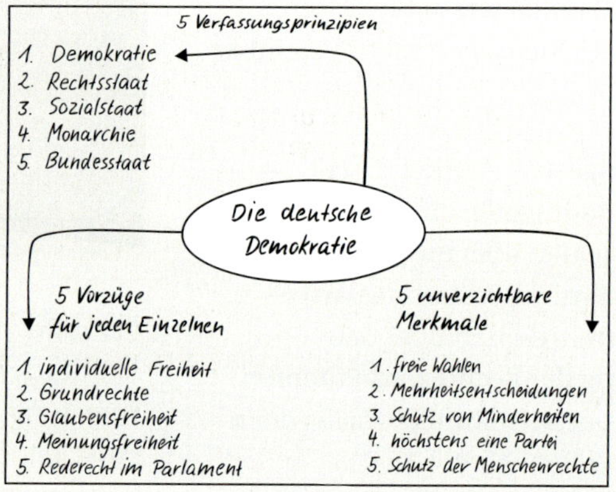

Station 3 – Bürgerbeteiligung in der Demokratie

Mitbestimmung erklären

In der Stadt Schönstadt legt die größte der Parteien im Stadtrat den Plan zum Neubau eines Parkhauses in der Innenstadt vor. Eine Gruppe von Bürgerinnen und Bürgern ist mit diesem Vorhaben nicht einverstanden.

1. Sie gründen eine **Bürgerinitiative**. Was ist das?

2. Sie streben ein **Bürgerbegehren** an. Wie geht das?

3. Es kommt zu einem **Bürgerentscheid**. Wie kommt er zustande?

Station 4 – Rolle der Parteien

Eine Definition – drei Aufgaben

Mithilfe des Schaubilds könnt ihr die Rolle der Parteien in der Demokratie erklären. Dabei solltet ihr auch drei Aufgaben von Parteien benennen.

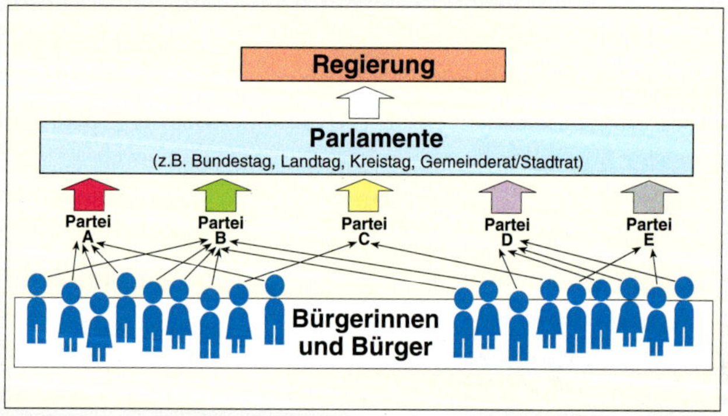

Station 5 Wahlrecht zum deutschen Bundestag

Stell dir folgende Situation vor: Eine Wählerin oder ein Wähler nimmt zum ersten Mal an einer Bundestagswahl teil. Sie oder er betritt das Wahllokal. Beim Auseinanderfalten des Stimmzettels entsteht Ratlosigkeit. Du bist die helfende Stimme, welche die richtigen Antworten einflüstert.

Hat dieses Wahlsystem mit der Erst- und Zweitstimme auch einen Namen?

Was ist denn der Unterschied zwischen der Erst- und der Zweitstimme?

Welche der beiden Stimmen ist die wichtigere und warum?

Station 6 Muss Wahlkampf sein?

Übernimm die Kästen und fülle sie aus.

Zwei Funktionen von Wahlkämpfen

Ein Argument kontra

Ein Argument pro

Mein begründeter Standpunkt

Station 7 Aufgaben der Verfassungsorgane

Test verkehrt! Bei diesem Test sind alle Antworten richtig, aber die Fragen fehlen. Kannst du die passenden Fragen in dein Heft notieren?

1. Sie oder er wird nicht vom Volk, sondern vom Bundestag gewählt. Sie oder er ist Chef der Regierung.
2. Sie besteht aus dem Bundeskanzler und den Bundesministern.
3. Er ist die gewählte Volksvertretung der Bundesrepublik Deutschland und damit das Herz der Demokratie.
4. Nein, seine Mitglieder werden nicht gewählt, sondern von den 16 Landesregierungen entsendet.
5. Es hat die Aufgabe, darüber zu wachen, dass die vom Bundestag und vom Bundesrat verabschiedeten Gesetze mit der Verfassung übereinstimmen.

Station 8 Entstehung eines Bundesgesetzes

Am Beispiel Graffiti habt ihr den Weg eines Gesetzes von der Entstehung des Problems bis zur gesetzlichen Entscheidung kennengelernt. Prinzipiell ist dieser Weg bei allen Gesetzen gleich. Hier sind die Stationen bis dahin durcheinandergeraten. Notiere sie in der richtigen Reihenfolge.

1. Der Bundespräsident unterschreibt.
2. Das Gesetz wird im Bundesgesetzblatt veröffentlicht.
3. Der Bundesrat berät und entscheidet über das Gesetz.
4. Das Gesetz tritt in Kraft.
5. Die Öffentlichkeit diskutiert und fordert eine gesetzliche Regelung.
6. Der Gesetzgebungsprozess kommt auf den Weg.
7. Das Problem wird aktuell.
8. Der Bundestag berät mit insgesamt drei Lesungen.

Station 9 Teilung der Staatsgewalt

Die drei Staatsgewalten

1. Ordne den dargestellten Personen die drei Staatsgewalten zu und verwende dazu die zutreffenden Fachbegriffe.
2. Erkläre, warum es wichtig ist, die Staatsgewalt zu teilen.

10 Zur Situation der Menschenrechte

Welche Bedeutung haben sie für uns?

1. Allein nachdenken

Ergänze folgenden Satz: Mir bekannte Menschenrechte sind …

2. Zu zweit beraten

Welche Menschenrechte haltet ihr für besonders bedeutsam?

3. In der Klasse sammeln

Welche Menschenrechtsverletzungen kennt ihr?

Bei der Arbeit an diesem Kapitel könnt ihr …

- Menschenrechts- und Grundrechtsverletzungen anhand von Fallbeispielen analysieren,
- Aufgaben und Arbeit von internationalen Menschenrechtsorganisationen beschreiben und beurteilen,
- die Bedeutung der Grundrechte im Grundgesetz darstellen,
- Datenschutz als Grundrecht anhand der Stichwörter „Recht auf informationelle Selbstbestimmung“ erläutern,
- eine Debatte zur Online-Durchsuchung von PCs führen.

Eigene Schwerpunkte könnt ihr setzen, indem ihr …

- die Situation der Menschenrechte in einem Land untersucht,
- eine Internetrecherche zu Nichtregierungsorganisationen durchführt,
- Lösungen für Grundrechtsfälle im Schulalltag erarbeitet,
- Ideen für eine Menschenrechtsaktion in eurer Klasse sammelt.

1 Menschenrechte in Deutschland: Sind sie hinreichend gesichert?

Das Grundgesetz beginnt mit einer Auflistung der Menschenrechte. Danach ist es die oberste Pflicht des Staates, die Menschenwürde zu schützen. Die Polizei handelt im Auftrag des Staates. Wird sie diesem Anspruch auf Schutz der Menschenwürde immer gerecht? Unter dieser Fragestellung kann man über den folgenden Fall diskutieren.
Hinweis: Der Ausdruck „Penner" gibt hier die Gedankenwelt von Andreas wieder, nicht die der Autoren von „Politik erleben".

A Der Fall: Personenkontrolle

Andreas, genannt Andi, 23, ist Polizist. Gerade erst hat er seine Ausbildung abgeschlossen, und seine Vorgesetzten achten darauf, dass er seine Streife erst mal zusammen mit erfahrenen Kollegen fährt. Heute sitzt er mit Peter und Hans in dem Polizeibus, den er am späten Abend langsam durch die Straßen lenkt. Plötzlich sieht Peter eine reglose Gestalt zwischen zwei Häuserwänden stehen, einen Penner.
„Ach nee, guck mal, wer da wieder rumlungert", macht er Hans auf ihn aufmerksam. „Weißte was?" Peter flüstert dem Kollegen etwas zu. Hans lächelt zustimmend. Hans, Peter und Andreas steigen aus. „So, da isser", wendet sich Hans an Andreas. „Komm, Personenkontrolle!"
Andreas zögert angewidert. Er […] kann den Penner jetzt besser sehen. Die langen Haare und der verfilzte Bart gehen ineinander über. Sein schwerer Atem ist zu hören. Jacke und Hose sind verdreckt und klamm.
„Guten Abend! Ich führe eine Personenkontrolle durch", sagt Andreas seinen Spruch auf. Der Penner regt sich nicht. „Ihren Ausweis, bitte!" Keine Reaktion. „Wie heißen Sie?" Jetzt erst lässt der Penner wenigstens ein Brummen vernehmen. „Hören Sie, ich muss Sie durchsuchen."
Der Penner brummt weiter vor sich hin.
„Treten Sie einen Schritt vor!", fordert Andreas nun sein Gegenüber auf, und dann lauter: „Treten Sie einen Schritt vor, Mann!"
[…] Andreas verzieht das Gesicht, als ihn die von Gottfried ausgehende Geruchswolke erreicht. Dann tritt er vor ihn hin und beginnt, seine Jacke zu öffnen. […] Andreas hält die Luft an und dreht seinen Kopf zur Seite. Langsam und deutlich sagt er: „Ich kontrolliere jetzt Ihre Hosentaschen." Er tritt hinter den Penner und zieht die Jacke zurück. Dann fährt er in die Taschen hinein. Erst links. Er holt zwei unverpackte Bonbons und eine gebrochene halbe Zigarette heraus, steckt die Sachen wieder zurück und

will die rechte Hosentasche kontrollieren, die tiefer als die andere zu sein scheint, und verharrt plötzlich. „Scheiße, der Kerl hat nicht mal 'ne Unterhose an." Vor Ekel und noch halb im Affekt stößt er den Penner von sich weg. Der wankt. Schnell packt Andreas ihn am Jackenzipfel und hält ihn fest. Seine Kollegen grinsen zufrieden.

Unterdessen hat sich eine Mutter mit ihrer kleinen Tochter genähert. „Mama, was macht der Mann da?" „Personenkontrolle", erklärt Andreas. „Gehen Sie doch einfach weiter!" Die Mutter lässt sich nicht mehr so einfach abwimmeln. „Erst wenn Sie den Mann in Ruhe lassen. Der tut doch niemandem was!"

„Ich sehe jetzt in Ihre Tüten." Aus der zweiten Tüte holt Andreas eine eng zusammengerollte Decke hervor, dann eine Geldbörse. Andreas öffnet sie. „Sie ist ja vollkommen leer!", raunzt er den Penner an. Zum Erstaunen des Polizisten sagt dieser zum ersten Mal etwas: „Ich brauche kein Geld." [...]

Nach einer kurzen Pause macht der Penner wieder seinen Mund auf: „Ich bin frei." Irritiert wendet Andreas die Tüte und schüttelt einen knittrigen Ausweis hervor. Jetzt sieht er den Namen: Gottfried Götzendorf. Dabei hält er kurz inne und steckt dann all die Sachen schnell, aber, da er mit der Personenkontrolle so gut wie fertig ist, ruhig wieder zurück und beginnt, immer noch mit spitzen Fingern, dem Penner die Jacke wieder zuzuknöpfen.

(Nach: GG 19, 19 Grundrechte, 19 gute Gründe für die Demokratie, hg. Harald Siebler, Gerstenberg Verlag, Hildesheim 2007, S. 17ff.)

B Hintergrund: Menschenwürde im Grundgesetz

Die Konstruktion am Anfang des Grundgesetzes ist einfach. Ein Dreieck. An der Spitze wird in Artikel 1 die Würde des Menschen garantiert, und an den beiden unteren Enden ergeben sich daraus Artikel 2 und 3. Artikel 2 als Hauptfreiheitsrecht und Artikel 3 als Hauptgleichheitsrecht. Dann erst kommen die einzelnen, genauer formulierten Grundrechte, zum Beispiel Artikel 4 und 5 mit der Glaubens- und Gewissensfreiheit, als Unterformen des Hauptfreiheitsrechts in Artikel 4. Artikel 2 garantiert die Freiheit aber nicht unbeschränkt. Man kann nur tun, was man will, wenn man nicht die Rechte anderer verletzt oder gegen die Verfassung verstößt. Der Mann, der da in dieser Geschichte verwahrlost und stinkend auf der Straße steht, verletzt nicht die Rechte anderer, beleidigt sie nicht, nimmt ihnen auch nichts weg, verletzt nicht ihr Ansehen oder Eigentum. Er verstößt also nicht gegen die Verfassung. Im Gegenteil, er beruft sich sogar auf sie, hier auf seine Freiheit. Manche mögen den verwahrlosten und stinkenden Mann ekelerregend finden. Manche nicht, wie die junge Mutter mit ihrem Kind, die vorbeigeht und dem jungen Polizisten Vorwürfe macht. Es gibt heute viele Obdachlose, die auf der Straße schlafen. Mit ihnen sollte man Mitleid haben, wie es sich hier – gemischt mit Ekel – ja auch bei dem Polizisten Andreas regt. Aber der Staat muss ihre Freiheit achten und darf sie nicht verhaften oder einsperren, wie es in der Zeit des Nationalsozialismus gemacht wurde.

(Aus: Uwe Wesel, Freiheit!, in: GG 19, a. a. O., S. 21)

Aus dem Grundgesetz
Artikel 1 Menschenwürde
(1) Die Würde des Menschen ist unantastbar. Sie zu achten und zu schützen ist Verpflichtung aller staatlichen Gewalt.

Artikel 2 Freiheit der Person
(1) Jeder hat das Recht auf die freie Entfaltung seiner Persönlichkeit, soweit er nicht die Rechte anderer verletzt und nicht gegen die verfassungsgemäße Ordnung [...] verstößt.
(2) Jeder hat das Recht auf Leben und körperliche Unversehrtheit. Die Freiheit der Person ist unverletzlich.

Artikel 3
(1) Alle Menschen sind vor dem Gesetz gleich.

1. Welche Gefühle löst das Fallbeispiel in dir aus? Notiere deine Gedanken.
2. Hat der Polizist Andreas die Menschenwürde verletzt? Beachte dazu die Aussagen im Text über das Grundgesetz. Tauscht euch zu zweit über eure Ansichten aus.
3. Für welches Verhalten habt ihr mehr Verständnis, für das von Andreas oder für das der jungen Frau? Sprecht darüber in der Klasse.

Grundrechte im Grundgesetz

1. Erkläre die Gemeinsamkeiten und Unterschiede zwischen Grund- und Menschenrechten.

2. Die Verfassungsgeber haben die Einhaltung der Grundrechte durch Garantien abgesichert. Erläutere, welche das sind.

3. In Deutschland gibt es zurzeit nicht genügend Fachkräfte in der Wirtschaft. Einmal angenommen, der Bundestag verabschiedet ein Gesetz, das alle Schulabgänger verpflichtet, einen Beruf zu wählen, in dem Fachkräftemangel herrscht. Wäre das mit dem Grundgesetz vereinbar? Begründe deine Entscheidung.

Was sind Grundrechte?

Zwischen Menschen- und Grundrechten gibt es einen wesentlichen Unterschied: Menschenrechte gelten immer und überall, auch wenn sie nicht aufgeschrieben sind. Grundrechte sind darüber hinaus schriftlich formuliert. Sie stehen im deutschen Grundgesetz in Artikel 1 bis 19. Die meisten Grundrechte stehen als allgemeine Menschenrechte allen Menschen zu, die in Deutschland leben. Dazu gehören die Unantastbarkeit der Menschenwürde, das Recht auf Freiheit und Gleichheit vor dem Gesetz. Einige Grundrechte stehen nur deutschen Bürgern zu. Das ist zum Beispiel das Recht, sich überall und ohne Anmeldung zu versammeln und zu demonstrieren.

Schutz der Menschenwürde als oberstes Verfassungsprinzip

Die Grundrechte schützen jeden einzelnen Menschen gegen Übergriffe der Staatsgewalt.
„Die Würde des Menschen ist unantastbar", heißt es in Artikel 1 des Grundgesetzes. Das bedeutet, dass der Staat immer und in all seinem Handeln die Menschenwürde der Bürgerinnen und Bürger achten und sie vor Eingriffen durch andere schützen muss. Dieser Grundsatz gilt auch für Angeklagte vor Gericht. So ist es zum Beispiel der Polizei nicht erlaubt, Folter anzuwenden – auch nicht, wenn damit eine schlimme Straftat aufgeklärt werden kann.

Garantien der Grundrechte im Rechtsstaat

Die Verfassungsgeber haben eine Reihe von Garantien in die Verfassung eingebaut, die die Durchsetzung der Grundrechte sicherstellen sollen:

Bindung der Staatsorgane: Alle Staatsorgane und staatlichen Einrichtungen müssen die Grundrechte in ihrem Handeln beachten. Auch alle Gesetze, die das Parlament verabschiedet, müssen die Grundrechte respektieren.

Unantastbarkeit: Die Grundrechte dürfen in ihrem Kerngehalt weder verändert noch abgeschafft werden – auch nicht mit einer Zweidrittelmehrheit des Bundestags. Dieser Grundsatz wird als „Ewigkeitsgarantie" bezeichnet. Er findet sich im Artikel 79 Absatz 3 des Grundgesetzes.

Rechtswegegarantie: Wer sich in seinen Grundrechten verletzt fühlt, kann vor Gericht klagen.

Das Bundesverfassungsgericht als Hüter der Verfassung

Das Bundesverfassungsgericht wacht darüber, ob sich die Regierung und der Gesetzgeber bei der Ausübung ihrer Macht an das Grundgesetz halten. Es kontrolliert auch, ob Entscheidungen der Gerichte verfassungsmäßig sind.

60 110 © Erich Schmidt Verlag

Wie sehr gelten die Grundrechte im Schulalltag?

Nach dem Grundgesetz hat der Staat die Pflicht, für einen geordneten Ablauf des Unterrichts zu sorgen. Das ist in der Praxis Aufgabe der Schulleitung. Sie achtet darauf, dass die Schulpflicht eingehalten wird. Auf der anderen Seite sind auch in der Schule die Grundrechte des Einzelnen zu beachten. Da kann es leicht zu Streitfällen kommen. In solchen Situationen gilt es, sorgfältig abzuwägen, was im vorliegenden Fall Vorrang haben sollte.

Artikel 2 Absatz 1
Jeder hat das Recht auf freie Entfaltung seiner Persönlichkeit, soweit er nicht die Rechte anderer verletzt.

Artikel 5 Absatz 1
Jeder hat das Recht, seine Meinung in Wort, Schrift und Bild frei zu äußern und zu verbreiten. […]
Absatz 2
Diese Rechte finden ihre Schranken […] in dem Recht der persönlichen Ehre.

Artikel 6 Absatz 2
Pflege und Erziehung der Kinder sind das natürliche Recht der Eltern und die zuvörderst ihnen obliegende Pflicht. Über ihre Betätigung wacht die staatliche Gemeinschaft.

Artikel 7 Absatz 1
Das gesamte Schulwesen steht unter der Aufsicht des Staates.

A Die Eltern von Sara halten die Unterrichtsmethoden des Mathematiklehrers für veraltet. Sie wollen ihrer Tochter das nicht länger zumuten. Deshalb schicken sie sie nicht mehr in die Schule und engagieren einen Privatlehrer. Dürfen sie das?

B Loredana kaut während des Unterrichts Kaugummi. Auch nach mehreren Aufforderungen, die Regeln der Hausordnung an ihrer Schule zu beachten, kaut sie weiter. Die Schülerin pocht auf ihr Recht auf freie Entfaltung ihrer Persönlichkeit. Geht das Grundrecht so weit?

C Jens hat für die Schülerzeitung einen Artikel verfasst, in dem er einige lustige Geschichten aus dem Deutschunterricht erzählt, in denen der Lehrer nicht besonders gut wegkommt. Der Deutschlehrer fühlt sich verletzt und verlangt, den Artikel nicht zu veröffentlichen. Wer ist im Recht?

1. Ordne die drei Fälle den jeweiligen Grundrechten zu.
2. Entwickelt in Gruppen Lösungsvorschläge und begründet diese.
3. Präsentiert in der Klasse eure Vorschläge für die Grundrechtsfälle.

Streitfall Grundrechte

Obwohl Grundrechte in Deutschland unmittelbar geltendes Recht sind, ist es nicht selbstverständlich, dass sie immer beachtet werden. Wie der deutsche Staat Grundrechte durchsetzen kann, könnt ihr anhand der beiden Fälle herausfinden.
Tipp: Die beiden Fälle könnt ihr arbeitsteilig bearbeiten.

Fall 1: Darf ein Polizist im Notfall Folter androhen?

Magnus Gäfgen hat am 27. September 2002 ein besonders abscheuliches Verbrechen begangen. Er hat den 11-jährigen Jakob von Metzler entführt, hat ihm Mund und Nase mit Klebeband verschlossen und ihm die Hand aufs Gesicht gedrückt, bis er tot war. Dann erpresste er von den Eltern des Kindes eine Million Euro. Als die Polizei ihn festnahm, weigerte er sich, über den Verbleib des Kindes Auskunft zu geben. Der damalige Vizepräsident Wolfgang Daschner ordnete in verzweifelter Sorge um Jakobs Leben an, Gäfgen, dessen Tatbeteiligung schon feststand, Schmerzen anzudrohen, wenn er den Aufenthaltsort nicht preisgebe. Gäfgen verriet dann, dass Jakob tot sei und wo er die Leiche versteckt hatte. [...] Daschner und ein weiterer Polizeibeamter wurden wegen Nötigung angeklagt und auch schuldig gesprochen. Das Gericht sprach jedoch lediglich eine Verwarnung aus unter dem Vorbehalt [= unter der Bedingung] der Verurteilung zu einer Geldstrafe. Gäfgen wurde zu lebenslanger Haft verurteilt. Das erzwungene Geständnis wurde nicht verwertet; Gäfgen legte im Prozess erneut ein Geständnis ab. Seitdem hat Magnus Gäfgen durch sämtliche Instanzen bis hinauf zum Europäischen Gerichtshof für Menschenrechte prozessiert, um feststellen zu lassen, dass ihm schreckliches Unrecht widerfahren sei, und womöglich eine Wiederaufnahme seines Prozesses zu erreichen. [...] Nun hat sein Anwalt eine Entschädigungszahlung von 3000 Euro vor dem Landgericht Frankfurt erstritten. [...] Die Entschädigung steht Gäfgen nach Auffassung des Gerichts zu, weil die Androhung von Gewalt seine Menschenwürde verletzt habe.

(Nach: Hans Holzhaider: Kalt, in: Süddeutsche Zeitung, 05.08.2011)

Magnus Gäfgen (links) wurde zu einer lebenslangen Freiheitsstrafe verurteilt.

Fall 2: Darf die Bundeswehr ein Passagierflugzeug abschießen, um einen Terroranschlag zu verhindern?

Stundenlang war ein verwirrter 31-Jähriger mit einem gekaperten Motorsegler über dem Rhein-Main-Gebiet gekreist. Die Bundeswehr schickte Abfangjäger, die Sichtkontakt zu dem Piloten aufnahmen. Schließlich gelang es einem Fluglotsen, den Mann zur Landung zu überreden. Vor dem Hintergrund des „Frankfurter Geisterfliegers" wie auch der Anschläge vom 11. September 2001 verabschiedete der Bundestag im September 2004 das Luftsicherheitsgesetz, wonach ein als Terrorwaffe entführtes Flugzeug abgeschossen werden darf. [...] Die Bundeswehr darf auch bei akuter Terrorgefahr keine mit Passagieren besetzten Flugzeuge abschießen. Das Bundesverfassungsgericht kippte das Luftsicherheitsgesetz in diesem zentralen Punkt und erklärte diesen für nichtig. Nach den Worten des Ersten Senats ist die Regelung – die dem Verteidigungsminister im Extremfall den Abschuss voll besetzter Passagiermaschinen erlauben sollte – weder mit dem Recht auf Leben noch mit der Garantie der Menschenwürde vereinbar. Denn dadurch würden Unschuldige zum bloßen Objekt einer staatlichen Rettungsaktion gemacht. [...] Den Abschuss eines ausschließlich mit Terroristen besetzten Flugzeugs hielt das Gericht dagegen – eine Grundgesetzänderung vorausgesetzt – grundsätzlich für regelbar.

(Aus: www.heute.de, 15.02.2006, Zugriff: 06.08.2010, dpa/AP)

Im Juli 2005 beging ein Pilot unmittelbar vor dem Reichstag Selbstmord. Manche vermuteten, dass er mit seinem Flugzeug das Reichstagsgebäude treffen wollte. Dadurch wurde die Debatte um die Sicherheit des Luftraums erneut entfacht.

1. Die beiden Fälle könnt ihr arbeitsteilig mithilfe von Partnerbriefing untersuchen. Dabei könnt ihr euch an folgenden Fragen orientieren:
   - Wer sind die Beteiligten?
   - Was ist vorgefallen?
   - Welche Grundrechte wurden verletzt?
   - Welche Folgen hatten die Verstöße?
2. Informiert euch gegenseitig und fasst die Ergebnisse in einer Tabelle zusammen.
3. Wie bewertet ihr die Reaktion der staatlichen Organe auf die Grundrechtsverletzungen? Geht dabei von den Kriterien Angemessenheit und Gleichbehandlung aus. Diskutiert in der Klasse darüber.

Was auch noch interessant sein kann:

- erfahren, was die Menschen auf der Straße über die Grundrechte denken: Rechte haben – an der Bordsteinkante, ein Videopodcast der Landeszentrale für politische Bildung, www.politische-bildung.nrw.de/multimedia/podcasts.

2 Muss Datenschutz die Bedeutung eines Grundrechtes haben?

Wer hat Zugriff auf meine persönlichen Daten? Meine Vorlieben für Musik? Meine Freundschaften? Meine Noten in der Schule? Die Frage des Datenschutzes war schon immer ein Thema, das sowohl die einzelnen Menschen als auch Politiker und Gerichte intensiv beschäftigte. Im Zeitalter des Internets und der sozialen Netzwerke hat die Bedeutung des Datenschutzes erheblich zugenommen und ist von größerer Dramatik, als es jemals zuvor der Fall war.

Eine Einstiegsübung für alle
Welche persönlichen Daten gibst du im Internet ohne Bedenken weiter, welche auf keinen Fall?

Beispiel Google Street View: Ist der Internet-Dienst mit dem Datenschutz vereinbar?

Seit 2010 kann jeder im Internet virtuell in Deutschlands Straßen spazieren gehen: Die Panoramafotos von Google Street View machen das möglich. Eigentlich eine praktische Sache – zum Beispiel wenn man sich die Lage einer Mietwohnung oder eines Urlaubshotels genauer anschauen möchte. Trotzdem sind die Aufnahmen umstritten. Viele Menschen betrachteten das Fotografieren ihrer Häuser und Wohnungen als Eingriff in ihre Privatsphäre – als Datenmissbrauch. Als Reaktion auf die Kritik durch Politiker und Verbraucherschützer räumte Google jedem ein Einspruchsrecht ein: Wer nicht möchte, dass seine Wohnung im Internet abgebildet wird, kann erwirken, dass die Ansicht des Hauses unkenntlich gemacht wird. Rund 250 000 Deutsche haben gegen die Aufnahmen Einspruch erhoben. Missbraucht Google Street View tatsächlich persönliche Daten? Oder sind diejenigen, die Einspruch einlegen, übertrieben misstrauisch? Darüber gehen die Meinungen auseinander.

Ich finde nichts dabei, wenn Google Aufnahmen unseres Hauses im Internet veröffentlicht. Schließlich sind ja auch private Fotos von mir in Facebook zu sehen.

Ich möchte auf keinen Fall, dass wildfremde Menschen sehen können, wie ich wohne, etwa wenn ich mich irgendwo bewerbe. Im Internet kann man nicht kontrollieren, in wessen Hände diese Fotos gelangen.

1. Formuliere den Text für eine eigene Sprechblase.
2. Tauscht euch zu zweit über eure Ergebnisse aus. Wurde im vorliegenden Fall das Grundrecht auf Datenschutz verletzt? Lest dazu auch den entsprechenden Abschnitt auf der folgenden Infoseite und formuliert eine Stellungnahme.
3. Präsentiert eure Ergebnisse vor der Klasse und diskutiert über die Frage in der Textüberschrift.

Datenschutz als Grundrecht

1. Erkläre an Beispielen, was man unter dem Recht auf informationelle Selbstbestimmung versteht.
2. Um die Bürger vor Anschlägen zu schützen, hat der Staat den Datenschutz bei Terrorismusgefahr eingeschränkt. Erläutere, was erlaubt ist.
3. Auf der Website „spickmich.de“ können Schüler ihre Lehrer benoten. Eine Lehrerin sieht darin ihr Recht auf informationelle Selbstbestimmung verletzt, weil ihr Name und die von ihr unterrichteten Fächer veröffentlicht wurden. Die Schüler berufen sich auf ihr Grundrecht auf Meinungsfreiheit. Wie würdest du in diesem Fall entscheiden? Begründe dein Urteil.

Recht auf informationelle Selbstbestimmung

Mal schnell über soziale Netzwerke wie Facebook mit ein paar Freunden chatten, einen Link zu einem lustigen Video per E-Mail weiterleiten, im Internet ein neues Paar Sportschuhe kaufen – das gehört für die meisten Jugendlichen zu ihrem Alltag. Nach und nach gelangen so viele sehr persönliche Daten ins Internet – und häufig kann man nicht kontrollieren, was mit diesen Daten passiert.
So ist deshalb der rechtliche Schutz vor Datenmissbrauch zu einem immer wichtigeren Freiheitsrecht geworden. Das hat auch das Bundesverfassungsgericht in seinem Urteil von 1983 so entschieden: Alle Bürgerinnen und Bürger haben das Recht, selbst zu entscheiden, welche persönlichen Daten sie wem zur Verfügung stellen. Persönliche Daten sind zum Beispiel Alter, Hobbys, E-Mail-Adresse usw. Weil es für die Lebensgestaltung und für die Freiheit jedes Menschen von höchster Bedeutung ist, hat das oberste deutsche Gericht dem Recht auf informationelle Selbstbestimmung den Rang eines Grundrechts zuerkannt.

Das Computergrundrecht

2008 wurde dieses Recht noch ausgeweitet: Grundsätzlich hat jeder Mensch das Recht auf Vertraulichkeit seiner informationstechnischen Systeme (PC, Laptop, Handy). Das bedeutet, dass alles, was auf PCs und Laptops gespeichert ist, vom Staat nicht eingesehen werden darf, außer in existenziellen Notfällen. Das Computergrundrecht verpflichtet den Staat außerdem, seine Bürger vor Datenmissbrauch zu schützen. Das ist gerade im Internet eine besonders schwierige Aufgabe.

Datenschutz und Terrorabwehr

Seit den Terroranschlägen vom 11. September 2001 haben viele Staaten neue Sicherheitsgesetze erlassen, die die Freiheitsrechte und den Datenschutz der Bürgerinnen und Bürger einschränken, aber andererseits der öffentlichen Sicherheit dienen. Schritt für Schritt wurde zum Beispiel die Videoüberwachung öffentlicher Plätze ausgedehnt. So kam die Polizei im Juli 2006 durch Überwachungskameras am Kölner Hauptbahnhof Terroristen auf die Spur, die einen schlimmen Anschlag auf Regionalzüge planten. Am 1. Januar 2009 trat ein neues Gesetz in Kraft, das die Befugnisse des Bundeskriminalamts und der Polizei erheblich ausweitet. So ist es erlaubt, bei Terrorgefahr heimlich Personen abzuhören und auch ohne ihr Wissen ihren PC nach verdächtigen Inhalten zu durchsuchen. Allerdings müssen solche Maßnahmen durch einen Richter angeordnet werden.

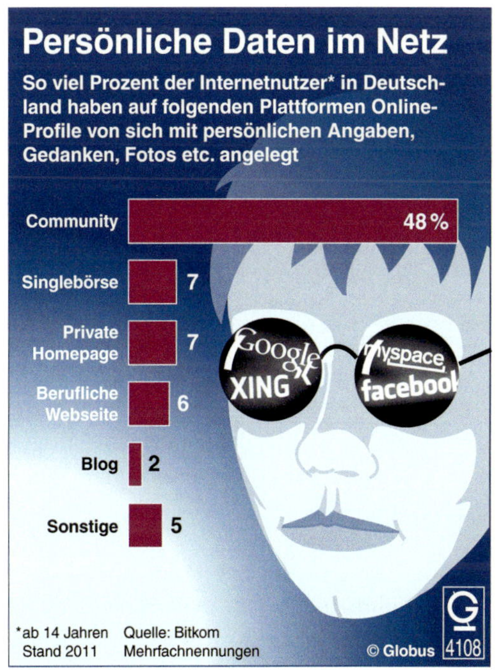

Diskussion: Darf der Staat heimlich Festplatten von PCs durchsuchen?

Nein, Online-Durchsuchungen verletzen die Privatsphäre!

Auf ihrem PC haben die meisten Menschen sehr persönliche Daten gespeichert: private Fotos, Tagebücher, Liebesbriefe, Bankgeschäfte – alles Dinge, die den Staat nichts angehen. Die Online-Durchsuchung verletzt die Intimsphäre von Menschen erheblich – zumal die Gefahr besteht, dass auch Unschuldige ins Netz der Fahnder geraten. Bei der Online-Durchsuchung wird über E-Mail eine Such-Software (ein sogenannter Robot) auf den PC eingeschleust, die die Festplatte nach bestimmten Dateinamen oder Inhalten durchforstet. Doch Terroristen können den Staat leicht austricksen, indem sie mit Tarnbezeichnungen für Dateien und Verschlüsselungsprogrammen arbeiten. Wie will der Robot diese finden? Außerdem kann ein Robot die Festplatte nur durchsuchen, wenn der PC an das Internet angeschlossen ist. Wenn Terroristen wichtige Dateien offline speichern, hat der Robot keinen Zugang. Die Online-Durchsuchung ist deswegen ungeeignet, um Terroranschläge zu verhindern. Wer Sicherheit vor Terrorismus will, will immer mehr in Erfahrung bringen. Mit dem Argument, Terroranschläge zu verhindern, wird der Staat immer weiter in die Intimsphäre seiner Bürger dringen. Vollkommene Sicherheit gibt es nicht – dafür dürfen wichtige Grundrechte nicht eingeschränkt werden. Deshalb gilt: Wehret den Anfängen!

Ja, der Zugriff auf die Festplatte ist unverzichtbar!

Der Staat hat die Pflicht, seine Bürger vor Terroranschlägen zu schützen. Früher galten nur wichtige Politiker oder hochrangige Wirtschaftsbosse als gefährdet. Heute kann es jeden treffen – in der U-Bahn, beim Einkaufen oder bei Sportveranstaltungen. 82 Millionen Menschen kann man nicht so schützen wie früher einzelne Personen. Deshalb muss der Staat zu neuen Mitteln greifen, um Anschläge zu verhindern. Die heutigen Terroristen nutzen gezielt das Internet, um miteinander Kontakt zu halten und Anschläge zu planen. Wer heute eine Anleitung zum Bombenbasteln aus dem Internet herunterlädt, bewahrt diese Unterlagen nicht im Aktenordner auf, sondern speichert sie auf der Festplatte. Also müssen die Behörden darauf zugreifen dürfen. Schließlich darf die Polizei seit Mitte der Neunzigerjahre auch Wohnräume durch Wanzen überwachen. Von diesen Möglichkeiten macht sie aber nur sehr selten Gebrauch: 2007 wurde von Richtern sechsmal, 2008 sogar nur zweimal die Überwachung von Wohnräumen genehmigt. Ähnliche Zahlen werden wir bei der Online-Durchsuchung bekommen. Wer nichts zu verbergen hat, braucht also eine Überwachung nicht zu befürchten. Die Ängste vor einem Überwachungsstaat sind deshalb unbegründet. Terroristen planen Anschläge, bei denen möglicherweise Hunderte unschuldiger Bürger sterben könnten. Solche Menschen haben kein Recht auf Schutz ihrer Privatsphäre.

Führt zu der Frage in der Überschrift eine Debatte. Vorbereiten könnt ihr euch mithilfe der Argumente auf dieser Seite und der übrigen Materialien in dem Unterkapitel. Hinweise zur Durchführung findet ihr auf der Methodenkarte auf der folgenden Seite.

Methodenkarte 14

Debatte

Thema: Online-Durchsuchung

A Was ist eine Debatte?

Wörtlich kann man Debatte mit „Wortschlacht" übersetzen. Sie ist eine Diskussion zwischen zwei Gruppen, die nach genau festgelegten Regeln verläuft und mit einer Abstimmung endet. Zugrunde liegt stets eine Entscheidungsfrage. In diesem Fall lautet sie:
„Soll der Staat heimlich Festplatten von PCs untersuchen dürfen?"
Während einer Debatte versucht jeder Redner durch eine überzeugende Begründung seines Urteils, das Abstimmungsergebnis in seinem Sinne zu beeinflussen. Nach Möglichkeit sitzen die Pro- und Kontra-Gruppen einander gegenüber. Die Seiten können gewechselt werden, falls jemand im Debattenverlauf seine Überzeugung ändert.

B Wie organisiert man eine Debatte?

1. Nachdenken

Der erste Schritt besteht darin, dass jeder von euch sich die Zeit nimmt, sein persönliches Urteil zu finden und zu formulieren. Die Überzeugungskraft von Pro- und Kontra-Sprechern in einer Debatte hängt wesentlich davon ab, wie gut ihre **Urteilskompetenz** ausgeprägt ist. Sie besteht darin, einen klar formulierten Standpunkt vorzutragen, der sich auf eine genaue Kenntnis der Sachlage stützt und mit guten Begründungen untermauert wird.

2. Austauschen

Nachdem alle ihr Urteil formuliert haben, solltet ihr euch in Dreier- oder Vierergruppen gleichgesinnter Leute zusammensetzen. Hier stellt ihr euch eure Urteile der Reihe nach vor, überarbeitet sie gemeinsam und bestimmt eine Anwältin oder einen Anwalt, die oder der anschließend vor der Klasse die Pro- bzw. Kontra-Position vortragen wird. Den Vortrag übt ihr in der Gruppe.

3. Debattieren

Die Debatte beginnt mit der Vorstellung der Pro- und Kontra-Positionen durch die Gruppensprecherinnen bzw. -sprecher. Sollte eine Position nur von einer Minderheit vertreten werden, müssen ein oder zwei Anwälte gegen eine Mehrzahl aus der anderen Gruppe antreten. Nach den Vorträgen beginnt die Diskussion im Plenum. Nach einer zuvor vereinbarten Zeit stimmt das Plenum über die Problemfrage ab. Anschließend könnt ihr feststellen, ob und wie sich im Verlauf der Debatte die Urteile einzelner Teilnehmerinnen und Teilnehmer stabilisiert oder verändert haben.

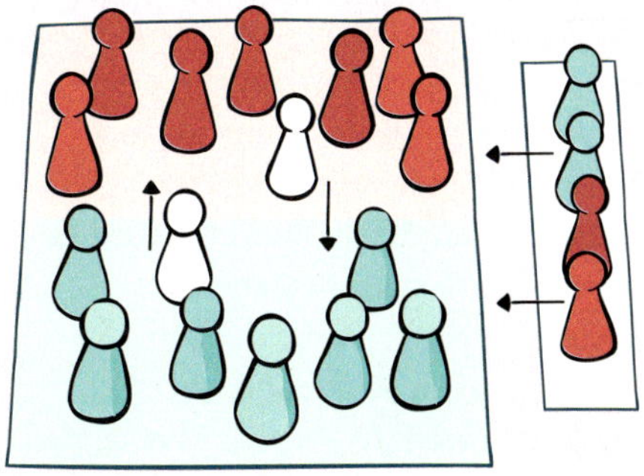
grün = pro; rot = kontra; weiß = unentschieden

Wie lässt sich euer Urteil überzeugend begründen?
Versucht, euch bei der Formulierung eures Urteils an die folgenden Schritte zu halten:

- **Die Ausgangslage**
Vor dem Hintergrund welcher aktuellen Situation stellt sich das Problem?
- **Die rechtliche Situation**
Welche gesetzlichen Regelungen gibt es zurzeit zur Regelung des Problems?
- **Die eigene Position und ihre Begründung**
Hier solltet ihr eure Position mit mehreren Argumenten begründen.
- **Die Folgen meines Urteils für die Zukunft**
Wie stelle ich mir den Umgang mit persönlichen Daten auf PCs in der Zukunft vor?

3 Wie ist es weltweit um die Menschenrechte bestellt?

Wähle dein Thema!

Stellvertretend für die unzähligen Menschenrechtsverletzungen, die täglich auf der Welt geschehen, werden in diesem Unterkapitel drei Beispiele vorgestellt. Im ersten geht es um das Schicksal von Frauen, im zweiten um Kinderarbeit und im dritten um die Verfolgung von Internetnutzern. Wähle das Thema, das dich am stärksten interessiert. Zum Verlauf empfehlen wir die folgende Vorgehensweise:

1. Einzelarbeit: Welche Menschenrechte werden verletzt? Lies den von dir ausgewählten Fall und formuliere deine Antwort auf die Frage. Versuche, dich in die Rolle des Betroffenen zu versetzen und überlege, welche Folgen die Menschenrechtsverletzungen für ihr weiteres Leben haben.
2. Gruppenarbeit: Stellt euch gegenseitig die von euch bearbeiteten Fälle und eure Antworten vor. (Die Gruppenmitglieder können sowohl die gleichen als auch unterschiedliche Fälle vorstellen.)
3. Präsentiert die drei Fälle und Erklärungen dazu vor der Klasse. Überlegt gemeinsam, worin die Ursachen für die Menschenrechtsverletzungen liegen.

Tipp: Im Anschluss daran könnt ihr in euren Gruppen die Seite *Aktiv lernen* bearbeiten.

In vielen Ländern können Frauen nicht über sich selbst bestimmen – nicht darüber, welche Kleidung sie tragen, und nicht darüber, welche politische Meinung sie vertreten wollen.

A Bangladesch: Frauen werden unterdrückt und misshandelt

In Bangladesch werden vor allem junge Frauen Opfer von Säure-Attentaten. Shafina (Name geändert) ist eine von ihnen. „Ich komme aus einem Dorf im Süden. Mein Vater ließ mich und meine vier Geschwister immer zur Schule gehen, auch uns Mädchen." Das erzählt Shafina nicht ohne Stolz, schließlich werden Mädchen in dem mehrheitlich muslimischen Land oft als minderwertig angesehen [...]. „Eines Nachts wachte ich auf, weil ich dringend auf die Toilette musste." So verließ Shafina das Haus ihrer Eltern alleine, weil die Toiletten sich auf dem Land außerhalb der Häuser befinden. Darauf hatten drei junge Männer gewartet. Sie rissen Shafina zu Boden und hielten sie fest. „Ich wehrte mich und schrie wie am Spieß, einen der Angreifer kannte ich auch." Es war Amin, er hatte ihr Nachhilfeunterricht in Mathe gegeben. „Monatelang ist er mir hinterhergerannt und hat sogar bei meinem Vater vorgesprochen", erzählt Shafina. In Bangladesch werden viele Mädchen früh verheiratet, aber eine Heirat war in diesem Fall ausgeschlossen, denn Amin ist Hindu und Shafina Muslimin. Shafina stockt, nur leise spricht sie weiter: „In dieser Nacht hatte er ein kleines Fläschchen dabei und schüttete es über mir aus." Heute weiß sie, dass die Flüssigkeit, die so schrecklich brannte, Säure war. Amin wollte Shafinas Schönheit zerstören. Damit sie niemals ein anderer Mann heiraten wird. So wie Shafina geht es fast 2000 Frauen, Männern und Kindern in Bangladesch. Wer ein Säure-Attentat überlebt, ist gezeichnet: Das Gesicht ist oft bis zur Unkenntlichkeit entstellt. [...] Die Täter sind immer Männer, die meisten Opfer Frauen. In Bangladesch, wo drei Viertel der Bevölkerung auf dem Land leben, gibt es oft Streit um die Besitzrechte an Grund und Boden. Um es

seinem Nachbarn heimzuzahlen, überschüttet man dessen Frau mit Säure. Lehnt die Familie den Heiratsantrag für die Tochter ab, rächt sich der Mann mit einem Glas Säure an dem Mädchen. [...] Eine Frau ist in Bangladesch nichts wert. Viele Mädchen, die ein Säure-Attentat überlebt haben, schweigen. So wie sie es gelernt haben. Oder sie begehen Selbstmord. [...] Neun von zehn Tätern werden nie verurteilt. In den Dörfern werden Überlebende wie Shafina verachtet und ausgegrenzt. Entstellte Mädchen sind somit doppelt bestraft: Kein Mann möchte sie mehr heiraten. [...] Dann kam Monira Rahman.
Seit fast zehn Jahren arbeitet diese mutige Frau mit den Überlebenden der Säure-Attentate zusammen. Sie gründete die Organisation „Acid Survivors Foundation" (ASF), richtete ein Krankenhaus ein, sorgte für die Ausbildung von Ärzten im Ausland. ASF steht den Überlebenden vor Gericht zur Seite, macht Aufklärungskampagnen und ist an einer Veränderung der Gesetzgebung in Bangladesch beteiligt. Die Täter können nun schneller festgenommen und nicht mehr auf Kaution freigekauft werden. Säure-Attentate sind in vielen Ländern Süd- und Südostasiens verbreitet, auch aus Nigeria und Uganda, Jamaika und der Türkei werden Fälle berichtet.

(Aus: Ines Burckhardt: „Ich durfte nicht in den Spiegel sehen", in: www.bangladesch.org, Zugriff: 04.08.2009)

B Ausbeuterische Kinderarbeit in Pakistan

Anwar muss seit seinem siebten Lebensjahr arbeiten. Tag für Tag. Anwars „Arbeitsverhältnis" bezeichnet man als Schuldknechtschaft, eine Ausbeutung in Form sklavenähnlicher Abhängigkeit. Das Arbeitsverhältnis entsteht dadurch, dass ein Schuldner als Sicherheit für einen Kredit seine Arbeitskraft zur Verfügung stellen muss. In den meisten Ländern sind solche Arbeitsverhältnisse verboten und dennoch sind sie in einer Reihe von Ländern alltägliche Praxis. Schätzungen zufolge arbeiten ca. 5,7 Millionen Kinder in Schuldknechtschaft. Anwar aus Pakistan ist einer von ihnen. Anwar webt Teppiche in einem Dorf in der pakistanischen Provinz Sindh. Etwas Essen bekommt er dafür. Sonst nichts. Ihm bleibt kaum noch Freizeit nach seinem zwölfstündigen Arbeitstag. Anwar war, seit er arbeitet, noch nie bei einem Arzt, obwohl er ab und zu krank ist. Manchmal, wenn er müde ist, wenn ihm die Augen brennen und ihm vom langen Sitzen die Beine wehtun, kann er nicht mehr so schnell arbeiten. Aber er muss aufpassen, dass niemand es merkt. Einmal, als er ganz besonders müde war und ihm die Augen zugefallen sind, ist es passiert: Der Aufseher, der alle Arbeiter kontrolliert, kam auf ihn zugestürzt und hat ihn mit einem Stock geschlagen. Anwar ist davongerannt, aber er wurde von der örtlichen Polizei aufgegriffen und gewaltsam zu den Teppichwebstühlen zurückgebracht. Manchmal denkt Anwar darüber nach, wie viele Teppiche er noch weben muss, bis die Schulden bezahlt sind, die seine Familie gemacht hat und die er abarbeiten muss. Er weiß nicht, wie hoch die Schulden sind. Und er weiß auch nicht, bei wem seine Familie die Schulden gemacht hat. Er erfährt nur, dass sein Schuldenberg wächst, wenn er einen Fehler bei der Arbeit gemacht hat (nach einem Bericht von Human Rights Watch).
Pakistan ist verpflichtet, Kinder vor ausbeuterischer Kinderarbeit zu schützen, Schuldknechtschaft zu verbieten und das Verbot auch durchzusetzen. Viele Familien sind hier, wie auch in anderen Ländern, so arm, dass sie auf einen Verdienst der Kinder angewiesen sind. Staaten sind verpflichtet, ausbeuterische Kinderarbeit abzuschaffen. Wichtig ist, dass Kindern eine Möglichkeit zur Schulbildung gegeben wird, z. B. in Schulen für arbeitende Kinder.

So wie Anwar arbeiten 115 Millionen Kinder weltweit unter sklavenähnlichen Bedingungen.

(Aus: Wissen gegen Willkür, Hg. Stiftung Lesen, Mainz 2008, S. 25, verf. von Reiner Engelmann)

1. Erkläre, warum Mädchen wie Shafina in ihren Dörfern doppelt bestraft werden.
2. Erläutere, wie Anwars Leben in Schuldknechtschaft verläuft.

C Ägypten: Militärregierung verhaftet Blogger

Einer der bekanntesten ägyptischen Blogger, Alaa Abd El-Fattah, ist vom Militär inhaftiert worden – eine der zentralen Figuren der Ägyptischen Revolution. Die Vorwürfe erscheinen konstruiert. […]

Die Armee wirft ihm vor, am 9. Oktober 2011 Waffen gestohlen, Soldaten angegriffen und zu Gewalttaten aufgerufen zu haben. An dem Tag hatte die Armee eine mehrheitlich von Kopten getragene Demonstration in Kairo angegriffen und mindestens 28 Menschen getötet. Abd El-Fattah hatte als muslimischer Unterstützer an der koptischen Demonstration teilgenommen und über die Gewalt der Armee im Internet berichtet. Am Sonntag hatte ihn das Militär zum Verhör vorgeladen. „Alaa weigerte sich, eine Aussage zu machen“, berichtet der Aktivist Bahaa Saber, der mit Abd El-Fattah vorgeladen war. „Er sagte, als Zivilist könne er nicht vor ein Militärgericht gestellt werden und der Prozess sei eine Farce [gemeint ist hier Scheinprozess].“ Während Saber auf Kaution freikam, wurde Abd El-Fattah wegen der Schwere der Vorwürfe und angeblicher Fluchtgefahr verhaftet. […]

Koptische Christen werden in Ägypten an ihrem Recht auf freie Religionsausübung gehindert. Am 9. Oktober hatten sie zu einer Demonstration aufgerufen, weil im Süden des Landes eine Kirche zerstört worden war.

„Wir fordern die sofortige Freilassung Alaas und den Stopp von Militärprozessen gegen Zivilisten“, schrieb die Gruppe „Nein zu Militärtribunalen“. „Das ist nicht das Ägypten, für das wir gekämpft haben und gestorben sind.“ Seit der Machtübernahme der Militärs im Februar 2011 sind rund 12000 Zivilisten von Militärtribunalen zu teils langjährigen Strafen verurteilt worden.

Erst kürzlich hatte der Tod von Essam Atta für Aufsehen gesorgt. Der 24-Jährige, der zu zwei Jahren Haft verurteilt war, wurde von einem Polizeioffizier auf brutalste Weise zu Tode gefoltert. Verwunderung lösten auch die Ergebnisse der „Untersuchung“ der Vorfälle vom 9. Oktober durch das Militär aus. Die Armee machte den jungen koptischen Aktivisten Mina Daniel als Hauptverantwortlichen für die Gewalt und die Toten aus. Der junge Mann war an diesem Tag vom Militär getötet worden.

(Nach: Juliane Schumacher: Das Militär jagt die Blogger, in: www.taz.de, 31.10.2011, Zugriff: 04.11.2011)

3. Menschenrechtsgruppen wie Amnesty International protestierten gegen die Verhaftung von Abd El-Fattah. Erkläre, warum.

Was auch noch interessant sein kann:

- weitere Fälle von Menschenrechtsverletzungen sammeln und untersuchen: Wo finden diese statt? Wer sind die Opfer, wer die Täter?
- die Menschenrechtssituation in einem Land recherchieren. Länderberichte findet ihr zum Beispiel unter www.amnesty.de.

Wir diskutieren über die Bedeutung der Menschenrechte

- Den folgenden Fragebogen sollte zunächst jede Schülerin und jeder Schüler für sich beantworten. Wenn ihr einer These voll zustimmt, könnt ihr sie mit +2 Punkten bewerten, bei voller Ablehnung mit – 2 Punkten.
- Danach solltet ihr euch in Gruppen zusammensetzen und euch die Bewertungen gegenseitig vortragen und begründen.
- Diskutiert dann in den Gruppen über die Thesen, bei denen eure Meinungen am stärksten auseinandergehen.
- Einigt euch am Ende der vereinbarten Gruppenarbeitszeit auf eine These, die euch besonders interessant erscheint.
- Stellt eure Gruppenergebnisse in der Klasse zur Diskussion.

Zum Abschluss dieser Phase könnt ihr ein vorbereitetes Plakat mit farbigen Klebepunkten bewerten lassen.

		+2	+1	–1	–2
1.	Die Durchsetzung der Menschenrechte ist ein Thema, das Jugendliche kaum interessiert. In Wirklichkeit haben junge Leute ganz andere Sorgen.				
2.	Weil Menschenrechte für alle gelten, dürfen sie auch den Menschen nicht vorenthalten werden, die mit dem Gesetz in Konflikt geraten oder die kriminell geworden sind.				
3.	Wenn wir uns in unserer persönlichen Umgebung umschauen, können wir tagtäglich erleben, wie Menschenrechte verletzt werden.				
4.	Für mich ist es eine Selbstverständlichkeit, dass Inländer und Ausländer in gleicher Weise Anspruch auf den Schutz der Menschenrechte haben.				
5.	Die Massenmedien – insbesondere das Fernsehen – bringen Menschenrechtsverletzungen an die Öffentlichkeit. Das hat zur Folge, dass die Menschen besser informiert sind und sich stärker empören und engagieren.				
6.	Jeder Staat muss selbst dafür sorgen, dass die Menschenrechte eingehalten werden. Von außen soll sich da niemand einmischen.				
7.	Ich kann mir gut vorstellen, dass ich einmal Mitglied in einer Organisation werde, die für die Durchsetzung der Menschenrechte kämpft.				
8.	Wer keinen Arbeitsplatz findet, dem nützen die Menschenrechte gar nichts.				
9.	Ich glaube, dass sich die Situation der Menschenrechte auf der Erde in Zukunft eher verbessern als verschlechtern wird.				
10.	Wer die Menschenrechte schützen will, muss bereit sein, Pflichten gegenüber anderen Menschen zu übernehmen.				

Menschenrechte

1. Menschenrechte unterscheiden sich von anderen Rechten. Beschreibe mindestens zwei besondere Merkmale.
2. Auf dem Foto ist ein wichtiges Menschenrecht dargestellt. Erläutere, welche Gedanken es in dir auslöst.
3. Mit ihrer Unterschrift auf den Menschenrechtsdeklarationen gehen die Beitrittsstaaten Verpflichtungen ein. Erläutere, welche das sind.
4. Fast alle Staaten der Erde haben die Allgemeine Erklärung der Menschenrechte unterzeichnet und doch werden Tag für Tag Menschenrechte verletzt. Wie ist das zu erklären?

Definition

Menschenrechte sind Rechte, die jedem Menschen von Geburt an zustehen – in allen Lebenssituationen. Niemand darf ihm diese Rechte nehmen. Dazu gehören zum Beispiel

- das Recht auf Leben und körperliche Unversehrtheit. Das bedeutet, dass die Todesstrafe, Folter oder auch Formen von Misshandlung verboten sind;
- das Recht auf freie Entfaltung der Persönlichkeit. Jeder Mensch hat die Freiheit, so zu leben, wie er möchte, solange er anderen nicht schadet;
- das Recht auf freie Meinungsäußerung;
- das Recht auf Gleichheit. Alle Menschen müssen vor dem Gesetz gleich behandelt werden, ungeachtet ihrer Hautfarbe, ihrer Religion und ihres Geschlechts.

All diese Rechte und Freiheiten sollen jedem Menschen ein menschenwürdiges Leben ermöglichen und die Würde des Menschen schützen. Sie gelten auf der ganzen Welt. Kein Staat darf sich auf kulturelle Besonderheiten berufen, wenn er Menschenrechte verletzt – etwa indem er zum Beispiel die Rechte von Frauen missachtet.

Gründe für Menschenrechtsverletzungen

„Schlagen Sie Ihre Zeitung an irgendeinem beliebigen Tag auf", schrieb 1961 Peter Benenson, der Gründer der Menschenrechtsorganisation Amnesty International, „und Sie werden eine Meldung aus irgendeinem Teil der Welt lesen." Daran hat sich bis heute nichts geändert. Einige der Gründe für die zahlreichen Menschenrechtsverletzungen sind:

- Diktatorische Regime fürchten um ihre Macht und unterdrücken jede Art von abweichender Meinung.
- Radikale Überzeugungstäter halten alle Mittel für gerechtfertigt, um ihre politischen Ziele zu erreichen.
- Immer ist ein Grund der fehlende Respekt vor dem Leben und der Freiheit anderer.

Opfer

Die Opfer sind entweder die Schwachen der Gesellschaft, besonders Frauen und Kinder, oder Minderheiten, die den Regierungen nicht ins Konzept passen. Millionen Kinder werden unter sklavischen Bedingungen zur Arbeit oder als Kindersoldaten zum Kriegsdienst gezwungen. Frauen werden unterdrückt, misshandelt, verschleppt oder vergewaltigt. Politisch Andersdenkende werden verfolgt, gefoltert und mit und ohne Gerichtsurteil hingerichtet. Ethnische, religiöse oder andere Minderheiten werden systematisch unterdrückt und verfolgt. Ganze Völker werden als Opfer sogenannter „ethnischer Säuberungen" vertrieben oder getötet.

Menschenrechtsorganisationen

Nach dem Ende des Zweiten Weltkriegs kam der Gedanke auf, dass die Durchsetzung der Menschenrechte zur zentralen Aufgabe internationaler Zusammenarbeit werden müsse. Das sollte eine der

wichtigsten Aufgaben der neu gegründeten UNO (= United Nations Organization, Vereinte Nationen) sein. Die Weltorganisation verabschiedete eine Reihe von Deklarationen (= Erklärungen), mit deren Hilfe die Mitgliedstaaten zu einer aktiven Menschenrechtspolitik verpflichtet werden sollten.
Dazu gehören zum Beispiel die Allgemeine Erklärung der Menschenrechte von 1948, das Übereinkommen gegen die Folter von 1984, das Übereinkommen zum Schutz der Rechte des Kindes von 1989 und die Erklärung zur Beseitigung der Gewalt gegen Frauen. Zahlreiche Nichtregierungsorganisationen beobachten weltweit die Situation der Menschenrechte, decken Menschenrechtsverletzungen auf und setzen sich für den Schutz der Menschenrechte ein. Diese Organisationen versuchen, in der Weltöffentlichkeit Druck auf die betreffenden Regierungen auszuüben. So veröffentlicht Amnesty International jedes Jahr einen viel beachteten Bericht zur Situation der Menschenrechte.

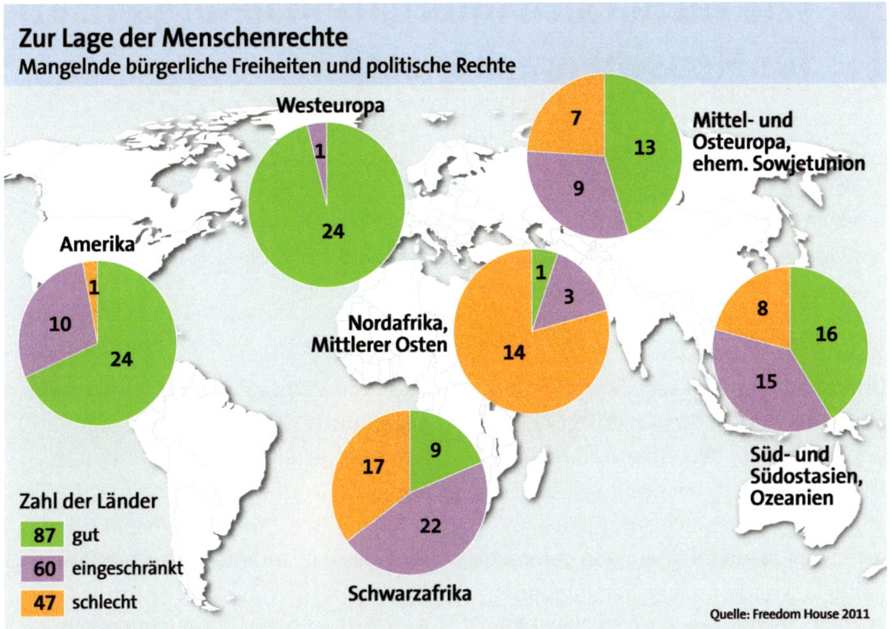

Menschenrechtspolitik

Die Deklarationen verpflichten alle unterzeichnenden Staaten, die Menschenrechte in ihrem Land durchzusetzen. Das bedeutet im Einzelnen:

- *Achtung der Menschenrechte*: Die Staaten müssen in ihrem Handeln die Menschenrechte achten. Sie dürfen sie nicht durch Gesetze einschränken.
- *Schutz vor dem Eingriff in Menschenrechte*: Staaten müssen dafür sorgen, dass jeder im Land seine Menschenrechte ausüben darf und darin von niemandem behindert wird. So müssen sie zum Beispiel aktiv werden, wenn eine Minderheit etwa wegen ihres Glaubens von anderen Bevölkerungsgruppen unterdrückt wird.
- *Erfüllung der Menschenrechte durch staatliche Leistungen*: Staaten sollen Maßnahmen ergreifen, die die Verwirklichung der Menschenrechte zum Ziel haben. So müssen sie zum Beispiel auch armen Menschen ein Leben in Würde ermöglichen.

Mehrfach haben sich fast alle Länder der Welt feierlich dazu verpflichtet, die Menschenrechtserklärung zu achten, aber eine Unterschrift auf einem Blatt Papier und das, was in einem Land tatsächlich passiert, sind oft zweierlei Dinge. Das Problem dabei ist, dass gerade die Regierungen in den zahlreichen unfreien Staaten der Erde zu den Hauptverursachern von Menschenrechtsverletzungen zählen. Es gibt zudem keine Weltpolizei, die überall gegen Menschenrechtsverletzungen eintreten könnte.

Verfolgung von Menschenrechtsverletzungen

1998 wurde in der niederländischen Stadt Den Haag der Internationale Strafgerichtshof (ICC), ein Gericht der Vereinten Nationen, eingerichtet. Es kann Kriegsverbrecher, die schwere Verbrechen gegen die Menschlichkeit begangen haben, anklagen und zu Freiheitsstrafen von bis zu 30 Jahren verurteilen. Die Richter sind allerdings machtlos, wenn ein Staat nicht bereit ist, Beschuldigte auszuliefern oder das Gericht anzuerkennen. Dazu zählen unter anderem die USA, Russland und China.

4 Wie setzen sich internationale Organisationen für Menschenrechte ein?

Eine Einstiegsübung für alle
„Auch wenn man Topflappen für politische Gefangene häkelt, die Stimme erhebt oder Musik macht – jeder kann irgendetwas machen und auch verändern“, meinen die Mitglieder der Popgruppe Söhne Mannheims, die sich aktiv für Menschenrechte einsetzen. Welche Ideen hast du?

Überall auf der Welt setzen sich zahllose Menschen für die Menschenrechte ein und versuchen, den Opfern zu helfen. Die UNO schätzt, dass weltweit über 25 000 Menschenrechtsgruppen aktiv sind. Weil sie unabhängig von der Politik handeln, werden solche Vereinigungen auch als Nichtregierungsorganisationen (NGOs) bezeichnet. Wie solche Gruppen vorgehen, könnt ihr am Beispiel von Amnesty International erfahren.

A Hafez Ibrahim verdankt Amnesty International sein Leben

Anfang April 2010 begrüßte der sichtlich gerührte Hafez Ibrahim den Menschenrechtsaktivisten Lamri Chirouf und dankte ihm für seine Rettung vor der fast sicheren Hinrichtung. Hafez Ibrahim war 16 Jahre alt, als er […] bei einer Hochzeit in seiner Heimatstadt Taízz im Süden Jemens zu Gast war. Die meisten männlichen Hochzeitsgäste trugen Waffen, so wie es in dem Land Tradition ist. Irgendwann kippte die Stimmung, es kam zu einem Streit. Eine Schusswaffe ging los und einer der Gäste wurde tödlich getroffen. Hafez Ibrahim hat stets beteuert, dass dies ein Unfall war. Der Richter verurteilte ihn zum Tode, obwohl das jemenitische Strafgesetzbuch die Verhängung der Todesstrafe gegen unter 18-Jährige untersagt. Amnesty International-Mitarbeiter Lamri Chirouf erinnert sich: „Sofort schickten wir Protestschreiben an den Präsidenten und die Behörden Jemens. Wir mobilisierten unsere Mitglieder und Unterstützerinnen weltweit, indem wir eine Eilaktion (Urgent Action) für Hafez starteten.“ Die Bemühungen zeigten Erfolg: Der Präsident gewährte einen Hinrichtungsaufschub und die Angehörigen des Toten erklärten sich nach Verhandlungen schließlich damit einverstanden, Hafez Ibrahim gegen eine finanzielle Entschädigung zu begnadigen. „Es kommt mir immer noch vor wie ein Traum. Ich kann kaum glauben, dass ich noch am Leben bin.“ Der heute 26-jährige Hafez ist entschlossen, das Beste aus seinem Leben zu machen, das ihm zurückgegeben wurde. Er studiert im dritten Jahr Jura an der Universität der jemenitischen Hauptstadt Sana'a und will sich für den Schutz der Menschenrechte einsetzen.

(Annette Hartmetz: „Es kommt mir noch immer vor wie ein Traum“, in: Du kannst! Das Jugendmagazin zum Thema Menschenrechte, Hg. Stiftung Lesen, Mainz 2011, S. 15)

Amnesty-Aktivistinnen demonstrieren gegen die Unterdrückung von Frauen in Ägypten.

B Die Arbeitsweise von Amnesty International

Millionen von Menschen rund um den Erdball unterstützen die erfolgreichste Menschenrechtsgruppe der Welt. Ob ein Lehrer in Äthiopien verschwindet, nur weil er einer Gewerkschaft angehört, ob eine Anwältin in Thailand in einem psychiatrischen Krankenhaus festgehalten wird, weil sie kostenlos armen Leuten half, ob ein Student im Iran verhaftet wird, weil er sich öffentlich für die Gleichberechtigung der Frauen in seinem Land eingesetzt hat: All das sind Fälle für Amnesty. […] Besonders erfolgreich sind die „urgent actions“. Zu diesen Eilaktionen ruft Amnesty auf, wenn einem Menschen unmittelbar Folter, Mord oder gar die Hinrichtung droht, oder wenn die Gefahr besteht, dass er „verschwindet“. Vor Ort und in der Londoner Zentrale werden diese Fälle überprüft und weltweit Mitglieder mobilisiert. Binnen weniger Stunden ergießt sich dann oft eine Flut von Protestschreiben als Faxe, E-Mails oder Eilbriefe auf die Schreibtische der Staats- und Regierungschefs der Länder, in denen solches Unrecht geschieht. Über 125 000 Menschen in 85 Staaten bilden dieses „urgent action“-Netzwerk. Allein in Deutschland stehen 10 000 Protestbriefschreiber parat. […] Jedes Jahr wird Amnesty International drei- bis vierhundert Mal mit „urgent actions“ aktiv. Zahlreiche Menschen wurden danach schon freigelassen. Jeder dritte Gefangene, für den Amnesty eine „urgent action“ in Gang gesetzt hatte, berichtete später, er habe daraufhin wenigstens menschlichere Haftbedingungen erfahren.

Doch das ist nicht alles: Auch Staaten, die sich eigentlich mit Recht demokratisch nennen, haben großen Respekt vor Amnesty. Denn die Gefangenenhilfsorganisation legt jedes Jahr einen Bericht vor, in dem sie Bilanz darüber zieht, wie einzelne Länder mit Häftlingen und Menschenrechtsverteidigern umgehen.

(Nach: Christine Schulz-Reiss: Nachgefragt: Menschenrechte und Demokratie, Loewe Verlag, Bindlach 2008, S. 82f.)

WebQuest: Menschenrechtsorganisationen in Deutschland

Wie in vielen Ländern der Welt setzen sich in Deutschland Nichtregierungsorganisationen für Menschenrechte ein. In einer arbeitsteiligen WebQuest könnt ihr beispielhaft einige Organisationen untersuchen.

Thema	**Menschenrechtsorganisationen in Deutschland**
Organisationen	• www.igfm.de – Internationale Gesellschaft für Menschenrechte • www.hrw.org.de – Human Rights Watch • www.tdh.de – terre des hommes • www.reporter-ohne-grenzen.de • www.gfbv.de – Gesellschaft für bedrohte Völker
	Arbeitsergebnis
Ziele der NGO	
Aktionen und Projekte	
Erfolge/Rückschläge	
Zeit für Recherche	
Teilnehmer/innen	

1. Lies den Fall und die Informationen über Amnesty International und notiere: Warum brauchte Hafez Hilfe von Amnesty International? Wie hilft Amnesty International Gefangenen?

2. Diskutiert in der Klasse über die Aussage des Menschenrechtsaktivisten Tobias Simon: „Wer auch nur ein einziges Leben rettet, rettet die ganze Welt.“

Was auch noch interessant sein kann:

- sich an einer Eilaktion von Amnesty International beteiligen (www.amnesty.de),
- Mitglieder einer örtlichen Menschenrechtsgruppe in den Unterricht einladen und befragen,
- sich dem internationalen Jugendnetzwerk von terre des hommes anschließen, bei dem jeder mitmachen kann (www.tdh.de),
- eine Menschenrechtsaktion in der Klasse starten, zum Beispiel eine Ausstellung organisieren, Spenden für eine Organisation sammeln usw.

Wie werden Menschenrechte in Europa durchgesetzt?

In Straßburg gibt es den Europarat. Zu seinen vordringlichsten Aufgaben gehört es, die Einhaltung der Menschenrechte in den Mitgliedstaaten zu sichern. Der Europarat gehört nicht zur Europäischen Union. Er ist eine eigenständige internationale Organisation, die bereits 1949 gegründet wurde und der mittlerweile 47 Staaten angehören. Eine seiner besonders wichtigen Einrichtungen ist der Europäische Gerichtshof für Menschenrechte. An ihn kann sich wenden, wer sich in seinen Menschenrechten verletzt fühlt. Er sorgt dafür, dass die „Europäische Konvention zum Schutz der Menschenrechte und Grundfreiheiten" von 1950 durchgesetzt wird. Dieser Konvention sind 47 Staaten beigetreten und haben sich damit verpflichtet, die Urteile des Gerichtshofs anzuerkennen. Das folgende Beispiel schildert den Fall einer deutschen Altenpflegerin, die das Gericht angerufen hatte:

Der Fall: Wie weit reicht das Recht auf Meinungsfreiheit?

Die Berliner Altenpflegerin Brigitte H. hatte Strafanzeige gegen ihren Arbeitgeber erstattet, den Klinikbetreiber Vivantes, der dem Land Berlin gehört. Das Unternehmen habe zu wenig Personal und sei deshalb nicht in der Lage, die Bewohner eines Pflegeheims ausreichend zu versorgen. Zudem habe Vivantes systematisch versucht, die Probleme zu verschleiern, indem Pflegekräfte angehalten worden seien, so nicht erbrachte Leistungen zu dokumentieren. Daraufhin wurde der Altenpflegerin fristlos gekündigt. Die deutschen Gerichte bestätigten die Kündigung – zuletzt war die Klägerin vor dem Bundesarbeitsgericht und dem Bundesverfassungsgericht gescheitert. Bevor die Klägerin Anzeige erstattete, hatten sie und ihre Kollegen die Geschäftsleitung mehrfach darauf hingewiesen, dass das Personal überlastet sei. Auch der Medizinische Dienst der Krankenkassen hatte bei einem Kontrollbesuch wesentliche Mängel in der Pflege festgestellt, unter anderem gebe es zu wenig Personal. Es gebe keine Anhaltspunkte, dass die Pflegerin „wissentlich und leichtfertig" falsche Angaben gemacht habe, so der Europäische Gerichtshof für Menschenrechte.

Der Europäische Gerichtshof für Menschenrechte in Straßburg

Das Urteil

Der Europäische Gerichtshof für Menschenrechte sieht in der Entlassung eine Verletzung der Meinungsfreiheit und sprach der Pflegerin eine Entschädigung von insgesamt 15 000 Euro zu. Zwar hätten die Vorwürfe gegen Vivantes rufschädigende Wirkung, so der Straßburger Gerichtshof. Jedoch sei „in einer demokratischen Gesellschaft das öffentliche Interesse an Informationen über Mängel in der [...] Altenpflege in einem staatlichen Unternehmen so wichtig", dass es gegenüber dem Unternehmensinteresse überwiege.

(Nach: fdi/dpa/dapd: Arbeitnehmer dürfen Missstände öffentlich machen, in: www.spiegel.de, 21.07.2011, Zugriff: 04.01.2012)

1. Lies zunächst den Fall und entscheide: Hältst du die fristlose Kündigung für gerechtfertigt? Begründe deine Entscheidung.
2. Tauscht euch zu zweit über eure Ergebnisse aus und formuliert gemeinsam einen Kommentar zum Urteil des Europäischen Gerichtshofs für Menschenrechte. Beachtet dabei folgende Kriterien: Folgen für die Klägerin, Folgen für das Unternehmen, Angemessenheit des Urteils.
3. Präsentiert eure Ergebnisse vor der Klasse.

Was auch noch interessant sein kann:

- die Europäische Konvention für Menschenrechte und Grundfreiheiten mit der Allgemeinen Erklärung für Menschenrechte vergleichen.

Kompetenzstationen

Zur Situation der Menschenrechte

Station 1 Durchsetzung der Menschenrechte in Deutschland

Silbenrätsel

1. So bezeichnen wir die Menschenrechte, die schriftlich im deutschen Grundgesetz niedergelegt sind.
2. Dieses Gericht wird oft als Hüter der Verfassung bezeichnet.
3. Jeder Mensch, gleichgültig welcher Staatsangehörigkeit und Rasse, besitzt sie von Geburt an.
4. Sie ist in allen Handlungen an die Grundrechte gebunden.
5. Das ist eine Bezeichnung für die Verfassung der Bundesrepublik Deutschland.
6. Damit Christen, Juden, Moslems und andere Religionen friedlich zusammenleben können, ist sie unerlässlich.
7. Dieses Menschenrecht bedeutet, dass niemand gefoltert, geschlagen oder misshandelt werden darf.
8. Dieses Menschenrecht gilt für das Verhältnis von Männern und Frauen.

auf – be – bun – che – de – des – fas – frei – ge – go – ge – gi-ons – gleich – grund – grund – gung – heit – heit – kör – li – li – men – per – re – rech – rech – recht – richt – schen – sehrt – setz – staats – sungs – te – ti – un – ver – ver – walt – wür

Station 4 Wie setzen sich internationale Organisationen für Menschenrechte ein?

Wählt eine internationale Menschenrechtsorganisation aus und vervollständigt folgenden Steckbrief:

Name der Organisation	???
Mitglieder	???
Wichtige Ziele	???
Arbeitsweise	???
Beispiele für ihre Arbeit	???
Erfolge	???

Station 2 Grundrechtsproblematik Datenschutz

Dein Urteil ist gefragt!

Wähle zwei Aussagen aus und nimm dazu Stellung. Dabei kannst du dich an fünf Fragen orientieren:

1. Was ist der Inhalt der Aussage?
2. Was spricht für die Aussage?
3. Was spricht dagegen?
4. Wie beurteile ich die Aussage?
5. Was sollte geschehen?

A Wer nichts zu verbergen hat, braucht sich vor einer Online-Durchsuchung nicht zu fürchten.

B Die Online-Durchsuchung ist ein erheblicher Eingriff in die Privatsphäre des Einzelnen.

C Die Aufregung um den Datenschutz ist übertrieben. Schließlich veröffentlichen Internetnutzer über soziale Netzwerke viele sehr private Informationen.

Station 3 Menschenrechte weltweit

3 plus 3 plus 3 plus 3 plus 3

- *Drei* Menschenrechte werden durch die Piktogramme veranschaulicht. Gemeint sind: …
- *Drei* besonders oft von Menschenrechtsverletzungen betroffene Gruppen sind: …
- *Drei* Hauptgründe für die weltweite Missachtung von Menschenrechten sind: …
- *Drei* Arten von Diskriminierung, unter denen Frauen weltweit leiden müssen, sind: …

11 Die ökologische Herausforderung

Worin bestehen die Risiken und die Chancen für einen nachhaltigen Schutz der Umwelt?

1. Allein nachdenken

Welche Gedanken zum Thema „Ökologische Herausforderung" löst das Foto in dir aus?

2. Zu zweit beraten

Welche Gefahren für das ökologische Gleichgewicht auf der Erde sind euch bekannt?

3. In der Klasse sammeln

Welche Maßnahmen zum Schutz der Umwelt haltet ihr für sinnvoll?

Bei der Arbeit an diesem Kapitel könnt ihr ...

- euch mit Erscheinungen des Klimawandels auseinandersetzen und begründen, warum er als die größte ökologische Herausforderung bezeichnet wird,
- den Unterschied zwischen quantitativem und qualitativem Wirtschaftswachstum am Beispiel der „Green Economy" erläutern,
- euch gegenseitig über Lösungsstrategien zum Klimaschutz in der Bundes- und der Landespolitik informieren,
- wirtschafts- und umweltpolitische Ziele im Konzept einer ökologisch orientierten sozialen Marktwirtschaft darstellen,
- darüber diskutieren, wie mithilfe internationaler Umweltpolitik Klimaschutzziele erreicht werden können.

Eigene Schwerpunkte könnt ihr setzen, indem ihr ...

- zu einem selbst gewählten Problem der Klimaerwärmung eigene Recherchen anstellt,
- in der Rolle der Vertretung eines Landes am Spiel einer internationalen Klimakonferenz teilnehmt.

1 Klimawandel: größtes Zukunftsproblem oder alles nur halb so schlimm?

Eine Einstiegsübung für alle
Vom Klimawandel hast du wahrscheinlich schon des Öfteren gehört und gelesen.
Welche Gedanken und Gefühle löst der Begriff in dir aus? Mache dir einige Notizen dazu. Tausche dich mit einem Tischnachbarn aus. Sammelt eure Gedanken dazu in der Klasse.

Schweiz 2011: Helles Gestein am Gletscherrand verdeutlicht dramatischen Schwund des Eises.

Kenia, Afrika 2011: Dürre und Hungersnot

Überschwemmungen in Pakistan 2010

Kansas, USA August 2012: Große Ernteverluste durch den trockensten Sommer seit mehr als 50 Jahren

China 2012: Smog in Peking

Welche Information erklärt, was hinter welchem Bild steckt?

A Kenia: Dürren hat es in Afrika immer schon gegeben und leider in der Folge auch Hungersnöte. Aber bei der Dürre, die sich 2011 in Kenia und anderswo am Horn von Afrika abspielte, verhielt es sich anders. So blieben in den letzten fünf Jahren die typischen Hauptregenfälle weitestgehend aus. Für die Menschen am Horn von Afrika bedeutet die Dürre Hunger, Not und Tod. Kinder sterben trotz eingerichteter Flüchtlingslager, in denen eine Notversorgung stattfinden kann. Neben diesen unmittelbaren Folgen ist die ganze Kultur der Nomadenvölker gefährdet. Denn wenn die globale Erwärmung zu extremer Trockenheit in Ostafrika führt, finden die Hirten für ihre Herden in der Savanne kein Wasser mehr.

B USA: Der Juli 2012 war im Bundesstaat Kansas der wärmste Monat seit Beginn der Aufzeichnungen. Zugleich erlebte der Südwesten des Landes ungewöhnlich viel Regen und kämpfte mit Überschwemmungen. Das teilte die Behörde für Wetter und Ozeanographie im August 2012 in Washington mit. Gemessen an den ersten sieben Monaten war 2012 für die USA zudem das wärmste Jahr seit Beginn der Klimaaufzeichnungen vor mehr als 110 Jahren. Wissenschaftler der Universität Columbia im Bundesstaat New York führen die extrem hohen Temperaturen und die extremen Niederschlagsunterschiede auf die zunehmende Erderwärmung zurück.

C Pakistan: Ein äußerst starker Monsunniederschlag verursachte 2010 in Pakistan ein Bild der Zerstörung. Viele Menschen verloren während der Katastrophe ihr Leben. Die Wassermassen zerstörten zudem die Lebensgrundlage der von Ackerbau und Viehzucht lebenden Bevölkerung. Häuser, Straßen und Brücken wurden beschädigt oder gar vernichtet. Auch die Viehbestände konnten großteils nicht gerettet werden. Eine weitere existenzielle Auswirkung der Überschwemmungen ist, dass das verdreckte Wasser die Trinkwasserlagerstätten verunreinigt. Pakistan zählt zu den Ländern, in denen schon heute die Folgen des Klimawandels extrem deutlich werden.

D China: In Peking kann man den Smog nicht nur sehen. Man schmeckt und fühlt ihn auch. Der undurchdringliche Nebel legt sich wie eine Glocke über die Metropole. Was früher nur an wenigen Tagen im Jahr geschah, ist zum traurigen Alltag geworden. Grund dafür ist der enorme Verkehr auf den Straßen der Millionenstadt. Innerhalb der Stadtgrenzen kann ein Stau über 100 Kilometer lang sein. Die Abgase des Straßenverkehrs beinhalten sowohl gesundheitsgefährdende Stoffe als auch das klimaschädliche CO_2. Anhand der durchschnittlich ausgestoßenen Partikelmenge lässt sich messen, wie sehr die Luft verschmutzt ist. Die höchsten durchschnittlichen Jahreswerte für eine deutsche Stadt liegen bei 31 Mikrogramm Partikel pro Kubikmeter Luft. In Peking hingegen sind Tageswerte um 300 keine Seltenheit.

E Europa: Extreme Wetterlagen nehmen auch in Europa und in Deutschland zu. Starke Niederschläge wechseln sich mit Dürreperioden ab, Hitze- und Kälteperioden nehmen hinsichtlich Dauer, Ausmaß und Häufigkeit zu. Die großen Versicherungen, die über die Unwetterschäden Buch führen, können diesen Trend bereits jetzt bestätigen. Die Gletscher der Alpen ziehen sich massiv zurück. Sie stellen eine wichtige Wasserreserve für die Alpenregionen dar.

(Informationen aus www.wetter-klimawandel.de)

1. Wähle das Foto aus, das dein Interesse am Thema Klimawandel am stärksten weckt. Suche den passenden Text dazu. Stelle vor, was das Bild deiner Wahl über den Klimawandel aussagt.

2. Problem Klimawandel – Stellt die Informationen auf dieser Seite unter dieser Überschrift stichwortartig zusammen.

Was auch noch interessant sein kann:

- Themenwahl: Gib eine der Bildunterschriften als Suchbegriff im Internet ein. Besorge dir so weitere Informationen zu dem von dir ausgewählten Bild.

Klimawandel – größtes Drama des 21. Jahrhunderts?

Die Autorin des folgenden Artikels ist Direktorin eines Wissenschafts- und Entwicklungsinstituts in Neu-Delhi (Indien). Ihre Ansichten zum Klimawandel werden von der großen Mehrheit der Wissenschaftlerinnen und Wissenschaftler geteilt.

Das Drama

Der Klimawandel ist zweifellos das größte Drama des 21. Jahrhunderts. Seine Komplexität und Dringlichkeit überwältigen uns. Seit fast zwanzig Jahren wird weltweit über etwas diskutiert, das zwar bekannt ist, aber nicht akzeptiert wird. Händeringend wird nach Entschuldigungen gesucht, warum nicht gehandelt wird, obwohl die Wissenschaft längst bestätigt hat, dass der Klimawandel real ist: Er hat mit dem Ausstoß von Kohlendioxid (CO_2) und anderen Emissionen zu tun, die wiederum mit weltweitem Wirtschaftswachstum und Wohlstand zusammenhängen. Mit anderen Worten: Der Klimawandel ist vom Menschen gemacht und kann die Welt, so wie wir sie kennen, zugrunde richten.

Das gesicherte Wissen

Wir wissen heute, wie akut der Klimawandel uns gefährdet. Wir wissen, dass wir zur Bekämpfung dieser Gefahr die Treibhausgasemissionen drastisch reduzieren müssen. [...] Die Aufgaben liegen klar vor uns. [...] Man geht heute weithin davon aus, dass es notwendig ist, den globalen Temperaturanstieg auf zwei Grad Celsius über dem Niveau der vorindustriellen Zeit (1850) zu begrenzen, um zu verhindern, dass der Klimawandel von „gefährlich" in „katastrophal" umschlägt. Soll die Erderwärmung in Grenzen gehalten werden, muss sich die Weltgemeinschaft eingestehen, dass die Emissionen, durch die der Temperaturanstieg verursacht wird, begrenzt werden müssen. Wie die Weltgemeinschaft den CO_2-Ausstoß rasch und umfangreich senken könnte, ist die entscheidende Frage. Wir müssen erfinderisch sein, um Wirtschaftswachstum künftig umweltfreundlich und unabhängig von fossilen Brennstoffen zu gestalten.

(Aus: Sunita Narain: Klimawandel: Keine gemeinsame Teilhabe an der Welt, hg. von der Bundeszentrale für politische Bildung, 30.7.2010, aus dem Engl.: Juliane Lochner; im Internet unter www.bpb.de, letzter Zugriff 05.09.2012)

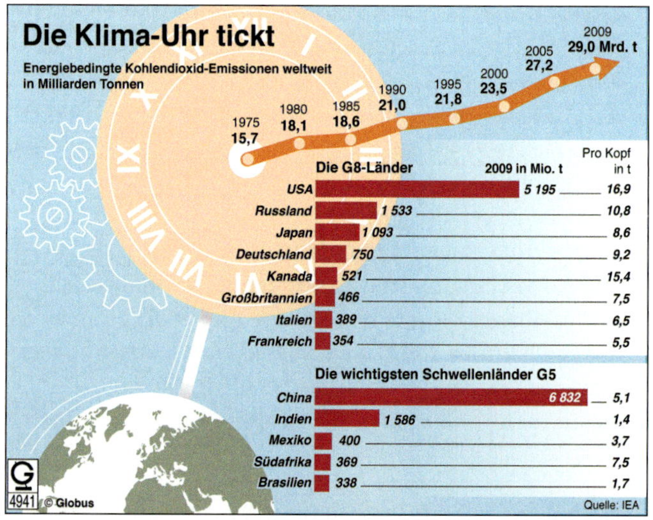

Die Notwendigkeit zu handeln

Die Autorin geht im weiteren Verlauf ihres Artikels darauf ein, was zu tun ist. Sie teilt den Handlungsbedarf in drei Kategorien ein:

1. Alles, was Länder sofort tun können: „Dazu zählen alle wenig schmerzhaften Maßnahmen wie der Austausch von Glühlampen gegen Energiesparlampen, verschärfte Standards für Haushaltsgeräte, die Wärmedämmung von Häusern sowie sonstige Maßnahmen zur Optimierung der Energieeffizienz in Industrie und Verkehr."

2. Alle Maßnahmen zur Luftreinhaltung, die vergleichsweise geringe Kosten verursachen – besonders in der Land- und Forstwirtschaft (Verzicht auf das Abholzen von Wäldern, Wiederaufforstung durch Bäume, die CO_2 absorbieren).

3. Alle Maßnahmen zur Energiewende, die mit höheren Investitionskosten in die neueste Technik verbunden sind: Umstellung der Energieversorgung – weg von den fossilen Energiequellen Öl, Kohle und Gas – hin zu den sauberen Energiequellen Wind, Sonne, Wasser.

Besonderen Handlungsbedarf sieht die Autorin bei den reichen Industrieländern. Sie müssen in der Politik und in der Wirtschaft voranschreiten und den armen Ländern mehr Entfaltungsmöglichkeiten zugestehen. Ihre These dazu lautet: „Die reichen Länder müssen sich einschränken, damit die armen wirtschaftlich wachsen können."

Sind wir zu sorglos in der Einschätzung der Folgen des Klimawandels?

Hamburg (März 2010): Im Herbst 2006 fürchtete noch eine klare Mehrheit von 62 Prozent der Deutschen die Folgen des Klimawandels. Das hat sich mittlerweile deutlich verändert – obwohl die fundamentalen wissenschaftlichen Erkenntnisse zum menschlichen Einfluss die Erwärmung der Erde weiter Bestand haben. Heute hält jeder dritte Deutsche die Prognose der Klimaforscher, nach der es langfristig immer wärmer wird, nicht für zuverlässig. Das belegt eine repräsentative Infratest-Umfrage im Auftrag des SPIEGEL. […] Das schmelzende Vertrauen in die Klimaforschung hat möglicherweise auch mit den jüngst bekannt gewordenen Fehlern und Übertreibungen im Bericht des Weltklimarates IPCC zu tun.

(Aus: Deutsche verlieren Angst vor Klimawandel, SPIEGEL-Umfrage in SPIEGEL-Online vom 27. März 2010, letzter Zugriff 05.09.2012)

Der Weltklimarat (IPCC) ist eine Einrichtung der Vereinten Nationen. Das Gremium, dem Hunderte von Wissenschaftlern in aller Welt zuarbeiten, soll die Folgen und Risiken der Klimaveränderung abschätzen und ausloten, wie man sie abschwächen kann. 2010 schockierte dieser Rat die Weltöffentlichkeit mit einer drastischen Fehlprognose, indem er behauptete, dass die Gletscher des Himalaya bis zum Jahr 2035 vollkommen geschmolzen seien. Der Rat musste diese Prognose korrigieren und eingestehen, dass es erst in 300 Jahren so weit sein wird.

Wir alle müssen den Klimawandel ernst nehmen!

Wer den Klimawandel verharmlost, handelt unverantwortlich. Schließlich steht hier die Zukunft der Menschheit auf dem Spiel. Die Politik kann Maßnahmen zur Bekämpfung des Klimawandels nur durchführen, wenn sie dabei von der Bevölkerung unterstützt wird. Jeder Einzelne muss bereit sein, alles zu unterstützen, was zur Lösung des Problems beiträgt.

Wir sollten das Problem nicht überbewerten!

Das Heraufbeschwören der Gefahren des Klimawandels stützt sich oft auf Prognosen, die sich auch schon als falsch erwiesen haben. Da ist viel Schwarzmalerei dabei. Die Politiker sollen geeignete Maßnahmen durchsetzen, aber sie sollen das Thema Klimawandel nicht dazu benutzen, den Menschen immer mehr Einschränkungen zuzumuten und finanzielle Opfer abzuverlangen.

1. Welchen Standpunkt zum Thema Klimawandel vertritt die Autorin Sunita Narain? Suche die fünf wichtigsten Aussagen dazu im Text. Einige dich mit einem Tischnachbarn auf die drei wichtigsten. Stelle sie vor und begründe deine Auswahl.
2. Worin siehst du die Wirkungsabsicht der Karikatur auf dieser Seite: Will sie die Sorgen vertreiben oder verstärken?
3. Formuliere deine persönliche Stellungnahme zur Themenfrage dieser Doppelseite. Tauscht eure Stellungnahmen in der Klasse aus.

2 Wirtschaftswachstum und Umweltschutz: Gegensätze oder zwei Seiten einer Medaille?

1972 warnten Forscherinnen und Forscher, die unter dem Namen „Club of Rome“ weltweit bekannt wurden, zum ersten Mal vor den Folgen des ständigen Strebens nach wirtschaftlichem Wachstum. Die Menschheit steuere durch die damit verbundene Ausbeutung aller vorhandenen Rohstoffe unweigerlich auf eine globale Umweltkatastrophe zu. Vierzig Jahre später, im Mai 2012, warnten die Forscher erneut. Neben deutlichen Fortschritten gäbe es noch viel zu viel umweltzerstörendes Wachstumsstreben. Welche Art zu wirtschaften können wir uns noch leisten?

Quantitatives und qualitatives Wachstum

Wenn es einer Produktionsfirma gelingt, vom gleichen Produkt in einem Jahr zehn Prozent mehr zu verkaufen als im Vorjahr, so hat sie ein quantitatives Wirtschaftswachstum von 10 Prozent erzielt. Bei diesem Wachstum geht es nur um die Zunahme der verkauften Menge und um die Steigerung des Gewinns. Keine Rolle spielt, ob die Firma zur Produktions- und Gewinnsteigerung mehr Schadstoffe in die Luft geblasen, mehr Abwässer in den Fluss geleitet und insgesamt zu mehr Umweltzerstörung beigetragen hat.
Um ein qualitatives Wirtschaftswachstum zu erreichen, müssen zwei weitere Voraussetzungen erfüllt sein: (1) Die Firma bringt ein neu entwickeltes Produkt heraus, das ein anderes, umweltschädlicheres Produkt vom Markt verdrängt. (2) Das neue Produkt wird aufgrund einer Modernisierung der Produktion umweltentlastender erzeugt als es jemals zuvor der Fall war. Beim qualitativen Wachstum verbessert sich nicht nur die Qualität des Produkts, sondern auch die der Umwelt und die der Arbeitsbedingungen.

Qualitativ wächst die Wirtschaft, wenn der Nutzen steigt und die Umweltbelastung sinkt. Drei Kriterien sind dafür maßgeblich:

- Steigerung der Wirtschaftsleistung,
- Verbesserung des Umweltschutzes,
- soziale Verträglichkeit.

Konsens besteht heute weitgehend darin, dass quantitatives durch qualitatives Wachstum ersetzt werden muss. Der entscheidende Grund: Quantitatives Wachstum ist ökologisch betrachtet eine Wertminderung oder gar eine Zerstörung. Während sich quantitatives Wachstum einfach mit einer Prozentzahl ausdrücken lässt, sind Veränderungen im qualitativen Wirtschaftswachstum schwieriger zu ermitteln. Qualität lässt sich nicht so einfach in Zahlen ausdrücken. […]

Energiesparende Technologie
Professor Andreas Irmen, Wachstumsforscher an der Universität Heidelberg: Wie müssen Technologien entwickeln, die mit einem Bruchteil der bisherigen Energie auskommen oder mit nachwachsenden Rohstoffen betrieben werden können. Gelingt uns das besonders gut, ist darüber auch weiteres Wirtschaftswachstum möglich. […]

(Aus: Sonja Kolonko, Brauchen wir ein ständiges Wirtschaftswachstum? In: Westdeutscher Rundfunk, ein Sendebeitrag vom 19.05.2009, in: www.wdr.de, letzter Zugriff 21.06.2012)

Nachhaltigkeit als Grundprinzip
Umweltschutz, wirtschaftliche Leistungsfähigkeit und soziale Verantwortung sind so zusammenzuführen, dass Entscheidungen unter allen drei Gesichtspunkten dauerhaft tragfähig sind. Die Erhaltung der Tragfähigkeit der Erde bildet die absolute Grenze. […] In diesem Sinne ist eine Wirtschaftsweise nachhaltig, die den Bedürfnissen heutiger Generationen entspricht und zugleich auch die Handlungsspielräume und Lebensgrundlagen künftiger Generationen erhält. […]

… don't worry, be happy …

Für die Wirtschaftsakteure bedeutet dies: Nachhaltiges Wirtschaften in einem marktwirtschaftlichen System verfolgt gleichzeitig wirtschaftlichen Erfolg, sozialen Zusammenhalt, den Schutz der natürlichen Lebensgrundlagen und die Wahrnehmung internationaler Verantwortung. Es zielt darauf ab, diese Ziele in ein langfristiges tragfähiges Gleichgewicht zu bringen und dadurch die gesamtgesellschaftliche Wohlfahrt zu steigern.

(Aus: Umweltwirtschaftsbericht 2011 – Daten und Fakten für Deutschland, hg. vom Bundesministerium für Umwelt, Naturschutz und Reaktorsicherheit, Berlin, September 2011, S. 67 f.)

„Green Economy“ – Das neue Wachstumskonzept

Für eine qualitativ wachsende Wirtschaft wird immer häufiger der Begriff „Green Economy“ verwendet. Der folgende Textausschnitt erklärt an einem Beispiel, warum.

Ziel der „Green Economy“ ist es, dem Klimawandel zu begegnen, den Wohlstand global gerechter zu verteilen und Ressourcen schonender und effizienter zu nutzen. […]

Beispiel: Müllkippen bergen Goldschätze

In Deutschland leben 40,3 Millionen Menschen in urbanen Räumen, wo sie beträchtliche Mengen an Rohstoffen verbrauchen. Ein Großteil der Stoffe landet in Form ausgedienter Produkte auf dem Müll. Die durchschnittliche Lebensdauer eines Mobiltelefons zum Beispiel liegt bei gerade einmal 2,4 Jahren. Nur etwa drei Prozent aller Verbraucherinnen und Verbraucher lassen ihr Telefon recyceln. Weggeworfene Handys, Leuchtstofflampen oder Plasmafernseher stecken jedoch voller kostbarer Stoffe. Hier setzt die Forschung für nachhaltige Entwicklungen an. Sie möchte die Abfallwirtschaft in eine Ressourcenwirtschaft verwandeln. Der städtische Raum fungiert dabei als riesige Rohstoffmine, dessen Schätze nur gehoben, rückgeführt und wiederverwertet werden müssen. „Urban Mining“ nennen Fachleute das.
Dafür begeben sich Wissenschaftlerinnen und Wissenschaftler in Großstädten auf Schatzsuche. Prof. Dr.-Ing. Vera Susanne Rotter von der Technischen Universität Berlin, Fachbereich Abfallwirtschaft, sorgt dafür, dass Rohstoffe, die im Abfall „schlummern“, wieder in den Wirtschaftskreislauf zurückgeführt werden. „Im städtischen Raum konzentrieren sich Produktion, Verwertung und die Beseitigung von Abfällen. Diese Ver- und Entsorgungsaufgaben aufeinander abzustimmen und dabei die Lebensqualität in Städten zu erhöhen, wird Aufgabe in den nächsten Jahren sein“, beschreibt sie ihr Forschungsgebiet.
Derzeit werden beispielsweise nur zehn Prozent des Goldes, welches sich in Mobiltelefonen befindet, tatsächlich zurückgewonnen. Den ökonomischen Verlust beziffern Fachleute auf bis zu zehn Millionen US-Dollar. […]
Prof. Dr.-Ing. Vera Susanne Rotter und ihr Team erarbeiten deshalb Strategien, wie Recyclingnetzwerke etabliert und in die Lage versetzt werden können, strategisch wichtige Rohstoffe zu erhalten.

(Aus: Wie müssen wir wirtschaften? Eine Initiative des Bundesministeriums für Bildung und Forschung, in: www.zukunftsprojekt-erde.de, letzter Zugriff 16.08.2012)

Beachtet auch im Glossar die Erklärungen zu den Begriffen Nachhaltigkeit, Ökonomie und Ökologie.

1. Erkläre den Unterschied zwischen quantitativem und qualitativem Wirtschaftswachstum. Benutze dazu auch das Beispiel einer Firma.
2. „Green Economy“ möchte Abfallwirtschaft in Ressourcenwirtschaft verwandeln. Erkläre, wie das zu verstehen ist.

Wähle zwischen zwei Arbeitsaufträgen:

3. Welche Art des Wachstumsdenkens wird in der Karikatur kritisiert? Schreibe einen Text zum Bild, in dem du darauf eingehst, was zu sehen ist, welches Problem dargestellt ist und welche Wirkungsabsicht erzielt werden soll.
4. Welche Art zu wirtschaften können wir uns noch leisten? Male ein Bild oder schreibe einen Text, in dem du deine ganz persönliche Antwort auf diese Frage formulierst.

3 Was unternimmt die Politik zum Schutz des Klimas?

Für die Bearbeitung dieser Doppelseite wird die Methode Partnerbriefing empfohlen. Wie sie funktioniert und welche Regeln zu beachten sind, könnt ihr der Methodenkarte 15 auf der nächsten Seite entnehmen. **Tipp:** Achtet beim Lesen auf die Zahlen.

A Aus der Bundespolitik

Ein Haus in Berlin-Wilmersdorf

In Berlin-Wilmersdorf steht ein Gerüst an der hinteren Außenwand eines typischen Altbaus. Über fünf Stockwerke hinweg werden hier der alte Putz abgeschlagen, Löcher und Risse in der Fassade ausgebessert, um schließlich energetisch sanieren zu können. Das heißt, einen neuen Putz, inklusive Wärmedämmung, anzubringen. […] Die Eigentümergemeinschaft des Hauses lässt sich die Maßnahme mehr als 120 000 Euro kosten – das ist viel Geld. Allerdings war ein neuer Außenputz ohnehin längst überfällig. Dank der nun gleichzeitig vorgenommenen energetischen Fassaden-Sanierung soll sich die Investition auch langfristig lohnen. […]

Der Gebäudebestand in Deutschland wird für rund 40 Prozent des Gesamtenergieverbrauchs verantwortlich gemacht. Zwei Drittel der Häuser hierzulande wurden vor 1979 gebaut – also beispielsweise bevor die erste Wärmeschutzverordnung in Kraft trat. Und noch immer verfügen rund 70 Prozent über keine relevante Wärmedämmung. Deshalb gilt der Gebäudebereich als besonders wichtig für ein Vorankommen beim Klimaschutz.

(Aus: Dieter Nürnberger: Investieren um zu sparen, Beitrag aus www.dradio.de vom 31.05.2012; letzter Zugriff 05.09.2012)

1,5 Milliarden Euro werden im Bundeshaushalt an jährlichen Fördermitteln für die energetische Modernisierung von Altbauten zur Verfügung gestellt. Insgesamt stößt die Maßnahme auf breite Zustimmung. Kritiker bemängeln allerdings, die Zuschüsse seien zu gering. Erforderlich seien bis zu 5 Milliarden Zuschuss pro Jahr.

Schwerpunkte der Klimapolitik der Bundesregierung

2011 hat die Bundesregierung die ambitionierten Minderungsziele für die Treibhausgase nochmals bekräftigt: Sie sollen bis 2020 um 40%, bis 2030 um 55%, bis 2040 um 70% und bis 2050 um 80 bis 95% – jeweils gegenüber 1990 – sinken.

Die Ziele

- Langfristige Senkung des Energieverbrauchs
- Bis 2050 soll der Primärenergieverbrauch um 50% gegenüber 2008 zurückgehen.
- Der Stromverbrauch soll bis 2050 um 25% gegenüber 2008 gemindert werden; bis 2020 soll er bereits um 10% sinken.
- Weiterhin soll die Sanierungsrate für Gebäude von derzeit jährlich etwa 1 auf 2% des gesamten Gebäudebestands verdoppelt werden.
- Im Verkehr soll der Endenergieverbrauch bis 2050 um rd. 40% gegenüber 2005 zurückgehen.

(Aus: Die großen Herausforderungen beantworten: der Fortschrittsbericht 2012, Information der Bundesregierung vom 16.04.2012 in www.bundesregierung.de, letzter Zugriff 05.09.2012)

Verfehlt Deutschland seine Klimaschutzziele?

Der Vorsitzende der Arbeitsgemeinschaft Energiebilanzen, Hans-Joachim Ziesing, kritisierte in der „Frankfurter Allgemeinen Zeitung“, die Ziele bei der Minderung des CO_2-Ausstoßes seien mit den bisherigen Maßnahmen nicht zu verwirklichen. Das Tempo der Emissionsminderung von Kohlendioxid reicht demnach nicht aus, um das für 2020 ausgegebene Ziel einer Reduzierung des Treibhausgases um 40 Prozent im Vergleich zu 1990 zu verwirklichen. […] Laut Ziesing ist es aber noch möglich, die Klimaschutz-Vorgaben zu erreichen. Dafür müsse das Tempo der Emissionsminderung in der Stromerzeugung sowie bei den großen Verbrauchern Industrie, Verkehr und Gebäude beträchtlich beschleunigt werden.

(Meldung aus: www.tagesschau.de vom 11.04.2012; letzter Zugriff 06.09.2012)

B Beispiele aus den Bundesländern

Für alle Bundesländer und alle Stadtstaaten stehen Maßnahmen zum Schutz der Umwelt und des Klimas ganz oben auf der Aufgabenliste. Speziell zum Klimaschutz haben sie Programme verabschiedet, in denen die Besonderheiten der Region Berücksichtigung finden. In einem Küstenland wie Mecklenburg-Vorpommern spielt natürlich der Ausbau der Windenergie eine besondere Rolle, während in einem Stadtstaat wie Berlin die Wiederverwertung von Hausmüll große Bedeutung hat. Umweltschutz ist auch Aufgabe der Gemeinden, zum Beispiel der Bau von Kläranlagen.

Landesregierung Thüringen fördert kommunalen Klimaschutz

Thüringen fördert Kommunen und Landkreise, die Energie sparen, das Klima schützen und dem European Energy Award (EEA)-Prozess beitreten. „Der Energy Award ist ein auf europäischer Ebene erprobtes Instrument, um Energie- und Klimaschutzziele in den Gemeinden umzusetzen. Wir möchten die Kommunen motivieren, hier noch mehr zu tun", sagte Thüringens Umweltminister Jürgen Reinholz anlässlich der Vorstellung eines neuen EEA-Infoflyers. Gemeinden, die sich an dem EEA-Prozess beteiligen, können Beihilfen bis zu einer Höhe von 70% der zuwendungsfähigen Ausgaben, maximal jedoch 20000 Euro erhalten.

(Pressemitteilung des Landtags www.thueringen.de vom 20.07.2012)

Küstenbundesländer wollen weltweit führend in der Windenergienutzung werden

Windpark Baltic 1 in Mecklenburg-Vorpommern

Darauf verständigten sich die Regierungschefs der fünf norddeutschen Länder Schleswig-Holstein, Hamburg, Mecklenburg-Vorpommern, Niedersachsen und Bremen. Um dieses Ziel zu erreichen, wurde auf der Konferenz Norddeutschland eine „Gemeinsame Erklärung der Regierungschefs zur Umsetzung der Energiewende und zur Stärkung der Zukunftsbranche Windenergie" verabschiedet. Dabei setzen die Länder auch auf eine engere Zusammenarbeit mit dem Bund und die gemeinsame Aufstellung eines „Masterplans Offshore Windenergie."

(Aus: Internationales Wirtschaftsforum Regenerative Energien Redaktion, Ambitionierte Ziele der Küstenbundesländer, in: www.offshoredialog.de, Artikel vom 21.03.2012; letzter Zugriff 03.09.2012)

Sachsen-Anhalt beschließt Klimaschutzprogramm

Das Kabinett beschloss das Klimaschutzprogramm 2020. Das Programm bündelt eine Vielzahl von Maßnahmen, die etwa zu Einsparungen bei Energie und der Senkung des Ausstoßes klimarelevanter Gase führen. Das Programm löst das Klimaschutzprogramm von 1997 ab. Das Ziel der Bundesregierung, die Treibhausgasemissionen zwischen 1990 und 2020 um 40 Prozent zu senken, wird Sachsen-Anhalt gemäß eines Trendszenarios deutlich übertreffen.

(Pressemitteilung des Ministeriums für Landwirtschaft und Umwelt des Landes Sachsen-Anhalt, in: www.sachsen-anhalt.de, letzter Zugriff 03.09.2012)

Partner A

1. Welche Bedeutung haben das Haus in Wilmersdorf und der gesamte Gebäudebestand in Deutschland für den Klimaschutz? Erläutere die Zusammenhänge.
2. Zu den Zielen und den Maßnahmen der Bundesregierung gibt es Zustimmung und Kritik. Stelle die Ziele und die Kritik vor.

Partner B

3. Was tun die Länder für den Klimaschutz? Fasse die Beispiele zusammen.
4. Welche Rolle spielen die Bundesländer insgesamt in der Klimapolitik? Erkläre ihre Bedeutung.
5. Senkung des Energieverbrauchs im Verkehr um 40%: Sucht gemeinsam nach Ideen, wie dieses Ziel verwirklicht werden kann.

Methodenkarte 15

Partnerbriefing

Thema: Klimaschutzpolitik von Bund und Ländern

A Was ist das?

Partnerbriefing ist eine spezielle Form der Partnerarbeit. Man arbeitet zunächst einzeln und informiert sich dann gegenseitig über das, was man erarbeitet hat. Der englische Ausdruck *Briefing* bedeutet, einen Partner mit Informationen zu versorgen. Die Aufgabe des Briefings übernehmen die Partner abwechselnd.

B Warum ist das wichtig?

Mit dieser Methode könnt ihr euch darin üben, den Inhalt von Texten oder Schaubildern, die ihr einzeln erarbeitet habt, mündlich gut verständlich wiederzugeben. Ein weiterer Vorteil der Methode besteht darin, dass ihr die Arbeit aufteilen könnt. Ihr braucht zum Beispiel nur einen Text zu erarbeiten und lernt zwei kennen.

C Wie macht man das?

1. Aufteilung der Arbeitsmaterialien

Zwei unterschiedliche Arbeitsmaterialien werden auf Partnerschaften verteilt. Sollte eine Schülerin oder ein Schüler übrig bleiben, wird eine Dreiergruppe gebildet.

2. Textbearbeitung in Einzelarbeit

Jeder liest nun sein Material zweimal durch. Bei Texten markiert ihr beim zweiten Durchlesen wichtige Textstellen und fertigt einen Stichwortzettel als Merkhilfe an. Diesen benutzt ihr als Grundlage, um dem Partner gegenüber den Inhalt des gelesenen Textes mündlich zu berichten.

3. Briefing mit festen Regeln

Runde 1: Partner A und B sitzen einander gegenüber. Auf das Startzeichen hin fasst Partner A seinem Partner B gegenüber den Inhalt seines Materials in gut verständlichen Sätzen zusammen. Anschließend hat Partner B die Gelegenheit, Fragen zu stellen (z. B. über Unverstandenes). Partner B fasst dann den Bericht von Partner A zusammen.
Runde 2: Mit umgekehrter Rollenverteilung und mit dem Bericht über den zweiten Text wird nun genauso verfahren wie in der Runde 1.

4. Planung eines Ergebnisvortrags

Gemeinsam überlegen die Partner, welche Zusammenhänge und welche Unterschiede zwischen den beiden Texten bestehen. Sie bereiten einen Ergebnisvortrag in der Form eines mündlichen Berichtes vor.

5. Vortrag vor der Klasse

Dazu gibt es eine leichte und eine schwierige Variante. In der leichten Form stellt jeder der beiden Partner den Text vor, den sie oder er selbst bearbeitet hat. In der schwierigen (aber sehr lernintensiven Form!) fasst jeder der Berichtenden den Text des Partners zusammen.
Zu den Vorträgen gibt es Rückmeldungen aus der Klasse an die Vortragenden:

- Waren die wichtigsten Informationen aus den Texten im Vortrag enthalten?
- Haben die Vortragenden gut präsentiert?

Möglichkeiten des Partnerbriefings ergeben sich mehrfach in diesem Buch. Wann immer ihr dieses Logo entdeckt, wird die Methode empfohlen.

Fachbegriffe zur Energie- und Klimapolitik
Wir machen uns fit im Partnerbriefing

Wer sich mit Klima- und Energiepolitik beschäftigt, wird immer wieder auf Fachbegriffe stoßen, ohne deren Klärung man nicht versteht, worum es geht. Hier könnt ihr euch gegenseitig klug machen, indem ihr die Methode Partnerbriefing anwendet. Nach der Phase der Einzelarbeit solltet ihr so fit sein, dass ihr die Begriffe aus eurer Liste verständlich und anschaulich erklären könnt, ohne dabei in die Texte zu schauen.

Liste A
Ich erkläre meinem Partner folgende Begriffe:
- Klima
- Klimaerwärmung
- Klimaschutzpolitik

Liste B
Anschließend erkläre ich meinem Partner folgende Begriffe:
- Energie
- Energieeffizienz
- energetische Sanierung

A Darunter versteht man den von Menschen verursachten Prozess der Veränderung der Erdatmosphäre. Er begann vor über 150 Jahren mit der Industrialisierung und gilt heute als eines der größten zu lösenden Umweltprobleme globalen Ausmaßes. Hauptverursacher dafür ist das Gas CO_2 (Kohlendioxid), das bei jeder Verbrennung fossiler Brennstoffe in Kraftwerken, Fabriken, Haushalten und im Verkehr freigesetzt wird.

B Wenn in einem Auto nur 30 Prozent des verwendeten Kraftstoffs in Bewegungsenergie umgesetzt werden, arbeitet der Motor nicht besonders wirksam. Weniger Kraftstoff wäre erforderlich, wenn es gelingt, die Wirksamkeit auf bis zu 100 Prozent zu steigern. Diese Steigerung der Wirksamkeit wird mit diesem Begriff ausgedrückt. Er beschreibt ein umweltpolitisches Ziel, weil die Umweltbelastung sinken kann, wenn mit geringerem Ressourceneinsatz der gleiche oder sogar ein höherer Nutzeffekt erzielt wird.

C Hierin steckt das griechische Wort *energeia*. Es bedeutet *innewohnende Kraft* oder *Möglichkeit, etwas zu tun*. Wer sie hat, aus dem kann etwas werden. Das ist beim Menschen so, aber auch bei vielen Stoffen aus der Natur. In Gas, Kohle und Erdöl steckt die Möglichkeit, daraus Strom zu erzeugen, aber auch in der Kraft der Sonne, des Wassers und des Windes.

D Im Unterschied zu Wetter, mit dem man einen kurzfristigen Zustand beschreibt, kennzeichnet dieser Begriff die Gesamtheit aller in einem bestimmten Raum der Erde vorkommenden Wetterzustände. Beeinflusst wird dieser Zustand durch den immerwährenden Kreislauf zwischen Luft, Wasser und Boden und zunehmend auch durch menschliches Verhalten.

E Sie ist das Hauptziel bei der Modernisierung von Altbauten, für die es staatliche Finanzhilfen gibt. Sie hat zur Folge, dass Häuser eine höhere Wohnqualität erhalten und zugleich weniger Schadstoffe und weniger ungenutzte Wärme an die Umwelt abgeben.

F Der Begriff umschreibt die Gesamtheit aller beschlossenen Maßnahmen, die eine Reduzierung der schädlichen Klimagase in der Luft (insbesondere CO_2) zum Ziel haben. Deutschland und die Europäische Union haben Programme beschlossen, in denen festgelegt ist, in welchem Maße diese Reduzierung kurz-, mittel- und langfristig erfolgen soll. Unter der Leitung der Vereinten Nationen wurde zum ersten Mal 1992 ein internationales Vertragswerk verfasst und von den meisten Staaten der Erde unterzeichnet.

Ziele staatlicher Wirtschafts- und Umweltpolitik

Diese Doppelseite lässt sich zu zweit mit der Methode des Partnerbriefings bearbeiten. Stellt euch die Texte und die Lösungen zu den Arbeitsanweisungen gegenseitig vor. Sucht nach den übereinstimmenden Aussagen zum Thema Wachstum und erläutert eure Ergebnisse vor der Klasse.

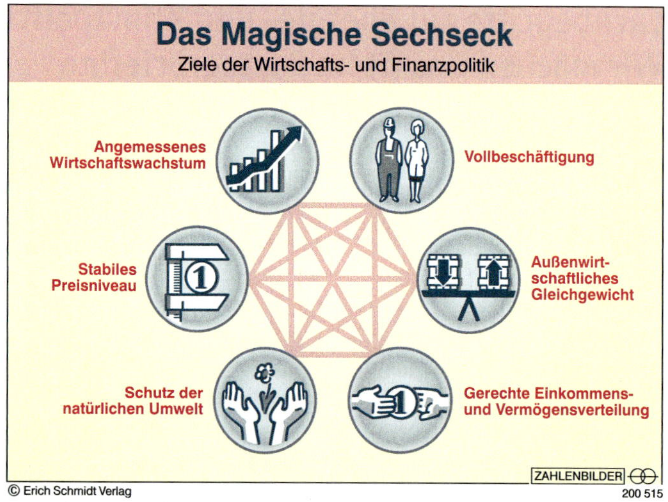

A Wirtschaftspolitik

Unter Wirtschaftspolitik versteht man die Gesamtheit aller Maßnahmen, mit denen der Staat regelnd und gestaltend in die Wirtschaft eingreift. Die allgemeinen Ziele staatlicher Wirtschaftspolitik wurden bereits 1967 im „Gesetz zur Förderung des Wachstums in der Wirtschaft“ formuliert, das unter dem Namen „Stabilitätsgesetz“ bekannt wurde. Es enthält vier Ziele, die bis heute gelten:

- angemessenes und stetiges Wirtschaftswachstum,
- Vollbeschäftigung,
- Stabilität des Preisniveaus,
- außenwirtschaftliches Gleichgewicht.

Geldwertstabilität drückt sich in einer möglichst geringen Inflationsrate aus. Außenwirtschaftliches Gleichgewicht besteht, wenn die Ausgaben für den Import und die Einnahmen für den Export von Waren in einem ausgeglichen Verhältnis zueinander stehen. Man spricht dann von einer ausgeglichenen Handelsbilanz.

Von etwa 1970 an wurde deutlich, dass unkontrolliertes Wirtschaften zu einer immer größeren Schadstoffbelastung der Luft, des Bodens und der Gewässer führt. Das Ziel *Wirtschaftswachstum* geriet in die Kritik. Unter dem Namen „Club of Rome“ erschien 1972 eine Studie mit dem Titel „Die Grenzen des Wachstums“. Forscherinnen und Forscher zeigten darin auf, dass Wirtschaftswachstum langfristig zu einer Zerstörung der Umwelt führen müsse.

Die ökologisch orientierte soziale Marktwirtschaft

In diesem Konzept, das sich nach und nach herausbildete, wurde das Wachstumsziel neu definiert. Als angemessen gilt seitdem eine Wirtschaftspolitik, die qualitatives statt quantitatives Wachstum zum Ziel hat. Das ehemalige Viereck der Ziele der Wirtschaftspolitik wurde zu einem Sechseck erweitert. Umweltschutz galt von nun an als unverzichtbares Ziel und Bestandteil jeder Art von Wirtschaftspolitik.

Vor dem Hintergrund zunehmender Einkommensunterschiede trat auch das Ziel einer *sozial gerechten Einkommens- und Vermögensverteilung* stärker in den Vordergrund. Aus dem Viereck der Wirtschaftspolitik wurde ein Sechseck. Es wird als *magisch* bezeichnet, weil es geradezu magische Künste verlangt, alle Ziele gleichzeitig erreichen zu können.

Im Konzept der ökologisch orientierten sozialen Marktwirtschaft bilden Wirtschafts-, Sozial- und Umweltpolitik eine Einheit, die nur miteinander zu verwirklichen sind.

Während über die grundlegenden Ziele weitgehend Konsens besteht, gibt es große Unterschiede in der konkreten Ausgestaltung des Konzepts und in der Frage, welchen Zielen man die größte Aufmerksamkeit schenken soll. Die staatliche Umweltpolitik wird oft als zu langsam und zu kompromissbereit kritisiert.

In besonderer Weise entzündet sich der Streit an den unterschiedlichen Auffassungen von sozialer Gerechtigkeit. Während die einen darunter eine weitgehend ausgeglichene Verteilung des Reichtums verstehen, halten andere die gleiche Verteilung von Bildungs- und Aufstiegschancen für sozial gerecht.

B Umweltpolitik

Ziele

> Artikel 20 des Grundgesetzes erklärt die Zielsetzung staatlicher Umweltpolitik: „Der Staat schützt auch in Verantwortung für die künftigen Generationen die natürlichen Lebensgrundlagen […]“

Umweltpolitik ist die Summe aller öffentlichen Maßnahmen zur Vermeidung ökologisch negativer Folgen wirtschaftlichen Handelns. Umweltpolitik muss demnach dafür Sorge tragen, dass auch zukünftige Generationen in einer intakten Umwelt leben können. Ökonomie und Ökologie, wirtschaftliches Handeln und Umweltschutz, sind bei allen Entscheidungen als eine Einheit zu betrachten und in Übereinstimmung zu bringen.

Handlungsfelder

Die wichtigsten Handlungsfelder für die Umweltpolitik sind der Schutz des Bodens, des Wassers und der Luft. Vor dem Hintergrund der Klimaerwärmung kommt dem Ausbau der regenerativen Energien Sonne, Wasser, Wind besondere Bedeutung zu. Alle Maßnahmen zur Reduzierung der Treibgasemissionen haben höchste Priorität. Davon betroffen sind neben Industrie und Landwirtschaft die privaten Haushalte und das gesamte Verkehrswesen.
Umweltpolitik muss die Entwicklung technischer Innovationen fördern, die den Verbrauch endlicher Rohstoffe einschränken und Energieeinsparungen durch eine Steigerung der Energieeffizienz ermöglichen. Alle diese Maßnahmen sind dazu geeignet, ein qualitatives Wirtschaftswachstum zu erzeugen, das die Wirtschaft voranbringt und zugleich der Umwelt dient.

Prinzipien

Zukunftsweisende Umweltpolitik handelt präventiv, also vorsorglich. Sie wartet nicht ab, bis eine Katastrophe passiert ist. Deshalb wurde eine Strategie des präventiven Handelns entwickelt. Folgende Prinzipien gehören dazu:

- *das Verursacherprinzip*, nach dem jene, welche die Umwelt belasten, auch für die Schäden aufkommen,
- *das Kooperationsprinzip*, das die Beteiligung aller wichtigen Gruppen beim Umweltschutz fordert.
- *das Integrationsprinzip*, das Umweltschutz zu einer Aufgabe macht, an der sich alle Politikbereiche beteiligen müssen.
- *das Prinzip der Nachhaltigkeit*, wonach Umweltpolitik dafür Sorge tragen muss, dass auch die nachfolgenden Generationen in einer gesunden Umwelt aufwachsen können.

Akteure

In Deutschland arbeiten Bund, Länder und Gemeinden auf der Basis gesetzlicher Grundlagen im Umweltschutz zusammen. Ein wichtiger Akteur in der Umweltpolitik ist auch die Europäische Union. Die Mehrzahl aller Umweltschutzgesetze wird auf europäischer Ebene verabschiedet. Weil Umweltbelastungen keine Grenzen kennen, gilt Umweltpolitik heute als globale Herausforderung, die nur in internationaler Zusammenarbeit wirksam betrieben werden kann. Federführend dafür ist die Organisation der Vereinten Nationen, der nahezu alle Staaten dieser Welt angehören.
Letztendlich hängt der Erfolg aller umweltpolitischen Maßnahmen von der Mitarbeit und Unterstützung jedes Einzelnen ab. Auf allen Feldern der Umweltpolitik übernehmen Menschen Verantwortung und drängen auf eine direkte Beteiligung. Wer im täglichen Leben umweltbewusst handelt, kann am ehesten einfordern, dass die Politik ihrer Verantwortung gerecht wird.

Weitere Informationen zu Ökonomie und Ökologie findet ihr im Glossar.

Zu A:

1. Stelle die Ziele staatlicher Wirtschaftspolitik vor.
2. Fasse alle Aussagen über das Verhältnis zwischen Wachstum und Umweltschutz mit eigenen Worten zusammen.
3. Erkläre (auch mithilfe des Schaubilds), wie und warum sich das Viereck staatlicher Wirtschaftspolitik zu einem magischen Sechseck gewandelt hat.

Zu B:

4. Stelle Ziele, Handlungsfelder, Prinzipien und die wichtigen Akteure staatlicher Umweltpolitik vor.
5. Fasse die Aussagen mit eigenen Worten zusammen, die einen Zusammenhang erkennen lassen zwischen Wirtschaftswachstum und Umweltschutz.
6. Erkläre, warum das Kooperationsprinzip vom Handeln jedes Einzelnen bis zur globalen Zusammenarbeit reichen sollte.

4 Der Beitrag der internationalen Politik: Warum sind globale Klimaschutzziele schwierig zu erreichen?

Der Klimawandel ist eine Herausforderung, der sich alle Nationen der Erde stellen müssen. Einige Staaten zählen zu den Hauptverursachern, andere wiederum zu den Hauptleidtragenden. Es gibt Staaten, die Verursacher und Betroffene zugleich sind, und Länder, die den Klimawandel als Chance zu einer Wende verstehen. Eines haben jedoch alle Staaten gemeinsam. Sie sitzen im gleichen Boot. Doch es gibt unterschiedliche Auffassungen darüber, in welche Richtung und mit welcher Geschwindigkeit das Boot beim Thema Klimaschutz gesteuert werden soll.

Der weite Weg zu einem internationalen Klimaschutz

Die UN-Klimakonferenz ist das wichtigste internationale Treffen zum Schutze des Klimas. Hier debattieren jährlich die Vertreter einzelner Nationalstaaten darüber, welche internationalen Klimaschutzvereinbarungen getroffen werden und wie verbindlich diese für die einzelnen Staaten sein sollen. Grundlage des Treffens ist die Klimarahmenkonvention, ein internationales Umweltabkommen, welches 1992 in Rio de Janeiro von 178 Staaten der Erde ins Leben gerufen wurde. Nachdem zunächst Grundsätze für eine nachhaltige Entwicklung erarbeitet wurden, stieß das Treffen von 1997 in der japanischen Stadt Kyoto auf ein großes öffentliches Interesse. Zum ersten Mal wurde mit dem sogenannten „Kyoto-Protokoll" ein internationaler Vertrag von über 158 Staaten verabschiedet. Die Industrienationen verpflichteten sich darin, den jährlichen Treibhausgas-Ausstoß bis zum Jahr 2012 um durchschnittlich 5,2 Prozent gegenüber dem Stand von 1990 zu reduzieren. Nur wenige Staaten, wie beispielsweise die USA, China und Indien, unterzeichneten das Protokoll nicht. Bei den Mitgliedsstaaten variierten die vertraglich festgelegten Reduktionswerte von Land zu Land. Das Kyoto-Protokoll beinhaltete zudem weitere Klimaschutzabkommen. Eine Regelung ermöglichte es beispielsweise den Staaten, Emissionsrechte* von anderen Staaten zu kaufen oder an andere zu verkaufen. Seit dem Kyoto-Protokoll dienten die Treffen hauptsächlich dazu, die bisherigen Vereinbarungen weiter auszugestalten. 2009 trafen sich die Vertreter in Kopenhagen, um ein verbindliches Nachfolgeabkommen zu beschließen. Dies gelang den Mitgliedstaaten jedoch nicht.

UN-Klimakonferenz in Durban 2011 – ein Durchbruch?

2011 gelang ein entscheidender Fortschritt. Die Mitgliedstaaten verlängerten im südafrikanischen Durban das Kyoto-Protokoll. Man verständigte sich zudem darauf, bis 2015 einen Weltklimavertrag zur Begrenzung der Erderwärmung zu erarbeiten, welcher dann ab 2020 in Kraft treten soll. Die EU-Mitgliedstaaten, einige afrikanische Länder, die Inselstaaten und viele Entwicklungsländer befürworten ein solch weitreichendes Abkommen. Sie finden, dass auch Nicht-Kyoto-Staaten Emissionsziele erreichen sollen. Dies wäre aus ihrer Perspektive enorm wichtig, da die wirtschaftlich aufsteigenden Schwellenländer große Treibhausgasemittenten darstellen. Doch von diesem Vertrag ist man noch weit entfernt, wenn man bedenkt, dass die Wirtschaftsmacht USA einen Beitritt zum Kyoto-Protokoll weiterhin ablehnt. Ebenso hat Kanada die Verlängerung des Kyoto-Protokolls verweigert und ist aus dem Protokoll ausgetreten. Japan, Russland und Neuseeland wollen ebenso aussteigen.

* Siehe Glossar.

Simulation einer internationalen Konferenz

Wichtige internationale Klimaschutzmaßnahmen müssen getroffen werden, um die ökologische Herausforderung des Klimawandels annehmen zu können. Das sollt ihr nun als Vertreter eines Staates tun. Die Ausgangslage auf der UN-Klimakonferenz erweist sich jedoch als schwierig, da viele Staaten unterschiedliche nationale Interessen verfolgen. Eure Aufgabe ist es, die Interessen eures Staates bestmöglich zu vertreten.

Der Konferenzablauf

A Vorbereitung

Ihr lest alle Rollenkarten auf der folgenden Doppelseite durch und entscheidet im Anschluss, welchen Staat ihr vertreten wollt. Notiert dann:

- Was wollt ihr erreichen?
- Was müsst ihr in der Gruppe leisten?
- Wie geht ihr mit den Interessen der anderen Staaten um?
- Wo seht ihr einen Verhandlungsspielraum?

B Gruppenarbeit

Erarbeitet einen Plan für die kommende Konferenz.

- Formuliert eure Argumente und bedenkt, wie ihr Gegenargumente entkräften könnt. Denkt „über den Tellerrand" hinaus.
- Wenn es die Zeit zulässt, recherchiert im Internet. Vielleicht findet ihr weitere gute Verhandlungspositionen.
- Nehmt Kontakt zu anderen Staaten auf.
- Plant eure Vorgehensweise während der Konferenz.
- Notiert eine kurze Stellungnahme, die zu Anfang der Konferenz verlesen wird.
- Visualisiert gegebenenfalls eure Standpunkte.

C Ablauf der Konferenz und Ergebnis

- Die Konferenz beginnt, indem jeweils ein Vertreter der Gruppen die nationale Stellungnahme vorliest.
- Im Anschluss beginnt die Diskussion. Die Argumente werden ausgetauscht. Notiert, welche Vorschläge akzeptabel und welche zu kritisieren sind.

Nachdem alle Interessen ausgiebig beleuchtet wurden, werden Ziele und mögliche Sanktionen für Klimasünder verfasst. Im Anschluss findet eine Abstimmung statt. Versucht, mindestens drei Ziele und zwei mögliche Sanktionsmaßnahmen zu formulieren. Die Abstimmung über die Vereinbarung sollte, muss jedoch nicht einstimmig verlaufen.

D Reflexion

Die Abstimmung ist vorüber. Schlüpft nun aus eurer Rolle und stellt euch als Schüler folgende Fragen:

- Welche Lösung überzeugte inhaltlich am meisten?
- Welche Staaten überzeugten während der Konferenz besonders durch ihre Gesprächs- und Argumentationstechnik?
- Welche Interessen sorgen für die größten Schwierigkeiten?
- Sind die Meinungsverschiedenheiten zum Teil unüberwindbar?
- Wo liegen Chancen zum Kompromiss?

E Eigene Meinung

- Welche Klimaschutzziele würdest du persönlich gut finden?
- Glaubst du an eine internationale Lösung?
- Findet ihr ein solches Rollenspiel im Allgemeinen gut?
- Wie bewertet ihr die Umsetzung eures Rollenspiels?

Die Fidschi Inseln

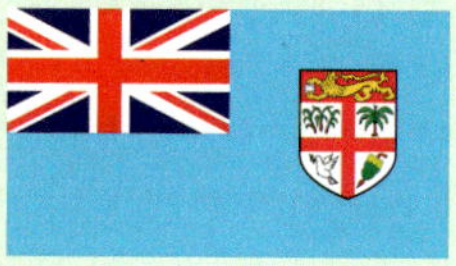

In eurer Heimat, einer Inselgruppe im Südwestpazifik, leben 840000 Einwohner. Die Menschen auf den Fidschi-Inseln leben hauptsächlich von der Landwirtschaft und dem Fischfang. Touristen aus Australien und Neuseeland sorgen für frisches Geld in den Staatskassen der Fidschi-Inseln.
Schon jetzt kämpfen die Inseln der Südsee mit den Folgen des Klimawandels. Der Temperaturanstieg des Pazifiks zerstört Korallenriffe und somit ein intaktes und einzigartiges Ökosystem vor den Küsten der Fidschi-Inseln. Die Erwärmung der Meere zerstört zudem die Lebensgrundlage der Fischbestände, sodass der Fischfang rückläufige Fangquoten aufweist. Doch eure größte Sorge ist der Anstieg des Meeresspiegels. Durch den Anstieg drohen die Inseln unterzugehen. Mit gerade einmal 1,9 Tonnen CO_2-Emissionen pro Kopf und Jahr versteht ihr euch als unverschuldetes Opfer des Klimawandels und fordert daher eine radikale Senkung des CO_2-Ausstoßes der gegenwärtigen aber auch der zukünftigen Hauptemittenten. Ein Bekenntnis zum Klimaschutz und verpflichtende Ziele für die USA und Indien haltet ihr für unbedingt notwendig. Maßnahmen zur Klimaanpassung bekämpfen nur die Symptome, aber nicht die Ursachen des Klimawandels und sollten daher während der Konferenz weniger stark thematisiert werden.

Die USA

Ihr vertretet mit den Vereinigten Staaten von Amerika die größte Volkswirtschaft der Welt. Der Wohlstand eurer Nation basiert zu einem großen Teil aus energieintensiven Wirtschaftsbereichen. Dies wird wohl mit ein Grund gewesen sein, 1997 dem Kyoto-Protokoll als einzige Industrienation eine Absage erteilt zu haben. Fast ein Fünftel (17,91 %) aller Treibhausgasemissionen stammten 2011 aus den USA. Der jährliche CO_2-Ausstoß pro Kopf und Jahr betrug ca. 18,6 Tonnen. Damit lag die USA auf Rang 11. Trotz dieser Zahlen weigert ihr euch weiterhin, die verpflichtenden Emissionsziele mitzutragen. Angesichts anderer aufstrebender Wirtschaftsnationen möchtet ihr eure wirtschaftliche Spitzenposition behaupten. Die Reduzierung des CO_2-Ausstoßes ist daher unzweckmäßig. Zudem besitzt ihr ausreichend große Ölquellen und mit Exxon Mobil ist auch der größte private Mineralölkonzern in den USA beheimatet. Diese wichtigen wirtschaftlichen Verhältnisse sorgen für Arbeitsplätze und Wohlstand. Kleinere Programme zur Klimaanpassung können während der Konferenz allerdings mitgetragen werden. Denn die Zunahme der schweren Hurrikan-Katastrophen in den USA zeigen, dass der Klimawandel auch Wirtschaftsmächte treffen kann.

Namibia

Namibia liegt im Süden Afrikas und euer Staat ist reich an Bodenschätzen. Infolgedessen gibt es bedeutsame Diamanten-, Zinn- und Kupferabbaustätten. Der Tourismus spielt dank der unberührten Natur eine immer bedeutsamere Rolle. Dank der Rohstoffvorkommen und der wachsenden Tourismusbranche zählt eure Heimat zu den reicheren afrikanischen Staaten. Doch auch nirgendwo sonst auf der Erde ist die Schere zwischen Arm und Reich so groß. Namibia emittiert gerade einmal 1,4 Tonnen CO_2 pro Person und Jahr und ihr empfindet generelle Reduktionswerte als nicht fair. Vielmehr müssten die bestehenden Werte in die Zielvorgaben mit einfließen. Wer wenig emittiert, sollte seinen Ausstoß nicht verringern müssen. Die Emissionsreduktion liegt in der Verantwortlichkeit der Klimasünder. Zudem sollte der Fokus der Konferenz eher an den Maßnahmen zur Klimaanpassung liegen. Die immer länger werdenden Trockenzeiten setzen den Menschen, der Vegetation und der Tierwelt immer mehr zu. Die reichen Staaten, die ihr Geld einem hohen Energieverbrauch verdanken, sollen die Klimaanpassungstechnologien für die vom Klimawandel betroffenen Staaten bezahlen. Nur durch Entwicklungshilfen kann den Opfern des Klimawandels geholfen werden.

Deutschland

Mit gegenwärtig 81,7 Mio. Einwohnern ist euer Heimatland zwar innerhalb der Europäischen Union ein Bevölkerungsriese, aber im internationalen Vergleich rangiert dieser Wert gerade einmal auf Platz 15. Dennoch zählt Deutschland zu den stärksten Wirtschaftsmächten weltweit. Nur vier Staaten der Erde besitzen ein höheres Bruttoinlandsprodukt. Die deutsche Wirtschaft zeichnet sich durch eine hohe Exportquote aus.
In Zukunft sollen auch grüne Technologien „Made in Germany" in das Ausland verkauft werden, um so den Wohlstand im eigenen Land zu vergrößern. Die ökologische Herausforderung wird von vielen deutschen Unternehmen als Chance verstanden, Kosten zu senken und neue Märkte zu erschließen. Als Vertreter der deutschen Politik versteht ihr euch als Vorreiter im internationalen Klimaschutz und akzeptiert nicht nur die Emissionsziele des Kyoto-Protokolls, sondern kämpft auch für ein weiterreichendes Konzept, indem sich auch die USA und die Schwellenländer zu einem verpflichtenden Emissionsziel bekennen sollen. Ihr fordert jedoch nicht nur ein, sondern möchtet beweisen, dass man auch als erfolgreiche Wirtschaftsnation ehrgeizige Klimaziele erreichen kann. So wird versucht, bis 2020 die Emissionen um 40 Prozent gegenüber 1990 zu senken.

Indien

Indien liegt auf einem Subkontinent im Indischen Ozean und wird nach Schätzungen der Vereinten Nationen bis zum Jahr 2045 das bevölkerungsreichste Land der Erde sein. Gegenwärtig besitzt eure Heimat die größte Demokratie der Welt und erreicht sogar in einigen Wirtschaftsdisziplinen internationales Spitzenniveau. Gegenwärtig liegt Indien bei Berechnungen zum CO_2-Verbrauch pro Person und Jahr weit hinten auf Rang 139. Deutschland verbraucht pro Einwohner ungefähr das Neunfache. Weitreichende Klimaziele würden für euch bedeuten, dass weiterhin ca. 44 Prozent der Haushalte keinerlei Zugang zum Stromnetz besitzen werden und der Weg zum Wohlstand verwehrt bleibt. Auch der durchschnittliche Stromverbrauch pro Kopf liegt ca. 19-mal niedriger als in den USA. Ihr findet es daher von den Industriestaaten wie Deutschland scheinheilig, sich für eine Erweiterung des Klimaschutzes auszusprechen. Basiert doch der Wohlstand dieser Nationen auf viel höheren Emissionswerten der Gegenwart und der Vergangenheit. Bei fortbleibender Entwicklung wird Indien im Jahr 2030 mit seinen Pro-Kopf-Emissionen noch immer weit hinter vielen Industriestaaten rangieren. Ihr erwartet von der Staatengemeinschaft Fördergelder für Anpassungsmaßnahmen an den Klimawandel. Die moralische Verpflichtung habt nicht ihr, sondern die reichen Industriestaaten.

Norwegen

In Nordeuropa liegt auf der skandinavischen Halbinsel eure dünn besiedelte Heimat. Laut dem Human Development Index genießen die fünf Mio. Norweger den höchsten Lebensstandard weltweit. Ihr seid bei der Energiegewinnung nicht auf andere Staaten angewiesen. Fast die gesamte Energie stammt aus umweltfreundlichen Wasserkraftwerken. Ein Großteil des Reichtums verdient ihr jedoch mit klimaschädlichen Rohstoffen.
Es gibt keinen westeuropäischen Staat, der mehr Erdöl fördert. Bei der Erdgasförderung belegt Norwegen gar den sechsten Platz der förderstärksten Nationen weltweit. Sowohl Erdöl als auch Erdgas werden an das Ausland geliefert. Die Gewinne, die dabei erzielt werden, tragen wesentlich zum Wohlstand der Nation bei. Ihr befindet euch daher in einer komfortablen Situation, da man zwar mit den klimaschädlichen Exportprodukten Gewinn erzielt, diese jedoch nicht selbst emittieren muss.
Ihr fordert daher ein weiterreichendes Abkommen, bei dem weiterhin nur die Emissionswerte als Zielkriterien definiert werden. Zudem fordert ihr die Schwellenländer dazu auf, verpflichtende Ziele mitzutragen. Neuregelungen, die auch die Förderleistung von beispielsweise Erdöl in die CO_2-Bilanz miteinberechnen würden, werden abgelehnt.

Die ökologische Herausforderung

Station 1 Klimawandel: größtes Zukunftsproblem oder alles nur halb so schlimm?

Überzeuge Herrn Kleinschmidt mit guten Antworten davon, dass er falsch liegt mit seiner Verharmlosung.

„Klimawandel – so etwas kann doch gar nicht von Menschen gemacht sein. Veränderungen kann es da nur durch natürliche Prozesse geben."

„O.K. – dann wird es halt ein bisschen wärmer auf der Welt. Da ist doch kein Problem dabei."

Verdeutliche ihm, warum es als sicher gilt, dass der aktuelle Klimawandel von Menschen mit verursacht ist.

Zeige ihm an drei auf der Welt zu beobachtenden Problemen auf, zu welchen Problemen die Erwärmung heute schon führt.

Folgende Begriffe müssen in deinen Antworten vorkommen:
Treibgasemission – Dürren – Kohlendioxid (CO_2) – Überschwemmungen – Lebensgrundlage – Gletscher – Ernteverluste

Station 2 Wirtschaftswachstum und Umweltschutz

Diese Karikatur findet man in vielen Veröffentlichungen, die sich kritisch mit dem quantitativen Wirtschaftswachstum beschäftigen.

1. Was versteht man unter quantitativem Wachstum? Erkläre es.
2. Warum kontrastiert die Karikatur das Wirtschaftswachstum mit Umweltzerstörung? Erläutere den Zusammenhang.
3. Was ist der Hauptunterschied zwischen quantitavem und qualitativem Wirtschaftswachstum? Definiere ihn in einem Satz.

Station 3 Was unternimmt die Politik zum Schutz des Klimas?

Wähle dein Thema A oder B!

A

B

- Was haben dieses Haus und/oder dieser Windpark Baltic 1 mit Klimaschutzpolitik zu tun? Entscheide dich für A oder B und erläutere die Zusammenhänge.

Station 4 Warum sind globale Klimaschutzziele schwierig zu erreichen?

Jährlich findet unter der Leitung der Vereinten Nationen (UNO) eine UN-Klimakonferenz statt. Hier debattieren Regierungsdelegierte über zukünftige internationale Klimaschutzvereinbarungen.

1. Nenne eine wichtige Vereinbarung, die im Rahmen einer UN-Klimakonferenz verabschiedet wurde, und erkläre ihre Bedeutsamkeit.
2. Begründe, warum es für die Beteiligten schwierig ist, sich auf gemeinsame Ziele zu einigen.

Die Europäische Union:

12 Erfolge, Krisen und Herausforderungen

Warum brauchen wir das vereinte Europa?

1. Allein nachdenken

Leben im vereinten Europa ohne Grenzen mit gemeinsamer Währung: Welche Vorteile und welche Probleme siehst du darin?

2. Zu zweit beraten

Betrachtet die Fotos: Was können Gründe dafür sein, dass die einen sich über die EU freuen und die anderen protestieren?

3. In der Klasse sammeln

Warum ist es wichtig, in einem vereinten Europa zu leben? Mit welchen Problemen hat Europa zu kämpfen?

Bei der Arbeit an diesem Kapitel könnt ihr ...

- beschreiben, wie die EU in unseren Alltag hineinwirkt,
- darstellen, wie in der EU Entscheidungen getroffen werden, und dabei die wichtigen EU-Institutionen vorstellen,
- am Beispiel der Euro-Finanzkrise herausfinden, wie eine solche Krise entsteht und welche Wege hinausführen können,
- darüber diskutieren, wie weit die Existenz der Europäischen Union vom Euro abhängt,
- euer eigenes Bild von der Zukunft Europas entwickeln.

Eigene Schwerpunkte könnt ihr setzen, indem ihr ...

- euer eigenes Portfolio über die EU erstellt und darin all das dokumentiert, was euch persönlich wichtig erscheint.

1 Wie erleben wir Europa im Alltag?

Hier lernt ihr Herrn Kleinschmidt kennen. Er ist einer von denen, die denken, dass sie mit Europa und der Europäischen Union nichts zu tun haben. Wenn ihr den Text gelesen habt, könnt ihr erklären, warum das nicht stimmt.

Wenn Herr Kleinschmidt morgens das Licht anknipst, denkt er nicht an Europa, aber Europa kümmert sich um ihn. Eine Energiesparlampe erleuchtet ihm den Weg ins Bad, weil die EU das für alle Mitgliedstaaten ab 2009 so beschlossen hat. Im Bad scheint Europa weit weg zu sein. Aber das Wasser, mit dem er sich die Zähne putzt, muss der von der EU vorgeschriebenen „Qualität von Wasser für den menschlichen Gebrauch" entsprechen. So legt es die EU-Richtlinie fest, die seit dem 1. Januar 2003 in Deutschland Gesetz ist.

Daran denkt Herr Kleinschmidt beim Duschen natürlich nicht, auch nicht daran, was mit dem Wasser geschieht, das in den Abfluss läuft. Eine EU-Richtlinie über die Behandlung kommunalen Abwassers schreibt vor, dass die Gemeinde, in der Herr Kleinschmidt lebt, an eine Kläranlage auf dem neuesten Stand der Technik angeschlossen sein muss.

Herr Kleinschmidt mag Cornflakes zum Frühstück. Würde er sich die Mühe machen, das Kleingedruckte auf den Verpackungen zu lesen, käme er direkt mit Europa in Kontakt.

Die EU ist ein Thema, das nur die Politiker verstehen.

E-Stoffe müssen mit einer Nummer versehen auf den Packungen vermerkt sein. Das sind Konservierungs- und Beimischungsstoffe, die nicht typisch für ein Lebensmittel sind. Herr Kleinschmidt weiß nicht, dass das „E" in den 305 kennzeichnungspflichtigen Zusatzstoffen für „Europa" steht. Auch die Kennzeichnungszahl auf Herrn Kleinschmidts Frühstücksei ist das Ergebnis eines europaweiten Beschlusses und verrät den Kennern, ob das Huhn, das es gelegt hat, ein Freilandhuhn war. Orangensaft aus Portugal, Butter aus Österreich, Tomaten aus Spanien und Salami aus Tschechien gehören für Herrn Kleinschmidt zum selbstverständlichen täglichen Warenangebot.

Da es den europäischen Binnenmarkt gibt, gibt es keine Handelshemmnisse und keine zeitlichen Verzögerungen an den Grenzen. So dauert es oft weniger als 24 Stunden, bis Waren aus allen Ländern der Union hier frisch angeboten werden können. Der unkomplizierte Warenverkehr wirkt sich auch auf die Preise aus. Wenn Herr Kleinschmidt Obst und Gemüse im Wert von 6 Euro einkauft, so müsste er – nach Berechnungen der Europäischen Kommission – im Nicht-EU-Land Schweiz für die gleiche Menge bis zu zehn Euro bezahlen, für Fleisch sogar das Doppelte.

Mit der Europäischen Union habe ich als einfacher Bürger nichts zu tun.

Dass Herrn Kleinschmidts neuer Kühlschrank eine Garantiezeit von zwei Jahren hat und dass dieser keine giftigen Stoffe an die Umwelt abgeben darf, hat auch die Europäische Union beschlossen.

Steigt Herr Kleinschmidt in sein Auto ein, wird's ebenfalls europäisch. Europäisches Recht zwingt alle Automobilhersteller zum Katalysatoreinbau. Sollte Herr Kleinschmidt doch einmal ins europäische Ausland fahren, kann er sein neues Auto überall da kaufen, wo es am billigsten ist, und nach Hause mitnehmen. Der Automobilhersteller muss sein Altauto kostenfrei zurücknehmen und recyclen. Aus dem Ausland nach Hause telefonieren kann er auch günstiger als in früheren Zeiten. Seit dem 1. Juli 2009 ist nämlich eine EU-Verordnung in Kraft, welche die Mobiltelefonanbieter zwingt, Handy- und SMS-Gebühren um bis zu 60 Prozent zu reduzieren.

Außerdem gibt es über die EU nur Negatives zu berichten.

1. Fasst zusammen, welche europäischen Regelungen in den Alltag von Herrn Kleinschmidt eingreifen.
2. Bewertet die Äußerungen von Herrn Kleinschmidt, indem ihr sie mit den Textaussagen vergleicht.

Worin sehen wir den Wert der Europäischen Union?

Euer Auftrag:
- Geht den Fragebogen zunächst allein durch. Notiert mithilfe der Ziffern die Möglichkeiten, die ihr für wichtig haltet.
- Tauscht euch in Kleingruppen darüber aus. Versucht gemeinsam, euch auf eine Liste besonders wichtiger Möglichkeiten zu einigen. Dabei sollte es keine Begrenzung in der Anzahl geben.
- Entscheidet euch für einige wichtige Möglichkeiten, über die ihr gerne in der gesamten Klasse miteinander reden möchtet.

Nr.	Möglichkeiten der EU-Bürger	ist für mich wichtig	ist eher unwichtig
1	Durch Europa reisen können, ohne an Grenzen anhalten zu müssen und kontrolliert zu werden		
2	Mit dem Euro als gemeinsame Währung in vielen Ländern bezahlen zu können		
3	Andere Jugendliche in anderen Ländern Europas zu treffen und kennenzulernen		
4	In Frieden und freundschaftlichen Beziehungen mit allen anderen Staaten in Europa zu leben		
5	Die Probleme des Umweltschutzes gemeinsam bewältigen zu können		
6	An den Wahlen zum Europäischen Parlament teilnehmen zu können		
7	Gesetze zu haben, die in allen Mitgliedstaaten der EU in gleicher Weise gelten		
8	Im außereuropäischen Ausland als Europäer angesehen zu werden		
9	Meinen späteren Beruf in jedem anderen Land der Europäischen Union ausüben zu können		
10	Sich gegenseitig zu helfen, wenn eines oder wenn mehrere der Mitgliedstaaten in Schwierigkeiten geraten		
11	Menschen aus allen Mitgliedstaaten das Recht zu geben, in Deutschland leben und arbeiten zu können		
12	Lebensmittel und andere Waren ohne Preisaufschläge zu kaufen, die aus allen Ländern der EU kommen		
13	Werte und Einstellungen zum Zusammenleben der Menschen zu haben, die in allen Mitgliedstaaten in gleicher Weise gelten		
14	Sicher zu sein, dass der Weg zur Integration der Staaten Europas immer weiter fortschreitet		

Methodenkarte 16

Ein persönliches Portfolio erstellen

Thema: Europa

A Worum geht es?

In einem Portfolio erstellst du deine ganz persönliche Mappe zu einem Thema, über das ihr euch im Unterricht verständigt habt – in diesem Fall zum Thema Europa. Du kannst dann deine Arbeiten dokumentieren und beschreiben, was du für besonders wichtig an diesem Thema hältst und was du dir langfristig merken möchtest.

Der Begriff wurde aus den lateinischen Wörtern *folion* (= Blatt) und *portare* (= tragen) zusammengesetzt. Ursprünglich verstand man darunter eine Mappe aus Arbeiten, mit denen sich Künstler und Architekten im Mittelalter um Aufträge bewarben. Diese Grundidee gilt auch heute noch. In einem Portfolio kannst du zeigen, was du kannst und was du gelernt hast. Wenn du die fertige Mappe vorstellst, geht es auch darum, dein Können und deinen Fleiß unter Beweis zu stellen.

B Was sind die Vorteile?

Drei besondere Vorteile hat die Portfolioarbeit: Du kannst

- dich mit Themen beschäftigen, die du selbst ausgewählt hast,
- deine Mappe nach deinen individuellen Vorstellungen gestalten,
- über einen längeren Zeitraum selbstständig arbeiten.

C Schritte zur Vorgehensweise

1. Verschaffe dir zunächst einen Überblick über das gesamte Kapitel „Die Europäische Union".
2. Triff deine Entscheidung für die Pflicht- und Wahlthemen.
3. Zu Hause (z. B. im Internet) kannst du zu den Themen deiner Arbeit auf die Suche nach weiteren Materialien gehen. Wähle aus den gesammelten Materialien einige wenige aus, die du in deine Mappe aufnimmst und die du deinen Lesern mit eigenen Worten vorstellen wirst.
4. Entscheide dich für eine ansprechende Form bzw. ein ansprechendes Design. Mit einem Portfolio verhält es sich so wie mit einer Bewerbungsmappe. Die Form ist ebenso bedeutsam wie der Inhalt.
5. Fertige am Ende der Arbeit ein Inhaltsverzeichnis an, das du an den Anfang deines Portfolios setzt.

Lege dein fertiges Portfolio zum vereinbarten Termin vor.

A Mögliche Pflichtthemen

1. Wie erleben wir die EU im Alltag?
2. Was sind die gemeinsamen Werte und Ziele?
3. Was waren wichtige Etappen auf dem Weg zur EU?
4. Was ist der europäische Binnenmarkt?
5. Wie funktioniert die Europäische Währungsunion?
6. Wie wird in der EU Politik gemacht?
7. Welche Aufgaben haben die europäischen Institutionen?

Einigt euch in der Klasse auf eine bestimmte Anzahl von Pflichtthemen (z. B. 4 aus 7).

B Mögliche Wahlthemen

Wählt eines (oder zwei) aus der Liste zur Bearbeitung aus.

Erzählung: Wie Europa zu seinem Namen kam – Die Sage von der Prinzessin Europa mit eigenen Bildern oder als Comic

Zukunftsvision: Wie ich mir Europa in zehn, zwanzig oder dreißig Jahren vorstelle

Interview: „Was halten Sie von der EU?"

Argumentation: Pro und Kontra und meine Argumentation zu einem umstrittenen Thema

Dokumentation: Ein Mitgliedsland der EU meiner Wahl, dokumentiert in Bildern und Texten

Beispiel 1

zeigt zwei Blätter aus einem Portfolio der Schülerin Julia (16 Jahre). Sie hatte vier Wochen Zeit für die Bearbeitung und hat die meisten Arbeiten außerhalb der Unterrichtszeit erledigt. Zwei der Unterrichtsstunden zum Thema Europa hat sie darin in Protokollform dokumentiert.

Liebe Tamina,

in der Schule sprechen wir im Moment über das Thema Europäische Union (EU).
In meinem Portfolio werde ich mich mit folgenden Themen beschäftigen:
1. Die Sage von Europa.
2. Was ist die EU und welche Funktionen hat sie.
3. Die wichtigsten Etappen auf dem Weg zur Europäischen Union.
4. Wie funktioniert die Europäische Währungsunion.
5. Welche Aufgaben haben die europäischen Institutionen.
6. Alle Mitgliedsstaaten.
7. Mein Land - Großbritannien.
8. Europäische Problemzone: Der Türkei-Beitritt

Ich habe mich für diese Bereiche entschieden, weil ich wissen möchte, woher der Name "Europa" stammt, warum die EU gegründet wurde und welche Aufgaben die Organe/Institutionen der EU haben. Im Alltag werden zwar immer die Institutionen genannt, aber ich kann mit den Begriffen nichts anfangen. Außerdem interessiert mich, warum der Euro eingeführt wurde.
Als Land, was ich vorstellen möchte, habe ich mich für Großbritannien ausgesucht. Da ich die Sprache im Unterricht lerne, habe ich schon einiges über das Land erfahren. Dieses Wissen möchte ich noch erweitern, da ich mir vorgenommen habe, irgendwann mal dort Urlaub zu machen.
Zur Beantwortung meiner Fragen werde ich erst alle Seiten in meinem Sozialkundebuch lesen. Danach werde ich im Lexikon nach entsprechenden Infos suchen und das Internet zur Hilfe nehmen.

Liebe Tamina,
ich wünsche dir viel Spaß beim Lesen und hoffe, dass du am Ende viel über die EU erfahren hast.

Julia ☺

Die Sage Europas

Liebe Tamina,
über die Entstehung "Europas" gibt es eine griechische Sage:

"Vor etwa 3000 Jahren wohnte eine sehr schöne phönizische Prinzessin, namens Europa, mit ihren Eltern in einem großen Palast.
Sie liebte es im Wald spazieren zu gehen, und Tiere zu beobachten."
Als der Göttervater Zeus Europa erblickte, verliebte er sich Hals über Kopf in sie und wollte das Mädchen unbedingt kennen lernen. Da er wusste, dass das die Prinzessin Tiere liebte, verwandelte er sich in einen wunderschönen weißen Stier. Als Europa den schönen und sanften Stier sah, wurde sie natürlich aufmerksam und näherte sich ihm vertrauensvoll. Der Stier legte sich unbeweglich hin, und wartete auf Europa, damit sie näher kam. Als die Prinzessin sich auf seinen Rücken gesetzt hatte, sprang der Stier - der eigentlich Zeus war - auf und lief mit dem überraschten Mädchen auf seinem Rücken davon. Europa schrie, und verstand nicht, warum sie von diesem Stier entführt wurde. Schnell ergriff sie die Hörner des Stiers und bemerkte, dass sie keine Angst mehr hatte.
Am nächsten Tag fanden sie sich an einem Strand wieder, der zur heutigen Insel Kreta gehört. Dort entschied sich Zeus, sich wieder in einen Menschen zu verwandeln. Als Europa den Göttervater erblickte, verliebte sie sich unsterblich in ihn. So bekamen sie drei Söhne: Minos, Rhadamanthys und Sarpedon.
Diesen Erdteil, auf dem sich Zeus und Europa niederließen, nannte man später Europa, nach dem Namen der schönen Prinzessin.

Foto: Europa Spiel, Europäische Kommission - Deutschland
Quelle: http://www.infopoint-europa.de/halloeuropa/Europa%20Sage.htm

Beispiel 2

Hier zeigen die beiden Zehntklässler Markus und Björn ihr in Partnerarbeit erstelltes Portfolio zum Thema Europa. Sie haben ein adressatenorientiertes Portfolio verfasst, indem sie es für einen Freund geschrieben haben. Vielleicht habt ihr es schon einmal gemerkt: Man lernt sehr gut, indem man etwas einer anderen Person erklärt.
Auch ihr könnt eure Mappe Personen oder Personengruppen widmen, die ihr kennt, z. B. den Eltern, Verwandten oder Freunden.

Hallo Horst!
Wie dir ganz sicher bewusst ist, liegt unser Land im Kontinent Europa. Sicherlich weißt du auch einiges über Europa, aber weißt du auch, was der europäische Binnenmarkt ist oder die Europäische Währungsunion? Um dir ganz genau zu erklären, was Europa eigentlich ist und welche Aufgaben es hat, haben wir diese und viele andere Punkte in einem wunderschönen und leicht verständlichen Portfolio erläutert. Wir hoffen, dir gefällt unser mit Mühe zusammengestelltes Portfolio und dass wir alle Fragen, die dir zum Thema Europa einfallen, beantworten können.
Zum Schluss gibt es ein Quiz!
Also Horst, wir wünschen dir viel Spaß bei deiner Wissenserweiterung.
Mit Grüßen
Deine Freunde Björn Müller und Markus Großmann

2 Die Europäische Union: Was ist das eigentlich?

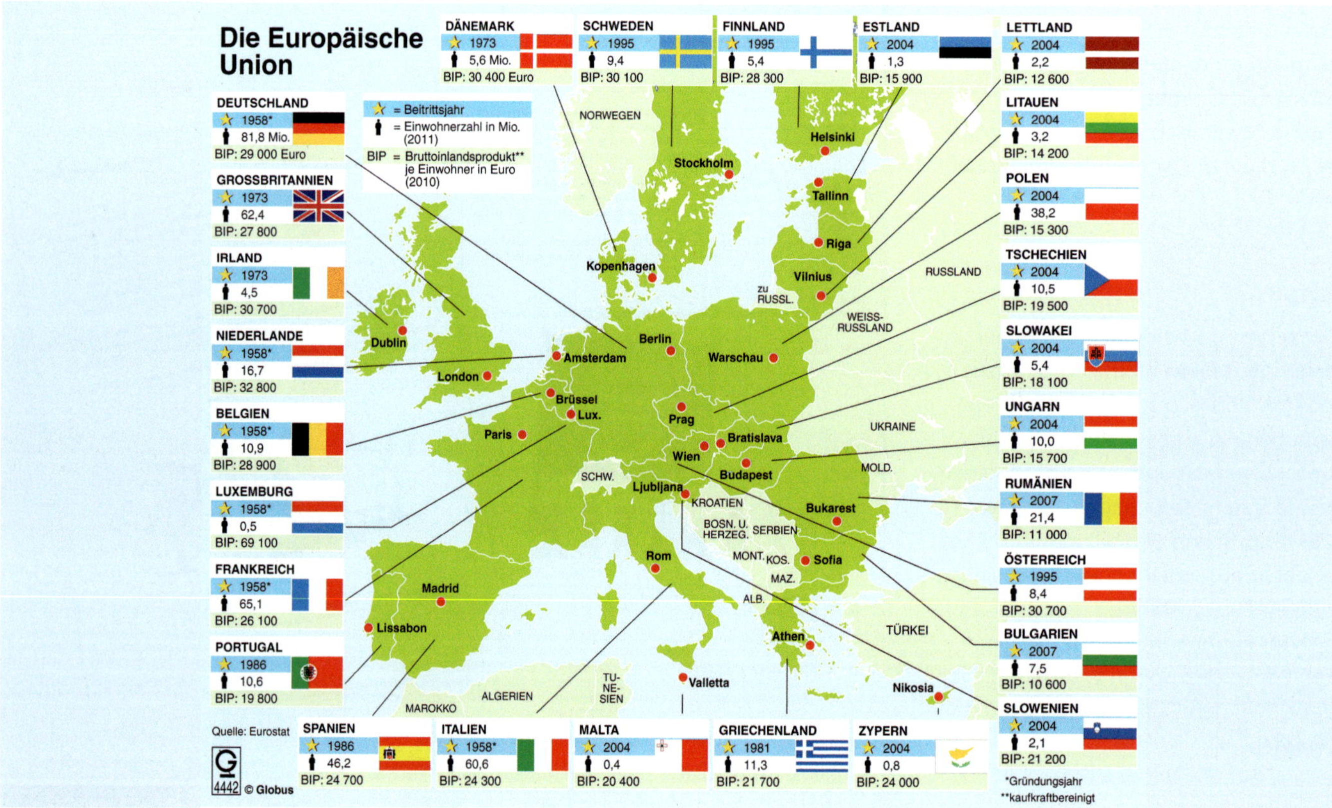

Wähle dein Thema!

Auf den folgenden Seiten werden in drei Teilthemen grundlegende Informationen zum Gesamtthema Europäische Union vorgestellt. Sieh dir die Seiten an und entscheide dann individuell, welches Thema du bearbeiten wirst. Jeder von euch sollte zumindest zu einem der Themen A, B, C einen Kurzvortrag vorbereiten.

Falls ihr euch für die Gestaltung eines persönlichen Portfolios entschieden habt, kann die von euch gewählte Thematik darin einen Schwerpunkt bilden.

Mit den folgenden Internetadressen könnt ihr euch zu allen Themenbereichen weitere Informationen beschaffen.

www.europa.eu • www.europarl.de • www.europa-digital.de • www.auswaertiges-amt.de • www.bpb.de • www.eu-kommission.de • www.jugendfuereuropa.de

Was auch noch interessant sein kann:

- ein Mitgliedsland deiner Wahl vorstellen: Suche dir ein Mitgliedsland aus, das dich besonders interessiert, und erstelle dazu einen Ländersteckbrief mit Angaben über die Größe, Einwohnerzahl, Hauptstadt, touristische Sehenswürdigkeiten, auch über die Staatsform, die Regierung, das Parlament usw., über die wirtschaftliche Situation im Land … Länderberichte über alle Mitgliedstaaten der EU findest du hier:

www.auswaertiges-amt.de • www.aktuell-lexikon.de
www.weltalmanach.de • www.europa.eu

A Was waren wichtige Etappen auf dem Weg zur EU?

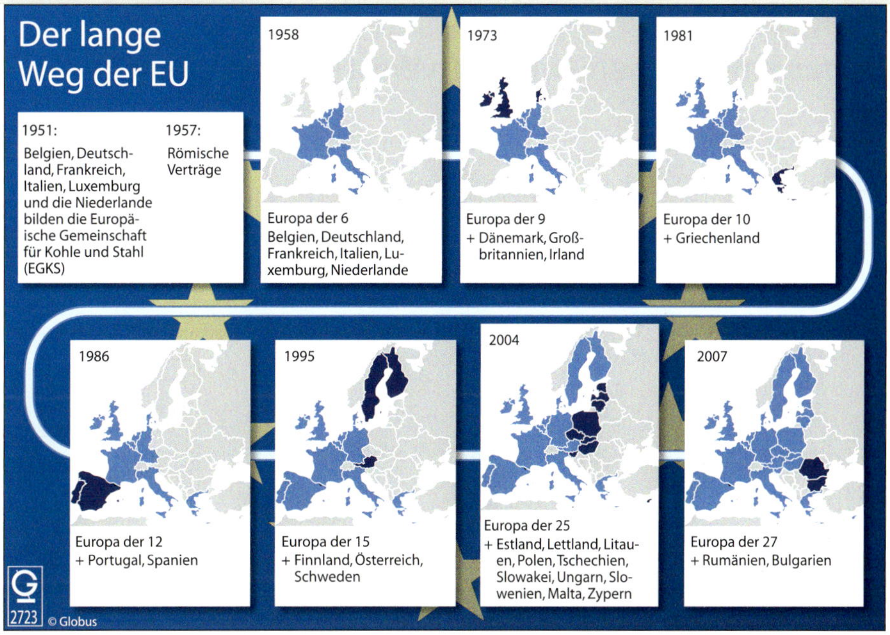

Sehnsucht nach Frieden

Nach dem Ende des Zweiten Weltkrieges 1945 gab es überall in Europa eine große Sehnsucht nach Frieden. Es entstand eine „Europabewegung", die den friedlichen Zusammenschluss der Völker Europas forderte.
Kurz nach Kriegsende legte der französische Außenminister Robert Schuman einen Plan vor, der die Europäer in einem Bündnis zusammenschließen sollte. Die Idee war, dass Nationen, die in einem Bündnis zusammenarbeiten, nicht mehr aufeinander schießen werden. 1951 gründeten Frankreich, Italien, Belgien, Luxemburg, die Niederlande und die Bundesrepublik Deutschland die *Europäische Gemeinschaft für Kohle und Stahl (EGKS)*. Schon sechs Jahre nach Kriegsende war damit ein erster Schritt zur Einigung Europas vollbracht.

Von der EWG 1957 …

Das Gründungsdatum der *Europäischen Gemeinschaft* ist der 25. März 1957. Mit der Unterzeichnung der „Römischen Verträge" schlossen sich sechs Gründernationen in der Hauptstadt Italiens zur Europäischen Wirtschaftsgemeinschaft zusammen (EWG).
Von der Gründung an erlebte das Europa der Sechs einen starken wirtschaftlichen Aufschwung und wurde zunehmend für weitere Staaten attraktiv. Zwischen 1973 und 1995 traten weitere neun Staaten der Gemeinschaft bei.

… zur EU 1993

1993 war ein wichtiges Jahr auf dem Weg zur Integration. Der europäische Binnenmarkt begann und der Vertrag von Maastricht trat in Kraft. Durch diesen Vertrag wurde die Bezeichnung EG durch EU (= Europäische Union) ersetzt. Die Einführung der Unionsbürgerschaft ist darin festgelegt, die Schaffung einer Währungsunion und die Festschreibung all der Politikbereiche, die von diesem Datum an gemeinsam geregelt werden.
Am 1. Januar 2002 wurde der Euro als Bargeld eingeführt. 2004 vollzog die EU ihre größte Erweiterung, indem sie zehn neue Mitgliedstaaten aufnahm. 2007 erweiterten Bulgarien und Rumänien die EU auf 27 Mitgliedstaaten. Mit der Aufnahme Kroatiens 2013 werden es 28 sein.

Rückschläge

Im Prozess der Einigung Europas hat es immer wieder Rückschläge gegeben. Hauptgrund dafür ist der ständige Konflikt zwischen Einzelinteressen und Gemeinschaftsinteressen. Immer wieder kommt es vor, dass Mitgliedstaaten ihren eigenen Interessen den Vorzug geben vor den Interessen der Gemeinschaft.
Zu den Rückschlägen gehört die Ablehnung der Europäischen Verfassung im Jahr 2005 durch Volksabstimmungen in Frankreich und den Niederlanden. Auch zählt dazu die Krise des Euro bzw. der hohen Staatsverschuldung vieler EU-Staaten, welche die Union seit 2010 in Atem hält.

So kannst du deine Ergebnisse präsentieren:

1. Gib einen Überblick über die wichtigsten Ereignisse auf dem Weg zur heutigen EU.
2. Wähle von den Daten drei aus, die dir besonders wichtig erscheinen, und begründe, warum.

B Was sind die gemeinsamen Werte und Ziele in der EU?

Der Vertrag von Lissabon

Der Vertrag von Lissabon trat am 1. Dezember 2009 in Kraft. Er bildet die Grundlage für die Zusammenarbeit und hat die Funktion, die auf 28 und später mehr Mitgliedstaaten erweiterte Union handlungsfähig für die Zukunft zu machen. Deshalb wird er auch Reformvertrag genannt. Neben vielen anderen Vereinbarungen enthält er die Werte und Ziele, welche die Mitgliedstaaten verbinden und ihren Zusammenhalt fördern sollen. Neue Mitglieder können nur dann in die EU aufgenommen werden, wenn sie die gemeinsamen Werte aktiv fördern. Der Reformvertrag fasst diese Werte, auf die sich die Europäische Union gründet, erstmals klar zusammen. Zu ihnen zählen vor allem: die Achtung der Menschenwürde, Freiheit, Demokratie, Rechtsstaatlichkeit, Menschenrechte, Vielfalt, Toleranz, Gerechtigkeit, Solidarität und die Gleichheit von Mann und Frau. Der Reformvertrag nennt auch die gemeinsamen Ziele, die die Europäische Union verfolgt. Dazu zählen beispielsweise

- die Förderung von Frieden, Werten und Wohlergehen der Völker der Union;
- die nachhaltige Entwicklung Europas auf der Grundlage eines ausgewogenen Wirtschaftswachstums und von Preisstabilität;
- eine wettbewerbsfähige soziale Marktwirtschaft, die auf Vollbeschäftigung und sozialen Fortschritt abzielt;
- der Umweltschutz;
- die Bekämpfung von sozialer Ausgrenzung;
- die Förderung sozialer Gerechtigkeit;
- die Solidarität zwischen den Mitgliedstaaten;
- der Schutz und die Entwicklung des kulturellen Erbes Europas.

(Aus: Dr. Gerhard Sabathil, Der Vertrag von Lissabon – Die EU-Reform 2008 im Überblick, hg. von der Vertretung der Europäischen Kommission in der Bundesrepublik Deutschland, Berlin 2008)

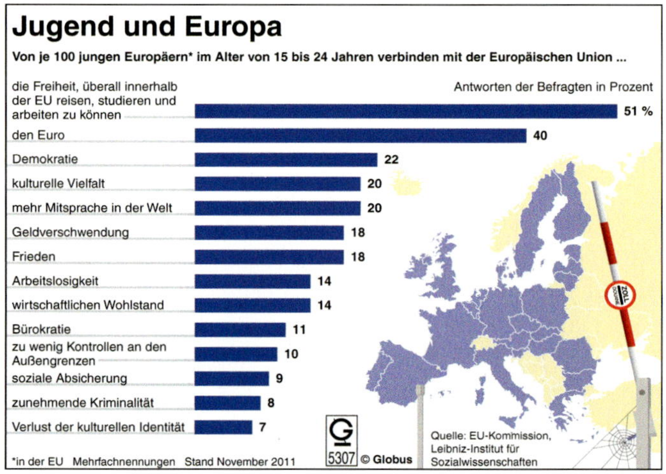

Die EU und die Menschenrechte

Seit einigen Jahren führt die EU einen Dialog über Menschenrechte mit Ländern wie Russland, China und Iran. Gegen Simbabwe und Burma (Myanmar) hat sie Sanktionen wegen Menschenrechtsverletzungen verhängt. Zur weltweiten Förderung der Menschenrechte hat die EU die Initiative für Demokratie und Menschenrechte eingerichtet, für die im Zeitraum 2007 bis 2013 Mittel in Höhe von 1,1 Milliarden Euro bereitgestellt werden und die die Achtung der Menschenrechte und der Demokratie in einen globalen Kontext stellt. Ihre Schwerpunkte sind: […]

- Abschaffung der Todesstrafe in Ländern, in denen es diese noch gibt;
- Bekämpfung von Folter durch vorbeugende Maßnahmen (Schulung der Polizeikräfte) […];
- Bekämpfung von Rassismus und Diskriminierung durch gewährleistete Wahrung der politischen und bürgerlichen Rechte. Mit dieser Initiative werden auch Projekte zur Förderung der Gleichbehandlung von Frauen und Männern und zum Schutz von Kindern finanziert.

(Aus: Wie funktioniert die Europäische Union? Politikfeld Menschenrechte, hrsg. von der Europäischen Union, im Internet unter www.europa.eu, letzer Zugriff 01.03.2012)

So kannst du deine Ergebnisse präsentieren:

1. Was unternimmt die EU zum Schutz der Menschenrechte? Berichte von der Initiative.
2. Stelle die Aussagen über den Vertrag von Lissabon übersichtlich dar.
3. Welche Werte und Ziele hältst du für besonders wichtig? Triff eine Auswahl und begründe deine Wahl.

C Was ist der europäische Binnenmarkt?

Ein grenzenloser Raum für 495 Millionen Europäer – der Binnenmarkt ist Europas ehrgeizigstes Projekt und gleichzeitig das Kernstück der wirtschaftlichen Integration der Mitgliedstaaten. [...]
Der freie Verkehr von Waren, Personen, Dienstleistungen und Kapital zwischen den Mitgliedstaaten bildet die Basis des Binnenmarktes.
Waren, die in einem EU-Land nach dort gültigem Recht hergestellt und verkauft werden dürfen, können überall im Binnenmarkt angeboten werden; berufliche Befähigungsnachweise werden heute überall im Binnenmarkt anerkannt.
Der europäische Binnenmarkt ist 1993 in Kraft getreten. Das Warenangebot ist seitdem bunter und vielfältiger geworden, Wettbewerb und das Ende nationaler Monopole haben die Preise vieler Waren und Dienstleistungen gesenkt, beispielsweise bei Telekommunikation, Energie oder Flugreisen.
Auch die Möglichkeit für Studierende, innerhalb der EU ohne aufenthaltsrechtliche Probleme den Studienort wechseln zu können, ist dem Binnenmarkt zu verdanken. Ein wesentliches Prinzip des Binnenmarktes ist, dass alle EU-Bürger innerhalb der gesamten EU wie Inländer behandelt werden müssen; jede Diskriminierung aus Gründen der Staatsangehörigkeit ist also EU-weit verboten. [...] Dass der europäische Binnenmarkt kein Markt „um jeden Preis" ist, beweist das hohe Niveau im Verbraucher- und Umweltschutz in der EU, denn grenzenlos bedeutet keineswegs, den Raum dem freien Markt zu überlassen: Vielmehr sind die europäischen Institutionen bei der Gesetzgebung vertraglich dazu verpflichtet, ein hohes Schutzniveau in den Bereichen Gesundheit, Sicherheit, Umweltschutz und Verbraucherschutz zu gewährleisten. So hat die EU beispielsweise Richtlinien zu folgenden Bereichen erlassen: Etikettierung gentechnisch veränderter Lebensmittel („Novel Food"), Sicherheit von Kosmetika, Schutz der Verbraucher vor irreführender Werbung oder bei Haustürgeschäften, Fahrgastrechte. Mitte 2011 wurde vom Europäischen Parlament eine Verordnung zur Lebensmittelkennzeichnung verabschiedet.

(Aus: Europa ohne Grenzen: Binnenmarkt und Verbraucherschutz, Hg. Europäisches Parlament, Informationsbüro für Deutschland, www.europarl.de, letzter Zugriff 17.01.2012)

Verschärfter Wettbewerb

Eine Marktöffnung, wie sie durch den europäischen Binnenmarkt geschaffen wurde, hat natürlich zur Folge, dass der Wettbewerb und die Konkurrenzsituation zunehmen. So gibt es bei den Unternehmen Gewinner und Verlierer. Nicht wettbewerbsfähige Firmen bleiben auf der Strecke. Auch gibt es eine spürbare Tendenz zu einer verstärkten Unternehmenskonzentration in Europa.

So kannst du deine Ergebnisse präsentieren:

1. Erkläre, was ein Binnenmarkt ist, und erläutere die vier Freiheiten mithilfe des Schaubildes.
2. Was sind wichtige Regelungen für die Menschen in der EU, die bisher im Rahmen des Binnenmarktes in Kraft gesetzt wurden?
3. Bietet der europäische Binnenmarkt mehr Chancen als Risiken? Nimm dazu Stellung und sprich mit deinen Mitschülerinnen und Mitschülern darüber.

3 Wie wird in Europa für Europa Politik gemacht?

Drei Beispiele für die Arbeit der Abgeordneten im Europäischen Parlament

A Schutz für Kinder vor gefährlichem Spielzeug

Das EP hat die neue Richtlinie über die Sicherheit von Spielzeug verabschiedet. Die Richtlinie sieht strengere Sicherheitsauflagen bei der Herstellung von Kinderspielzeug vor. Die Sicherheitsanforderungen betreffen etwa enthaltene chemische Stoffe, physikalische und mechanische Eigenschaften, Entzündbarkeit sowie elektrische Eigenschaften.
Die Richtlinie legt fest, welchen Sicherheitsanforderungen Spielzeug entsprechen muss, wenn es in der EU hergestellt und/oder verkauft werden soll. Sie gilt „für Produkte, die offensichtlich dazu bestimmt oder gestaltet sind, von Kindern unter 14 Jahren zum Spielen verwendet zu werden".

Abstimmung im EP am 18. Dezember 2008, Richtlinie angenommen mit 480 Stimmen, 73 Gegenstimmen, 40 Enthaltungen.

(Texte im Originalwortlaut der Veröffentlichung des Europäischen Parlaments (gekürzt), Quellen: Text A: Armin Czysz, www.eu-info.de, Texte B und C: www.europarl.eu; letzter Zugriff 02.11.2011)

B Autos sollen sicherer und umweltfreundlicher werden

Das EP hat eine neue Verordnung verabschiedet, mit der die Sicherheit und Umweltverträglichkeit von Autos verbessert werden soll. Als europaweite Serienausstattung wird die Einführung zusätzlicher Sicherheitssysteme bei Neuwagen, wie das Antiblockiersystem ESP, verbindlich vorgeschrieben. „Diese Verordnung ist ein Beispiel dafür, dass man Umwelt- und Verbraucherschutz miteinander vereinbaren kann", kommentierte Andreas Schwab (CDU), Berichterstatter des Europäischen Parlaments. Die geplanten Verbesserungen gingen zugunsten der Umwelt, verursachten aber keine höheren Kosten.

Abstimmung im EP am 10. März 2009, 610 Abgeordnete stimmten für die Verordnung, 34 dagegen, 20 enthielten sich der Stimme.

C Tierschutz: Verbot von Robbenerzeugnissen

Der Handel mit Robbenerzeugnissen in der EU wird verboten. Robben werden innerhalb und auch außerhalb der EU gejagt, um aus ihnen eine große Bandbreite an Erzeugnissen zu gewinnen: Fleisch, Öl, Organe und Felle. Die daraus hergestellten Produkte, wie unter anderem Textilien aus verarbeiteten Robbenhäuten und -fellen sowie Omega-3-Kapseln, wurden auch auf dem Gemeinschaftsmarkt gehandelt, wobei es für Verbraucher schwierig oder gar unmöglich ist, sie von ähnlichen, nicht von Robben stammenden Produkten zu unterscheiden. Sofern gegen Vorschriften dieser Verordnung verstoßen wird, sollen Sanktionen verhängt werden, die wirksam, verhältnismäßig und abschreckend sind.

Abstimmung im EP am 5. Mai 2009, 550 Abgeordnete stimmten für die Verordnung, 49 dagegen, 41 enthielten sich der Stimme.

Blick auf das Parlamentsgebäude des Europäischen Parlaments in Straßburg. Mit der Architektur des Rundgebäudes wollten die Architekten andeuten, dass die EU noch kein endgültig fertiges Gebilde ist.

1. Wie sinnvoll sind die getroffenen Entscheidungen für die Menschen in Europa? Sehr sinnvoll, teilweise oder gar nicht sinnvoll?
2. Bei den Entscheidungen für die vielen Mitgliedstaaten muss man Kompromisse finden. Ein einzelnes Mitgliedsland hätte vielleicht noch strengere Regeln erlassen können. Was ist besser: ein weniger strenges Gesetz, das alle Mitgliedstaaten zu gemeinsamem Handeln zwingt, oder ein strenges Gesetz, das aber nur in einem einzelnen Mitgliedstaat gilt? Wägt die Vor- und Nachteile ab und diskutiert dann miteinander.

Das Entscheidungsverfahren in der EU

1. Was versteht man unter dem Subsidiaritätsprinzip und unter einer EU-Verordnung oder Richtlinie? Erkläre die Bedeutung der Begriffe.
2. Erläutere die einzelnen Schritte im Prozess der Entstehung von EU-Gesetzen. Erkläre dabei auch, wie der Bund und die Länder auf das Verfahren Einfluss nehmen können.
3. Kannst du Gründe dafür finden, warum eine Erweiterung der Gesetzgebungsbefugnisse des Europäischen Parlaments sowohl Befürworter als auch Gegner hat?

Das Subsidiaritätsprinzip

Die Mitgliedstaaten haben der Europäischen Union das Recht übertragen, in vielen Politikbereichen Entscheidungen zu treffen, die für alle Unionsbürger Gesetzeskraft haben. Dabei gilt der Grundsatz der Subsidiarität. Das bedeutet: Entscheidungen müssen immer auf der untersten möglichen Ebene getroffen werden, alle Entscheidungen, die nur für eine Region gelten, auf der Ebene des Bundeslandes und alle Entscheidungen von Bedeutung für einen einzelnen Staat nur von den nationalen Parlamenten. Die EU wird nur in den Bereichen gesetzgeberisch aktiv, in denen eine gesamteuropäische Lösung wirksamer ist als Lösungen auf den unteren Ebenen der Politik.

Arten von EU-Gesetzen

In der EU gibt es zwei Arten von gesetzgeberischen Entscheidungen: *Richtlinien* und *Verordnungen*. Verordnungen sind EU-Gesetze, die unmittelbar nach ihrer Verabschiedung in allen Mitgliedstaaten geltendes Recht sind. Das kann zum Beispiel eine Verordnung über die Höchstgrenzen von Schadstoffen im Benzin oder dergleichen sein. Richtlinien sind Gesetzesentscheidungen, die bestimmte Forderungen an die Mitgliedstaaten stellen. Sie sind nicht unmittelbar geltendes Recht, sondern müssen erst innerhalb einer vorgegebenen Frist von den nationalen Parlamenten der Mitgliedstaaten in ein Gesetz umgewandelt werden.

Grundzüge der Entstehung eines EU-Gesetzes

Am Gesetzgebungsverfahren der EU sind immer drei Institutionen beteiligt:
1. Die Europäische Kommission: Sie allein hat das Recht, Gesetze vorzuschlagen.
2. Das Europäische Parlament: Es berät und entscheidet mit.
3. Der Rat der Minister: Er trifft letztendlich die Entscheidung.

In der Regel erarbeitet die Kommission einen Vorschlag, der dann dem Parlament und dem Ministerrat zugeleitet wird. Stimmen das Europäische Parlament und der Ministerrat dem Gesetz zu, kann es in Kraft treten. Gibt es keine Einigung zwischen dem Ministerrat und dem Parlament, wird ein Vermittlungsausschuss gebildet, der in gleicher Zahl aus Abgeordneten des Parlaments und des Ministerrats besteht.

Beteiligung des Bundestages und der Bundesländer

Wenn die Europäische Kommission einen Vorschlag für ein neues EU-Gesetz erarbeitet hat, muss sie diesen an die nationalen Parlamente aller Mitgliedstaaten zur Stellungnahme übersenden. Die Bundesregierung muss die Gesetzesinitiative im Bundestag beraten lassen, bevor sie eine Stellungnahme formuliert und an die Europäische Kommission zurücksendet.
Im Bundesrat haben die Vertreter der 16 Länderregierungen die Möglichkeit, die Interessen der Länder einzubringen. Artikel 23 des Grundgesetzes legt dazu fest: „In Angelegenheiten der Europäischen Union wirken der Bundestag und durch den Bundesrat die Länder mit.“

Kritik am Entscheidungsverfahren

Die Kritik am Entscheidungsverfahren in der EU lautet, es sei nicht demokratisch genug. Der Grund: Jedes EU-Gesetz hängt von der Zustimmung des Rates der Minister aus den einzelnen Ländern ab und diese haben ihr Amt durch Ernennung und nicht durch eine demokratische Wahl bekommen. Das Europäische Parlament kann zwar mitentscheiden, hat aber nicht die maßgebliche Entscheidungskompetenz (obwohl es die gewählte Volksvertretung ist).
Wollte man das Entscheidungsverfahren der EU weiter demokratisieren, müsste man das Gesetzgebungsrecht des EU-Parlaments erweitern. Für diese Forderung gibt es ebenso heftige Befürworter wie Gegner.

Welche Aufgaben haben die europäischen Institutionen?

Die wichtigsten Institutionen sollte man kennen, um zu verstehen, wie die Europäische Union funktioniert. Sie sind hier mit Fotos und Texten vorgestellt. Es fehlt allerdings die Zuordnung des jeweiligen Textes zum passenden Bild.

- Ordnet die Fotos den passenden Texten zu.

A Fünf Fotos

Neben den fünf hier abgebildeten Institutionen gibt es noch die Europäische Zentralbank und den Europäischen Rechnungshof.

B Fünf Texte

1 Die Europäische Kommission
Sie besteht aus 27 Kommissaren, die von den Regierungen der Mitgliedstaaten für die Dauer von fünf Jahren hierhin entsendet werden. Den Vorsitz führt der Kommissionspräsident. Er wird von den Staats- und Regierungschefs der Mitgliedstaaten ernannt und muss vom Europäischen Parlament durch Wahl bestätigt werden. Die Kommission hat das *Initiativrecht*. Das bedeutet, sie allein darf Vorschläge für europäische Rechtsvorschriften machen. Ihre Gesetzesvorschläge dürfen sich nur auf Angelegenheiten beziehen, die auf europäischer Ebene besser gelöst werden können als auf der nationalen, der regionalen oder der kommunalen Ebene. So schreibt es das *Subsidiaritätsprinzip* vor, wonach Entscheidungen in der EU immer auf der untersten möglichen Ebene getroffen werden müssen.
Das Foto zeigt den mit Übersetzerkabinen ausgestatteten festen Tagungsort in Brüssel.

2 Das Europäische Parlament
Es wird alle fünf Jahre von den Bürgerinnen und Bürgern in der EU gewählt und ist die demokratische Vertretung der Bürgerinnen und Bürger Europas. Zukünftig wird es aus 750 Mitgliedern und dem Parlamentspräsidenten bestehen. Die Anzahl der Sitze pro Land hängt von der Einwohnerzahl ab. Deutschland stehen 96 Sitze zu. Gemeinsam mit dem Rat entscheidet es (mit einigen Ausnahmen) über die europäischen Gesetze und es beschließt den Haushalt der EU.
Das Foto zeigt den Plenarsaal des Parlaments in Straßburg. Zusätzliche Arbeitsorte sind Brüssel und Luxemburg.

3 Der Rat, oft auch Ministerrat genannt
Der Ministerrat ist in Zusammenarbeit mit dem Europäischen Parlament der Gesetzgeber der EU. Hier treffen sich die Minister der Mitgliedstaaten, um europäische Rechtsvorschriften zu beschließen und um den Umgang mit bestimmten Themen und Problemen untereinander abzusprechen. Dabei wechselt die Besetzung je nach Thema. Geht es um ein Problem, dass mit dem europäischen Binnenmarkt zusammenhängt, treffen sich die Wirtschaftsminister. Geht es um den Umweltschutz, versammeln sich die Umweltminister im Rat. Seit 2009 werden die Treffen der Außenminister von dem Außenminister der EU geleitet. Er trägt den Titel „Hoher Beauftragter für Außen- und Sicherheitspolitik" und wird für die Dauer von fünf Jahren von den Regierungschefs bestellt.
Das Foto zeigt eine Sitzung des Ministerrates in der mit modernen Gemälden verzierten Hofburg in Wien.

4 Alle Staats- und Regierungschefs der Mitgliedstaaten bilden zusammen den **Europäischen Rat**. Man trifft sich mindestens zweimal im Jahr zu sogenannten Gipfeltreffen. In den Krisenzeiten rund um den Euro finden die Treffen viel häufiger statt. Die Sitzungen werden von einem Präsidenten geleitet, der vom Rat für zweieinhalb Jahre gewählt wird. Im Europäischen Rat wird auf höchster Ebene über wichtige Zukunftsfragen der EU verhandelt.
Das Foto entstand bei einem Gipfeltreffen 2009 in Brüssel.

5 In den **Europäischen Gerichtshof** entsendet jedes Mitgliedsland je eine Richterin bzw. einen Richter. Sie entscheiden bei europäischen Rechtsstreitigkeiten und überprüfen die Rechtmäßigkeit von Beschlüssen der anderen EU-Organe.
Das Foto zeigt das Gericht bei einer Urteilsverkündung am Sitz des Europäischen Gerichtshofes in Luxemburg.

1. Notiere für jede der fünf Institutionen eine oder zwei wichtige Aufgaben und präge sie dir ein.

Tipp: Auf der folgenden Doppelseite findet ihr eine Merkhilfe, mit der es euch leichtfallen wird, die Aufgaben der Institutionen der EU auseinanderzuhalten und langfristig zu speichern.

Wir vergleichen die EU mit einem Bus

Durchblick ist gefragt

In einem Buch mit dem Titel „Das neue Europa" finden wir folgenden Text: Konferenzen, Verträge, Gremien, Gesetze – das klingt alles furchtbar abstrakt: Will man es genauer wissen und fragt, wie die EU praktisch funktioniert und womit sich die verschiedenen Organe konkret befassen, ist zunächst ein wenig Geduld gefordert.

Lernhilfe Bilder

Ihr werdet euch in Zukunft zurechtfinden und erklären können, welches die wichtigsten Aufgaben der verschiedenen EU-Organe sind. Dazu solltet ihr euch das folgende Bild einprägen und die abstrakt wirkenden Bezeichnungen für die Institutionen der EU mit konkreten Teilen des Bildes verbinden.

Busfahrer | Motor | Fahrgäste | Wegweiser | Polizei

Eine Richtlinie zum Schutz wilder Tiere

Um ein Beispiel zu geben: Auf Wunsch von Tierschutz- und Umweltverbänden erarbeitet die EU-Kommission eine Verordnung oder Richtlinie, die den Schutz wild lebender Tiere europaweit verbessern soll. Dieser Entwurf wird dann dem Ministerrat und dem Parlament vorgelegt. Dort wird er geprüft, man berät sich, diskutiert und verlangt in vielen Fällen Veränderungen. Erst, wenn Ministerrat und Parlament der Verordnung oder Richtlinie zustimmen, ist sie angenommen. Dann wird sie im „Amtsblatt der Europäischen Gemeinschaften" veröffentlicht und ist von da an gültig. Aber Moment! Kommission, Ministerrat, Parlament? Verordnung oder Richtlinie? Wie soll man sich damit zurechtfinden?

(Aus: Ingke Brodersen, Rüdiger Damman: Das neue Europa, Ravensburger Buchverlag 2007, S. 94)

In jedem Bus muss es einen Motor geben. Er hat die Aufgabe, das Fahrzeug anzutreiben und zu beschleunigen. Dieser Motor ist die Europäische Kommission. Sie hat das alleinige Recht, Vorschläge für neue Gesetze zu machen. Damit treibt sie den Prozess der europäischen Gesetzgebung voran.

Beispiel Tierschutz: Der Vorschlag für ein neues Tierschutzgesetz kommt von der Europäischen Kommission.

Merke:

Europäische Kommission = Motor der EU

In jedem Fahrzeug trifft die Fahrerin bzw. der Fahrer letztendlich alle wichtigen Entscheidungen. Diese Aufgabe übernimmt der Rat, der auch Ministerrat genannt wird. Diese Institution ist – in Zusammenarbeit mit dem Europäischen Parlament – das wichtigste gesetzgebende Organ der EU. Zusammen mit dem Parlament beschließt der Rat alle für das gesamte EU-Gebiet geltenden Gesetze.

Beispiel Tierschutz: Das europäische Tierschutzgesetz kann nur in Kraft treten, wenn der Ministerrat es beschließt.

Merke:

Ministerrat = Fahrer im Bus der EU

In unserem Bild übernimmt die Rolle der Fahrgäste das Europäische Parlament. Es repräsentiert mit seinen gewählten Abgeordneten die Bevölkerung der gesamten EU. Nach und nach wurden seine Rechte erweitert. Mittlerweile entscheidet es gemeinsam mit dem Ministerrat über die europäischen Gesetze. Man kann sagen, Fahrer und Fahrgäste entscheiden gemeinsam, wohin die Reise geht. Die Fahrgäste haben aber noch weitere Rechte. Sie verwalten zum Beispiel die Reisekasse. Das bedeutet konkret, dass das Europäische Parlament das Haushaltsrecht besitzt.

Beispiel Tierschutz: Das Europäische Parlament muss dem neuen Tierschutzgesetz mehrheitlich zustimmen, bevor es in Kraft treten kann.

Merke:

Europäisches Parlament = alle Fahrgäste im Bus der EU

1. Mithilfe des Bildvergleichs könnt ihr nun nach und nach die Rolle der fünf wichtigsten EU-Institutionen vorstellen.

Mehrmals im Jahr finden gemeinsame Treffen aller Staats- und Regierungschefs der EU statt. Dieses Gremium hat den Namen Europäischer Rat. Seine Zusammenkünfte werden als europäische Gipfeltreffen bezeichnet. Die Staats- und Regierungschefs geben die Richtung vor, in die sich die EU entwickeln soll. Daher kann man sie als Wegweiser bezeichnen.

Beispiel Tierschutz: Der Rat der Staats- und Regierungschefs kann grünes Licht geben. Direkt beteiligt am Gesetzgebungsverfahren ist er nicht.

Merke:

Rat der Staats- und Regierungschefs = Wegweiser für die Richtung der Fahrt

Fehlt noch ein Kontrolleur, der aufpasst, dass auf dem Weg in das vereinte Europa die Regeln nicht verletzt werden. Diese Rolle übernimmt der Europäische Gerichtshof in Luxemburg. Mit seinen Entscheidungen kann er die Mitgliedsländer zur Einhaltung der europäischen Gesetze zwingen.

Beispiel Tierschutz: Bei Verstößen gegen ein neues europäisches Tierschutzgesetz kann der Europäische Gerichtshof angerufen werden.

Merke:

Europäischer Gerichtshof = Kontrolleur der EU

4 Problemfall Euro? Die Europäische Union in der Krise

Eine Geschichte von 17 Freunden zum Einstieg

Stelle dir eine Gemeinschaft von 17 Freunden vor. Sie haben sich zusammengeschlossen, weil sie gemeinsam zu mehr Wohlstand kommen wollen. Jeder will seinen Beitrag in seinem Haus dazu leisten. Dazu brauchen sie Geld. Eigentlich müsste das Geld reichen, das sie durch ihre Arbeit verdienen. Aber es reicht nicht, denn sie planen große Investitionen in ihren Häusern. So beschließen sie, Schulden zu machen. Jeder der Freunde leiht sich Geld bei einer Bank. Die Banken leihen ihnen gerne das Geld, weil sie zusätzlich zu den Rückzahlungen Zinsen erhalten. So wird das Schuldenmachen leicht gemacht. Einige der Freunde machen viel mehr Schulden als die anderen. Und als deren Banken das Geld zurückverlangen, können sie nicht bezahlen. Sie haben alles ausgegeben – sowohl ihre Einnahmen als auch das Geld aus den Bankkrediten. In ihrer Not leihen sich die hoch verschuldeten Freunde Geld bei anderen Banken, um damit ihre Schulden zu bezahlen. Sie bekommen das Geld, aber sie müssen höhere Zinsen als zuvor bezahlen. Kurze Zeit später haben fünf der 17 Freunde so viele Schulden angehäuft, dass sie nicht einmal mehr die Zinsen zurückzahlen können, geschweige denn das geliehene Geld.
Verzweifelt wenden sich die fünf an die übrigen Freunde und sagen: „Bitte, helft uns! Wir sind doch eine Gemeinschaft.“ Die übrigen Freunde möchten gerne helfen. Das Problem ist aber, dass sie ebenfalls Schulden bei den Banken haben, zwar nicht so viele wie die um Hilfe Rufenden, aber auch sie müssten sich das Geld leihen, um es den besonders hilfsbedürftigen Freunden zu geben.

Was sollen die zwölf Freunde, denen es besser geht, deiner Ansicht nach tun?

- Sie sollen den hoch verschuldeten Freunden Geld leihen und darüber wachen, dass diese in Zukunft sparsam sind und ihre Schulden zurückzahlen.
- Sie sollen die Banken bitten, den Freunden die Schulden zu erlassen.
- Sie sollen die Freunde aus der Gemeinschaft ausschließen, auch wenn sie damit rechnen müssen, dass diese dann keine Schulden mehr zurückzahlen können und einige Banken pleitegehen.

Entscheidet euch für eine der Möglichkeiten, beratet darüber zu zweit oder zu dritt. Überlegt gemeinsam, welche Parallelen zur Euro-Schuldenkrise die Geschichte enthält.

Wie kam es zur Euro-Schuldenkrise? Wie kommt man heraus?

Wahrscheinlich habt ihr gemerkt, dass in der Geschichte von den 17 Freunden viele Parallelen zur Eurokrise stecken. Keine andere Krise hat die Menschen in Europa in der jüngsten Vergangenheit so sehr beschäftigt wie diese. Wenn man eine Krise meistert, kann man stärker daraus hervorgehen.
Wenn man sie nicht meistert, kann ein Projekt wie die friedliche Vereinigung Europas auch darüber in Gefahr geraten. Das ist sicher Grund genug, eigene Überlegungen zur Euro-Krise anzustellen.

Wir untersuchen unterschiedliche Szenarien

Mit den Materialien auf den folgenden Seiten könnt ihr herausfinden, welche Ereignisse die Europäische Union in eine ihrer größten Krisen geführt haben und welche Szenarien zur Krisenbewältigung diskutiert werden. Zur Vorgehensweise werden folgende Schritte empfohlen:

Alle erarbeiten sich das notwendige Grundwissen, indem sie die Infoseite zur Europäischen Währungsunion bearbeiten.
Zu zweit bearbeitet ihr die Doppelseite zu den Ursachen der Krise.
Die drei Szenarien (S. 316f.) können in Dreiergruppen bearbeitet werden.
Gemeinsam beratet ihr in der Klasse, welches Szenario zur Bewältigung einer Schuldenkrise geeignet sein kann.

Die Europäische Währungsunion

1. Erkläre, was man unter einer Währungsunion versteht und welche Aufgaben die Europäische Zentralbank hat.
2. Welche Bedingungen (= Konvergenzkriterien) muss ein Land erfüllen, um Mitglied der Währungsunion zu werden? Notiere sie in jeweils einem kurzen Satz und präge sie dir ein.
3. Welche Strafen für das Schuldenmachen und welche Ausnahmen von Bestrafungen sind vorgesehen? Versuche eine Erklärung mithilfe des Schaubildes.

Grundlagen

Eine Währungsunion ist der freiwillige Zusammenschluss mehrerer Staaten mit dem Ziel, ihre unterschiedlichen Währungen abzuschaffen und einen gemeinsamen Währungsraum zu bilden. In der EU sollte die Währungsunion den europäischen Binnenmarkt vervollständigen. Die Grundidee war, dass es vernünftig ist, den gemeinsamen Markt ohne Zölle und Handelshemmnisse auch mit einer gemeinsamen Währung auszustatten. Die Währungsunion begann nach einer langen Vorbereitungszeit mit der Umstellung der nationalen Währungen auf den Euro am 1. Januar 1999. Als Bargeld kam der Euro am 1. Januar 2002 in Umlauf.

Die Konvergenzkriterien

Nicht alle Mitgliedstaaten der EU gehören automatisch der Währungsunion an. Voraussetzung ist die Erfüllung der sogenannten Konvergenzkritenen (Konvergenz = Übereinstimmung). Danach gelten folgende Bedingungen für die Aufnahme in die Eurozone:

- Die Geldentwertung darf nur gering und die Zinsen müssen stabil sein.
- Die Staatsverschuldung darf die Grenze von 60 Prozent des Bruttoinlandsproduktes nicht überschreiten. **Beispiel:** Erwirtschaftet ein Land im Laufe eines Jahres Waren und Dienstleistungen im Wert von 220 Milliarden Euro, so liegt demnach die Obergrenze für die Staatsverschuldung bei 132 Milliarden.
- Das Land darf sich jährlich nur um höchstens 3 Prozent seines Bruttoinlandsproduktes neu verschulden. **Beispiel:** Im oben genannten Fall dürfte die Neuverschuldung also höchstens 6,6 Milliarden Euro betragen.

Disziplin und „blaue Briefe"

Die Konvergenzkriterien sollen die Stabilität der neuen Währung garantieren. Hält ein Land die Kriterien nicht ein, droht zunächst eine Verwarnung in Form eines „blauen Briefes" und dann Geldstrafen (siehe Schaubild). Expertinnen und Experten führen die Ursachen der Krise in der Währungsunion darauf zurück, dass die Konvergenzkriterien von der Mehrzahl der Euro-Staaten nicht mehr strikt genug eingehalten wurden.

Die Europäische Zentralbank – Hüterin des Euro

Die Europäische Zentralbank mit Sitz in Frankfurt am Main ist für die Geldpolitik der Euro-Mitgliedstaaten verantwortlich. Die Hauptaufgabe der EZB ist die Sicherung der Preisstabilität im Euro-Gebiet (Wahrung der Kaufkraft des Euro). Die EZB wird deshalb häufig als „Hüterin der Währung" bezeichnet. Soweit es mit dem Ziel der Preisstabilität vereinbar ist, soll sie auch die allgemeine Wirtschaftspolitik der EU unterstützen. Nach der Definition der EZB ist Preisstabilität dann gegeben, wenn der Anstieg der Verbraucherpreise gegenüber dem Vorjahr unter 2 Prozent liegt. Um Preisstabilität zu erreichen, beobachtet die EZB die Preisentwicklung (Inflation) und kontrolliert die Geldmenge. […] Der Maastrichter Vertrag garantiert die Unabhängigkeit der EZB, damit sie ihre geldpolitischen Entscheidungen ohne Rücksicht auf politische Einflussnahme fällen kann.

(Aus: Zandonella, Bruno: Pocket Europa. EU-Begriffe und Länderdaten. Bonn: Bundeszentrale für politische Bildung 2007, vom Autor gekürzt)

Stationen auf dem Weg in die Krise

2002

Ab dem 1. Januar kommen die Euromünzen und -scheine in Umlauf. In Deutschland halten sich bei der Einführung die Befürworter und die Gegner des Euro in etwa die Waage (47 zu 44 Prozent, Quelle: Eurobarometer 2002). Die Gegner fürchten, die Gemeinschaftswährung werde nicht so stabil sein wie es die D-Mark zuvor war. Außerdem werden alle Preiserhöhungen dem Euro zur Last gelegt: „Euro = Teuro" lautet die Formel dafür.

Verletzung der Konvergenzkriterien

Noch im gleichen Jahr setzen sich Deutschland und Frankreich dafür ein, die Konvergenzkriterien vorübergehend außer Kraft zu setzen und Ausnahmen von den strengen Regeln zu erlauben (siehe Infoseite Europäische Währungsunion). Deutschland führt an, dass die enormen Kosten der Wiedervereinigung Deutschlands es erforderlich machen, die Staatsverschuldung vorübergehend über die Grenze hinaus zu erhöhen. In der Folge machen auch die übrigen Mitgliedstaaten immer mehr Schulden. Niedrige Kreditzinsen in der Eurozone erleichtern das.

2008

330 Millionen Menschen haben den Euro als eigene Währung in der Tasche. Die neue Währung hat sich als erstaunlich stabil erwiesen. In Deutschland verstummen die Kritiker, die lange Zeit der geliebten D-Mark hinterhertrauerten. Zu offensichtlich sind die Vorteile. Bei Auslandsreisen entfallen das lästige Geldumtauschen und die damit verbundenen Umtauschgebühren. Der Handel profitiert, der Einkauf von Waren aus dem Ausland wird einfacher. Unternehmen können besser als zuvor Waren und Dienstleistungen im europäischen Ausland anbieten. Deutschland wird zum Exportweltmeister.

Auslöser globale Finanzkrise

Doch noch im gleichen Jahr macht eine globale Finanzkrise die Ruhe zunichte. Weltweit hatten sich viele Banken auf unsichere Geschäfte eingelassen und Kredite vergeben, die nicht zurückgezahlt wurden. Bekommt eine Bank ihr Geld nicht zurück, kann sie auch ihren Kunden die Spareinlagen nicht mehr auszahlen. Die Euro-Staaten sahen sich gezwungen, ihre Banken finanziell zu unterstützen. Zusätzlich gaben sie Geld für die wachsenden Staatsausgaben aus. So trieb die Bankenkrise die Verschuldung vieler Euro-Staaten in die Höhe.

2010

Griechenland und andere Sorgenkinder

Griechenland bittet die EU wegen eines drohenden Staatsbankrotts* um Hilfe. Das Land hat mehr ausgegeben als seine Wirtschaftskraft erlaubt. Den hohen Ausgaben stehen nur geringe Steuereinnahmen gegenüber. Das fehlende Geld leiht sich der Staat bei den Banken. So steigt die Schuldenlast ständig an und es droht die Zahlungsunfähigkeit.

Menschen in Griechenland protestieren gegen die Sparmaßnahmen.

Die Staats- und Regierungschefs der EU erklären sich zur Hilfe bereit und verlangen im Gegenzug, dass Griechenland seine Ausgaben drastisch kürzen und zahlreiche Reformen durchführen muss. So sollen zum Beispiel die wohlhabenden Bürger, die sich bisher vor Steuerzahlungen gedrückt haben, endlich wirksam in die Pflicht genommen werden.
Unter immensen Problemen leiden auch Irland, Portugal und Spanien. Auch um Italien macht man sich in der EU große Sorgen. Zypern kommt ebenfalls hinzu. Unterschiede zwischen diesen Ländern gibt es in den Ursachen für die Krise. Gemeinsam ist ihnen die drückende Schuldenlast. Für hochverschuldete Staaten wird es immer schwieriger, sich Geld zu besorgen, weil den Banken das Risiko zu groß erscheint. Sie bekommen Geld allenfalls noch zu immens hohen Zinsen, die für sie kaum bezahlbar sind.

2012

Nach heftigen Diskussionen beschließen die Staats- und Regierungschefs der EU den Euro-Rettungsschirm ESM.

Der Rettungsschirm

Der sogenannte Europäische Stabilitätsmechanismus (ESM) soll zukünftig die Stabilität in der Eurozone sichern. Es handelt sich dabei um einen Fonds, in den die Mitgliedstaaten der Währungsunion Geld einzahlen. Damit können dann den in Not befindlichen Euroländern zinsgünstige Kredite zur Verfügung gestellt werden. Für die Höhe der Einlagen waren zunächst 700 Milliarden Euro geplant. Sie ist aber immer wieder Gegenstand von Verhandlungen. Als wirtschaftlich stärkstes Land hat Deutschland den größten Betrag zur Verfügung zu stellen. Das zur Verfügung gestellte Geld ist sicher, wenn ein Land die daraus erhaltenen Mittel mit Zinsen zurückzahlt. Bei Zahlungsunfähigkeit wäre es verloren.

Ausgang offen

In Griechenland und den anderen Ländern, die zu verstärkten Sparmaßnahmen gezwungen werden, mehren sich die Proteste gegen die Sparmaßnahmen der Regierung. Das Land ist weiterhin auf Hilfe angewiesen. In Deutschland gibt es Stimmen für einen Austritt Griechenlands aus der Währungsunion. Nach den geltenden Verträgen ist der Zwangsausschluss eines Mitglieds nicht möglich. Ein Austritt kann nur freiwillig erfolgen. Kritiker warnen vor einem solchen Schritt. Der Ausgang der Eurokrise, die nach Meinung fast aller Experten eher eine Schuldenkrise ist, bleibt offen. Der EU-Handelskommissar Karel de Gucht sagt dazu: „Das Endspiel hat begonnen und niemand weiß, wie es ausgehen wird."

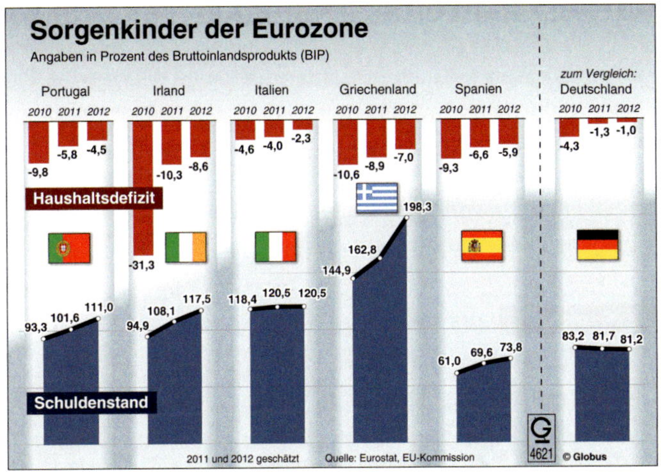

Der Kern der Krise

Einigkeit besteht darin, dass die immense Staatsverschuldung der entscheidende Grund für die Krise der EU ist.

In der Mehrzahl der Euro-Staaten liegt die Staatsverschuldung weit über der in den Konvergenzkriterien vorgeschriebenen 60-Prozent-Grenze (siehe Schaubild).

Wenn Staaten nicht mehr in der Lage sind, ihre Schulden zu tilgen, erhalten die Banken kein Geld zurück. Bankenpleiten können internationale Auswirkungen haben und auch die Wirtschaft anderer Staaten massiv gefährden. Die Bewältigung der Krise gilt vielen Politikerinnen und Politikern als die größte Herausforderung für die EU seit ihrer Entstehung im Jahr 1957. Unterschiedliche Zukunftsszenarien werden diskutiert. Sie reichen von der Hoffnung auf eine noch stärkere Vereinigung der Länder Europas bis hin zum Ende des Euro und zum Scheitern der Europäischen Union.

* Weitere Informationen zum Thema Staatsbankrott findet ihr im Glossar.

1. Was hat zur Krise geführt? Halte einzelne Stationen stichwortartig fest.
2. Beschreibe die Entwicklung der Staatsverschuldung und des Haushaltsdefizits einzelner ausgewählter EU-Staaten mithilfe des Schaubildes. Erkläre dabei auch, welche wichtigen Konvergenzkriterien nicht erfüllt werden.
3. Expertinnen und Experten sind der Ansicht, dass der Abbau der Staatsverschuldung der wichtigste Schlüssel zur Krisenbewältigung ist. Erkläre, warum das so wichtig ist.

Was auch noch interessant sein kann

- den aktuellen Stand der Entwicklung recherchieren unter der Fragestellung: Ist die Euro-Schuldenkrise überwunden?

Wie löst man eine Schuldenkrise? Drei Szenarien

Für den Weg aus der Euro-Schuldenkrise haben Wissenschaftler, Politiker, Journalisten und andere politisch interessierte Menschen unterschiedliche Zukunftsszenarien entwickelt. Dabei liegen die Ansichten zur Krisenbewältigung oft weit auseinander. Die Autoren von „Politik erleben" haben drei der vorgeschlagenen Wege zusammengefasst.

Tipp: Bildet Dreiergruppen und teilt die drei Szenarien zur Bearbeitung auf. Jedes Gruppenmitglied bearbeitet den Arbeitsauftrag 1 auf der folgenden Seite individuell und stellt sein Arbeitsergebnis in der Gruppe vor. Gemeinsam bearbeitet die Gruppe Auftrag 2. Auftrag 3 kann Grundlage für ein Klassengespräch sein.

1. Szenario Die Euro-Partnerländer betreiben eine Politik der kleinen Schritte

Nach dieser Politik wird einem Euroland immer dann Hilfe gewährt, wenn es selbst geliehenes Geld nicht mehr zurückzahlen kann und wenn die Banken nicht mehr bereit sind, neue Kredite zu vertretbaren Bedingungen zu gewähren. Die Partnerländer sorgen dafür, dass die notleidenden Staaten neues Geld erhalten und so ihren Zahlungsverpflichtungen nachkommen können. Sie bürgen bei den Banken für die Rückzahlung der Schulden. Dazu stellen sie viele Milliarden Euro an Hilfsleistungen zur Verfügung. Gleichzeitig achten sie darauf, dass die Schuldnerländer ihre Hausaufgaben machen, nämlich ihre Politik reformieren, für mehr Steuereinnahmen sorgen und den Schuldenberg abtragen. Diese Vorgehensweise entspricht dem Prinzip der Solidarität unter Partnern, weil die Länder dann einspringen, wenn einer oder mehrere Partner Hilfe benötigen. Gleichzeitig ist damit die Hoffnung verbunden, dass die Krisenländer die Zeit für notwendige Reformen nutzen und irgendwann wieder in der Lage sein werden, sich selbst zu helfen.

Diese Vorgehensweise war das Leitmotiv in der Anfangsphase der Eurokrise. Dem hoch verschuldeten Euro-Partner Griechenland wurden so immer wieder neue Geldauszahlungen gewährt. Die Vorgehensweise droht allerdings zu einem Fass ohne Boden zu werden. Wollte man bevölkerungsreichen Ländern wie Italien oder Spanien oder anderen, die in Not sind, auf diese Weise helfen, wäre die Wirtschaftskraft der Partner bald völlig überfordert. Das Szenario wird von Experten auch als „Durchwurstelszenario" bezeichnet (so der Wirtschaftsprofessor Sebastian Dullien in der Wochenzeitschrift DIE ZEIT vom 19.12.2011).

2. Szenario Hoch verschuldete Länder scheiden aus der Währungsunion aus

Nach derzeit geltendem Recht kann ein Staat nicht zum Austritt aus der Eurozone gezwungen werden. Er kann nur freiwillig seinen Austritt erklären. Griechenland zum Beispiel kann diesen Schritt gehen und so zu seiner früheren Währung, der Drachme, zurückkehren. Andere können sich Griechenland zum Beispiel nehmen und ebenfalls die Eurozone verlassen. Übrig bleibt so eine wesentlich kleinere Gruppe von Ländern, die auf den Euro nicht verzichten wollen.

Eine Rückkehr zu seiner alten Währung bringt einem Land einen Vorteil ein, der ihm mit der Einführung des Euro genommen wurde. Es kann seine Währung gegenüber dem Euro abwerten. Damit werden alle Produkte billiger, die im Land erzeugt werden. Verbraucher in Deutschland müssten zum Beispiel weniger für Olivenöl oder Joghurt aus Griechenland bezahlen. Die Wirtschaft in Griechenland erhielte so einen Wachstumsschub. Die Schuldenlast des Staates würde allerdings durch diese Maßnahme nicht geringer werden. Im Gegenteil: Weil das Land ärmer wird, hat es nun noch weniger Chancen als zuvor, seine Schulden zu tilgen. Ein Austritt aus der Eurozone wird daher mit hoher Wahrscheinlichkeit mit einem Staatsbankrott einhergehen, es sei denn, alle Gläubiger verzichten auf Kreditrückzahlungen. Weil die Banken verliehenes Geld nicht zurückbekommen, geraten sie in Schwierigkeiten. Aufgrund der internationalen Vernetzung wären davon auch Banken in anderen Ländern betroffen. Die große Furcht besteht darin, dass solche Austritte Dominoeffekte auslösen, die viele Länder Europas in die Krise stürzen. Deutsche Produkte könnten sich die betroffenen Länder nicht mehr leisten.

3. Szenario Die Staaten Europas rücken noch näher zusammen

Die Mitgliedstaaten der europäischen Union nutzen die Krise als Chance. Sie führen Reformen durch, welche die Konstruktionsfehler beseitigen, die bei der Einführung des Euro gemacht wurden. Als Hauptfehler gilt, dass man zwar eine gemeinsame Währung eingeführt hat, aber dabei darauf verzichtet hat, auch die Wirtschaftspolitik in den Mitgliedstaaten gemeinsam zu koordinieren. Dieses Versäumnis wird nun nachgeholt. Es wird eine europäische Wirtschaftsregierung gebildet, welche die Kompetenz über bestimmte Steuerarten erhält. Sie hat dann auch das Recht, frühzeitig einzugreifen, wenn ein Staat Gefahr läuft, zahlungsunfähig zu werden. Die nationalen Regierungen erklären sich mit verschärften Kontrollmaßnahmen einverstanden. Es werden europaweit strenge Regeln für eine solide Wirtschaftspolitik vereinbart und die Wirtschaftsregierung achtet darauf, dass diese auch eingehalten werden.
Darüber hinaus kann man sich auf die Einführung von Eurobonds verständigen. Das sind Kredite, für die alle Mitgliedsländer der Währungsunion gemeinsam haften. Weil sie vergleichsweise sicher sind, werden sie zu günstigen Zinsen vergeben. Davon profitieren die in Not geratenen Länder. Durch die Verteilung der Risiken auf viele Schultern kommen sie wieder in eine vergleichsweise sichere Position.
Dieses Szenario wird von denen vertreten, die den Weg in ein für die Zukunft gerüstetes Europa in einer verstärkten Integration sehen. In Deutschland sprechen sich Politikerinnen und Politiker aller großen Parteien für ein starkes Europa aus.
Andere Mitgliedstaaten, wie zum Beispiel Großbritannien, lehnen dieses Szenario ab. Sie wollen nicht noch mehr eigenes Recht auf die Gemeinschaft übertragen. In Deutschland sind vor allem die Eurobonds umstritten. Viele sind dagegen, dass Deutschland für die Schulden anderer haften muss. Befürworter betonen den Wert der europäischen Solidarität.

Ungewisse Zukunft

Die Zukunft ist nicht voraussehbar. In der Vergangenheit hat die Union die an sie gestellten Herausforderungen stets gemeistert. Die EU war lange Jahre Friedens-, Wachstums- und Wohlstandsgarant – dies kann sie nur bleiben, wenn die Mitgliedstaaten sich als eine Interessengemeinschaft verstehen, die politische Ziele gemeinsam verfolgt, füreinander einsteht und die gleiche Richtung der Entwicklung anstrebt (zum Beispiel Schuldenbegrenzung und -abbau). Nur in der Summe ihrer Mitgliedstaaten kann die EU das politische und wirtschaftliche Gewicht entfalten, um im Konzert der Welt mitzuspielen. Der Mehrwert der EU-Mitgliedschaft liegt auch darin, dass die Staaten gemeinsam wesentlich mehr Gewicht in die Waagschale werfen können als jede Nation für sich.

(Aus: Melanie Piepenschneider: Die Europäische Union im 21. Jahrhundert, in: Europäische Union, Bundeszentrale für politische Bildung, Informationen, Heft 279, S. 2, 2012)

Anlässlich der Verleihung des Karlspreises an Angela Merkel in Aachen 2008 bekunden junge Leute ihre Sympathie für ein vereintes Europa.

1. Erkläre das von dir bearbeitete Szenario mit eigenen Worten. Notiere die genannten Vor- und Nachteile und erläutere sie.
2. Worin seht ihr den schlechtesten Ausgang der Euro-Schuldenkrise (*worst case*), worin den besten (*best case*). Welche Zwischenlösungen haltet ihr für denkbar, falls die optimale Lösung in absehbarer Zeit nicht gefunden werden kann? Beratet darüber in Gruppen und stellt eure Lösungsvorschläge vor.
3. Welches Szenario hilft Europa aus der Krise? Tauscht dazu in der Klasse eure Überlegungen aus?

Diskussion:
Hängt die Existenz der Europäischen Union vom Euro ab: Ja oder nein?

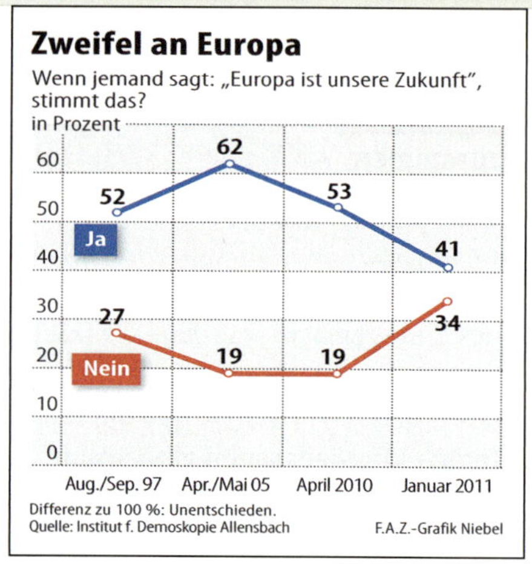

Die Euro-Schuldenkrise hat dazu geführt, dass immer mehr Menschen das Vertrauen in die Europäische Union insgesamt verlieren (siehe Schaubild). Was würde passieren, wenn der schlimme Fall eintritt, dass die Europäische Währungsunion scheitert? „Ein Scheitern des Euro führt zu einem Scheitern des gesamten europäischen Einigungsprozesses", sagen die einen. Andere meinen: „Ein Scheitern des Euro wäre schlimm, aber die friedliche Vereinigung Europas hängt nicht davon ab." Welche Position überzeugt mehr?

Ja, scheitert der Euro, dann scheitert Europa!

Die Geschichte zeigt, dass Staaten, die über eine gemeinsame Währung verfügen, niemals Krieg gegeneinander führen. Der Euro ist ein Friedens- und Wohlstandsgarant im Einigungsprozess der Europäer. Fällt er weg und führen die Staaten wieder ihre nationalen Währungen ein, bedeutet das zugleich einen Rückfall in das Verharren in nationale Interessen. Europäischen Institutionen, auf die wir stolz sein können, wie zum Beispiel das gemeinsame Europäische Parlament, droht der Bedeutungsverlust. Es stehen dann auch die gemeinsame Umweltpolitik auf dem Spiel, der gemeinsame Kampf für Frieden und soziale Gerechtigkeit in der Welt und vieles andere mehr. Weltweit werden die Geldanleger ihre Eurokonten räumen und es kommt zu einer kaum vorstellbaren, lang anhaltenden Wirtschaftskrise. Alle werden wieder für sich darum kämpfen, in der Krise zu überleben. Im Verhältnis zu den globalen Machtzentren USA, China und Russland werden die zerstrittenen Europäer dann weder politisch noch wirtschaftlich eine Rolle spielen können.

Diese Position wird von vielen Europapolitikern und -experten vertreten.

Nein, die Zukunft der Europäischen Union hängt nicht am Euro!

Es stimmt: Ein Scheitern des Euro würde eine gewaltige Wirtschaftskrise auslösen. Banken würden hohe Verluste einfahren und kein Geld mehr verleihen. Unternehmen, die auf Kredite angewiesen sind, kämen in Schwierigkeiten. Das, was die Europäische Union bisher für die Menschen in Europa geleistet hat und was den Wert der Vereinigung ausmacht, wäre allerdings keinesfalls zum Scheitern verurteilt. Die Europäer haben es in der historisch kurzen Zeit seit dem Ende des Zweiten Weltkrieges geschafft, einen Raum des Friedens und der Achtung der Menschenrechte zu gestalten. Europa gilt überall auf der Welt als Modell für ein friedliches Zusammenleben unterschiedlicher Völker in Freiheit und Demokratie.
Zudem gehört nur ein Teil der Mitgliedstaaten der Europäischen Union und der insgesamt 51 Staaten in Europa der Währungsunion an. Europa ist viel mehr als die Summe der Euroländer.
Die Europäer haben ihre Zukunft gemeinsam gestaltet, bevor es den Euro gab, und sie werden es auch weiterhin tun, wenn es ihn nicht mehr geben sollte.

Diese Position wird zum Beispiel von dem deutschen Philosophen Jürgen Habermas in einem Aufsatz mit dem Titel „Zur Verfassung Europas" vertreten.

1. Warum wird in beiden Positionen das Scheitern des Euro negativ bewertet? Notiere die Begründungen.
2. Angenommen, der Fall der Abschaffung des Euro und der Wiedereinführung unterschiedlicher Währungen tritt ein. Welche Position zu diesem Szenario überzeugt dich eher?

Sammelt die Argumente, bevor ihr miteinander diskutiert.

Mein Bild von Europas Zukunft

Hier findest du verschiedene Zeichnungen, in denen man versucht hat, etwas über die Zukunft Europas auszusagen. Du kannst diese Bilder zum Anlass nehmen, deine persönliche Sicht von Europas Zukunft deutlich zu machen.

Wähle dazu dein Thema!

- Du zeichnest eines der Bilder ab oder fertigst eine Kopie davon an, klebst sie auf ein leeres Blatt und verfasst zu diesem Bild deinen eigenen Text.
- Du fertigst eine eigene Zeichnung an, mit der du eine Aussage über Europas Zukunft machst.
- Du verfasst eine Geschichte oder ein eigenes Gedicht oder eine andere Textform, in der du deutlich machst, wie du dir Europas Zukunft vorstellst.

So sehe ich Europas Zukunft

E Einig
U Unabhängig
R Rundum gut
O Offen
P Partnerschaftlich
A Angenehm!!!

1

2

3

4

Die Europäische Union: Erfolge, Krisen und Herausforderungen

Station 1 Europa im Alltag

Fehlurteile korrigieren

Weise Herrn Kleinschmidt an mindestens fünf Merkmalen nach, dass die Europäische Union in sein Alltagsleben hineinwirkt.

Station 2 Die Europäische Union: Was ist das eigentlich?

4 Aussagen – 3 Blöcke

Aus jedem der drei Blöcke musst du eine Teilaussage entnehmen und daraus vier Merksätze über die EU bilden.

Block A

A Ein wichtiges Jahr zur Erweiterung der EU war …
B Der Vertrag von Lissabon enthält die Ziele, die …
C Der europäische Binnenmarkt ist …

Block B

1. … das Jahr 2004, weil in diesem Jahr …
2. … die die Europäische Union verfolgt und dazu zählen…
3. … ein Gebiet mit freiem Waren-, Dienstleistungs-, Personen- und Kapitalverkehr ohne Grenzen für alles, was …

Block C

4. … sich im wirtschaftlichen Geschehen von einem Ort zum anderen bewegen will.
5. … zehn neue Mitgliedstaaten in die Gemeinschaft aufgenommen wurden.
6. … die Förderung von Frieden, Werten und Wohlergehen der Völker der Union.

Station 3 Wie wird in Europa für Europa Politik gemacht?

5-mal richtig – 3-mal falsch

Finde die richtigen Aussagen und notiere sie in dein Heft.

1. Das Europäische Parlament wird alle fünf Jahre von den Bürgerinnen und Bürgern in der EU gewählt.
2. Das Europäische Parlament hat das alleinige Recht, europäische Gesetze zu verabschieden.
3. Die Europäische Kommission entscheidet über die europäischen Gesetze.
4. Die Europäische Kommission schlägt die europäischen Gesetze vor und ist der Motor der EU.
5. Der Ministerrat der EU besteht aus Kommissaren, die vom Volk gewählt werden.
6. Im Ministerrat werden Entscheidungen getroffen, die Gesetzeskraft haben.
7. „Europäisches Gipfeltreffen" nennt man die öffentlichen Sitzungen des Europäischen Parlaments.
8. Der Europäische Rat der Staats- und Regierungschefs legt in seinen Gipfeltreffen die Richtung der weiteren Entwicklung der EU fest.
9. Die Richter am Europäischen Gerichtshof werden von den Bürgerinnen und Bürgern gewählt.
10. Entscheidungen des Europäischen Gerichtshofs können die Mitgliedstaaten zur Einhaltung des europäischen Rechts zwingen.

Station 4 Die Europäische Union in der Krise

Ein unverständliches Schaubild verständlich erklären

Das abgebildete Schaubild wird denjenigen unverständlich bleiben, die sich nicht mit der Euro-Schuldenkrise und nicht mit den Konvergenzkriterien für die Währungsunion auskennen. Du kannst die Aufgabe der Erklärung übernehmen, indem du gut verständliche Antworten auf mindestens zwei der drei folgenden Fragen formulierst:

1. Was ist mit der „Maastricht-Grenze" und mit den Zahlen –3,0 % und 60 % gemeint?
2. Welche Probleme der EU werden in den orangen und den braunen Balken deutlich?
3. Warum hat das Bild den Titel „Die EU-Defizitsünder" und wer sind diese (laut dieses Schaubildes)?

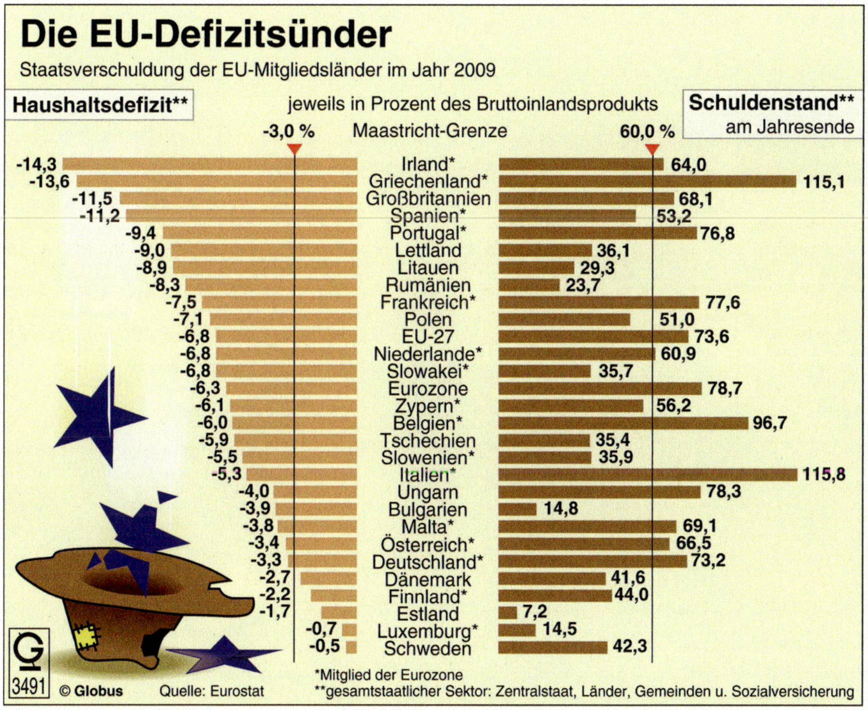

13 Friedenssicherung als Aufgabe internationaler Politik

Welche Chancen gibt es für eine friedlichere Welt?

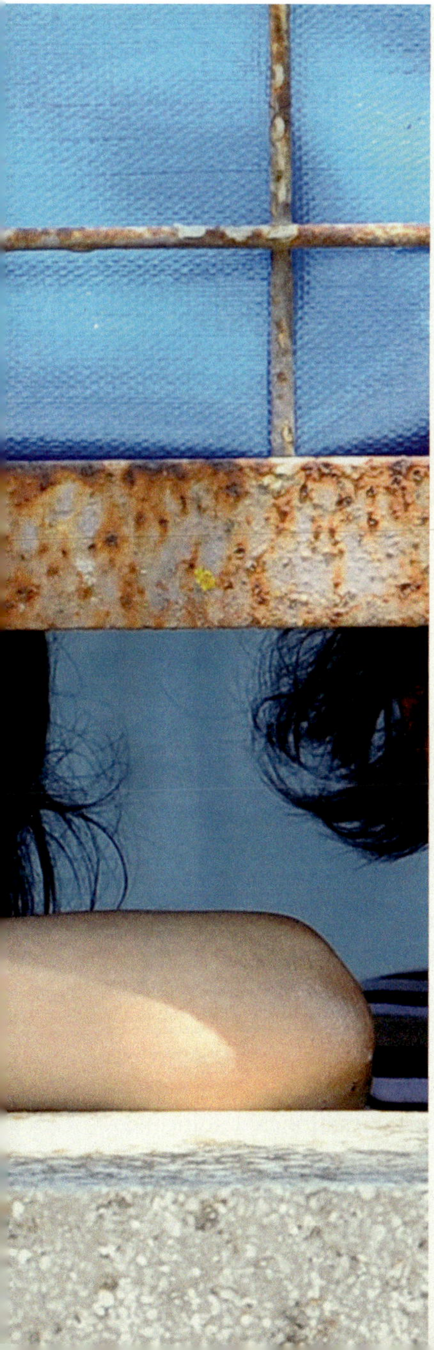

1. Allein nachdenken

Welche Gedanken lösen das Foto und die Bildunterschrift in dir aus?

2. Zu zweit beraten

Zum Begriff „Frieden" fällt uns spontan ein: …

3. In der Klasse sammeln

Welche Gefahren bedrohen den Frieden?

Bei der Arbeit an diesem Kapitel könnt ihr …

- Gefahren für den Frieden auf der Welt beschreiben,
- Ursachen und Hintergründe des internationalen Terrorismus erläutern,
- die Rolle der UNO bei der Friedenssicherung darstellen und bewerten,
- am Beispiel Afghanistans einen aktuellen Konflikt untersuchen.

Eigene Schwerpunkte könnt ihr setzen, indem ihr …

- die UNO in Kurzvorträgen präsentiert,
- die Methode der Konfliktanalyse auf einen weiteren Konflikt anwendet.

Das kleine Mädchen ist mit ihrer Familie vor dem Bürgerkrieg in Syrien geflohen. Das Foto wurde in einem Flüchtlingslager in der Türkei aufgenommen.

1 Welche Gefahren bedrohen den Frieden?

Menschen im Gaza-Streifen hofften bisher vergeblich auf Frieden. Der israelisch-palästinensische Konflikt begann bereits kurz nach dem Zweiten Weltkrieg – eine Lösung ist noch nicht absehbar.

Zwar gibt es auf der Welt immer wieder ermutigende Friedenssignale, doch fast täglich erreichen uns auch bedrohliche Nachrichten aus vielen Gegenden, in denen der Frieden gefährdet ist oder sogar schon Menschen gegeneinander kämpfen. Sie stellen die internationale Staatengemeinschaft vor große Herausforderungen. Die folgenden Texte schildern einige Gefahren. Besonders dramatisch ist, dass sie selten allein auftreten, sondern sich gegenseitig verstärken.

Bedrohung Nr. 1: Internationaler Terrorismus

Am Morgen des 7. Juli 2005 erschüttern vier Explosionen die englische Metropole London. „Rucksackbomber" zünden Sprengsätze in drei U-Bahn-Zügen sowie einem Doppeldeckerbus und reißen innerhalb weniger Stunden 56 Menschen in den Tod, mehr als 700 Menschen werden schwer verletzt. Dies ist der zweite schwere Terroranschlag in Europa nach dem Anschlag auf die Vorortzüge in der spanischen Hauptstadt Madrid am 11. März 2004. Der internationale Terror, der sich bisher weitab von unseren Grenzen abspielte, hat Europa erreicht. Mit solchen folgenschweren Attentaten, deren Opfer möglichst viele Zivilisten sein sollen, verbreiten Terroristen Furcht und Schrecken.

Bedrohung Nr. 2: Verbreitung von Massenvernichtungswaffen

Iran droht mit der Entwicklung eines eigenen Atomprogramms. Nordkorea ist bereits einen Schritt weiter und hat schon Atombomben. Der kommunistische Staat ist im Jahr 2003 aus dem Atomwaffensperrvertrag (ein Vertrag über die Nichtverbreitung von Kernwaffen) ausgetreten und lässt die Experten der Internationalen Atomenergie-Organisation (IAEO) nicht mehr ins Land. […] Was geschieht, wenn Massenvernichtungswaffen dieser internationalen Kontrolle entzogen sind und das technische Know-how zu ihrer Herstellung ungehindert weitergegeben wird? Die unkontrollierte Verbreitung von atomaren, biologischen und chemischen Waffen in Verbindung mit weit reichenden Trägerraketen kann irgendwann auch die Bevölkerung Europas bedrohen.

Bedrohung Nr. 3: Zerfall staatlicher Ordnung

Nur Science-Fiction? Die Versorgung mit Gas und Elektrizität bricht zusammen. Beamte plündern ihre Büros, Lehrer erheben privat Schulgeld. Banden nisten sich ein und terrorisieren die Zivilbevölkerung oder vertreiben von ihnen zu Feinden erklärte Volksgruppen. In solch einem Umfeld wächst eine Generation von Straßenkindern heran, die sich in einem Teufelskreis von Arbeitslosigkeit, Hoffnungslosigkeit, Drogenabhängigkeit und Kriminalität wiederfindet und sich von Rebellengruppen zum Kriegsdienst rekrutieren lässt. Keine Science-Fiction, sondern bis 2003 Realität – im afrikanischen Staat Liberia: Militärputsch, diktatorische Herrschaft, Bürgerkriege mit mehreren Zehntausend Toten – mehr als 25 Jahre haben das Land ruiniert. Es gibt keine öffentliche Infrastruktur mehr, die landwirtschaftliche Produktion ist fast völlig eingestellt. Die Analphabetenrate liegt bei etwa 70 Prozent. Auch in der demokratischen Republik Kongo sind Sicherheit und staatliche Ordnung zusammengebrochen. In Somalia herrscht bereits seit Jahrzehnten Chaos. Der Versuch, in den betroffenen Ländern einheimische Kräfte beim Aufbau staatlicher Strukturen zu unterstützen, ist eine zentrale – wenn auch komplexe und schwierige – Herausforderung für die internationale Staatengemeinschaft.

(Nach: Arbeitsgemeinschaft Jugend und Bildung e. V., Berlin, Frieden und Sicherheit, Berlin 2007, S. 4 f.)

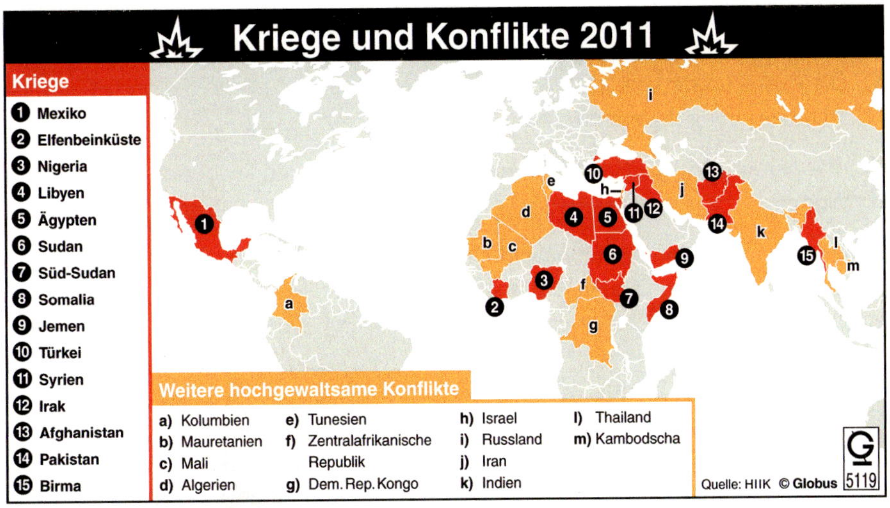

Bedrohung Nr. 4: Regionale Konflikte

Im Dezember 2010 verbrannte sich in Tunesien ein junger Mann, um gegen die politische Unterdrückung und Hoffnungslosigkeit in seinem Land zu protestieren. Die Selbstverbrennung löste in Tunesien massenhafte Proteste und Unruhen aus, die zum Sturz des diktatorischen Regimes führten. Rasch breitete sich die Protestwelle mit ihren Forderungen nach mehr politischen Freiheiten auf weitere arabische Staaten aus, die ebenfalls keine Demokratien waren. Auch in Ägypten und Libyen kam es zu einem Machtwechsel – in Libyen allerdings erst nach einem blutigen Bürgerkrieg. Weitere Gründe für regionale Konflikte sind oft Spannungen zwischen verschiedenen Bevölkerungsgruppen, Gebiets- und Machtansprüche, aber auch der Kampf um Wasser und Bodenschätze. Sie können deshalb so gefährlich werden, weil sie oft ganze Regionen destabilisieren.

(Autorentext)

1. Ist die Welt zu Beginn des 3. Jahrtausends friedlicher geworden? Begründet eure Antwort.
2. Nimm Stellung zu den beiden Ansichten:

Kriege hat es immer gegeben. Damit müssen wir auch in Zukunft leben. Ich glaube nicht, dass die Menschen einmal fähig sein werden, ihre Konflikte friedlich auszutragen.

Menschen können lernen, miteinander in Frieden zu leben. Das zeigt das Beispiel der Europäischen Union. In Mitteleuropa haben wir seit mehr als 60 Jahren Frieden.

Friedenskonzepte

1. Die Vorstellungen von Frieden haben sich in den letzten Jahren gewandelt. Erläutere, was sich verändert hat.
2. Was gehört zum Frieden? Erkläre die sechs Merkmale von Frieden in eigenen Worten.
3. Frieden kann nicht nur mit militärischen Mitteln gesichert werden. Zum Beispiel unterstützt Deutschland in Afghanistan den Bau von Mädchenschulen. Erkläre, warum es sich hier um eine friedenspolitische Maßnahme handelt.

Frieden – was ist das eigentlich?

Die meisten Menschen haben eine sehr genaue Vorstellung davon, was Krieg heißt: Gewalt, Tod vieler, meist unschuldiger Menschen, Zerstörung, Vertreibung … Schließlich sehen wir fast täglich schreckliche Bilder im Fernsehen zu diesen Themen. Schwieriger wird es, wenn man beschreiben möchte, was Frieden bedeutet. Man könnte sagen, Frieden herrscht, wenn die Waffen schweigen. Und sicherlich ist es ein großer Fortschritt, wenn sich ehemals erbitterte Gegner einigen, auf Gewalt zu verzichten und einen Waffenstillstand zu beschließen. Doch ist das schon Frieden? Lange Zeit dachte man so. Doch dann kam man zu der Einsicht, dass Konflikte häufig soziale Ursachen haben, wenn zum Beispiel in einem Staat Minderheiten unterdrückt oder wirtschaftlich ausgebeutet werden. Darauf deutet auch die weltweit abnehmende Zahl von Kriegen zwischen Staaten und die zunehmende Zahl von Bürgerkriegen hin, in denen sich verfeindete Gruppen in einem Staat bekämpfen. In solchen Fällen wird die Gewalt nicht enden, bis die Ursachen beseitigt sind. Einige Forscher definieren deswegen Frieden als Zustand größtmöglicher sozialer Gerechtigkeit. Eine weitere wichtige Voraussetzung für Frieden ist, dass in einem Staat die Menschenrechte beachtet werden. Wo Menschen willkürlich verfolgt werden, wo gefoltert wird, wo keine Meinungsfreiheit garantiert wird, ist auch kein Frieden möglich. Rechtsstaatlichkeit und Demokratie sind weitere wichtige Bedingungen für einen stabilen Frieden. Tatsächlich hat die Geschichte gezeigt, dass demokratische Staaten seltener von Bürgerkriegen betroffen sind und auch weniger Kriege mit anderen Staaten führen.

Frieden als Prozess

Der Politikwissenschaftler Dieter Senghaas erweiterte diese Vorstellungen und entwickelte ein Friedensmodell mit sechs Merkmalen. Darin begreift er Frieden als Prozess, in dem nach und nach diese Ziele erreicht werden. Sein Modell bezieht sich vorwiegend auf den inneren Frieden eines Landes.

Aufgaben von Friedens- und Sicherheitspolitik

Wenn man Frieden umfassend versteht, wird deutlich, dass Frieden nicht nur mit militärischen Mitteln gesichert werden kann. Friedenspolitik ist demnach auch Sozialpolitik, die das Ziel verfolgt, allen Gruppen in der Bevölkerung einen gerechten Anteil am wirtschaftlichen Wohlstand zu ermöglichen. Bildungspolitik kann ebenfalls Friedenspolitik sein, indem sie allen den Zugang zu Schulen und Bildungseinrichtungen ermöglicht und jeder Bürger soziale Aufstiegschancen wahrnehmen kann. Auch Entwicklungspolitik leistet einen wichtigen Beitrag zum Frieden. Sie mindert soziale Spannungen in Entwicklungsländern und versucht die Benachteiligung dieser Länder im Welthandel auszugleichen. Friedenspolitik auf internationaler Ebene bedeutet, dass Staaten untereinander Kontakte pflegen, bei Problemen miteinander verhandeln und sich politisch zusammenschließen. Frieden besteht am wahrscheinlichsten da, wo man sich kennt und einander vertraut. Das zeigt auch das Beispiel der Europäischen Union, die den Staaten in Mitteleuropa die längste Friedensperiode in ihrer Geschichte beschert hat.

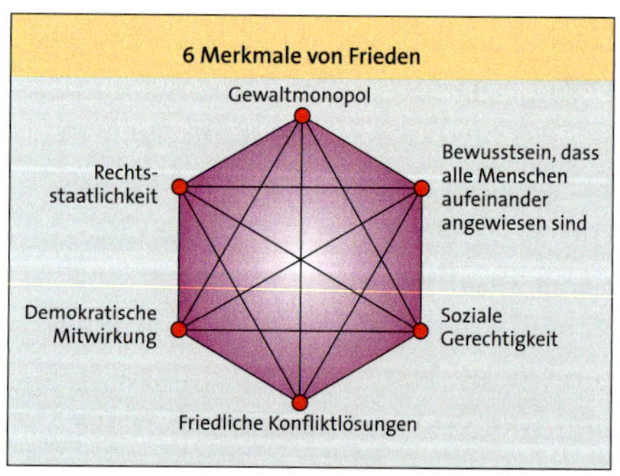

Gewaltmonopol: Nur der Staat darf Gewalt anwenden, um die Einhaltung von Gesetzen zu sichern.

2 Internationaler Terrorismus – die neue Bedrohung für den Frieden?

Eine Einstiegsübung für alle
Die Terroranschläge vom 11. September 2001 auf das World Trade Center in New York wurden zum Symbol für die Bedrohung durch den internationalen Terrorismus. Was weißt du über diese Anschläge? Tausche dich mit einer Partnerin oder einem Partner darüber aus.

Seit dem 11. September 2001 bedroht der internationale Terrorismus den Frieden in vielen Ländern der Welt. Zwar gab es auch schon früher terroristische Anschläge, neu an dieser Form des Terrorismus ist jedoch, dass Terrorgruppen frei über die Grenzen hinweg operieren und bei Terroranschlägen oft sehr viele unbeteiligte Opfer sterben.

Ein Mitglied der Sauerlandgruppe bei seiner Verhaftung. Die Gruppe plante Bombenanschläge auf amerikanische Einrichtungen in Deutschland.

Islamistische Anschläge auch in Deutschland?

Nach dem 11. September 2001 entwickelte sich auch Deutschland zum konkreten Anschlagsziel. In den vergangenen zehn Jahren gab es circa ein halbes Dutzend geplante Angriffe in Deutschland. Da waren die beiden libanesischen Kofferbomber, die glücklicherweise unfähig waren, eine funktionierende Bombe zu bauen. Die Sprengsätze, die bereits in zwei Regionalzügen deponiert waren, explodierten wegen eines Konstruktionsfehlers nicht. Und dann gab es die Sauerlandgruppe, die eine echte Gefahr war und einen infernalischen Plan hatte. Die Gruppe wollte mit Autobomben amerikanische Einrichtungen angreifen. In Düsseldorf flog eine Terrorgruppe auf, die eine Bombe bauen wollte. Die Fahnder hörten mit und griffen zu. Am Frankfurter Flughafen tötete ein 21-jähriger junger Islamist mit serbisch-montenegrinischem Pass Ende Februar 2011 zwei US-Soldaten mit gezielten Kopfschüssen. Sie sind die ersten Opfer eines Terroranschlags in Deutschland mit islamistischem Hintergrund. In zehn Jahren nur ein Anschlag eines Einzeltäters, das ist angesichts der Gefahr eine gute Bilanz. Die Sicherheitsbehörden haben gute Arbeit geleistet. Etwa eintausend Personen rechnen die Behörden zum islamistisch-terroristischen Spektrum. Jeder vierte islamistische Kämpfer soll an den Hindukusch gereist sein, um sich dort paramilitärisch ausbilden zu lassen. Etwa die Hälfte von ihnen ist zurückgekehrt, ein Dutzend sind in Haft.

(Nach: Hans Leyendecker: Angst vor dem Tag X, 03.08.2011, in: www.sueddeutsche.de, Zugriff: 05.01.2012)

1. Beschreibt, warum islamistischer Terror auch in Deutschland zu einer Gefahr geworden ist.
2. Wie schätzt ihr die persönliche Bedrohung der Menschen in unserem Land ein? Begründet eure Ansicht.

A Islamistischer Terrorismus: Hintergründe und Zusammenhänge

In den Texten A und B geht es im ersten um die Frage, was Terrorismus ist, und im zweiten darum, wie man islamistischen Terrorismus bekämpfen kann. Ihr könnt sie mit der Methode Partnerbriefing (vgl. Seite 286) bearbeiten.
Fasst eure Arbeitsergebnisse gemeinsam zusammen, zum Beispiel in einer Mindmap, und stellt sie in der Klasse vor.

Palästinensische Terroristen demonstrieren im Libanon ihre Bereitschaft zu einem Selbstmordattentat. Auf ihren Stirnbändern steht „Der Tod im Namen Gottes ist unser Wunsch". Doch der Islam rechtfertigt solche Anschläge mit unbeteiligten Opfern nicht.

Was ist Terrorismus?

„Terrorismus ist das ungezielte Töten unschuldiger Menschen mit der Absicht, eine um sich greifende Furcht zu erzeugen", so der Sozialwissenschaftler und Publizist Harald Welzer. Die Attentate vom 11. September gelten demnach – genau wie die Selbstmordattentate der Hamas und anderer radikaler palästinensischer Organisationen – eindeutig als Terrorismus. Sie waren und sind nicht gegen Bewaffnete gerichtet und dass Zivilisten dabei umkommen würden, nahm man nicht etwa nur billigend in Kauf, es war beabsichtigt. […]

Islamistischer Terrorismus

Islamistische Attentate […] ereignen sich überwiegend in islamischen Ländern oder Ländern mit einer großen islamischen Bevölkerung (Irak, Jordanien, Ägypten, Saudi-Arabien, Türkei, Marokko oder Indonesien), die in den Augen der Islamisten „Büttel des Westens" [= Diener des Westens] sind. Die meisten Terroropfer waren Muslime.

(Nach: Sylke Tempel, Die Tagesschau erklärt die Welt, Wiesbaden 2007, S. 126ff.)

In den Augen islamistischer Fundamentalisten sind die USA ein „Hort des Satans" und westliche Staaten die „Lakaien" dieser Großmacht, die ihren „schädlichen" Einfluss auf die ganze Welt ausdehnen möchte. Die islamischen Staaten stellen nach Ansicht islamistischer Fundamentalisten das „Bollwerk Allahs" dar, das es zu verteidigen gilt. Bei vielen jungen, in materiell und sozial schwierigen Verhältnissen lebenden Menschen in der arabischen Welt zündet eine solche Argumentation. Sie fühlen sich durch die politische und wirtschaftliche Macht des Westens gedemütigt; gleichzeitig empfinden sie die westliche Kultur als moralisch verwerflich. Diese Stimmung nutzen terroristische Führer für ihre Zwecke. Die neueste Entwicklung zeigt, dass sich auch zum Islam übergetretene Deutsche zu Kämpfern ausbilden lassen.

(Aus: Arbeitsgemeinschaft Jugend und Bildung e. V., Frieden & Sicherheit, 2009/2010, Wiesbaden 2009, S. 5)

1. Fasse in eigenen Worten zusammen, was man unter Terrorismus versteht.
2. Erläutere die Merkmale von islamistischem Terrorismus. Gehe dabei besonders auf folgende Begriffe ein: Gegner, Ziele, Täter, Weltbild, Methoden.

B Wie kann man islamistischen Terrorismus bekämpfen?

Der Kampf gegen den Terrorismus

Seit dem 11. September 2001 haben die USA den „Globalen Krieg gegen Terror" ausgerufen. Sie sind mit Unterstützung der NATO in Afghanistan einmarschiert und haben das Taliban-Regime gestürzt. Im Irak haben die USA einen zweiten Krieg angefangen, der mit 9/11 begründet wurde – fälschlicherweise, wie heute alle wissen.
Nicht nur in den USA, sondern fast überall auf der Welt hat ein völlig neues Sicherheitsdenken Einzug gehalten. Der globale Terrorismus, wie ihn die Al-Kaida praktiziert, kennt keine einfach zu identifizierenden Ziele: eine dänische Botschaft in Pakistan, ein Nachtclub auf Bali, Vorortzüge in London und Madrid, Hochzeitsgesellschaften in Jordanien, eine Synagoge in Tunesien, eine britische Bank in Istanbul.
Um sich zu schützen, haben westliche wie nicht westliche Staaten neue Gesetze erlassen – zum Teil drakonische. Die USA haben das Gefangenenlager in Guantanamo Bay eingerichtet. Die CIA hat Terrorverdächtige auf der ganzen Welt entführt – auch solche, die nicht besonders verdächtig waren und längst als unschuldig gelten. [...]
Al-Kaida ist nicht besiegt. Es wurde zwar eine Reihe hochrangiger Terroristenführer getötet oder eingesperrt. Aber der Terror wurde nicht gestoppt. Im Irak musste Al-Kaida Rückschläge hinnehmen, in Pakistan aber gewinnt sie an Einfluss und Rückzugsräumen.

(Nach: Yassin Musharbash: Wie gefährlich Al-Kaida wirklich ist, in: www.spiegel-online.de, 11.09.2008, Zugriff: 20.07.2009)

Die Zukunft des islamistischen Terrorismus

Im Mai 2011 wurde Osama bin Laden, der Kopf des Terrornetzes Al-Kaida, in Pakistan von US-Soldaten getötet. Al-Kaida ist für zahlreiche Terroranschläge, u.a. für die Anschläge in New York, verantwortlich. Ist damit die Gefahr von islamistischen Anschlägen gebannt? Experten rechnen zwar weiterhin mit Anschlägen, doch sieht zum Beispiel der ARD-Terrorexperte keine Zukunft für den islamistischen Terrorismus: „Ich gehe davon aus, dass es eine Phase ist, die langsam ihren Abschluss findet. Nicht so sehr, weil Osama bin Laden tot ist, sondern weil der arabische Frühling und der Sturz der arabischen Diktaturen gezeigt haben, dass die Menschen in der arabischen Welt ganz andere Probleme haben und dass es möglich ist, arabische Diktatoren ohne Al-Kaida zu stürzen. Das erschüttert die Selbstwahrnehmung und Rechtfertigung von Al-Kaida. Denn Al-Kaida hat ja immer gesagt, ohne Terror können wir die arabischen Diktatoren nicht vertreiben und auch den Westen nicht daran hindern, diese Diktaturen zu stürzen."

(Aus einem Interview mit Joachim Hagen, in: www.tagesschau.de, 02.05.2011, Zugriff: 10.01.2012)

In der arabisch-islamischen Welt wird der islamistische Terrorismus wegen der zahlreichen unschuldigen Opfer zunehmend abgelehnt. Die Anschläge auf Touristenzentren nahmen vielen Händlern ihre Lebensgrundlagen.

1. Fasse zusammen, welche Schritte westliche Staaten zur Bekämpfung des internationalen Terrorismus unternommen haben.
2. Wie erfolgreich waren diese Maßnahmen?
3. Im „arabischen Frühling" 2011 sind in mehreren Staaten diktatorische Regime von der Bevölkerung gestürzt worden. Viele Menschen hoffen nun dort auf eine Verbesserung der Lebensverhältnisse. Überlegt, welche Folgen das für die Zukunft des islamistischen Terrorismus haben kann. Bezieht dabei auch die Ansicht des Terrorismusexperten Joachim Hagen mit ein.

3 Welchen Beitrag zur Friedenssicherung leistet die UNO?

Das Beispiel Elfenbeinküste

Neben dem Engagement für Menschenrechte gehört Friedenssicherung zu den Hauptaufgaben der UNO. Welche Mittel die Weltorganisation dabei einsetzt, könnt ihr am Beispiel des westafrikanischen Staates Elfenbeinküste untersuchen.
Die Materialien in diesem Unterkapitel sind so aufgebaut, dass ihr sie selbstständig erarbeiten und in einem Kurzvortrag präsentieren könnt.

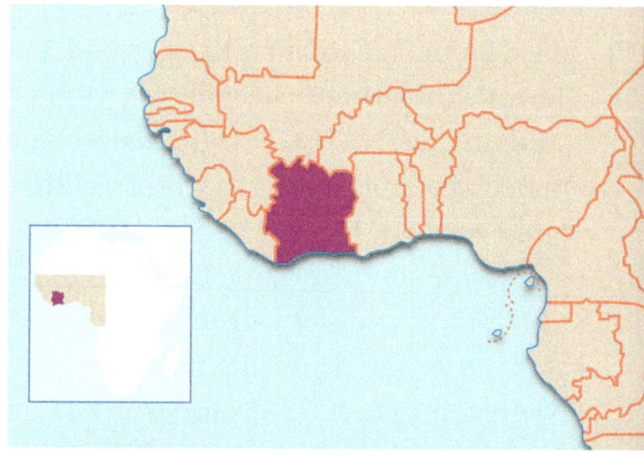

Beginn der UN-Friedensmission: Die UNO stationiert Blauhelm-Soldaten

Bis zur Jahrtausendwende galt die frühere französische Kolonie Elfenbeinküste als relativ wohlhabendes Land. Die Probleme begannen mit einer schweren Wirtschaftskrise, die durch den Verfall der Kakaopreise ausgelöst wurde. Dadurch verschärften sich die schon bestehenden Spannungen zwischen der Bevölkerung im Norden und dem Süden des Landes. 2000 wurde Laurent Gbagbo aus dem Süden des Landes zum Präsidenten gewählt. 2002 erhoben sich Teile der Armee im Norden des Landes gegen die Regierung. Der Bürgerkrieg führte zu einer Spaltung des Landes in einen Nord- und Südteil. Um den Frieden zu sichern, richtete die UNO eine neutrale Pufferzone ein und stationierte über 6000 Blauhelm-Soldaten in dem Land. Unterstützt wurden diese von französischen Truppen, da die Elfenbeinküste eine französische Kolonie war. In der folgenden Zeit flackerte der Bürgerkrieg immer wieder auf. Als es 2006 erneut zu Gewaltausbrüchen kommt, sperrt die UNO die Konten von drei Rebellenführern, um den Friedensprozess zu beschleunigen. 2007 schließen die verfeindeten Parteien Frieden. Fast zehn Jahre war Präsident Gbagbo schon mit Unterstützung der UNO im Amt, als 2010 die schon lange versprochenen Präsidentenwahlen abgehalten wurden. Diese gewann Gbagbos Konkurrent aus dem Norden des Landes, Alassane Ouattara. Obwohl die Wahl nach Aussagen der UN-Wahlbeobachter fair verlief, weigerte sich Gbagbo, seine Position für den international als Präsident anerkannten Ouattara zu räumen. Der Machtkampf zwischen den beiden führte zu einem erneuten Aufflammen des schon überwunden geglaubten Bürgerkriegs im Frühjahr 2011.

Der UN-Menschenrechtsrat wird aktiv

„Die Lage wird täglich schlimmer", warnte Corinne Dufka von der Menschenrechtsorganisation Human Rights Watch. Die 2000 zusätzlichen UN-Blauhelm-Soldaten, deren Entsendung bereits beschlossen war, müssten schnellstmöglich in der Krisenregion stationiert werden. […] Nach UN-Schätzungen sind bereits eine Million Menschen vor dem Konflikt geflohen. […] Bei den erbitterten Kämpfen, die sich die Lager Gbagbos und Ouattaras

Auch UN-Blauhelmtruppen können nicht verhindern, dass über eine Million Menschen vor dem Konflikt fliehen.

„Gbagbo, wir wollen Frieden, wir sind müde" steht auf dem Plakat der Demonstrantinnen.

seit der Wahl liefern, wurden bisher mehrere Hundert Menschen getötet. Vor allem die Anhänger Gbagbos würden „übermäßige tödliche Gewalt“ einsetzen, beklagte UN-Menschenrechtskommissarin Navy Pillay. Der UN-Menschenrechtsrat machte den ersten Schritt zur Untersuchung von Menschenrechtsverletzungen und beschloss, eine unabhängige internationale Kommission einzusetzen.

(Nach: UNO plant härtere Gangart gegen Gbagbo, in: www.tagesschau.de, 26.03.2011, Zugriff: 14.01.2012)

Die UNO beschließt Strafmaßnahmen

Als Reaktion auf die eskalierende Gewalt im westafrikanischen Staat Elfenbeinküste hat der Weltsicherheitsrat Sanktionen gegen Präsident Laurent Gbagbo und seine Vertrauten verhängt. In einer in New York einstimmig verabschiedeten Resolution [= Entscheidung] forderte das Gremium Gbagbo zudem zum Rücktritt auf. [...] Die Resolution richtet sich gegen fünf Einzelpersonen, darunter Gbagbo und seine Frau Simone. Sie werden demnach mit Reiseverboten belegt, ihre Einkommen werden eingefroren.

(Aus: UNO beschließt Sanktionen gegen Gbagbo, in: www.tagesschau.de, 31.03.2011, Zugriff: 13.01.2012)

Die UNO greift in den Kampf ein

UN-Militärhubschrauber fliegen Angriffe gegen Gbagbos Soldaten, unterstützt von französischen Truppen. [...] Generalsekretär Ban Ki-moon ordnete im Rahmen der UN-Mission in der Elfenbeinküste Angriffe der Blauhelme auf Stellungen Gbagbos an. „Ich habe die Mission angewiesen, die erforderlichen Maßnahmen zu ergreifen, um den Einsatz von schweren Geschützen gegen die Zivilbevölkerung zu verhindern“, teilte Ban mit. [...] Ban berief sich in seiner Stellungnahme auf die jüngste Resolution des Weltsicherheitsrates zu der Krise in dem westafrikanischen Land. Darin erlaubt das mächtige UN-Gremium den UNO-Soldaten den Schutz von Zivilisten durch Waffengewalt sowie zur Selbstverteidigung. Anhänger von Gbagbo hatten zuvor auch das UNO-Hauptquartier in Abidjan mit Raketen, Granaten und schweren Geschützen angegriffen und vier Friedenshüter verletzt. [...] Zuvor hatten die UN allerdings auch Ouattara kritisiert und dessen Truppen für zahlreiche Tote im Westen des Landes verantwortlich gemacht.

(Aus: dpa, Reuters, AFP: UN greifen in Schlacht um Abidjan ein, in: www.zeit.de, 05.04. 2011, Zugriff: 13.01.2012)

Laurent Gbagbo vor dem Internationalen Strafgerichtshof

Mitte April 2011 gibt Laurent Gbagbo auf und tritt zurück. Er wird verhaftet und an den Internationalen Strafgerichtshof in Den Haag ausgeliefert. Dort soll er wegen Verbrechen gegen die Menschlichkeit angeklagt werden. Alassane Ouattara tritt sein Amt an und verspricht, die verfeindeten Landesteile auszusöhnen. Nach Auskunft des Auswärtigen Amtes kam das Land in den folgenden Monaten tatsächlich zur Ruhe. Kritiker bemängeln, dass die Menschenrechtsverletzungen von Ouattaras Truppen nicht angeklagt werden. Die UN-Blauhelm-Truppen bleiben weiter im Land stationiert, da nicht ausgeschlossen werden kann, dass es wegen des Prozesses gegen Gbagbo erneut zu Unruhen kommt.

1. Stelle in einer Tabelle zusammen, was die UNO im Konflikt an der Elfenbeinküste unternommen hat, um den Frieden herbeizuführen.
2. Vergleicht eure Ergebnisse mit einem Partner. Bereitet dann gemeinsam einen Kurzvortrag vor: „Welchen Beitrag zum Frieden leistet die UNO an der Elfenbeinküste?“ Verwendet dazu auch die Infoseiten, Seite 332f., auf denen die Organe und Mittel zur Friedenssicherung dargestellt werden.
3. Präsentiert die Vorträge in der Klasse.
4. Diskutiert abschließend in der Klasse über die Frage: Wie erfolgreich war die UNO in der Elfenbeinküste? Geht dabei von folgenden Kriterien aus: dauerhafte Friedenssicherung, Schutz der Zivilisten, Aussöhnung der verfeindeten Landesteile.

Was auch noch interessant sein kann:

- die aktuelle Situation in der Elfenbeinküste im Internet recherchieren und in den Kurzvortrag aufnehmen.

Friedenssicherung durch die UNO

1. Erläutere, welche Verpflichtungen die Mitgliedstaaten mit dem Beitritt zur UNO eingegangen sind.
2. Erkläre, welche Aufgaben die Organe bei der Friedenssicherung jeweils wahrnehmen.
3. Der Sicherheitsrat kann verschiedene Arten von Blauhelm-Einsätzen anordnen. Erkläre, welche Möglichkeiten ihm zur Verfügung stehen.
4. In einem Mitgliedsland der UNO bricht ein Konflikt aus. Überlege, welche Folgen das Vetorecht im Sicherheitsrat auf die Handlungsfähigkeit der UNO haben könnte.

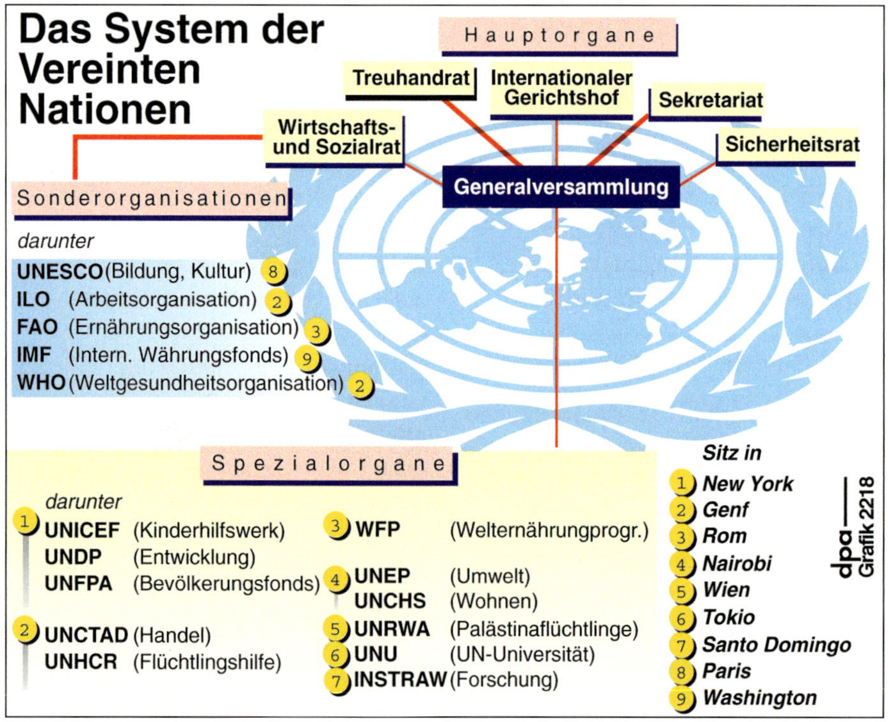

Aufgaben der UNO

Die UNO ist die größte und wichtigste internationale Organisation zur Sicherung des Friedens in der Welt. Ihr gehören heute 193 der 194 Staaten der Welt an – nur der Vatikanstaat ist nicht vertreten.

Nach dem Zweiten Weltkrieg schlossen sich am 26. Juni 1945 51 Staaten zu den „United Nations Organization (UNO)“ zusammen. Deutschland gehört der UNO seit 1973 an. Die UNO hat zum Ziel

- den Weltfrieden und die internationale Sicherheit zu wahren,
- weltweit die Achtung der Menschenrechte durchzusetzen,
- freundschaftliche Beziehungen zwischen den Nationen zu wahren und zu fördern. Es gilt dabei der Grundsatz der Gleichberechtigung.

Alle Mitglieder der UNO haben die „Charta der Vereinten Nationen“ unterschrieben. Darin verpflichten sich diese,

- Streitigkeiten untereinander ausschließlich mit friedlichen Mitteln beizulegen,
- jede Androhung und Anwendung von Gewalt gegen die Unabhängigkeit oder das Territorium eines anderen Staates zu unterlassen,
- die Weltorganisation bei allen Maßnahmen zu unterstützen.

Die wichtigsten Organe der UNO

Die **Generalversammlung** besteht aus allen Mitgliedsländern der UNO. Jedes der 193 Länder hat eine Stimme. Auf der jährlichen Vollversammlung in New York, dem Hauptsitz der Weltorganisation, setzt sie sich für die Verwirklichung der Menschenrechte ein, lenkt die Aufmerksamkeit des Sicherheitsrats auf Situationen, die den Weltfrieden gefährden könnten, und erörtert Fragen der Abrüstung. Die Generalversammlung kann an Krisenherden Untersuchungen durchführen und Empfehlungen zur Konfliktregelung aussprechen. Alle zwei Jahre wählt sie die zehn nicht ständigen Mitglieder des Sicherheitsrates.

Alle fünf Jahre wählt die Vollversammlung auf Empfehlung des Sicherheitsrats den **Generalsekretär**, den obersten Verwaltungsbeamten der UNO. Er reist in Krisengebiete, führt Gespräche mit Regierungen und macht Vorschläge zur Beilegung von Konflikten. An den

Sitzungen des Sicherheitsrats nimmt er teil und lenkt dort die Aufmerksamkeit auf die Probleme der Welt. Jährlich erstattet er der Generalversammlung Bericht. Seit 2007 bekleidet der Südkoreaner Ban Ki-moon dieses Amt.

Der **Sicherheitsrat** ist verantwortlich für die Wahrung des Weltfriedens und für die internationale Sicherheit. Er setzt sich aus fünf ständigen Mitgliedern (China, Frankreich, Großbritannien, Russland, USA) und zehn nicht ständigen Mitgliedern zusammen. Diese werden von der Generalversammlung auf zwei Jahre gewählt. Der Sicherheitsrat kann Empfehlungen aussprechen, wie die streitenden Länder ihre Konflikte friedlich beilegen können. Als einziges Organ der UNO kann er verbindliche Beschlüsse fassen und auch Zwangsmaßnahmen gegen ein Mitglied anordnen. Gegen die Beschlüsse des Sicherheitsrats können die fünf ständigen Mitglieder von ihrem Vetorecht Gebrauch machen und damit mit einer einzigen Stimme einen Beschluss verhindern.

Maßnahmen des Sicherheitsrats

Wenn sich ein Konflikt anbahnt oder die Sicherheit in einer Region gefährdet ist, wird der Sicherheitsrat zunächst versuchen, die verfeindeten Parteien mit friedlichen Mitteln, wie Untersuchungen und Verhandlungen, zum Einlenken zu bringen. Wenn diese Versuche erfolglos sind oder sich der Konflikt weiter verschärft, kann er Sanktionen (= Zwangsmaßnahmen) verhängen. Das können zum Beispiel Wirtschaftsembargos sein, bei denen der Handel mit den betroffenen Staaten untersagt wird, oder auch die Sperrung von Auslandskonten von Personen, um zum Beispiel uneinsichtige Konfliktparteien in finanzielle Schwierigkeiten zu bringen. Scheint kein anderer Ausweg möglich, kann der Sicherheitsrat den Einsatz militärischer Mittel anordnen. Dazu stehen ihm mehrere Möglichkeiten zur Verfügung.

Peacekeeping (Friedenssichernde Einsätze)

Diese Form von Friedenssicherungseinsätzen existiert seit dem Kalten Krieg. Im Auftrag der UNO werden leicht bewaffnete Truppen, aber auch zivile Helfer aus verschiedenen Mitgliedstaaten der UNO in Konfliktgebieten eingesetzt. Nach der Farbe ihrer Kopfbedeckung werden die UNO-Soldaten Blauhelme genannt. Peacekeeper wurden zunächst nur eingesetzt, um einen Waffenstillstand zu überwachen, und unter der Voraussetzung, dass alle Beteiligten damit einverstanden waren. Sie dürfen nur zur Selbstverteidigung zu den Waffen greifen. Häufig übernehmen UNO-Truppen in den betroffenen Staaten zusätzlich auch zivile Aufgaben. So überwachen sie zum Beispiel Wahlen, sorgen für die Einhaltung von Menschenrechten und helfen beim Wiederaufbau der zerstörten Länder mit.

Robustes Peacekeeping

In den 1990er-Jahren zeigte sich, dass die klassischen Blauhelm-Truppen an ihre Grenzen stießen: So konnten Friedenstruppen der UNO 1994 in Ruanda einen Völkermord mit über 800 000 Opfern nicht verhindern. Hilflos mussten Blauhelm-Soldaten auch zusehen, wie in Srebrenica Tausende bosnischer Männer niedergemetzelt wurden. Zunehmend wurden auch UN-Soldaten selbst zu Opfern von Gewalttaten. Daher erhielten Blauhelm-Truppen in der Folgezeit das Recht, ihren Auftrag notfalls auch mit Waffengewalt zu verfolgen. Das bezeichnet man als robustes Peacekeeping. Diese Aufgaben können auch NATO-Truppen übertragen werden, wie dies zum Beispiel in Libyen 2011 der Fall war.

4 Ist militärische Gewalt unverzichtbar? Das Beispiel Afghanistan

Was geht uns Afghanistan an?

Seit 1978 herrscht in Afghanistan Krieg. Das Land im Herzen Asiens kommt nicht zur Ruhe – obwohl eine internationale Allianz mit zeitweise über 60 000 Soldaten seit 2002 versucht, das Land zu befrieden. Auch Deutschland beteiligt sich an dem internationalen Militäreinsatz. Afghanistan liegt viele Tausend Kilometer von Deutschland entfernt – warum sollten dort deutsche Soldaten ihr Leben riskieren, um Frieden zu schaffen?

Ein lebensgefährlicher Einsatz für den Frieden

Die Patrouille hat einen langen Tag hinter sich. Im Großraum nördlich von Kundus in Nordafghanistan besuchten die 39 deutschen Soldaten mehrere Dörfer. Ihr Befehl: „Präsenz im Raum und Erkunden des Geländes.“ Abends auf dem Rückweg, 17 Kilometer vor dem sicheren Feldlager, bricht die Hölle los: Schüsse mit Kalaschnikows und Panzerfäusten aus dem Hinterhalt. Die fünf Dingo-Patrouillen-Fahrzeuge und vier Fuchs-Transportpanzer preschen vorwärts – in einen zweiten Hinterhalt. […] Ein Gefallener, vier Verwundete im Gefecht, weitere fünf Verletzte Stunden zuvor bei einem Selbstmordattentat südlich von Kundus. Für die deutsche Truppe war dieser Tag ein schwarzer Tag.

(Nach: Michael Jach, Thomas Wiegold: Bomben im Wahljahr, Focus Nr. 19/2009)

Gründe für den Afghanistan-Einsatz der Bundeswehr

Dass afghanische Frauen heute mehr Rechte als früher haben, dass Mädchen zur Schule gehen können, dass Straßen gebaut werden und dass vieles, vieles mehr geschafft wurde, ist das Ergebnis unseres Einsatzes in Afghanistan. […] Unsere Sicherheit, in einem freien Rechtsstaat leben zu können, wird heute von Entwicklungen gefährdet, die weit außerhalb unserer Grenzen entstehen können. […] Die Terrorangriffe des 11. September hatten ihre Wurzeln in den Ausbildungslagern der Al-Kaida im von den Taliban beherrschten Afghanistan. Aus ihnen sind die Attentäter von New York und Washington und später die von London und Madrid unerkannt hervorgegangen. Viele dieser Gruppen haben unerkannt unter uns gelebt. Ja, sie haben inzwischen auch bei uns in Deutschland verheerende Anschläge geplant. Wir hatten bisher lediglich das Glück, sie noch rechtzeitig verhindern zu können.

(Aus der Regierungserklärung von Bundeskanzlerin Angela Merkel, vom 22.04.2010, in: www.bundesregierung.de)

Bevor man einen solch komplizierten Konflikt beurteilen kann, sollte man versuchen, ihn zu verstehen. Die dazu geeignete Methode nennt man Konfliktanalyse. Um das Verständnis dieser und anderer internationaler Krisen mithilfe der Konfliktanalyse geht es auf den nächsten Seiten.

1. Erläutert, wie die deutsche Beteiligung an der internationalen Streitmacht begründet wird.
2. Warum ist der Militäreinsatz in Afghanistan für die Bundeswehr besonders gefährlich?

Methodenkarte 17

Konfliktanalyse

Thema: Afghanistan

Worum geht es?

Selbst für politisch interessierte Menschen ist es oft sehr schwierig, zu erkennen, worum es bei einem Konflikt geht und welche Möglichkeiten zur Lösung infrage kommen. So besteht die Gefahr, dass man sich einfache Erklärungen zurechtlegt. Vorurteile und Feindbilder können verstärkt werden. Friedensforscher haben deshalb das Instrument der Konfliktanalyse entwickelt, das hilft, Konflikte besser zu verstehen und Lösungswege zu erkennen. Es ist grundsätzlich auf jeden Konflikt anwendbar. Dabei wird das Thema mithilfe von Leitfragen untersucht. Analyse bedeutet, dass man ein Thema in einzelne Aspekte zerlegt, diese zunächst getrennt untersucht und auswertet. Anschließend werden die Erkenntnisse zusammengefasst, geordnet und bewertet.

Vorbereitung und Durchführung

- Ihr könnt die Fragen arbeitsteilig in Gruppen bearbeiten: Jede Gruppe wählt einen Aspekt, den sie untersuchen möchte.
- Lest dann die Materialien auf den Seiten 336 bis 338 und notiert die Antworten auf die Fragen, zum Beispiel auf einer Folie.

Präsentation und Auswertung

Präsentiert eure Ergebnisse der Klasse. Versucht gemeinsam, das Ergebnis zu bewerten: Welche Erkenntnisse habt ihr durch die Analyse gewonnen? Wie könnte der Konflikt sich weiterentwickeln? Wie bewertet ihr die Lösungsansätze?

Leitfragen für die Konfliktanalyse:

1. Ausgangslage
- Wer sind die Konfliktgegner?
- Was löst den Konflikt aus?

2. Ursachen
- Welche Vorgeschichte hat der Konflikt?
- Welche Ursachen für den Konflikt sind erkennbar?

3. Ziele und Interessen
- Welche Ziele und Interessen haben die Beteiligten?
- Wie sind die Machtverhältnisse zwischen den Gegnern?

4. Konfliktverlauf
- Welche wichtigen Ereignisse kennzeichnen den Verlauf des Konflikts?
- Wie ist die aktuelle Situation?

5. Konfliktlösung
- Welche Lösungen streben die Beteiligten an?
- Welche Folgen hätten die Lösungen für die Konfliktgegner?
- Wie sind die Lösungen zu bewerten? Orientiert euch dabei an folgenden Kriterien: Beseitigung der Ursachen, Entspannung der Situation, Verbesserung des Verhältnisses zwischen den Beteiligten.

Vorgeschichte des Konflikts

Um den Konflikt zu verstehen, müssen wir in das Jahr 1978 zurückgehen. Zu diesem Zeitpunkt gab es eine Revolution in Afghanistan, an deren Ende afghanische Kommunisten die Macht im Staat übernahmen. Mit ihrer Politik stürzten sie das Land in ein Chaos. Schnell verloren sie die Unterstützung der Sowjetunion. Diese schickte im Dezember 1979 Truppen in das Land, die für Ordnung sorgen sollten. Der sowjetische Einmarsch stieß auf erheblichen Widerstand bei der afghanischen Bevölkerung. Die sogenannten Mujaheddin-Gruppen führten den Widerstandskampf gegen die sowjetischen Besatzer.
Nach jahrelangem Bürgerkrieg siegten 1996 die Taliban. Sie wollten Afghanistan zu einem islamischen Gottesstaat machen. Musik, Tanz, Sport, Bilder, Kino und Fernseher wurden verboten. Die meisten Universitäten und Schulen wurden geschlossen. Frauen durften nicht mehr berufstätig sein und sich in der Öffentlichkeit nur mit männlicher Begleitung und in Ganzkörperverschleierung zeigen.

Ausgangslage

Dem internationalen Terrorismus boten die Taliban einen Unterschlupf: Die Anschläge vom 11. September wurden in Afghanistan geplant. Als Reaktion griffen im Oktober 2001 die USA und Großbritannien das Land an und stürzten gemeinsam mit der afghanischen Nordallianz das Taliban-Regime. Mehr als 40 Länder beteiligen sich seitdem am Wiederaufbau Afghanistans: Staatliche Strukturen sollen geschaffen, Schulen, Straßen und Krankenhäuser gebaut werden. Deutschland hat versprochen, vor allem beim Aufbau der afghanischen Polizei und Armee zu helfen. Mit 4800 Soldaten stellt Deutschland das drittgrößte Kontingent an der Internationalen Schutztruppe in Afghanistan (ISAF). Doch immer wieder erschüttern Anschläge der Taliban das Land. Mit ihrer Terror-Strategie des „Mordens und Zerstörens" wollen sie die afghanische Bevölkerung einschüchtern, im Westen Zweifel am Sinn der Afghanistan-Mission schüren und die Macht im Land zurückerobern.

(Ab Z. 18 aus: Dossier Afghanistan, in: www.bpb.de, Zugriff 20.12.12)

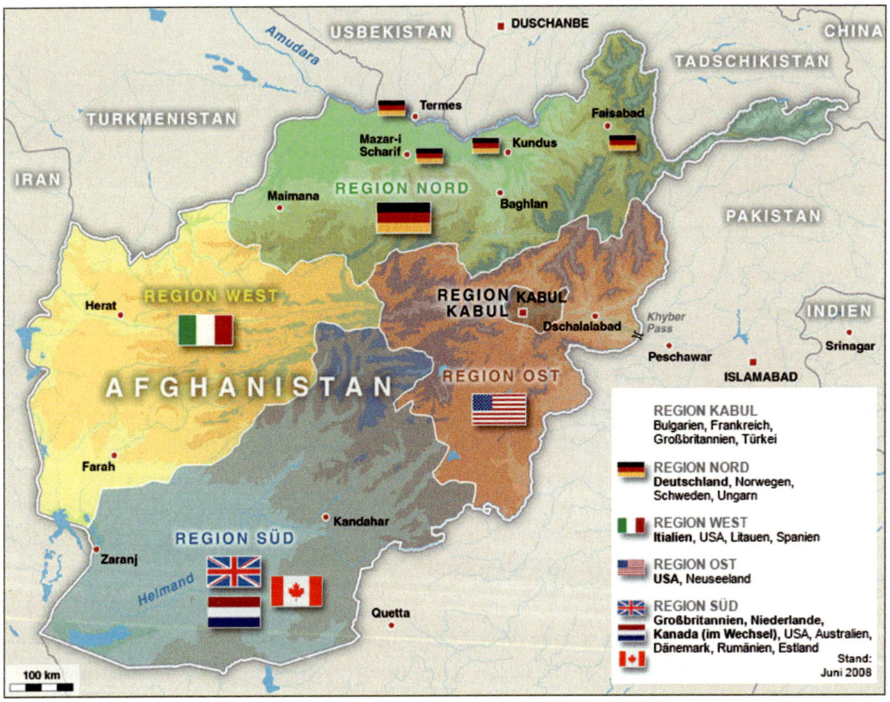

Vor Beginn des Truppenabzugs ab 2011 teilten sich die Streitkräfte die Verantwortung für die Sicherheit.

Konfliktverlauf

Seit Frühjahr 2006 hat sich die Sicherheitslage kontinuierlich verschlechtert. [...] Die Regierung unter Präsident Karzai erwies sich als zu schwach [...]. Die Bevölkerung ist wegen des schleppenden Wiederaufbaus und der enttäuschenden Resultate bei der Armutsbekämpfung frustriert. Sie macht dafür sowohl die Regierung als auch die internationale Gemeinschaft verantwortlich. Letztere hatte unterschätzt, wie sehr das Land durch den langen Krieg zerstört war und wie wenige einheimische Arbeitskräfte nach kurzen Schulungen in die Lage versetzt werden konnten, Wirtschaft und Verwaltung wieder aufzubauen. Die zunehmende Unsicherheit im Land und die seit Ende 2005 rasch zunehmenden Anschläge haben je nach Region unterschiedliche Ursachen. Im Norden und Westen sind es hauptsächlich gewaltsame Auseinandersetzungen zwischen lokalen Rivalen oder zwischen diesen und der Kabuler Regierung. Im Süden und Osten kommt das Erstarken aufständischer Gruppen – sogenannte oppositioneller Kräfte (OMK) – hinzu. Dazu gehören Neo-Taliban, Drogenbarone, auf Autonomie bedachte Stammesälteste und Teile der bitterarmen Bevölkerung, die unter dem harten Vorgehen der ausländischen Truppen gelitten hatten. [...]. Eine wichtige Rolle spielen mächtige Drogenringe. Sie tragen zur Eskalation der Spannungen bei und schwächen die staatlichen Institutionen. [...]. Angesichts der schwierigen Gesamtlage, der Gewalteskalation im Süden und der gestiegenen Selbstmordanschläge beschränken sich die Handlungsmöglichkeiten der internationalen Gemeinschaft realistischerweise darauf, einer weiteren Verschlechterung der Lage entgegenzuwirken.

(Aus: Citha D. Maaß: Afghanistan, Konfliktporträts, Aktuelle Konfliktsituation, 07.03.2008, in: www.bpb.de, Zugriff 06.07.2009)

Mit „vertrauensbildenden Maßnahmen" versuchen die ausländischen Soldaten, mit der Bevölkerung Kontakt aufzunehmen.

Die wichtigsten Daten und Ereignisse

1978	Staatsstreich afghanischer Kommunisten
1979	Einmarsch sowjetischer Truppen
1988	Genfer Abkommen zwischen Afghanistan, Pakistan, der Sowjetunion und der USA über die Unabhängigkeit. Das Land versinkt im Chaos.
1996	Die Taliban übernehmen die Macht.
2001	Nach den Terroranschlägen vom 11. September verlangen die USA die Auslieferung des Terroristen-Führers Osama bin Laden.
2001	Die USA und Großbritannien greifen Afghanistan an und stürzen gemeinsam mit der Nordallianz die Taliban.
2001	Erste Petersberg-Konferenz beschließt Neuordnung des Landes. Die UNO entsendet die internationale Schutztruppe ISAF (= International Security Assistance Force), die unter deutscher Beteiligung das Land stabilisieren und den Wiederaufbau einleiten soll.
2003	Die NATO übernimmt des ISAF-Kommando.
2006	Die Sicherheitslage verschlechtert sich. Die Taliban und andere aufständische Gruppen beherrschen weite Teile des Landes. Starke Zunahme von Terroranschlägen
2006	Afghanistan Compact (London): Schrittweise Übergabe der Sicherheitsverantwortung an die afghanische Regierung geplant
2009/ 2010	Die Truppen werden aufgestockt. Mehr als 100 000 Soldaten aus 44 Nationen sind in Afghanistan stationiert. Die Angriffe der Taliban weiten sich auch auf den bisher sicheren Norden aus. Allein im April 2010 sterben sieben deutsche Soldaten bei Angriffen der Taliban. Auch deutsche Politiker sprechen angesichts der Zustände in Afghanistan nun von Krieg.
2011–2014	Schrittweiser Abzug ausländischer Truppen
2011	Internationale Afghanistan Konferenz in Bonn: 85 Staaten sagen zu, Afghanistan bis 2024 beim Wiederaufbau sowie in Sicherheitsfragen zu unterstützen.

Ansätze zur Konfliktlösung

Angesichts der drastischen Verschlechterung der Sicherheitslage und des Wiedererstarkens der Taliban hatte sich die internationale Gemeinschaft auf eine Neuausrichtung der Afghanistan-Strategie geeinigt. Die Ergebnisse sind zwiespältig. Einerseits konnten amerikanische Truppen mit gezielten Tötungen die Aufständischen schwächen. Andererseits ist nun die Situation insgesamt von mehr Gewalt geprägt. [...] Teil der neuen Strategie ist die Einbindung der Taliban durch Gespräche auf höchster Ebene. [...] Obwohl es sichtbare Fortschritte im Wiederaufbauprozess – wie eine nahezu lückenlose Stromversorgung der Hauptstadt – gibt, bleiben die Ergebnisse weiter hinter den Bedürfnissen der Bevölkerung zurück. [...] Gleichzeitig wird immer offensichtlicher, wie sehr Korruption und Vetternwirtschaft den Staatsaufbau schwächen – was die Bevölkerung nicht nur der eigenen Regierung, sondern auch den internationalen Gebern anlastet.

(Aus: Bente Aika Scheller: Konfliktporträt Afghanistan, in: www.bpb.de, 1.11.2011, Zugriff: 04.01.2012)

Diskussion: Ist der Truppenabzug die angemessene Lösung?

Ja, der Truppenabzug ist notwendig!

Unser Ziel war von Beginn an, dass Afghanistan nicht wieder Operationsbasis und Versteck des internationalen Terrorismus wird wie vor dem 11. September 2001. Das können wir im Moment sicherstellen. Das zweite Ziel ist ein angemessenes Maß von Sicherheit unter afghanischer Führung, also die Ausbildung und Aufstockung der afghanischen Armee. Da sind wir auf einem guten Weg. [...] Es war in Afghanistan aus meiner Sicht viel zu lange so, dass die zunächst zeitlich unbegrenzte Unterstützung durch internationale Soldaten fast einschläfernd bequem auf die Afghanen wirkte. Ohne einen klaren Abzugsplan [...] aber hätte man die afghanische Regierung niemals bewegen können, endlich mehr für den Aufbau der eigenen Armee und eines funktionierenden Verwaltungsapparats zu tun.

(Bundesverteidigungsminister Thomas de Maizière zum Afghanistan-Einsatz, in: www.spiegel.de; 23.12.2011, Zugriff: 04.01.2012)

Nein, der Truppenabzug kommt viel zu früh!

Natürlich ist es richtig, den Afghanen die Souveränität in ihrem eigenen Land wiederzugeben. [...] Ob das Tempo das richtige ist, das ist allerdings die große Frage. 2014 ist ja festgelegt worden wegen des Wahlkalenders in den USA, auch in Europa. Auch wegen des Drucks der Bevölkerungsmehrheit, die das militärische Engagement der eigenen Truppen mehrheitlich nicht mehr befürwortet. Aber afghanische Gegebenheiten werden eben dann nur in zweiter Linie in die Entscheidungsfindung einbezogen. Denn die afghanischen Institutionen, und darunter auch die Streitkräfte, sind einfach noch nicht so weit, dass sie allein das Land verteidigen können. [...] Und die afghanische Bevölkerung denkt im Moment unterm Strich: Oh Gott, wenn die westlichen Truppen gehen, dann fängt hier eine neue Runde des Bürgerkriegs an. Es gibt ja schon einen Bürgerkrieg.

(Thomas Ruttig: Afghanistan Analysts Network, in einem Interview mit dem Norddeutschen Rundfunk, 03.12.2011, in: www.agfriedensforschung.de, Zugriff: 04.01.2012)

1. Führt eine Konfliktanalyse zum Afghanistan-Konflikt durch. Wie ihr dabei vorgehen könnt, erfahrt ihr auf der Methodenkarte „Konfliktanalyse", Seite 335.

Was auch noch interessant sein kann:

- im Internet nach aktuellen Informationen zum Afghanistan-Konflikt recherchieren,
- die Methode der Konfliktanalyse auf einen weiteren Konflikt anwenden.

Wir entwerfen eine Treppe zum Frieden in Afghanistan

Auch wenn die ausländischen Truppen bis 2014 abgezogen werden, wird es noch lange dauern, bis in Afghanistan Frieden herrscht. Auf dieser Seite findet ihr Vorschläge für friedenspolitische Maßnahmen. Überlegt, wie ihr sie in eine sinnvolle Reihenfolge bringen könnt.

- Welche Maßnahme sollte nach dem in der Treppe vorgegebenen ersten Schritt erfüllt werden, welche als zweite usw., damit zwischen den ehemals verfeindeten Parteien ein dauerhafter Frieden entstehen kann?
- Stellt euch gegenseitig eure Treppen vor und diskutiert über die verschiedenen Lösungen.

Alle Stämme des Landes erkennen die Regierung in Kabul an und erklären sich bereit, die Gesetze des Landes zu beachten.

Alle gesellschaftlichen Gruppen im Land verpflichten sich, sich zu respektieren und auch andere Lebensformen zu tolerieren.

Die Parteien erklären sich bereit, die Kampfhandlungen einzustellen und künftig auf Gewalt zu verzichten.

Der Staat ist selbst in der Lage, mit seiner Polizei und Armee für die Sicherheit des Landes zu sorgen.

Alle Stämme und gesellschaftlichen Gruppierungen werden an der politischen Macht in gerechter Weise beteiligt.

Die Regierung in Kabul verhandelt mit den Taliban über die Zukunft des Landes.

Wiederaufbaumaßnahmen und Entwicklungsprojekte können ungestört von Gewalt durchgeführt werden.

Es werden Wirtschaftsprogramme entwickelt, die Arbeitsplätze schaffen.

NATO – Bundeswehr

1. Stelle dar, wie sich die Aufgaben der NATO von ihrer Gründung bis heute verändert haben.
2. Weltweit sind heute Soldaten der Bundeswehr im Einsatz. Erläutere, unter welchen Bedingungen Auslandseinsätze der Bundeswehr zulässig sind.
3. 2011 wurde in Deutschland die Wehrpflicht ausgesetzt. Erkläre, was das bedeutet, und erläutere die Gründe.

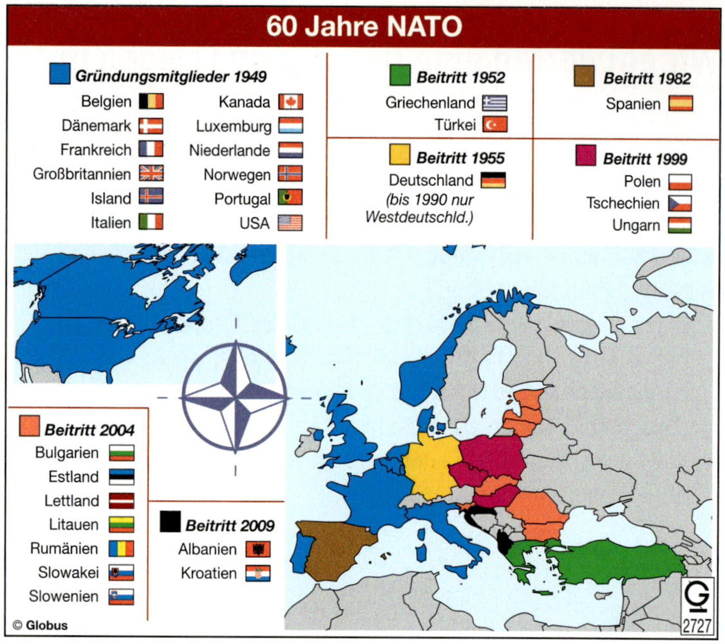

A Die NATO

Die NATO (North Atlantic Treaty Organization, deutsch: Organisation des Nordatlantikvertrags) ist ein Militärbündnis, dem heute fast alle europäischen Staaten sowie die USA und Kanada angehören. Gegründet wurde sie 1949 – wenige Jahre nach dem Zweiten Weltkrieg. Im NATO-Vertrag verpflichteten sich alle Mitglieder, einander im Verteidigungsfall militärisch beizustehen (Artikel 5). Eine solche Situation bezeichnet man als Bündnisfall. In der Geschichte der NATO ist dies erst einmal eingetreten, als die USA nach dem Terroranschlag auf das World Trade Center 2001 ihre Bündnispartner um Unterstützung im Kampf gegen den Terror baten. Anfangs war das Hauptziel der NATO, einen Krieg zwischen den westlichen Mächten und dem Ostblock zu verhindern und im Falle eines Angriffs der Sowjetunion das Bündnisgebiet der Partner zu verteidigen.

Neue Aufgaben für die NATO

Nach dem Zerfall der Sowjetunion löste sich 1991 auch das östliche Gegenbündnis, der Warschauer Pakt, auf. Damit rückten andere Aufgaben in den Vordergrund: Heute gehören weltweite Kriseneinsätze, im Auftrag der UNO auch außerhalb des Bündnisgebietes, zu den wichtigsten Aufgaben der NATO. In Europa soll die NATO Frieden und Stabilität garantieren. Ein Beitrag dazu ist auch die Aufnahme vieler ehemaliger Mitglieder des Warschauer Paktes in das Bündnis.

Organisation

Das Bündnis hat seinen Sitz in Brüssel. Wichtigstes Organ der NATO ist der Nordatlantlkrat. Er steuert alle Aktivitäten des Bündnisses. Den Vorsitz hat der Generalsekretär, der als Sprecher die NATO in der Weltöffentlichkeit vertritt. Zweimal pro Jahr treffen sich außerdem die Außen- und Verteidigungsminister der Mitgliedstaaten, alle drei bis vier Jahre die Regierungschefs auf den sogenannten NATO-Gipfeln, um aktuelle Fragen zu besprechen, aber auch die langfristige Strategie des Bündnisses festzulegen.

Der Bündnisfall: Artikel 5 des Nordatlantikvertrags

„Die Parteien vereinbaren, dass ein bewaffneter Angriff gegen eine oder mehrere von ihnen in Europa oder Nordamerika als ein Angriff gegen sie alle angesehen wird; sie vereinbaren daher, dass im Falle eines solchen bewaffneten Angriffs jede von ihnen […] der Partei oder den Parteien, die angegriffen werden, Beistand leistet […].“

(Aus dem Nordatlantikvertrag)

B Die Bundeswehr

Die Bundeswehr ist seit ihrer Gründung (1955) mit ihren Waffen und Truppen vollständig in die NATO integriert. Zu ihren Aufgaben gehören

- internationale Konfliktverhütung und Krisenbewältigung einschließlich des Kampfs gegen den internationalen Terrorismus,
- Unterstützung der Bündnispartner bei der Verteidigung ihres Staatsgebiets,
- Landesverteidigung und Schutz der Bürgerinnen und Bürger vor terroristischen und sonstigen Bedrohungen,
- Rettung und Evakuierung von deutschen Staatsbürgern (etwa zu Beginn eines Krieges),
- Unterstützung politischer Maßnahmen zur Vorbeugung und Nachsorge von Konflikten in Zusammenarbeit mit anderen Staaten,
- Hilfeleistungen bei Naturkatastrophen und besonders schweren Unglücksfällen im Inland sowie humanitäre Hilfsaktionen im Ausland.

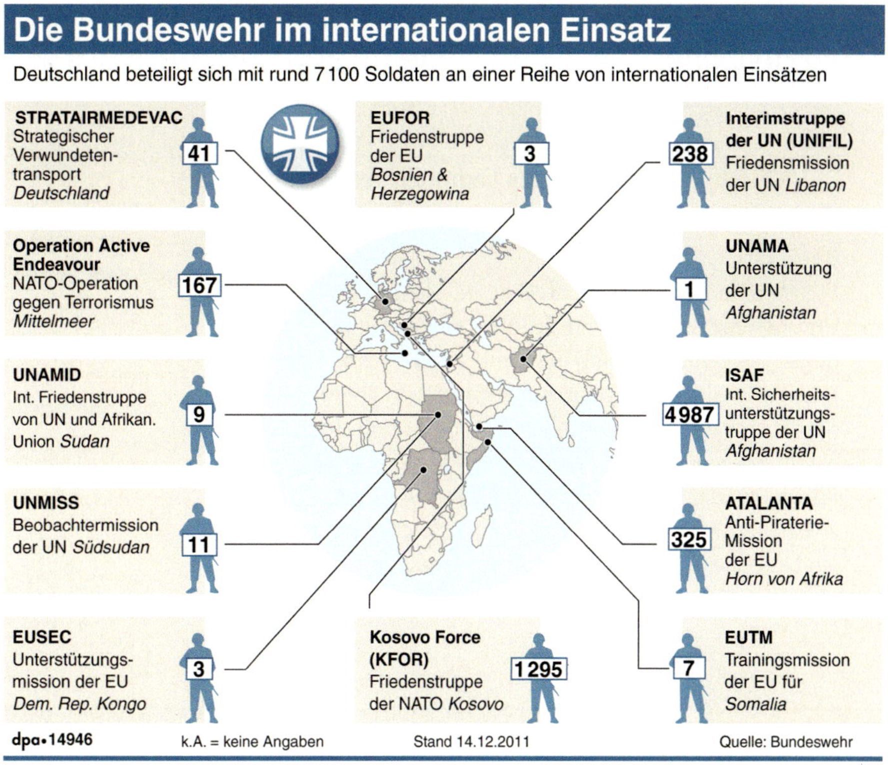

Auslandseinsätze

Zwar bleibt Landesverteidigung nach wie vor Aufgabe der Bundeswehr, doch sind heute internationale Einsätze zur Konfliktverhütung und Krisenbewältigung wesentlich wichtiger geworden. Solche Einsätze waren zunächst in Deutschland umstritten. 1994 entschied das Bundesverfassungsgericht, dass sogenannte „out of area"-Einsätze der Bundeswehr (Einsätze außerhalb des NATO-Gebiets) rechtlich unter bestimmten Bedingungen zulässig sind,

- wenn die Bundeswehr an friedenserhaltenden Maßnahmen im Auftrag der UNO oder NATO teilnimmt
- und wenn zuvor der Bundestag einer Teilnahme mehrheitlich zugestimmt hat.

Seither hat die Zahl der Bundeswehreinsätze im Ausland erheblich zugenommen. Sie sind auch gefährlicher für die Soldaten geworden.

Die Bundeswehr – eine Berufsarmee

Bei ihrer Gründung wurde die Bundeswehr als Armee von Wehrpflichtigen konzipiert. Nach dem Ende des Ost-West-Konflikts war die Gefahr eines Angriffskrieges auf Deutschland sehr gering geworden. Für die steigende Zahl von Auslandseinsätzen konnten Wehrdienstleistende jedoch nicht eingesetzt werden. Wegen der veränderten Aufgaben wurde deshalb 2011 die Wehrpflicht ausgesetzt. Das bedeutet, dass die Wehrpflicht nach wie vor im Grundgesetz in Artikel 12a verankert bleibt, die Bundeswehr jedoch keine Männer mehr zum Dienst verpflichtet. Junge Männer und Frauen können jedoch freiwillig einen Dienst von bis zu 23 Monaten leisten. Als Ersatz für den Zivildienst wurde der Bundesfreiwilligendienst geschaffen. Neu ist, dass diesen Dienst auch ältere Menschen leisten können. Nach der Ausrichtung auf internationale Aufgaben benötigt die Bundeswehr auch weniger Soldaten als bisher. Bis 2017 soll die Zahl der Soldaten auf 170000 reduziert werden. 31 Standorte von Kasernen werden bis dahin geschlossen.

Friedenssicherung als Aufgabe internationaler Politik

Station 1 Welche Gefahren bedrohen den Frieden?

Bürgerkrieg in Syrien
In Syrien im Nahen Osten brechen im Frühjahr 2011 Unruhen aus, als sich weite Teile der Bevölkerung gegen die Unterdrückung in ihrem Land erheben. Der syrische Präsident versucht, mit allen Mitteln an der Macht zu bleiben. 2012 weiten sich die Kämpfe zu einem Bürgerkrieg aus. Tausende von Menschen flüchten in die Nachbarländer. Die UNO muss tatenlos zuschauen, weil Russland und China im Sicherheitsrat ein Eingreifen der Weltorganisation verhindern.

1. Erkläre, um welche Art von Bedrohung es sich im vorliegenden Beispiel handelt.
2. Beschreibe mindestens eine weitere Bedrohung für den Frieden.
3. Können Menschen lernen, Konflikte friedlich zu lösen? Wie lautet deine Antwort auf diese Frage? Begründe.

Station 2 Internationaler Terrorismus

Ein Kurzreferat vorbereiten

USA und der Westen	Islamistische Terroristen	Zukunft des islamistischen Terrorismus
Terrorismus	Al-Kaida	Maßnahmen gegen Terror
Terroranschläge in Deutschland	11. September 2001	Selbstmordattentate

Bereite ein Kurzreferat zum Thema „Internationaler Terrorismus“ vor.
Bringe dafür die Kärtchen zunächst in eine sinnvolle Reihenfolge.
Formuliere dann unter Verwendung der Stichwörter auf den Kärtchen einen Text, in dem du folgende Aspekte berücksichtigst:

- Wer sind die Terroristen?
- Welche Ziele haben sie?
- Welche Maßnahmen wurden ergriffen, mit welchem Erfolg?

Station 3 Beitrag der UNO zur Friedenssicherung

Einmal angenommen …
In einem kleinen Land irgendwo auf der Erde nehmen die Spannungen zwischen zwei Bevölkerungsgruppen so zu, dass ein Bürgerkrieg ausbricht. Es kommt zu schlimmen Gewalttaten auf beiden Seiten, bei denen unbeteiligte Zivilisten ermordet werden. Tausende Menschen sind auf der Flucht.

- Erkläre ausgehend von diesem Beispiel, welche Möglichkeiten die UNO hat, um den Frieden wiederherzustellen bzw. zu sichern.

Die Karikatur thematisiert die Rolle der UNO in der Friedenssicherung. Interpretiere sie mithilfe der Vier-Fragen-Deutung:

- Auf welches Problem bezieht sich die Karikatur?
- Was ist dargestellt?
- Was will der Zeichner ausdrücken?
- Wie bewerte ich die Aussage?

Station 4 Ist militärische Gewalt unverzichtbar?

Einmal angenommen …
Du arbeitest in einem Unternehmen, das weltweit zahlreiche Niederlassungen hat. Gerade wird überlegt, ob man es wagen kann, in einer gefährlichen Region eine Niederlassung zu gründen. In dem Land herrscht noch kein Frieden, doch die Waffen schweigen.

1. Um zu entscheiden, wie sich die Situation entwickeln wird, muss man den zugrunde liegenden Konflikt verstehen. Erkläre, welche Methode dafür infrage kommt.
2. Erläutere die fünf zentralen Leitfragen zur Untersuchung des Konflikts.
3. Erkläre mithilfe des Schaubilds, welche Bedingungen für Frieden in diesem Land nach und nach erfüllt werden müssen.

6 Merkmale von Frieden

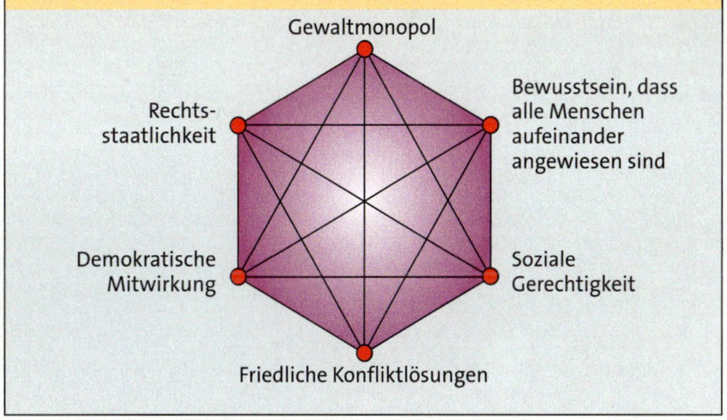

14

Globalisierung

Wie verändert sie unser Leben?

1. Allein nachdenken

Welche Gedanken über Globalisierung löst das Foto in dir aus?

2. Zu zweit beraten

Wie denkt ihr über Globalisierung: eher positiv oder eher negativ?

3. In der Klasse sammeln

Globalisierung gehört längst zu unserem Alltag. Wie beeinflusst sie euer Leben?

Bei der Arbeit an diesem Kapitel könnt ihr …

- anhand von Beispielen wirtschaftliche, politische und kulturelle Merkmale der Globalisierung beschreiben,
- Chancen und Risiken der Globalisierung erläutern und beurteilen,
- die Folgen der Globalisierung für arme Länder darstellen,
- Ziele von Entwicklungspolitik beschreiben und beurteilen.

Eigene Schwerpunkte könnt ihr setzen, indem ihr …

- eine Talkrunde zum Thema „Billige Kleidung – zu welchem Preis?" veranstaltet,
- entwicklungspolitische Organisationen in einem Kurzvortrag vorstellt.

1 Wie erleben wir die Globalisierung im Alltag?

Auf dieser und der nächsten Doppelseite findet ihr Beispiele aus vier Bereichen. Ihr könnt die Materialien arbeitsteilig in Gruppen bearbeiten: Lest zunächst in Einzelarbeit ein Material und formuliert Antworten auf die Arbeitshinweise.

- Bildet Gruppen, die sich aus je einem Bearbeiter der Beispiele 1 bis 4 zusammensetzen.
- Stellt der Reihe nach den Inhalt eures Materials und die Antworten auf die Arbeitsaufträge vor.
- Eine gemeinsam erstellte Mindmap eignet sich besonders gut zur Visualisierung eurer Arbeitsergebnisse. Präsentiert die Mindmap vor der Klasse.

Allein zu Hause und doch unter Freunden – dank sozialer Netzwerke im Internet

Beispiel 1: Vernetzte Welt

Geschwindigkeit ist das markanteste Zeichen der Globalisierung – Zeit ist Geld. Dabei hilft die moderne Technik. Schüler und Studenten treffen sich, wenn sie miteinander reden wollen, oft nicht mehr persönlich, sondern über PC und Breitbandanschluss. Sie brauchen ihr Zimmer nicht mehr zu verlassen, um Mitglied eines sogenannten sozialen Netzwerkes zu sein. […] Bei *Facebook* treffen sich Freunde und Bekannte, reden miteinander, pflegen ihre neuen Kontakte, bilden neue Freundeskreise. Wer heute über einen Anschluss verfügt, ist an keinen Standort mehr gebunden, kann mit Leuten in der ganzen Welt reden und, wie die Befürworter dieser Entwicklung begeistert feststellen, zur Völkerverständigung beitragen. Kritiker nennen diese Art des Kommunizierens allerdings eher oberflächlich und sehen darin keinen Ersatz für die persönliche Begegnung.

(Aus: Gerd Schneider: Globalisierung, Arena Verlag, Würzburg 2008, S. 36f.)

Nachhilfe aus dem Netz

Menschen sind heute auf eine Weise verbunden, die noch vor zehn Jahren niemand für möglich gehalten hätte. Zum Beispiel Yasmeen aus Richmond im amerikanischen Bundesstaat Virginia braucht wie viele Kinder Hilfe bei den Hausaufgaben, besonders in Mathe. Die bekommt sie von Dixie. „Sie ist meine Lieblingsnachhilfelehrerin“, sagt Yasmeen. Das Besondere: Die beiden haben sich noch nie gesehen. Dixie sitzt nicht mit Yasmeen am Schreibtisch, sondern am anderen Ende einer Internetverbindung, die durch Ozeane zur indischen Stadt Bangalore führt. […]

Früher hatte die Schülerin einen Nachhilfelehrer, der tatsächlich mit ihr am Tisch saß. Doch der Unterricht bei Dixie ist genauso gut, nur eben viel günstiger, weil in Indien Miete, Essen und alles andere weniger kosten als in Amerika.

(Aus: Anette Dowideit u. a.: Generation global, in: Welt der Wirtschaft kinderleicht, Globalisierung, Carl Hanser Verlag, München 2011, S. 9f.)

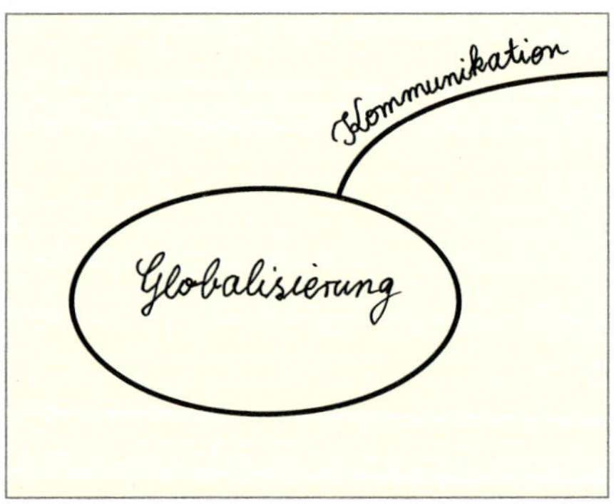

1. Erläutere, wie sich die Kommunikation und der Umgang der Menschen miteinander durch die Globalisierung verändert haben.
2. Die meisten jüngeren Menschen empfinden diese Veränderungen als überwiegend positiv. Fallen dir auch negative Aspekte auf?

Beispiel 2: Wirtschaft – Weltbinnenmarkt

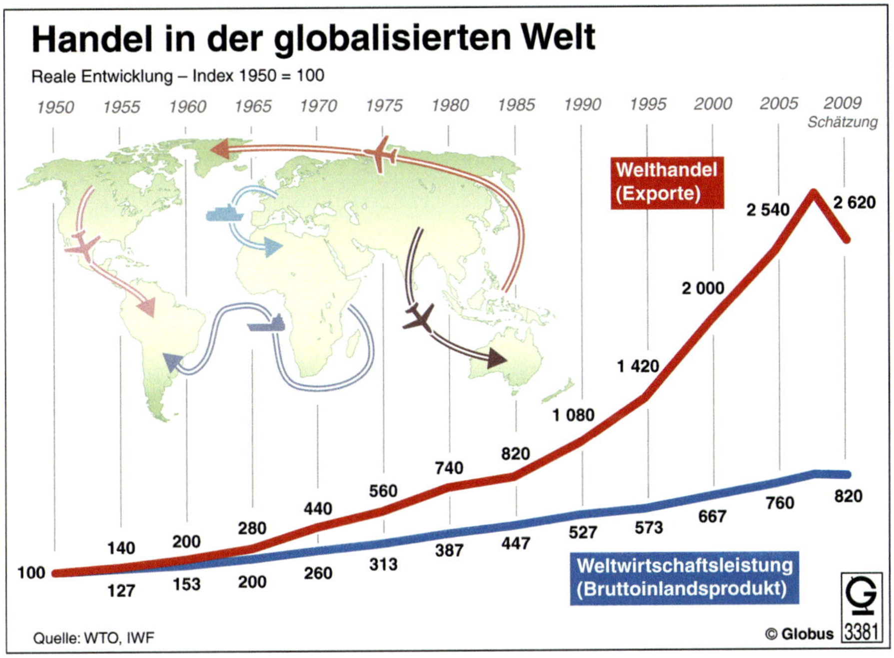

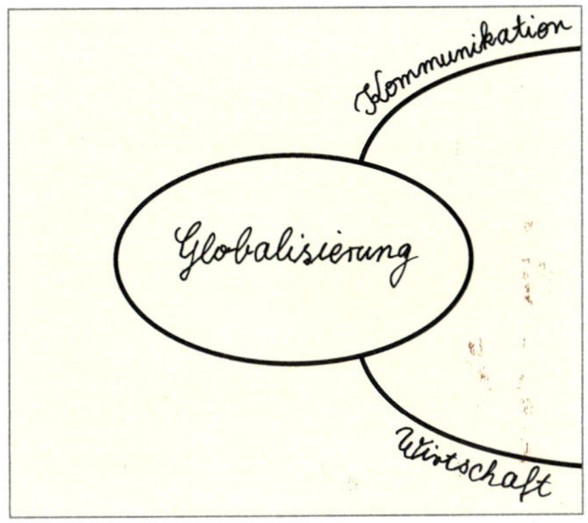

Woher kommt meine Tiefkühlpizza? Diese Frage ist gar nicht so banal, wie sie klingt. Sicher ist nur eins: An dem Ort, der auf der Verpackung steht, wurde sie nur produziert. Die Einzelteile – Teig, Tomatensoße, Belag und die Gewürze – haben oft eine halbe Weltreise hinter sich, bevor sie im Supermarkt landen. […]

„Die Produktion unseres Essens ist eine globale Industrie", sagt Paul Trummer. Der österreichische Journalist und Autor hat für sein Buch „Pizza Globale" den Entstehungsprozess einer Salami Tiefkühlpizza quer durch die Welt begleitet. Der beginnt mit dem Weizen, der längst überall auf der Welt – etwa in Uganda oder Indien – angebaut und in Deutschland gemahlen wird. Dazu kommen Tomaten und Oliven aus Italien, Oregano aus Mexiko und Knoblauch aus China. Die Milch für den Käse und das Fleisch kommen meist aus Deutschland – oder zumindest aus den Nachbarländern. Möglich wird der globale Handel durch politische Abkommen und vor allem die Containerschifffahrt, die weltweiten Warenverkehr günstig, schnell und planbar macht: So lohnt sich für Produzenten auch der Import von Knoblauch aus China. Und niedrige Preise spielen im Lebensmittelhandel eine große Rolle, sagt Trummer: „Konsumenten geben heute sehr viel weniger Geld für Lebensmittel aus als vor 20 Jahren." […] Das führe gerade in Deutschland mit seinen vielen Discountern zu einem gnadenlosen Preiskampf.

Das Problem ist für Trummer, dass er auf dem Rücken anderer Menschen ausgetragen wird. Erntehelfer müssten oft unter menschenunwürdigen Bedingungen arbeiten. […] Auch Verbraucherschützer sehen das „globale Essen" kritisch – besonders Klima und Umwelt leiden nach ihren Angaben unter dem weltweiten Nahrungsmitteltransport.

(Nach: Tobias Hanraths: Warum in einer deutschen Pizza Knoblauch aus China steckt, in: www.spiegel.de, 21.11.2010, Zugriff: 25.01.2012)

1. Erkläre am Beispiel der Tiefkühlpizza, warum die Lebensmittelproduktion heute eine globale Industrie ist.
2. Erläutere die Folgen der wirtschaftlichen Globalisierung für Verbraucher, Handel, Beschäftigte in der Landwirtschaft, Klima und Umwelt. Beachte dabei auch das Schaubild.

Beispiel 3: Kultur – die Welt als globales Dorf

Traditionen verblassen

Das rosa gestrichene Zimmer der 13-jährigen Jiang Yufei in Shanghai hängt voller Poster taiwanesischer Popstars und ihrer Lieblingssängerin Avril Lavigne, sie hat einen iPod und mag Pizza und Burger. Aus dem Fenster im 15. Stock sieht sie auf die Türme der Megametropole. „Ich liebe große Städte“, sagt sie. „Da kann man am besten shoppen.“ Nur 35 Yuan – knapp vier Euro bekommt sie Taschengeld pro Woche, aber dafür von Verwandten ein paar Tausend an hohen Feiertagen wie dem chinesischen Neujahrsfest. Jiang ist ein aufgewecktes Mädchen mit runder Brille, Pferdeschwanz und Nike-Turnschuhen. „Sie ist schon so weit, dass sie sagt: Adidas mag ich nicht. Ich möchte Nike-Schuhe, die sind bequemer“, sagt ihre Mutter. „Sie kann leicht an einem Tag 100 oder 200 Yuan ausgeben.“ […] Seit Geld und Güter fast ungehindert und in immer schnellerem Tempo um den Erdball jagen, breitet sich der westliche Lebensstil in immer mehr Ländern und Kulturen aus. Die Menschen vergessen althergebrachte Traditionen, sagen Kritiker. Stattdessen huldigen sie Coca-Cola, Sony oder Nike. […]

Musik verbindet

Für den 31-jährigen Aniruddha Shanbhag lässt sich die Globalisierung in drei Buchstaben zusammenfassen: MTV. Anfang der 90er-Jahre bekam er in seiner Heimat in Indien erstmals den amerikanischen Musiksender zu sehen. Und die Videos amerikanischer und europäischer Bands haben das südasiatische Land ebenso verändert wie viele andere Regionen der Welt: Statt für die traditionelle Musik ihres Landes interessierten sich Jugendliche wie Aniruddha plötzlich für Bands wie Metallica und Nirvana. Und statt eines klassischen indischen Wickelrocks trugen junge Leute lieber absichtlich geschlitzte Jeans. Kurz nach MTV kam auch Coca-Cola nach Indien und in den vergangenen Jahren folgte die Burgerkette. Unter dem Eindruck von MTV ist Aniruddha Toningenieur geworden, dann hat er für einen Internetshop Musik-CDs aus anderen Ländern eingekauft. Inzwischen verkauft er Versicherungen für eine Tochterfirma des deutschen Allianz-Konzerns. Sieben Sprachen hat sich Aniruddha nebenbei angeeignet. Auf Deutsch bringt er nur ein paar Worte über die Lippen, aber er kennt Bayern München.

(Aus: Anette Dowideit u. a.: Generation global, in: Welt der Wirtschaft kinderleicht, Globalisierung, Carl Hanser Verlag, München 2011, S. 8 und 10)

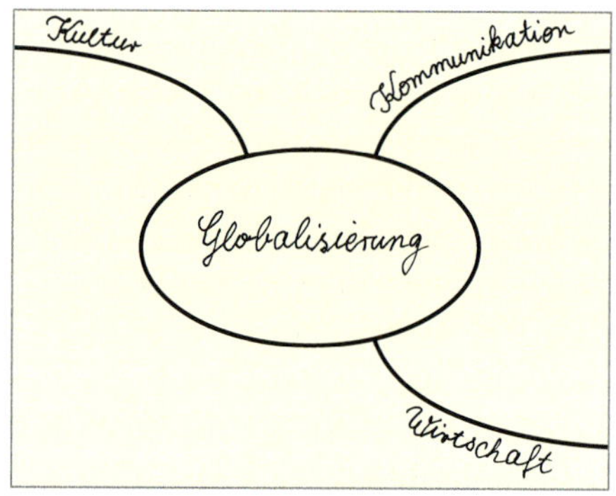

1. Erläutere am Beispiel Jiang Yufeis und Aniruddhas, welchen Einfluss die Globalisierung auf ihren Lebensstil hat.
2. Wie haben sich die Einstellungen zu den Traditionen verändert? Ermittle Hinweise dazu.

Beispiel 4: Umwelt – die Welt als Risikogemeinschaft

Die eine Hälfte der Menschheit hat kein oder kaum sauberes Wasser. Die anderen Milliarden Menschen verbrauchen inzwischen offenbar mehr als nachfließt.

Wo viele Menschen wohnen, ist Wasser fast immer knapp. Insgesamt übersteigt die Nachfrage weltweit inzwischen deutlich die Menge, die aus sich natürlich erneuernden Quellen gedeckt werden kann. […]

Im Norden Chinas verbrauchen die intensivierte Landwirtschaft, die florierende Industrie und eine Bevölkerung, deren wachsender Wohlstand die Ansprüche steigert, mehr Wasser, als die Natur nachliefern kann. In Indien werden gigantische Kanalprojekte diskutiert, um die Knappheit in weiten Teilen des Landes zu bekämpfen. In Spanien stellt man sich auf die Verwüstung weiter Gebiete ein. Ohnehin eher trockene Länder wie Australien oder Äthiopien litten im vergangenen Jahr unter extremer Dürre. Und die Prognosen sehen dort weiter sinkende Niederschläge voraus. Wie genau sich das Klima und damit die Wassersituation auf der Erde entwickelt, weiß niemand, sagt Malin Falkenmark, Hydrologin am Stockholm International Water Institute. […]

Bereits heute ist Wasser Ursache unzähliger politischer, sozialer und wirtschaftlicher Konflikte. Wie Bodenschätze und fruchtbares Land ist es sehr ungleich verteilt. Die Hälfte des nutzbaren Süßwassers ist im Besitz von einem halben Dutzend Ländern. Ähnlich ungleich verteilt ist auch die Trinkwasserqualität. Eine Milliarde Menschen hat keinen Zugang zu sauberem Wasser, 2,5 Milliarden leiden unter ungenügenden Hygienestandards – zusammen macht das mehr als die Hälfte der Menschen auf dem Planeten Erde. […]

Es muss darum gehen, Wasser effizienter zu gebrauchen, „anstatt zu versuchen, ein unerschöpfliches Wasserangebot zu garantieren". Dezentral ließen sich zum Beispiel Regenwasserreservoire einrichten, und Effizienz bedeutet, zum Beispiel weniger Trinkwasser als bisher zum Wegspülen von Abfällen zu nutzen. […]

Für die Zukunft ist die Frage, wie Staaten, internationale Organisationen und Unternehmen die Wasserprobleme bewältigen, zumindest ebenso wichtig wie der Umgang mit schwindenden Ölreserven und dem Klimawandel. „Wasser ist selten per se knapp", sagt Christian Leibundgut, bis vor Kurzem Leiter des Instituts für Hydrologie der Universität Freiburg. „Wasserkrisen sind eigentlich immer eine Folge falschen Managements."

(Nach: Richard Friebe: Der erschöpfte Planet, in: www.sueddeutsche.de, Zugriff: 23.03.2009)

Sauberes Wasser – in einigen Regionen der Welt im Überfluss vorhanden, in anderen Gegenden äußerst knapp, wie hier in Indien, wo die Menschen in langen Schlangen um Trinkwasser anstehen.

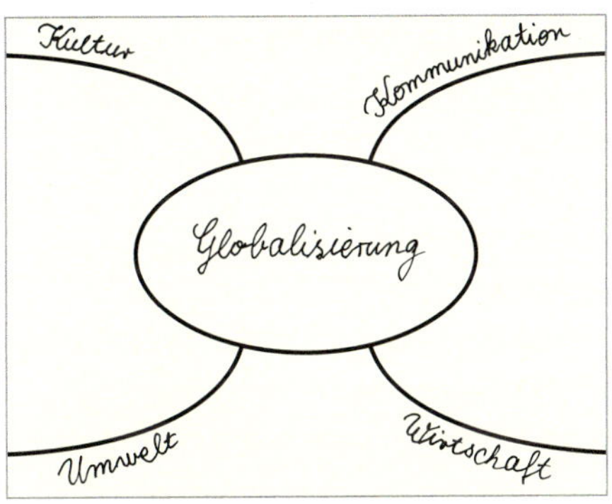

1. Warum ist Wasserknappheit ein Problem, das global gelöst werden muss?
2. Im Text steht, dass Wasser zu unzähligen politischen, sozialen und wirtschaftlichen Konflikten führen kann. Versuche zu erklären, warum das so ist.

Globalisierung

1. Erkläre die vier im Text genannten Aspekte der Globalisierung in jeweils einem Satz.
2. Erläutere die Ursachen für Globalisierung.
3. Die meisten von euch planen zurzeit ihre berufliche Zukunft. Überlege, welche Kompetenzen global tätige Unternehmen von Bewerberinnen und Bewerbern um Ausbildungsplätze erwarten.

Was ist das?

Seit Anfang der Neunzigerjahre spricht man von Globalisierung. Man bezeichnet damit den weltweiten Prozess des wirtschaftlichen Zusammenwachsens, bei dem Produktion und Handel in den verschiedenen Ländern immer stärker voneinander abhängig werden. Nationale Grenzen spielen für die Wirtschaft eine zunehmend geringere Rolle. In diesem Zusammenhang fällt häufig auch das Schlagwort *Weltbinnenmarkt*.
Damit möchte man zum Ausdruck bringen, dass durch die engen wirtschaftlichen Verflechtungen die ganze Welt ein einziger, beinahe grenzenloser Markt geworden ist.

Ursachen

Produktion und Handel weit über die Grenzen von Staaten hinweg ist nichts Neues. Das gab es schon zu Zeiten von Kolumbus. Neu an der Globalisierung ist, dass nicht nur Waren und Dienstleistungen in bisher unbekanntem Ausmaß weltweit produziert und verkauft werden, sondern auch Geldströme frei von allen Beschränkungen dorthin fließen, wo sie den höchsten Profit versprechen.
Ermöglicht wurde diese Entwicklung durch eine Reihe technischer Neuerungen. So hat zum Beispiel die Entwicklung des Internets den weltweiten Austausch von Informationen erheblich vereinfacht: Per E-Mail und in firmeneigenen Computernetzen (Intranet) können heute auch weit entfernte Gesprächspartner schnell und unkompliziert miteinander kommunizieren. Durch die Verbreitung des Mobilfunks sind immer mehr Menschen rund um die Uhr erreichbar. Diese Entwicklungen meint man, wenn von der *vernetzten Welt* die Rede ist.
Neuerungen auf dem Gebiet des Transport- und Verkehrswesens erleichterten den Warentransport und senkten die Transportkosten. Zur gleichen Zeit wurde der Außenhandel in vielen Staaten vereinfacht, indem man Handelshemmnisse wie Zölle und Einfuhrbeschränkungen abbaute.

Weitere Dimensionen

Im weiteren Sinn umfasst der Begriff Globalisierung auch folgende Entwicklungen:
Die Welt als globales Dorf: Dieses Schlagwort benutzt man, um weltweite gesellschaftliche Trends zu charakterisieren, etwa die globale Verbreitung von Konsumgewohnheiten, der Popmusik, von Essgewohnheiten oder Modeströmungen. Nationale Eigenheiten verlieren zunehmend an Bedeutung.
Die Welt als Risikogemeinschaft: Gefährdungen, wie Umweltverschmutzung, Armut, Kriege, Flüchtlingsströme bedrohen die Menschen grenzüberschreitend und erfordern internationale politische Zusammenarbeit, um diese Probleme zu lösen.

Reaktionen

Anfang der Neunzigerjahre löste die Globalisierung eine weltweite Aufbruchstimmung aus. Viele sahen ein neues Zeitalter heraufziehen, das für viele Menschen neue Arbeitschancen und Wohlstand bringen könne. Inzwischen haben viele Menschen in der Weltwirtschaftskrise ab 2008 auch negative Auswirkungen der weltweiten Verflechtung zu spüren bekommen. Doch ist klar, dass sich die Globalisierung nicht mehr rückgängig machen lässt. Es geht vielmehr darum, den Prozess der Globalisierung politisch und wirtschaftlich so zu gestalten, dass möglichst viele Menschen auf der Erde davon profitieren.

Wie können sich Jugendliche auf die Globalisierung einstellen?

Globalisierung? Mit dem Begriff können viele Jugendliche nicht viel anfangen, sagt der Jugendforscher Claus Tully. „Für viele ist das Thema auf den ersten Blick tatsächlich belanglos." [...] Auf den zweiten Blick macht die Globalisierung vielen Jugendlichen Angst. [...] Auch die Frage, ob sie später selber einmal eine Arbeitsstelle finden, bewegt viele Jugendliche. Auch aus diesem Grund sehen sie die Globalisierung pessimistischer als noch vor ein paar Jahren.

Ganz unbegründet sind die Ängste nicht. „Konkurrenz auf dem globalen Arbeitsmarkt wird in Zukunft noch höher sein als heute", sagt Klaus Schrader, Globalisierungsexperte am Institut für Weltwirtschaft in Kiel [...]. „Die Konkurrenz kommt aus allen Ecken der Welt", sagt Schrader.

Auch in Berufen, für die man ein Universitätsexamen braucht, wird die Konkurrenz größer. In Zukunft wird es keine Seltenheit mehr sein, dass tschechische Elektroingenieure und polnische Unternehmensberater ihre Dienste in Deutschland anbieten.

„Vor diesem Hintergrund kann ich jedem nur raten, alles aus seinem Potenzial herauszuholen", sagt der Wirtschaftswissenschaftler Schrader. Konkret heißt das: Die englische Sprache zu beherrschen, ist eine unverzichtbare Grundvoraussetzung. Diejenigen, die noch mehr Sprachen sprechen, haben auf dem globalen Arbeitsmarkt weitere Vorteile gegenüber anderen.

Und noch einen Rat hat Schrader für Jugendliche: Bei der Arbeitsplatzsuche sollten sie statt aufs Gehalt lieber darauf achten, welcher Arbeitgeber die besten Fortbildungen verspricht. „Denn wer nicht sein Leben lang etwas für seine Bildung tut, wird früher oder später von der weltweiten Konkurrenz überrollt werden", sagt er.

Persönlich finden Jugendliche gute Voraussetzungen in einem hoch entwickelten Land, in dem alle Zugang zu Schule und Bildung haben. „Jugendliche sollten deshalb keine Angst haben", sagt Schrader, „sondern Globalisierung als Wettbewerb begreifen, der ihnen viele neue Chancen eröffnet."

(Nach: Martin Greive, Welt der Wirtschaft kinderleicht, Hanser Verlag, München 2011, S. 58f.)

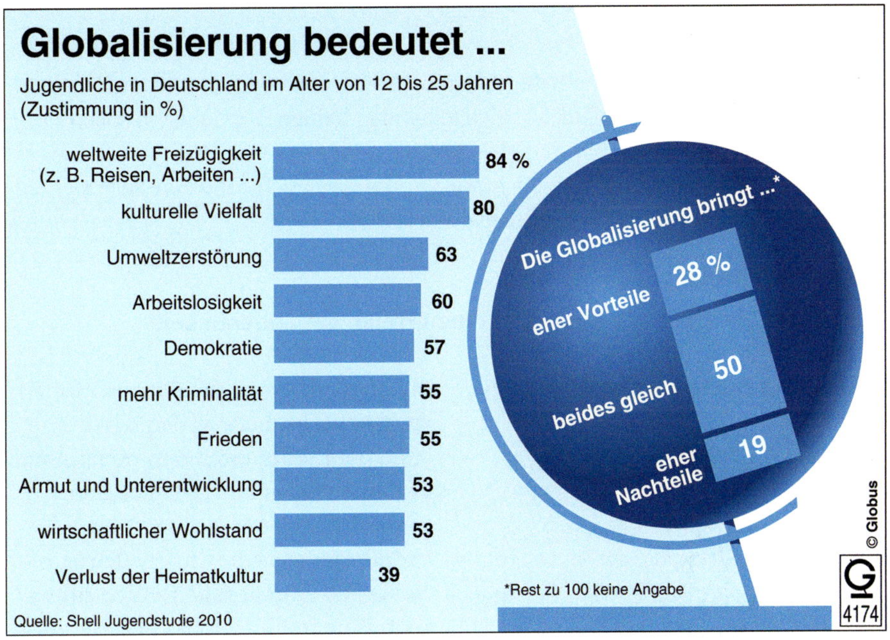

1. Erarbeite aus Text und Schaubild jeweils drei positive und negative Auswirkungen der Globalisierung, die für dich besonders wichtig sind.
2. Suche dir einen Partner und vergleicht eure Ergebnisse.
3. Welche Fähigkeiten brauchen Jugendliche, um in der globalisierten Welt beruflich erfolgreich zu sein? Sprecht darüber in der Klasse.

Was auch noch interessant sein kann:

- eine Umfrage unter Jugendlichen durchführen und die Ergebnisse mit dem Schaubild vergleichen.

2 Was sind die Licht- und Schattenseiten der Globalisierung?

Viele Folgen der Globalisierung haben sowohl gute als auch negative Seiten. Hier ist eine differenzierte Sichtweise gefragt. Die folgenden beiden Doppelseiten sollen dich dazu anregen.
Wähle dein Thema und bearbeite die Aufgaben. Tauscht euch dann zu zweit über die Ergebnisse aus und präsentiert diese der Klasse.

Wähle dein Thema!

Internationale Arbeitsteilung – des einen Freud, des anderen Leid

Der Fall: Die Nokia-Karawane zieht weiter

Der Tag, an dem Nokia aus Bochum wegging, war der Tag, an dem Michaela Maul ihren Arbeitsplatz verlor – wie 2300 andere. Früher montierte sie Handys, heute hält sie sich mühsam mit ihrem Imbiss über Wasser. Andere hat es härter getroffen, Hunderte sind heute noch arbeitslos. [...] Die gingen auf die Straße damals, protestierten. Nichts nützte. Nokia machte [2008] dicht. [...] Nokia erklärte, das Werk in Bochum sei nicht mehr wettbewerbsfähig gewesen. Auch neue Investitionen würden nicht mehr helfen. Und außerdem sollten mit dem neuen Werk in Rumänien neue Märkte bedient werden. [...]
In Südosteuropa, in Cluj, bedeutete Nokia erst einmal Arbeit. Auch für Ovid Harean. Ein Globalisierungsgewinner war der 59-Jährige aber nur kurz. Ende 2011 wurde er entlassen. Als Nokia ging, gab es noch drei Monate Gehalt, dann nichts mehr. Jetzt war Cluj Bochum.
Ovid fühlte sich von Nokia benutzt. Immerhin war ihr Werk auch deswegen profitabel, weil Nokia Löhne gezahlt habe, die selbst hier das Leben schwer machten. Statt 2000 Euro – wie in Bochum – bekam ein rumänischer Nokia-Arbeiter gerade einmal 250 Euro. Über dem Mindest-, aber unter dem Durchschnittslohn. [...]
Kurz vor sechs in Südostindien. Hier rollen sie nun, die Nokia-Busse, transportieren tausende Arbeiter zur Frühschicht. Handys montieren, für den Weltmarkt. Nach einer Karawane um den Globus ist Nokia in Indien angekommen. Und hier sind nun die Arbeitsplätze vorerst. [...]
Nokia erklärt wieder: Mit Cluj sei Nokia nicht mehr wettbewerbsfähig gewesen. Und außerdem läge das neue Werk in Indien strategisch besser bei den neuen Märkten. Also rollt die Nokia-Karawane nun hier. [...] Nokia erklärt aber, man lege Wert darauf, dass man weit über dem lokalen Mindestlohn zahle. Statt 250 Euro wie in Rumänien ist es hier nur noch die Hälfte – 125 Euro. Vor Kurzem hat Nokia übrigens bekannt gegeben, man werde nun ein Werk in Vietnam bauen. Die Löhne sind dort noch einmal niedriger als in Indien. Noch scheint es billiger zu gehen. Und dann werden die indischen Arbeiter vielleicht zu den nächsten Verlierern gehören.

(Nach: Andreas Maus u. a.: Nokia in Bochum, Rumänien, Indien, die Schattenseiten des Wanderkapitalismus, 24.05.2012, in: www.wdr.de/tv/monitor, Zugriff: 07.06.2012)

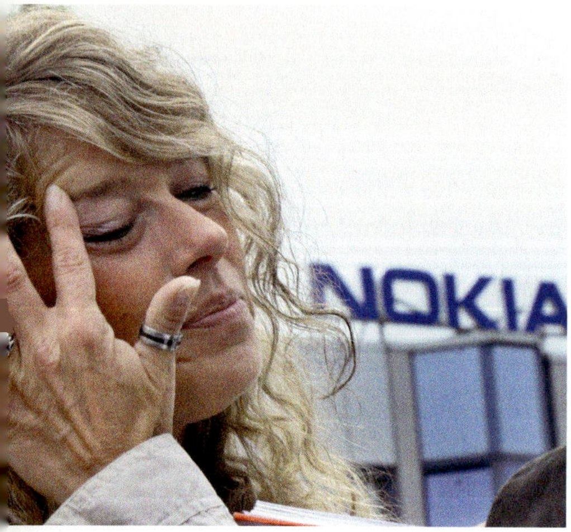

Fassungslosigkeit in Bochum ...

Beifall in Rumänien ... doch die Freude hielt nicht lange an.

Die internationale Arbeitsteilung bewirkt, dass Arbeit dorthin wandert, wo sie am billigsten ist. Auch der weltweite Arbeitsmarkt ist damit in Bewegung geraten: Neue Arbeitsplätze entstehen, Fabriken werden geschlossen. Transportkosten spielen heute keine große Rolle mehr: Riesige Containerschiffe – fast 500 m lang und mehr als 40 m breit – befördern die Waren zu sehr günstigen Preisen in jeden Winkel der Erde. Welche Auswirkungen diese Entwicklungen auf die Arbeitsplätze und die Menschen haben, könnt ihr den Schlagzeilen auf dieser Seite entnehmen.

Bangladesch: 1 Million neue Arbeitsplätze in der Textilindustrie entstanden

Der Weltfabrik China gehen die Arbeitskräfte aus

Bangladesch: Verdoppelung des Pro-Kopf-Einkommens seit 1975

Qualitätsmängel: Jede dritte Firma kehrt zurück nach Deutschland

Jubel in Siebenbürgen: Rund dreitausend neue Arbeitsplätze bei Nokia

Nokia schließt wegen zu hoher Löhne Werk in Bochum – 2 300 Mitarbeiter arbeitslos

80 Prozent der Spielwaren werden heute in Ostasien produziert

Ungelernte finden in Deutschland nur noch schwer Arbeit

Trotz Weltwirtschaftskrise wächst Chinas Wirtschaft

Rasanter Anstieg der Löhne in China – Kaufkraft der Bevölkerung wächst

AEG-Werk in Nürnberg schließt – Verlagerung der Produktion nach Polen

40 Prozent der deutschen Industrieunternehmen planen Investitionen im Ausland

1. Welche Gefühle löst das Schicksal der Beschäftigten von Nokia bei dir aus?
2. Beschreibe die Gründe, warum Nokia seine Produktion mehrmals in andere Länder verlegte.
3. Überlegt zu zweit, was wohl passiert wäre, wenn Nokia seine Produktion in Bochum gelassen hätte.
4. Stellt einen Zusammenhang zwischen der Überschrift und den Schlagzeilen her.

Was auch noch interessant sein kann:
- die aktuelle wirtschaftliche Situation von Nokia im Internet recherchieren.

Wähle dein Thema!

Werden Arbeiterinnen und Arbeiter in Entwicklungsländern ausgebeutet?

Wie Rekha arbeiten zahllose Frauen in asiatischen Textilfabriken, wie hier bei der Schuhproduktion für Nike in Vietnam.

Der Fall: Die Näherin Rekha in Bangladesch

Der folgende Text schildert den Arbeitsalltag der jungen Näherin Rekha in Bangladesch, die für einen Zulieferer der Discount-Kette Lidl arbeitet. Welche Gefühle löst das Beispiel bei euch aus?

„Ich bin gerade 19 Jahre alt. Aber ich habe schon drei Jahre Erfahrung mit der Arbeit in einer Bekleidungsfabrik. Ich komme aus einem Dorf im Süden. Die Krankheit meines Vaters führte dazu, dass er nicht mehr arbeiten konnte. Ich war gezwungen, eine Arbeit anzunehmen, um etwas zum Einkommen der Familie beizutragen. Ich bekam eine Arbeitsstelle in einer Bekleidungsfabrik. Die Fabrik liegt eine Stunde Fußmarsch weg von meinem Elternhaus. Eine Rikscha würde 15 Taka kosten, also musste ich laufen, hin und zurück, mit einem anderen Mädchen aus meinem Dorf. Ich fing an als Hilfe mit monatlich 930 Taka (9,30 EUR). Jetzt bin ich Näherin und kriege 1 800 Taka (18 EUR) monatlich. In der Fabrik bekam ich weder einen Arbeitsvertrag noch ein Einstellungsschreiben. In der Fabrik arbeite ich täglich so lange, wie angeordnet wird. Die Aufträge oder Arbeitsaufgaben sind so, dass es unmöglich ist, nach acht Stunden den Arbeitsplatz zu verlassen. Jede Arbeiterin hat eine festgelegte Arbeitsmenge zu erledigen, bevor sie geht. Sie kennen unsere Möglichkeiten und unsere Fähigkeiten ziemlich gut, und mit Absicht verlangen sie mehr von uns, sodass wir über unsere Kräfte hinausgehen müssen, um mit der Arbeit fertig zu werden. Wenn eine Arbeiterin früher gehen will, weil sie zu weit weg wohnt, wird ihr gesagt, sie müsste ja die Arbeit nicht machen, niemand hält sie, sie könnte die Arbeit gleich ganz aufgeben. In der letzten Woche habe ich sieben Tage gearbeitet, auch am Freitag. [...] Oft arbeite ich die ganze Nacht, die Fabrik spendiert dann eine Banane und ein Stück Brot (im Wert von 2 Taka).

Wir Arbeiterinnen werden bei jeder Gelegenheit beschimpft, gequält, fertiggemacht. [...] Es ist wirklich so, ich fühle mich in der Fabrik wie am Ersticken. Oft werden wir Arbeiterinnen ohnmächtig. Die Toiletten sind einfach grauenhaft. Ich fürchte mich geradezu, sie zu benutzen. Das Trinkwasser ist nicht sauber, ein Wasserfilter wurde installiert, funktioniert aber nicht. Ich wünsche mir, und ich bin nicht allein, wir hätten eine Gewerkschaft. Aber wer einmal protestiert, verliert sofort seine Arbeit. [...] In unserer Fabrik haben wir keine Möglichkeit, gegen die Oberen etwas zu sagen, sogar wenn sie Schlimmes tun, sind wir verpflichtet, ihren Anordnungen zu gehorchen.

Ich verbringe die meiste Zeit in meinem Leben in der Fabrik, ich habe keine Zeit für mich selber, für meinen kranken Vater und für meine Familie. Wir haben kein Fernsehen, wir können es uns nicht leisten. [...] Ich weiß nicht, was ich tun werde oder was mit mir wird."

(Nach: Korshed Alam u. a.: Wer bezahlt unsere Kleidung bei Lidl und Kik? Hg.: Clean Clothes u. a., 2008, S. 34f.)

Wohltat oder Ausbeutung?

In Mexiko, Thailand, Korea und vielen anderen Ländern schuften Menschen für winzigste Löhne unter oft unwürdigen Bedingungen; Urlaub, Kranken- und Arbeitslosenversicherung sind Fremdwörter für sie. Die Produkte ihrer Arbeit verkaufen die westlichen Firmen mit großem Gewinn.
Nutzen Konzerne der Textil- und Sportartikelindustrie die Menschen, die für sie in Entwicklungs- und Schwellenländern arbeiten, schamlos aus? Diese Frage kann man ziemlich eindeutig mit Ja beantworten. Andererseits argumentieren Befürworter der Globalisierung immer wieder, dass in einheimischen Betrieben in Asien und Lateinamerika die Arbeitsbedingungen oft noch entsetzlicher sind als in den Filialen europäischer Firmen. […]
Das ist keine Entschuldigung, sagen wiederum viele Globalisierungsgegner. Dass es anderswo gleich schlecht oder noch schlechter ist, ist noch kein Grund, sich bei den Ausbeutern einzureihen. Die Multis seien verpflichtet, die Arbeitsbedingungen in Zulieferbetrieben zu überprüfen und jenen, in denen die Verhältnisse inakzeptabel sind, die Zusammenarbeit aufzukündigen. Doch was passiert dann wiederum mit den Arbeitern dort, die dann vielleicht entlassen werden? Auf diese Probleme gibt es keine einfachen Antworten. Immerhin sind aber die Bedingungen, unter denen die Arbeiter und Arbeiterinnen in vielen Schwellenländern für ausländische Firmen arbeiten müssen, inzwischen in vielen Publikationen öffentlich gemacht worden. Es gibt Selbstverpflichtungen der Industrie, auf menschenwürdige Arbeitsbedingungen zu achten. Ein Denkprozess hat sich in Gang gesetzt.

(Aus: Gerd Schneider: Globalisierung, Arena Verlag, Würzburg 2008, S. 98 f.)

Die weltweite Kampagne „Clean Clothes", die in Deutschland von Kirchen, Gewerkschaften und anderen Organisationen unterstützt wird, setzt sich für fairen Handel in der Textilindustrie ein. In ihrer Charta fordert sie angemessene Löhne, Reduzierung der Überstunden, Recht auf Bildung von Gewerkschaften, sichere und gesunde Arbeitsbedingungen sowie Verzicht auf Kinderarbeit.

1. Welche Gefühle löst das Beispiel von Rekha bei dir aus?
2. Tausche dich mit einem Partner aus und sammelt gemeinsam Vorschläge, wie man die Situation in den Fabriken verbessern könnte. Präsentiert dann eure Ergebnisse in der Klasse und bewertet die Vorschläge.
3. Sind auch Verbraucher in den Industrieländern für die Arbeitsbedingungen in den asiatischen Textilfabriken verantwortlich? Diskutiert darüber in der Klasse. Bezieht euch dabei auch auf die Abbildung auf dieser Seite.

Was auch noch interessant sein kann:

- eine Talkrunde in der Klasse zum Thema „Billige Kleidung – zu welchem Preis?" veranstalten. Materialien zum Download findet ihr unter www.eine-welt.netz.de/coremedia/generator/ewik/de/Downloads/Unterrichtsmaterialien.

Methodenkarte 18

Karikaturen interpretieren

Thema: Globalisierung

Was ist eine Karikatur?

Das Wort „Karikatur“ stammt aus dem Italienischen und bedeutet „übertriebenes Spottbild“. Mithilfe einer Zeichnung will der Karikaturist seine Meinung zu einem bestimmten Thema oder Problem zum Ausdruck bringen. Dabei übertreibt er bewusst, um unsere Aufmerksamkeit zu erregen und uns zum Nachdenken anzuregen. Eine Karikatur interpretieren bedeutet, die Absicht des Zeichners zu erkennen, zu deuten und zu der Aussage der Karikatur Stellung zu nehmen. Ihr könnt bei der Interpretation einer Karikatur nach der Vier-Fragen-Deutung vorgehen.

1. Auf welches Problem bezieht sich die Karikatur?

Du solltest zunächst klären, auf welches Problem oder aktuelles Thema sich die Karikatur bezieht. Überlege, was du bereits über das Thema weißt.

2. Was ist dargestellt?

Beschreibe zunächst, was dir besonders auffällt. Versuche dann, möglichst viele Einzelheiten zu erkennen.

3. Was will der Zeichner ausdrücken?

Erkläre, welches Verhalten, welche Situationen, Einstellungen von Personen in der Karikatur kritisiert werden. Gehe dabei auch darauf ein, welche Wirkung der Zeichner beim Betrachter erzielen will.

4. Wie bewerte ich die Karikatur?

Bewerte die Aussage der Karikatur aus deiner Sicht. Um Stellung zu nehmen, benötigst du Vorwissen zu dem Thema. Deshalb kann eine Karikatur auch den Anstoß geben, sich näher mit einem Problem zu beschäftigen.

1. Die Karikatur bezieht sich auf die negativen Folgen der Globalisierung. Sie thematisiert den Abbau von Arbeitsplätzen als Folge des Handelns internationaler Konzerne.

2. Die Karikatur zeigt ein Hochhaus mit der Aufschrift „Global & Co“. Aus einem Fenster im obersten Stockwerk purzeln zahlreiche Stühle. Auf einem der Stühle steht „Arbeitsplatz“.

3. Der Zeichner kritisiert, dass im Zuge der Globalisierung Arbeitsplätze in Industrieländern verloren gehen. Indem er „Global & Co“ in einem Wolkenkratzer angesiedelt hat, spielt er vor allem auf die Politik der Global Player an, die ihre Produktion an möglichst kostengünstige Standorte verlagern. Dadurch gehen in Industrieländern massenhaft Arbeitsplätze verloren. Indem er Arbeitsplätze als Stühle darstellt, möchte er andeuten, dass Menschen wie Möbelstücke „entsorgt“ werden. In den Konzernzentralen und -spitzen (oberstes Stockwerk als Symbol) wird wenig Rücksicht darauf genommen, dass hinter jedem Arbeitslosen individuelle Schicksale stehen, dass Arbeitslosigkeit für viele Menschen der Sturz ins Bodenlose bedeutet.

4. Die Karikatur drückt die Sorge aus, die viele Menschen in Deutschland mit der Globalisierung verbinden. Der Zeichner kritisiert das rücksichtslose Vorgehen vieler Konzerne, die Arbeitsplätze ins Ausland zu verlagern. Das Beispiel der Nokia-Mitarbeiter scheint diese Aussage zu belegen. Doch müsste man sich noch genauer mit den Zusammenhängen befassen, um diese Aussage zu beurteilen.

Wir interpretieren Karikaturen zur Globalisierung

Auf dieser Seite findet ihr Karikaturen, die Probleme und Risiken der Globalisierung thematisieren. Ihr könnt auch hier fragen: Wer sind die Gewinner, wer die Verlierer?

Wählt eine Karikatur aus, die euch besonders anspricht. Interpretiert sie mithilfe der Vier-Fragen-Deutung und stellt euren Text der Klasse vor.

3 Eine Welt oder viele Welten? – Globalisierung und Entwicklung

Vier Fünftel aller Menschen leben heute in Entwicklungsländern. Zu Beginn der Globalisierung hofften viele Menschen, dass alle Länder von dem Aufschwung des internationalen Handels profitieren und sich weltweit die Lebensbedingungen angleichen und verbessern. Haben sich diese Hoffnungen erfüllt?

A Im Tschad (Afrika) bringen Frauen durchschnittlich 6,6 Kinder zur Welt, in Deutschland sind es 1,35 Kinder.

B 2011 gab es 33 gewaltsame Konflikte und Kriege, davon 29 in Entwicklungsländern. In Mitteleuropa herrscht seit 1945 Frieden.

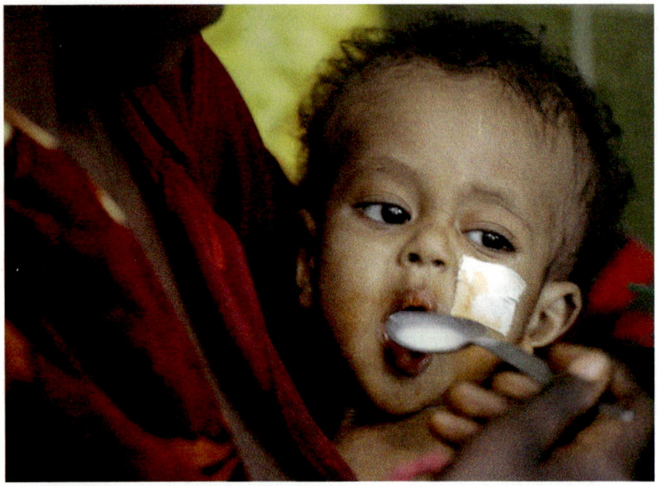

C Weltweit sind über eine Milliarde Menschen unterernährt. Davon leben circa 850 Millionen Menschen in Entwicklungsländern. In der Demokratischen Republik Kongo (Afrika) haben drei von vier Menschen nicht genug zu essen.

D In Frankreich besuchen 100 % der Kinder eine Schule; in Niger (Afrika) werden 59 % der Jungen und 50 % der Mädchen eingeschult.

Die Schere zwischen Arm und Reich öffnet sich

Die Globalisierung der Wirtschaft hat einen riesigen Markt geschaffen, in dem es genügend Arbeit, genügend Wirtschaftswachstum und genügend Erfolge gibt, um immer mehr Menschen davon profitieren zu lassen. Doch die Kluft zwischen Arm und Reich ist größer statt kleiner geworden. Auf die armen 40 Prozent der Weltbevölkerung, die von weniger als zwei US-Dollar pro Tag leben, entfallen nur 5 Prozent des gesamten globalen Einkommens, wie aus einem Bericht des United Nations Development Programms (UNDP) hervorgeht. Mit zwei US-Dollar pro Tag kann man in manchen Weltregionen leben, doch eher schlecht als recht. […] Gleichzeitig gibt es auch positive Entwicklungen. So hat sich die Zahl jener Menschen, die in größter Armut leben und mit weniger als einem Dollar auskommen müssen, von 1,5 Milliarden im Jahr 1981 auf rund eine Milliarde verringert. Doch auch dieser bescheidene Aufschwung ist ungleichmäßig verteilt. Die Erzeugung von Massengütern – Bekleidung, Sportartikel oder Spielwaren – hat in Ländern wie Bangladesch, Indonesien und Vietnam immerhin zu einer Verringerung der extremen Armut beigetragen. In Afrika hingegen verbleiben viele Regionen in der Armutsfalle. Die Vereinten Nationen kritisieren in ihren regelmäßigen Berichten, dass zwar die schlimmste Armut reduziert werden konnte, gleichzeitig aber die Ungleichheit zwischen Arm und Reich weiter zugenommen hat. Die Kluft zwischen armen und reichen Ländern ist auseinandergegangen.
In den 1960er-Jahren betrug das Durchschnittseinkommen in den zwanzig reichsten Ländern etwa das 53-Fache von jenen in den zwanzig ärmsten Ländern. Vierzig Jahre danach hat sich der Unterschied auf das 121-Fache vergrößert.

(Aus: Wolfgang Böhm, Otmar Lahodynski: Globalisierung – So funktioniert die globale Vernetzung, Veritas Verlag, Linz, S. 90 f.)

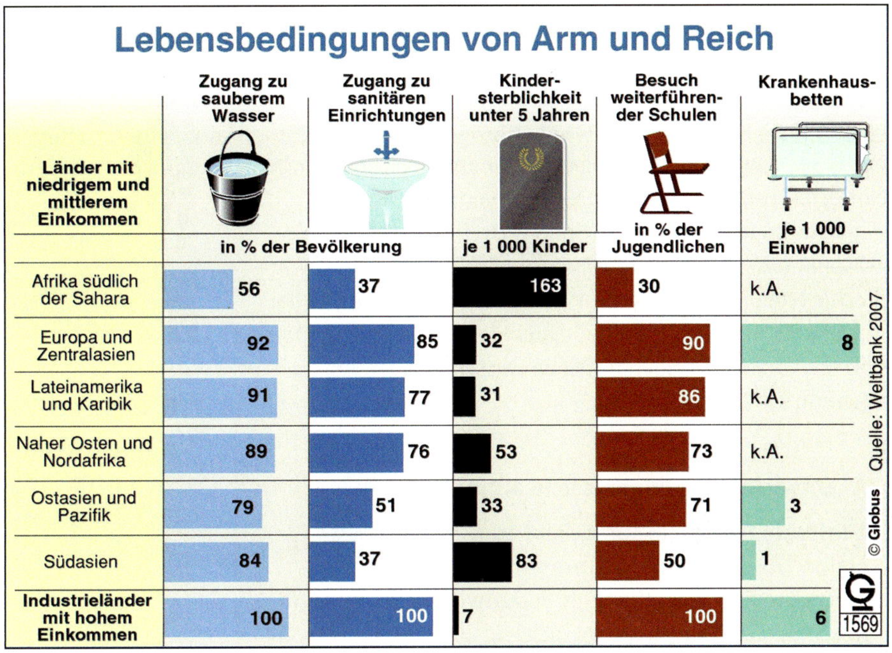

Merkmale

Industrieländer
- niedrige Säuglings- und Kindersterblichkeit
- …
- …

Entwicklungsländer
- hohe Säuglings- und Kindersterblichkeit
- …
- …

1. Worin unterscheiden sich die Lebensbedingungen in Industrie- und Entwicklungsländern? Sammle anhand der Texte und des Schaubilds Merkmale und stelle diese in einer Tabelle zusammen.
2. Vergleicht eure Ergebnisse und prüft gemeinsam, ob und inwieweit Globalisierung zu mehr Wohlstand in Entwicklungsländern geführt hat.
3. Trotz der sehr unterschiedlichen Lebensbedingungen auf der Welt sprechen Politiker und Entwicklungsorganisationen gerne von der „Einen Welt", wenn es um Entwicklungspolitik geht. Überlegt, aus welchen Gründen sie das tun.

Warum nutzt Globalisierung nicht allen armen Ländern?

Noch vor 35 Jahren war China ein armes Land, das Mühe hatte, seine wachsende Bevölkerung zu ernähren und mit dem Nötigsten zu versorgen. Heute ist China die zweitgrößte Wirtschaftsnation der Welt. Seinen wirtschaftlichen Erfolg verdankt das Land der Globalisierung: Indem es günstig Waren produzierte und in die ganze Welt exportierte, konnte es der Armut entkommen. Anderen Staaten gelingt dies nicht. Dort sind die Voraussetzungen für einen wirtschaftlichen Aufschwung schlechter.

Markt in Kamerun

A Entwicklungshemmnisse in armen Ländern

Fehlende Infrastruktur: Es gibt zu wenig Straßen, Häfen, Flughäfen und Kommunikationstechnik.
Korrupte Regierungen: Das Verantwortungsgefühl für eine faire Verteilung des Wohlstands fehlt. Teure Machtkämpfe, Waffenkäufe und Bürgerkriege verschlingen das Volkseinkommen. [...]
Schlechte Wirtschaftsstruktur: Eine auf wenige Rohprodukte konzentrierte nationale Wirtschaft führt dazu, dass erneut die besser entwickelten Länder bei der Weiterverarbeitung das große Geld abschöpfen.
Keine Basis für Investitionen: Arme Länder bieten häufig zu wenig Sicherheit und Stabilität für internationale Investoren.
Schlechtes Gesundheitssystem: Die Ausbreitung von Krankheiten wie Aids behindert einen wirtschaftlichen Erfolg.
Erbe der Kolonialisierung: Ärmeren Ländern fehlt wegen früherer einseitiger Ausbeutung ihrer Rohstoffe durch Kolonialmächte die Basis für einen nachhaltigen wirtschaftlichen Erfolg.

(Aus: Wolfgang Böhm, Otmar Lahodynski: Globalisierung – so funktioniert die weltweite Vernetzung, Veritas Verlag, Linz 2008, S. 92)

B Ungerechter Welthandel

Handelsschranken für Entwicklungsländer: Für Waren, die in die EU eingeführt werden, erhebt die EU Zölle. Das verteuert den Preis der Importe in Europa. Während auf Rohstoffimporte kaum Zölle anfallen, werden auf die Einfuhr von verarbeiteten Produkten hohe Abgaben fällig. Damit will die EU die einheimische Industrie vor Konkurrenz schützen. Die ärmsten Länder sind besonders benachteiligt: Für Produkte aus armen Ländern werden dreimal so hohe Zölle fällig wie beim Handel der Industrieländer untereinander.
Subventionen: Reiche Länder haben genügend Geld, um ihre Produzenten bei einem Preisverfall auf dem Weltmarkt zu unterstützen. Als zum Beispiel 2009 weltweit der Preis für Milch stark sank, unterstützte die EU europäische Bauern finanziell, damit diese auf dem Weltmarkt konkurrenzfähig blieben und beim Export besser verdienen konnten. Arme Länder leiden unter dieser Politik doppelt: Konkurrenzlos billige Agrarprodukte aus Europa überschwemmen den afrikanischen Markt und gefährden die Existenz der einheimischen Bauern. Da sich diese Länder keine Subventionen leisten können, müssen sie ihre Agrarprodukte zu teureren Preisen anbieten und verkaufen deshalb weniger.

(Autorentext)

1. Einige arme Länder profitierten bisher wenig von der Globalisierung. Erkläre, welche Gründe in den Ländern selbst liegen und für welche Industrieländer mitverantwortlich sind.
2. Wie könnten die Chancen der ärmsten Länder in der globalisierten Wirtschaft verbessert werden? Sammelt Vorschläge in der Klasse.

Entwicklungsländer

1. Entwicklungsländer sind keine einheitliche Gruppe. Erkläre, warum.
2. Erläutere, welche Erfolge und welche Rückschritte es in den letzten Jahren in Entwicklungsländern gab.
3. Nachhaltige Entwicklung ist eine Zukunftsaufgabe sowohl für Entwicklungs-, als auch für Industriestaaten. Sammelt, was sich in den Industriestaaten ändern müsste.

Was sind Entwicklungsländer?

Als Entwicklungsländer bezeichnen wir ganz allgemein die armen Länder der Welt. Dazu zählt das Bundesministerium für Wirtschaftliche Zusammenarbeit und Entwicklung (BMZ) rund 148 Länder der Erde (Stand 2012). Die Entwicklungsländer bilden eine in sich sehr uneinheitliche Gruppe von Staaten. Auch die Lebensbedingungen der Menschen in diesen Ländern sind sehr verschieden. Manche Länder, vor allem in Afrika, sind so arm, dass es immer wieder Hungerkatastrophen gibt. Andere Staaten, zum Beispiel China und Indien, befinden sich im Übergang zum Industriestaat. Häufig gibt es sogar innerhalb eines Staates hoch entwickelte Regionen neben Gebieten, in denen noch bittere Armut herrscht.

Fortschritte und Rückschritte in der Entwicklung

Viele Entwicklungsländer haben in den letzten Jahren große Fortschritte bei der Armutsbekämpfung, Ernährungssicherung, Gesundheitsversorgung und Bildung gemacht. Diese Länder liegen vor allem in Asien und Südamerika, sie haben besonders stark von dem Aufschwung des internationalen Handels profitiert.

Der Problemkontinent ist nach wie vor Afrika. Die Länder südlich der Sahara sind die einzige Region, in der die Zahl der Armen in den letzten Jahren sogar zugenommen hat – obwohl diese Staaten im vergangenen Jahrzehnt ein durchschnittliches Wirtschaftswachstum von über 5 % aufwiesen. Ursache dafür ist unter anderem das hohe Bevölkerungswachstum, das Entwicklungsfortschritte „auffrisst".

Entwicklungsziele

Hohes Wirtschaftswachstum ist eine notwendige Voraussetzung für Entwicklung. Allerdings soll der Zuwachs an **Wohlstand gerecht verteilt** werden, also die Zahl der Armen in einem Land, aber auch der Abstand zwischen Arm und Reich verringert werden. Zudem soll Wachstum ausreichend **Arbeitsplätze** schaffen. Denn Arbeit ist die Voraussetzung dafür, dass Menschen aus eigener Kraft Armut überwinden können. Wirtschaftswachstum muss außerdem umweltverträglich sein. Die Forderung nach nachhaltiger Entwicklung bedeutet, dass vor allem Industriestaaten ihren verschwenderischen Verbrauch an Umweltgütern einschränken müssen. Würden sich nämlich alle Entwicklungsländer nach dem „Vorbild" der westlichen Industriestaaten „entwickeln" und diesen Lebensstil kopieren, bräche das Ökosystem der Erde zusammen.

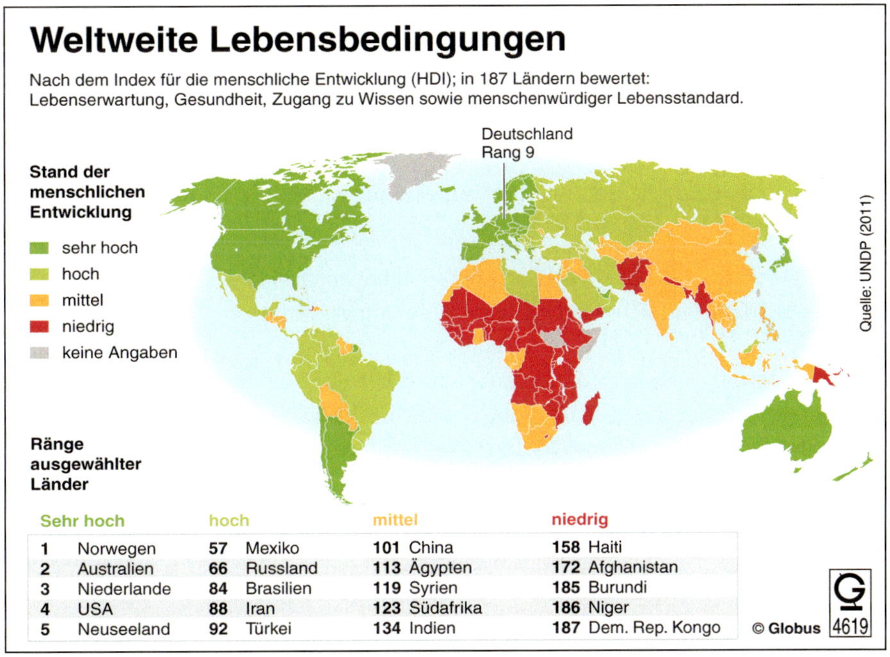

Globalisierung

Station 1 Globalisierung im Alltag

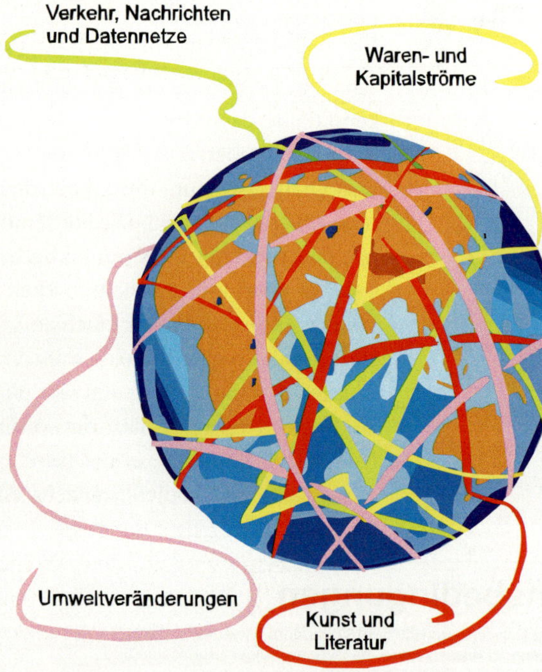

Das Schaubild zeigt die vier wichtigen Aspekte der Globalisierung.

1. Nenne zu jeder Farbe ein Beispiel und erläutere anhand des Beispiels, was sich durch die Globalisierung verändert hat.
2. Veränderungen bieten Chancen, aber auch Risiken. Nenne für jeden Aspekt eine Chance und ein Risiko.
3. Wie denkst du über Globalisierung? Eher positiv oder eher negativ? Begründe deine Meinung.

Station 2 Licht- und Schattenseiten

Ergänze die Satzanfänge.

1. Die Menschen auf dem Foto demonstrieren gegen …
2. Die Organisation „Saubere Kleidung" fordert …
3. Die Politik kann das Los der Textilarbeiterinnen verbessern, indem sie …
4. Auch die Verbraucher tragen zur Ausbeutung von Arbeitskräften bei, weil …
5. Ich selbst kann auch etwas zur Verbesserungen der Arbeitsbedingungen in Entwicklungsländern beitragen, indem ich …

Station 3 Eine Welt oder viele Welten?

Kinderzahl pro Frau

Ernährung

Kindersterblichkeit

Zugang zu sauberem Wasser

1. Fertige mithilfe der Stichwörter eine Tabelle an. Trage dazu jeweils ein Zahlenbeispiel aus dem Unterkapitel ein. Formuliere jeweils ein Entwicklungsziel zu dem Oberbegriff.
2. Industrieländer – Entwicklungsländer: Warum ist auch diese Unterscheidung in manchen Fällen zu simpel? Begründe deine Antwort.

Glossar

Arbeit
Darunter versteht man die Summe aller Tätigkeiten, die Menschen verrichten, um ihren Lebensunterhalt zu verdienen. Man kann zwischen bezahlter und unbezahlter Arbeit unterscheiden. Es fehlt hier und in anderen Ländern an bezahlter Arbeit. Die Beseitigung von Arbeitslosigkeit bzw. die Sicherung und Schaffung neuer Arbeitsplätze gilt als eine der wichtigsten Zukunftsaufgaben für die Politik.

Armut
Hier muss man zwischen absoluter und relativer Armut unterscheiden. Weltweit leben über eine Milliarde Menschen in absoluter Armut. Das bedeutet, dass sie nicht genug zu essen, keinen Zugang zu sauberem Trinkwasser und keine menschenwürdige Wohnung haben. Auch in Deutschland gibt es viele Menschen, denen wenig Geld zur Verfügung steht und die sich wenig leisten können. Im Vergleich zur absoluten Armut leben diese Menschen in relativer Armut. Als relativ arm gelten in Deutschland Familien, denen weniger als die Hälfte eines durchschnittlichen Familieneinkommens zur Verfügung steht.

Betrieb
In den Betrieben werden die Waren, die wir zum Leben brauchen, hergestellt und auf den Märkten angeboten. Das kann in einem Ein-Personen-Betrieb geschehen, aber auch in einem Unternehmen, in dem Tausende von Mitarbeitern mit der Herstellung eines Produktes beschäftigt sind. Neben der Größe unterscheiden sich die vielen Betriebe nach der Art der Waren, die dort hergestellt werden, und nach der Rechtsform. Zum Beispiel kann ein Betrieb eine Personengesellschaft sein mit einer Chefin oder einem Chef an der Spitze oder eine große Aktiengesellschaft. Zu einem Unternehmen können mehrere Betriebe gehören.

Betriebsrat
Er ist die gewählte Interessenvertretung der Arbeitnehmerinnen und Arbeitnehmer in einem Wirtschaftsbetrieb. Er kann in Betrieben mit einer Mindestzahl von fünf Personen alle vier Jahre gewählt werden. Die wichtigste Aufgabe des Betriebsrates besteht darin, alle Belange der Belegschaft gegenüber der Leitung des Betriebes zu vertreten. Seine Rechte sind im Betriebsverfassungsgesetz geregelt.

Bruttoinlandsprodukt
Den Wert aller in einer Volkswirtschaft erstellten Waren und Dienstleistungen in einem Jahr bezeichnet man als Bruttoinlandsprodukt. Dies wird in einer Geldsumme ausgedrückt. Die Höhe des BIP gilt als Maßstab für den Wohlstand und die wirtschaftliche Leistungsfähigkeit einer Gesellschaft. Nach wie vor ist eines der wichtigsten Ziele der Wirtschaftspolitik, ein hohes und gleichmäßiges Wachstum des Bruttoinlandsproduktes zu erreichen. Früher sprach man vom Bruttosozialprodukt. Der Unterschied besteht darin, dass das Bruttoinlandsprodukt den Wert aller Waren und Dienstleistungen ausdrückt, die im Land erzeugt werden. Dazu zählen auch die von Ausländern im Land erbrachten Leistungen. Das Bruttosozialprodukt berechnete auch die Leistungen, die Deutsche im Ausland erbringen. Mit dem BIP lassen sich Länder besser vergleichen.

Bundeskanzler
Er wird vom Bundestag gewählt und ist der mächtigste Politiker in der Bundesrepublik Deutschland. Der Bundeskanzler ist gegenüber dem Parlament für die Politik der gesamten Bundesregierung verantwortlich. Als Chef der Regierung bestimmt er die Richtlinien der Politik. Ihm steht das Recht zu, die Ministerinnen und Minister zu entlassen und neue zu berufen.

Bundespräsident
Er ist Staatsoberhaupt der Bundesrepublik Deutschland. Zu seinen Aufgaben gehört, dass er Deutschland bei Staatsbesuchen im In- und Ausland vertritt. Er empfängt die Staatsgäste, unterzeichnet Bundesgesetze und internationale Verträge. Er wird von der Bundesversammlung für einen Zeitraum von fünf Jahren gewählt und kann sich einmal zur Wiederwahl stellen. Im Vergleich zum Bundeskanzler hat der Bundespräsident wenig direkte Macht. Zu den wirkungsvollsten Mitteln, Einfluss auf die Politik zu nehmen, gehört die öffentliche Rede bei besonderen Anlässen.

Bundesrat
Er ist die politische Vertretung der 16 Bundesländer. Seine Mitglieder werden nicht vom Volk gewählt, sondern von den Landesregierungen der 16 Länder entsendet. Durch den Bundesrat wirken die Länder an der Gesetzgebung des Bundes mit. Alle Bundesgesetze, die die Interessen der Bundesländer betreffen, bedürfen der Zustimmung des Bundesrates, bevor sie in Kraft treten. Bundesrat und Bundestag bilden zusammen das Parlament der Bundesrepublik Deutschland.

Bundesregierung

Sie besteht aus dem Bundeskanzler und den Bundesministern. Die Bundesregierung übt für den Zeitraum zwischen zwei Wahlen die politische Herrschaft im Staate aus. Sie berät und entscheidet darüber, was im eigenen Land geschehen soll. Sie regelt die Beziehungen zu anderen Staaten. Bei ihren Entscheidungen muss sich die Regierung an die Gesetze halten. Sie hat das Recht, Gesetzesvorschläge vorzubereiten und beim Parlament einzureichen.

Bundesstaat (siehe auch Föderalismus)

Das ist ein Staat, der aus mehreren Teilstaaten besteht, die gemeinsam zu einem Bund zusammengeschlossen sind. Die Bundesrepublik Deutschland ist ein solcher Bundesstaat. Sie besteht aus 16 Bundesländern und hat in der Bundeshauptstadt Berlin ein gemeinsames Parlament und eine gemeinsame Regierung.

Bundestag

Der Bundestag ist die gewählte Volksvertretung der Bundesrepublik Deutschland. Er gilt als wichtigste Bundeseinrichtung und als „Herz der Demokratie". Die Abgeordneten zum Deutschen Bundestag werden alle vier Jahre in allgemeiner, unmittelbarer, freier, gleicher und geheimer Wahl gewählt. Zu den wichtigsten Aufgaben des Bundestags gehört die Wahl des Bundeskanzlers, die Überwachung der Bundesregierung, das Recht, über die Einnahmen und die Ausgaben des Bundes zu beschließen, und die Verabschiedung aller Bundesgesetze.

Bundestagswahl

Sie findet alle vier Jahre statt. Bei der Wahl haben die Wählerinnen und Wähler zwei Stimmen. Mit der Erststimme wählen sie nach dem Mehrheitswahlsystem die Abgeordneten in ihren Wahlkreisen. Mit der Zweitstimme wählen sie nach dem Verhältniswahlrecht eine Partei. Für die prozentuale Sitzverteilung der Parteien im Bundestag ist die Zweitstimme entscheidend, deswegen ist sie die wichtigere von beiden. Das Wahlsystem zur Bundestagswahl wird prozentuales Verhältniswahlrecht genannt.

Bundesverfassungsgericht

Es ist das oberste deutsche Gericht und hat die Aufgabe, zu überwachen, dass das Grundgesetz nicht verletzt wird. Das BVG wird als „Hüterin der Verfassung" bezeichnet. Es kann ein Gesetz, das nach seinem Urteil gegen das Grundgesetz verstößt, außer Kraft setzen. Jeder Bürger der Bundesrepublik Deutschland hat die Möglichkeit, Verfassungsbeschwerde zu erheben, wenn er oder sie sich in den im Grundgesetz festgelegten Grundrechten verletzt fühlt.

Bundesversammlung

Sie tritt in der Regel nur einmal alle fünf Jahre zusammen und hat nur eine Aufgabe: die Wahl des Bundespräsidenten. Sie setzt sich zur Hälfte ihrer Mitglieder aus allen Abgeordneten des Bundestages zusammen und zur anderen Hälfte aus Bürgerinnen und Bürgern, die von den Landtagen in den Bundesländern gewählt werden. Von der Mitgliederzahl her gesehen, ist die Bundesversammlung das größte Staatsorgan in Deutschland.

Bürgerbegehren/Bürgerentscheid

In den meisten Bundesländern in Deutschland sind Bürgerbegehren und Bürgerentscheide als eine Form direkter Demokratie auf der Ebene der Gemeindepolitik vorgesehen. Mit diesem Instrument können sich die Bürger für oder gegen ein Vorhaben einsetzen. Das Verfahren sieht immer zwei Stufen vor: Zunächst müssen die Bürger für ihr Vorhaben ein Begehren durchführen. Dazu müssen zwischen 6 und 10 Prozent der Stimmberechtigten unterschreiben. Lehnt der Rat das Begehren ab, kommt es zur zweiten Stufe: dem Bürgerentscheid. Er gilt als angenommen, wenn die Mehrheit dafür ist. In den meisten Bundesländern ist die Bedingung, dass ein bestimmter Prozentsatz der Stimmberechtigten an der Abstimmung teilgenommen hat (Entscheidungsquorum). (Siehe auch Volksinitiative, Volksbegehren, Volksentscheid auf Landesebene.)

Bürgerinitiative

Wenn man „initiativ" wird, unternimmt man etwas. Man wehrt sich zum Beispiel gegen eine politisch geplante Maßnahme. Eine Bürgerinitiative ist ein Zusammenschluss von Bürgerinnen und Bürgern, die sich gegen bestimmte Maßnahmen wehren – zum Beispiel gegen den Ausbau von Flughäfen, den Bau von Straßen, Kernkraftwerken, Fabriken etc. Bürgerinitiativen setzen sich meist für den Schutz der Umwelt, die Verbesserung der Lebens- und Wohnverhältnisse und für die Gleichberechtigung von Frauen und Männern ein. Sie üben mit vielfältigen Mitteln Druck auf die Politiker, Parteien, Verbände und Wirtschaftsunternehmen aus. Sie sind eine Form spontaner und direkter politischer Aktivität und gelten in einer lebendigen Demokratie als erwünscht.

Bürgermeister
Eine Bürgermeisterin oder ein Bürgermeister ist Leiterin bzw. Leiter einer Gemeinde, ob haupt- oder ehrenamtlich hängt von der Größe der Gemeinde ab. In kreisfreien Städten heißt der Bürgermeister Oberbürgermeister. Bürgermeister führen den Vorsitz in den Gemeinde- und Stadträten. Ihre Rechte und Pflichten sind in den Gemeindeordnungen festgeschrieben, die von Bundesland zu Bundesland unterschiedlich sind. Zum Beispiel werden die Bürgermeister in Nordrhein-Westfalen seit 1994 von der Bevölkerung direkt gewählt. In anderen Bundesländern gilt die Regelung, dass ein Bürgermeister vom Gemeinde- oder Stadtrat gewählt wird.

Demokratie
Wörtlich übersetzt heißt das aus der griechischen Sprache stammende Wort „Herrschaft des Volkes". Für unsere moderne Zeit bedeutet Demokratie, dass alle Herrschaft im Staat vom Volk ausgeht. Das Volk wählt seine Vertreter in die Gemeinderäte, die Landtage und in den Bundestag. Weil diese Vertreterinnen und Vertreter das Volk repräsentieren, nennt man unsere Demokratie auch repräsentative Demokratie. Der wichtigste Wert in einer Demokratie ist, dass die Menschen frei sind und gleiche Rechte haben.

Diktatur
Sie ist das Gegenteil einer Demokratie. Hier sind die Menschen nicht frei. An der Spitze einer Diktatur steht ein Alleinherrscher oder eine Gruppe von Herrschenden, die alle Macht in Händen hält. Die Bevölkerung hat den Befehlen der Mächtigen zu gehorchen. Politisch Andersdenkende werden häufig verfolgt.

Emanzipation
Das Wort stammt aus der lateinischen Sprache und bedeutet ursprünglich, dass man sich als Sklave von seinen Fesseln befreit und in die Selbstständigkeit entlassen wird. Heute versteht man unter dem Begriff den Kampf der Frauen um Gleichberechtigung bzw. um die Beseitigung vielfältiger Benachteiligungen gegenüber den Männern.

Emissionen
Das ist die Bezeichnung für die Abgabe von festen, flüssigen oder gasförmigen Schadstoffen (z. B. Gase, Stäube), die die Luft, das Wasser und den Boden verunreinigen, sowie für Geräusche, Erschütterungen und Strahlen, die die Umwelt belasten.

Emissionshandel
Das ist ein Instrument der Wirtschaftspolitik mit dem Ziel, den Ausstoß von Schadstoffen in die Atmosphäre zu verringern. Man legt dazu für ein bestimmtes Gebiet eine Obergrenze für den Ausstoß umweltschädigender Emissionen fest und erteilt den Unternehmen dafür die Erlaubnis in Form von Emissionsgutscheinen. Gelingt es einem Unternehmen, weniger Schadstoffe zu produzieren, als es ihm die zugeteilten Gutscheine (= Zertifikate) erlauben, kann es die nicht von ihm verwendeten an andere Unternehmen verkaufen. So werden Anreize geschaffen, mit geringerer Umweltbelastung Geld zu verdienen. Im Gebiet der Europäischen Union wurde 2005 der Emissionshandel für Kohlenstoffdioxid verbindlich eingeführt.

Entwicklungsländer
So werden die armen Länder der Erde genannt. Vor allem auf wirtschaftlichem Gebiet sind sie im Vergleich zu den hoch entwickelten Industrieländern „unterentwickelt". Mehr als drei Viertel der Menschen leben in diesen Staaten, die auch als Länder der „Dritten Welt" bezeichnet werden. Wichtige Merkmale der Armut sind: hohes Bevölkerungswachstum, mangelnde Ernährung, mangelhafte Infrastruktur und hohe Arbeitslosigkeit. Der Begriff „Entwicklungsländer" wird zunehmend als problematisch angesehen, weil er den Eindruck erweckt, als müssten sich alle Länder in Richtung der Ziele bewegen, die von den Wertvorstellungen und Kulturen der Industrieländer geprägt sind.

Europäische Union
Die EU ist ein Verbund europäischer Staaten, zu dessen wichtigsten Zielen die Sicherung des Friedens, der Freiheit und die Förderung des wirtschaftlichen Wohlergehens gehört. Seit 2004 gehören 25 Mitgliedstaaten der Europäischen Union (EU) an. Sie haben sich vertraglich verpflichtet, weite Bereiche der Politik gemeinsam zu gestalten und zu einem immer festeren wirtschaftlichen und politischen Bündnis zusammenzuwachsen. Dabei sollen die einzelnen Mitgliedstaaten ihre Selbstständigkeit behalten. Die EU verfügt über gemeinsame „europäische Organe", die in der Lage sind, verbindliche Entscheidungen für alle Menschen in der EU zu treffen. Dazu gehören das Europäische Parlament, die Europäische Kommission, der Rat der Minister sowie der Rechnungshof und der Europäische Gerichtshof. Mit dem Vertrag von Lissabon, der am 1. Dezember 2009 in Kraft trat, werden die Institutionen der EU modernisiert und

ihre Arbeitsmethoden optimiert, um den Herausforderungen der Zukunft gewachsen zu sein.

Europäischer Binnenmarkt

Ein Binnenmarkt ist ein Gebiet ohne Grenzen für alles, was sich im wirtschaftlichen Geschehen von einem Ort zum anderen bewegen soll. Das gesamte wirtschaftliche Geschehen spielt sich im Binnenmarkt nach einheitlichen Regeln und gleichen Bedingungen ab. Der Europäische Binnenmarkt umfasst die Mitgliedstaaten der Europäischen Union (EU). Grundlegend gelten vier Freiheiten: 1. Waren können ungehindert in allen Mitgliedstaaten verkauft werden. 2. Personen eines Mitgliedslandes der EU können in jedem anderen EU-Land leben, arbeiten oder eine Ausbildung absolvieren. 3. Dienstleistungen können von jedem EU-Bürger über die nationalen Grenzen hinweg erbracht werden. 4. Geld und Kapital können von jedem Mitgliedsland in ein anderes frei bewegt werden. Zwischen den Mitgliedstaaten des Europäischen Binnenmarktes gibt es nur noch Innenhandel und keinen Außenhandel mehr.

Europarat

Er ist ein Zusammenschluss europäischer Staaten, der sich zum Ziel gesetzt hat, die Völker Europas dauerhaft zusammenzuschließen, den Gedanken der Demokratie zu fördern, die europäische Kultur zu pflegen und die Zusammenarbeit in wirtschaftlichen, sozialen, wissenschaftlichen und rechtlichen Angelegenheiten zu fördern. Vor dem Hintergrund der Schrecknisse des Zweiten Weltkrieges wurde er 1949 von zehn Staaten gegründet. 1990 erweiterten Ungarn und die Tschechoslowakei als erste Mitglieder des ehemaligen Ostblocks den Zusammenschluss auf 25 Mitglieder. Er hat seinen Sitz in Straßburg.

Europäisches Parlament

Das Europäische Parlament wird alle fünf Jahre von den Bürgerinnen und Bürgern in der EU gewählt. Es setzt sich zusammen aus 750 Abgeordneten aus den Mitgliedstaaten und dem Parlamentspräsidenten. Die Anzahl der Sitze hängt von der Einwohnerzahl des Landes ab. Deutschland stehen 96 Sitze zu. Das Parlament teilt sich die Aufgabe der Gesetzgebung mit dem Ministerrat. Es besitzt das Haushaltsrecht und entscheidet mit über die Aufnahme neuer Mitgliedstaaten in die EU.

Exekutive

Sie ist die ausführende Gewalt und damit eine der drei klassischen Staatsgewalten. Polizisten sind zum Beispiel Teil der staatlichen Exekutive, weil sie dafür sorgen, dass die Ordnung im Staat aufrechterhalten wird. Auf Bundesebene ist die Bundesregierung das oberste Organ der Exekutive.

Extremismus

Das lateinische Wort bedeutet „außerhalb". In der Politik sind Extremisten Menschen, die außerhalb der Demokratie stehen. Extremistisch ist eine politische Partei, welche die Demokratie ablehnt und das Ziel verfolgt, die Demokratie zu beseitigen. Das Grundgesetz sieht vor, dass extremistische Parteien verboten werden können.

Familie

Die Familie ist die erste und die wichtigste Gruppe, in die ein Mensch hineingeboren wird. Niemand kann sie sich aussuchen. Ihre Form kann sehr unterschiedlich sein. Oft verstehen wir darunter eine Gemeinschaft, die aus Eltern und einem oder mehreren Kindern besteht. Sie kann aber auch aus einer alleinerziehenden Mutter oder einem alleinerziehenden Vater bestehen. Die häufigste Form in Deutschland ist gegenwärtig das Ehepaar ohne Kinder.

Föderalismus

Das lateinische Wort „födus" heißt „Bund". Ein föderalistischer Staat ist ein Staat, in dem mehrere Teilstaaten zu einem Bund zusammengeschlossen sind. Dabei kann man zwischen einem Staatenbund und einem Bundesstaat unterscheiden. Die Bundesrepublik Deutschland ist ein föderalistischer Bundesstaat.

Fraktion

Eine Fraktion ist die Gruppe der Abgeordneten in einem Parlament, die der gleichen Partei angehören. Geleitet wird die Fraktion von einer Fraktionssprecherin bzw. einem Fraktionssprecher.

Gemeinde

Mit diesem Sammelbegriff kann ein Dorf oder auch eine Großstadt bezeichnet werden. Eine Gemeinde hat das Recht, sich selbst zu verwalten und ihre Angelegenheiten selbst zu regeln. Gemeinden sind sogenannte Gebietskörperschaften. Das heißt, sie sind für ihr Gebiet mit bestimmten Aufgaben, Rechten, Pflichten und Einrichtungen ausgestattet. Für Gemeinden verwendet man auch den Begriff Kommunen.

Gemeinderat

(siehe Stadtrat)

Gemeinwohl

Die Politik in einer Demokratie, ob in der Stadt, im Land oder im Bund, hat sich am Gemeinwohl zu orientieren, das bedeutet am allgemeinen Wohlergehen aller Menschen. Regierungen dürfen also nicht nur Gesetze beschließen, die bestimmten Gruppen nützen, sondern sie müssen versuchen, die Interessen und Bedürfnisse aller angemessen zu berücksichtigen. Die Orientierung am Gemeinwohl ist ein Ziel, das in politischen Auseinandersetzungen oft angezweifelt wird.

Gesellschaft

bedeutet dem Wortursprung nach eine Vereinigung mehrerer Gefährten oder ein freundliches Beisammensein. Wenn wir von unserer Gesellschaft sprechen, meinen wir damit in der Regel die Gesamtheit der Menschen, die in diesem Staat leben. Der Mensch braucht die Gesellschaft, weil er als soziales Wesen auf andere Menschen angewiesen ist. Man unterscheidet verschiedene Gesellschaftsformen. Die deutsche Gesellschaft wird – je nach Sichtweise – als eine demokratische, offene bezeichnet, die sich im Wandel von einer Industrie- zu einer Dienstleistungsgesellschaft befindet.

Gesetze

Gesetze sind die aufgeschriebenen und vom Parlament verabschiedeten Regeln, an die sich alle Menschen in einem Staat halten müssen. Damit die Gesetze eingehalten werden, gibt es Strafen für die Nichtbeachtung. In einem Rechtsstaat ist auch der Staat an die Einhaltung der Gesetze gebunden. Im Streitfall entscheiden die Gerichte frei und unabhängig im Rahmen der Gesetze.

Gewaltenteilung

Darunter versteht man die Aufteilung der Macht im Staat auf die drei Gewalten Legislative, Exekutive und Judikative. Die Legislative ist die gesetzgebende Gewalt. Sie wird vom Bundesparlament und den Landesparlamenten wahrgenommen. Die Exekutive ist die ausführende Gewalt, also diejenige, die die Politik für einen begrenzten Zeitraum bestimmt. Diese Aufgabe wird von den Regierungen ausgeübt. Die dritte Staatsgewalt ist die Judikative, also die Rechtsprechung. Sie wird ausgeführt von den unabhängigen Gerichten. Die Staatsgewalten sind geteilt, damit sie sich gegenseitig kontrollieren. Die Teilung soll verhindern, dass zu viel Macht in eine Hand zusammenkommt.

Gewerkschaften

sind Vereinigungen von Arbeitnehmern, um deren Interessen gegenüber den Arbeitgebern und dem Staat zu vertreten. Sie haben viele Aufgaben, vor allem kümmern sie sich um die Verbesserung der Arbeitsbedingungen, die Sicherung und Erhöhung der Löhne, den Schutz bestehender und die Schaffung neuer Arbeitsplätze und um die Mitbestimmung der Arbeitnehmer in den Betrieben. Die ersten Gewerkschaften entstanden als Arbeitervereine zu Beginn des 19. Jahrhunderts. Über ein Drittel aller Arbeitnehmer sind in den 16 Einzelgewerkschaften des Deutschen Gewerkschaftsbundes (DGB) organisiert.

Gleichberechtigung

(siehe Emanzipation)

Globalisierung

Sie ist ein Prozess der weltweiten Vernetzung der wirtschaftlichen Abläufe und Abhängigkeiten, der technischen Möglichkeiten, der wissenschaftlichen Forschung, der kulturellen Angleichung der Lebensumstände, der Auswirkungen des Lebens auf die Umwelt, der politischen Möglichkeiten, Chancen und Probleme. Der vielschichtige Begriff wird einmal zur Charakterisierung eines neuen Zeitalters nach dem Ende des Ost-West-Konfliktes verwendet und andererseits als Sammelbegriff für alle Megatrends, die in einem weltweiten Zusammenhang gesehen werden müssen.

Grundrechte

Sie sind die in der Verfassung niedergeschriebenen grundlegenden Menschenrechte. Zu ihnen zählen die Freiheits- und Gleichheitsrechte sowie soziale Grundrechte. Sie sind in erster Linie Schutzrechte des Einzelnen gegenüber dem Staat. In der Bundesrepublik Deutschland sind die Grundrechte im ersten Abschnitt des Grundgesetzes aufgeführt.

Inflation

heißt Geldentwertung. Von einer Inflation spricht man, wenn die Verbraucherinnen und Verbraucher für die gleiche Menge Geld weniger kaufen können, weil die Waren teurer geworden sind. Die Inflationsrate wird in der Regel mit einer Prozentzahl ausgedrückt. Diese Zahl drückt aus, wie sich die Waren im Vergleich zum Vorjahr durchschnittlich verteuert haben.

Interaktiv

Der Begriff wird häufig im Zusammenhang mit den neuen Medien verwendet (interaktives Fernsehen). Er bezeichnet die Fähigkeit, Sendungen der Massenmedien nicht nur passiv aufzunehmen, sondern selbst aktiv zu beeinflussen und zu verändern.

Interessenverbände
Sie spielen in der parlamentarischen Demokratie eine große Rolle und sind auf die unterschiedlichsten Arten organisiert. Gemeinsam ist ihnen, dass sich Menschen zusammenschließen, um sich so wirkungsvoller gegenüber der Regierung oder gegenüber anderen Interessengruppen durchsetzen zu können. Interessengruppen versuchen, Druck auf die Politik auszuüben, um die Entscheidungen der Politiker in ihrem Sinne zu beeinflussen. Das ist rechtlich geregelt und legitim. Allerdings wird der Einfluss mächtiger Interessenverbände auf die politischen Entscheidungen auch häufig als zu groß kritisiert.

Judikative
Wenn jemand gegen die Gesetze verstoßen hat und sich dafür vor Gericht verantworten muss, dann ist er bei der Judikative gelandet Sie ist die rechtsprechende Gewalt und eine der drei klassischen Staatsgewalten. Sie wird von unabhängigen Gerichten bzw. Richtern ausgeübt, die nur den Gesetzen verpflichtet sind.

Jugendliche
Die Jugendphase ist die Zeit zwischen Kindheit und Erwachsensein, dazu gehört auch die Zeit der Ausbildung. Oft werden Leute bis zum Ende des zwanzigsten Lebensjahres als Jugendliche bezeichnet. Unter rechtlichen Gesichtspunkten ist man Jugendliche oder Jugendlicher im Alter zwischen 14 und 18 Jahren. Für diese Altersgruppe gelten in der Regel die Bestimmungen des Jugendrechts. Vor Gericht kann man auch bis 21 als Jugendlicher behandelt werden.

Jugendrecht
ist ein Sammelbegriff für alle Rechtsgrundsätze, die speziell für Jugendliche gelten. Dazu gehören das Jugendschutzgesetz, das Jugendarbeitsschutzgesetz und das Jugendstrafrecht. Die Gesetze zum Schutz der Jugend haben die Aufgabe, Jugendliche vor seelischen und körperlichen Gefährdungen zu bewahren und ihnen eine gesunde Entwicklung zu ermöglichen.

Koalition
Koalition bedeutet Bündnis oder Zusammenschluss. In der parlamentarischen Demokratie versteht man darunter einen Zusammenschluss von zwei oder mehreren Parteien in einem Parlament zum Zwecke der Regierungsbildung. Koalitionen werden gebildet, wenn keine der in einem Parlament vertretenen Parteien alleine in der Lage ist, eine Mehrheit zu bilden. Das gemeinsame Regierungsprogramm einer Koalitionsregierung wird in einem Koalitionsvertrag festgelegt.

Kommunalpolitik
Das ist die Politik, die in den Gemeinden gemacht wird, also in den Stadt- und Landgemeinden. Kommunal heißt die Gemeinde betreffend; eine Kommune ist eine Gemeinde. Neben der Bundes- und der Landespolitik ist die Kommunalpolitik die dritte Ebene der nationalen Politik.

Kompromiss
Das lateinische Wort bedeutet „Übereinkunft" bzw. „Ausgleich". Der Kompromiss ist eine Art der Entscheidung zwischen Personen oder Gruppen, die unterschiedliche Interessen vertreten und unterschiedlicher Meinung sind, die sich aber irgendwie einigen müssen. In der Demokratie spielen Kompromisse eine große Rolle, weil es fast immer darum geht, verschiedene Interessen so unter einen Hut zu bringen, dass alle Beteiligten eine Entscheidung akzeptieren können. Kompromissfähigkeit gilt als eine Qualifikation, über die jeder demokratische Mensch verfügen sollte.

Konflikt
Das Wort bedeutet „Zusammenstoß". Es bezeichnet eine Auseinandersetzung, die entsteht, wenn Menschen oder Gruppen aufeinandertreffen, die unterschiedliche Interessen vertreten. Die streitenden Parteien versuchen dann mit Argumenten und mit Macht, den Streit siegreich zu beenden. Oft gelten Konflikte als unvermeidbar, zum Beispiel, wenn alljährlich die Vertreter der Arbeitgeber und Arbeitnehmer über die Höhe der Löhne streiten. In der Demokratie gilt der Konflikt nicht als etwas Schlechtes. Wichtig ist, dass die Konflikte mit friedlichen und fairen Mitteln zu einem vernünftigen Ausgleich gebracht werden.

Landtage
sind die von der wahlberechtigten Landesbevölkerung gewählten Parlamente in den Bundesländern. Ein Landtag beschließt die Landesgesetze, also diejenigen, die nur im eigenen Bundesland gelten. Dazu gehören zum Beispiel die Gesetze über das Schul- und das Polizeiwesen. Er wählt die Ministerpräsidentin oder den Ministerpräsidenten und hat die Aufgabe, die Landesregierung zu kontrollieren. Da Deutschland aus 16 Bundesländern besteht, gibt es 16 Landesparlamente.

Legislative
Sie ist die gesetzgebende Gewalt und damit eine der drei klassischen Staatsgewalten. In der Bundesrepublik Deutschland wird sie vom Bundesparlament, bestehend aus dem Bundestag und dem Bundesrat, ausgeübt. Auch die Länderparlamente in den Bundesländern gehören zur Legislative, weil auch sie das Recht haben, Gesetze zu erlassen.

Manipulation
Wörtlich übersetzt bedeutet der Begriff „geschickte Handhabung". Man versteht darunter die Beeinflussung von Menschen, ohne dass diese es merken. Wer andere manipuliert, will sie zu einem ganz bestimmten Fühlen, Denken und Handeln verführen. Der Vorwurf der Manipulation wird oft gegenüber der Werbung erhoben, wenn diese mit raffinierten Mitteln versucht, die Menschen zum Kauf eines bestimmen Produktes zu verführen. Auch Zeitungen und Zeitschriften und die übrigen Massenmedien haben die Macht, Menschen zu manipulieren. Vor Manipulation schützen kann man sich, indem man lernt, die Tricks und Absichten zu durchschauen.

Massenkommunikation
Das Wort „Kommunikation" von lateinisch „communicatio" bedeutet Mitteilung, Unterredung. Gemeint ist die Verständigung zwischen zwei oder mehreren Teilnehmern: Massenkommunikation ist die Form der Übertragung von Informationen und Meinungen, die sich an eine unbegrenzte Zahl von Personen wendet und die – zumindest theoretisch – jedermann zugänglich ist. Eine Zeitung kann sich theoretisch jeder kaufen, auch wenn sie in Amerika oder Asien erscheint. Das Wesen der Massenkommunikation besteht darin, dass sie in der Regel einseitig von einem Sender zu einem Empfänger verläuft.

Massenmedien
Presse, Rundfunk und Fernsehen werden unter dem Oberbegriff „Massenmedien" zusammengefasst. Auch die als „neue Medien" bezeichneten Computer, die in einem Netzwerk, zum Beispiel im Internet, miteinander verbunden sind, gehören dazu. Sie sind allesamt technische Verbreitungsmittel, mit denen man eine unbegrenzte Zahl von Menschen gleichzeitig erreichen kann. Sie prägen und verändern das Leben der meisten Menschen in den modernen Gesellschaften. Massenmedien gelten einerseits als unverzichtbar und hilfreich, andererseits können durch Missbrauch auch Gefährdungen von ihnen ausgehen.

Mehrheitswahl
Sie ist eine Form der politischen Wahl, bei der das Wahlgebiet in Wahlkreise eingeteilt wird. In den Wahlkreisen haben die Wähler die Möglichkeit, einen Kandidaten zu wählen. Gewählt ist, wer die Mehrheit der Stimmen bekommt. In der Regel genügt die relative Mehrheit, also auch weniger als 50 Prozent. Die Stimmen für die unterlegenen Kandidaten fallen bei diesem Wahlrecht unter den Tisch (siehe auch Verhältniswahl).

Menschenrechte
Das sind die grundlegenden Rechte, die jedem Menschen zustehen, und zwar unabhängig von seinem Geschlecht, seiner Sprache, seiner Heimat und Herkunft, seiner religiösen oder politischen Anschauung. Sie gehören sozusagen zur Natur des Menschen und können von niemandem aberkannt werden. Einige Herrschaftssysteme, Staaten und Kulturen zweifeln allerdings den universalen Gültigkeitsanspruch der Menschenrechte an (siehe auch Grundrechte).

Mitbestimmung
Für größere Wirtschaftsbetriebe bedeutet dieser Begriff, dass die Arbeitnehmerinnen und Arbeitnehmer an der Leitung des Betriebes mitbestimmend teilnehmen. Die Unternehmer können zum Beispiel nicht alleine darüber entscheiden, wer eingestellt und wer entlassen wird, wie der Betrieb gestaltet wird usw.

NATO
Das ist die Abkürzung für „North Atlantic Treaty Organization", auch Nordatlantikpakt genannt. Die NATO wurde 1949 gegründet und ist ein Verteidigungsbündnis. Die 28 Mitgliedstaaten des Bündnisses haben sich zu gegenseitiger Hilfe verpflichtet, falls einer von ihnen mit Waffengewalt angegriffen wird. Seit der Auflösung des Ostblocks hat sich das Aufgabengebiet der NATO verändert. Von 1999–2008 wurden 12 Mitgliedstaaten des ehemaligen Ostblocks in die NATO aufgenommen. Auf Bitten Albaniens griff die NATO 1999 im jugoslawischen Kosovo zum Schutz der Kosovo-Albaner mit militärischen Luftangriffen ein. Die NATO versteht diese Militäraktion nicht als Kriegseinsatz, sondern als einen Akt humanitärer Hilfe.

Ökologie
Das Wort stammt aus dem Griechischen. Es bezeichnet die Lehre von den Wechselbeziehungen zwischen Mensch und Umwelt. Wichtigstes Ziel der Ökologie ist es, die Zerstörung der Umwelt zu verhindern und das Gleichgewicht der verschiedenen Kräfte in der Natur zu erhalten.

Damit leistet diese Wissenschaft einen wichtigen Beitrag zur Bewahrung der Lebensgrundlagen für die Menschheit.

Ökonomie
(siehe Wirtschaft)

Opposition
Im Parlament besteht die Opposition aus allen Parteien, die nicht an der Regierung beteiligt sind. Das Wort bedeutet Widerspruch, Gegensatz. Die Opposition ist immer die Minderheit, die einer Mehrheit gegenübersteht und die darauf wartet, zum Beispiel bei der nächsten Wahl, die Mehrheit zu erlangen. In der Demokratie hat die Opposition zwei entscheidende Aufgaben: Sie soll die Regierung überwachen und kritisieren. Sie soll eigene politische Pläne entwickeln, die eine Alternative zu denen der regierenden Mehrheit darstellen.

Parteien
In den Parteien finden sich Menschen mit gleichen oder ähnlichen politischen Interessen zusammen. Jede Partei versucht, so groß und einflussreich wie möglich zu werden, um alleine oder in Zusammenarbeit mit anderen Parteien Macht auszuüben und ihre Ziele durchzusetzen. Nach dem Grundgesetz der Bundesrepublik Deutschland haben die Parteien die Aufgabe, an der politischen Willensbildung der Bevölkerung mitzuwirken (Artikel 21). Jeder Bürger kann Mitglied einer Partei werden. In der Regel werden Mitglieder von Parteien als Abgeordnete in die verschiedenen Parlamente geschickt. Die Parteien spielen im politischen Leben eine sehr große Rolle. Häufig werden der übergroße Einfluss der Parteien und die Art der Parteienfinanzierung kritisiert.

Politik
Dieser Begriff leitet sich von dem griechischen Wort „Polis“ ab, das man mit „Gemeinschaft“ übersetzen kann. Heute verstehen wir darunter alle Aufgaben und Zukunftsprobleme, die gelöst werden müssen, damit die Menschen im Staat friedlich, frei und in Sicherheit miteinander leben können. Politik wird von einzelnen Personen, vor allem aber auch von Parteien, Bürgerinitiativen und Interessenverbänden gemacht. Zum Wesen demokratischer Politik gehört, dass die Vorstellungen über die Lösung der Zukunftsaufgaben sehr unterschiedlich sein können.

Rechtsordnung
Darunter versteht man die Gesamtheit aller Regeln und Gesetze, die für die Menschen in einem Land verbindlich gelten. An die bestehende Rechtsordnung muss man sich halten, sonst droht Strafe. Grundlage der Rechtsordnung in der Bundesrepublik Deutschland ist das am 23. Mai 1949 verabschiedete Grundgesetz.

Rechtsstaat
Im Rechtsstaat ist alles staatliche Handeln an die bestehenden Gesetze gebunden. Der Rechtsstaat schützt so die Bürger vor willkürlichen Übergriffen der Staatsgewalt. Kein Gesetz, keine Verordnung, kein Richterspruch darf den in der Verfassung festgelegten Rechtsgrundsätzen widersprechen. Die Aufgaben von Regierung und Parlament sind durch die Verfassung vorgeschrieben. Zur Rechtsstaatlichkeit gehören auch die Garantie der Grundrechte und die Teilung der Staatsgewalt.

Repräsentative Demokratie
Die Bundesrepublik Deutschland ist eine repräsentative Demokratie. Das bedeutet, dass die Staatsgewalt vom Volk ausgeht, dass sie aber nicht direkt vom Volk ausgeübt wird. Zur Ausübung der Staatsgewalt wählt das Volk seine Repräsentanten, die dann für die Dauer einer Wahlperiode die politischen Entscheidungen treffen. Den Repräsentanten, die auch als Abgeordnete bezeichnet werden, wird ein Entscheidungsspielraum zugestanden. Nach dem Grundgesetz sind sie „an Aufträge und Weisungen nicht gebunden und nur ihrem Gewissen verantwortlich“ (Artikel 38, Abs. 1).

Republik
Der Begriff stammt aus dem Lateinischen „res publica“ und bedeutet, dass der Staat die Sache des Volkes ist. Von einer Republik sprechen wir, wenn die Macht im Staat vom Volk ausgeht. Die Bundesrepublik Deutschland ist eine Republik, weil das Volk durch Wahlen bestimmt, wer für die Zeit zwischen zwei Wahlen die politische Herrschaft ausüben darf. Republik bedeutet auch, dass es keinen König oder Kaiser geben kann.

Schlüsselqualifikationen
Dieser Begriff aus der Arbeitswelt ist in den vergangenen Jahren mehr und mehr in Mode gekommen. Er bezeichnet die Gesamtheit aller Fähigkeiten eines Menschen, die ihm wie ein Schlüssel die Tür zu einem erfolgreichen Berufs- und Privatleben öffnen können. Als wichtige Schlüsselqualifikationen unter vielen anderen gelten Selbstständigkeit, Teamgeist und die Fähigkeit, Verantwortung zu übernehmen.

Schülervertretung (SV)
Durch die SV wirken die Schülerinnen und Schüler an der Gestaltung des Schullebens mit. Sie hat die Aufgabe, die Interessen der Schüler zu vertreten. Sie besteht aus den gewählten Sprecherinnen und Sprechern der Klassen- und Jahrgangsstufen und der Schülersprecherin/dem Schülersprecher (plus Stellvertreter). Die zentrale Einrichtung zur Wahrnehmung der Mitwirkungsrechte ist in NRW der Schülerrat.

Solidarität
Das Wort Solidarität stammt aus dem Lateinischen. Man versteht darunter den engen Zusammenhalt einzelner Personen oder Gruppen. Diese bilden eine Solidargemeinschaft. Man unterstützt sich gegenseitig, kämpft für gemeinsame Interessen und hat gemeinsame Ziele. Das Wesen einer Solidargemeinschaft wird in dem Motto „Einer für alle, alle für einen" deutlich.

Soziale Marktwirtschaft
Nach dem Zweiten Weltkrieg wurde in der Bundesrepublik die soziale Marktwirtschaft eingeführt. In dieser Wirtschaftsordnung ist das Privateigentum auch an Produktionsmitteln garantiert. Die Preise bilden sich auf dem Markt nach Angebot und Nachfrage. Garantiert werden Produktions- und Berufsfreiheit sowie ein freier Kapitalverkehr. Neben diesen marktwirtschaftlichen Elementen erhält die soziale Marktwirtschaft auch sozialpolitische Elemente. Der Staat darf in das Wirtschaftsgeschehen eingreifen, um den Wettbewerb zu sichern. Er übernimmt aber auch eine Schutzfunktion gegenüber seinen Bürgern. Mit einer umfangreichen Sozialgesetzgebung schützt er die Arbeitnehmer und bewahrt den sozialen Frieden.

Soziale Netzwerke
In sozialen Netzwerken bilden Internetnutzer Gemeinschaften, um miteinander zu kommunizieren und Kontakte zu pflegen. Immer mehr Menschen nutzen so das Internet als ständigen Begleiter ihres Alltagslebens. Bei Jugendlichen zählen schülerVZ und Facebook zu den besonders beliebten Adressen. Besondere Vorteile bestehen in der Erweiterung der kommunikativen Möglichkeiten jedes einzelnen Menschen. Auf der Negativseite stehen die Gefahren des Datenmissbrauchs, Computersucht und die Verunglimpfung anderer durch Cyber-Mobbing.

Sozialhilfe
Im System der sozialen Sicherung ist in Deutschland die Sozialhilfe das letzte Auffangnetz für alle, die in Not geraten sind. Nach dem Bundessozialhilfegesetz (BSHG) soll die Sozialhilfe den Bedürftigen ein menschenwürdiges Leben ermöglichen und sie befähigen, bald wieder selbst ihren Lebensunterhalt zu verdienen. Die Sozialhilfe ist also in erster Linie als Hilfe zur Selbsthilfe gedacht. Sie umfasst die Hilfen zum Lebensunterhalt, mit der die Grundbedürfnisse (wie Ernährung, Kleidung, Wohnung und Heizung) abgedeckt werden sollen, und die Hilfen in besonderen Lebenslagen für Personen, deren Einkommen oder Vermögen nicht ausreicht, um außerordentliche Notsituationen (wie Krankheit, Behinderung oder Pflegebedürftigkeit) zu bewältigen.

Sozialstaat
Einen Staat, der in seiner Verfassung das Ziel soziale Gerechtigkeit anstrebt, bezeichnet man als Sozialstaat. Der Sozialstaat hat eine Fürsorgepflicht gegenüber den Schwachen in der Gesellschaft. Er setzt sich das Ziel, allen Bürgerinnen und Bürgern ein Leben zu ermöglichen, das mit der Würde des Menschen vereinbar ist. In der deutschen Geschichte wurde das Sozialstaatsprinzip erstmals im Grundgesetz für die Bundesrepublik Deutschland verankert. Nach Artikel 20 des Grundgesetzes ist die Bundesrepublik ein Sozialstaat. Erstmals haben damit die Bürger einen Rechtsanspruch auf eine soziale Mindestsicherung. Umgekehrt wird von den leistungsstarken Bürgern erwartet, dass sie durch das Bezahlen von Steuern und Sozialabgaben dazu beitragen, dass der Staat diese Aufgabe erfüllen kann.

Staat
Der Staat ist die Gesamtheit aller Bürgerinnen und Bürger, die zu einem Volk gehören. Wörtlich übersetzen kann man das Wort aus dem frühen Mittelalter mit „Lebensweise". Man versteht darunter auch die Organisation, die sich die Menschen in der Gesellschaft gegeben haben, damit sie geregelt und friedlich miteinander leben können. Der Staat fordert von den Menschen, dass sie einen nicht unerheblichen Teil ihres Einkommens in Form von Steuern und Abgaben an ihn entrichten. Er verteilt dieses Geld dann wieder, zum Beispiel an Familien in Form von Kindergeld und zum Bau von Straßen, Schienen, Flugplätzen, Krankenhäusern, Schulen, für die Bundeswehr und für vieles andere mehr.

Staatsbankrott
Bankrott bedeutet Zusammenruch. Ein Staatsbankrott tritt ein, wenn die Regierung eines Staates erklären muss, dass der Staat seinen Zahlungsverpflichtungen entweder nicht mehr nachkommen kann oder nicht mehr nachkommen will. Die Staatsbediensteten erhalten dann keine Gehälter mehr, die Zahlung von Sozialleistungen und Subventionen wird eingestellt und der Staat zahlt dann weder seine Bankschulden noch die fälligen Zinsen zurück. In gleicher Bedeutung wird der Begriff der Staatsinsolvenz benutzt. Die Folgen eines Staatsbankrottes sind dramatisch. Es kommt zu einer schweren Wirtschaftskrise mit Firmenpleiten und hoher Arbeitslosigkeit und erheblichen sozialen Spannungen. 2001 erlebte Argentinien einen solchen Bankrott. Auch in Europa sind die besonders hoch verschuldeten Länder davon bedroht. Ein Staat braucht lange, um sich von einem Bankrott zu erholen.

Staatsgewalt
Wenn man von der Staatsgewalt spricht, versteht man Gewalt im Sinne von Macht. Der Staat, in dem wir leben, übt eine gewisse Macht über uns aus, weil er uns dazu zwingt, die Gesetze einzuhalten, und uns bestraft, wenn wir das nicht tun. In der Demokratie ist der Staat die einzige Macht, welche die politische Herrschaft ausüben darf und die das Recht hat, sie auch mit Gewalt aufrechtzuerhalten. Die Staatsmacht ist unterteilt in die Exekutive, die Legislative und die Judikative (siehe auch dort).

Staatsquote
Sie ist eine Zahl, die in Prozent angibt, wie hoch der Anteil der Staatseinnahmen in Form von Steuern und Abgaben am gesamten Bruttoinlandsprodukt ist. Im Jahr 2003 betrug diese Zahl z. B. in Deutschland 48,8 Prozent. Das bedeutet, dass der Staat knapp die Hälfte des Wertes aller erzeugten Waren und Dienstleistungen zur Erfüllung seiner Aufgaben in Anspruch nimmt. Alle großen Parteien haben sich zum Ziel gesetzt, die Staatsquote zu senken. Dies hat einerseits eine Verringerung der staatlichen Leistungen zur Folge, führt aber andererseits zu mehr privater Nachfrage, Wirtschaftswachstum und zu Arbeitsplätzen.

Stadtrat
Der Stadtrat, auch Gemeinderat genannt, ist die gewählte politische Vertretung der Bürgerinnen und Bürger in einer Gemeinde bzw. Stadt. Er übt das Recht auf Selbstverwaltung einer Gemeinde aus. Nach Artikel 28 des Grundgesetzes haben die Gemeinden das Recht, „alle Angelegenheiten der örtlichen Gemeinschaft im Rahmen der Gesetze in eigener Verantwortung zu regeln". Die hierzu notwendigen Beschlüsse werden per Mehrheitsentscheidung in den Stadt- und Gemeinderäten gefasst.

Steuern
Steuern sind Abgaben, die die Bürger an den Staat zahlen. Es besteht Steuerpflicht. Wer sie nicht bezahlt, macht sich strafbar. Mit den Steuern bestreitet der Staat seine Aufgaben. Man unterscheidet direkte und indirekte Steuern. Direkte Steuern werden vom Lohn und Einkommen und dem Besitz der Bürger bezahlt. Indirekte Steuern werden auf Waren und Dienstleistungen aufgeschlagen. Von der Summe, die die Bürger für diese Produkte zahlen, wird ein Teil als Steuer an die Staatskasse abgeführt.

Tarifautonomie
Darunter versteht man das Recht der Vertretungen der Arbeitgeber (Arbeitgeberverbände) und der Vertretungen der Arbeitnehmer (Gewerkschaften), die Löhne, Arbeitszeiten und die übrigen Arbeitsbedingungen selbst, also autonom, auszuhandeln und in einem Tarifvertrag für eine bestimmte Zeit festzulegen (Tarif = Vereinbarung). Die Regierung darf sich grundsätzlich nicht in Tarifverhandlungen einmischen. Die Tarifpartner sind frei in ihren Entscheidungen und selbst dafür verantwortlich.

Überhangmandate
Sie entstehen bei Bundestagswahlen und bedeuten, dass eine Partei mehr Sitze im Parlament erhält, als ihr nach der erreichten Prozentzahl der Stimmen eigentlich zusteht. Das ist der Fall, wenn in den Wahlkreisen eines Bundeslandes mehr Kandidaten einer Partei ihren Wahlkreis direkt gewinnen, als ihr nach den erreichten Zweitstimmen zustehen. Der Grund für Überhangmandate liegt in der Kombination des Wahlrechts von Mehrheits- und Verhältniswahl. Bei Überhangmandaten wird das Parlament vergrößert. 2008 hat das Bundesverfassungsgericht entschieden, dass Überhangmandate gegen das Prinzip der Stimmengleichheit verstoßen und in der praktizierten Form abzuschaffen sind.

Umweltpolitik
Darunter versteht man die Summe aller Maßnahmen, die zum Ziel haben, a) bestehende Umweltschäden zu beseitigen und b) die Zukunft so zu gestalten, dass neue Belastungen für die Umwelt nicht entstehen können. Umweltpolitik wird vom Staat im Bund, in den Ländern und in den Gemeinden gestaltet.

Zahlreiche Umweltbestimmungen werden mittlerweile auf europäischer Ebene innerhalb der Europäischen Union vereinbart. Umweltpolitik wird auch von zahlreichen Bürgerinitiativen und anderen nicht staatlichen Verbänden geleistet.

Vereinte Nationen (UNO)
Die englische Abkürzung bedeutet United Nations Organization. Die Vereinten Nationen wurden 1945 nach dem Ende des Zweiten Weltkrieges gegründet. Ihre wichtigsten Ziele, die Sicherung des Weltfriedens, die Förderung der wirtschaftlichen und sozialen Entwicklung in den armen Ländern der Erde und die Durchsetzung der Menschenrechte, sind in der „Charta der Vereinten Nationen" festgelegt. Neben der Generalversammlung ist der Weltsicherheitsrat die Einrichtung von großer weltpolitischer Bedeutung. Seine Hauptaufgabe besteht darin, Streitigkeiten zwischen den Staaten auf der Welt beizulegen. Im Jahr 2009 sind 192 Staaten Mitglied der Vereinten Nationen.

Verhältniswahl
Bei dieser Form der politischen Wahl erhalten die Parteien genau den Anteil an Sitzen im Parlament, der ihnen im Verhältnis zur erreichten Stimmenzahl zusteht. Alle Stimmen zählen gleich und haben den gleichen Erfolgswert. Bei Bundestagswahlen findet das System eine Einschränkung darin, dass eine Partei mindestens 5 Prozent der Stimmen erhalten muss, um überhaupt in das Parlament einziehen zu können (Fünf-Prozent-Hürde).

Volksinitiative
Mehrere Bundesländer sehen das Mittel der Volksinitiative als eine Möglichkeit direkter Demokratie in der Landespolitik vor. Die Bürgerinnen und Bürger können sich dabei mit einem politischen Vorschlag an ihr Landesparlament wenden, also initiativ werden. Das Landesparlament muss sich dann mit dieser Initiative befassen. Für eine Volksinitiative reicht meist schon eine geringe Prozentzahl der Wählerinnen und Wähler aus (z. B. 1 Prozent), welche die Initiative unterschreiben müssen.

Volksbegehren/Volksentscheid
Viele Landesverfassungen (vor allem auch in den neuen Bundesländern) haben das Mittel des Volksbegehrens und des Volksentscheids als Element direkter Demokratie aufgenommen. In einem Volksbegehren können die Bürgerinnen und Bürger eines Bundeslandes den Landtag dazu zwingen, einem bestimmten Gesetz innerhalb einer festgelegten Frist zuzustimmen. Das Begehren kommt zustande, wenn eine bestimmte Zahl der Wahlberechtigten (z. B. 15 Prozent) das Begehren unterschreibt. Lehnt der Landtag mit seiner Mehrheit dieses Volksbegehren ab, so kommt es zu einem Volksentscheid. Der Landtag stellt dann dem Volk das Gesetz zur Abstimmung. Wenn die Mehrheit der Abstimmenden (mindestens aber eine bestimmte Prozentzahl aller Wahlberechtigten, z. B. ein Drittel) dem Gesetz zustimmt, ist der Volksentscheid angenommen. Bestimmte Themenbereiche, wie z. B. finanzielle Angelegenheiten, sind allerdings von diesen Möglichkeiten ausgenommen.

Wertvorstellungen
Das sind Grundsätze und Zielvorstellungen, die ein einzelner Mensch oder die gesamte Gesellschaft als erstrebenswert ansieht. Werte beziehen sich oft auf die Art und Weise des Umgangs mit anderen Menschen, zum Beispiel die Gerechtigkeit und die Hilfsbereitschaft. In einer Partnerschaft spielen Werte wie Liebe und Treue eine große Rolle. Eine Gesellschaft braucht ein gewisses Maß von gemeinsamen Werten, die alle Menschen teilen, weil sie sonst nicht funktionieren kann. Dazu gehören zum Beispiel die Ablehnung von Gewalt, die Achtung vor den Gesetzen, die Toleranz gegenüber Andersdenkenden etc. Werte können sich im Laufe der Zeit verändern.

Wir-Gefühl
Das ist das Zusammengehörigkeitsgefühl, das zwischen den Mitgliedern einer Gruppe besteht. Das Wir-Gefühl führt dazu, dass man sich mit der eigenen Gruppe identifiziert, sich darin wohlfühlt usw. Es kann auch zur Folge haben, dass man sich ganz bewusst von anderen Gruppen abgrenzt. Das geschieht zum Beispiel zwischen verschiedenen Mannschaften im Sport, auch zwischen verschiedenen Schulklassen usw. Gefährlich wird das Wir-Gefühl, wenn es so weit geht, dass andere Gruppen als Feinde angesehen werden, zum Beispiel: „Wir Deutsche" gegen „die Ausländer".

Wirtschaft (auch Ökonomie)
Unter Wirtschaft versteht man die Gesamtheit aller menschlichen Tätigkeiten, die sich auf die Produktion und den Verbrauch von Waren und Dienstleistungen beziehen. Die Wirtschaft versorgt uns mit diesen Waren (z. B. Lebensmittel, Kleidung, Autos, Computer) und

Dienstleistungen (z. B. ärztliche Versorgung, Haarpflege, Krankenpflege, öffentliche Verwaltungen). In der Wirtschaft sind wir nicht nur Käufer und Verbraucher. In der beruflichen Tätigkeit erbringen wir Leistungen, erzielen dafür Einkommen und erstellen die verschiedensten Waren und Dienstleistungen, die wir als Verbraucher wieder kaufen. Daher sind wir alle Teile in einem großen volkswirtschaftlichen Kreislauf.

Wirtschaftswachstum

Das „Gesetz zur Förderung der Stabilität und des Wachstums in der Wirtschaft" verpflichtet die Bundesregierung zu einer Wirtschaftspolitik, die angemessenes Wirtschaftswachstum zum Ziel hat. Die Vorzüge wirtschaftlichen Wachstums bestehen vor allem in der Schaffung von Arbeitsplätzen und der Verbesserung des gesellschaftlichen Wohlstands. Allerdings wird Wirtschaftswachstum heute kritisch gesehen und dabei wird zwischen dem problematischen quantitativen und dem wünschenswerten qualitativen Wachstum unterschieden. Quantitatives Wachstum ist berechenbar und wird in einer Prozentzahl ausgedrückt. Beträgt das Wachstum der Wirtschaft zwei Prozent, so bedeutet dies, dass der Wert aller Waren und Dienstleistungen in diesem Jahr im Vergleich zum vorherigen Jahr um zwei Prozent gestiegen ist. Diese Zahl sagt jedoch nichts über eine sozial gerechte Verteilung des Wohlstands und erst recht nichts über die Umweltschäden aus. Deshalb ist das Ziel heute ein qualitatives Wirtschaftswachstum. Damit ist gemeint, dass Wachstum mit den Erfordernissen des Schutzes der Umwelt vereinbar sein muss und darüber hinaus der sozial gerechten Verteilung des Wohlstands dient.

Wirtschaftsordnungen

In einem großen Staatsgebilde muss es für den Bereich der Wirtschaft einen Ordnungsrahmen geben. Er hat die Aufgabe, die wirtschaftliche Versorgung der Menschen möglichst reibungslos zu garantieren. Dazu greift der Staat mithilfe von Gesetzen ordnend und gestaltend in das Wirtschaftsgeschehen ein. Die Wirtschaftsordnung in der Bundesrepublik Deutschland trägt die Bezeichnung soziale Marktwirtschaft.

Register

Bildquellenverzeichnis

action press/Michael Wallrath: 260 r. – © AFP/Getty Images: 352 r. – Aktion Courage: 75 u.l. – Aktion Tagwerk e.V. www.aktion-tagwerk.de: 36 (alle) – Foto: Alex: 362 r. – Amadeu-Antonio-Stiftung: 75 o.l. – © Amnesty International/Tilman Engel: 254 – Amt für Statistik Berlin-Brandenburg: 232 r. – AP Photo/The Oregonian, Paul Kitagaki Jr.: 354 – © Christian Augustin/Action Press: 124 l. – Beck Verlag: 132 (beide) – Grundgesetz GG, 44. Auflage 2013, Beck-Texte im dtv: 259 – Foto: Peter Bennett: 54 o.r. – © Bergmoser + Höller Verlag AG: 100 (beide), 116 (beide), 129, 131, 169 o., 196 r., 198, 258, 288, 305 – © BI Kein Kohlekraftwerk Lubmin/Foto: Klingner: 102, 109 – Bildagentur Peter Widmann: 60 – bildagentur-online/Begsteiger: 43 2.v.u. – © Bilderberg, Stefan Enders: 260 l. – © blickwinkel/McPHOTOs: 188 – Bundesamt für Migration und Flüchtlinge: Migrationsbericht 2010: 182 u. – Bundesbildstelle, Berlin: 218 o., 238 o.r., 241 r., 243, 249 r. – © Bundesregierung: 336 – Bündnis für Demokratie und Toleranz: 75 o.r. – Bündnis 90/Die Grünen: 227 o. – © CARO/Rupert Oberhaeuser: 186 m. – © CARO/Andreas Teich: 135 – CDU: 227 2.v.o. – © ddp images/AP: 268 – © DeuKische Generation: 177 – Foto: Johanna Deuster: 66 u. – Die Linke: 227 3.v.o. – Diercke Weltatlas, Bildungshaus Schulbuchverlage Westermann, Braunschweig: 319 o. – dpa: 218 u. – © dpa-Fotoreport/Michael Jung: 234, 238 u.l., 240 l. – dpa-Witschel: 133 – epd/Stefan Trappe: 334 – FDP: 227 u. – © Dragana Gavric: 216 – © Steffen Giersch/Greenpeace: 54 u.l. – http://computer.t-online.de: 154 – © imu-infografik: 313 – Interkultureller Rat in Deutschland: 77 – Jim-Studie 2011, Medienpädagogischer Forschungsverbund Südwest, 2011, www.mpfs.de: 143, 144 l., 145 (beide) – © Henning Kaiser/ddp: 164 – © Keystone/DiAgentur: 43 u. – © Keystone/Andreas Splett: 232 l. – © Keystone/Jochen Zick: 86 l. – © Kultusministerium Sachsen-Anhalt/Hoffmann+Partner: 24 – Landeshauptstadt Schwerin: 94 – Foto: Landesjugendring M-V: 103 – Landesschülervertretung im Thüringer Ministerium für Bildung, Wissenschaft und Kultur: 26 – © Andrija Markovic – Fotolia.com: 162 – © Johann Mayr: 39 – © Gerhard Mester: 223, 294, 357 o.l.+u.r. – Thomas Meyer/action press: 153 – michelcambon.free.fr/www.wan-ifra.org: 157 (beide) – © Burkhard Mohr: 319 (3) – © Felix Mussil: 356 – © OSTKREUZ/Jordis Antonia Schlösser: 176 – © picture-lliance/abaca: 322 – © picture-alliance/allOver: 117 o. – picture-alliance/ANP XTRA: 274 – © picture-alliance/Arco Images GmbH: 34 o.r., 38 – © picture-alliance/Bildagentur-online: 40 o.r., 48, 184 – © picture-alliance/chromorange: 29 u., 54 o.l., 192, 346 – © picture-alliance/Denkou Images: 40 o.l. – © picture-alliance/dieKLEINERT.de/Klaus Meinhardt: 319 (2) – © picture-alliance/dpa: 12, 34 u.r., 53 r., 66 o., 70, 81 u., 86 r., 106 l., 110, 114, 115, 117 m., 126, 134, 150, 152, 167, 175, 200 u., 205, 208, 214, 219, 220, 235 (beide), 238 o.l.+m., 140 r., 242 l., 250, 251, 256 r., 270, 272, 278 (4 Bilder), 284, 295 l., 296 (beide), 306, 308 (alle), 314, 317, 327, 328, 329, 333, 337, 344, 348 (beide), 349, 352 l., 358 (A, B, C), 360 – © picture-alliance/dpa-Bildarchiv: 124 r. – © picture-alliance/dpa/dpaweb: 140 – © picture-alliance/dpa-infografik: 108, 125, 146, 169 u. (beide), 171, 174, 187, 189, 194 m.+u., 202, 203, 207, 225, 233, 237, 263, 280, 301, 302, 303, 315, 321, 325, 332, 340, 341, 347, 351, 359, 361 – © picture-alliance/Eibner-Pressefoto: 244 o.l. – © picture-alliance/Rainer Hackenberg: 244 r. – © picture-alliance/Images Source: 40 u.l. – © picture-alliance/Javed A. Jafferji/Impact Photos: 266 – © picture-alliance/JOKER: 34 o.l., 53 l., 101 – © picture-alliance/Reinhard Kungel: 113 – © picture-alliance/Helga Lade GmbH, Germany: 29 o. – © picture-alliance/Moodboard: 40 u.r. – © picture-alliance/Photo-Alto: 196 l. – © picture-alliance/photononstop: 43 2.v.o. – © picture-alliance/Photoshot: 330 m. – © picture-alliance/scanpix: 20 – © picture-alliance/SCHROEWIG/Caspar: 261 – © picture-alliance/Süddeutsche Zeitung Photo: 244 u.l. – © picture-alliance/WILDLIFE: 267 – © picture-alliance/Yonhap: 290 – © picture-alliance/ZB: 34 u.l., 78 (beide), 81 o., 98 r., 99, 200 o., 276, 278 o.r., 358 (D) – © picture-alliance/ZB/euroluftbild: 98 l., 285, 295 r. – © Franz Pfluegl - Fotolia.com: 182 o. – Piratenpartei: 227 4.v.o. – © plainpicture/Design Pics: 186 l. – © Thomas Plaßmann: 106 r., 199 (2), 357 o.r. – © RAA M-V: 71 – © Erich Rauschenbach: 199 (1 + 3) – Illustration: Birgit Rieger, aus: Sylvia Schneider/Birgit Rieger: Das Aufklärungsbuch © 1990, 2000 by Ravensburger Buchverlag Otto Maier GmbH, Ravensburg: 56 r. – Reuters: 151 (beide) – REUTERS/Ibraheem Abu Mustafa: 324 – Robert Perthel-Haus, Köln: 46 – © ISSOUF SANOGO/AFP/Getty Images: 330 u. – © Deniz Saylan: 166 – © Brigitte Schneider: 343 o. – © Schüler Helfen Leben e. V.: 54 u.r. – © silent – Fotolia.com: 161 – SPD: 227 5.v.o. – © Statistisches Bundesamt, Wiesbaden 2011, www.destatis.de: 194 o. – Stern Archiv, Gebhardt Anders: 163 – © Klaus Stuttmann: 281, 357 u.l. – SÜDWIND Institut für Ökonomie und Ökumene: 355 – © The Image Works/VISUM: 53 m. – © Jürgen Tomicek: 228 – ullstein bild: 249 l. – vario images: 43 o. – vario-press/Ulrich Baumgarten: 238 u.r., 241 l. – Verlagsarchiv Schöningh/Karin Herzig: 57 m., 118 – Verlagsarchiv Schöningh/Wolfgang Mattes: 17, 51 (alle), 56 l., 57 l.+r., 178, 211, 286, 301 (alle) – Verlagsarchiv Schöningh/Andreas Müller: 28, 170 – Verlagsarchiv Schöningh/Günter Schlottmann: 65, 84, 120, 144 r. (beide), 212, 269 – Verlagsarchiv Schöningh, Michael Vogdt: 44 – Foto: Tanja Wilker/© movie members filmproduktion GmbH: 256 l. – © Joern Wolter/wolterfoto.de: 186 r. – weitere: Verlagsarchiv Schöningh

Sollte trotz aller Bemühungen um korrekte Urheberangaben ein Irrtum unterlaufen sein, bitten wir darum, sich mit dem Verlag in Verbindung zu setzen, damit wir eventuell notwendige Korrekturen vornehmen können.

Lösungen zu den Kompetenzstationen

1. Gemeinsam leben und lernen in der Schule S. 32 f.

Station 1: Besonders wichtig sind 1. sich für die Wünsche und Interessen der Klasse bei den Lehrern einsetzen, 2. sich Zeit nehmen für die Sorgen und Probleme einzelner Mitschüler, 3. mit den Lehrern sprechen, wenn es Probleme in der Klasse gibt, 4. die Klasse über wichtige schulische Dinge informieren, dazu beitragen, dass niemand in der Klasse ausgegrenzt oder gemobbt wird.

Station 2: Regeln zum Verhalten vor dem Unterrichtsbeginn können sein: ruhig auf den Platz setzen, Schulbuch und Arbeitsheft auf den Tisch legen, auf den Lehrer warten. Regeln für das Verhalten gegenüber Klassenkameraden: keine Gewalt zufügen, sich nicht über andere lustig machen, nichts kaputt machen, was anderen gehört. Regeln für die Gesprächsführung im Unterricht: sich melden, bevor man etwas sagt, zuhören, wenn andere reden, keine abfälligen Bemerkungen.

Station 3: Lehrer haben das Recht, den Unterricht in eigener Verantwortung zu gestalten und die Pflicht, sich an die Bestimmungen des Schulgesetzes zu halten (auch Noten zu erteilen und zu begründen). Eltern haben die Pflicht, für den regelmäßigen Schulbesuch ihrer Kinder zu sorgen, und das Recht, die Schule aktiv mitzugestalten und informiert zu werden. Rechte von Schülern sind (unter anderem): Recht auf aktive Mitarbeit in der SV, Mitwirkung an der Gestaltung des Unterrichts, Informationsrecht, Recht auf Bildung. Drei Pflichten sind: regelmäßige Teilnahme am Unterricht (Schulpflicht), Leistung erbringen (Hausaufgaben anfertigen), Anweisungen der Lehrer befolgen.

Station 4: Man braucht die SV, damit die Schülerinnen und Schüler die Möglichkeit haben, ihre Interessen zu vertreten und das Schulleben mitzugestalten. Die SV kann z. B. Projektideen entwickeln, bei Konflikten mit Lehrerinnen und Lehrern beraten, für das regelmäßige Erscheinen einer Schülerzeitung sorgen (weitere Möglichkeiten: siehe Liste auf der Seite 23). Durch die Unterstützung und die Mitarbeit in der SV haben die Schülerinnen und Schüler vielfältige Möglichkeiten, ihre Interessen aktiv einzubringen, das Schulklima zu verbessern und Konflikte friedlich zu lösen. Die Mitarbeit in der SV lernt man das aktive Mitmachen und wird so auf das Leben in der Demokratie vorbereitet.

Station 5: Gewinner-Gewinner-Lösung: Wer jemanden geärgert hat, entschuldigt sich, wer geärgert wurde, nimmt die Entschuldigung an, beide vertragen sich wieder und gehen mit einem guten Gefühl auseinander. Gewinner-Verlierer-Lösung: Einer der Streitenden behält Recht, der andere geht leer aus; Verlierer-Verlierer-Lösung: Alle Streitenden bleiben mit einem Schaden zurück.

Station 6: Mobbing ist kein Einzelfall. Fachleute gehen davon aus, dass (mindestens) einer von zehn Schülern gemobbt wird. Mobbing ist nicht harmlos. Die Opfer empfinden Niedergeschlagenheit, Einsamkeit und leiden oft unter körperlichen Schmerzen (Übelkeit, Erbrechen, Bauchschmerzen). Mobbing kann bis zum Selbstmord führen. Die Täter hören meist nicht auf, wenn sie nicht zur Ordnung gerufen werden. Auch wenn sie es nicht böse meinen, so ist es doch böse, was sie machen.

2. Das Zusammenleben in der Familie S. 52 f.

Station 1: Gründe: Geborgenheit, Sicherheit, Vertrauen, Zusammenhalt, Schutz; Werte: Rücksichtnahme, Pflichtbewusstsein, Respekt, Zusammenhalt.

Station 2: Richtig sind die Lösungen 1, 3, 6, 8.

Station 3: 1. Familien sind alle Eltern-Kind-Gemeinschaften. 2. Dazu zählen die traditionellen Familien bestehend aus Mutter, Vater und Kindern sowie alleinerziehende Mütter und Väter, gleichgeschlechtliche Paare mit Kindern und Fortsetzungsfamilien mit Kindern unterschiedlicher Eltern (Patchwork-Familien). 3. Viele Paare möchten lieber ohne Trauschein zusammenleben. Viele Geschiedene heiraten wieder und gründen eine neue Familie.

Station 4: Zu 1: Kinder sind noch minderjährig, Eltern haften für das, was ihre Kinder tun; Sorge, die eigenen Erziehungspflichten zu vernachlässigen; Sorge um das Wohl der Kinder. Zu 2: Ein Heimaufenthalt kann als sinnvoll erscheinen, wenn ein Kind völlig zu verwahrlosen droht, wenn es nicht mehr zur Schule geht, wenn es sich so ernährt, dass seine Gesundheit gefährdet ist, wenn es den Kontakt zu anderen Menschen verliert, wenn es mit der familiären Situation völlig überfordert ist. Zu 3: Derjenige wird die Ansicht vertreten, dass die

Erziehung in einem Heim die elterliche Liebe niemals wirklich ersetzen kann und dass die Kinder in der Regel lieber in der eigenen Familie bleiben. Auch wenn eine familiäre Erziehungssituation schwierig ist, können diese Bedingungen immer noch besser für das Kind sein als die schwierigen Bedingungen, die in einem Heim herrschen können. (In diesem Konflikt muss man von Fall zu Fall entscheiden und immer das Wohl des Kindes im Auge haben.)

Station 5: Vier Unterstützungsmaßnahmen: Kindergeld = regelmäßige monatliche staatliche Zuwendungen für jedes Kind unabhängig vom Einkommen der Eltern; Elterngeld = wird an berufstätige Väter oder Mütter ausgezahlt, die sich nach der Geburt eines Kindes dazu entschließen, für eine begrenzte Zeit das Arbeitsverhältnis zu unterbrechen (maximal 14 Monate); Mutterschutz = Recht berufstätiger Mütter, 6 Wochen vor der Geburt und 8 Wochen danach nicht zur Arbeit zu gehen; Elternzeit = Berufstätige Eltern können bis zum dritten Geburtstag ihres Kindes ihr Arbeitsverhältnis ruhen lassen. Sie müssen dann wieder eingestellt werden.

3. Jugendliche in der Gesellschaft S. 76 f.

Station 1: Folgende Kombinationen sind richtig: 1 D, 2 E, 3 A, 4 C, 5 B

Station 2: Die Aufgabe bezieht sich auf die Infoseite „Gruppen, Cliquen, Außenseiter". Drei mögliche negative Auswirkungen einer Clique können sein: negativer Gruppendruck, Anleitung zu Mutproben wie Diebstahl oder Drogenkonsum, Druck auf Schüler, die nicht dazugehören. Drei Positive Auswirkungen: Man fühlt sich wohl in der Clique, trifft sich für gemeinsame Unternehmungen, die Clique hilft bei der Suche nach der persönlichen Identität.

Station 3: Bei den ersten beiden Beispielen stehen die eigenen Wünsche im Gegensatz zu den Pflichten, die man zu erfüllen hat. Eltern und Lehrer erwarten zum Beispiel, dass man die Hausaufgaben anfertigt und sich dafür genügend Zeit nimmt. Man selber möchte aber lieber PC-Spiele machen. Wenn man den Eltern versprochen hat, sein Zimmer aufzuräumen, kann man in einen Rollenkonflikt geraten, wenn zur vereinbarten Zeit Freunde anrufen, um ein Treffen zu vereinbaren. Beim dritten Beispiel entsteht der Konflikt durch den Widerspruch zwischen den Erwartungen der Gruppe und dem eigenen Gewissen. Man weiß, dass es nicht in Ordnung ist, was die Gruppe von einem verlangt, riskiert aber den Ausschluss aus der Gruppe, wenn man deren Erwartungen nicht erfüllt.
1. Rollenverhalten: Man verhält sich so, wie die Menschen es von einem erwarten – als guter Schüler lernt man fleißig und benimmt sich den Regeln entsprechend; als guter Arzt kümmert man sich umfassend um seine Patienten und sorgt dafür, dass sie wieder gesund werden. 2. Rollenerwartungen helfen dabei, sich in der Gesellschaft zu orientieren und nicht zum Außenseiter zu werden.

Station 4: 1. Viele Jugendliche denken nicht nur an sich selbst. Immerhin sind nahezu 4 von 10 Jugendlichen (39 Prozent) oft in irgendeiner Form für soziale und gesellschaftliche Zwecke aktiv und 41 Prozent gelegentlich. 2. Es gibt noch sehr viele Jugendliche, die bereit sind, sich für andere zu engagieren.
3. Das soziale Engagement hat zwischen 2002 und 2010 insgesamt sogar zugenommen (von 34 auf 39 Prozent).

Station 5: Hier solltest du auswählen und deine ganz persönliche Antwort formulieren.

4. Demokratie in der Gemeinde und im Bundesland

Teil A Gemeindepolitik, S. 95

Station 1: Der Text auf Seite 80 macht deutlich, dass alle Kinder und Jugendlichen von morgens bis abends von dem betroffen sind, was die Gemeinde leistet. Das beginnt nach dem Aufstehen, weil die Gemeinde für die Wasserversorgung zuständig ist, setzt sich fort bei der Benutzung öffentlicher Verkehrsmittel und betrifft Freizeitaktivitäten, weil zum Beispiel Sportstätten, Schwimmbäder und Bibliotheken von den Gemeinden betrieben werden. In Gemeinden müssen Entscheidungen von öffentlichem Interesse getroffen werden. Zum Beispiel muss entschieden werden, ob ein neues Theater oder eine Sporthalle gebaut werden soll. Weil diese Angelegenheiten vor Ort in der Gemeinde entschieden werden, findet auch Politik in der Gemeinde statt.

Station 2: Mit den folgenden Informationen kann die Mindmap vervollständigt werden:
1. Was ist das? Gewähltes Gremium von Kindern und Jugendlichen, vertritt deren Interessen gegenüber der Gemeindevertretung, ist an Entscheidungen beteiligt, die Kinder und Jugendliche betreffen.

2. Wie wird man Mitglied? Kandidatenaufstellung, Wahlen in den Schulen vor Ort, Schulen entsenden die gewählten Vertreter.
3. Worüber wird verhandelt? Über alle Fragen, die Kinder und Jugendliche betreffen, z.B. Förderung der Toleranz, Freizeiteinrichtungen, Durchführung von Veranstaltungen usw.
4. Wie kann es Einfluss nehmen? Einladung des Bürgermeisters zu den Sitzungen, Teilnahme und Rederecht in Ausschusssitzungen, Rede- und Mitspracherecht in den Sitzungen der Gemeindevertretung.

Station 3: Drei Aufgabenarten plus Beispiele: Pflichtaufgaben – Beispiel: Versorgung mit Strom, Wasser, Straßenbeleuchtung; freiwillige Aufgaben – Beispiel: Bau einer Sporthalle; staatliche Auftragsangelegenheiten – Beispiel: Hilfe bei der Durchführung von Landtags- oder Bundestagswahlen; drei unterschiedliche Gemeindeeinnahmen: 1. Steuer, 2. Gebühren und Beiträge, 3. Zuschüsse vom Bund und vom Bundesland; zwei Möglichkeiten an einer Wahl teilzunehmen: Wahl zur Gemeindevertretung, Wahl der Bürgermeister; zwei weitere Mitwirkungsmöglichkeiten: Teilnahme an einem Bürgerbegehren und einem Bürgerentscheid, Mitarbeit in einer örtlichen Bürgerinitiative.

Station 4: Zwei Vorteile: höhere Steuereinnahmen und mehr Arbeitsplätze; zwei Nachteile: höhere Verkehrsbelastung in der Stadt, damit auch höhere Umweltbelastung, Verlust an Freizeitmöglichkeiten.

Teil B Politik in den Bundesländern, S. 109

Station 1: Frage 1: In den Bundesländern werden die Ministerpräsidenten von den Landesparlamenten (= Landtage) gewählt. Frage 2: Zuständig ist die Landespolitik zum Beispiel für die Schul- bzw. Bildungspolitik und für die Landespolizei. Frage 3: Sie wählen den Ministerpräsidenten und beschließen Änderungen und Neuformulierungen in den Landesverfassungen.

Station 2: A … den Landtagswahlen, B … sich mit einem bestimmten Thema zu befassen, C … eine bestimmte Anzahl der Stimmberechtigten vom Landtag die Verabschiedung eines Gesetzes fordert, D … Volksentscheid.

Station 3: Zwei häufig genannte Vorteile sind: Im Bundesstaat ist die Macht zwischen dem Bund und den Ländern aufgeteilt. So wird eine zu große Machtkonzentration vermieden und die Menschen entwickeln in den Ländern ein positives Heimatgefühl. Nachteilig können sich die vielen unterschiedlichen Schulsysteme auswirken (zum Beispiel bei einem Umzug von einem in ein anderes Bundesland). Die Einrichtung von 16 Parlamenten und 16 Landesparlamenten machen die Politik kompliziert und zu teuer.
Bei der Frage nach der persönlichen Einschätzung können ganz persönliche Antworten gegeben werden.

5. Wir Jugendlichen und das Recht S. 138 f.

Station 1: a) Die körperlich, geistig und wirtschaftlich Stärkeren und Intelligenteren wären im Vorteil, die Schwächeren der Gesellschaft wären benachteiligt, zum Beispiel körperlich und geistig behinderte Menschen, Menschen mit geringer Bildung. Für jeden Einzelnen entstünde ein Zustand der Unsicherheit und der Gefahr für Gesundheit, Leben und Eigentum. b) Gesetze stellen sicher, dass jeder zu seinem Recht kommt, egal ob schwach oder stark. Sie gelten für alle Bürger und Einrichtungen des Staates gleichermaßen.

Station 2: Gaststättenbesuch ab 16 Jahren, Kirchenaustritt mit 14 Jahren, Erben ab 0 Jahren, Kandidat für Gemeinderatswahl ab 18 Jahren, Heirat mit 16 Jahren, Roller-Führerschein mit 16 Jahren

Station 3: Franka hat Recht, weil sie beschränkt geschäftsfähig ist. Sie kann die Flagge auch ohne die Zustimmung ihrer Eltern behalten, denn der Preis von 25 Euro ist so gering, dass sie diesen von ihrem Taschengeld finanzieren darf. Das besagt der Taschengeldparagraph.

Station 4: Nein, weil die Ware keine Mängel hat. Es besteht kein Recht auf Umtausch. Möglicherweise tauscht der Händler die Ware jedoch aus Kulanzgründen um.

Station 5: Die Aussage trifft nicht zu, denn es gibt auch kriminelle Jugendliche, die aus ganz normalen Familien stammen. Ursachen für Kriminalität könnten hier zum Beispiel psychische Krankheiten oder auch Vernachlässigung der Jugendlichen sein.

Station 6: (1) Jeder, der sich in seinen Rechten verletzt sieht, hat das Recht, vor Gericht zu klagen. (2) Keine Strafe ohne Gesetz. Eine Tat darf nur dann bestraft werden, wenn zur Zeit der Tat dafür ein Gesetz existiert. Dieses muss genau festlegen, dass die Tat strafbar ist. (3) Wenn jemand für eine Tat bereits bestraft wurde, darf er für sie kein zweites Mal bestraft werden.

Station 7: 1. Vergeltung, Sühne. 2. Abschreckung, Verhütung weiterer Straftaten. 3. Vergeltung, Sühne, Verhütung weiterer Straftaten.

Station 8: Zwei präventive Maßnahmen sind Elternarbeit, Sozialtraining in der Schule. Zwei Maßnahmen nach erfolgter Straftat sind konsequente Strafverfolgung und Täter-Opfer-Ausgleich.
Beispiel: Für besonders wirksam halte ich das Sozialtraining in der Schule, weil dort geübt wird, in schwierigen Situationen gar keine Gewalt aufkommen zu lassen. Die Schülerinnen und Schüler lernen auch, sich mit anderen Meinungen gewaltfrei auseinanderzusetzen.

6. Die Bedeutung der Medien S. 162 f.

Station 1: Frage 1: Nein, das stimmt nicht. Immerhin wirft knapp die Hälfte der Jugendlichen regelmäßig einen Blick in die Tageszeitung. Auch die Online-Angebote der Tageszeitungen werden von Jugendlichen genutzt. Frage 2: Nein, das stimmt so nicht. Jugendliche nutzen das Internet zwar zu ihrem Vergnügen, besonders zum Spielen und zum Chatten, aber auch, um für die Schule zu lernen und zur Informationsbeschaffung. Frage 3: Bei den Jugendlichen hat das Internet in der Bedeutung das Fernsehen vom Platz Eins verdrängt.

Station 2: Folgende Teile passen zusammen: 1E, 2C, 3A, 4D, 5B

Station 3: Dass das, was man mit eigenen Augen sieht, der Wahrheit entspricht, trifft auf medial vermittelte Bilder nicht zu. Das gilt auch für Fernsehbilder. Mit moderner Bearbeitungstechnik lassen sich alle Bilderwelten künstlich erfinden. Im Fernsehen kann das z.B. mit einer Blue Box geschehen. Damit werden reale Personen in einem Studio in eine künstliche Bilderwelt versetzt.
Drei Fragen an Fotos: Unter welchen Bedingungen sind die Bilder entstanden? Welche Gestaltungsmittel sind darin zu erkennen? Welche Wirkungsabsicht wird angestrebt?

Station 4: Mögliche Aussagen zur Bedeutung der Pressefreiheit: Ohne die Möglichkeit freier Meinungsäußerung in der Presse gibt es keine Demokratie, Presse- und Meinungsfreiheit sind elementare Grundrechte. Aussagen zum Artikel 5 des Grundgesetzes: Jeder hat das Recht auf Information, Pressefreiheit ist gewährleistet. Zwei Aussagen über die Gefahren der Manipulation: Gefälschte Bilder zeigen nicht die tatsächliche Wirklichkeit, Menschen können durch manipulierte Nachrichten in ihrer Meinungsbildung gelenkt werden. Zwei Aussagen über die Grenzen der Pressefreiheit: Bestehende Gesetze dürfen nicht verletzt werden (zum Beispiel Gesetze zum Schutz der Jugend), keine Verleumdungen.

Station 5: Vorzüge im Alltag: Kommunikation mit Freunden, Einkaufen, Informationsbeschaffung sind einfacher und bequemer. Vorzüge in der Wirtschaft: Der Kunde gewinnt an Macht, weil er die Chance hat, die Qualität von Unternehmen und Produkten zu bewerten. Vorzüge in der Politik: Das Netz ermöglicht vielfältige Formen direkter Einflussnahme auf die Politik. Risiken: Spinner und Kriminelle können das Internet nutzen, um z.B. Kontakt mit Kindern aufzunehmen etc. Wenige große Internetfirmen teilen sich den Markt untereinander auf. Politisches Engagement über das Internet hält oft nur kurze Zeit an.
Lösung zum Test auf der Seite 155:
Das Beispiel 4 entspricht der Wahrheit. Die Meldung erschien am 3. Januar 2007 in der Tageszeitung „Die Welt" unter der Überschrift: Unglaublich aber wahr: Der schwangere Mann (Autor Grischa Rodus). Im Bauch des Sanju Bhagat befand sich ein Zwillingsbruder, der sich eine Zeit lang weiterentwickelt hatte. Es handelt sich um eine seltene Abnormität. Weltweit sind 90 solcher Fälle bekannt.

7. Einwanderung nach Deutschland S. 182 f.

Station 1: Beispiel für Antworten: Ich heiße (Mädchenname) und wurde in (Mittelmeerland) geboren. Meine Eltern verließen vor (mindestens 40 Jahren) ihre Heimat, weil sie in Deutschland Arbeit suchten. Wir können heute in Deutschland leben, weil wir die deutsche Staatsbürgerschaft haben.
Ich heiße (Mädchenname) und wurde in (Land mit Menschenrechtsverletzungen) geboren. Meine Eltern verließen vor (einigen Jahren) ihre Heimat, weil sie dort verfolgt wurden und in Deutschland Asyl suchten. Wir können heute in Deutschland, weil wir als Asylbewerber anerkannt wurden.
Ich heiße (Mädchenname) und wurde in (osteuropäisches Land) geboren. Meine Eltern verließen vor (einigen Jahren) ihre

Heimat, weil sie deutsche Vorfahren haben und die Lebensverhältnisse in Deutschland besser waren. Wir können heute in Deutschland leben, weil wir als Aussiedler Deutsche sind und deshalb einen deutschen Pass haben.

Station 2: 12,2 Prozent der Kinder aus Zuwandererfamilien besuchen eine Kita, im Vergleich dazu 27,7 Prozent der deutschen Kinder. Der Besuch einer Kita ist deshalb wichtig, weil hier die Kinder die Sprache erlernen können. 31,1 Prozent der Ausländer gelten als arm, unter den Deutschen sind es nur 10 Prozent. 15 Prozent der Ausländer haben keinen Schulabschluss, 6,2 Prozent der Deutschen verlassen die Schule ohne Abschluss. 15,6 Prozent der Ausländer sind arbeitslos.

Station 3: Der Stolperstein „Rassismus" beleidigt oder diskriminiert Menschen und führt zu unfairen Bewertungen (Beispiel: Fußball). Der Stolperstein „rückständige Traditionen" (Beispiel Zwangsheirat) widerspricht den Grundrechten Gleichberechtigung und Selbstbestimmung.

Station 4: 1. Bei beiden Beispielen handelt es sich um Behauptungen, die nicht begründet werden. 2. Die fünf Schritte der Urteilsbildung sind: wissen, worum es geht – überlegen, welche eigenen Erfahrungen man mit dem Thema gemacht hat – herausfinden, warum andere Leute andere Meinungen haben – entscheiden, welchen Standpunkt man einnehmen möchte – das Urteil mithilfe von Kriterien begründen. 3. Dass Migranten dem Staat auf der Tasche liegen, ist ein Vorurteil. Migranten bringen dem Sozialstaat mehr, als sie kosten. Denn sie kommen in der Regel als junge Leute nach Deutschland und zahlen Beiträge in die Sozialversicherungen. Migranten haben außerdem niedrigere Rentenansprüche. Auch bei der zweiten Behauptung handelt es sich um ein Vorurteil. Umfragen belegen, dass die meisten Migranten engeren Kontakt zu Deutschen wünschen. Junge Migranten sind fast so häufig wie Deutsche ehrenamtlich tätig. Fast die Hälfte der Migranten würden sich gerne an Entscheidungen in der Nachbarschaft beteiligen.

8. Soziale Sicherung heute und morgen S. 206 f.

Station 1: Unter *Sozialpolitik* versteht man alle Maßnahmen des Staates, welche die Menschen in Risikosituationen schützen sollen. Unter einem *Sozialstaat* versteht man einen Staat, der die Pflicht übernimmt, für den sozialen Schutz seiner Bürgerinnen und Bürger zu sorgen und ihnen ein menschenwürdiges Leben zu ermöglichen. Das Prinzip *Solidarität* bedeutet, dass die Menschen zusammenhalten, sich gegenseitig unterstützen und dass der Staat den Menschen eine Verantwortung für die gesamte Gemeinschaft abverlangt. Das Prinzip *Eigenverantwortung* bedeutet, dass man in einer Notsituation nicht untätig bleiben darf und den Staat für sich sorgen lässt. Man muss selbst versuchen, sich aus der Notlage zu befreien.
Situationen, in denen Jugendliche mit dem Sozialstaat in Berührung kommen, können sein: im Falle eines Unfalls oder im Laufe einer Krankheit genießen sie Versicherungsschutz, als gewähltes Mitglied in der Auszubildendenvertretung eines Betriebes können sie sich für den Jugendarbeitsschutz einsetzen, als Berufsanfänger am Beginn einer Ausbildung werden sie Mitglied im System der Sozialen Sicherung, als Auszubildende können sie Ausbildungsförderung beantragen (Bafög).

Station 2: Die fünf Sozialversicherungen sind: Rentenversicherung, Unfallversicherung, Krankenversicherung, Pflegeversicherung, Arbeitslosenversicherung. Ziel ist ein möglichst umfangreicher sozialer Schutzschirm für alle Versicherten. Bezahlt werden die Versicherungen größtenteils je zur Hälfte vom Arbeitnehmer und Arbeitgeber. Die Unfallversicherung zahlt nur der Arbeitgeber. Hinzu kommen weitere staatliche Zuschüsse, weil das Geld aus den Versicherungsbeiträgen nicht ausreicht, um die Kosten zu decken.

Station 3: 1. Die Schülerin macht mit ihrer Zeichnung auf das Problem des demografischen Wandels aufmerksam. Im Jahr 2010 kommen drei Beitragszahler auf einen Rentner. 2050 werden es nur noch zwei Beitragszahler sein. Das bedeutet, dass im Umlageverfahren zwei Beitragszahler eine Altersrente finanzieren müssen. 2. Junge Leute müssen wissen, dass aufgrund des demografischen Wandelns die gesetzlich garantierten Altersrenten in erheblichem Maße sinken werden. Sie sollten daher in jungen Jahren beginnen, neben der gesetzlichen Pflichtversicherung auch in eine zusätzliche private Altersversorgung zu investieren.

Station 4: In eurem Text solltet ihr die Situation eines armen Kindes in Deutschland erklären, zusammenfassen, was man unter absoluter und relativer Armut versteht, und darstellen, warum Alleinerziehende und Familien mit vielen Kindern am häufigsten betroffen sind.

9. Demokratie in der Bundesrepublik Deutschland S. 252

Station 1: Eingetragen werden kann z. B: freie Wahlen, Mehrparteiensystem, Meinungs-, Presse- und Glaubensfreiheit, Schutz von Minderheiten, Grundrechte, Menschenrechte, Rechtsstaatlichkeit.

Station 2: Die falschen Begriffe sind „Monarchie", „Rederecht im Parlament", „höchstens eine Partei".

Station 3: Bürgerinitiative: Sie ist ein Zusammenschluss von Bürgerinnen und Bürgern, die sich gegen bestimmte Maßnahmen wehren – zum Beispiel gegen den Ausbau von Flughäfen, den Bau von Straßen, Kernkraftwerken, Fabriken etc. Wenn das Ziel erreicht ist, ein tragfähiger Kompromiss erzielt wurde oder das Verfolgen des Ziels als aussichtslos angesehen wird, löst sich eine Bürgerinitiative in der Regel wieder auf. Bürgerbegehren: Sie sind eine Form direkter Demokratie auf der Ebene der Gemeindepolitik. Die Bürgerinnen und Bürger einer Stadt stellen darin den schriftlichen Antrag an den Rat der Gemeinde, eine bestimmte Entscheidung zu treffen. Das Bürgerbegehren muss mit einer vorgeschriebenen Mindestzahl von Unterschriften versehen sein. Der Rat der Stadt kann dem Bürgerbehren stattgeben oder es ablehnen. Bürgerentscheid: Er kommt zustande, wenn der Rat der Gemeinde ein zuvor eingereichtes Bürgerbegehren ablehnt. Im Bürgerentscheid können die Bürgerinnen und Bürger direkt über eine Maßnahmen in der Stadt abstimmen (zum Beispiel über den Bau einer Umgehungsstraße). Weitere Erläuterungen dazu findet ihr auch im Glossar dieses Buches.)

Station 4: Parteien sind Vereinigungen von Bürgern, die dauernd oder für längere Zeit auf die politische Willensbildung Einfluss nehmen und nach politischer Mitgestaltung im Bundestag, in den Landtagen, den Kreistagen und den Gemeinde- bzw. Stadträten streben. Ziel aller Parteien ist es in der Regel, politische Macht auszuüben (zum Beispiel in der Regierungsverantwortung), um so die politischen Verhältnisse im Land maßgeblich gestalten zu können. Aufgaben der Parteien: Mitwirkung an der politischen Willensbildung, Gestaltung der öffentlichen Meinung, Förderung der aktiven Teilnahme möglichst vieler Menschen an der Politik, Teilnahme an Wahlen, Festlegung politischer Ziele in Parteiprogrammen, Kandidatenauswahl für politische Ämter u. a.

Station 5: (1) Das Wahlrecht zum Deutschen Bundestag wird als personalisiertes Verhältniswahlrecht bezeichnet, weil es aus einer Kombination von Mehrheitswahl- und Verhältniswahlsystem besteht. (2) Der Erststimme liegt das Mehrheitswahlsystem zugrunde. Danach zieht derjenige Kandidat in den Bundestag ein, der im Wahlkreis die Mehrheit der Stimmen auf sich vereint. Die Zweitstimme funktioniert nach dem Verhältniswahlsystem. Danach wird der prozentuale Anteil einer Partei am Gesamtergebnis der Wahl berechnet. Die erreichte Prozentzahl entscheidet über die Anzahl der Sitze einer Partei im Parlament. (3) Die Zweitstimme ist die wichtigere, weil nur sie darüber entscheidet, wie stark eine Partei im Bundestag vertreten ist.

Station 6: Zwei Funktionen: Werbung um die noch unentschlossenen Wähler, Mobilisierung der Anhänger einer Partei; Argumente pro: In Wahlkampfzeiten wird viel über Politik diskutiert, ohne Wahlkampf würden viele Menschen die Wahl vergessen, die Wahlbeteiligung würde noch weiter sinken; Argumente kontra: Wahlkämpfe sind zu teuer (Verschleuderung von Steuergeldern), die Parteien machen Versprechen, die später nicht eingehalten werden.

Station 7: Frage 1: Wer wählt den Bundeskanzler bzw. die Bundeskanzlerin? Frage 2: Woraus besteht die Bundesregierung? Frage 3: Was ist der Bundestag? Frage 4: Werden die Mitglieder des Bundesrates vom Volk gewählt? Frage 5: Welche Aufgabe hat das Bundesverfassungsgericht?

Station 8: Das Problem wird aktuell. → Die Öffentlichkeit diskutiert und fordert eine gesetzliche Regelung. → Der Gesetzgebungsprozess kommt auf den Weg. → Der Bundestag berät mit insgesamt drei Lesungen. → Der Bundesrat berät und entscheidet über das Gesetz. → Der Bundespräsident unterschreibt. → Das Gesetz wird im Bundesgesetzblatt veröffentlicht. → Das Gesetz tritt in Kraft. (7, 5, 6, 8, 3, 1, 2, 4)

Station 9: Die Person links im Bild symbolisiert die Legislative (= die gesetzgebende Gewalt), die mittlere Person in der Robe des Richters die Judikative (= gesetzgebende Gewalt) und die rechte Person die Exekutive (= die ausführende Gewalt). Die Teilung der Staatsgewalt ist wichtig, damit Machtkonzentration und Machtmissbrauch verhindert werden und damit die Staatsgewalten sich gegenseitig kontrollieren.

10. Zur Situation der Menschenrechte S. 275

Station 1: 1. Grundrechte, 2. Bundesverfassungsgericht, 3. Menschenwürde, 4. Staatsgewalt, 5. Grundgesetz, 6. Religionsfreiheit, 7. Recht auf körperliche Unversehrtheit, 8. Gleichberechtigung

Station 2: Hier geht es darum, eine persönliche Meinung zu den neuen Sicherheitsgesetzen in Form einer begründeten Stellungnahme zu entwickeln. Der folgende Text formuliert daher nur Anhaltspunkte für die Erstellung der Lösung. A Diese Einstellung wird von Befürwortern der neuen Sicherheitsgesetze vertreten. Gegner verweisen darauf, dass es nicht darum gehe, „etwas zu verbergen", sondern dass sehr persönliche Daten den Staat nichts angingen und der Staat ohne Wissen der Beteiligten Zugriff auf diese Daten habe. Auch im Hinblick auf die Erfolgschancen dieser Maßnahmen sei der Preis einfach zu hoch, weil die neuen Gesetze mit dem Prinzip des Rechtsstaates und den Grundrechten nicht vereinbar seien. B Hier soll zunächst erläutert werden, inwiefern die neuen Gesetze in die Privatsphäre eingreifen und dann im Hinblick auf die Zielsetzung der neuen Gesetze bewertet werden, ob diese zur Terrorbekämpfung angemessen oder unangemessen bewertet sind. C Diese Einstellung wird von Befürwortern der Sicherheitsgesetze häufig vertreten. Gegner verweisen darauf, dass die meisten persönlichen Daten mit dem Einverständnis der Betroffenen im Internet zugänglich seien. Die neuen Gesetze erlauben dem Staat, auf persönliche Daten ohne Einverständnis und meist auch ohne Wissen der Betroffenen zuzugreifen.

Station 3: Piktogramme: Recht auf Freiheit, Glaubensfreiheit, Recht auf Leben und körperliche Unversehrtheit. Drei besonders oft von Menschenrechtsverletzungen betroffene Gruppen sind Frauen, Kinder und Minderheiten. Drei Hauptgründe für Menschenrechtsverletzungen sind: Diktatorische Regime fürchten um ihre Macht und unterdrücken jede Art von Opposition; radikale Überzeugungen (auch religiöse) dienen als Rechtfertigung für Menschenrechtsverletzungen; fehlender Respekt vor dem Leben und der Freiheit anderer. Drei Arten von Diskriminierung, unter denen Frauen weltweit leiden müssen, sind zum Beispiel Zwangsheirat, Misshandlungen, Einschränkung ihrer Bewegungsfreiheit.

Station 4: Z.B.: Amnesty International, für urgent actions 125 000 Menschen in 85 Ländern, Millionen Unterstützter; Amnesty kümmert sich um Menschen, die aus politischen Gründen gefangen, gefoltert oder auf andere Weise unterdrückt werden; Eilaktionen: Unterstützer schreiben Protestbriefe an Regierungen und fordern Freilassung der politisch Unterdrückten, machen durch einen jährlichen Bericht Menschenrechtsverletzungen öffentlich; Amnesty setzte sich für den zur Todesstrafe verurteilten Hafez Ibrahim ein; Amnesty konnte in zahlreichen Fällen erreichen, dass Inhaftierte freigelassen wurden oder dass sie zumindest Hafterleichterungen bekamen; Amnesty rettete Hafez Ibrahim das Leben.

11. Die ökologische Herausforderung S. 294 f.

Station 1: Als gesichert gilt, dass Treibgasemissionen zu einer Erwärmung des Klimas auf der Erde führen, weil dadurch der Treibhauseffekt verstärkt wird. Besonders gravierend ist dabei der Ausstoß von Kohlendioxid (CO_2) in die Atmosphäre. Diese Ursachen für den Klimawandel sind nicht natürlicher Art, sondern von Menschen gemacht. Eine Reihe von Problemen, die sich weltweit beobachten lassen, führen die Forscherinnen und Forscher eindeutig auf den Klimawandel zurück. In den Alpen und in anderen Gebirgen schwinden die Gletscher aufgrund der Erwärmung. In Deutschland nehmen extreme Wetterlagen zu. In Afrika, USA (und in anderen südlichen Regionen) bleibt der Regen aus, und es kommt vermehrt zu Dürren und Ernteausfällen. Dadurch wird vielen Menschen die Lebensgrundlage entzogen. In anderen Regionen nehmen demgegenüber die Regenfälle mit der Folge von Überschwemmungen zu (z. B. in Asien – Pakistan).

Station 2: 1. Quantitatives Wirtschaftswachstum = Steigerung des Wertes aller erzeugten Waren und Dienstleistungen im Vergleich zum Vorjahr ausgedrückt in einer Prozentzahl. Diese Zahl gibt die Steigerung des Bruttoinlandsproduktes an.
2. Quantitatives Wirtschaftswachstum berücksichtigt nur die Wertsteigerung aller produzierten Waren und Dienstleistungen. Es zählt nur, dass mehr produziert und mehr verbraucht wird. Dieses Wachstumsdenken steht im Gegensatz zum Umweltschutz, weil es unweigerlich zu einem erhöhten Verbrauch von Rohstoffen und zu einer stärkeren Belastung der Umwelt mit Schadstoffemissionen führen muss. Aus diesem Grund jubelt in der Karikatur nur der Vertreter des Wachstums, während der Vertreter des Umweltschutzes in Sorgen versinkt. 3. Qualitatives

Wachstum = ein Wachstum, das nicht auf Kosten von Umweltbelastungen erzielt wird.

Station 3: A Das Haus zeigt ein Beispiel energetischer Gebäudesanierung. Dabei geht es darum, Häuser so zu modernisieren, dass sie weniger Energie benötigen und weniger Wärme und Schadstoffe an die Umwelt abgeben. Energetische Gebäudesanierung gehört zum Klimaschutzprogramm der Bundesregierung und wird finanziell mit Zuschüssen unterstützt. B Der Windpark Baltic 1 vor der Küste in Mecklenburg-Vorpommern ist Bestandteil der Klimaschutzmaßnahmen in der Verantwortung der Bundesländer. In Deutschland haben sich die norddeutschen Bundesländer auf gemeinsame Maßnahmen zum Klimaschutz verständigt. Dazu gehört die Förderung des Ausbaus der Windenergie.

Station 4: 1. Hier kann man das internationale Klimaabkommen nennen, das 1992 in Rio de Janeiro (Brasilien) verabschiedet und von 178 Staaten unterzeichnet wurde. Es ist die erste Klimaschutzvereinbarung mit globaler Wirkung. Das Kyoto-Protokoll ist ein weiteres Beispiel. Die Industrienationen verpflichteten sich darin, den jährlichen Treibhausgas-Ausstoß bis zum Jahr 2012 um durchschnittlich 5,2 Prozent gegenüber dem Stand von 1990 zu reduzieren. 2. Die Staaten haben unterschiedliche Interessen und unterschiedliche Vorstellungen davon, wie ein Weltklimavertrag aussehen soll. Einige Staaten, die zu den Hauptverursachern zählen, sind nicht bereit, die Verpflichtungen zu übernehmen, die ein Klimaschutzvertrag ihnen abverlangen würde. Zum Beispiel haben es die USA abgelehnt, das Kyoto-Protokoll zu unterschreiben. Staaten, die wenig zur Klimaerwärmung beitragen, sind nicht bereit, sich an den Kosten zu beteiligen.

12. Die Europäische Union: Erfolge, Krisen und Herausforderungen S. 320 f.

Station 1: Sein Glühbirnenlicht muss europäischen Standards entsprechen, ebenso die Qualität seines Trinkwassers, auch was mit seinem Abwasser geschieht, ist EU-weit einheitlich geregelt. Die Angabe der E-Stoffe auf Lebensmitteln ist eine Maßnahme zum Verbraucherschutz in der EU. Er profitiert von der Warenvielfalt im europäischen Binnenmarkt und von den vergleichbar niedrigen Lebensmittelpreisen. Er kann aus dem Ausland billiger telefonieren. Er kann sein Altauto überall in der EU recyceln lassen. Er profitiert von den offenen Grenzen und genießt Reise- und Aufenthaltsfreiheit im gesamten Gebiet der Europäischen Union.

Station 2: A + 1 + 5; B + 2 + 6; C + 3 + 4

Station 3: Richtig sind 1, 4, 6, 8, 10.

Station 4: 1. Bei den Zahlen –3,0 % und 60 % handelt es sich um Konvergenzkriterien. Das sind die Kriterien, die als Bedingung für die Aufnahme in die Europäische Währungsunion gelten. Die Euro-Länder dürfen sich jährlich um höchstens 3 Prozent ihres Bruttoinlandprodukts neu verschulden. Insgesamt darf die Staatsverschuldung nicht höher sein als 60 Prozent des Bruttoinlandsprodukts. 2. Die orangen Balken zeigen, dass 2009 fast alle EU-Staaten (außer Dänemark, Finnland, Estland, Luxemburg und Schweden) die 3-Prozent-Grenze überschritten haben. Die braunen Balken zeigen, dass 2009 13 Mitgliedstaaten der EU eine höhere Staatsverschuldung als die erlaubten 60 Prozent aufwiesen. 3. EU-Defizitsünder ist der Titel der Grafik, weil sie zeigt, welche Staaten die strengen Konvergenzkriterien nicht einhalten. Es sind fast alle. Besonders kritisch war das Haushaltsdefizit zu diesem Zeitpunkt in Irland, Griechenland, Portugal und Spanien (über 10 %). Besonders hoch war die Staatsverschuldung in Griechenland und in Italien (über 100 %).

13. Friedenssicherung als Aufgabe internationaler Politik S. 342 f.

Station 1: 1. Es handelt sich um einen regionalen Konflikt. Regionale Konflikte sind deshalb besonders gefährlich, weil die Spannungen auch auf Nachbarstaaten übergreifen können. Außerdem sind Nachbarstaaten wegen der großen Zahl von Flüchtlingen betroffen. 2. Eine weitere Bedrohung ist der internationale Terrorismus. Er ist eine relativ neue Erscheinung. Immer wieder sterben bei Anschlägen zahlreiche Zivilisten. 3. Dafür spricht: In Mitteleuropa gab es seit dem Zweiten Weltkrieg keinen weiteren Krieg. Offensichtlich haben die Europäer gelernt, Konflikte friedlich zu regeln. In anderen Teilen der Welt gibt es dennoch Kriege, vor allem Bürgerkriege. Das spricht dafür, dass Menschen nicht lernen können, Konflikte friedlich auszutragen.

Station 2: Stichworte: Terrorismus ist das ungezielte Töten unschuldiger Menschen; keine einheitliche Definition; Terrorismus kein neues Phänomen; nach dem Anschlag vom

11. September 2001 bedroht islamistischer Terrorismus international den Frieden; hinter vielen Attentaten steckt das Terrornetzwerk Al-Kaida; Feinde islamistischer Terroristen sind die USA und der Westen, aber auch Muslime; Terroristen rechtfertigen Selbstmordattentate religiös; sie führen Krieg gegen Ungläubige; inzwischen hat der islamistische Terrorismus auch Deutschland erreicht; die betroffenen Länder kämpfen militärisch gegen den Terror (Irakkrieg, Afghanistan) und haben auch Sicherheitsgesetze verschärft; inzwischen wurden führende Terroristen der Al-Kaida verhaftet, Osama bin Laden wurde getötet; wegen des arabischen Frühlings glauben Experten, dass der islamistische Terrorismus von der arabischen Bevölkerung immer weniger akzeptiert wird und damit der Höhepunkt bereits überschritten ist.

Station 3: Die Generalversammlung kann in Krisengebieten Untersuchungen durchführen und Empfehlungen aussprechen. Der Sicherheitsrat versucht zunächst die Parteien in Gesprächen und Verhandlungen zum Einlenken zu bringen. Nutzt das nichts, kann er Sanktionen aussprechen (zum Beispiel Wirtschaftsembargos). Als letztes Mittel kann er auch militärische Mittel anwenden (Peacekeeping bzw. Robustes Peacekeeping). Außerdem kann der Menschenrechtsrat Untersuchungen durchführen, der Internationale Strafgerichtshof kann bei Verbrechen gegen die Menschlichkeit Anklage erheben.
Die Karikatur bezieht sich auf die Rolle der UNO. Sie zeigt eine leere Schaufel mit dem Emblem der UNO sowie einen Besen, mit dem Scherben auf die Schaufel gekehrt werden. Ringsum die Schaufel sind Scherben verstreut. Der Zeichner will ausdrücken, dass die Rolle der UNO darin besteht, in Krisengebieten Hilfe zu leisten – die UNO dieser Aufgabe jedoch nicht gewachsen ist, darauf deuten die vielen Scherben außerhalb der Schaufel.

Station 4: 1. Als Methode kommt die Konfliktanalyse infrage. 2. Die fünf zentralen Leitfragen zur Untersuchung des Konflikts: Ausgangslage (Wer sind die Konfliktgegner, was ist der Auslöser des Konflikts?), Ursachen, Ziele und Interessen der Beteiligten, Konfliktverlauf, Konfliktlösungen. 3. Auf dem Weg zum Frieden sollten in diesem Land nach und nach folgende Bedingungen erfüllt werden: *Gewaltmonopol*: Der Staat erhält das Gewaltmonopol, nur er darf Gesetzesverstöße notfalls mit Waffengewalt verfolgen und bestrafen. *Rechtsstaatlichkeit*: Der Staat führt rechtsstaatliche Prinzipien ein: Alle Bürger werden in der Rechtssprechung gleich behandelt, jeder kann sich über Gesetze frei informieren, diese dürfen auch nicht rückwirkend erlassen werden, alle Gesetze müssen mit der Verfassung übereinstimmen, jeder Bürger kann vor Gericht klagen, die Richter sind unabhängig und nur an die Gesetze gebunden. *Demokratische Mitwirkung:* Alle Bürger können sich an der politischen Willensbildung beteiligen, zum Beispiel indem sie an Wahlen teilnehmen und oder ihre Meinung frei in der Presse oder auf Demonstrationen äußern können. *Friedliche Konfliktlösungen:* Interessensgegensätze und Konflikte werden ausschließlich mit friedlichen Mitteln ausgetragen. *Soziale Gerechtigkeit:* Der Staat sorgt durch entsprechende Gesetze, dass der Unterschied zwischen Arm und Reich nicht zu groß wird. Das Existenzminimum ist für jeden Bürger gesichert. *Bewusstsein, dass alle Menschen aufeinander angewiesen sind:* Bürger und Staat tolerieren unterschiedliche Meinungen und Lebensstile und sind bei Konflikten kompromissbereit.

14. Globalisierung S. 362

Station 1: 1. *Waren- und Kapitalströme:* internationale Arbeitsteilung – die einzelnen Produktionsschritte bei der Herstellung von Produkten werden auf verschiedene Länder verteilt. Produziert wird dort, wo die Kosten am niedrigsten sind. *Umweltveränderungen:* Globalisierung belastet die Umwelt und verschärft zum Beispiel durch den zunehmenden Verbrauch von Energie und Wasser bestehende Umweltprobleme. *Kunst und Literatur:* Konsumgewohnheiten gleichen sich weltweit an, dadurch werden auch Filme und Bücher weltweit verbreitet und gelesen, zum Beispiel Harry-Potter-Bände. *Verkehr, Nachrichten und Datennetze:* Über das Internet können Menschen weltweit und kostengünstig miteinander kommunizieren. 2. *Waren- und Kapitalströme:* Durch die weltweite Konkurrenz sind viele Produkte billiger geworden, sie kostet jedoch auch Arbeitsplätze in den Industrieländern. *Umweltveränderungen:* Umweltprobleme erfordern internationale Lösungen, die Bereitschaft zu internationalen Umweltabkommen ist gestiegen; von den Umweltveränderungen sind besonders die ärmsten Staaten betroffen, die dafür nicht verantwortlich sind. *Kunst und Literatur:* Die Menschen haben die Chance, auch andere Kulturen besser kennenzulernen; die Kulturen gleichen sich immer mehr, regionale Gebräuche verschwinden immer mehr. *Verkehr, Nachrichten und Datennetze:* Riesige Containerschiffe verbilligen den Transport von Waren rund um den Globus. Dadurch wird allerdings die Umwelt stärker belastet.

Station 2: 1. Die Menschen auf dem Foto demonstrieren gegen die Ausbeutung von Arbeitskräften in den Fabrikhallen von Entwicklungsländern, wo diese unter sehr schlechten Bedingungen und zu Niedriglöhnen arbeiten. 2. Die Organisation „Saubere Kleidung" fordert ein Verbot von Kinderarbeit, die Reduzierung von Arbeitszeiten und Bezahlung angemessener Löhne in der Textilindustrie. 3. Die Politik kann das Los der Textilarbeiterinnen verbessern, indem sie Mindestlöhne durchsetzt, die Bildung von Gewerkschaften fördert und die wöchentliche Arbeitszeit senkt. Denkbar ist auch der Einsatz staatlicher Kontrolleure zur Überwachung der Gesetze.
4. Auch die Verbraucher tragen zur Ausbeutung von Arbeitskräften bei, weil sie beim Kauf von Textilien fast ausschließlich auf den Preis der Ware schauen und sich nicht dafür interessieren, unter welchen Bedingungen diese produziert werden.
5. Ich selbst kann auch etwas zur Verbesserung der Arbeitsbedingungen beitragen, indem ich Waren mit Gütesiegeln verstärkt kaufe.

Station 3:

1.

Kinderzahl pro Frau	Tschad 6,6 Deutschland 1,35	Senkung der Zahl der Kinder pro Frau in armen Entwicklungsländern
Kindersterblichkeit	Afrika südlich der Sahara 167 pro 1000 Kinder, Industrieländer mit hohem Einkommen 7 pro 1000 Kinder.	Senkung der Kindersterblichkeit, besonders in Afrika südlich der Sahara und Südasien
Ernährung	Weltweit 1 Milliarde Menschen unterernährt, 850 Millionen Menschen in Entwicklungsländern.	Bessere Nahrungsmittelversorgung, Reduzierung der Zahl der Hungernden
Zugang zu sauberem Wasser	100 Prozent in Industrieländern mit hohem Einkommen, 56 Prozent in Afrika südlich der Sahara.	Erhöhung der Zahl der Menschen mit Zugang zu sauberem Wasser, besonders in Afrika südlich der Sahara.

2. In Entwicklungsländern sind die Lebensbedingungen sehr unterschiedlich: Manche Länder sind extrem arm, besonders in Afrika südlich der Sahara. Andere Länder befinden sich im Übergang zum Industriestaat. Auch innerhalb der Entwicklungsländer gibt es sehr große Unterschiede. Neben hoch entwickelten Regionen gibt es Regionen mit großer Armut. Umgekehrt hat sich auch in Industriestaaten in den letzten Jahren die Schere zwischen Arm und Reich geöffnet.